박윤선 성경주석

개역개정판

신약주석
고린도전후서

A Commentary on Ⅰ-Ⅱ Corinthians

신약주석 고린도전후서

발 행 일 2022년 4월 25일

지 은 이 박윤선
펴 낸 이 김기영

펴 낸 곳 도서출판 영음사
주　　소 서울특별시 강남구 광평로 56길 8-13, 1406호
전　　화 02-3412-0901
팩　　스 02-3412-1409
이 메 일 biblecomen@daum.net
등　　록 2008년 4월 21일 제2021-000311호

디 자 인 디자인집(02-521-1474)

ISBN 978-89-7304-172-5 (03230)

박윤선 성경주석

개역개정판

신약주석
고린도전후서

A Commentary on Ⅰ-Ⅱ Corinthians

박윤선 지음

도서출판 **영음사**

"믿음, 소망, 사랑, 이 세 가지는 항상 있을 것인데
그 중의 제일은 사랑이라."
(고전 13:13)

νυνὶ δὲ μένει πίστις, ἐλπίς, ἀγάπη, τὰ τρία ταῦτα·
μείζων δὲ τούτων ἡ ἀγάπη.

머리말

이 주석은 칼빈주의 원리를 기준으로 삼았으며, 간혹 신학적 견해가 다른 비정통 학자의 해석도 비판적으로 인용하였다.
이 주석 사업을 위하여 기도해 주시고 각 방면으로 후원해 주신 성도들에게 감사의 말씀을 드린다. 독자들에게 양해를 구하고자 하는 바는 이 주석서에 오탈자로 인하여 뜻이 달라졌거나 해석상 잘못된 점이 있더라도 너그럽게 용서하시기 바란다는 것이다.
이 주석서를 읽는 이마다 성경을 바로 깨닫는 데 많은 도움을 얻기를 간절히 기도한다.

박윤선

신약주석
고린도전서

A Commentary on I Corinthians

고린도전서 주석

목차

설교

서론

I. 고린도 교회

고린도는 그리스반도의 남쪽에 위치한 도시로서 해발 60미터 지대에 자리 잡고 있다. 이 도시에는 항구가 있는데 그 하나는 동쪽에 있는 겐그레아 항구이고 다른 하나는 서쪽에 있는 레카이움이라는 항구다. 이 도시는 무역이 성행했기 때문에 다양한 지역 출신 사람들이 섞여 살고 있다. 따라서 유대인들도 거기에 많이 거주하였다. 그 도시에는 이집트 우상을 위한 신당들도 많이 있었는데, 그 이유는 이집트 알렉산드리아 항구에서 무역을 위해 이 항구에 찾아오는 배들이 많이 있어서 우상을 유입시켰기 때문이다. 그 도시는 무역이 성행하고 있었던 만큼 부유층 주민들이 많이 거주하는 동시에 노예들과 가난한 백성들도 많이 있었다. 이 도시는 극히 악하고 부패했기 때문에 당시 백성들은 음행하는 자들에게 "고린도인"이라는 칭호를 부여했다. 바울은 주후 51년 말엽 제2차 선교여행 중에 이곳을 처음 방문하였다. 그는 그곳에 18개월 동안 머물면서 복음을 전하여 큰 성과를 거두었다(행 18:1-11). 주후 53년경에는 고린도를 떠나 각처에서 복음을 전하다가, 에베소에 머물면서 주후 57년 봄에 이 편지를 저술하여 보낸 것이다.

Ⅱ. 본서의 저자

본서가 사도 바울의 저작이라는 사실은 외적인 증거를 통해 명백하게 드러난다. 로마의 클레멘스(Clement of Rome)는 고린도전서를 인용하면서 이것을 복된 바울의 서신이라고 언급하였으며(「고린도서신」 47), 「바나바서신」 4:11에는 고린도전서 3:1, 16, 18을 연상시키는 표현들을 사용하였고, 이그나티오스(Ignatius)와 폴리카르포스(Polycarp)는 고린도전서를 알고 있었던 것이 확실한데 특별히 이그나티오스는 이 서신을 거의 암송하고 있었던 것으로 드러난다. 이그나티오스의 서신들 가운데 본서의 표적을 보이는 구절들이 많은데, 특히 고린도전서 1:7, 10, 18, 20, 24, 30; 2:10, 14; 3:1, 2, 10-15, 16; 4:1, 4; 5:7; 6:9, 10, 15; 7:10, 22, 29; 9:15, 27; 10:16, 17; 12:12; 15:8-10, 45, 47, 58; 16:18 등이다. 그리고 헤르마스(Hermas)의 책에서도 고린도전서 7:39, 40과 유사한 말씀을 볼 수 있으며, 순교자 유스티누스는 고린도전서 11:19을 인용하였고, 아테나고라스는 15:55의 일부분을 인용하였다. 그리고 이레나이우스(Irenaeus)가 저술한 책에서는 본서를 60번이나 인용하였고, 알렉산드리아의 클레멘스(Clement of Alexandria)는 130번, 테르툴리아누스는 400번 이상 인용하였다.

본서가 바울의 저작이라는 사실은 내증을 통해서도 분명하게 밝혀질 수 있다. 본서의 문체를 바울이 저술한 다른 서신들이나 사도행전에 기록된 바울의 언사들과 비교해 볼 때 서로 같은 특징들을 가지고 있음을 확인할 수 있다. 그러면서도 고린도전서는 어떤 모방자의 손으로 작성된 것이라고는 생각할 수 없을 만큼 창작성을 띠고 있다.

Ⅲ. 내용 분해

머리말(1:1-9)

사도의 문안(1:1-3)

감사와 소망(1:4-9)

제1부 사도가 고린도 교회에 대하여 꾸짖은 일들(1:10-6:20)

1. 분쟁에 대하여 꾸짖음(1:10-4:21)
   (1) 분쟁의 사실에 대한 진술(1:10-17)
   (2) 거짓 지혜와 참지혜(1:18-3:4)
      1) 거짓 지혜(1:18-2:5)
      2) 참지혜(2:6-3:4)
   (3) 진정한 목회의 원리(3:5-4:21)
      1) 일반적 진술(3:5-9)
      2) 건축자로 비유함(3:10-15)
      3) 성전으로 비유함(3:16-17)
      4) 목회의 직분을 단지 인간적으로 평가하는 일에 대한 경계 (3:18-4:5)
      5) 결론(4:6-21)
2. 고린도 교회가 교인의 도덕적 부패에 대하여 징계하지 않음을 꾸짖음 (5:1-13)
3. 불신 법정에서 신자끼리 소송함을 꾸짖음(6:1-11)
4. 음행을 경계함(6:12-20)

제2부 고린도 교회에서 문의한 문제들에 대하여 답변함(7:1-11:1)

1. 혼인과 기타 그것과 관계된 문제들(7:1-40)
   (1) 독신생활은 좋으나 혼인 생활은 자연스러움(7:1-7)
   (2) 앞에서 언급한 문제들에 관하여 서로 다른 경우들을 취급함(7:8-40)
2. 우상의 제물에 대한 그리스도인의 태도(8:1-11:1)
   (1) 일반적 원칙(8:1-13)
   (2) 위대한 포용의 원리(9:1-27)
   (3) 그 원리들의 실제적 응용(10:1-11:1)
      1) 이스라엘 백성들의 실례(10:1-13)
      2) 우상의 위험성(10:14-22)
      3) 우상의 제물에 대한 실제적 교훈(10:23-11:1)

제3부 공예배 때에 있었던 문란한 일들에 대하여(11:2-14:40)

1. 공예배 때에 여자가 수건을 쓰지 않음에 대하여(11:2-16)
2. 성찬 때에 문란하게 행한 일들에 대하여(11:17-34)
3. 영적 은사들에 대하여(12:1-14:40)
   (1) 은사들의 다양성과 단일성 및 그것들의 목적(12:1-11)
   (2) 교회의 단일성을 사람의 몸에 비유함(12:12-31)
   (3) 사랑에 대하여 찬송함(13:1-13)
   (4) 신령한 은사들을 사랑으로 사용해야 함(14:1-40)
      ① 방언보다 예언이 우수함(14:1-25)

② 예언과 방언을 사용하는 데 대한 규칙(14:26-36)

③ 결론(14:37-40)

제4부 죽은 자들의 부활에 대한 교리(15:1-58)

1. 근본적인 교리로서의 그리스도의 부활(15:1-11)
2. 그리스도께서 부활하셨으면 그리스도 안에서 죽은 자들도 부활할 것이라 함(15:12-34)
   (1) 죽은 자의 부활을 반대하는 사상의 결과(15:12-19)
   (2) 그리스도의 부활을 믿는 사상의 결과(15:20-28)
   (3) 경험에 의하여 논증함(15:29-34)
3. 반대론에 대한 대답. 다시 말하면, 다시 산 자의 몸이 어떠할 것을 말함(15:35-58)
   (1) 자연과 성경으로 대답함(15:35-49)
   (2) 죽음에 대한 승리(15:50-57)
   (3) 결론(15:58)

결론(16:1-24)

제 1 장

⚘ 개요

1. 바울은 일반적으로 다른 서신에서 해 왔던 것과 같이 자기가 그리스도 예수의 사도임을 선언하면서 고린도 교회와 각처 교회에 문안한다(1-3절). 이것은 그의 편지가 사적 서신이 아니고 교직에 있는 사람, 곧 그리스도께서 보내신 사도의 서신이라는 사실을 밝혀 준다.[1)]

2. 그는 고린도 교회 교인들이 받은 여러 가지 은사로 인하여 먼저 하나님께 감사하며(4-7절), 따라서 그들이 주님의 재림 시에 구원받을 것을 확신한다(8-9절). 그러나 이 확신은 그들을 부르신 소명의 근원이시며 실행자이신 하나님의 진실성에 근거한다(고전 10:13; 살전 5:24; 롬 8:30; 빌 1:6). 특별히 고전 1:9에 "미쁘시도다"(pisto,j)라는 말이 어순상으로 문장 첫머리에 나와 있는 것은 강조의 의미를 지니면서 하나님의 진실성을 강변한다.

---

1) Wendland, Die Briefe an die Korinther, 10. "Darum schreibter keine privat Briefe, sondern apostolische Briefe als Gesandter Christi, als ein Mann im Amte."

3. 바울은 고린도 교회에 있었던 당파 싸움의 실상을 진술하고, 그것이 부당하다는 점을 지적하며 꾸짖는다(10-17절). 거기에 네 당파가 있었는데, 바울은 그중 어느 것도 옹호하지 않고 무익한 것으로 여긴다. 바울이나 아볼로나 게바를 중심으로 삼는 당파들은 사람을 너무 높인다는 점에서 잘못된 것이고, "나는 그리스도께 속하였다."라고 주장하는 파당도 잘못된 것인데, 왜냐하면 그것은 그리스도를 너무 낮추어 당쟁의 당수와 같이 여겼기 때문이다. 그리스도는 그처럼 낮은 그리스도가 아니시다. 로버트슨과 플러머(Robertson and Plummer)도 이런 의미에서 "나는 그리스도에게 속하였다." 라고 주장하는 당파를 좋게 여기지 않았다.[2] 아돌프 슐라터(A. Schlatter)는 여기서 "그리스도파"라는 것이 사도 바울을 반대하는 경향을 띠면서 일반 사도들과도 합류하지 않고 특이한 방식으로 예수님과 관계하는 무리였다고 주장한다.[3]

4. 바울은 그리스도의 복음이 세상 사람에게는 어리석어 보여도 그것이 과연 참구원의 지혜라는 것을 지적한다(18-31절).

⚘ 해석

머리말(1:1-9)

사도의 문안(1:1-3)

---

2) The International Critical Commentary, 1 Corinthians, 11. "All four are alike wrong."

3) Die Korinther Briefe, 9.

1 하나님의 뜻을 따라 그리스도 예수의 사도로 부르심을 받은 바울과 형제 소스데네는. "하나님의 뜻을 따라"(διὰ θελήματος Θεοῦ)라는 말은 직역하면 "하나님 뜻을 통하여"이다. 이것은 바울이 사도가 된 것이 하나님의 뜻에 합당할 뿐 아니라 하나님 뜻이 간섭하여서 이루어진 일이라는 의미다(Findlay). 이것은 그의 사도직이 바울 자신의 공로나 선택으로 취해진 것이 아님을 강조한다. 한 마디로 ① 그의 사도직은 권위 있는 것이며 남들이 업신여길 수 없는 직분이다. ② 따라서 사도는 그의 직무를 수행할 때 자력에 의존하지 않고 오로지 하나님만 의뢰하는 것이다(참조. 고전 9:16; 갈 1:1, 15; 엡 3:2; 행 9:15).

"사도"라는 용어에 대해서는 필자의 로마서 1:1 주석을 참조하라.

"소스데네." 사도행전 18:17에 기록된 회당장이 회개하고 교회의 일원이 된 것인지는 분명하지 않다. 일설에 그가 본서를 대서했다고 하나 확실한 것은 아니다(Grosheide).

2 고린도에 있는 하나님의 교회 곧 그리스도 예수 안에서 거룩하여지고 성도라 부르심을 받은 자들과 또 각처에서 우리의 주 곧 그들과 우리의 주 되신 예수 그리스도의 이름을 부르는 모든 자들에게. 여기서 "하나님의 교회"(ἐκκλησία τοῦ Θεοῦ)라는 표현은 오직 하나님으로 말미암아 성립되는 교회라는 의미를 지니는데, 이는 고린도 교회 내에서 감지되던 당파 정신에 반대하는 암시적인 효과를 지닌다. 교회는 특정 당파의 소유가 아니고 하나님의 것이다. 오직 하나님께서 홀로 교회를 세우시고 유지하신다.[4)]

"그리스도 예수 안에서 거룩하여지고." 그리스도인들은 자력으로 거룩하여질 수 없고 다만 그리스도의 거룩하심과 연합할 뿐이다. 그들은 이 연합으로 인해 성도라는 이름을 받은 자들이다. 이 연합은 그리스도를 믿음으로

---

4) Grosheide, Kommentaar op Het Nieuwe Testament, Eerste Brief aan Korinthe, 14. "God heeft de kerk gesticht en houdt haar in stand."

써 성립된다.

"각처에서··· 예수 그리스도의 이름을 부르는 모든 자들." 이 말씀은 "그리스도를 믿는 자들"이라는 뜻이다. 그리스도의 이름을 부르는 것은 신앙의 행위이다. 바울은 각처의 그리스도인들을 축복한다.

3 하나님 우리 아버지와 주 예수 그리스도로부터 은혜와 평강이 있기를 원하노라. 복의 근원은 하나님 아버지시며 그 복을 받도록 만들어 주시는 이는 중보자이신 예수 그리스도시다. 그런 이유로 여기서는 "하나님" 다음에 그리스도의 이름이 뒤따른다. "은혜"라는 말이 먼저 나오는 이유는 죄인이 하나님과 화목하게 되는 은혜를 받은 뒤에야 모든 다른 축복을 받을 수 있기 때문이다.[5)]"평강"은 영혼의 평안을 의미하는데 그것이야말로 진정한 평안이다. 왜냐하면 그것이 하나님에게서 온 것이기 때문이다.

감사와 소망(1:4-9)

바울이 감사하는 이유가 두 가지인데, ① 첫째는 고린도 교회에 하나님의 은혜가 많기 때문이며(5-6절), ② 둘째는 그들이 그리스도의 재림을 대망하기 때문이다(7-9절).

4 그리스도 예수 안에서 너희에게 주신 하나님의 은혜로 말미암아 내가 너희를 위하여 항상 하나님께 감사하노니. "그리스도 예수 안에서 너희에게 주신 하나님의 은혜." 하나님께서 우리에게 은혜를 주시는 이유는 우리가 그리스도 안에 있기 때문이다. 곧 그가 우리를 그리스도의 지체로 간주하시기 때문에 우리에게 은혜를 주시는 것이다. 우리는 신앙으로 말미암아 그리스도와 연합함으

---

5) Grosheide, Eerste Brief aan Korinthe, 43. "Ca,rij genade wordt eerst toegewenscht. God moet den zondaar in de eerste plaats genadig zijn dan volgen de weldaden."

로써 그의 지체가 되었다. 이것이 "그리스도 안에서"라는 말의 의미다.

"항상 하나님께 감사"하는 것은 신자들이 추구하는 고귀한 미덕인데 그것은 쉽게 실천할 수 있는 덕목은 아니다. 그러나 우리가 자신의 일에 대해서만 아니라 다른 사람의 일로 인해 감사할 수 있다면 감사할 일이 더욱 많아진다. 예수님께서 말씀하시기를 "이웃 사랑하기를 네 몸과 같이 하라"고 하셨으니 우리는 다른 사람이 잘되기를 원해야 한다. 다른 사람이 잘되는 것은 단체 생활에서 결국은 나 자신이 잘되는 것과 마찬가지다. 나를 둘러싼 이웃 사람들이 흉악하여 불행한 자들이라면, 나는 얼마나 그 가운데서 고통을 당할 것인가? 그러므로 우리는 남들이 잘되기를 바라야 하고, 그들이 잘될 때 기뻐하고 감사해야 한다. 그들이 하나님의 은혜를 받아 잘될 때 내가 기뻐한다면, 그만큼 나에게는 기뻐할 이유가 많아질 것이다. 우리가 자아라는 좁고 폐쇄적인 내면에 갇혀서 살아가게 되면 언제나 불만과 고통이 가득할 수밖에 없다. 그러나 다른 모든 사람을 나 자신처럼 생각하며 그들을 사랑하게 되면 그만큼 나의 삶의 무대는 넓어지고 인생의 사정을 아는 식견이 높아져서 기쁘고 유쾌하고 감사가 넘치는 삶을 지속할 수 있다. 다른 사람을 나 자신처럼 생각하는 생활은 그만큼 위대하고 고상하고 깊고 넓고 밝고 행복하고 유력한 것이다.

5 이는 너희가 그 안에서 모든 일 곧 모든 언변과 모든 지식에 풍족하므로. 이것은 바울이 감사하는 이유 중 하나인데, 곧 고린도 교회가 모든 언변과 모든 지식에 풍성하다는 것이다. 여기서 "언변"이라는 말은 헬라어로 로고스(λόγος)인데, 언변이라고 하기보다 전파된 진리(the truth preached), 또는 복음의 진리라고 하는 것이 더 적절하다. 그리고 "지식"(γνῶσις)은 그렇게 전파된 진리에 대한 깨달음이다(the truth apprehended). 크로샤이데는 여기서 "지식"이라는 단어에 대해 주석하기를, 이것은 "단순한 지식을 가리키는 것이 아니라 직관과 신앙에 근거하는 것으로서 새롭게 된 사람이 가지는 지식, 곧 하나님을

아는 지식과 관계된 것이다."라고 하였다.[6)]

6 그리스도의 증거가 너희 중에 견고하게 되어. 앞절에 말한 바와 같이 고린도 교회 신자들에게 하나님의 말씀과 그에 대한 깨달음이 풍부한 것은 그들에게 "그리스도의 증거"(사도의 전도)가 깊이 뿌리내린 증표다.

7-9절. 바울이 하나님께 감사하는 또 한 가지 이유가 여기 진술된다. 한마디로 바울은 고린도 교회가 가진 재림 신앙으로 인해 감사한다. 그런데 하나님께서는 이처럼 재림에 대한 신앙을 가진 신자들을 재림의 날까지 견고하게 지키심으로써 그날의 소망에 참여하도록 만들어 주신다. 그렇게 생각할 수 있는 이유는 하나님이 신실하시기 때문이다. 신실하신 하나님께서 신자들을 그리스도와 연합하게 하신 것을 끝까지 지키시지 않겠는가?(빌 1:6)

제1부. 사도가 고린도 교회에 대하여 꾸짖은 일들(1:10-6:20)

1. 분쟁에 대하여 꾸짖음(1:10-4:21)

(1) 분쟁의 사실에 대한 진술(1:10-17)

10 형제들아 내가 우리 주 예수 그리스도의 이름으로 너희를 권하노니 모두가 같은 말을 하고 너희 가운데 분쟁이 없이 같은 마음과 같은 뜻으로 온전히 합하라. 여기 "우리 주 예수 그리스도의 이름으로"라는 문구는 고린도 신자들에게 그리스도의 중

---

6) Eerste Brief aan Korinthe, 46. "γνῶσις kan het resultaat zijn van intuitie, van mystiek aanvoelenzelfs, is in elk geval niet uitsluitend het gevolg van onderzoek of denken, ze is een goeden kijk op de dingen; 8:1 vlg. geven de verklaring. De daar beschreven kennis is niet van puur intellect veelen aard, ze berust op inzicht zelfs op geloof, ze is kennis van den nieuwen mensch, ze wordt in verband gebracht met het kennen Gods."

보 역사(그의 수난과 승귀), 또는 그에 따른 열매를 상기시키는 것이다. 이러한 그리스도를 믿는 사람들 사이에 분쟁이 있어서는 안 된다.

"같은 말을 한다" 함은 그 발언자가 다른 사람들에게 특정 당파를 옹호하는 듯한 인상을 주지 않도록 조화 있게 말하는 것을 가리키며, "같은 마음"(ἐν τῷ αὐτῷ νοΐ)이라는 말은 사상적으로 동일한 분별력을 지니는 것을 말하며, "같은 뜻"(ἐν τῇ αὐτῇ γνώμῃ)이라는 말은 똑같은 판단을 내리는 것을 의미한다(In the same discernment and in the same judgment. Findlay).

교회의 연합을 위해서는 사상과 교훈이 통일되어야 한다는 점이 여기서 황금률로 나타나 있다.

11 **내 형제들아 글로에의 집 편으로 너희에 대한 말이 내게 들리니 곧 너희 가운데 분쟁이 있다는 것이라.** 여기서 말하는 "글로에"가 누구인지는 알 길이 없다. "분쟁"은 아직 분열에까지 이르지는 않은 다툼을 가리킨다.

12 **내가 이것을 말하거니와 너희가 각각 이르되 나는 바울에게, 나는 아볼로에게, 나는 게바에게, 나는 그리스도에게 속한 자라 한다는 것이니.** 튀빙겐 학파의 바우어(F. C. Baur)는 여기서 바울파와 아볼로파가 합하여 이방인 기독교를 대표하고 게바파와 그리스도파가 합하여 유대인 기독교를 대표하며, 두 세력의 대표 격인 바울과 베드로 사이에 서로 투쟁이 있었다고 주장한다. 그러나 이러한 학설은 올바르지 않다. 실제로 그들 사이에는 투쟁이 없었다. 이방인들을 향한 전도자로서는 사실 베드로가 바울보다 앞선다(행 10장). 그뿐 아니라 그 두 사람은 예루살렘 공의회에서 이방인 기독교를 옹호하는 일에도 함께 보조를 맞추었다. 갈라디아서 2장에서 바울이 베드로를 꾸짖은 일이 있으나 그것은 사상적인 충돌이라기보다는 일시적인 충고에 불과했다.

본문이 가르치는 것은 바울과 베드로 사이에 투쟁이 있었다는 것이 아니라, 다만 그 당시에 고린도 교회 신자 중에 바울이나 베드로 같은 지도자를 지나치게 따르면서 각각 파당을 이루는 일이 있었다는 것뿐이다. "그리스도에게 속한 자"라는 표현은 또 하나의 당파를 가리키는 의미에서 사용된 표현이기 때문에 여기에도 잘못된 점이 있다. 왜냐하면 그들은 다른 신자들을 완전히 무시하면서 자기들만 그리스도께 속한다고 주장하였기 때문이다.

13 그리스도께서 어찌 나뉘었느냐 바울이 너희를 위하여 십자가에 못 박혔으며 바울의 이름으로 너희가 세례를 받았느냐. 그리스도께서 나뉘실 수 없다. 그는 한 분이시고 온 교회의 머리가 되신다. 그러므로 신자들은 서로 분쟁할 수 없다.

바울이 십자가에 못 박힌 대속자가 아니기 때문에 바울에게 속한 교회나 신자라는 것은 있을 수 없다. 우리를 위한 대속자는 오직 예수 그리스도뿐이시다.

누구의 이름으로 세례를 받는다는 것은 그렇게 세례 받은 자가 그 이름에 속한다는 의미를 지닌다. 그리스도 외에 누가 우리에 대해 이런 권세를 주장하실 수 있겠는가?

14-15 나는 그리스보와 가이오 외에는 너희 중 아무에게도 내가 세례를 베풀지 아니한 것을 감사하노니 이는 아무도 나의 이름으로 세례를 받았다 말하지 못하게 하려 함이라. "그리스보와 가이오"는 바울의 전도를 통해 그리스도 신앙으로 돌아온 자들이다(행 18:8; 롬 16:23). 바울은 자기를 너무 위하는 자들을 반갑게 여기지 않았다. 그는 자기를 지나치게 높일 여지가 있는 자들에게 일찍이 세례 베풀 기회를 가지지 못했던 것이 도리어 다행스러운 일이라고 생각했다. 그는 그러한 사실을 감사하게 여긴다. 만일 바울이 그들에게 세례를 베풀었다면 그들이 바울을 필요 이상으로 높이게 되었을지도 모르기 때문이다.

그는 이처럼 자신의 자리를 지켰다. 다시 말해 그는 진심으로 그리스도께 돌려져야 할 어떤 영예도 가로채기를 원하지 않았다.

16 내가 또한 스데바나 집 사람에게 세례를 베풀었고 그 외에는 다른 누구에게 세례를 베풀었는지 알지 못하노라. 스데바나에 대해서는 고린도전서 16:15-17을 참조하라. 바울이 다른 사람들에게 세례를 베푼 여부를 기억하지 못한다는 것이 성

령의 영감을 받은 성경 저자인 사도로서 결격사유가 되는 것인가? 그렇지 않다. 어떤 사실에 대하여 기억하지 못하는 것을 있는 그대로 솔직하게 기억하지 못한다고 말하는 것은 그의 진실성을 보여 주는 것이다. 성경을 기록하는 영감은 인간적인 요소(하나님의 전지하심과 대비되는)를 배제하는 것이 아니다.

17 그리스도께서 나를 보내심은 세례를 베풀게 하려 하심이 아니요 오직 복음을 전하게 하려 하심이로되 말의 지혜로 하지 아니함은 그리스도의 십자가가 헛되지 않게 하려 함이라. 이 말씀은 세례를 무시하는 것이 아니고 말씀을 전하는 일이 그보다 더욱 그의 사명에 적합한 것임을 지적하는 것이다.

복음을 전할 때는 그리스도의 십자가 도리를 밝히 보여 주어야 한다. 그러므로 그는 말과 변론에서 지혜를 중심으로 삼지 않았다. 만일 말과 변론에서 지혜를 중시하면 그리스도의 십자가는 가려지고 만다. 말과 변론에서의 지혜라는 것이 여기서는 세속적인 철학 사상에 의존하는 것을 가리킨다. 이 세상 철학은 십자가를 어리석게 여기는(23절) 사상이니, 그것에 의지하여 십자가를 옹호하려는 것은 헛된 노력이다.

고린도 교회의 교인들은 철학적 지혜를 자랑하면서 서로 다투고 있었기 때문에, 바울은 여기서 철학적 지혜가 큰 가치를 지닌 것이 아님을 보여 주고 있다.

(2) 거짓 지혜와 참지혜(1:18-3:4)

1) 거짓 지혜(1:18-2:5)

18 십자가의 도가 멸망하는 자들에게는 미련한 것이요 구원을 받는 우리에게는 하나님의 능력이라. "멸망하는 자들"이라는 말은 복음을 받지 못한 불신자들을 가리킨다. 그들에게는 십자가의 도, 다시 말해 그리스도의 속죄로 구원이 성립된

다는 이치가 어리석게만 여겨진다. 왜냐하면 그들은 어디까지나 자율주의자들이기 때문에 전적으로 타율적인 속죄의 종교를 납득할 수 없기 때문이다.

"구원을 받는 우리에게는 하나님의 능력이라"라는 말씀은 다음과 같은 뜻이다. 십자가의 도는 하나님께서 홀로 계시하셨고 완성하셨으니 그것은 인간의 계획에서 난 것이 아니다. 따라서 그것이 믿음을 가지지 못한 인생에게는 불가사의한 것으로만 보인다는 것이다. 불가사의한 것은 오직 믿음으로만 받아들여질 수 있으며, 믿음으로 그것을 받아들인 자에게는 그것이 하나님의 능력이 되어 구원을 성립시킨다(롬 1:16).

19 내가 지혜 있는 자들의 지혜를 멸하고 총명한 자들의 총명을 폐하리라. 이 말씀은 이사야 29:14의 그리스어 번역인 70인역(LXX)에서 인용한 것이다. 이미 구약성경에서도 하나님의 지혜와 인간의 지혜가 전적으로 반대된다는 사실을 가르쳤다(Grosheide). 이사야 29:14은 다음과 같은 사실을 염두에 두고 말하였다. 곧 예루살렘의 정치인들은 하나님을 신뢰하지 않고 애굽과 동맹을 맺었다가 결국 실패하였는데, 이것은 하나님께서 스스로 지혜 있다고 생각하는 자들의 지혜를 멸하신 것이다(참조. 욥 5:12; 시 33:10; 렘 8:9).

20 지혜 있는 자가 어디 있느냐 선비가 어디 있느냐 이 세대에 변론가가 어디 있느냐 하나님께서 이 세상의 지혜를 미련하게 하신 것이 아니냐. 이것은 이 세상의 기준에서 지식인으로 인정받을 사람이 없다는 뜻이 아니다. 다만 그리스도의 십자가가 하나님의 최고 지혜이며, 바로 이 최고의 지혜 앞에서는 이 세상의 어떤 지혜나 지식도 대수롭지 않다는 뜻이다. 이 세상의 지혜는 인간을 구원할 힘이 전혀 없다.

"선비"(γραμματεύς)라는 말은 유대 사회의 서기관 같은 사람을 의미하고, "변론가"(συζητητής)라는 말은 헬라 철학자를 가리킨다.

"하나님께서 이 세상의 지혜를 미련하게 하신 것이 아니냐"라는 말씀에 대하여는 19절 해석을 참조하라.

21 하나님의 지혜에 있어서는 이 세상이 자기 지혜로 하나님을 알지 못하므로 하나님께서 전도의 미련한 것으로 믿는 자들을 구원하시기를 기뻐하셨도다. 인간은 자기의 지혜로 하나님을 알지 못한다. 그 원인은 그들이 범죄한 자들이기 때문이다. 그러므로 로마서 3:11에 말하기를, "깨닫는 자도 없고 하나님을 찾는 자도 없고"라고 하였다.

"전도의 미련한 것"이라는 말은 "세상 사람들이 보기에는 미련하게 여겨지는 전도"라는 뜻이다(고전 1:18 참조). 다시 말해 하나님께서는 구속 사역을 추진하시되 세상 사람들이 기대하는 것과는 전혀 다른 방식으로 하신다는 말이다.[7)]

22 유대인은 표적을 구하고 헬라인은 지혜를 찾으나. 유대인들은 하나님의 계시가 존재한다는 점을 인정한다. 그러나 그들의 문제는 그러한 계시가 자기들의 욕구대로 나타나기를 구한다는 점이었다. 그리고 헬라인들은 지혜(철학)를 구한다. 그러나 그 철학은 순전히 주지주의적인 사상으로서 하나님과는 관계없는 것이다. "표적"이라는 것은 하나님의 긍휼을 보여 주는 표현일 뿐이며 불신앙의 욕구를 채워 주는 수단은 아니다.

"지혜를 찾으나"라는 말씀에서 "찾는다"라는 동사는 호기심에 의해 바쁘게 찾아다니는 것을 의미한다. 이것은 신앙적인 계시 의존 사색과는 다른 것이다.

23-24 우리는 십자가에 못 박힌 그리스도를 전하니 유대인에게는 거리끼는 것이요 이방인에게는 미련한 것이로되 오직 부르심을 받은 자들에게는 유대인이나 헬라인이나 그리스도는 하나님의 능력이요 하나님의 지혜니라. 바울이 전하는 메시아(그리스도)는 이방 국가들을 멸망시키는 정치적 메시아가 아니고, 십자가에서 죽임당한 메

---

7) Grosheide, Eerste Brief Aan Korinthe, 74. "Paulus wijst er op, dat het Gode be haagt Zijn verlossings werk zoo te doen, dat het gansch anders is dan wat de wereld verwacht."

시아라는 점에서 유대인들의 잘못된 기대에 부응하지 못한 존재였다. 따라서 그들은 믿음을 가지기는커녕 걸려 넘어진다. 그러므로 바울의 전도가 그들에게 "거리끼는 것"(σκάνδαλον)이 된 셈이다. "거리끼는 것"이라는 용어는 문자적으로 걸려 넘어지게 하는 것을 가리킨다.

그리고 십자가에 못 박힌 그리스도를 전하는 바울의 전도가 이방인에게는 "미련한 것"이라고 하였는데, 그들이 그것을 미련하게 여긴 이유는 다음과 같다. 이방인들에게는 그리스도가 배척하는 그들만의 독특한 철학이 있었다. 그러한 철학의 편협한 관점에서 볼 때 십자가에 못 박힌 그리스도를 중심으로 삼는 사상은 미련하게 보일 수밖에 없다. 그러나 실상은 십자가에 못 박힌 그리스도가 진정한 지혜다. 누구든지 그리스도를 소유한 자는 사태의 진상을 파악할 수 있으며 생명으로 인도하는 진리를 소유하게 된다.

25 하나님의 어리석음이 사람보다 지혜롭고 하나님의 약하심이 사람보다 강하니라. 이것은 사람이 보기에 미련한 것과 약한 것을 가리킨다. 예컨대 십자가에 못 박힌 그리스도가 인간에게는 어리석고 약하게 보인다. 그러나 사람들은 죄인이기 때문에 그들의 견해가 특히 종교적인 도리에 있어서 하나님의 견해와 달라진 것이다. 그들은 하나님이 스스로 낮아지셔서 인생들의 죄의 짐을 대신 짊어지시고 그들을 동정하심으로써 그들을 구원하여 주시는 것을 이해하지 못한다. 죄 없으신 하나님의 아들이 죄인의 처지로 낮아지신 일이 사람의 눈에는 지혜와 능력으로 여겨지지 않는 듯하다. 그러나 실상은 그것이 우리의 구원을 이루는 지혜와 능력이다.

26 형제들아 너희를 부르심을 보라 육체를 따라 지혜로운 자가 많지 아니하며 능한 자가 많지 아니하며 문벌 좋은 자가 많지 아니하도다. 이것은 그 당시 그리스도인 중 대다수가 육체적으로 우수한 조건 때문에 개종된 것이 아님을 지적한다. 개종은 전적으로 하나님의 능력에 의한 것이다. 거기에는 육체적 지혜, 능력, 문벌이 전혀 영향을 미치지 못한다. "육체"라는 것은 인생의 물질적인 측면만 아

니라 정신적인 부분까지도 포괄하는 순수 자연인의 요소를 가리킨다. 신자가 그리스도의 소유가 된 것은 이와 같은 자연인의 요소로 말미암은 것이 아니다.

27 그러나 하나님께서 세상의 미련한 것들을 택하사 지혜 있는 자들을 부끄럽게 하려 하시고 세상의 약한 것들을 택하사 강한 것들을 부끄럽게 하려 하시며. 하나님 교회 구성원들이 무지자들과 약한 자들임에도 불구하고 그들을 통하여 나타나는 하나님의 능력으로 인하여 유식한 자들과 강한 자들이 부끄러움을 당한다. 이것은 물론 교회가 타락하지 않고 정상적인 모습을 유지할 때 가능한 일이다. 이 말씀은 교회 지도자들이 무식하거나 무기력해도 된다는 의미는 아니다. 지도자들은 지식이 있어야 할 뿐 아니라 인격도 구비해야 한다. 그러나 우리가 한 가지 기억해야 할 사실이 있다. 그것은 교회 지도자에게 이런 것들(지식이나 인격 등)이 근본적인 중요성을 지니는 것이 아니라는 점이다. 근본적으로 중요한 것은 하나님의 은혜와 능력이다. 지도자에게 이런 것들이 없어도 하나님의 은혜와 능력만 있으면 이 세상 사람들이 놀랄 만한 큰일을 할 수 있다.

28 하나님께서 세상의 천한 것들과 멸시 받는 것들과 없는 것들을 택하사 있는 것들을 폐하려 하시나니. 여기서 "천한 것들"(ἀγενῆ)이라는 말은 26절에 "문벌 좋은 자"(εὐγενής)라는 말과 반대된다. 다시 말해 "천한 것들"은 문벌이 높지 못한 자를 의미한다. 이것은 그 당시 종의 신분을 가진 자들을 일컫는 표현이었다. "멸시받는 것" 역시 "천한 것들"이라는 표현과 대동소이하다. 그리고 "없는 것들"이라는 말도 사실상 이 두 가지 표현("천한 것들"과 "멸시받는 것들")과 유사한 의미를 가진다. 요컨대 사람이 보기에 별로 존재의 가치를 가지지 못한 자들을 가리킨다.

이 구절의 말씀은 ① 하나님께서 인간을 평가하시는 방식이 인간의 그것과 판이하여, 하나님은 사람이 보기에 낮고 천한 자들의 편이 되어 주신다는 점과, ② 그런 자들을 통하여 큰일을 이루신다는 사실을 보여 준다. 그러므로 누구든지 낮고 천한 처지에 내던져진 자들은 도리어 하나님의 사랑을 얻을 소망이 있다. 그러므로 그런 자리에 처한 자들은 사람들을 원망하지 말고 겸손히 자기의 일을 하면 되는 것이다.

29 이는 아무 육체도 하나님 앞에서 자랑하지 못하게 하려 하심이라. 구원받는 도리에 있어서 누구든지 자기 힘을 믿거나 자랑하는 자는 주님의 보혈을 무시하는 죄를 범하는 자다. 오직 은혜로만 구원받는다는 도리를 전하는 참종교인 기독교 신자로서 자기 힘을 자랑하는 것은 가당치 않은 일이다(롬 3:27).

30 너희는 하나님으로부터 나서 그리스도 예수 안에 있고 예수는 하나님으로부터 나와서 우리에게 지혜와 의로움과 거룩함과 구원함이 되셨으니. "하나님으로부터 나서"라는 말은 우리가 그리스도 예수 안에 있도록 일을 성취하신 분이 오직 하나님이시라는 뜻이다. "그리스도 예수 안에 있고"라는 말씀은 그리스도인과 예수님의 연합된 관계를 묘사하는데, ① 예수 그리스도께서 우리를 대신하시는 관계가 그러하고, ② 우리가 그의 몸의 지체가 된 관계가 그러하며, ③ 우리의 의식 속에서 그를 믿음으로써 서로 간에 성립된 관계가 그러하다.[8)]

"예수는 하나님으로부터 나와서"라는 말씀은 그가 우리에게 지혜와 의로움과 거룩함과 구속함이 되시는데 그것이 하나님께서 성취하신 일이라는 뜻이다. 다시 말해 그리스도는 우리에게 모든 좋은 것을 의미한다. 우리가 그처럼 복된 자가 된 것은 하나님으로부터 나서 그리스도로 말미암아 이루어진 일이다.[9)]

31 기록된 바 자랑하는 자는 주 안에서 자랑하라 함과 같게 하려 함이라. 이것은 예레미야 9:23-24의 말씀을 요약하여 인용한 듯하다. "주 안에서 자랑한다"

---

8) Hodge, Commentary on the First Epistle to the Corinthians, 26.

9) Grosheide, Eerste Brief Aan Korinthe, 83. "Wat we zijn dat hebben we van God en door Christus."

함은 교만한 자랑이 아니고 도리어 겸손해지는 자랑이다. 다시 말해 자기는 오직 죄인일 뿐임을 깨닫고 현재 자신의 모습이 오직 주로 말미암은 것임을 생각하고서 주님께 감사하는 심리를 표현한 것이다. 신자가 받은 구원에 대하여 이처럼 겸손한 심리를 가지도록 하나님께서 신자들로 하여금 그리스도 안에 있게 하셨고, 또 그리스도로 하여금 그들에게 지혜와 의로움과 거룩함과 구속함이 되게 하셨다. 이것은 순전히 은혜로만 받을 수 있는 구원의 방침이다.

설교 하나님의 지혜(고전 1:21)

1. 이 세상이 자기 지혜로는 하나님을 알지 못한다.

사람이 죄를 범하여 하나님을 잃어버린 후 그는 자기 지혜로 하나님도 만들고 종교도 만들었다. 그러나 그런 것들이 사람에게 구원을 가져다주지 못한다. 그것은 깊은 바다에 빠져 죽게 된 자가 바닷물로 다리를 놓아서 구원을 받으려 하는 것과 같은 어리석은 일이다.

사람으로 하여금 하나님을 모르게 만드는 것은 바로 죄악이다. 인간은 모두 다 죄인이기 때문에 아무도 자기 지혜로는 하나님을 알 수 없다. 누구든지 자기 죄를 없앨 수만 있다면 하나님을 알 수 있을 것이다. 세상의 모든 책을 다 읽어도 하나님을 알 수는 없다. 그러나 글을 전혀 모르는 무지한 사람이라도 자기 죄를 회개하면 하나님을 알게 된다.

위대한 철학자 플라톤(Plato)은 말하기를 "창조자를 알기도 어렵고 일반인에게 알려 주기도 어렵다."라고 하였다.

2. 하나님께서 전도의 미련한 것으로 우리를 구원하신다.

"전도의 미련한 것"이라는 말은 무엇을 의미하는가? 그것은 고린도전서

1:18과 23절 말씀이 보여 주는 것처럼 십자가에 못 박힌 그리스도를 가리킨다. 왜 이것을 가리켜 미련하다고 하는가? 이 세상 지식으로는 믿을 수 없는 것이기 때문이다.

1) "십자가에 못 박힌 그리스도"는 성령으로만 깨닫는 것이다. 고린도전서 2:10-11에 말하기를, "오직 하나님이 성령으로 이것을 우리에게 보이셨으니··· 이와 같이 하나님의 일도 하나님의 영 외에는 아무도 알지 못하느니라"라고 하였다. 신령한 감동이란 것은 오직 받는 자만이 안다.

2) 십자가에 못 박힌 그리스도에 대한 도는 자연 상태에 속한 인간이 가진 어두운 지혜의 연장이 아니고 그것에 대한 심판이다. 십자가의 도는 어두움에 대한 심판이다. 그러므로 자연인은 십자가의 도를 어리석게 여긴다. 그러므로 누구든지 십자가의 도를 따르려면 자기를 부인해야만 한다. 왜냐하면 자기라는 것이 실상 그 자신의 원수이기 때문이다. 예수님께서 말씀하시기를 "누구든지 나를 따라오려거든 자기를 부인하고 자기 십자가를 지고 나를 따를 것이니라"라고 하셨다(마 16:24). 여기서 이른바 "자기 십자가를 지고"라는 말씀은 영적으로 자기를 죽여야 한다는 뜻이다. 이것은 육체적으로 고생을 감내한다는 의미는 아니다.

3) 세상 사람의 생각에 인류의 구원자라면 큰 권력이나 세력이나 영광의 소유자여야만 하는 것으로 여긴다. 그런데 구주 예수 그리스도께서 십자가에 못 박혀 죽임을 당하셨다면 그가 어떻게 구주가 될 수 있느냐고 세상 사람은 의문을 가진다. 십자가는 사형 도구 가운데서도 가장 천한 것이다. 그것은 사람을 못 박아 죽이는 형틀이다. 이를테면 오늘날의 교수대와 같으니 그것을 어찌 자랑할 수 있을까? 그것은 생각만 해도 끔찍한 것이다. 그것이 구원의 도라고 말할 때 세상 사람은 그것을 어리석게 여긴다. 하나님의 아들이 극도로 천대를 받아 자연사한 것도 아니고 가장 천한 십자가 형틀에 못 박혀 죽은 것은 그가 우리 대신 저주를 받은 것이다. 갈라디아서 3:13에 말

하기를 "그리스도께서 우리를 위하여 저주를 받은 바 되사 율법의 저주에서 우리를 속량하셨으니"라고 하였다.

4) 십자가의 도는 믿음으로만 깨달을 수 있는 도리이며, 우리가 그것을 전적으로 이해하기는 어렵다. 믿음의 영역에 진입하기 위해서는 인간적인 이해를 희생해야만 한다. 로마서 1:17에 말하기를 "복음에는 하나님의 의가 나타나서 믿음으로 믿음에 이르게 하나니"라고 하였다.

그러므로 십자가의 도가 이 세상 사람이 보기에는 "미련한 것"이지만, 이는 하나님의 지혜다.

설교 하나님이 기쁘게 사용하시는 네 가지 형편(고전 1:26-31)

하나님의 복음은 부유층이나 권력층에 속한 사람들을 배척하는 것이 아니다. 권력층에 속한 사람들은 여러 가지 특권을 누리며 살기 때문에 교만하여 복음을 환영하지 않는다. 그러면 하나님께서 기뻐하시는 네 가지 형편은 무엇인가? 그것은 "미련함", "약함", "천함"(멸시받음), 그리고 "없는 것"이다. 이 네 가지는 하나님의 네 가지 군대라고 할 수 있다(Moody). 그 네 가지가 하나님의 손에 잘 사용되어 승리를 거둔다.

1. 이 네 가지와 겸양의 덕

"미련함"은 지식이 부족함을 의미하는데, 자신의 얄팍한 지식 때문에 교만하여져서 하나님을 무시하는 선입견을 갖는 것보다는 차라리 미련한 것이 낫다. 복음은 반지식주의를 찬성하지는 않는다. 그러나 교만을 수반하는 지식은 성경에서 정죄당한다(고전 8:1). "약함"이 그 자체로 승리는 아니다. 그러나 강하여 교만한 것보다는 약한 것이 유익하다. 교만은 언제나 하나님이 미워하시는 것이다. 하나님은 교만한 자를 통하여 영광 받기를 원치 않으신다. 약한 자가 그 약한 것 때문에 겸손하게 되면 하나님이 사용하시는 그릇이 된다.

"천함"과 "없는 것" 역시 겸양의 미덕이 깃들기 좋은 형편이다. 그렇기 때문에 하나님께서 이런 형편에 있는 사람들을 권고하신다.

2. 이 네 가지는 하나님의 능력이 나타나기 좋은 바탕이다.

빛은 밝은 데서보다 어두운 데서 그 본색을 잘 드러낸다. 태양 빛 가운데 촛불을 켜면 그 빛이 좀처럼 드러나지 않는다. 그와 같이 하나님의 능력이 세상 사람들에게 현저히 나타나려면 그 능력이 역사하는 대상이 강한 것이어서는 안 된다. 하나님의 능력이 역사하는 대상은 미련하고, 약하고, 천하고, 아무것도 없는 것이어야 할 것이다.

3. 이 네 가지 형편은 세상 사람이 하나님 자신에 대해 생각하는 형편이다.

세상 사람은 ① 하나님의 십자가의 도를 미련한 것으로 여긴다. ② 그리고 하나님께서는 이 세상에 대하여 약한 자처럼 행동하신다. 그는 아무리 악한 사람들이라도 얼른 벌하시지 않는다. 그뿐 아니라 ③ 하나님께서 세상 사람들에게 얼마나 천대와 멸시를 당하시는가? ④ 그들은 하나님을 하나님답게 섬기지 않으며 하나님이 계시지 않는 것처럼 여긴다.

그러므로 이 네 가지 형편을 기꺼이 감내하는 자는 하나님이 이 세상에서 당하시는 형편에 동참하게 되는 것이다. 이처럼 하나님께서도 이 네 가지 형편을 당하심으로써 "지혜 있는 자", "강한 자", "있는 자"를 부끄럽게 하신다. 이 네 가지 형편은 승리하여 귀하게 되는 비결이다.

설교 하나님이 선택하시는 그리스도인의 처세(고전 1:26-31)

1. 하나님은 우리 그리스도인들이 어떻게 처세하기를 원하시는가?

하나님이 보시기에 승리하는 처세는 어떤 것인가? 그것은 본문 27-29절에 밝히 드러난다. 곧 "하나님께서 세상의 미련한 것들을 택하사 지혜 있는 자들을 부끄럽게 하려 하시고 세상의 약한 것들을 택하사 강한 것들을 부끄럽게 하려 하시며 하나님께서 세상의 천한 것들과 멸시 받는 것들과 없는 것들을 택하사 있는 것들을 폐하려 하시나니 이는 아무 육체도 하나님 앞에서 자랑하지 못하게 하려 하심이라"라고 하였다.

이 말씀을 보면 그리스도인은 ① 미련해야 한다. 여기서 말하는 "미련함"은 세상 사람이 보기에 미련한 것인데, 이는 그리스도인이 미련한 자처럼 주를 믿어야 한다는 말이다. 세상 사람은 보이지 않는 하나님을 믿을 수 없다고 말한다. 그러나 우리는 믿는다. 우리의 신앙은 성령과 하나님 말씀으로 성립되는데, 누구든지 일단 그리스도를 믿으면 그 믿음은 이 세상 사람의 합리적인 생각으로는 이해할 수 없는 특수한 합리성을 지녔다는 것을 깨달을 것이다. 신령한 감동을 받아 본 경험이 없는 자는 이런 신앙을 어리석게 여긴다. 이런 신앙의 소유자는 자기 신앙의 이유가 전적으로 하나님께 있는 것이지 자기의 지혜에 있는 것은 아니라고 생각한다. 따라서 그는 자기의 지혜에 아무런 가치를 두지 않고 스스로 미련한 듯이 믿음만을 주장한다. 믿음은 인간의 지혜를 희생할 때 생긴다. 그리스도인은 또한 ② 약한 생활을 해야 한다. 여기서 약하다는 말은 도덕적 연약성을 가리키는 것이 아니라, 세력이 없고 적대적인 자세를 강력하게 취하지 않는 것을 가리킨다. 악마와 죄악의 세력 앞에서는 지지 않으나 그 외에는 천만 가지의 적대 행위 앞에서 필요하다면 지는 처세다. 사도 바울은 말하기를, "나에게 이르시기를 내 은혜가 네게 족하도다 이는 내 능력이 약한 데서 온전하여짐이라 하신지라 그러므로 도리어 크게 기뻐함으로 나의 여러 약한 것들에 대하여 자랑하리니 이는 그리스도의 능력이 내게 머물게 하려 함이라 그러므로 내가 그리스도를 위하여 약한 것들과 능욕과 궁핍과 박해와 곤고를 기뻐하노니 이는 내가 약한 그 때에 강함이라"(고후 12:9-10)라고 하였다. 루터는 이 부분의 말씀에 대하여 주석하기를, "하나님은 사람의 생각과는 정반대 법칙으로 일하신다."라고 하였다. 이 말의 의미는 이를테면, 하나님께서 인간을 취급하실 때 스스로 높이는 자는 낮추시며 자신을 강하게 여기는 자는 약하게 만드신다는 것이다.

독수리나 사자의 고기는 하나님께 바치는 제물로 사용될 수 없지만, 양이나 비둘기는 제물로 사용된다. 흔히 영웅의 기질을 타고난 사람들은 자신을 극복하지 못하고 자신을 내세운다. 그러므로 그들은 하나님께 합당하지 않다.

이삭의 생애를 살펴보면 "연약"의 의미를 어느 정도 깨달을 수 있는데, 그는 우물을 팠다가 블레셋 사람에게 세 번이나 빼앗겼어도 양보하였다(창 26:12-21). 그러나 하나님께서 결국은 그를 축복하셔서 그를 안전지대로 인도하셨다(창 26:32). ③ 그리스도인은 업신여김을 받는 자리에 머물러야 한다. 이것은 신자가 세상 사람의 업신여김을 달게 받아야 한다는 말이다. 하나님은 이런 형편에 처한 사람을 통하여 있는 것들을 폐하신다. 그리스도인은 남들이 업신여기기 전에 먼저 스스로가 자신을 업신여긴다. 브래드포드(Bradford)는 말하기를 "나는 땅이 용납해 둘 가치 없는 외식하는 가련한 자다."라고 하였다. 로마 제국의 하드리아누스(Hadrian) 황제 때에 심포리사(Symphorissa)라는 여성도가 순교하였는데, 그녀는 머리카락이 묶여 매달렸으며, 나중에는 사람들이 돌을 그의 몸에 잡아매어 거꾸로 강에 내던졌다. 이와 같은 죽음은 세상에서 그가 얼마나 업신여김을 받았는지를 보여 주는 예다. 그가 이렇게 세상에서는 업신여김을 받았으나 천국에서는 지극히 높임을 받았다.

2. 이와 같은 처세의 목적은 무엇인가?

① 자기 자랑을 막기 위함이다(29절). 자기 자랑은 해롭다. 자기 자랑은 망하는 자리로 가는 지름길이다. 인생은 자기를 바로 보지 못한다. 예레미야 17:9에 말하기를 "만물보다 거짓되고 심히 부패한 것은 마음이라"라고 하였으니, 사람이 이런 마음을 가지고 자기를 칭찬한다면 그것은 어리석은 것일 수밖에 없다. 사람이 자기를 부인하고 주님을 따라야 하는데 어떻게 자기를 부인할 수 있을까? 마태복음 16:24에 말하기를, "누구든지 나를 따라오려거든 자기를 부인하고 자기 십자가를 지고 나를 따를 것이니라"라고 하셨다. 여기서 이른바 자기를 "부인"하라는 말(ἀπαρνησάσθω)은 자기를 버리라는 뜻이니, 이는 자신의 욕심, 자신의 죄악, 자신의 의까지 버리라는 뜻이다. 순교자 로버트 스미스(Robert Smith)는 자기 아내에게 편지하기를, "마귀에게 원수가 돼라. 특별히 당신 자신에게 원수가 돼라."라고 하였다. 그런데도 누군가가 자기를 자랑한다면, 그것은 자기를 망하게 할 원수를 잘 돌보고 양육하는 셈이니 어리석은 일이다. ② 주 안에서 자랑하기 위함이다(고전 1:30-31). 우리 그리스도인들이 주 안에서만 자랑해야 하는 이유가 30절에 기록되어 있다. 그것은 우리에게 구원을 가져다주는 모든 축복이 주님으로 말미암기 때문이다. 이 모든 축복은 지혜, 의, 성결, 구속인데, 그것들은 그리스도 안에서 우리에게 주어진다. 또한 그리스도는 하나님으로부터 나셨고 우리가 그와 연합한 것도 오직 하나님으로 말미암은 것이다. 그러므로 우리는 우리 자신으로 말미암아서가 아니고 전적으로 주님으로 말미암아 구원을 받았다. 그러므로 우리는 오직 주만 자랑해야 한다. 이 자랑은 교만이 아니며, 다른 모든 것들은 아무리 귀하게 보이는 것이라도 배설물로 여기고 그리스도만을 귀히 여기는 것을 뜻한다(빌 3:7-8).

제 2 장

⚜ 개요

자연인(거듭나지 못한 자)의 지혜와 영적 지혜

1. 바울은 앞 장에 이어서 계속 자신의 전도는 세상의 지혜에 따른 것이 아니라 하나님의 능력에 의한 것임을 지적한다(1-5절). 그가 이렇게 말하는 동기는 고린도 교회 교인들로 하여금 사람을 자랑하면서 파당을 이루는 폐단이 얼마나 잘못된 것인지를 깨닫게 하려는 것이다.

전도자로서 바울은 비길 데 없는 모범이다. 인간은 허영을 좋아하여 전도할 때도 "말과 지혜의 아름다움"으로 사람들을 끌어 보려고 한다(2:1). 그러나 그것은 그리스도를 전파하는 것이 아니고 자기 자신을 전하는 것이다. 오늘날에는 이런 사람이 교계에 적지 않다. 그들은 실상 교회의 일을 돌보는 자들이 아니고 자기들의 사사로운 공명심을 돌보는 자들이다. 그들이 이렇게 행동함으로써 결국 교회를 당파 싸움의 장으로 만들었다.

2. 진정한 지혜는 복음이고(6-9절), 그 지혜의 근원은 성령이다(10-16절).

바울은 여기서 그의 교훈의 대상을 "온전한 자들"(τοῖς τελείοις)로 삼는다. "온전한 자들"이란 바울의 전도를 참된 지혜로 받아들이는 자들이다. 고린도 교회에는 온전하지 못하고 미숙한 자들도 있었으니, 그들은 바울의 교훈을 업신여기고 이 세상 지혜를 중요시하였다.[10] 어떤 학설은 여기서 말하는 "온전한 자들"의 지혜가 기독교 복음 가운데 좀 더 심오한 요소를 의미한다고 한다. 그러나 이 학설은 잘못된 것이다. 왜냐하면 바울이 여기서 "지혜"라고 한 것은 다만 예수 그리스도가 십자가에 못 박혀 죽으심으로 속죄를 이루신 사실을 가리키기 때문이다. 그 지혜가 "감추어졌던 것"이라는 말은(7절), 리델보스(H. N. Ridderbos)가 설명한 것처럼, 인간의 신비 체험이 불충분함으로 말미암은 몰이해를 가리키는 것이 아니고 역사적으로 지혜가 감추어졌던 시기가 있었음을 가리킨다. 그러므로 이 지혜는 그리스도의 초림과 동시에 누구든지 그의 안에서 볼 수 있고 들을 수 있었던 진리를 뜻한다(마 13:11). 그러므로 이 지혜, 곧 "하나님의 깊은 것"(고전 2:10)은 결국 어떤 주관적이고 내부적인 깨달음을 가리키는 것이 아니고 그리스도 안에서 이루어질 구속에 관한 하나님의 구원사적 방편을 가리킨다. 그러므로 여기서 "지혜"라는 것은 그리스도의 십자가를 내용으로 한 것이다.[11]

3. 바울은 앞에서 언급한 계시된 "지혜", 곧 객관적인 그리스도의 십자가를 깨닫게 하는 일도 성령으로 말미암는다고 말한다(고전 2:10-16). 바울이 성령의 계시라고 말하는 것은 결코 앞에 말한 객관적인 구원사적 사건, 곧 그리스도의 십자가와 별개의 것이 아니다. 그것은 역사적 그리스도에 대한

10) Grosheide, The International Commentary on the New Testament, 63.

11) Paulus En Jezus, 61. "Daarom heeft de 'wijsheid Gods' van het kruis van Christus tot inhoud."

전파를 종교적으로나 윤리적으로 실현하는 새로운 건설의 역사다.[12)]

고린도전서 2장에서 바울이 말하는 것 가운데 첫 번째 요소는 전도자들과 관련된 사안들이다(1-7절). 그러나 이후로는 점차 일반 신자들도 포함하는 모든 성도가 받은 신령한 은혜에 대하여 말한다(Grosheide).

⚜ 해석

1 형제들아 내가 너희에게 나아가 하나님의 증거를 전할 때에 말과 지혜의 아름다운 것으로 아니하였나니. "하나님의 증거"라는 말은 전도 행위를 의미한다. "말과 지혜의 아름다운 것"은 웅변이나 철학적인 겉치장을 가리키는데 전도자가 그런 모습으로 나타나면 결국 그런 것에 사로잡히고 그리스도와 하나님 말씀에 붙들리지 않는다. 그런 전도자가 웅변가나 철학자는 될지 모르나 진정한 전도자는 될 수 없다.

2 내가 너희 중에서 예수 그리스도와 그가 십자가에 못 박히신 것 외에는 아무 것도 알지 아니하기로 작정하였음이라. 바울이 고린도에 간 목적은 다만 그리스도를 전하려 함이었다. 이 점에 관하여 그는 좀 더 자세하게 설명하는데, 곧 그가 그리스도를 전하되 그를 일개 선생이나 모범으로 삼을 만한 완전한 사람, 혹은 인류 발전의 새 출발점으로서의 지도자로 소개하기보다는 그를 십자가에 못 박히신 그리스도라고 전파하였다는 것이다(Hodge). 이것은 속죄자이신 그리스도를 전파하는 것으로서 진정한 의미에서의 전도라고 할 수 있다.

일설에 바울의 이 같은 결심은 그가 일찍이 아덴에서 철학만을 가지고서

---

12) Ridderbos, idem. 62. "veelmeer het verneuwende en opbouwende werk van de H. Geest waardoor de prediking van historische Christus haar religieuze en zedelijke toepasssing en uitwerking ontvangt."

변론하고 십자가에 못 박히신 그리스도를 전하지 않았던 것을 후회하면서 한 말이라고 한다(Stanley Jones). 그러나 그것은 그릇된 학설이다. 실상 바울의 아덴 설교는 십자가의 복음을 배제한 것이 아니었다. 그는 아덴에서도 예수님의 부활에 대하여 말하였고(행 17:18) 단지 자연 신학만 소개한 것은 아니었다.

3 내가 너희 가운데 거할 때에 약하고 두려워하고 심히 떨었노라. 바울의 "약함"에 대하여 라이트푸트(J. B. Lightfoot)는 여섯 가지를 열거한다. ① 그의 육신의 질병(갈 4:13), ② 그의 육신적인 외모가 뛰어나지 못했다는 사실(고후 10:10), ③ 그의 뛰어나지 못한 언변(고후 10:10), ④ 고독감으로 인한 심적인 압박(고후 2:13), ⑤ 핍박당할 때 보호받을 방편이 없었다는 사실, ⑥ 하나님 말씀을 합당하게 나타내기 어려운 일반적 결함이다.[13] 그러나 크로샤이데(Grosheide)는 바울의 "약함"이 현실적으로 존재했던 육체적인 약점을 가리키는 것이 아니라 단지 연약함을 느끼는 그의 심리를 뜻한다고 주장한다.[14] 이것은 그가 전도하는 중에 자기 능력의 부족함을 느끼면서 자아를 신뢰하지 못하게 된 심리 상태를 가리키는 것이다(Hodge). 어쨌거나 이러한 심리 상태는 전도자에게 필요한 것이다(참조. 고후 7:15; 빌 2:12; 엡 6:5). "두려워하고 심히 떨었"다는 사실 역시 앞에 말한 "연약"한 심리의 결과다.

4 내 말과 내 전도함이 설득력 있는 지혜의 말로 하지 아니하고 다만 성령의 나타나심과 능력으로 하여. "말"(λόγος)은 전도하는 데 사용되는 언변을 가리키고, "전도"(κήρυγμα)는 그 언변의 근거가 되는 그리스도 사건을 가리킨다. 바울은 언사의 기교로써 사람들을 끌어들이지 않고 다만 성령의 나타나심과 능력에 의하여 그들을 하나님께로 인도하였다. "성령의 나타나심"은 내부적으로

---

13) Notes on Epistles of St. Paul, 171-172.

14) Eerste Brief Aan Korinthe, 89.

인간의 심령에 역사하는 것이고, "능력"은 외부적으로 나타나는 이적을 가리킨다(Hodge). "하나님의 나라는 말에 있지 아니하고 오직 능력에 있음이라"(고전 4:20).

5 너희 믿음이 사람의 지혜에 있지 아니하고 다만 하나님의 능력에 있게 하려 하였노라. 믿음이 인간의 지혜에 근거하면 인간의 지혜가 고갈될 때 믿음도 고갈될 수밖에 없다. 그러므로 믿음이 영원성을 보존하기 위해서는 하나님의 능력에 의존해야 한다.

칼빈(Calvin)은 말하기를, 인간을 의뢰하지 않고 오직 하나님께만 의지하고 안식하는 것이 믿음의 본질인데, 믿음이 그만한 견고성을 가져야 지옥의 모든 공세 앞에서도 실패하지 않고 끝까지 견디어 나간다고 하였다.[15)]

2) 참지혜(2:6-3:4)

6 그러나 우리가 온전한 자들 중에서는 지혜를 말하노니 이는 이 세상의 지혜가 아니요 또 이 세상에서 없어질 통치자들의 지혜도 아니요. 일설에 여기서 "온전한 자들"(τελείοις)이라는 말은 성숙한 신자들을 가리킨다고 하고 바울이 그들에게 지혜를 말하겠다는 것은 그들에게 기독교의 고차원적인 교리를 가르치겠다는 뜻이라고 한다. 그러나 이 학설은 합당하지 않다. 왜냐하면 ① 고린도전서 2장에서 사도는 초급 신자와 고급 신자를 비교하는 것이 아니라, 다만 일반 신자와 불신자를 구분하여 대조할 뿐이기 때문이며, ② 그가 지혜라고 표현한 것은 십자가에 못 박히신 그리스도를 전하는 평이한 복음일 뿐이고 무슨 고차원적인 교리를 가리키는 것이 아니기 때문이며(1:24), ③ 사도가 말하려던 지혜(2:6)를 8절에 말하였는데, 그것이 평이한 십자가 복음일 뿐이기 때문이다. "이 세상의 관원"(τῶν ἀρχόντων τοῦ ἀιῶνος τούτου)이라는 말은 이

---

15) Calvin's Commentary on Corinthians, 101.

세상의 지도자들(과학이나 철학, 혹은 예술 분야의 지도자들)을 가리키는 것이지 정부의 관료들을 지칭하는 것이 아니다(Hodge, Lightfoot).

7 오직 은밀한 가운데 있는 하나님의 지혜를 말하는 것으로서 곧 감추어졌던 것인데 하나님이 우리의 영광을 위하여 만세 전에 미리 정하신 것이라. 바울은 앞절에서 언급한 지혜가 무엇인지를 여기서 알려 준다. 그 지혜는 ① 비밀히 감추어져 있던 것이며 하나님의 계시에 의하지 않고서는 알 수 없는 것이다. ② 그 지혜는 하나님의 지혜다. 헬라어 원문(Θεοῦσοφίαν)에 의하면 "하나님의"라는 소유격이 강조되어 그 지혜가 하나님에게서 유래했다는 사실을 힘 있게 지적한다. ③ 그 지혜는 감추어진 것이다. 그것은 하나님께 속한 지혜이기 때문에 오묘하여 누구든지 지식의 힘으로는 알기 어렵고 거듭남으로써 하나님을 향한 사랑을 가져야만 비로소 알 수 있는 것이다. 그러므로 이 지혜, 곧 복음을 핍박하고 증오하는 자는 지혜에서 멀어져 그것을 깨닫지 못한다. ④ 그 지혜는 하나님께서 만세 전에 미리 정하신 것이다. 그것은 불완전한 것이 아니기 때문에 더 이상 성장할 것도 없고 변화될 것도 없다. 그것은 처음부터 완전한 형태로 만세 전에 예정되어 있었다. ⑤ 이 지혜의 목적은 우리의 영광을 위한 것이다. 우리의 영광이라는 것은 하나님께서 성령으로 우리 속을 밝혀 주시고 객관적으로 우리를 높여 구원하여 주심을 가리킨다(Lightfoot).

8 이 지혜는 이 세대의 통치자들이 한 사람도 알지 못하였나니 만일 알았더라면 영광의 주를 십자가에 못 박지 아니하였으리라. 여기서 "통치자"라는 용어도 지도자들을 가리킨다. "영광의 주"라는 말은 그리스도의 신성을 염두에 둔 표현이다(시 24:10; 행 7:2; 약 2:1; 엡 1:17). 그들이 영광의 주를 십자가에 못 박았으니 그들의 어두움은 말할 수 없는 정도였다(Hodge).

크로샤이데(Grosheide)는 말하기를 "그리스도께서 우리를 인도하여 가시는 목표는 영광이다(고전 2:7 하). 그 자신이 영광을 소유하셨기 때문에 그

만큼 우리를 그리로 인도하시기에 용이할 것이다."라고 하였다.[16)]

9 기록된 바 하나님이 자기를 사랑하는 자들을 위하여 예비하신 모든 것은 눈으로 보지 못하고 귀로 듣지 못하고 사람의 마음으로 생각하지도 못하였다 함과 같으니라. 이 구절은 구약성경 어느 책에서 인용한 것인지 알 수 없다. 짐작하기로는 이사야 64:4과 65:17 같은 구절들을 혼합하여 인용한 듯하다. 이 구절의 의미는 그리스도인이 믿은 복음의 지혜가 하나님의 계시로 말미암지 않고는 인간에게 알려질 수 없다는 것이다.

10 오직 하나님이 성령으로 이것을 우리에게 보이셨으니 성령은 모든 것 곧 하나님의 깊은 것까지도 통달하시느니라. 인간은 죄로 인하여 어두워졌기 때문에 하나님을 알지 못한다. 그러므로 성령으로 말미암은 계시가 아니고는 인간이 하나님의 구원의 깊은 경륜을 깨달을 수 없다. 그는 이 계시를 오직 믿음을 통해서만 받는다.

11 사람의 일을 사람의 속에 있는 영 외에 누가 알리요 이와 같이 하나님의 일도 하나님의 영 외에는 아무도 알지 못하느니라. 이 말씀은 하나님의 일들에 대해 인간이 지식을 얻는 방편도 오직 하나님 자신으로 말미암는다는 의미다. 동양의 격언에도 "성인이어야 성인을 안다"(聖人能知聖人)라고 하였다. 사람은 사람의 영이 알고 하나님은 하나님의 영이 아신다. 이와 같은 논법은 계시 종교의 원리를 명백히 보여 준다. 이 논법에 따르면 인간은 자율적 지식으로 하나님을 파악하려 할 것이 아니라 다만 계시 의존 사색에 따라 그를 믿을 뿐이다.

12 우리가 세상의 영을 받지 아니하고 오직 하나님으로부터 온 영을 받았으니 이는 우리로 하여금 하나님께서 우리에게 은혜로 주신 것들을 알게 하려 하심이라. 여기서 "우리"라는 말은 원칙적으로 사도들을 가리키지만, 암시적으로는 일반 신자들도

---

16) Eerste Brief Aan Korinthe, 99. "δϵ δόξα is het einddoel, waartoe Jezus ons brengt en Hij kan doen, omdat Hij zelf δόξα bezit, 2kor 3:18, Fil 3:20."

포함한다(J. B. Lightfoot). 이 구절은 하나님께서 우리 인생들을 위하여 객관적으로는 은혜의 계시를 주셨고 주관적으로는 그것을 받을 가능성까지 주셨다는 말씀이다. 계시를 깨닫는 것도 인간의 자력으로는 할 수 없는 일이다.

13 우리가 이것을 말하거니와 사람의 지혜가 가르친 말로 아니하고 오직 성령께서 가르치신 것으로 하니 영적인 일은 영적인 것으로 분별하느니라. 이 구절은 유기적 영감설을 가리킨다고 할 수 있다(Hodge). 다시 말해 사도 바울은 신령한 교리들을 가르치기 위하여 성령께서 가르치신 것으로(ἐν διδακτοῖς πνεύματος ἁγίου) 말한다는 것이다. 바울은 여기서 자기의 말이 자료에 있어서나 사상에 있어서나 성령께서 가르쳐 주신 바를 따르는 것이라고 강변하는 것이다(Knowling).

14 육에 속한 사람은 하나님의 성령의 일들을 받지 아니하나니 이는 그것들이 그에게는 어리석게 보임이요, 또 그는 그것들을 알 수도 없나니 그러한 일은 영적으로 분별되기 때문이라. 여기서 "육에 속한 사람"(ψυχικὸς ἄνθρωπος)이라는 말은 영혼의 사람이란 뜻이니, 말하자면 거듭나지 않은 자연인을 가리킨다. 이것은 신령한 사람(πνευματικὸς ἄνθρωπος)과 정반대의 사람이다. 이런 사람은 깨닫는 것이 감성적(sensualistic) 측면에 국한되어 있다. 감성적인 것은 육적인 것이다.

15 신령한 자는 모든 것을 판단하나 자기는 아무에게도 판단을 받지 아니하느니라. 여기서 "모든 것"이라는 말은 신령한 것들에 국한하여서 사용된 말이다. 그러면 신령한 자, 다시 말해 성령을 받은 자는 신령한 진리를 깨달으며 그 맛을 안다. 그러나 자기 자신은 하나님 말씀에 근거하고 있는 자이기 때문에 인간의 판단에 좌우되지 않는다. 그의 신앙생활은 신령한 진리로 성립되는 것인데, 신령한 것을 모르는 자연인들은 그것을 바로 이해하여 판단할 수 없다.

16 누가 주의 마음을 알아서 주를 가르치겠느냐 그러나 우리가 그리스도의 마음을 가졌느니라. 자연인은 신령한 것을 깨닫지 못하기 때문에(15절 해석 참조) 영적인 주님의 마음을 알지 못한다(사 40:13). 그러나 그리스도인들은 거듭났기 때문에 성령을 소유하고 있다. 이는 곧 주님의 마음을 가진 것과 마찬가지다.

설교 십자가의 도에 대한 지식(고전 2:1-5)

1. 예수 그리스도에 대한 지식

예수 그리스도라는 말은 예수님이 곧 그리스도시라는 뜻이다. 사람은 누구나 메시아(그리스도=기름부음을 받은 구세주)를 갈망하는 심정을 가지고 있다. 모든 종교는 그와 같은 갈증의 표현이다. 그러나 메시아를 보내 주신다는 하나님의 약속이 먼저 주어진 다음에 메시아가 찾아왔음을 가르치는 종교는 오직 기독교뿐이다. 기독교는 말씀하시는 하나님을 우리에게 알려 줄 뿐 아니라, 말씀하신 그대로 메시아가 오신 사실을 전파한다. 나사렛 사람 예수께서 메시아라는 것은 천지를 진동시키는 큰 소식이었다. 구약에서 456번이나 예언된 대로 메시아가 오셨는데 그가 곧 예수 그리스도시다. 바울은 여기서 예수 그리스도에 대한 교리를 알려 한다고 말하는 대신에, 예수 그리스도 자신을 알기로 결심했다고 말한다. 왜냐하면 우리의 관심사는 예수 그리스도에 대한 교리가 아니라 그분 자신이기 때문이다. 그는 우리에게 자기 자신을 주심으로써 우리의 소유가 되기까지 하셨다. 그렇다면 우리는 우리에게 주어진 그리스도 자신을 알아보아야 하지 않겠는가?

우리에게 소유로 주어지신 예수 그리스도는 "하나님이 우리와 함께하심"을 보여 주는 오묘한 진리가 되신다. 이 오묘한 진리를 우리가 모른 체할 수 있겠는가? 이 오묘한 진리야말로 이적 중의 이적이다. 하나님께서 피조물인 인간의 본성을 입으시고 이 세상에 오셨다는 사실은 하나님을 알게 하는 참된 빛이요, 하나님과 사람이 화목하게 되는 참된 방법이며, 사람을 영원한 영광으로 인도하는 참된 길이다.

그는 죽음 가운데 머물러 계시지 않고 살아 계신다. 우리는 생명이 없는 과학의 지식도 알기를 원하는데, 하물며 살아 계신 이를 알고자 하는 것은 당연한 일이다.

더욱이 그는 우리를 대신하여 속죄를 이루시고 살아 계시기 때문에 우리와 밀접한 관계를 맺고 계신다. 그러므로 바울은 말하기를 "내가 그리스도와 그 부활의 권능과 그 고난에 참여함을 알고자 하여 그의 죽으심을 본받아 어떻게 해서든지 죽은 자 가운데서 부활에 이르려 하노니"라고 하였다(빌 3:10-11).

우리는 마침내 그리스도의 형상을 이루어 갈 소망을 가졌고(고후 3:18), 결국 그와 같이 될(그는 하나님이시고 우리는 사람일 뿐이라는 차이는 영원히 남아 있으나) 소망도 가졌다(요일 3:2-3).

2. 그가 십자가에 못 박히신 것만을 알기로 결심함

그리스도께서 십자가에 못 박히신 사건의 귀중함을 깨달을 수 있는 자는 누구인가? 그것은 죄악의 고통을 느껴 본 자다. 공기가 귀한 줄은 누가 아는가? 그것은 공기 없는 곳에서 질식할 지경에 처해 봤던 사람이다. 누가 자기 죄악의 고통을 느끼는가? 양심을 소유한 자들이 어느 정도 그것을 느낀다. 나의 양심이라는 것이 나를 꾸짖을 수 있는 것이다. 아담이 범죄한 후에 동산 나무 사이에 숨은 것은 양심의 가책 때문이었다(창 3:8). 사람은 짐승과 달라서 극단의 희생을 당하더라도 자신의 잘못에 대해 책임지고자 하는 마음을 갖는다. 그것이 양심인데, 이는 하나님이 주신 것이다.

미국 미시건(Michigan) 호숫가에서 어떤 사람이 사람을 죽여서 물에 던졌다. 그러나 3일 후에 그 시체가 물에 떠서 호숫가에 있는 살인자의 집 가까이 떠내려왔다. 그는 그것을 보고 경찰서에 가서 자수하였다고 한다. 이것은 양심의 움직임에 따른 행동이다. 워싱턴주에서도 살인 사건이 있었는데, 3년 후에 범인을 검거했더니 그가 말하기를 "잘되었다. 내가 3년 동안 양심이 괴로워서 지옥의 고통을 느꼈다."라고 말했다고 한다. 사람은 양심으로도 어느 정도 죄에 대한 고통을 느낀다. 그러나 사람의 양심은 어두워졌기 때문에 죄를 깨닫는 경우가 많지 않으며, 깨닫더라도 자신의 죄에 대한 고통을 약하게 느낀다. 우리가 우리의 죄를 깨달으려면 하나님 말씀 앞에 서야 한다. 그러므로 요한1서 3:20에 말하기를 "이는 우리 마음이 혹 우리를 책망할 일이 있어도 하나님은 우리 마음보다 크시고 모든 것을 아시기 때문이라"라고 하였다. 우리가 하나님의 말씀 앞에 설 때 우리는 바울처럼 탄식하지 않을 수 없다. "오호라 나는 곤고한 사람이로다 이 사망의 몸에서 누가 나를 건져내랴"(롬 7:24).

이 점에서 우리는 비로소 속죄자의 필요성을 느낀다. 다시 말해 우리의 죗값을 담당하고 구원해 주실 자를 요구해 마지않게 되는 것이다. 예수 그리스도가 십자가에 못 박히신 사건은 바로 우리의 이 같은 요구에 응답하여 주신 하나님의 사랑이다.

기독교는 속죄의 진리를 토대로 삼고 있다. 구약은 이 진리를 예언하였고 신약은 이 진리로 실현된 사건, 요컨대 그리스도께서 죽었다가 다시 살아나신 사건을 전파하는 것이다.

설교 영적 지식(고전 2:6-16)

지식의 종류는 여러 가지다. 짐승이 아는 정도의 지식이 있고 일반적인 사람들이 아는 정도의 지식도 있다. 일반적인 사람들이 아는 것은 기계적 지식인데 이보다 더 수준 높은 지식, 곧 영적 지식도 있다. 영적 지식은 인간의 이성과 지력으로 다룰 수 없는 대상을 목표로 한 것인데, 그것을 가리켜 초자연적 지식이라고 한다. 이것은 하나님께서 우리에게 주신 은혜들을 밝혀 주기 위한 지식이다.

이 영적 지식은 오직 신앙으로만 얻을 수 있다. 그러나 이 신앙은 사람이 자기 힘으로 선택하는 것이 아니고 하나님 말씀의 권위 앞에서 순종함으로써 얻을 수 있는 것이다. 우리는 하나님 말씀의 권위에 순종함으로써 그리스도 안에서 주어진 은혜에 접촉하여 그것을 누릴 수 있다.

1. 사람은 영적 지식으로 말미암아 죄를 확실히 깨닫고 하나님을 가까이 알게 된다.

바울이 에베소에서 전도할 때 마술사들이 요술책을 모아 가지고 와서 모든 사람 앞에서 불사르고 주님께로 돌아왔다(행 19:19). 죄에 대한 분명한 깨달음은 하나님의 말씀을 전할 때 이루어지는 성령의 역사로 말미암는다. 고린도후서 7:11에 기록된 것처럼 죄에 대한 회개는 다음과 같이 일어난다. 말하자면 "하나님의 뜻대로 하게 된 이 근심이 너희로 얼마나 간절하게 하며 얼마나 변증하게 하며 얼마나 분하게 하며 얼마나 두렵게 하며 얼마나 사모하게 하며 얼마나 열심 있게 하며 얼마나 벌하게 하였는가"라는 말씀과 같다. 이렇게 회개는 일곱 가지 뜨거운 심리 작용으로 나타난다. 무디 선생이 런던에서 전도할 때 한번은 무신론자 500명이 시험 삼아 설교를 청하였을 때 그가 가서 설교하니 500명이 다 회개했다고 한다. 이것은 신령한 세계의 일이다.

2. 사람이 영적 지식인 성경의 말씀을 모두 다 믿고 기뻐하게 된다.

성경에 기록된 모든 일은 이 세상의 일들이 아니고 신령한 세계의 일들이다. 거기에는 초자연적인 사건들이 많다. 이 일들을 믿는 믿음이 어디서 오는가? 그것은 물론 성령으로 말미암은 것이다. 인생은 본래 무언가에 대한 믿음이 있어야만 살아갈 수 있는데, 그들은 사람의 말을 뛰어넘는 것, 곧 하나님의 말씀을 믿어야만 살 수 있다. 그러나 하나님의 말씀을 알지도 못하는 자들이 세상에 많다. 그러니 하나님의 말씀을 믿게 된 것이 얼마나 행복한 일인가?

3. 설교라는 체험을 통해 깨닫는 것과 기도를 통하여 깨닫는 것도 신령한 지혜다.

참된 설교자는 종종 신령한 감동을 얻는다. 그는 설교하는 도중에 그 자리에서 놀랄 만한 신령한 진리들을 깨닫는 한편 하나님이 붙들어 주시는 신비한 일도 경험한다. 그뿐 아니라 그리스도인은 기도 생활을 통하여 많은 영적 지혜를 얻는다. 기도하는 자가 외식으로 기도하지 않고 진심으로만 하면 하나님의 응답을 받는데, 그때 기도자는 신령한 하나님을 경험한다. 이 깨달음이 성경에 따른 것이라면 그것은 참된 깨달음이다.

시편 50편을 읽어 보면 하나님께서는 형식과 의식에 사로잡힌 종교를 배척하시는 한편 신자들과의 진실한 영적 교제를 기대하신다. 하나님은 인격적 실존이시므로 우리의 겉모습을 원하지 않으시고 우리 자신을 원하신다. 그는 우리가 그에게 우리 자신을 드리고 교제하기를 원하신다. 앞에 언급한 시편 50:9에서 말하기를 "내가 네 집에서 수소나 네 우리에서 숫염소를 가져가지 아니하리니"라고 하였다. 이는 하나님이 형식적인 종교를 원치 않으신다는 것을 보여 준다. 그리고 15절에 말하기를, "환난 날에 나를 부르라 내가 너를 건지리니"라고 하였다. 진정한 영적 체험은 의식과 형식이라는 무거운 짐을 짊어진 그릇된 교회의 예배 장소에서보다는 풍랑이 몰아치는 먼바다의 파선당한 배 위에서 생사를 걸고 진실하게 기도하는 승객들에게서 더욱 쉽게 찾아볼 수 있을 것이다. 진정한 기도자들의 신령한 체험은 천하보다 귀하다. 신자들은 기도하는 자리에서 신령한 음성을 들으며, 무엇보다도 그것으로 인하여 기뻐한다. 여기서 신령한 음성이란 성경에 있는 말씀과 일치하게 심령에 느껴지는 영적 조명을 말한다.

제 3 장

⚜ 개요

바울은 이 부분에 와서 다시 고린도 교회의 분쟁 문제를 다룬다. 찰스 하지(Charles Hodge)는 고린도전서 3장을 다음과 같이 분해한다. 분쟁은 결국 종교 지도자들의 교훈에 관계된 것이기 때문에 바울은 여기서 교역자들의 직분이 어떠한 것인지를 밝혀 준다. ① 교역자는 헬라 철학 학파의 우두머리 같은 존재가 아니라 다만 종과 같아서 자기 자신의 권위를 행사하지 않는다(5-7절). ② 교역자들은 다 함께 한 분의 주인을 모시고 분업하여 일하는 자들이니 결국 하나다(8-9절). ③ 그들은 성전을 건축하는 일꾼들처럼 엄중한 책임을 떠안고 있다. 그 건축에서 그들이 사용하는 재료에 따라 상벌이 뒤따른다(10-15절). ④ 교회는 하나님의 성전이기 때문에 교역자들이 교회에서 전하는 교리가 어떠한지, 그리고 그것을 전하는 방법이 어떠한지는 중대한 문제다(16-17절). ⑤ 어떤 교역자든지 자신을 속이지 말아야 한다. 그는 자기 자신의 인간적 지혜를 전하려고 해서는 안된다. 그는 하나님의 지혜보다 자신의 지혜가 높은 줄 착각하면 안 된다(18-20절). 그는 하나님의 지혜를 알기 위하여 자기의 지혜는 버려야 한다(18-20절). ⑥ 그러므로 그리스도인들은 교역자들에 관하여 인간적인 요소들을 자랑해서는 안 된다(21-23절).

해석

1 형제들아 내가 신령한 자들을 대함과 같이 너희에게 말할 수 없어서 육신에 속한 자 곧 그리스도 안에서 어린 아이들을 대함과 같이 하노라. "신령한 자들"이라는 말은 성령을 받아서 거듭난 자를 의미하는데, 특히 여기서는 영적으로 장성한 자를 가리킨다. 바울이 고린도 교회 신자들을 신령한 자로 여기지 않는 이유는 그들이 서로 분쟁했기 때문이었다. "육신에 속한 자"라는 말은 일반적으로 불신자를 의미하나 여기서는 신앙이 너무 유치하여 불신자에 버금가는 자들을 가리킨다.

2 내가 너희를 젖으로 먹이고 밥으로 아니하였노니 이는 너희가 감당하지 못하였음이거니와 지금도 못하리라. 신자들의 영적 수준을 이처럼 정도의 차이로 설명하는 구절은 히브리서 5:11-14에서도 발견된다. 거기서도 히브리서의 수신자들의 영적 수준을 "젖이나 먹을" 정도라고 묘사하였다. 하나님께서는 누구에게나 동일한 복음 진리를 주셨으나, 사람들이 그 진리를 깨닫는 일에는 정도의 차이가 있다. 그러므로 가르치는 자는 그들의 수준에 맞추어 가르침을 베풀어야 한다. "젖"은 모든 기본 교리들을 가리키고(히 6:1-2), "밥"은 그리스도께서 승천하시어 행하시는 대제사장의 역사에 관한 교리들을 비유하는 표현이다(히 5:11). 한마디로 밥은 신자가 현세에 하나님과 사귀는 신령한 교제에 대한 진리를 가리킨다(히 5:14 참조). 이를테면 신자가 주님과 동행하는 성결한 삶을 살기 위해서는 주님께 순종해야 하고 형제를 사랑해야 한다는 것이 이러한 진리에 속한다. 지금도 살아 계셔서 우리를 위하여 대제사장의 중보 사역을 감당하시는 그리스도께서는 우리가 주님과 동행하기를 원하시며 그렇게

할 수 있도록 비결을 가르치셨다.

3 **너희는 아직도 육신에 속한 자로다 너희 가운데 시기와 분쟁이 있으니 어찌 육신에 속하여 사람을 따라 행함이 아니리요.** 여기서 이른바 "육신에 속한 자"라는 말은 불신자를 의미하는 것이 아니라 부패한 성품의 영향 아래 있는 자를 가리킨다. 시기와 분쟁은 자신과 타인을 비교하며 경쟁하는 심리에서 발생한다. 그리스도인은 하나님으로 만족하고 그 밖의 다른 것은 구하지 않는 자니 그에게 무슨 시기와 분쟁이 있겠는가? 그러나 고린도 교회 신자들에게는 이런 죄악들이 있었으니, 그들은 육신의 부패한 성질을 따라 행동하였다.

"사람을 따라 행함"이라는 말은 거듭나지 않은 자연인의 성품을 따라 행한다는 말이다. 시기와 분쟁은 유치한 심성을 가진 자들이 하는 일이고 성숙한 신자들에게는 그런 일들이 웃음거리에 불과하다.

4 **어떤 이는 말하되 나는 바울에게라 하고 다른 이는 나는 아볼로에게라 하니 너희가 육의 사람이 아니리요.** 고린도 교인들은 각각 인물을 자랑하였으며, 그 자랑하는 인물을 둘러싸고 당파를 이루었다. 그러나 하나님의 진리는 언제나 이와 같은 "사람 숭배" 행위를 엄하게 금한다. 사람을 숭배하는 것은 ① 사람을 중보자로 높임으로써 참중보자이신 그리스도를 멸시하는 죄이며, ② 하나님께 돌려야 할 영광을 사람에게 돌리는 죄다. 사람은 우리가 사랑해야 하는 대상일 뿐이지 숭배할 대상은 아니다. 숭배는 경외에 가까운 무조건적인 순종을 내포한다.

"너희가 육의 사람이 아니리요." 여기서 "사람"이라는 말은 헬라어로 "안트로포스"(ἄνθρωπος)인데, 그것은 "아네르"(ἀνήρ)라는 단어와 구분된다. 고전 헬라어에서, "안트로포스"는 인간의 저급한 면에 관계된 것이고, "아네르"는 인간의 고상한 면을 다루는 단어다. 짐작건대 바울도 이 단어들을 그런

식으로 구분하여 사용하였을 것이다.[17)]

고린도 교회 신자들이 시기와 분쟁으로 당파를 이루는 것은 확실히 저급한 인간들이 하는 행위이다.

(3) 진정한 목회의 원리(3:5-4:21)

1) 일반적 진술(3:5-9)

5 그런즉 아볼로는 무엇이며 바울은 무엇이냐 그들은 주께서 각각 주신 대로 너희로 하여금 믿게 한 사역자들이니라. 여기서 "무엇"(τί)이라는 말이 두 번씩이나 아볼로와 바울에게 관계되어 그들을 낮추는 뜻으로 사용되었다. 그리고 여기서 고린도전서의 저자인 바울은 자신의 이름을 아볼로 뒤에 위치시킴으로써 자신을 낮춘다. 이렇게 바울은 주님밖에는 높일 자가 없음을 여기서 철저히 가르친다.

그리고 "주께서"(ὁ κύριος)라는 호칭과 "사역자들"(οἱ διάκονοι)이라는 호칭을 대조하는 것도 오직 주님만을 높여야 한다는 사상을 전달한다. "주신 대로"라는 말은 "각기 사명을 주신 대로"라는 뜻인데, 이것 역시 아볼로나 바울은 하나님이 쓰시는 도구일 뿐이라는 의미를 내포한다. 이와 같은 어법을 통해 그들은 낮추어졌고 하나님은 높여졌다.

6 나는 심었고 아볼로는 물을 주었으되 오직 하나님께서 자라나게 하셨나니. "심었다"라는 말은 복음을 전하여 믿게 한 사실을 가리키며(행 18:1-11), "물을 주었다"라는 말은 신자들을 성경으로 가르쳐 준 사실을 가리킨다(행 18:24-19:1).

---

17) J.B. Lightfoot, Notes on Epistles of St. Paul, 186. "the distinction of meaning between a;nqrwpoj, the lower, and avnh,r the higher aspect of man, would be as present to St. Paul's mind, as it would to that of a Greek of the classical age."

이 말씀은 복음의 사역자가 독립적으로 일하는 것이 아니고 많은 사역자들이 서로 협력해야 한다는 뜻을 가진다. 그리고 더불어서 이 말씀은 사역자들이 근본적 중요성을 지닌 것이 아니고 오직 하나님만 그러하시다는 사실을 가르쳐 준다. 사역자들은 서로를 보완하여 그들에게 주어진 임무를 완수하는 것이니 어느 한 사람만 중시할 필요가 없다. 그뿐 아니라 결국은 하나님께서 그들의 사역을 성취하셔야만 일이 성사되기 때문에 복음 사역은 근본적으로 하나님의 단독 사역이다. 그러므로 교회는 하나님을 경외할 따름이고 인물에게 집중할 필요가 전혀 없다.

"자라나게 하셨나니"(ηὔξανεν)라는 말은 "자라나게 하시는 중이었나니"라고 번역하여야 옳다. 그것은 지속하여 자라게 하시는 것을 의미하는 진행형 표현이다. 이것은 생명을 주시는 역사를 의미하기 때문에 결국 하나님께 속한 일이다.

7 그런즉 심는 이나 물 주는 이는 아무 것도 아니로되 오직 자라게 하시는 이는 하나님뿐이니라. 이 구절은 앞에서 주어진 말씀의 결론이다. 교역자들의 모든 사역은 하나님께서 생명을 주시는 역사가 없다면 아무것도 아니다. 생명을 주시고 자라게 하시는 이는 오직 하나님뿐이시니 그가 곧 모든 것을 의미한다. 그러므로 우리는 사람을 자랑할 것이 아니고(3:21) 주만 자랑할 따름이다.[18)]

8 심는 이와 물 주는 이는 한가지이나 각각 자기가 일한 대로 자기의 상을 받으리라. 여기서 "한가지이나"라는 말은 헬라어로 "헨 에이신"(ἕν ἐισιν)인데, "하나이니"라고 번역해야 한다. 그러면 복음을 수종드는 다양한 사역자들은 각기 무슨 일을 하든지 한 분 주님을 섬기는 것이기 때문에 하나다. 그들은 파당을 이루어 서로 다툴 이유가 없다. 다투는 자는 허영의 종일 뿐이며 그리스도의

---

18) Grosheide, Kommentaar op Het Nieuwe Testament, Eerste Brief aan Korinthe, 124, "We hebben hier dezelfde gedachte, die ook elders uitgesproken is:niet roemen op menschen, slechts middelen zijn, 3:21, maar allen in den Kurios, 1:31."

종이 아니다.

"각각 자기가 일한 대로 자기의 상을 받으리라." 이 말씀도 교역자들이 서로 다툴 이유가 없음을 지적한다. 교역자는 사람들로부터 칭찬을 듣거나 인기를 얻는 것을 목표로 하지 않고 오직 하늘의 상급을 목표로 한다. 그러므로 그는 자기만을 위하는 신자들이 있기를 기대해서는 안 된다. 신자들이 어떤 특정 교역자를 대상으로 헛된 칭찬을 해 줌으로써 그를 교만하게 만드는 것은 해로운 일일 뿐이다. 하나님이 나타나실 때 사람들의 인기와 칭찬을 받기 위해 행한 모든 일은 헛된 것으로 드러날 것이다(Calvin).

9 우리는 하나님의 동역자들이요 너희는 하나님의 밭이요 하나님의 집이니라. "하나님의 동역자들"이라는 말은 "하나님의 일을 위한 동역자들"이라는 뜻이다. 다시 말해 바울과 아볼로는 같은 종류의 일을 협력하여 행하는 일꾼들이다. 그들 사이에 알력이 존재할 정당한 이유가 없다. 기독교회를 가리켜 "하나님의 밭"이라고 부르는 이유는 밭에서 포도와 같은 작물을 재배하듯이 복음의 사역자들이 하나님의 백성을 양육하기 때문이다. "하나님의 집"이라는 말은 하나님께 속하는 집이란 뜻인데, 이것 역시 교회를 비유한다.

이 두 가지 표현, 곧 "하나님의 밭"이라는 말과 "하나님의 집"이라는 표현을 사용하는 이유도 고린도 교회에서 파당을 짓는 죄악을 방지하기 위한 것이다. 교회는 하나님의 것이다. 하나님의 백성은 하나님의 것이기 때문에 사역자들은 그들을 임의대로 주장할 수 없다. 사역자들은 하나님께서 사용하시는 일꾼들에 불과하다. 그들은 중보자들이 아니고 도구들에 불과하니 교회가 그들을 달리 대우해서는 안 될 것이다.[19]

---

19) Grosheide, Eerste Brief Aan Korinthe, 126. "Maar die dienaren zijn geen tusschepersonen, slechts middelen en te gemeente mag hen niet anders zien."

2) 건축자로 비유함(3:10-15)

10 내게 주신 하나님의 은혜를 따라 내가 지혜로운 건축자와 같이 터를 닦아 두매 다른 이가 그 위에 세우나 그러나 각각 어떻게 그 위에 세울까를 조심할지니라. "내게 주신 하나님의 은혜"라는 것은 사도의 직분에 주어진 은혜를 가리킨다. 바울은 이러한 표현을 통해 교회를 세우는 일에서 자신의 공로를 주장할 이유가 없음을 명시한다(Lenski). "지혜로운 건축자"라는 말은, 고린도전서 2장에서 진술한 "지혜", 곧 계시된 복음에 의하여 교회를 세우는 바울을 비유하기에 적합한 표현이다. 진정한 지혜는 오직 하나님의 계시뿐이다(2:10; 4:4 참조).

"터를 닦아 둠"은 그리스도를 전파하는 일을 가리키는데, 그리스도의 인격과 그에 관한 진리를 전파하는 것이다(사 28:16 ; 행 4:11; 엡 2:20; 벧전 2:6 참조).

"어떻게 그 위에 세울까를 조심할지니라." 사도들의 전도가 교회 건립의 기초가 되기 때문에 사도의 뒤를 따라 교회를 세우는 자들도 사도적 전도의 표준에 따라야 한다.

11 이 닦아 둔 것 외에 능히 다른 터를 닦아 둘 자가 없으니 이 터는 곧 예수 그리스도라. 이 말씀은 다시 사도적 전도의 단회성을 강조한다. 사도들은 교회의 터전을 놓는 사역을 위하여 세워졌다(계 21:14). 그들이 전한 믿음의 터전을 가리켜 "예수 그리스도"라고 하였는데, 이는 단순히 "그리스도"(예수라는 역사적 명칭을 제외한)라고 하는 호칭과 차이가 있다. 예수 그리스도라는 이름은 구체적으로 세상에 오셔서 속죄를 위하여 죽으셨다가 다시 살아나신 그리스도를 가리킨다. 그리스도의 인격 자체와 그의 속죄 사역(죽었다가 다시 살아나심)이 곧 교회의 "터"다. 교회는 그것으로만 성립하며 그 위에서만 안식을 누린다. 예수 그리스도는 어제나 오늘이나 영원토록 동일하시다(히 13:8).

12 만일 누구든지 금이나 은이나 보석이나 나무나 풀이나 짚으로 이 터 위에 세우면. 이 비유는 그리스도인들(특별히 교역자들)이 주님을 위하여 일할 때 다양한 모습

으로 봉사하는 것을 가리킨다(딤후 2:20). "금이나 은이나 보석"은 순결한 하나님의 진리를 가리키는 비유이고, "나무나 풀이나 짚"은 거짓된 교훈을 비유한다(Hodge). 칼빈 역시 그런 뜻으로 이 구절을 해석하였다. 다시 말해 바울은 여기서 사람들이 그리스도 위에 교회를 세우면서도 자신의 연약함으로 인하여 인간적인 사상을 첨가하는 잘못을 범한다는 사실을 지적했다는 것이다. 예를 들면 키프리아누스, 암브로시우스, 아우구스티누스 같은 교부들, 그리고 그 밖에도 클레르보의 베르나르두스 같은 중세의 인물들이 그리하였다는 것이다.[20] 칼빈이 이러한 인물들을 실례로 든 것은 잘못된 것일 수 있지만, 이 구절의 본의는 제대로 파악한 것이다.

13 각 사람의 공적이 나타날 터인데 그 날이 공적을 밝히리니 이는 불로 나타내고 그 불이 각 사람의 공적이 어떠한 것을 시험할 것임이라. "그 날"은 심판 날을 가리킨다. 여기 사용된 "불"의 비유는 최후의 심판 때에 좋은 건축 재료는 더욱 아름답고 튼튼하게 변화되고 나쁜 재료는 불에 타서 소멸하여 버린다는 사실을 보여준다.

누구든지 이 세상에서 행한 업적이 참으로 주님을 위한 것이고 진리대로 행한 것이라면, 설령 사람들에게 비판을 받더라도 그것이 소멸하지 않고 심판 날에 아름다운 모습으로 나타난다. 그러나 그것이 참으로 주님을 위한 것이 아니고 진리대로 행한 것이 아니라면 비록 사람들 앞에서 칭찬을 받는다 해도 심판 날에는 서지 못한다.

14 만일 누구든지 그 위에 세운 공적이 그대로 있으면 상을 받고. "그대로 있"다는 말은 그 업적이 진정성을 갖추어서 심판을 통과한다는 뜻이니 하늘의 상급을 받을 수밖에 없다.

15 누구든지 그 공적이 불타면 해를 받으리니 그러나 자신은 구원을 받되 불 가운데서

---

20) Calvin's Commentary on Corinthians I, 140.

받은 것 같으리라. "해를 받는다" 함은 상급을 잃는다는 뜻이다. "불 가운데서 받은 것 같으리라"라는 말씀은 로마 가톨릭교회가 주장하는 것처럼 연옥에 관한 교리를 가리키는 것이 아니다. 로마교회의 교리에 의하면 이생에서 구원을 완수하지 못한 자는 연옥에 가서 불로 깨끗함을 받은 후에 구원을 받는다고 한다. 그러나 이 구절은 그런 뜻을 내포하지 않는다. 여기서 "불"은 죄인을 정화하기 위한 도구를 가리키는 것이 아니라 최후의 심판을 상징하는 표현이다. "구원을 받되 불 가운데서 받는다"라는 것은 멸망당할 위기일발의 위험을 피하여 가까스로 구원받음을 가리킨다.[21]

3) 성전으로 비유함(3:16-17)

16 너희는 너희가 하나님의 성전인 것과 하나님의 성령이 너희 안에 계시는 것을 알지 못하느냐. 이 구절은 앞단락의 문맥과 연결된다. 사도 바울은 앞에서 교회를 가리켜 집이라고 표현했는데(9-12절) 여기서는 성전이라고 부른다. "성전"이라는 말은 헬라어로 "나오스"(ναός)라고 하는데 이는 "안에 거한다"라는 의미를 지닌 "나이에인"(ναίειν)이라는 동사에서 파생되었다. 그렇다면 바울이 "너희", 다시 말해 교회를 가리켜 하나님의 성전이라고 한 것은 그리스도인들의 모임인 교회에 하나님이 내주하신다는 사실을 염두에 둔 것이다(16절 하). 데모스테네스(Demosthenes)도 말하기를 "사람의 마음은 하나님을 모시기 위한 최선의 성전이다."라고 하였으니 그의 말도 새겨 볼 필요가 있다.

17 누구든지 하나님의 성전을 더럽히면 하나님이 그 사람을 멸하시리라 하나님의 성전은 거룩하니 너희도 그러하니라. 구약 시대에 성전을 더럽힌 자는 사형을 당하거나 백성들로부터 추방당했다(레 15:31; 민 19:20). 신약 시대의 성전은 교회인

---

21) J. B. Lightfoot, Notes on Epistles of Paul, 193. "there is therefore Do idea of purifying by means of fire implied in the passage here. It simply denotes a hairbreath escape."

데, 교회에서 거짓 교리를 가르치는 자는 교회를 더럽히는 것이며 그런 자는 하나님의 벌을 받는다.

4) 목회의 직분을 단지 인간적으로 평가하는 일에 대한 경계(3:18-4:5)

18 아무도 자신을 속이지 말라 너희 중에 누구든지 이 세상에서 지혜 있는 줄로 생각하거든 어리석은 자가 되라 그리하여야 지혜로운 자가 되리라. "어리석은 자가 되라"는 말씀은 자신에게는 참으로 진리를 아는 지식이 없는 것으로 자처하라는 뜻이다. 스스로 진리를 안다고 생각하는 것은 교만인데, 이러한 교만은 위로부터 오는 지혜, 곧 계시의 말씀이 임하지 못하게 막아 버린다. 교만은 하나님의 진리를 받아들이는 신앙에 방해가 된다.

19 이 세상 지혜는 하나님께 어리석은 것이니 기록된 바 하나님은 지혜 있는 자들로 하여금 자기 꾀에 빠지게 하시는 이라 하였고. 여기서 "기록된 바"라는 표현을 통해 소개하는 문구는 욥기 5:13 말씀이다. 신약성경 전체에서 욥기를 인용하는 것은 이곳이 유일하다. 이것은 엘리바스의 입을 통해 주어진 말이지만, 그 내용은 하나님의 진리를 내포한다.

20 또 주께서 지혜 있는 자들의 생각을 헛것으로 아신다 하셨느니라. 이것은 시편 94:11을 인용한 것인데, 인간의 지혜가 가지는 불충족성을 선언한다. 인류의 경험에 비추어 볼 때 인생이 무언가를 안다고 하는 말이 의미하는 바는 무엇인가? 그들이 안다는 것은 결국 "드넓은 바다 위에 던져진 좁쌀 한 톨"(滄海一粟)처럼 작은 것에 불과하다. 모든 일이 지나간 후에 뒤돌아보면, 사람은 모르는 것밖에 없고 하나님은 모든 것을 알고 계신다.

21 그런즉 누구든지 사람을 자랑하지 말라 만물이 다 너희 것임이라. 바울은 여기서 다시 고린도 교회 안에 존재하는 당파를 경계한다. 고린도 교회에서 각 당파는 인물을 하나씩 선택하여 그를 자랑하였다(1:12) 그러나 바울은 그들에게 인물을 자랑하지 말라고 경고한다. 인물을 자랑하지 말아야 하는 이유는 만

물이 다 "너희"(그리스도인들) 것이기 때문이다. 여기서 "만물"이라고 표현한 것에는 그들이 자랑하던 인물들까지 포함된다(22절). ① 그 인물들뿐 아니라 그 밖의 다른 것도 모두 다 그리스도인의 유익을 위한 것이니, 그중에서 유독 그 인물들만 자랑거리로 삼을 이유가 무엇인가? 그 인물들만 특별하게 다룰 이유는 없다. ② 만물(고린도 교회 교인들이 자랑하는 인물들까지 포함하여)이 다 그리스도인들의 것이라면 그 인물들도 다만 그리스도인들의 유익을 위하여 봉사하는 자들일 뿐이다. 그렇다면 그들은 다만 그들의 소유에 불과한 인물들을 너무 높여 자랑할 이유가 없다는 것이다.

"만물이 다 너희 것임이라"(πάντα ὑμῶν ἐστιν)라는 말씀은 얼핏 보면 스토아 철학의 사상과 유사하다. 스토아 철학자 제논(Zeno)은 "모든 것이 지혜자의 것이다"(καί τῶν σοφῶν πάντα εἶναι, Diog. Laerte Ⅶ. 1.25)라고 하였다. 키케로(Cicero)도 이와 유사한 말을 하였고(Acad, Ⅱ. 44), 세네카(Seneca)도 그리하였다(de Benef. Ⅶ. 2, 3). 그러나 스토아 철학자들의 이와 같은 표현들은 실상 바울의 사상과 다르다. 스토아 철학자들은 모든 소유의 덕을 지식 있는 자에게 돌리는 반면 바울은 모든 소유의 덕을 그리스도 안에 있는 미련한 자에게 돌린다.[22)]

22 바울이나 아볼로나 게바나 세계나 생명이나 사망이나 지금 것이나 장래 것이나 다 너희의 것이요. 고린도 교회의 교인들은 각각 바울이나 아볼로나 게바 같은 인물들을 자랑하면서 파당을 만들었다. 그러나 그것은 잘못이다. 왜냐하면 그 같은 교회의 지도자들은 그리스도인들의 소유에 불과하기 때문이다. 그뿐 아니라 "세계" 곧 우주의 모든 존재까지도 그리스도인들의 것이다. 생명은 물론이고 사망도 성도에게 해를 끼치는 것이 아니라 도리어 그로 하여금 천국에 들어가게 하는 관문이 된다. 사망은 공포의 왕이지만(롬 5:17, 21; 히

---

22) J. B. Lightfoot, Notes on Epistles of St. Paul, 195.

2:15) 성도를 진정으로 두렵게 할 수 있는 세력이 되지는 못한다. 이빨 빠진 호랑이와 같고 침을 뽑힌 말벌과 같다.

"지금 것"은 현세에 있는 모든 것을 가리키는데, 그중에는 인생들이 통제하기 어려운 세력들도 있다. 그러나 하나님께서 그것들도 성도들에게 유익이 되게 하시기 위하여 내버려 두시고 관할하신다. 그러므로 그것들도 성도들의 소유라고 말할 수 있다. "장래 것"도 마찬가지다.

23 너희는 그리스도의 것이요 그리스도는 하나님의 것이니라. "너희는 그리스도의 것"이라는 말씀은 앞에 진술된 대로 만물이 어떻게 해서 그리스도인들의 것이 되는지를 알려 준다. 말하자면 그들이 그리스도께 속해 있기 때문에 모든 것은 그리스도 안에서 그들의 것이 된다는 말이다. 그리스도는 승리자이시니 만물이 그의 것이다(고전 3:21-23; 엡 1:22-23).

"그리스도는 하나님의 것"이라는 말씀은 앞에 말했던 사실, 곧 그리스도인들이 만물을 소유한다는 것이 궁극적으로 하나님 아버지 안에 뿌리내린 견고한 진리임을 지적한다. 그리스도께서 하나님 아버지께 속하여 일체가 되시기 때문에 그리스도 안에 거하는 신자가 만물을 소유하는 일도 하나님처럼 견고하다고 할 수 있다. 이것은 요한복음 10:28-29의 말씀과 유사하다. 거기서 말하기를 "내가 그들에게 영생을 주노니 영원히 멸망하지 아니할 것이요 또 그들을 내 손에서 빼앗을 자가 없느니라 그들을 주신 내 아버지는 만물보다 크시매 아무도 아버지 손에서 빼앗을 수 없느니라"라고 하였다.

그렇다면 고린도전서 3:21-23에서 선언하는 것처럼 고린도 교인들이 특정 인물을 중심으로 당파를 이루거나 자랑하지 못할 이유는 다음과 같다. ① 각 당파가 내세우는 인물들도 일반 교회(너희)를 유익하게 하려는 종들이고 교회의 왕들이 아니기 때문이며, ② 그 인물들과 그 밖의 모든 것도 그리스도 안에서 신자들(교회)의 공동 소유가 되기 때문이다.

설교 영적 건축자가 명심해야 할 두 가지 사실(고전 3:10-15)

1. 영적 건축자는 터가 하나뿐이라는 사실을 명심해야 한다.

바울은 말하기를 "이 닦아 둔 것 외에 능히 다른 터를 닦아 둘 자가 없으니 이 터는 곧 예수 그리스도라"(3:11)라고 하였다. "터"라는 것은 건물이 세워질 자리를 뜻하는데 터가 든든하면 건물이 든든하고 터가 든든하지 못하면 건물도 든든할 수 없다.

터가 없는 집이 어디 있는가? 우리의 인생에는 터가 필요한데, 그것도 든든하여 의지할 만한 터가 절대적으로 필요하다. 든든하지 못한 터라 해도 바람이 없고 급류가 몰아치지 않는 평온한 때에는 별일이 없는 듯하다. 그러나 이 세상에는 반드시 풍랑이 몰아치는 날이 찾아오고, 홍수가 일어나는 날도 찾아온다. 불신자들도 잠깐 동안은 평안히 살아갈 수 있다. 그러나 그들의 터가 흔들리는 날과 때가 반드시 찾아온다. 우리는 예수 그리스도가 잠시 잠깐 동안 우리의 피난처가 되시는 것으로만 여기고서, 그가 우리의 평생에 영원토록 우리 삶의 기반이 되시는 것은 모를 수 있다(신 33:27 참조). 하지만 우리는 그 안에서 영원한 안전을 누려야 할 자들이다. 그러나 우리가 이 혜택을 누리고자 한다면, 그리스도를 우리가 가끔 이용하는 소모품이나 도구처럼 여기지 말아야 할 것이다. 우리는 우리의 존재, 우리의 생명, 그리고 우리의 소유 전부를 그분께 온전히 맡겨야 하고, 그럴 때에 그는 나의 영원하고 든든한 터가 되어 주실 것이다. 그는 내가 사용하고 내버려둘 수 있는 도구가 아니다. 내가 "집"이라면 그는 이 "집"의 "터"라는 말이다. 사람들은 예수 그리스도를 "터"로 알지 않고 일개 도구로 이용하려고 하지만, 그는 터전이요 우리는 그 위에 세워진 집이다.

2. 우리는 신중하게 그리스도 위에 집 세우기를 힘써야 한다.

우리는 우리의 삶을 오직 그리스도 위에서만 건축해 가야 한다. 왜냐하면 오직 그리스도만이 우리 삶의 "터"이기 때문이다. 그뿐 아니라 우리는 이 터전 위에 우리의 삶을 건축할 때 신중을 기하여 합당한 재료를 사용해야 한다. 만일 우리가 풀이나 지푸라기로 집을 건축하면 그 건물은 심판 날에 불타고 말 것이다. 그러나 우리가 금, 은, 보석으로 집을 건축하면 그것은 불에 타서 없어지지 않는다. 우리는 현세에 모든 것을 행하여 나아갈 때 장차 심판 날이 찾아올 것을 기억하고 예비하면서 행동해야 한다. 까치라는 새는 바람이 많은 해에는 둥지를 낮게 튼다고 한다. 하물며 우리가 만물의 영장인 사람이라고 하면서 새만큼도 미래를 준비하지 못하면 되겠는가? 쇠똥구리도 앞날에 먹을 것을 예비하기 위해 쇠똥을 굴리지 않는가? 심판 날이 없다고 하는 자는 현세에 하나님이 하시는 일을 보지 못하는 자이며 또한 먼 장래에 그가 하실 일도 보지 못하는 자다. 하나님은 현세에도 미래에 있을 심판의 맛보기로 죄인들을 벌하시는 경우가 있다. 지금이 마지막 심판 때가 아니기 때문에 죄인들이 모조리 벌을 받는 것은 아니다. 그러나 이따금 극악한 죄인들이 천벌을 받는 일은 지금도 일어난다. 프랑스 혁명 당시에 사람들이 극도로 악해져서 하나님을 모욕하는 의미에서 파리의 노트르담 대성당 제단에 부정한 여인을 세워 놓고 그를 예배하였다고 한다. 그때 그 일을 주도했던 자들이 벼락을 맞아 죽었다.[23] 그것이 우연한 일인가? 심판 날은 반드시 오고야 말 것이며 그날에 모든 신자의 공력이 밝혀진다.

금, 은, 보석으로 비유되는 것은 순전한 하나님의 말씀이고, 나무나 풀이나 짚은 불에 타서 없어질 거짓된 교리들을 비유한다. 하나님의 말씀을 있는 그대로 나타내는 길은 하나님의 말씀을 생활화하는 것이다. 아무리 하나님

---

23) Best Sermons 1944, Selection, edited by G.P. Buttler, 186.

의 말씀을 많이 들어도 그 말씀대로 살지 않는다면 그것을 가리켜 하나님의 말씀으로 건축된 삶이라고 말할 수 없다. 그것은 나무나 풀이나 짚으로 건축된 삶일 뿐이다. 그것은 금, 은, 보석을 쌓아 놓고도 그것으로 집을 짓지 않고 나무나 풀이나 짚으로 건축하는 어리석은 일이다. 우리는 하나님의 말씀대로 사는 것을 어렵게만 생각할 일이 아니다. 예수님은 말씀하시기를 "나의 멍에를 메고 내게 배우라 · · · 이는 내 멍에는 쉽고 내 짐은 가벼움이라"라고 하셨다. 왜 그런가?

① 그리스도의 "멍에", 곧 명령을 지키면 양심이 평안해지기 때문에 그것은 쉽고 가벼우며, ② 그리스도의 명령은 성령의 도움으로 행하게 되는 것이기 때문에 그것은 쉽고 가벼우며, ③ 그리스도의 계명을 지키면 큰 상급이 따르기 때문에 그것을 지키는 일은 쉽고 가볍게 느껴진다.

제 4 장

⚜ 개요

1. 교역자를 평가하는 기준은 충성인데(2절), 그것을 판단하실 이는 오직 주님밖에 없다고 바울은 말한다(3-5절). 바울은 이런 말씀을 통해 고린도 교인들에게 교역자를 경솔히 평가하여 (특별히 "누구누구가 충성된 종이다."라고 선전하면서, 4절) 당파를 만드는 일을 하지 말라고 경고한다. 인물을 중심으로 작당하는 것은 교만이다. 사람이 이런 교만에 사로잡히면 마음이 어두워져서 의롭고 참된 자를 알아보지 못하고 그에게 반항한다. 고린도 교인들이 이런 불행에 빠지고 말았다. 그들은 바울과 같이 의롭고 참된 사도를 도리어 박대하였다(6-13절).

2. 바울은 고린도 교인들에게 자기를 본받으라고 말한 뒤에 거짓 스승들의 교만이 어떠한 것인지를 지적한다(14-21절). 그 당시 고린도 교회에 출입하던 거짓 스승들은 바울의 사도직의 진정성을 의심하고(고전 9:1-3; 고후 12:12) 그를 비방하여 말하기를 그가 "경솔"하다고 하였으며(고후 1:17), 또한 "몸으로 대할 때는 약하고 그 말도 시원하지 않다"라고도 하였다(고후 10:10).

이렇게 그들은 교만해져서 바울이 고린도전서를 기록하던 당시에도 말하기를 "바울이 고린도에 오기가 무서워서 자기 대신 디모데를 보낸다."라고 하였다. 이것은 고린도 교회의 설립자였던 사도 바울에 대한 극악한 비방이었다. 이런 사실을 보면, 고린도 교회는 역사가 오래되지 않았는데도 그렇게까지 잘못되었다는 사실이 밝혀진다. 그 교회의 새로운 지도자들과 바울 사이에 그와 같은 갈등이 있었으며, 교회의 새로운 지도자들의 영향력이 이미 그토록 강하게 작용하고 있었다.[24)]

이 부분에서 우리가 명심할 것은 교회가 부패하는 것이 반드시 오랜 세월을 필요로 하는 것은 아니라는 점이다. 사람의 마음은 아침저녁으로 변한다는 말과 같이 사람에게서 은혜가 떠나 버리면 그는 삽시간에 크게 부패할 수 있다.

그러므로 우리는 고린도 교회가 그토록 빨리 사도 바울에게서 멀어진 일을 충분히 이해할 수 있다. 고린도전서 10:12에 말하기를, "그런즉 선 줄로 생각하는 자는 넘어질까 조심하라"라고 하였다. 교회가 그렇게까지 부패하였기 때문에 바울은 여기서 엄중한 경고의 말씀들을 사용하였다. 마음에 사랑이 충만하다 해도 강력한 경고의 말을 사용할 수 없는 것은 아니다.[25)]

⚜ 해석

1 사람이 마땅히 우리를 그리스도의 일꾼이요 하나님의 비밀을 맡은 자로 여길지어다.

---

24) A, Schlatter, Die Korinther Briefe, 58. "an diesem wort wird sichtbar, wie tief der riss war, der die neuen Führer der Gemeinde von Paulus schied, und wie stark ihr Einfluss auf die Gemeinde bereits geworden war."

25) Grosheide, Eerste Brief aan Korinthe, 172. "Paulus' hart is vol liefde voor de gemeente, maar dat sluit niet uit, dat hij, als het noodig is, krachtig vermaant."

여기서 "일꾼"(ὑπηρέτας)이라는 말은 하인을 의미하는데, 특별히 하급 노예를 가리킨다. "비밀"(μυστήριον)이라는 용어는 바울의 사상에서 "전에 감추어졌다가 이제 계시된 것", 다시 말해 복음을 의미한다(Grosheide). 핀들리(Findlay)는 이것이 헬라의 이방 종교에서 일반적으로 사용되었던 비밀이라는 말과 동일한 의미라고 주장하였다. 이교에서는 밤중에 비밀스런 의식을 거행하면서 거기에 참여하는 자들에게 어떤 교리를 가르치고 비밀을 숨겨두도록 부탁하였다고 한다. 그러나 바울 서신에 나오는 "비밀"이라는 말은 그런 의미가 아니다. 하나님은 복음을 계시하신 후에 그것을 받은 자들에게 그 말씀을 비밀로 지키라고 하신 것이 아니라 도리어 널리 전파하라고 하신다.

2 **그리고 맡은 자들에게 구할 것은 충성이니라.** "맡은 자들"(οἰκονόμοις)이라는 표현은 집안일을 도맡아 수종하는 자들을 의미한다. "구할 것"(ζητεῖται)이라는 말은 "간절히 요구되는 것"이라는 뜻이다. "충성이니라"(ἵνα πιστός τις εὑρεθῇ)라고 번역된 어구를 직역하면 "충성된 자로 발견됨이니라."라는 뜻이 된다. 그것은 그 일꾼이 하나님 앞에서 충성된 자로 드러나는 것을 가리킨다. "충성"이란 일꾼이 그 주인에게서 일을 맡은 대로 어김없이 받들어 행하는 것을 가리킨다. 그러므로 이것은 진실, 전심, 전력, 정절을 특성으로 하는 덕행이다.

3 **너희에게나 다른 사람에게나 판단 받는 것이 내게는 매우 작은 일이라 나도 나를 판단하지 아니하노니.** 이것은 바울이 주님의 일꾼으로서 주님의 판단으로만 자기를 안다는 것이다. 남들이 그에 대하여 무엇이라고 하든지 그는 개의치 않았다. 심지어 그는 자기에 대한 자기 자신의 판단도 표준으로 삼지 않았다. 그는 주님의 판단만 믿으며 두려워하였다. 아첨하는 자들의 칭찬이 "나"를 더 좋은 사람으로 만들지 못하며, 원수들의 이유 없는 비방이 나를 더 나쁜 사람으로 만들지 못한다(Politian). 영국 메리 여왕의 집행관이었던 우드러프(Mr.

Woodroofe)가 순교자 존 로저스(Johns Rogers)를 가리켜 이단자라고 비난했을 때 로저스는 대답하기를 "그것은 심판 날에야 알 것이다."라고 하였다. 세베루스(Severus) 황제는 자기가 할 일에만 관심을 두었고, 자신에 대해 무슨 비평이 있는지에 관하여는 무관심하였다.

4 내가 자책할 아무 것도 깨닫지 못하나 이로 말미암아 의롭다 함을 얻지 못하노라 다만 나를 심판하실 이는 주시니라(요일 3:20; 잠 21:2 참조). 여기서 "내가"란 말은 바울 자신만 가리킨 것이 아니고 모든 인류의 표본으로 사용되었다. 곧 누구든지 스스로 옳다고 해도 실상은 그와 반대일 수 있다. 어떤 때엔 사람이 스스로 속아 옳은 줄 알게 되나 주님의 판단 앞에서는 불의한 자이다.

5 그러므로 때가 이르기 전 곧 주께서 오시기까지 아무 것도 판단하지 말라 그가 어둠에 감추인 것들을 드러내고 마음의 뜻을 나타내시리니 그 때에 각 사람에게 하나님으로부터 칭찬이 있으리라. "때가 이르기 전 곧 주께서 오시기까지 아무 것도 판단하지 말라." 이것은 인간이 이 세상에서 칭찬받고자 하는 마음을 제지시키는 말씀이다. 인간의 크나큰 병폐는 심판 때가 오기 전에 세상에서 칭찬과 상급을 다 받으려는 마음을 갖는다는 것이다.

"그가 어둠에 감추인 것들을 드러내고." 인간은 겉으로 드러난 것은 볼 수 있지만 숨겨진 것들은 알지 못한다. 그러므로 그는 다른 사람을 제대로 판단할 수 없다. 숨은 것들을 나타내실 이는 오직 재림하시는 주님밖에 없다.

5) 결론(4:6-21)

6 형제들아 내가 너희를 위하여 이 일에 나와 아볼로를 들어서 본을 보였으니 이는 너희로 하여금 기록된 말씀 밖으로 넘어가지 말라 한 것을 우리에게서 배워 서로 대적하여 교만한 마음을 가지지 말게 하려 함이라. 여기서 "이 일"이라는 표현은 당파를 만들지 말라는 교훈을 염두에 둔 말이다. "본"이라는 말은 모범이라는 뜻이다. 고린도 교인들이 바울과 아볼로를 필두로 각각 당파를 형성한 것이 잘못이라는

바울의 경고는(1:12), 그 외에도 존재했던 다수의 당파들의 폐단을 막기 위한 표본적인 경고였다. 고린도 교회에는 유대주의자들의 당파도 있었다.

"기록된 말씀"은 구약성경을 가리키는데, 그 말씀 밖으로 넘어가지 말라는 것은 교만하지 말라는 교훈이다. 고린도 교인들은 구약에 있는 이런 교훈으로부터 이탈해서는 안 된다는 사실을 배워야 한다. 다시 말해 그들은 인물을 자랑하면서 교만하게 파당을 만들지 말아야 한다는 것이다.

7 누가 너를 남달리 구별하였느냐 네게 있는 것 중에 받지 아니한 것이 무엇이냐 네가 받았은즉 어찌하여 받지 아니한 것 같이 자랑하느냐. "누가 너를 남달리 구별하였느냐"라는 말은 "누가 너를 남보다 우수한 자로 차별화하더냐"라는 뜻이다. 이것은 고린도 교인들의 자긍심을 꾸짖는 말씀이다. 그 말의 내막은 이렇다. 그들은 각각 특정 인물을 중심으로 당을 지었다. 그러나 바울 사도는 그 인물들을 주신 이가 누구냐고 반문하며 책망한다. 그 인물들은 하나님께서 그들에게 주신 자들일 뿐 아니라 그들에게 있는 모든 다른 좋은 것들도 하나님이 주신 것이다. 그러므로 그들은 자랑할 만한 근거를 하나도 가지지 못하였다. 실상 우리 인생은 본래 없던 가운데서 창조되었기 때문에 우리 자신의 밑천이라고 할 수 있는 것은 전혀 없다.

8 너희가 이미 배 부르며 이미 풍성하며 우리 없이도 왕이 되었도다 우리가 너희와 함께 왕 노릇 하기 위하여 참으로 너희가 왕이 되기를 원하노라. 바울은 여기서 고린도 교인들의 교만을 풍자적으로 꾸짖는다. 그들은 그리스도가 베푸시는 구속의 은혜를 최종적인 완성 단계에서 누리기라도 하는 것처럼 마음이 높아졌다. 그들은 영적 교만에 사로잡혀 모두 다 왕처럼 행세하였다. 그들은 마치 사도들을 멀리 떨어 내버리기라도 한 것처럼 그들과는 아무런 접촉도 없이 자신들만을 높이고 있었다. 그러나 사도들을 배제한 채 자신들을 높이는 그와 같은 행위는 헛된 것이다. 만일 그들이 진심으로 영적인 왕 노릇을 하려 했다면 그들은 사도들과 함께 왕 노릇 하고자 했을 것이다. 바울은 그들이 참되게 왕

노릇 하기를 원한다. "왕 노릇 하다"라는 말은 진정한 의미에서 구원의 최종적 완성의 영광을 누리는 것을 가리킨다. 여기에는 사도들이 배제될 수 없다.

세상에서 영적으로 교만하여 자신들이 이미 다 이룬 듯이 자처하는 자들은 사실상 사도들을 배제한 채 자기들끼리 왕 노릇 하려 하는 자들이다. 사도들은 신자들의 구원이 이 세상에서 이미 완성된다고 가르치지 않았고 그렇게 행동하지도 않았다(빌 3:12-14). 그들은 다만 신자들이 이 세상에서는 연약함과 더불어 동행하며 미천한 자리에 머무는 것이 당연하다고 가르쳤다(고후 12:5, 9; 빌 3:21). 이 세상에서 스스로 높은 체하는 신자들은 사도 없이 왕 노릇 하는 자들이니, 곧 구원의 정로인 사도적 노선에서 이탈한 자들이다.

9 내가 생각하건대 하나님이 사도인 우리를 죽이기로 작정된 자 같이 끄트머리에 두셨으매 우리는 세계 곧 천사와 사람에게 구경거리가 되었노라. 이 구절의 헬라어 원문 첫머리에 나오는 이유 접속사 "가르"(γάρ)는 이 구절이 앞절의 이유임을 밝히고 있다. 다시 말해 바울이 이처럼 고린도 교회 신자들에게까지 멸시를 당한 이유는 궁극적으로 하나님께서 그렇게 되도록 하셨기 때문이다(9절). "하나님"이라는 단어가 문장 앞에 나옴으로써 강조체를 이루는데, 이는 바울이 미천하게 된 이유가 하나님께 있다는 사실을 힘 있게 지적한다. 복음의 사역자가 멸시와 천대를 받게 하시는 이유는 결국 하나님의 백성에게 생명의 은혜가 나타나게 하시기 위함이다(고후 4:10-12).

"죽이기로 작정된 자 같이 끄트머리에 두셨으매." 이 말은 그 당시에 사형수를 사자들에게 던져서 죽이던 것을 염두에 두고 한 말씀이다. 죄수가 사자 밥이 되는 사형 집행일에 죄수는 모든 백성에게 구경거리가 되었다. 그런데 하나님께서 바울을 이런 죄수처럼 끄트머리에 두셨다는 말은 하나님이 바울을 가장 낮고 천한 자로 대우하셨음을 가리킨다(Grosheide). 이 점에서 우리가 기억할 것은 바울이 하나님께 그러한 취급을 당하면서도 절망하지 않았다는 사실이다. 그가 절망하지 않은 이유는 그가 자신이 받는 모든 천대의 원인이 하나님의 섭리 때문이라고 해석했기 때문이다. 하나님께서 그에게 그처럼 섭리하셨을 때 아무 의미 없이 그리하시지는 않았을 것이라고 믿었던 것이다. 바울이 당한 멸시와 천대를 통해 하나님의 능력이 나타났다(고후 12:9).

"천사와 사람에게 구경거리가 되었노라." 이 말은 그가 영적 세계와 인간 세계에서 구경거리가 되었음을 가리킨다. 이는 가장 자극적인 구경거리이기 때문에 영적 세계에서도 흥미를 가질 만하다. 영적 세계의 천사들은 신자들이 복음을 믿어 구원받는 일을 보고자 한다. 왜냐하면 그 일이야말로 그들이 가장 놀랍게 여기는 일이기 때문이다(벧전 1:12). 바울이 이 복음을 위하여 천대와 멸시를 받는 모습을 천사들은 흠모하는 의미에서 구경하는 반면에, 사람들은 멸시하는 마음과 호기심으로 구경하였다. 바울은 아마도 천사들이 보여 주는 흠모하는 태도로 인해 사람들의 멸시를 능히 이길 수 있었을 것이다. 어쨌거나 그는 여지없이 일개 관람의 대상으로 취급을 받았으니, 이로 보아 그는 ① 자기 개인의 영예를 위해서는 아무런 변론이나 주장을 펼치지 않았고, ② 전적으로 자신을 하나님과 교회 앞에 제공하는 삶을 살았다는 것을 알 수 있다.

바울이 이런 말씀을 하게 된 이면에는 고린도 교회에 당파 간의 다툼으로 인한 폐단이 얼마나 컸는가 하는 사실이 내포되어 있다. 당파 싸움이 있는 곳에서는 이 당파가 저 당파를 음해하며 서로 반목하고 질시한다. 거기에는 또한 서로 간에 멸시하고 천대하는 모습도 나타난다. 바울은 그를 배척하는 당파에 속한 사람들에게서 많은 천대를 당하였던 듯하다. 그리스도인들도 당파 운동으로 인해 편견을 가지게 되면 의인을 오해하여 그를 박해하는 일이 벌어질 수 있다.

10 우리는 그리스도 때문에 어리석으나 너희는 그리스도 안에서 지혜롭고 우리는 약

하나 너희는 강하고 너희는 존귀하나 우리는 비천하여. 바울은 오직 그리스도 때문에 살고 자기를 위하여 살지 않았기 때문에 개인적인 처신 문제에서 술책을 사용하지 않았다. 그는 언제나 솔직하고 진실하였을 뿐이다. 이런 처세는 세상 사람이 보기에 미련한 것이었다. 그러나 그 당시 고린도 교회 신자들은 그리스도 안에서 계시된 진리를 깨닫고 그것을 마치 자기들이 지어내기라도 한 듯이 교만하였다. 그들은 마땅히 자신은 미련한 줄 알고 겸손했어야 할 자들이었다.

그러나 바울은 그들 앞에서 처신할 때도 오직 그리스도만을 위할 뿐이었기 때문에 세상 사람들처럼 반대자들에게 대항하기보다 도리어 그들에게서 해를 받았다. 그것은 약해 보이는 처세였다. "너희는 강하다"라는 말은 앞에 말한 바울의 처신과 정반대되는 태도를 묘사한 것이다. 그들은 스스로 약한 자로 자처하지 않고 잘난 체하며 강한 체하였다.

또한 고린도 교인들은 존귀한 자로 대접받기를 원하는 영웅주의 심리를 가지고 있었지만, 사도 바울은 오히려 비천해지는 데서 만족을 느낀 것이다.

11 바로 이 시각까지 우리가 주리고 목마르며 헐벗고 매맞으며 정처가 없고. 이것은 주님의 복음을 위한 바울의 수고가 얼마나 컸는지를 말해 준다. 이처럼 그의 삶은 고린도 교회 신자들의 안일한 삶과는 반대로 비천한 것이었다. 그가 여기서 이런 말을 하게 된 주요 동기는, ① 그 같은 수고가 가지는 영적 가치를 지적하기보다는 복음을 위한 삶의 비천함을 보여 주기 위한 것이었다. 다시 말해 고린도 교인들은 이 세상에서 육신적으로 풍요롭게 살아가는 반면 자신은 미천하다는 것이다. ② 그리고 그가 이런 말을 할 때 그는 마음속에 원망이나 불평을 담고 있는 것이 아니라 오히려 그처럼 비천한 생활을 오히려 달갑게 여기고 그것을 은혜 받는 길로 간주했던 것이다(고후 12:9-10). ③ 마지막으로 그는 자신의 이와 같은 비천한 삶과 반대되는 고린도 교인들의 풍요로운 삶을 풍자한다.

12 또 수고하여 친히 손으로 일을 하며 모욕을 당한즉 축복하고 박해를 받은즉 참고. 그가 손으로 일을 하였다고 말한 것은 노동을 천시하는 의미에서 한 말이 아니었다. 그는 노동을 존귀하게 여겼다(살후 3:8-12). 그가 여기서 자신이 하던 노동에 대해서 언급하는 이유는 자기가 하는 수고를 다각적으로 보여 주기 위해서였다.

"모욕을 당한즉 축복하고." 축복하는 일은 복음을 전함으로써 실행된다.[26)]

"박해를 받은즉 참고." 바울은 인내의 사람이었다. 초기 교회 교부 중에서 로마의 클레멘스(Clement of Rome)는 바울을 소개하면서 그를 "인내의 사람"이라고 불렀고 말을 맺을 때도 역시 같은 말을 하였다.

13 비방을 받은즉 권면하니 우리가 지금까지 세상의 더러운 것과 만물의 찌꺼기 같이 되었도다. "권면한다" 함은 좋게 말한다는 뜻이다(speaking kindly). 이것은 예수님을 본받은 행위다(벧전 2:23). 칼빈과 루터가 후에 교리 문제로 서로 사이가 좋지 않았을 때 칼빈은 말하기를 "루터가 나를 마귀라고 하여도 나는 그를 하나님의 종으로 높이리라."라고 하였다.

"더러운 것"은 물로 씻어 내야 하는 오물을 가리키고, "찌꺼기"는 긁어 내야 하는 쓰레기를 가리킨다. 바울은 자신이 세상 사람에게 얼마나 천대받는 사람인지를 묘사하기 위해 이 같은 표현들을 사용한 것이다.

"더러운 것"(περικαθάρματα)이라는 말과 "찌꺼기"(περίψημα)라는 말은 옛날 헬라의 아덴에서 가장 미천한 죄수를 지칭하는 별명이었다. 그 죄수들은 국가적인 재앙을 해결하기 위해 바다에 제물로 던져졌다고 한다.[27)]

---

26) Grosheide, Eerste Brief aan Korinthe, 163. "Tegenover laster stelt Paulus zegen, we denken niet bepaald aan het uitspreken van een zegen, maar aan het brengen van een zegen in het algemeen, doordat aan lasteraars het evangelie gepredikt, wordt, 1 Pet. 3:9."

27) J.B. Lightfoot, Notes on the Epistles of St. Paul, 201.

우리는 고린도전서 4:9-13에서 바울의 삶이 어떠한지를 볼 수 있다. 그것은 한마디로 "연약함"이라고 할 수 있다(고후 12:10). 이 "연약함"은 그가 도덕적으로 연약하다는 것이 아니라, 육신의 생활과 처세가 미천하다는 것을 의미한다. 바울은 왜 이렇게 "연약함"을 귀하게 여겼는가? 그 이유는 다음과 같다. ① 하나님 자신이 이런 의미에서의 연약함을 소유하셨다. 그는 그를 대적하는 자들을 당장 벌하지 않으시며 자기 자신은 없는 것같이 처신하신다. 그렇기 때문에 이 세상에서 그를 업신여기는 무신론자들도 버젓이 제멋대로 행동할 수 있는 것이다. ② 이 세상에서 높아지거나 영광을 얻게 되면 내세에서 영광을 얻을 수 없다. 그러므로 진리의 종은 이 세상에서 "연약"하게 처신한다. ③ "연약"하게 처세하는 자에게 하나님의 은혜와 권능이 임하는 법이다. 즐겨 높임을 받는 자는 이미 진리의 깊이에서 멀어졌으며 모든 것의 밑바닥에서야 올려다볼 수 있는 진리를 느끼지 못한다. 물이 낮은 데를 향하여 흐르는 것처럼 하나님의 은혜는 "연약"한 자에게로 임한다. 바울은 말하기를, "내가 약한 그 때에 강함이라"라고 하였다(고후 12:10). 루터도 말하기를 "하나님은 대부분의 경우 그의 일을 사람의 생각과는 정반대의 방식으로 행하신다(in medi is contrari)."라고 하였다. 예를 들면 죄가 많은 곳에 은혜가 더욱 넘치게 하시는 일이나 혹은 연약한 자를 통하여 강한 자를 물리치시는 일과 같은 것이다. 그러므로 나지안주스의 그레고리오스(Gregory Nazianzus)는 말하기를, "하나님은 숭배받기 위하여 일하시는 데 자신의 독특한 방법을 가지셨다."라고 하였다(고전 1:27-29 참조).

14 내가 너희를 부끄럽게 하려고 이것을 쓰는 것이 아니라 오직 너희를 내 사랑하는 자녀 같이 권하려 하는 것이라. 바울은 목회자로서 양떼와 자기 사이에 전혀 간격이 없었다. 그는 솔직하게 양떼의 잘못을 지적할 수 있었다. 그러나 그는 사랑으로 권면하여 그들이 회개하게 하려는 것이었을 뿐, 그들의 잘못을 폭로하여 그들을 부끄럽게 함으로써 쾌감을 얻고자 한 것은 아니었다.

이렇게 양떼를 자녀같이 대할 수 있었다는 것은 양떼에 대한 그의 사랑이 어떠한지를 알려 준다. 성도에 대한 이 같은 사랑은 물론 주님에 대한 그의 사랑에서 비롯된 것이었다. 주님을 사랑하는 자는 주님께서 피로 사신 양떼를 사랑하지 않을 수 없다(요 21:15-17; 요일 5:1 참조).

15 그리스도 안에서 일만 스승이 있으되 아버지는 많지 아니하니 그리스도 예수 안에서 내가 복음으로써 너희를 낳았음이라. 여기서 "스승"이라는 말은 헬라어로 "파이다고구스"(παιδαγωγούς)인데, 이는 헬라 문화에서 "몽학선생"(custodian)을 의미한다. 몽학선생은 주인집의 어린아이를 데리고 학교에 오고 가는 종을 가리킨다. 이와 같은 선생은 일반적으로 엄하였다고 한다(Grosheide).

바울은 자기가 아비와 같은 선생이라고 말한다. 왜냐하면 그가 복음으로 고린도 교인들을 낳았기 때문이다. 여기서 "그리스도 예수 안에서"라는 말이 중요하다. 복음의 내용은 예수 그리스도시다. 바울은 결단코 자기의 힘으로 그들을 낳았다고 생각하지 않았는데, 오직 예수 그리스도께서만 우리를 거듭나게 하시기 때문이다.

16 그러므로 내가 너희에게 권하노니 너희는 나를 본받는 자가 되라. 바울은 고린도 교인들에게 아버지와 같은 존재이니 그들은 그를 본받을 만하다. 여기서는 특히 9-13절에 제시된 그의 실제 삶의 모습을 본받으라고 제안한다. "나를 본받는 자가 되라"는 말씀은 어지간한 사제 관계에서는 감히 할 수 없는 말이다. 이런 말은 부자지간과 같이 사랑으로 맺어진 관계에서만 할 수 있는 것이다.

17 이로 말미암아 내가 주 안에서 내 사랑하고 신실한 아들 디모데를 너희에게 보내었으니 그가 너희로 하여금 그리스도 예수 안에서 나의 행사 곧 내가 각처 각 교회에서 가르치는 것을 생각나게 하리라. 바울은 고린도 교인들이 자신을 본받도록 하기 위하여 자신을 그들에게 이해시킬 인물로 디모데를 보냈다고 한다. 이것도 바울의 솔직한 표현이다. 여기는 정치적인 고려가 전혀 없다. 그는 자신을 그들에게

이해시킬 중개적 인물을 보낼 때 은밀하게 하지 않고 그가 보내는 취지를 분명하게 표명하였다. 이처럼 솔직하고 정치성 없는 처사는 사랑으로 연합된 사이에서만 가능한 것이다.

바울이 디모데를 고린도 교회에 가는 사신으로 택한 이유는 그가 디모데를 사랑했기 때문만은 아니었다. 디모데는 진실하고 충성된 종이었으니 무엇보다도 그의 진실성이 교회의 일을 맡을 수 있는 자격 요건이었다(고전 4:2). 디모데의 사명은 고린도 교인들에게 가서 바울의 "행사" 곧 그가 "각처 각 교회에서 가르치는 것"을 기억시켜 본받게 하려는 것이었다. 여기서 "행사"라는 말을 "가르치는 것"이라는 말로 다시 쓴 이유는 그의 행위와 교훈이 서로 일치하였기 때문이다. 이것은 특히 공적 성격을 띤 교회의 일에서 바울의 교훈과 행동이 일치됨을 보여 준다. 바울은 행동과 교훈이 일치하지 못한다는 비방을 받은 적도 있었기 때문에(고후 1:17-20; 갈 5:11) 이처럼 디모데의 중개적 역할이 필요하였다.

18 어떤 이들은 내가 너희에게 나아가지 아니할 것 같이 스스로 교만하여졌으나. 고린도 교회의 어떤 사람들은 바울을 비판하여 말하기를, 바울이 고린도 교회에 오기를 두려워한다고 하였다. 그들은 이와 같이 교만하게 바울을 무시하였다.

19 주께서 허락하시면 내가 너희에게 속히 나아가서 교만한 자들의 말이 아니라 오직 그 능력을 알아보겠으니. 바울이 이때까지 고린도에 가지 않은 이유는 그의 원수들을 대하기 두려워서가 아니었다. 그는 다만 주님의 허락을 기다렸을 뿐이다. 그의 행동 원리는 주님의 뜻이 어디 있는지에 따라 결정되었다. 또한 그는 사람을 판단할 때 그의 말이 아니라 그의 능력을 평가의 기준으로 삼았다.

20 하나님의 나라는 말에 있지 아니하고 오직 능력에 있음이라. "하나님의 나라"는 무엇을 의미하는가? 그것은 하나님의 통치를 받는 세계를 가리킨다. 여기서는 복음 운동이 그 통치를 확장하는 사역이라고 할 수 있다(Calvin).

하나님의 나라가 "말에 있지 아니"하다는 것은 하나님의 말씀을 바르게 전하는 사역의 가치를 평가절하하려는 것이 아니다. 이것은 사람들이 내뱉는 모든 자랑의 말들이 천국 운동에 소용없다는 뜻이다.

"능력"이라는 말에 대하여 찰스 하지(Charles Hodge)는 말하기를, 그것은 진정성을 의미한다고 하였다. 다시 말해 바울이 고린도 교인들의 교만을 꾸짖어 말하기를 그들이 말하는 바를 시험해 볼 것이 아니라 그들의 신앙적인 실력(신앙의 진정성)을 알아보겠다고 했다는 것이다. 여기서 "능력"이라는 말은 사실상 하나님의 능력을 의미한다. 하나님의 능력은 죄인이 예수 그리스도를 믿어 영원한 하나님의 자녀가 되도록 하는 것이다. 그는 천지 만물을 무에서 창조하신 것보다 더 큰 능력으로 죄인을 의인으로 간주하시고 그들을 자녀 삼으신다(롬 1:16). 이 능력은 오늘날에도 역사하신다. 이 능력을 받지 않고 구원 운동을 수행할 수 있는 자는 없다.

21 너희가 무엇을 원하느냐 내가 매를 가지고 너희에게 나아가랴 사랑과 온유한 마음으로 나아가랴. 바울은 자신이 고린도 교회를 다스릴 권위를 가졌다는 의미에서 이렇게 말한다. 그가 그들을 다스릴 때 어떤 수단을 사용할지는 그들이 진실하게 회개하는지 여부에 달렸다. 그들이 회개하지 않으면 그는 "매"(권징을 비유함)를 가지고 그들에게 임할 것이다. 만일 그들이 회개하면 그는 사랑과 온유로 그들을 위로할 것이다.

설교 그리스도의 일꾼(교역자)에 대하여(고전 4:1-5)

일꾼이란 말은 "수종드는 자"라는 뜻을 가지고 있다. 그는 영광을 받을 자가 아니고 언제나 지휘자의 명령에 따라 일하는 자다.

1. 충성

이것은 주님이 시키시는 대로 순종하여 일하는 것을 의미한다. 따라서 순종의 특징은 복음을 변경하지 않고 파수하는 것이다. 그러므로 예로부터 충성된 교회 회의는 새로운 교훈을 배척하고 전수되어 온 교리를 파수하는 역할을 하였다. 초기 교회의 4대 교회 회의, 곧 니케아 공의회, 콘스탄티노플 공의회, 에베소 공의회, 칼케돈 공의회가 그러하였다. 그러므로 충성은 하나님의 권위와 그 말씀의 권위만을 존중한다.

2. 자신을 의롭다고 판단하지 말 것

사람은 자기 자신에 대한 편견이 강하다. 인간은 자기의 죄악된 상태를 도리어 선하게 보는 경향이 있다. 따라서 우리가 스스로에 대해 내리는 바른 판단은 우리에게 의가 없다고 여기는 것이다. 허드슨 테일러(Hudson Taylor)가 어느 날 "당신은 당신이 한 일에 대하여 교만해진 적이 있습니까?"라는 질문을 받았다. 그때 그는 대답하기를, "나는 내가 무엇을 했다고 생각한 적이 없습니다"(I never knew I had done anything)라고 대답하였다고 한다.

우리는 다른 사람이 나에 대하여 칭찬하는 것을 믿어서도 안 된다. 왜냐하면 나를 칭찬하는 자가 나를 정확히 알지 못하고 칭찬하기 때문이다. 그들은 나의 결점을 모르고 그와 같이 칭찬한다. 우리 자신에 대한 참된 판단은 주님이 오실 때에 정확히 나타난다. 우리는 지금부터 그때의 광경을 염두에 두고 살아야 한다. 저명한 플레취 목사는 꿈속에서 심판의 광경을 보고 크게 깨달음을 얻어서 새로운 경건의 삶을 살기 시작했다고 한다. 우리가 최후의 심판을 직접 맞이할 때 우리가 숨겨 왔던 모든 것이 드러날 것이며 우리가 잊어버렸던 허물들도 드러날 것이다. 우리는 주님의 판단만 바라보면서 바르게 나아가도록 힘쓸 뿐이다.

설교 천국 운동과 능력(고전 4:20)

본문에 나오는 "하나님의 나라"라는 말은 하나님이 통치하시는 세계를 가리킨다. 하나님의 통치가 우리의 구원을 성립시킨다. 통치 문제가 결국 인류의 문제라고 할 수 있다. 동양의 유교는 "수신제가치국평천하"(修身齊家治國平天下)를 인류의 문제로 삼는데, 그것 역시 통치 문제를 중요한 고민거리로 여기는 데서 출현한 사상이다. 불교는 무아(無我)를 목표로 삼는데 그것도 "나"라는 것을 다스리지 못하여 생기는 고민과 번뇌로 인해 출현한 사상이다. 이러한 종교들은 인생의 문제에 대해 각각 나름의 견해를 제시했지만 어느 종교도 해결책을 제시하지는 못했다. 기독교는 하나님께서 우리의 문제와 만물의 문제를 통치하신다는 진리를 가르친다. 이러한 통치에 포함되는 세계가 바로 금생과 내세의 천국이다. 하나님은 만물을 창조하시기만 하고 방치하시는 것이 아니다. 그는 다스리시는 분이다. 하나님의 섭리적 통치는 역사가 시작된 이래로 계속되어 왔으나 하나님이 친히 세상에 오셔서 통치하신 것은 예수님이 이 세상에 오신 때부터다. 이 통치는 죄와 마귀와 사망을 멸하시는 최후적 통치다. 또한 이것은 십자가로 승리하시는 통치다(골 2:15).

1. 천국 운동은 사람의 말만으로 성립되는 것이 아니다. 왜냐하면 ① 사람의 말은 이론일 뿐이고 사실과 관계없는 공론에 불과한 경우가 많기 때문이며, ② 사람의 말은 거짓이 많기 때문이며, ③ 사람의 말이 사실에 부합한 것이라 할지라도 하나님의 영광을 진심으로 구하는 것이 아니라면 하나님의 통치와 무관하기 때문이다. 이 세상 사람 중에는 말보다도 행동을 앞세우는 실천가들이 있다. 그러나 그런 사람들도 하나님 중심으로 일하지 않는다면 하나님의 나라와는 관계가 없다. 하나님 중심주의가 아닌 침묵도 하나님의

나라를 이루지 못한다.

여기서 이른바 “말에 있지 아니하고”라는 말씀은 “하나님 말씀에도 있지 않다”라는 의미가 아니다. 하나님의 말씀은 천국 운동의 원동력이 되는 것인데, 어찌 그것을 낮게 평가할 수 있겠는가? 신자들은 하나님의 말씀을 얼마든지 전해야 하고 또 받아야 한다. 반지성주의자들은 하나님의 말씀을 깊이 연구하여 가르치는 것을 중요시하지 않고, 도리어 20절 말씀을 자기들의 그릇된 태도를 옹호하기 위하여 왜곡한다. 그들은 “능력”을 받아야 한다고 주장하면서도 하나님의 말씀에 대한 지식을 중시하지 않는다. 이것은 그들이 하나님의 말씀 자체가 바로 능력이라는 사실을 모른다는 증거다. 히브리서 4:12에 말하기를, “하나님의 말씀은 살아 있고 활력이 있어 좌우에 날선 어떤 검보다도 예리하여 혼과 영과 및 관절과 골수를 찔러 쪼개기까지 하며 또 마음의 생각과 뜻을 판단하나니”라고 하였다. 또한 에베소서에서는 하나님의 말씀을 “성령의 검”이라고 하였다(엡 6:17).

2. 하나님의 나라는 능력에 있다. 하나님의 나라는 오직 하나님의 능력으로 성립되며, 또한 능력으로 참되게 전파된다. 하나님의 능력은 사람의 힘으로 할 수 없는 일을 능히 성취한다. 비유를 하나 들어 보겠다. 오래전에 뉴욕항구에 다리를 놓는 공사를 하였다. 그때 바다 한가운데 기둥을 세워야만 했다. 그런데 그 장소에는 오래전에 벽돌을 실은 배 한 척이 파선되어 깊이 가라앉아 있어서 그 배를 인양하지 않으면 그곳에 기둥을 세울 수 없었다. 건설기술자들이 여러 방편을 동원했으나 너무도 무거운 물건이어서 어찌할 방도가 없었다. 그러던 중 그들이 한 가지 방법을 강구하였다. 그들은 썰물에 바닷물이 밀려갔을 때 파선된 배에 거대한 운반선 두 척을 붙들어 매고 밀물이 들어오기를 기다렸다. 그들이 예상했던 대로 바닷물이 들어오면서 운반선을 밀어 주는 힘이 생겼고 마침내 그 힘으로 가라앉았던 배를 인양해 내는

데 성공했다. 이처럼 인력으로 할 수 없었던 것을 다른 힘의 도움으로 하게 되는 것처럼, 지옥에서 멸망받을 인생들을 구원하는 천국 운동은 하나님의 능력으로 가능해진다. 무디 선생이 언젠가 런던에서 큰 극장을 빌려 부흥 집회를 하던 중 누가복음 4:27 말씀을 읽다가 "엘리사"라는 단어에서 혀가 돌아가지 않아서 막히고, 다시 뒤로 물러가서 읽기를 세 번이나 하였으나 또다시 막히곤 하였다. 그리하여 그는 성경을 접어놓고 자기의 말 더듬는 혀를 풀어 주시기를 하나님께 기도하였다. 그는 기도한 뒤에 큰 능력을 받았으며, 그날 밤 설교 시간에 청중의 심령이 하나님의 말씀에 사로잡혔다. 기도로 능력을 받지 못하면 복음 운동에 성과를 거두지 못한다. 한번은 어떤 사람이 위대한 설교자 스펄전(Spurgeon) 목사에게 그가 능력을 받는 비결이 무엇인지 물었는데 그는 자기 교회당 아래층을 가리키면서 말하기를, "내가 설교할 때마다 나를 위하여 기도하는 300명이 여기에 있다."라고 대답하였다고 한다.

"능력"은 사람을 하나님께로 인도하는 데만 필요한 것이 아니라, 덕을 행하는 데도 필요하다. 교회는 덕이 있어야 하나님의 양떼를 잘 도울 수 있으며, 하나님의 영광을 드러낸다. 오늘날 한국 교회에는 덕이 너무나 부족하다. 지도자들이 서로 용서하는 것을 보기 어렵다. 유교에서 가르치는 덕의 목록을 꼽아 보면, 지덕(至德), 성덕(盛德), 대덕(大德), 적덕(積德), 명덕(明德), 현덕(玄德), 후덕(厚德) 등이다. 유교에서 가르치는 덕의 목록이 일리는 있으나 순전히 인본주의적인 발상에서 주어진 것이기 때문에 하나님의 영광을 구하는 일과는 거리가 멀다. 그러나 성경은 덕을 말할 때 이웃을 돕는 일과 하나님의 영광을 구하는 데 주력했다. 고린도전서 10:31-33에 말하기를, "그런즉 너희가 먹든지 마시든지 무엇을 하든지 다 하나님의 영광을 위하여 하라 유대인에게나 헬라인에게나 하나님의 교회에나 거치는 자가 되지 말고 나와 같이 모든 일에 모든 사람을 기쁘게 하여 자신의 유익을 구하지 아니하고 많은 사람의 유익을 구하여 그들로 구원을 받게 하라"라고 하였다.

제 5 장

⚘ 개요

바울은 여기서 고린도 교회의 또 하나의 죄악을 취급한다. 그것은 그 교회가 패륜자를 처리하지 않은 채 그 사안에 대한 사도의 가르침에 불순종하는 문제였다(9절).

1. 과오를 범한 자를 처리하지 않으면 결국 그 한 사람 때문에 온 교회가 죄악을 대수롭지 않게 여기게 된다. 그것은 적은 누룩이 온 덩어리에 퍼지는 것과 같은 이치다(1-8절). 여기서 "적은 누룩"이라는 말은 그 패륜자의 과오가 작은 죄라는 의미가 아니다. 바울은 이미 5:1 상반절에서 "아버지의 아내를 취하"는 것이 말할 수 없이 큰 죄라는 사실을 밝히 말하였다(레 18:8 참조). 그러므로 여기서 말하는 "적은 누룩"은 한 개인을 전체와 대조시키는 의미일 것이다.

2. 바울은 음행한 자를 처리하라고 편지를 보낸 일이 있었다. 이 편지는 고린도전서보다 앞서 보낸 것인데, 우리에게 전해지지 않고 유실되었다. 일설

에 본문 9절에서 편지를 썼다고 언급한 것은 그가 현재 쓰고 있는 고린도전서를 염두에 둔 것이라고 말한다. 그러나 고린도후서 7:8에 "편지로 너희를 근심하게 한 것"이라는 말씀 역시 고린도전서를 쓰기 전에 보냈던 유실된 편지를 가리킨다(고후 10:9 참조). 아토(Atto)도 그렇게 생각하였고(Non in hac epistola sed altera), 헤르베이우스(Herveius)도 그렇게 생각하였다(in alia jam epistola). 크로샤이데(Grosheide)도 이 편지는 고린도전서를 쓰기 전에 써 보냈던 것이라고 주장한다.[28)]

바울이 그 편지에 지시한 대로 음행한 자를 사귀지 말라고 한 것은 교인 중에 그런 범죄를 저지른 자를 사귀지 말라는 뜻이다. 그런데 고린도 교회는 바울이 지시한 말씀을 오해하여 일반사회 사람 중에서 그런 범죄를 저지른 자와도 교제하지 말라는 뜻으로 받아들였다. 바울은 이제 그들의 오해를 교정시키기 위하여 길게 말하였다(고전 5:10-13). 바울이 이처럼 정정하여 말씀하는 것으로 보아 여기서 "사귀지 말라"라는 뜻은 영적인 교제에 제한된 것임을 알 수 있다. 그의 훈령은 교회가 일반인들을 대상으로 실시할 것이 아니라 동료 교인들을 상대로 시행해야 하는 것이었다. 그렇다면 교인을 대상으로 교제를 제한할 때도 세속적인 일들에 대해서가 아니라 영적 생활에 관계된 일들에 대하여 실시되어야 할 것이다. 우리는 설령 범죄한 교인이라 하여도 그와 더불어 협력해야 할 국가의 사무를 포기할 수는 없다. 여기서 바울이 의미한 절교는 영적 생활 분야에 국한하여 실시되어야 하는 것이다. 본문에 "함께 먹지도 말라"고 말한 것은 이유가 있다. 함께 먹는 것은 육신 생활의 일부로 행하는 일반적인 사무와 다르게 친근한 교제를 의미한다. 그런 교제는 영적 생활에 어떤 영향을 끼치기 쉽다. 그러므로 바울은 신자로서 범죄

28) Eerste Brief aan Korinthe, 185. "En is dit zoo, dan moet uit onze plaats worden afgeleid, dat de apostel reeds voor onzen brief een schrijven aan de kerk te Korinthe had verzonden."

한 교인과 함께 먹지도 말라고 하였다. 이 말씀은 일상적인 사회생활의 모든 측면에서 교제를 끊으라는 뜻이 아니다. 핀들리(G. G. Findlay)도 이 점을 잘 파악하고 말하기를, "함께 먹는 것은 친절의 표시라고 할 수 있어도 사업 관계에서는 그렇지 않다."라고 하였다.[29] 그러나 신자가 함께 교인 된 자의 매우 흉악한 범죄(고전 5:1의 경우와 같은)를 목격했을 때, 일반 사회생활의 영역에 속하는 사업 관계에서도 그 범죄자와 더불어 친근하게 일할 수는 없다. 교인 가운데 그 범죄자가 하나님의 영광을 짓밟고 있는데 그것을 보는 신자로서 거룩한 의분이 없을 수 없다. 그러므로 바울은 여기서 강하게 말하였다(11절). 슐라터(A. Schlatter)는 바울의 말씀에서 이와 같은 강렬한 어조를 보고 말하기를, "믿는 형제가 하나님의 율법을 범하였을 때 교회는 그를 치리하는 일에 힘을 기울여야 한다. 모든 교제는 회피되어야 한다. 종교적 교제만 아니라 사회생활에서의 친분 관계도 피해야 한다."라고 하였다.[30]

슐라터의 이러한 해석도 범죄한 교인에 대한 교회의 태도가 자연생활 분야에서도 친교는 가질 수 없다는 의미일 뿐이고 모든 종류의 사무 관계를 끊어야 한다는 의미는 아니다.

⚜ 해석

2. 고린도 교회가 교인의 도덕적 부패에 대하여 징계하지 않음을 꾸짖음(5:1-13)

---

29) The Expositor's Greek Testament, Acts-1st Corinthians, 812. "Eating together is a sign of friendliness, business transactions are not."

30) Die Korinther Briefe, 68. "Dann, wenn die Gemeinschaft mit einen Bruder deshalb aufgeben wird, will er Gottes Gesetz bricht, verlaugt Paulus den durchgreifenden Ernst, Dann soll jeder verkehr gemieden werden nicht nur die gottesdienstliche Gemeinschaft sondern auch die naturlichen Formen der Freundschaft."

1 너희 중에 심지어 음행이 있다 함을 들으니 그런 음행은 이방인 중에서도 없는 것이라 누가 그 아버지의 아내를 취하였다 하는도다. 여기서 "아버지의 아내"라는 말은 그 범죄자의 생모를 가리키는 것이 아니고 계모를 가리킨 듯하다(레 18:8). 일설에 의하면 고린도 교회에 이런 죄악이 생긴 원인은 부패한 유대 랍비들이 가르친 대로 유대교로 개종한 자는 그 아비나 어머니로부터 친자 관계가 해소된다는 교훈에 있다고 한다. 그러나 하지(Hodge)는 이 같은 주장의 사실 가능성을 의심하였다.

초기 교회의 이방인 기독교 세계에 그러한 범죄 사건이 있음을 볼 때 우리는 인간성의 부패가 어디에서든지 작용하고 있음을 알 수 있다. 인간은 언제 어디서든지 오직 성령께서 감화하시는 역사로만 거룩해질 수 있다.

2 그리하고도 너희가 오히려 교만하여져서 어찌하여 통한히 여기지 아니하고 그 일 행한 자를 너희 중에서 쫓아내지 아니하였느냐. 교회 안에 범죄 사건이 있음에도 불구하고 교회가 통한히 여기지 아는 것은 그 교회 자체가 죄에 대한 감각이 둔해진 증표다. 그것은 또한 하나님의 말씀을 어긴 것을 문제시하지 않는 교만이다. 교회가 범죄자를 징계하는 일은 그것이 사랑으로 실시된다면 하나님 말씀의 권위를 옹호하는 경건에 속한다(갈 6:1-2 참조).

"쫓아낸다" 함은 교회가 물리력을 동원하여 범죄자를 예배 석상에서 퇴장시키는 것을 의미하지 않는다. 교회의 징계 능력은 체력이나 어떤 폭력이 아니고 주님의 말씀 권위에 의한 영적 사역뿐이다.

3-4 내가 실로 몸으로는 떠나 있으나 영으로는 함께 있어서 거기 있는 것 같이 이런 일 행한 자를 이미 판단하였노라 주 예수의 이름으로 너희가 내 영과 함께 모여서 우리 주 예수의 능력으로. 바울은 가증한 범죄자를 치리할 때 ① 오직 주 예수의 이름(권위)의 능력으로 권징을 실시하고자 했으며, ② 교회의 회중과 함께 그 권징을 실시하고자 했다. 이것이 교회의 일반적인 권징 원리다. 그러나 다음 구절은 사도적 권징의 특성도 부가한다. 다음 구절 해석을 참조하라.

5 이런 자를 사탄에게 내주었으니 이는 육신은 멸하고 영은 주 예수의 날에 구원을 받게 하려 함이라. "사탄에게 내어줌"은 무엇을 의미하는가? 이것은 질병과 고통에 걸리게 됨을 의미한 듯하다. 이런 권능 있는 권징은 사도들만이 할 수 있다(행 5:1-11; 13:9-11; 고후 10:8; 13:10; 딤전 1:20 참조). "육신은 멸하고"라는 말씀은 신체를 소멸시킨다는 의미가 아니고, 죄악성과 부패성이 소멸하게 됨을 가리킨다. "주 예수의 날"은 주님이 재림하실 날을 가리킨다.

이 구절을 보면 교회의 권징은 과오를 범한 자의 구원에 목적을 둔 것이며, 그를 영구적으로 유기하는 것을 의미하지 않는다. 그러므로 교회는 그것을 예배 행위로만 실시한다. 증오와 심판의 동기로 행하는 현대 교회의 권징은 사실상 교회에 해독만 끼칠 뿐이다(갈 6:1-2 참조).

6 너희가 자랑하는 것이 옳지 아니하도다 적은 누룩이 온 덩어리에 퍼지는 것을 알지 못하느냐. 여기서 "자랑"이라는 것은 고린도 교회가 그처럼 극악한 범죄자를 용납하고도 잘했다는 듯이 교만함을 가리킨다(5:2). "적은 누룩"이라는 것은 비유인데, 앞에서 말한 것과 같은 "자랑"의 죄악을 가리키든지, 혹은 범죄자 자신을 의미할 것이다. 죄악은 누룩과 같아서 은근히 퍼진다. 다시 말해 사람이 알아채지 못하는 가운데 퍼진다는 것이다. 개인에게도 그러하고 단체에서도 그러하다. 적은 죄악이 개인의 생활에 퍼지는 방식을 말하자면, ① 그 은밀한 죄가 양심을 부패케 하며 ② 그것이 그 사람을 하나님에게서 멀어지게 만들며 ③ 그것이 모든 다른 죄악의 세력들을 강화시키고, ④ 그것이 그 사람으로 하여금 은혜 받을 방편들(예를 들면 기도하는 것)을 등한히 여기게 하여 은혜 받는 방편의 효능을 파괴시킨다(Hodge).

언젠가 아일랜드 앞바다에서 배가 파선한 일이 있었다. 그 배를 운전하는 선장은 주의 깊은 사람이었고 그때의 기후도 나쁘지 않았다. 다만 그 파선의 원인은 이것이었다. 그날 선원 중 한 사람이 배의 나침판을 청소하면서 작은 칼을 사용했는데, 도중에 칼날에서 조그만 조각이 떨어져서 나침반 안으로 들어갔고, 그 칼날 조각 때문에 나침반의 지남침이 잘못된 방향을 가리키게 되었다. 결국 배는 고장 난 나침반이 가리키는 잘못된 방향으로 나아가다가 파선하게 된 것이다. 조그마한 쇳조각이 배 전체의 앞날을 좌우했다.

적은 실수와 과오가 범죄자의 생명을 해칠 수 있다. 한 가지 예를 들어 보겠다. 캘리포니아주에 큰 구경거리가 있었다. '인간 거미'라는 별명을 가진 사람이 있었는데, 그는 높은 건물의 벽을 잘 기어오르기로 유명하였다. 어느 날 그는 관중이 구름같이 모인 장소에서 수십 층 건물의 벽을 기어오르게 되었다. 거미가 벽을 기어오르듯이 그는 오르고 또 오르다가 거의 다 올라가서는 손으로 붙잡을 것이 없어서 두루 살펴보니 벽돌이 튀어나온 것처럼 보이는 곳이 있었다. 그러나 그것을 붙잡고 오르려 하다가 그는 결국 떨어지고 말았다. 그가 붙잡았던 벽돌 같은 것은 사실 거미줄이 뭉쳐져서 건물에 붙어 있던 것이었다. 한 번의 실수가 이처럼 무서운 결과를 낳을 수 있다.

7 너희는 누룩 없는 자인데 새 덩어리가 되기 위하여 묵은 누룩을 내버리라 우리의 유월절 양 곧 그리스도께서 희생되셨느니라. 여기서 "누룩"은 죄악을 비유한다. 그리스도인은 원칙적으로 누룩(죄) 없는 자다. 요한1서 5:18에도 말하기를 "하나님께로부터 난 자는 다 범죄하지 아니하는 줄을 우리가 아노라 하나님께로부터 나신 자가 그를 지키시매 악한 자가 그를 만지지도 못하느니라"라고 하였다(요일 3:9 참조). 이 말씀의 뜻은 그리스도인이 습관적으로 범죄를 계속하지 않는다는 뜻이다.[31] 신자가 범죄하는 것은 하나의 사고일 뿐 원칙은 아니다. 그리스도께서 우리의 죄 때문에 죽으셨는데 우리가 어찌 범죄하겠는가! 누구든지 범죄를 예사롭게 행한다면 그것은 그리스도께서 그를 대신하여 죽지 않았다는 거짓된 고백과 동일한 것이다. 중국의 왕 목사가 어렸을 때 좋지 못한 장난을 한 적이 있었다. 그때 그의 어머니가 그를 붙잡아서 벌을 세

---

31) Ross, "He can not go on sinning." 1 Jn. 3:9.

우려 했으나 그는 도망쳐 버렸다. 그러나 그 어머니는 기어이 그를 붙잡아 놓고 다음과 같이 말했다. "내가 낳아서 기른 아이가 잘못한 일 때문에 내가 벌을 세우려 한다고 달아나니 나는 이런 아이를 낳아 기른 것이 부끄럽다. 나는 나를 벌세울 수밖에 없다."그런 다음 그 어머니는 자기 종아리를 때려 상하게 하였다. 그러자 그는 어머니에게 안기면서 "나를 벌하여 주시고 어머니 자신을 때리지 마십시오."라고 하였다. 그 후로 그는 착한 아이가 되었다고 한다.[32)]

이것은 남을 대신하여 벌을 받은 한 가지 실례다. 이것은 사람이 하나님 앞에 범죄함으로 말미암아 당해야 할 영원한 멸망을 대신 담당한 것처럼 무궁한 가치를 지닌 하나님 아들의 속죄와 동등한 것은 아니다. 그리스도께서 우리를 대신하여 죽으신 희생은 우리의 외부에 객관적 사실로만 존재하는 것은 아니다. 그것은 유월절 양을 먹는 것과 같이 우리 신자들의 심령 속에 화합되는 것이다. 이 화합은 성령으로 말미암아 얻어지는 믿음으로만 성립된다(고전 4:2).

"새 덩어리가 되기 위하여 묵은 누룩을 내버리라." "새 덩어리"는 새사람들로 이루어진 단체를 가리키는데, 곧 거듭난 신자들의 단체다. "묵은 누룩"은 죄악을 가리키는 비유다. 이 비유는 이스라엘 백성이 유월절 양을 먹는 저녁부터 7일 동안 무교병을 먹었던 역사적 사실에서 나온 것이다(출 12장). 그것은 그리스도인이 예수 그리스도로 말미암은 속죄의 은혜를 받은 이후 원칙적으로 범죄하지 말아야 할 것을 비유한다.

"우리의 유월절 양 곧 그리스도께서 희생되셨느니라." 이것은 그리스도를 유월절 양에 비유한 말씀이다. 물론 유월절 양은 예수님께서 탄생하시기 1,500년 전 모세 시대에 그리스도 예수를 예표하도록 제정된 것이었다. 그리

---

32) Knight's Master Book of new Illustrations, 143-144.

스도께서 유월절 양처럼 희생되셨기 때문에 그리스도인들은 거듭나서 누룩 없는(속죄된) 삶을 살게 되었다.

8 이러므로 우리가 명절을 지키되 묵은 누룩으로도 말고 악하고 악의에 찬 누룩으로도 말고 누룩이 없이 오직 순전함과 진실함의 떡으로 하자. 여기서 "명절"은 유월절 양을 먹은 이스라엘 백성이 일주일간 지킨 것이니 그리스도인의 한평생을 가리키는 비유였다. 그리스도인은 비유컨대 예수 그리스도의 살과 피를 먹은(믿음을 비유함, 요 6:55) 사실을 바탕으로 한평생을 거룩하게 하나님께 바쳐진 절기처럼 생활하여야 한다. 여기서 "악하고 악의에 찬 누룩"이라는 말은 앞에 나오는 "묵은 누룩"이라는 말에 대한 설명이다.

"순전함과 진실함." "순전함"(εἰλικρίνεια)이라는 말은 본질과 무관한 요소를 전혀 섞지 않은 순수성을 의미하고, "진실함"은 하나님 뜻의 진의에 부합하는 도덕 생활을 의미한다(Hodge, Lenski).

이 두 가지는 신앙생활에 있어서 순수하지 못한 것과 가면에 가려진 요소를 금하는 말씀이다. 신앙생활은 온 마음과 온 힘을 다해야만 성립되는 것이다.

9 내가 너희에게 쓴 편지에 음행하는 자들을 사귀지 말라 하였거니와. 여기서 "너희에게 쓴 편지"라는 말은 고린도전서보다 앞서 기록된 서신을 가리킨다(Grosheide). "음행하는 자들"이라는 말은 고린도 교인들이 알고 있던 그 당시의 음행자들을 염두에 둔 것이다. 현저히 드러난 범죄자들을 고립시키는 것은 그들이 부끄러워하고 회개하게 만드는 일이다. 그리고 "사귀지 말라"는 절교의 권면은 주로 신령한 교제를 끊는 것에 관한 것이다. 그러나 일반 사회생활에서의 절교는 불가능한 일이며(10절 하) 성경이 그런 절교를 장려하지도 않는다.

10 이 말은 이 세상의 음행하는 자들이나 탐하는 자들이나 속여 빼앗는 자들이나 우상숭배하는 자들을 도무지 사귀지 말라 하는 것이 아니니 만일 그리하려면 너희가 세상 밖으로

나가야 할 것이라. 여기서 "이 세상"이라는 말은 교회 밖의 세계를 가리킨다. "속여 빼앗는 자들"은 자기에게 정당히 속하지 않는 재물을 취하는 자들이다.

"도무지 사귀지 말라 하는 것이 아니니." 신자들이 교회 바깥세상에서 죄인들과의 교제를 완전히 끊을 수는 없다. 그들에 대한 신자의 교제는 영적인 것이 아니고, 사회생활 또는 시민생활과 관계된 것이니 이를 피할 수는 없다.

11 이제 내가 너희에게 쓴 것은 만일 어떤 형제라 일컫는 자가 음행하거나 탐욕을 부리거나 우상 숭배를 하거나 모욕하거나 술 취하거나 속여 빼앗거든 사귀지도 말고 그런 자와는 함께 먹지도 말라 함이라. "형제"는 그리스도인을 가리킨다. 신자가 범죄할 때 교회는 그를 고립시켜야 한다. 그렇게 해야만 ① 범죄자가 고독을 느끼며 자기 자신을 낙관하지 못하고 깊이 반성하게 된다. ② 그리스도 교회의 도덕적 순결성을 보존할 수 있다. 이 같은 절교는 그 범과자로 하여금 회개케 하려는 것이다. 이 같은 절교는 교회의 위신과 순결을 보존하기 위해 필요한 조치다. 페루(Peru)의 강들은 바다로 흘러 들어가서도 소금물과 섞이지 않고 그대로 흐른다고 한다. 그리고 세르비아의 수도 베오그라드(Belgrade)에서 도나우 강과 사바 강이 만난다. 그러나 그 두 강의 물은 서로 혼합되지 않기를 기름과 물이 섞이지 않음과 같다고 한다(Trapp).

12 밖에 있는 사람들을 판단하는 것이야 내게 무슨 상관이 있으리요마는 교회 안에 있는 사람들이야 너희가 판단하지 아니하랴. 여기서 "밖에 있는 사람들"이라는 말은 불신자들을 가리킨다. 교회는 불신자의 범죄 사건을 징계할 위치에 있지 않다. 그러나 교인의 범행에 대해서는 교회가 처리해야 된다.

13 밖에 있는 사람들은 하나님이 심판하시려니와(롬 2:5; 벧전 4:17 참조) 이 악한 사람은 너희 중에서 내쫓으라(신 3:6; 17:7; 19:19; 22:24; 24:7 참조).

설교 적은 누룩(고전 5:6-8)

1. 적은 누룩의 위험성

여기서 적은 누룩이라는 것은 작은 죄악을 의미하는 듯하다. 누룩은 은밀히 퍼지는 것이 그 특성인데 죄악도 누룩처럼 우리 마음속에 은밀히 퍼진다. 작은 죄악은 더더욱 사람이 모르게 퍼질 수 있다. 하지만 우리는 작은 것을 작게 보지 않아야 한다. 사람을 크게 해치는 것은 반드시 어떤 큰 죄가 아니며, "티끌 모아 태산"이라는 말처럼 작은 죄들이 모여서 결국 큰일을 만든다. 어떤 사람이 미국 로스앤젤레스에서 뉴욕까지 도보로 여행을 하였다. 그에게 어떤 사람이 묻기를 "여행 중에 가장 견디기 어려웠던 것이 무엇인가? 높은 산을 넘는 일이었는가? 아니면 깊은 강을 건넌 일이었는가?"라고 하였다. 그때 그는 대답하기를 "나의 여행에서 가장 견디기 어려웠던 것은 내 신발 밑창에 들어온 모래 알갱이였다."라고 하였다. 또 어떤 사람이 사냥을 나가서 호랑이를 만나 총으로 쏘았다. 사냥꾼은 그 호랑이가 죽은 줄 알고 가까이 다가갔는데, 그 짐승이 아직 죽지 않고 있다가 그의 다리를 물어서 상처를 입힌 후에 죽었다. 그런데 상처를 입은 사냥꾼에게 견딜 수 없는 일이 생겼는데, 바로 개미떼가 그의 온 몸에 기어올라서 쏘는 것이었다. 결국 그는 개미떼에 물려서 죽었다고 한다. 이와 같이 우리는 작은 것이라고 하여 낙관할 일이 아니다. 무디 선생이 부흥회를 인도하던 시절에 시카고(Chicago)에 큰 화재가 발생해서 도시가 전소되다시피 한 일이 있었다. 그 화재는 어떤 젖소가 등불을 차서 넘어뜨리면서 시작된 것이라고 한다. 사람의 죄악은 그의 눈에 보이는 어떤 행동들만이 아니다. 그의 영혼이 성한 데가 없이 상한 그것이 죄악의 근본이다. 그것은 누룩과 같이 은밀하게 그 속에서 모든 부패 작용을 일으켜 그 사람으로 하여금 하나님을 참되이 섬기지 못하게 만든다. 그는 자신의 신변에 큰일이 발생한 것을 알아채지 못한다. 이처럼 사람의 속에는 은밀하게 그를 해하는 작은 죄들이 많이 있다.

하나님을 표준으로 삼고 사는 그리스도인들은 작은 것을 작게 여기지 말 것이며 큰 것을 크게 여기지도 말아야 한다. 하나님께는 작은 것도 작지만 큰 것도 작다. 이사야 선지자는 말하기를, "그에게는 열방이 통의 한 방울 물과 같고 저울의 작은 티끌 같으며 섬들은 떠오르는 먼지 같으리니··· 그의 앞에는 모든 열방이 아무것도 아니라 그는 그들을 없는 것 같이, 빈 것 같이 여기시느니라"(사 40:15-17)라고 하였다. 하나님은 큰 것도 작게 보시는데 본래 작은 것이라고 하여 큰 것처럼 여겨 주시지 않겠는가? 하나님께서는 작은 것이라도 멸시하지 않으신다. 스가랴 4:10에 말하기를 "작은 일의 날이라고 멸시하는 자가 누구냐"라고 하였다.

2. 누룩을 내어버리자

앞에서 말한 바와 같이 누룩처럼 은밀하게 역사하는 죄악을 내버리는 것은 쉬운 일이 아니다. 그것이 사람의 손에 쥐어져 있다면 그냥 내던지면 되지만 그것이 사람의 심령에 깊이 뿌리박혀 있으니 인간의 힘으로는 그것을 내버리기 어렵다. 따라서 그는 하나님이 지시하신 방법대로 순종해야만 그것을 내버릴 수 있다.

하나님이 마련하신 방법은 우리 대신 희생제물이 되신 그리스도를 우리가 믿게 만드시는 것이었다. 이스라엘 백성이 애굽에서 장자가 죽는 재앙을 면한 방법은 그들의 집 문설주에 양의 피를 바른 것이었다. 그것은 하나님께서 하라고 하신 그대로 행한 것이니, 한마디로 믿음의 행위였다. 믿음은 이처럼 단순한 행위로 표현된다. ① 믿음이 단순한 행위라는 말은 그것이 어려운 일이 아니라는 뜻이다. 우리가 예수 그리스도의 속죄를 믿는 일도 어려운 것이 아니다. 어렵게 믿고자 하는 마음에는 오히려 자기의 공로를 세우려는 불신앙이 섞인다. 참으로 신앙은 쉬운 일에 순종함으로써 성취되는 것이다. 하지만 그렇다고 해서 신앙이 생명 없는 가식적인 행위나 형식적 행위를 가리키는 것은 아니다. ② 믿음이 단순한 행위라는 말에는 그것이 가장 단순하게 생명을 기울인 정성 가득한 행위라는 뜻도 담겨 있다. 왜냐하면 신앙은 죽을 형편에 처한 자가 살기 위하여 최후로 취하는 결단이기 때문이다. 죽을 자리에서 살기 위하여 취하는 뜻깊은 결단을 어느 누가 가식적으로 정성 없이 하겠는가? ③ 하지만 이스라엘 백성이 유월절 양을 잡아먹고 그 피를 문설주에 바른 것으로 나타난 신앙 행위의 단순성은 무모한 어리석음에 속하는 단순성이 아니다. 신앙의 진리는 하나님의 지혜이기 때문에 거기에 다른 것을 가미하는 것이 도리어 그 진리를 흐리게 만든다. 이 세상의 사상들은 진리가 아니기 때문에 이것저것을 혼합하여 힘을 더해 보려 한다. 그러나 신앙의 진리는 절대 완전한 진리이기 때문에 거기에 무언가를 더하거나 뺄 필요가 없다. 그러므로 그것을 믿는 일도 단순하다. 이 단순성은 모든 것에서 동떨어져 고립된 단순성이 아니다. 이것은 모든 것을 다 팔아서 신앙의 진리 하나만을 사는 단순성이다.

제 6 장

⚜ 개요

1. 신자들 사이에 분쟁이 있을 때는 그 문제를 가지고 불신 세상의 법정에 가서 소송하지 말아야 한다. 바울은 고린도 교인들이 이같이 소송하는 것을 꾸짖었다(1-11절). 그는 다음과 같은 논조로 말씀한다. ① 교회가 신자들 간의 분쟁을 불신 세상의 법정에 가져가는 것이 합당하지 않은 일이다(1절). ② 그런 분쟁은 교회 안에서 해결하는 것이 옳다(1절 하-3절). ③ 그러한 분쟁을 불신 세상의 법정에서 판단받으려고 내놓는 것은 부끄러운 일이다(4-6절). ④ 그런 불의는 그리스도인들 가운데에서 없어졌어야 할 것이다(7-11절).

신자가 신자를 대상으로 불신 세상의 법정에서 소송할 수 없다는 말은 신자가 불신자를 상대로 부득이한 경우에 소송하는 일도 금하는 것은 아니다. 바울도 불신 유대인들을 상대로 가이사에게 상고한 일이 있다(행 25:25).

2. 12절 이하에는 고린도 교회에 있었던 폐단, 곧 자유를 남용하던 악습을 금지한다. 여기서 말하는 자유의 남용은 특히 윤리와 관계없는 소위 아디

아포라(Adiaphora) 문제에 관련된 것이다(12절). 예컨대 음식물에 대한 그리스도인의 태도가 여기에 해당한다. 그들은 모든 음식물을 사용할 권리가 있다. 다만 주의할 것이 있는데, 그러한 권리를 덕스럽게 사용하기 위해서는 그 음식물에 사로잡혀서는 안 된다는 점이다.

그는 여기서 "음행"의 문제를 별도로 취급한다. 음행은 아디아포라의 개념에 포함시킬 것이 아니다. 음행은 하나님의 율법에 분명하게 죄악이라고 지적된 것이니 그리스도인은 그것을 처음부터 피하여야 한다.[33)]

바울은 우리의 몸을 음행에 방치할 수 없는 엄중한 이유를 여기 진술하였는데, 곧 몸은 주를 위하여 있다는 것이다(13절). 몸은 주를 위한 것이기 때문에 결국은 부활의 영광에 참여한다(14절). 그러므로 우리의 몸은 ① 주님의 지체와 같고(15절), 성령에 의하여 주님과 한 몸이 되어 있으니(16-17절) 우리가 몸을 더럽히는 음행의 죄를 범해서는 안 된다(18절). ② 우리의 몸은 우리가 마음대로 좌지우지할 수 있는 우리의 사유물이 아니고, 하나님께서 그리스도의 보혈로 사셔서 소유하신 성전이다(19-20절; 고전 1:30; 3:23; 롬 8:32; 고후 5:18; 행 20:28 참조).

우리는 이와 같이 하나님의 소유가 된 사실을 찬송한다. 그뿐 아니라 우리가 그의 소유가 된 방법이 우리 자신의 힘이 아니고 하나님의 방법과 힘으로 이루어진 사실을 찬송한다. 슐라터(A. Schlatter)는 말하기를, "우리가 하나님의 소유가 된 것은 우리 자신으로 말미암은 것이 아니고 예수님의 십자가로 말미암은 것이다. 예수님의 십자가는 하나님과 우리 사이에 가로막힌 장벽을 치워 버렸다."라고 하였다.[34)]

---

33) W.C.G. Proctor, The new Bible Commentary, 978. "Eating or not eating is therefore, a matter of indifference. Fornication how-ever is in a completely different category."

34) Die Korinther Briefe, 76. "Wir sind nicht durch uns selbst Gottes Eigentum, sondern sind von Jesus durch sein Kreuz dazu gemacht durch das er von uns genommen hat, was uns von Gott trennt."

⚘ 해석

3. 불신 법정에서 신자끼리 소송하는 것을 꾸짖음(6:1-11)

1-11절은 그리스도인들이 서로 소송을 걸어서 불신 법정에 가는 일을 경계한다. 그리고 12-20절 말씀은 그리스도인이 자유를 남용하는 일을 경계한다.

1 너희 중에 누가 다른 이와 더불어 다툼이 있는데 구태여 불의한 자들 앞에서 고발하고 성도 앞에서 하지 아니하느냐. 여기서 "다툼"이라는 말은 소송 사건을 의미한다. "불의한 자들"이라는 말은 교회 밖의 불신자들을 가리킨다.

2 성도가 세상을 판단할 것을 너희가 알지 못하느냐 세상도 너희에게 판단을 받겠거든 지극히 작은 일 판단하기를 감당하지 못하겠느냐. "성도가 세상을 판단"한다는 말은 신자들이 그리스도와 연합한 자들로서 그리스도의 최후 심판에 동참하게 될 것을 가리킨다.[35] 그리스도인들의 위상은 그처럼 높은 것이다. 그런데도 불구하고 그들이 공동체 내에서 분쟁이 생겼을 때 자신들끼리 해결하지 못하고 불신 법정에 가지고 가서 해결해 주기를 구한 것이다. 그것은 ① 그리스도인들, 궁극적으로는 교회의 위신을 세상 사람들 앞에서 떨어뜨리는 일이며 ② 교회에 사랑이 없다는 것을 불신자들 앞에 폭로하여 전도의 문을 막는 일이다.

3 우리가 천사를 판단할 것을 너희가 알지 못하느냐 그러하거든 하물며 세상 일이랴. 타락한 천사들은 결국 심판대 앞에 서게 될 날이 있다. 그 심판은 그리스도께서 하실 것인데, 성도들은 그와 함께함으로써 심판하시는 일에도 동참한

---

35) 엡 2:6; 히 2:5-9; 롬 8:17; 딤후 2:12; 단 7:22; 마 19:28; 눅 22:30; 계 2:26-27.

다(사 24:21; 벧후 2:4; 유 6).

4 그런즉 너희가 세상 사건이 있을 때에 교회에서 경히 여김을 받는 자들을 세우느냐. 여기서 이른바 "교회에서 경히 여김을 받는 자들"이라는 말은 불신자들을 가리킨다(6절 참조).

5 내가 너희를 부끄럽게 하려 하여 이 말을 하노니 너희 가운데 그 형제간의 일을 판단할 만한 지혜 있는 자가 이같이 하나도 없느냐. 여기서 "형제"라는 말은 그리스도인을 가리킨다. 바울은 여기서 그리스도인들 사이의 분쟁이 불신 세상의 법정에 제기되는 것이 수치스러운 일이라고 주장한다. 하지만 오늘날 우리나라에서도 교회와 교회가 예배당 건물을 서로 차지하겠다고 쟁탈전을 벌이며 불신 세상의 법정에 가서 소송을 벌이는 일이 적지 않다. 참으로 유감스런 일이 아닐 수 없다.

6 형제가 형제와 더불어 고발할 뿐더러 믿지 아니하는 자들 앞에서 하느냐. 앞절 해석을 참조하라.

7 너희가 피차 고발함으로 너희 가운데 이미 뚜렷한 허물이 있나니 차라리 불의를 당하는 것이 낫지 아니하며 차라리 속는 것이 낫지 아니하냐. 그리스도인이 그리스도인을 대상으로 불신 세상의 법정에 소송하는 것 자체가 옳지 않다. 그러므로 그리스도인으로서는 함께 신자 된 형제로부터 어떤 손해를 당할 우려가 있을 때 불신 세상의 법정에 가서 시비를 가리기보다는 차라리 손해를 당하고 마는 것이 낫다(2절 해석 참조).

이 말씀은 신자가 부득이한 경우에 불신자를 대상으로 소송하는 일까지 정죄하는 것은 아니다.

8 너희는 불의를 행하고 속이는구나 그는 너희 형제로다. 믿는 형제를 불신 세상의 법정에서 소송하는 행위를 가리켜 "불의"라고 말하는 이유는 다름 아니라 앞의 1-3절 말씀 때문이다. 또한 그 행위를 "속이는" 일로 여기는 이유는 그런 소송을 진행하는 자가 그처럼 옳지 않은 소송을 옳은 것이라고 주장하

기 때문이다.

9-10 불의한 자가 하나님의 나라를 유업으로 받지 못할 줄을 알지 못하느냐 미혹을 받지 말라 음행하는 자나 우상 숭배하는 자나 간음하는 자나 탐색하는 자나 남색하는 자나 도적이나 탐욕을 부리는 자나 술 취하는 자나 모욕하는 자나 속여 빼앗는 자들은 하나님의 나라를 유업으로 받지 못하리라. 어느 시대에나 정통 교리를 열성적으로 옹호하면서도 실제 삶에서는 불의를 행하는 자들이 있다. 이런 그릇된 종교인들이 생겨나는 이유는 그들이 종교를 단지 외형적인 것으로만 취급하기 때문이다. 그들은 하나님을 자기들과 쉽게 화해될 대상으로만 알고, 사랑과 순종의 대상으로 여기지 않는다(Hodge). 여기 기록된 죄인들은 특별히 불신자들의 무리에 속한 사람들이다. 이들은 천국에 들어가지 못한다. 여기 나오는 처음 다섯 가지 죄악은 사람의 성적 불결, 또는 종교적 불결에 관련된 것이고, 그다음 10절에 기록된 세 가지는 주로 남의 재산에 손해를 끼치는 죄악이다. 다만 술 취함과 모욕은 별도의 범주에 속하는 죄악이다.

11 너희 중에 이와 같은 자들이 있더니 주 예수 그리스도의 이름과 우리 하나님의 성령 안에서 씻음과 거룩함과 의롭다 하심을 받았느니라. "주 예수 그리스도의 이름"이라는 말은 그의 보혈의 공로를 가리키고 "성령 안에서"라는 말은 "성령의 역사를 통하여"라는 뜻이다. 성령께서 그리스도의 공로를 우리에게 결부시키실 때 우리는 모든 죄악을 씻음받고 거룩하게 구별된 백성이 되며, 의롭다 하심을 얻는다.

4. 음행을 경계함(6:12-20)

12 모든 것이 내게 가하나 다 유익한 것이 아니요 모든 것이 내게 가하나 내가 무엇에든지 얽매이지 아니하리라. 여기서 이른바 "모든 것"이라는 말은 죄악까지 포함하는 것이 아니다. 어떤 일들이 법적으로 가능하다고 해서, 그것들을 무절제하

게 행해도 유익이 되는 것은 아니다.

"내가 무엇에든지 얽매이지 아니하리라." 이 말은 무엇을 법적으로 가능하게 여겨 행하는 경우에도 그것의 종이 될 정도로 빠지지는 않는다는 뜻이다. 다시 말하면 그것을 절제 있게 행한다는 뜻이다.

13 음식은 배를 위하여 있고 배는 음식을 위하여 있으나 하나님은 이것 저것을 다 폐하시리라 몸은 음란을 위하여 있지 않고 오직 주를 위하여 있으며 주는 몸을 위하여 계시느니라. 배와 음식은 둘 다 폐해지는 날이 온다. 그러므로 그리스도인은 음식물을 사용하는 일에는 자유를 누릴 수 있다. 그러나 몸은 영원한 것이며 주님을 위한 것이기 때문에 그리스도인은 몸을 무절제하게 사용해서는 안 된다. 그는 몸을 음란한 일에 사용할 자유를 가지지 않았다. 몸은 다시 살 것이며(4절), 또한 그리스도를 영화롭게 해야 할 것이기 때문에(13, 15절), 고귀하게 다루어져야 한다.

14-17절. 이 네 구절은 몸이 음란을 위하여 있는 것이 아니라고 말하는 이유를 밝혀 준다. 크게 두 가지인데, ① 몸은 장차 부활할 고귀한 것이기 때문이며 ② 몸은 그리스도와 연합한 그리스도의 지체이기 때문이다.

17 주와 합하는 자는 한 영이니라. 주와 연합하는 일은 성령을 받음으로써 이루어진다(갈 4:6; 롬 8:11). 그러므로 그것은 신자가 주님의 영과 하나 되는 일이다.

18 음행을 피하라 사람이 범하는 죄마다 몸 밖에 있거니와 음행하는 자는 자기 몸에 죄를 범하느니라. 사람이 죄를 범할 때 일반적으로는 그가 위반하는 죄악이 그의 몸 바깥에 있다. 그러나 음행은 범죄자 자신의 몸을 거스르는 일이다. 다시 말해 몸은 주님의 영광을 반영하기 위한 것인데 그러한 몸을 음행에 사용하는 것은 잘못이라는 말이다. 여기 사용된 "음행"(πορνειάν)이라는 말은 간음만을 의미하는 것이 아니라 성적으로 불결한 모든 행위를 가리킨다

(Grosheide).

19 너희 몸은 너희가 하나님께로부터 받은 바 너희 가운데 계신 성령의 전인 줄을 알지 못하느냐 너희는 너희 자신의 것이 아니라(롬 8:11; 고후 6:16; 딤후 1:14 참조). 셀레우코스 왕조의 안티오코스 4세 에피파네스와 로마의 폼페이우스는 예루살렘 성전을 더럽히는 죄를 범한 이후로는 흥왕하지 못하였다고 한다(John Trapp).

20 값으로 산 것이 되었으니 그런즉 너희 몸으로 하나님께 영광을 돌리라. 이것은 그리스도인들이 그리스도의 보혈로 대속함을 얻은 사실을 염두에 둔 말씀이다.[36)]

설교 몸으로 하나님을 영화롭게 하라(고전 6:15-20)

1. 몸으로 하나님을 영화롭게 해야 하는 이유

그것은 1) 우리의 몸이 하나님께서 주신 것이기 때문이다. 우리는 본래 존재하지 않았던 자들이다. 그러나 하나님께서 우리가 생겨나게 하심으로써 우리가 존재하게 되었으니 우리는 우리 몸을 주님이 거하실 성전으로 제공해야 한다. 하나님께서 우리에게 몸을 주신 의도는 그의 성령이 그 안에 계시도록 하기 위한 것이다. 하나님께서 우리의 몸을 짐승의 몸과 다르게 지으셨는데, 그 차이점은 ① 똑바로 일어서서 다니는 것과, ② 얼굴에 털이 없는 것, ③ 말을 할 수 있는 것 등이다. 이 세 가지는 표정을 밝히 나타내게 하는 요소들이다. 성령께서는 이런 몸을 성전으로 택하시고 그 안에 거하시면서 하나님을 세상에 알리고자 하신다. 이런 몸은 성령의 전이 될 때 하나님의 영광을 나타낸다. 엘리야가 사르밧 땅 어딘가에 사는 여자에게 찾아갔을 때 그 여자의 아들이 죽었는데, 그 여자가 엘리야에게 말하기를 "당신이··· 내 죄

---

36) 벧전 1:19; 롬 6:17; 갈 3:13; 엡 2:13; 행 20:28; 마 20:28; 롬 3:24; 엡 1:7; 벧전 1:18-19; 고전 7:23; 벧후 2:1.

를 생각나게 하고"라고 하였다. 그것은 성령이 엘리야의 몸에 계셨기 때문이다(왕상 17:17-18). 2) 우리 몸은 하나님께서 그리스도의 보혈로 사신 것이기 때문에 우리는 우리 몸으로 하나님을 영화롭게 해야 한다.

여기서 "값"이란 말은 무엇을 의미하는가? 그것은 그리스도의 보혈을 의미한다. 이것을 사도행전 20:28에는 "하나님의 피"라고 하였다. 우주 만물 중에서 하나님의 피로 속죄받은 자는 인생뿐이다. 타락한 천사들도 이러한 사랑은 받지 못했으며 타락하지 않은 천사들도 이 같은 사랑은 받지 못했다. 하나님께서는 행복이 가득한 세상을 억만 개라도 새로 지으실 능력을 지니셨다. 그러나 그는 그처럼 새로운 세상을 짓는 것보다 자기 아들의 죽음을 통해 진정한 자기 백성과 나라를 구원하시기 원하셨다. 그렇게 구원받은 세계가 하나님 보시기에 가장 귀하고 행복한 세계였다. 그러므로 주님의 보혈로 구속받은 인생은 가장 값비싸게, 보배롭게 만들어진 존재다. 그렇다면 이러한 구속에 참여한 자는 얼마나 행복한가? 다시 말해 그가 그 자신의 것이 아니라 주님의 것이 된 처지가 얼마나 행복한가? ① 사람이 주님의 보혈로 씻음받아 주님의 것이 되는 일은 더러운 채로 그냥 있으면서 자기 자신의 것으로 남아 있는 것보다 얼마나 행복한 일인가? ② 그가 하나님의 것이 되어서 평화를 누리는 일이 자기 자신의 것으로 남아 있으면서 심판과 정죄의 선고를 듣는 것보다 얼마나 행복한 일인가? ③ 우리가 우리 자신의 것이 아니고 하나님의 것이 되는 일이 손해인 것처럼 여겨질 수 있다. 그러나 우리가 받은 손해가 오히려 유익이 된다는 사실을 알아야 한다. 우리가 우리 자신을 우리의 소유로 남겨 두는 동안 우리는 언제나 범죄하고 위험한 짓을 하면서 멸망으로 치닫는다. 따라서 우리 자신을 하나님의 소유로 넘기는 일은 손해가 아니라 도리어 유익이 된다. ④ 신자는 하나님의 것이 되었으니 얼마나 안전한가? 하나님께서 너무도 값비싼 대가를 치르고 그를 자기의 소유로 만드셨으니 그의 장래는 안전하기 그지없다.

그는 이렇게 행복을 느끼는 동시에 다음과 같은 책임감을 느끼지 않을 수 없다. 자기 몸이 자기 자신의 것이 아니고 하나님의 것인 줄 아는 그는, 근신하여 그의 몸을 자기 마음대로 쓰지 말고 하나님의 뜻대로 사용해야 한다.

2. 하나님을 영화롭게 하는 길은 하나님께 헌신하는 것이다

헌신이란 우리 몸이 하나님께 속하였음을 남들이 알도록 행하는 것이다. 우리 "몸"이라는 말은 신체와 생명을 가리킨다. ① 그것을 하나님의 것으로 아는 일이 헌신의 첫걸음이다. 그것이 하나님의 것인 줄 깨닫게 되면, 우리 몸을 하나님께 바치는 일이 더욱 쉬워진다. 하나님의 것을 하나님께 바치는 것은 자연스러운 일이고 당연히 해야 할 일이다. ② 그것을 하나님께 바치면 근심이 없어진다. 왜냐하면 우리의 모든 근심은 우리의 소유 관념에서 일어나기 때문이다. ③ 우리가 우리 몸을 하나님께 바치면 그것이 하나님의 수중에 들어가기 때문에 형통할 수밖에 없다. 물고기가 썩지 않게 하려면 그것을 소금에 푹 절여야 하는 것과 마찬가지로, 우리 몸이 마귀로부터 해를 당하지 않게 하려면 그것을 하나님께 전적으로 바쳐야 한다. 이 세상 사람들은 미신과 거짓을 위하여 생명도 바치며 자기들이 가진 제일 좋은 것들을 바친다. 인도에서 사역한 어느 선교사가 다음과 같은 이야기를 들려주었다. 어떤 여인이 갠지스강에서 병든 아기 하나를 등에 업은 채 건강한 아이를 데리고 서 있었다. 그곳에 있던 선교사가 그 자리를 떠나 다른 데 갔다가 다시 돌아와 보니 그 여인의 옆에 서 있던 건강한 아이가 없어졌다. 그가 "건강한 아이는 어떻게 했소?" 하고 물으니 그 여자가 대답하기를 "갠지스강에 사는 악어에게 주었습니다. 내가 가진 가장 좋은 것을 나의 신에게 바쳐야지요."라고 하였다. 참으로 이 세상 사람들은 악한 짓을 위해서도 모든 좋은 것을 소비하며 바친다. 그들은 죄를 짓는 데 일평생 정력을 소모하여 생명을 잃기까지 한다. 감옥에 갇힌 죄수들 가운데 억울하게 갇힌 자들을 제외하고 대부분이 그런 사람들이다.

우리 몸으로 하나님을 영화롭게 하는 구체적인 삶의 모습은 어떤 것인가? ① 그리스도를 섬기기 위하여 사업을 행하는 것이고, ② 그리스도께서 마음에 오시는 것을 가장 큰 즐거움으로 여기며 언제나 그를 찾는 삶이고, ③ 주님의 뜻을 순종하는 생활이다. 리처드 백스터(Richard Baxter)가 임종할 때에 그의 친구들이 그의 고통을 위로하기 위하여 그가 저술한 책들이 맺은 선한 열매들에 대하여 말하였다. 그때 그는 머리를 흔들며 말하기를, "나 자신은 단지 하나님의 손에 들린 붓과 같았다."라고 하였다. 다시 말해 그의 삶이 바로 하나님의 뜻을 나타내는 것이었다는 말이다.[37] 어떤 사람이 조지 뮬러(George Müller)에게 주님을 위한 그의 봉사가 성공한 비결을 물어보았다. 그는 대답하기를 "나는 전적으로 죽은 날이 한 번 있었다. 다시 말해 나는 나 자신을 향하여 죽었고, 나의 취미와 욕심에 대하여 죽었고, 이 세상과 이 세상의 칭찬과 비방에 대하여 죽었다."라고 하였다. 그때부터 그는 오직 하나님께 합당하게 살기 위해서 힘썼다고 한다.

---

37) Knight's Master Book of New Illustrations, 110.

제 7 장

개요

7장은 혼인 문제에 관하여 길게 말한다. 바울이 고린도 교회로부터 이 문제에 관하여 여러 가지 질문을 받고서 답을 준 것이다. 그것은 7장 첫머리에 "너희가 쓴 문제에 대하여 말하면"이라는 말씀이 증명한다. 7장의 말씀을 다음과 같이 분해할 수 있다.

1. 혼인하지 않는 것이 유익하나, 하는 것이 자연스럽다고 함(1-2절)
2. 혼인한 자들은 서로 부부간에 이행할 의무를 다해야 한다고 함(3-5절)
3. 3-5절의 말씀은 명령이 아니라 권면이라고 함(6-9절)
4. 혼인한 자들은 이혼하지 못할 것이라고 함(10-11절)
5. 신자가 불신자와 결혼한 경우에, 불신자가 같이 살기를 원하면 신자 편에서 이혼하지 말아야 하며, 혹시 불신자가 이혼하기를 원하면 신자는 그와 이혼할 수 있다고 함(12-15절)
6. 그러나 이처럼 특수한 경우에도 할 수 있는 대로 이혼하는 일은 피해야 함(16-24절)

왜냐하면 복음은 화평의 소식이기 때문이다(15절). 신자가 믿기 전부터 가지고 있던 본래의 사회적 환경이나 처지가 그리스도께 대한 그의 관계에 어떤 근본적인 영향을 주는 것은 아니다. 그가 받은 구속은 그가 땅 위의 모든 구분과 차이를 초월할 수 있게 만들어 주었다. 그는 그런 것들을 중대한 의미를 지닌 것으로 여길 필요 없는 새로운 세계에서 살고 있다.

7. 처녀들에 대하여 가르친 말씀(25-38절)

바울은 처녀가 그 당시 환난이 임박한 고린도 교회의 정황에서 혼인하지 않는 것이 유익하다고 말한다. 그러나 그는 이 같은 견해가 명령은 아니라고 밝힌다(25-28절). 처녀들이 그냥 지내는 것이 유익하다 함은, ① 혼인하면 육신의 고통을 당하게 되기 때문이며(28절), ② 사람이 이 세상에서 취하는 인연은 모두 다 지나가기 때문이며(29-31절), ③ 독신 생활이 주님을 따르는 일에 더욱 편리하기 때문이다(32-35절). 처녀들의 부모 된 자들은 형편과 사정에 따라서 그들을 혼인하게 하든지 혹은 그냥 두든지 할 수 있다는 것이다(36-38절).

8. 과부들에 대한 교훈(39-40절)

⚜ 해석

제2부 고린도 교회에서 문의한 문제들에 대하여 답변함(7:1-11:1)

1. 혼인과 기타 그것과 관계된 문제들(7:1-40)

(1) 독신 생활이 좋으나 혼인 생활이 자연스러움(7:1-7)

1 너희가 쓴 문제에 대하여 말하면 남자가 여자를 가까이 아니함이 좋으나. "너희가

쓴 문제"라는 말을 보면 고린도 교회의 교인들이 서신들을 통하여 여러 가지 난제에 대해 문의한 것이 명백하다. 바울이 "남자가 여자를 가까이 아니함이 좋"다고 말한 것은, 하나님께서 제정하신 부부 제도를 반대한 것이 아니다. 바울의 이 말씀은 고린도 교회의 특수한 사정에 비추어 표현된 것이다(28, 35, 38, 40절). 특별한 상황에서 독신 생활이 필요하게 된 고린도 교인들에게 바울이 독신 생활을 장려하였지만 그것을 교리화하지는 않았다.

기독교는 혼인제도가 하나님께서 제정하신 것이라고 믿는다.

1) 혼인은 하나님을 중심으로 한 것이다. 창세기 2:18에 "여호와 하나님이 이르시되 사람이 혼자 사는 것이 좋지 아니하니 내가 그를 위하여 돕는 배필을 지으리라 하시니라"라고 하였다. 이 말씀을 보면 부부를 하나로 맺어 주시는 분은 하나님이시다. 그러므로 혼인은 하나님을 중심으로 한 것이다. 혼인제도가 시초부터 하나님의 은혜로 되었으니 부부를 이루는 자들은 하나님의 영광을 나타내는 일에 힘써야 한다. 그러므로 바울은 말하기를 "아내 있는 자들은 없는 자같이 하며"라고 하였다(고전 7:29). 유대인은 결혼할 때 신랑 신부가 마신 잔을 깨뜨림으로써 그들이 얼마 후에는 죽음으로 인하여 다시 서로 갈라지게 될 것을 기억시킨다고 한다. 부부는 가정을 이루어 사는 동안 하나님을 두려워하며 살아야 한다.

2) 혼인은 그리스도를 중심으로 한 것이다. 사도 바울은 에베소서 5:22-33에서 부부가 지킬 도덕을 말하였다. 한마디로 남편은 아내를 사랑하고 아내는 남편에게 순종해야 할 것을 가르쳤다. 이어서 그는 말하기를 "이 비밀이 크도다 나는 그리스도와 교회에 대하여 말하노라"라고 하였다(엡 5:32). 부부 생활은 그리스도를 중심으로 한 교회 생활을 비유하는 것이다. 부부 생활을 하는 자들은 주님께서 몸 버리고 피 흘려 베푸신 사랑을 기억해야 한다. 그리고 속죄의 결과로 나타난 성결을 기억해야 한다(엡 5:25-27). 가정은 이처럼 머리 된 남편의 사랑과 몸 된 아내의 순종으로 성립된다. 그리스도인

의 가정에서 매일 기억할 것은 그리스도의 사랑과 티나 주름 잡힐 것이 없는 교회의 성결이다.

3) 혼인은 이처럼 신성한 것이기 때문에 성경말씀은 이를 귀히 여기라고 하였다. 히브리서 13:4에 말하기를 "모든 사람은 결혼을 귀히 여기"라고 하였다. 신명기 24:5에 말하기를 "사람이 새로이 아내를 맞이하였으면 그를 군대로 내보내지 말 것이요 아무 직무도 그에게 맡기지 말 것이며 그는 일 년 동안 한가하게 집에 있으면서 그가 맞이한 아내를 즐겁게 할지니라"라고 하였다.

2 음행을 피하기 위하여 남자마다 자기 아내를 두고 여자마다 자기 남편을 두라. "음행을 피하기 위하여" 부부의 생활을 가지라는 말은 부부라는 관계의 목적이 음행을 방지하는 데만 있다는 의미는 아니다. 이것은 고린도 교회의 어떤 신자들이 특별한 사정으로 독신 생활을 하게 된 일과 관련하여 나온 말씀이다. 그들이 독신 생활을 하는 것이 좋으나 그 일로 인하여 도리어 음행하는 일이 생긴다면 이는 바람직하지 못하다. 음행이 생길 우려가 있는 경우에는 차라리 결혼이 장려되어야 한다. "남자마다 자기 아내를 두고"라는 말씀은 헬라 문화의 자유분방하고 방탕한 행태와 불신 유대인들의 일부다처제를 반대하는 말씀이다. 일부일처 제도는 하나님이 정하신 것이다. 말라기 2:15에 말하기를 "그에게는 영이 충만하였으나 오직 하나를 만들지 아니하셨느냐 어찌하여 하나만 만드셨느냐 이는 경건한 자손을 얻고자 하심이라 그러므로 네 심령을 삼가 지켜 어려서 맞이한 아내에게 거짓을 행하지 말지니라"라고 하였다.

3 남편은 그 아내에 대한 의무를 다하고 아내도 그 남편에게 그렇게 할지라. 이 말씀은 부부 사이의 모든 책임을 전면적으로 다루는 것이 아니다. 칼빈(Calvin)을 비롯한 여러 학자들은 이것이 양자 간에 성적 책임을 균등하게 이행해야 할 것을 의미한다고 한다.

4 아내는 자기 몸을 주장하지 못하고 오직 그 남편이 하며 남편도 그와 같이 자기 몸을 주장하지 못하고 오직 그 아내가 하나니. 이 말씀 역시 일부일처의 필연성을 내포한다. 한 남자와 한 여자가 일단 결혼한 후에는 각기 자기 몸이 아니고 그의 배우자에게 속한 존재가 된다. 그러므로 그들은 각기 제 몸을 자기 마음대로 할 수 없게 되었음을 깨달아야 한다. 이제부터 그들에게는 성적인 문제에 있어서 각기 자기 마음대로 다룰 수 있는 몸이 존재하지 않는다.

5 서로 분방하지 말라 다만 기도할 틈을 얻기 위하여 합의상 얼마 동안은 하되 다시 합하라 이는 너희가 절제 못함으로 말미암아 사탄이 너희를 시험하지 못하게 하려 함이라. 전심으로 기도하는 일에는 다른 모든 일이 방해 요소가 된다. 그것은 그 일들 자체의 악함 때문에 그렇게 되는 것이 아니다. 바울은 부부 생활을 악하게 여기지 않았다. 바울은 부부 생활을 하던 자가 별거하다가 성욕을 이기지 못할 때 사탄의 유혹을 받으면 음란에 빠지기 쉽다고 말한다. 따라서 그는 별거하는 자들이 그것을 경계해야 한다고 말한다.

6 그러나 내가 이 말을 함은 허락이요 명령은 아니니라. 여기서 "이 말"이 앞절의 "다시 합하라"라는 말을 가리킨다는 설도 있다. 그러나 다시 합하는 것은 반드시 행해야 하는 일이기 때문에 명령에 속하는 것이지 허락에 속하는 것이 아니다. 하지(Hodge)는 "이 말"이 다음 절에 나오는 "나와 같기를 원하노라"라는 말씀을 가리킨다고 한다. 그것은 사람마다 수행할 수 있는 것은 아니기 때문에(8-9절) 명령이 아니라 "허락"에 속한다. "허락"이라는 말은 헬라어로 "쉉그노메"(συγγνώμη)인데, 이는 허용, 혹은 양보를 의미한다.

7 나는 모든 사람이 나와 같기를 원하노라 그러나 각각 하나님께 받은 자기의 은사가 있으니 이 사람은 이러하고 저 사람은 저러하니라. 아내를 취하지 않고 그냥 지내는 것은 하나의 은사다. 그러나 사람마다 동일한 은사를 받은 것은 아니다. 일찍이 예수님도 이와 같은 의미로 말씀하셨다(마 19:10-12).

(2) 이 문제들에 관하여 서로 다른 경우들을 취급함(7:8-40)

8 내가 결혼하지 아니한 자들과 과부들에게 이르노니 나와 같이 그냥 지내는 것이 좋으니라. 이것은 물론 명령이 아니다(6절). 고린도 교회에 어떤 교인들이 특별한 형편에 처해 있었으니(7:26, 28, 29), 그들은 가정이 없는 채로 그냥 지내는 것이 좋다는 말일 뿐이다. 고린도 교회 어떤 교인들의 특별한 형편은 그들이 그리스도를 믿음으로 인하여 받을 핍박을 의미하였을 것이다(Lenski.). 하지(Hodge)는 생각하기를, 바울이 고린도 교회와 관련하여 가리킨 "환난"은 재림의 전주곡으로 찾아올 환난을 염두에 두었다고 한다. 그렇다면 문제는 사도가 재림이 어느 시기에 일어날지 알지 못하고서 이처럼 자기가 살아 있을 때 그날이 찾아올지도 모른다는 생각에서 이런 말을 했을까 하는 점이다. 하지만 그것은 문제될 것이 없다. 재림의 날짜는 인자도 모른다고 하시지 않았는가? 그러므로 바울이 자기 당대에 주님이 재림하실지도 모른다는 생각을 가졌던 것이 잘못은 아니다.

9 만일 절제할 수 없거든 결혼하라 정욕이 불 같이 타는 것보다 결혼하는 것이 나으니라. 바울이 앞절에서 독신 생활을 권장한 것은 독신 생활 자체가 윤리적으로 결혼 생활보다 뛰어나다는 의미에서 그런 것이 아니다. 다만 주님을 따르는 데 있어서 단순성을 지닐 수 있다는 점에서 좋다는 것뿐이었다. 그러므로 어떤 사람이 독신 생활에서 절제할 수 없다면 도리어 종교윤리적으로 손해를 볼 뿐이니 독신 생활을 지속할 필요가 없다는 것이다.

10 결혼한 자들에게 내가 명하노니(명하는 자는 내가 아니요 주시라) 여자는 남편에게서 갈라서지 말고. 사도 바울이 여기서는 권면으로 말하지 않고 주님의 명령으로 말한다. 그 명령은 예수 그리스도께서 땅 위에 계실 때에 주신 것이다(마 5:32). "여자는 남편에게서 갈리지 말"라는 것은 남편이 일곱 번째 계명을 범하거나 또는 억지로 이혼을 주장하지 않으면 갈라서지 말라는 것이다. 세상

의 법률로는 부부간에 성격상 부조화나 상대방의 폭력성, 범죄, 혹은 이와 유사한 것들로 인해 이혼하는 것이 가능하다. 그러나 이것은 천륜에 따른 혼인 계약을 깨뜨리는 일이다. 만일 그런 방식으로 혼인 서약을 깨뜨린다면 그것을 깨뜨리는 자가 범죄하는 것이다.

11 (일 갈라섰으면 그대로 지내든지 다시 그 남편과 화합하든지 하라) 남편도 아내를 버리지 말라. 이 말씀은 여자 편에서 정당하게 갈라설 이유 없이 부득이하게 갈라져 있는 경우에는 다른 사람과 재혼하지 말고 그냥 지내든지 혹은 남편과 다시 화합하든지 하라는 말씀이다. 부부 제도에 대하여 바울이 이처럼 엄격하게 가르치는 이유는 순전히 신본주의적 관점에서 하나님이 제정하신 법도를 존중하기 때문이다(말 2:14-16).

"남편도 아내를 버리지 말라." 남편 또한 아내에게서 갈라서지 말아야 한다는 것이니, 여기에 대한 자세한 설명은 10절과 11절 상반절에 대한 해석과 동일하다.

12 그 나머지 사람들에게 내가 말하노니(이는 주의 명령이 아니라)만일 어떤 형제에게 믿지 아니하는 아내가 있어 남편과 함께 살기를 좋아하거든 그를 버리지 말며. 여기서 부탁하는 말이 "주의 명령이 아니라"라는 말의 의미는 그 부탁이 하나님의 말씀으로 권위를 가지지 못하였다는 것이 아니다. 바울은 자신의 사도적 교훈 역시 하나님의 말씀이라는 점을 인식하고 있었다(7:40). 여기 기록된 부탁을 보면, 이미 부부 관계로 맺어진 남녀가 종교 신앙의 불일치로 인하여 갈라설 이유가 없다는 진리를 발견할 수 있다. 부부 제도는 인륜에 속하고 종교가 아니기 때문에 종교 문제로 인하여 부부 관계에까지 근본적인 변화를 가할 필요는 없다. 물론 애초부터 결혼하려는 그리스도인이 그 대상으로 그리스도인을 택해야 한다는 것은 하나님의 말씀이 명하는 것이다(고전 7:39). 그러나 본래 그리스도를 믿지 않는 자들끼리 맺어진 부부 사이에서 어느 한 사람이 후에 개종하였으면 이 구절 말씀에 해당하는 결정이 필요하게 될 것이다.

13 어떤 여자에게 믿지 아니하는 남편이 있어 아내와 함께 살기를 좋아하거든 그 남편을 버리지 말라. 이 구절의 내용 역시 앞절에 제시된 원리를 따른 것이다.

14 믿지 아니하는 남편이 아내로 말미암아 거룩하게 되고 믿지 아니하는 아내가 남편으로 말미암아 거룩하게 되나니 그렇지 아니하면 너희 자녀도 깨끗하지 못하니라 그러나 이제 거룩하니라. 이 말씀은 앞에 기록된 말씀에 대한 이유를 보여 준다. 믿지 않는 남편이 믿는 아내에게서 갈라서기를 원치 않는 경우 아내 된 자가 그 남편을 버리지 말아야 할 이유는 다음과 같다. 곧 그 남편이 그 아내의 종교에 순응하려는 동기에서 함께 살기를 원한다는 것이다. 그의 순응은 적어도 외형적인 순응을 의미할 것이니 그 가정은 그만큼 거룩한 분위기를 유지할 수 있을 것이다. 그렇다면 그리스도인은 가정생활에 있어서 이처럼 세상의 향락이나 만족을 목표로 하기보다는 한 사람에게라도 주님을 알게 하는 것을 더욱 요긴하게 생각한다는 사실이 이 말씀에 나타난다.

"그렇지 아니하면 너희 자녀도 깨끗하지 못하니라." 말하자면 신앙적인 환경을 유지할 수 있는 가정에서는 그 자녀들도 적어도 외형적으로 거룩한 하나님의 종교에 순응하게 되겠지만, 그런 환경이 아닌 가정에서는 자녀들이 그렇게 되지 못할 것이라는 의미다. 여기서 깨끗하다, 혹은 거룩하다는 말은 마치 유대인들이 신정 국가로서 외형적 종교의식에 순응하여 거룩한 백성이 되었던 것과 일반이다.

15 혹 믿지 아니하는 자가 갈리거든 갈리게 하라 형제나 자매나 이런 일에 구애될 것이 없느니라 그러나 하나님은 화평 중에서 너희를 부르셨느니라. 믿지 않는 아내나 남편이 갈라서는 경우는 그들 사이에 이미 근본적인 약속이 파기된 것이기 때문에 그대로 갈라서게 해도 무방하다. 또한 그들이 갈라서는 동기가 복음에 대한 신앙을 배척하는 것일 수도 있으니, 그런 경우는 더더욱 그들이 갈라서는 자유를 사용하게 두는 것이 합리적인 일이다.

"그러나 하나님은 화평 중에서 너희를 부르셨느니라." 이 말씀은 부부가 서로 갈라서게 되는 일이 비록 합리적인 원칙에 따르는 것이라 하더라도 가능한 한 화합을 힘써야 할 것을 가르치는 것이다.

16-17 아내 된 자여 네가 남편을 구원할는지 어찌 알 수 있으며 남편 된 자여 네가 네 아내를 구원할는지 어찌 알 수 있으리요 오직 주께서 각 사람에게 나눠 주신 대로 하나님이 각 사람을 부르신 그대로 행하라 내가 모든 교회에서 이와 같이 명하노라. 16절 말씀에서 우리는 기독교의 가정 원리를 발견할 수 있다. 그것은 구원을 중심으로 한 것이며 쾌락 중심주의가 아니다. 우리는 여기서 또 한 가지 중요한 원리를 발견할 수 있는데, 곧 복음을 가진 자는 그가 처한 환경이 어떠한 것이든지 그곳에서 빛과 소금의 직분을 다해야 한다는 것이다(17절). 다시 말해 신자는 누구든지 그가 처한 불리한 상황에서도 신앙만 굳게 지킬 따름이고 그의 직분이나 상황을 바꿀 필요는 없다는 것이다.

18-19 할례자로서 부르심을 받은 자가 있느냐 무할례자가 되지 말며 무할례자로 부르심을 받은 자가 있느냐 할례를 받지 말라 할례 받는 것도 아무 것도 아니요 할례 받지 아니하는 것도 아무 것도 아니로되 오직 하나님의 계명을 지킬 따름이니라. 이 부분에서는 할례에 대하여 언급한다. 이 문제를 언급하는 이유는 바울 당시에 복음을 전하는 곳마다 유대인들로 말미암아 할례 문제가 대두되었기 때문이다. 그들은 말하기를 "예수를 믿어도 할례를 받아야만 구원을 얻는다"고 주장하였다. 그러므로 바울은 여기서 말하기를 "할례 받는 것도 아무것도 아니요"라고 하였다. 여기서 "아무것도 아니요"라는 말은 구약의 할례 제도에 담긴 하나님 말씀의 권위를 무시하는 것이 아니다. 이것은 다만 할례가 구원을 받는 데 있어서 아무런 도움이 되지 못한다는 뜻이다.

구약의 할례 제도는 신약 시대의 중생을 예표하는 말씀의 제도이며, 그것은 신약 시대에 성취되었다. 그러나 신약 시대의 성취는 할례와 같은 의식 제도가 오늘날의 신자들에게 하나님 말씀의 권위로 임한다는 사실을 무시하지 않는다. 신약 시대에 성취된 구약의 예표들은 그 성취를 체험한 신약 시대의 하나님의 백성에게 믿음을 가져다준다. 그러므로 그것들은 그 자체로 하나님 말씀으로서의 권위를 가진다(요 13:19; 16:4 참조).

"오직 하나님의 계명을 지킬 따름이니라." 이 말씀은 얼핏 보면 구원 문제에 있어서 계명을 지키는 것만이 유일한 방침이 되는 것처럼 진술한다. 그러나 우리는 여기서 깊이 생각할 점이 있다. 신약성경이 일관되게 가르치는 진리는 구원이 사람의 행위에 달려 있지 않다는 것이다. 로마서 4:5에 말하기를, "일을 아니할지라도 경건하지 아니한 자를 의롭다 하시는 이를 믿는 자에게는 그의 믿음을 의로 여기시나니"라고 하였고, 6절에서는 "일한 것이 없이 하나님께 의로 여기심을 받는 사람의 복"에 대해 말하고 있다. 또한 갈라디아서 2:16에 말하기를, "사람이 의롭게 되는 것은 율법의 행위로 말미암음이 아니요 오직 예수 그리스도를 믿음으로 말미암는 줄 알므로 우리도 그리스도 예수를 믿나니 이는 우리가 율법의 행위로써가 아니고 그리스도를 믿음으로써 의롭다 함을 얻으려 함이라 율법의 행위로써는 의롭다 함을 얻을 육체가 없느니라"라고 하였다(갈 3:10-14 참조).

그렇다면 "하나님의 계명을 지킬 따름이니라"라는 말씀은 무엇을 의미하는가? 계명을 지켜야 구원을 받는다는 말, 곧 행위로 구원받는다는 말이 바울의 구원론에서 허용될 수 있는 것인가? 그것은 허용될 수 없는 말이다. 그러나 신자가 계명을 지켜야 한다는 말은 가능하다. 이 말은 신자가 행위의 공로로 말미암아 구원을 얻는다는 의미가 아니고 그 선한 행위를 통해 그가 신자 된 증표를 보여 주어야 한다는 것이다(롬 2:26-29). 행위는 믿음이 만들어 내는 열매이니, 선한 행위가 없으면 그의 믿음이 죽은 것이라고 말할 수밖에 없다. 그렇게 생각하는 것이 야고보의 신앙 사상이었다(약 2:21-26 참조). 이렇게 해석할 때 바울과 야고보는 서로 일치한다. 바울 역시 행위 없는 믿음은 무익하다는 사상을 피력하였다(고전 13:2 참조).

우리가 오직 믿음으로만 의롭다 함을 받는다고 말할 때, 믿음 자체가 구원의 공로가 된다는 의미는 아니다. 인간이 가질 수 있는 믿음이란, 오직 하나님의 의가 되시는 그리스도를 받아들이는 태도일 뿐이다. 그리스도만이 우리의 구원을 성립시키는 지혜와 의로움과 거룩함과 구원함이 되셨다(고전 1:30 참조). 그러므로 믿음으로 구원을 받는다는 말은 사실상 "받음으로" 구원을 받는다는 뜻이다. 다시 말해 구원은 전적으로 하나님께만 달린 것이다.

20 각 사람은 부르심을 받은 그 부르심 그대로 지내라. 이것은 앞절에서 이미 말한 대로 누구든지 복음을 듣고 믿음을 가졌던 당시의 외형적 형편을 그대로 유지하는 것이 잘못된 것이 아님을 가리킨다. 신자는 이 세상에서 어떤 형편이든지 하나님의 말씀에 의지하여 바르게만 유지한다면 그것을 통해 주님의 빛을 드러낼 수 있는 것이다. 그리스도인은 복음 신앙에 들어선 후에 그가 처해 있던 환경을 바꿀 필요가 없다. 왜냐하면 그가 오히려 그런 환경에서 소금과 빛이 되어야 하기 때문이다.

21 네가 종으로 있을 때에 부르심을 받았느냐 염려하지 말라 그러나 네가 자유롭게 될 수 있거든 그것을 이용하라. 여기서 이른바 "종"이라는 말은 당시 사회의 역사적 실정을 보여 준다. 당시 헬라 로마 세계에서 주인과 노비의 관계는 특수한 것이었으며 오늘날의 사회에서는 그러한 모습을 보기 어렵다. 그 시대의 종이라는 존재는 집주인의 도구와 다를 바 없었다. 이 점에서 바울 사도가 "그대로 지내라." 혹은 "염려하지 말라"고 말한 것이 우리의 주의를 끈다. 그것은 다음과 같은 의미다. 종들이 그리스도인이 된 이후에도 그런 부자유한 환경 속에서 그냥 지내도 무방하다는 가르침인데, 이는 그 당시 바울이 복음으로 말미암은 새로운 생명이 가져다주는 행복을 얼마나 크게 생각했는지 짐작하게 해 준다. 요컨대 그 행복이 너무나도 현저하고 큰 것이기 때문에 그 행복을 누리는 신자의 외부적 환경 따위는 전혀 문제가 되지 않는다는 것이다. 여기서 "자유롭게 될 수 있거든"이라는 표현은 "자유롭게 될 수 있더라도"라는 의미로 이해할 여지도 있다. 여기서 "있거든", 혹은 "있더라도"라는 표현

은 헬라어 "에이 카이"(εἰ καί)가 번역된 말이다. 만일 우리가 "있더라도"라는 번역을 채택한다면 이는 자유롭게 될 기회가 있음에도 불구하고 종으로 지내라는 것인데, 이것이 이 문맥에 합당한 것일까? 이것은 이 문맥에 부합하지 않는다. 왜냐하면 13절 이하에 나타난 바울의 논조가 다음과 같은 것이기 때문이다. 곧 그리스도인은 그가 처한 환경에 따르는 것이 좋다는 말이다. 자유롭게 될 수 있는 환경이 주어졌음에도 불구하고 그냥 종으로 지내기를 지속하라는 것은 이 부분에 나타난 바울의 논조에 부합하지 않는다.

22 주 안에서 부르심을 받은 자는 종이라도 주께 속한 자유인이요 또 그와 같이 자유인으로 있을 때에 부르심을 받은 자는 그리스도의 종이니라. 여기서 이른바 "주께 속한 자유인"이라는 말은 바울에게 두 가지 의미가 있었다. 첫째, 개종한 노예가 이제는 영적 의미에서 자유인이 되었다는 것이다. 둘째, 그가 자유인이면서도 주께 속한 자, 곧 종이라는 것이다. 그리고 하반절에서는 자유인이 개종한 경우 역시 그리스도의 종이라고 하였다. 바울은 이 말을 통해 사회적으로 자유인의 지위를 가진 사람도 종의 마음을 가져야 할 것을 가르친다. 이렇게 바울은 인간 사회의 차이점들을 그리스도 안에서 통일시킨다. 그는 노예제도의 폐지에 대해 말한 적이 없다. 그는 주장하는 자와 지도받는 자가 있어야 한다는 점을 하나님의 경륜 안에서 발견했던 것이다. 노예제도라는 옳지 않은 폐단은 이와 같은 하나님의 경륜을 바로 이해하지 못함으로써 발생한 것이니, 바울은 여기서 그것을 올바로 행사하도록 가르친 셈이다. 종 된 자도 그리스도 안에서 올바르게 그 책임을 감당하고 상전도 주 안에서 자기 신분을 올바르게 가질 때 지배자와 피지배자의 관계가 바로 서게 되어 불의한 노예제도가 필연적으로 교정될 것이다.

23 너희는 값으로 사신 것이니 사람들의 종이 되지 말라. "값으로 사신 것"이라는 말은 그리스도의 보혈로 구속되었다는 것을 의미한다. 다시 말해 그들은 죄악과 멸망의 노예였던 처지에서 그리스도의 속죄의 보혈을 믿음으로써 해방

되었고 또한 그의 다시 사심으로 말미암아 그의 소유가 된 것이다. 그러므로 그리스도인들은 사회적 지위가 종이든지 자유인이든지 다 함께 그리스도께 속하였고, 따라서 그의 종이다. 그들이 다 함께 그리스도의 종이기 때문에 그들은 서로 형제다. 여기에서 주인과 노예 사이에서 문제시될 수 있는 모든 일이 해결된다.

24 형제들아 너희는 각각 부르심을 받은 그대로 하나님과 함께 거하라. 이 말씀은 앞에 있는 17절부터 23절까지 주신 말씀에 대한 결론이다. 그리스도인이 개종 당시 외형적 처지가 어떠하든지 그것이 죄에 관계된 것이 아니라면 변화를 시도할 필요가 없고 다만 하나님과 함께하는 것으로 만족할 뿐이다. 여기서 "하나님과 함께"라는 말씀은 "하나님 곁에"라는 뜻인데, 이는 그리스도인이 다만 하나님 한 분만으로 충분하다는 것을 가리키는 말씀이다.

25-28절. 이 단락은 고린도 교회의 특수한 환경에 처한 처녀들에게 주는 교훈이다.

25 처녀에 대하여는 내가 주께 받은 계명이 없으되 주의 자비하심을 받아서 충성스러운 자가 된 내가 의견을 말하노니. 여기서 "내가 주께 받은 계명"이라는 것은 예수님께서 땅 위에 계실 때 가르치신 계명을 가리킨다. 바울은 자신이 처녀에 대하여 이런 계명(26절)을 받은 일이 없다고 밝힌다. 그는 여기서 다만 사도의 입장에서 자신의 의견을 제시하는 것이다. 그러나 그 의견은 바울 자신이 자율적으로 제시하는 것이 아니라 "주의 자비하심을 받아서 충성스러운 자"로서 전하여 준 것이다. 여기서 그는 자신이 충성스러운 자가 된 것이 하나님의 자비로 말미암은 것이라고 밝히는데, 이것은 바울 자신이 참된 사도가 된 것이 하나님으로 말미암았다는 진실한 고백이다. 그러나 이것은 동시에 그의 영적 권위에 대한 진실한 고백이기도 하다. 그가 자기를 가리켜 "충성스러운 자"라고 한 것은 아무 의미 없이 평범하게 한 말이 아니다. 그 말은 그가

받은 뚜렷한 타율적인 직분의 은사를 자타가 공인하는 상황에서만 할 수 있는 말이다. 하나님께 받은 그의 직분과 은사는 객관적으로도 명확하여 자기 자신조차도 그것에 대하여 함부로 낮추어서 말할 수 없었던 것이다. 이같이 하나님께서 주신 은혜 가운데서 그는 처녀에 대하여 다음의 26절과 같은 의견을 표명하였으니, 그의 의견은 하나님 뜻에 합당한 것이다.

26 내 생각에는 이것이 좋으니 곧 임박한 환난으로 말미암아 사람이 그냥 지내는 것이 좋으니라. 여기서 "임박한 환난"이라는 말은 어떤 사람들이 생각하는 바와 같이 핍박을 의미한다고 할 수 있다. 그것은 주님의 재림을 앞두고 일어나는 환난일 것이다. 재림을 이처럼 가까운 일로 여기는 사상은 영적인 관점에 따른 것이며 역사적 시간 간격을 염두에 둔 것이 아니다. 영은 역사가 아니다. 영적 견해와 역사적 견해가 반드시 일치하지는 않는다. 영적 견해는 종종 역사를 초월하고 하나님의 열심에 따라 생각하는 것이기 때문에 현재에도 미래를 실감한다. 이와 같은 대망은 우리가 재림에 대하여 반드시 가져야 할 심리적인 태도다. 하나님의 자녀는 하나님의 나라에 대하여 하나님께서 생각하시는 방식으로 생각하는 것이 당연하다. 그러므로 재림은 고금을 막론하고 언제든지 가까운 것으로 생각되어 온 것이다. 사도 바울이 설령 자기 당대에 주님이 재림하실지도 모른다고 생각했다 할지라도 그것은 착각이 아니라 하나님의 말씀을 기준으로 삼은 올바른 사색이다.

27-28 네가 아내에게 매였느냐 놓이기를 구하지 말며 아내에게서 놓였느냐 아내를 구하지 말라 그러나 장가 가도 죄 짓는 것이 아니요 처녀가 시집 가도 죄 짓는 것이 아니로되 이런 이들은 육신에 고난이 있으리니 나는 너희를 아끼노라. 여기서는 바울이 신자들의 결혼 생활에 대하여 가르친다. 그는 사람이 결혼하는 것보다는 하지 않는 편이 오히려 육신 생활에서의 단순성을 유지할 수 있는 편리한 길이라고 생각한다. 그렇다면 여기서 우리는 다음과 같은 질문을 던질 수 있다. 바울이 그냥 지내는 것이 좋다고 말한 것은 단순히 육신 생활의 편리를 도모하기 위해

서만 그렇다는 뜻이었을까? 그렇지 않다. 여기서 이른바 "육신에 고난이 있으리니"라는 말은 환난 때에 주님을 위해야 하는가, 아니면 가족을 돌보아야 하는가 하는 갈림길에 서게 할 고난을 특별히 염두에 두고 한 말씀이다. 그 외에 일반적으로 감수해야 하는 가정생활의 곤란 때문에 결혼하지 말라는 교훈은 바울의 사상과 성경의 일반적인 교훈에서 찾아볼 수 없다.

29-31 형제들아 내가 이 말을 하노니 그 때가 단축하여진 고로 이 후부터 아내 있는 자들은 없는 자 같이 하며 우는 자들은 울지 않는 자 같이 하며 기쁜 자들은 기쁘지 않은 자 같이 하며 매매하는 자들은 없는 자 같이 하며 세상 물건을 쓰는 자들은 다 쓰지 못하는 자 같이 하라 이 세상의 외형은 지나감이니라. 바울은 진리를 가르칠 때 언제나 추상적이지 않은 구체적인 방식을 적용하였다. 그는 철학적 사색을 동원하여 막연하게 말하지 않고 현실 생활에서 경험할 수 있는 예를 들어 말한다. 이렇게 함으로써 그는 기독교가 생활화되어야만 지속적으로 그 목적을 달성할 수 있음을 보여 준다. 재림을 내다보는 그리스도인은 현실 세계의 삶에서도 특이한 모습을 지닐 것으로 기대된다. 여기에 "같이"라는 말이 다섯 번 나온다. 렌스키(Lenski)의 해석에 따르면 바울이 여기서 이렇게 다섯 가지만 언급한 이유는 불완전한 숫자인 다섯을 강조함으로써 이것이 끝이 아니라 얼마든지 더 있다는 점을 암시하기 위해서라고 한다. 불트만(Bultmann)은 여기 기록된 바울의 말씀에 근거하여 신약 종교가 영지주의의 이원론, 다시 말해 이 세상에서의 삶 자체가 죄이며 하나님께서 그것을 다스리시지 않고 영원히 버린다는 사상을 피력한다고 주장하였다. 그러나 불트만의 이 같은 주장은 신약 종교를 바르게 알지 못한 데서 나온 것이다. 신약 종교는 구약 사상과 마찬가지로 하나님께서 이 세상 자체를 죄악시하시는 것이 아니라 오히려 그것을 바로잡으시는 구원 운동을 진행하신다고 가르친다. 바울은 이 세상에서의 삶 자체를 죄악시한 일이 없으며, 오히려 이 세상에서의 삶을 감사함으로 받으면 버릴 것이 없다고 말하였다. 왜냐하면 이 세상에서의 삶도 하나님의 말

씀과 기도로 거룩하여지기 때문이다(딤전 4:3-5). 바울이 7:29-31에서 가르치는 것은 재림을 내다보는 그리스도인이 주님을 맞이하기 위하여 준비하는 일에 열중해야 한다는 것과, 이 세상에서의 삶에 집중하지 말아야 한다는 것이다.

"아내 있는 자들은 없는 자 같이 하며." 이것은 가정의 책임을 포기하거나 멸시하라는 의미가 아니다. 이것은 다만 가정생활을 유지하는 자도 재림에 대한 소망을 중심으로 삼고 육신적인 삶에 집중하지 말아야 할 것을 가르친다.

"우는 자들은 울지 않는 자 같이 하며." 여기서 운다는 것은 이 세상일이나 육신의 손해로 인해 슬퍼하여 우는 것을 의미한다. 그리스도인은 그런 일들에 마음을 빼앗겨서는 안 되는 자들이기 때문에 이런 슬픔을 조절하고 억제해야 한다. 세상일에서 손해를 당하여 슬픔을 제지하지 못하는 자는 결국 신앙적인 일에서 손해를 당함으로써 하나님을 영화롭게 하지 못한다. 다윗이 어린 아들의 위급한 병 때문에 애달프게 기도하였으나, 그 아들의 숨이 끊어진 후에는 슬픔을 제지하였다. 이런 일들이 모두 하나님을 중심으로 삼는 삶이다(삼하 12:15-23).

"기쁜 자들은 기쁘지 않은 자 같이 하며." 여기서 말하는 기쁨도 이 세상에 속한 일에서 가질 수 있는 기쁨을 가리킨다. 그것이 죄악은 아니지만 그리스도인은 그 중심이 그리스도의 재림에 있기 때문에 이 세상 기쁨에 얽매이지 않는다. 누구든지 이 세상을 즐기다가는 도리어 신령한 기쁨을 잃어버릴 수 있다.

"매매하는 자들은 없는 자 같이 하며." 여기서 "매매하는 자"라고 번역된 말은 "사는 자"라고 옮기는 것이 헬라어 원문(avgora,zontej)에 합당하다. 이것은 물건을 구입하는 자들을 가리키는데, 물론 물건을 많이 소유한 자들이다. 이런 자들은 그 소유를 믿지 말고, 다만 주님의 재림을 바라봄으로써 소유가 없는 자처럼 처신하라는 뜻이다.

“세상 물건을 쓰는 자들은 다 쓰지 못하는 자 같이 하라.” 이것은 이 세상 물질을 사용하는 자들이 과도히 쓰지 말 것, 다시 말해 물질의 향락을 누리지 말 것을 권고하는 말씀이다.

“이 세상의 외형은 지나감이니라.” 여기서 “외형”은 헬라어로 “스케마”(σχῆμα)라고 하는데, 외형 혹은 유행을 의미한다. 이 세상 것은 무엇이든지 끊임없이 변화하기 때문에, 사람이 거기서 안정을 얻을 수 없다. 그러므로 그가 세상에서 만족을 얻으려고 하면 바람을 잡는 것과 같이 언제나 실패할 뿐이다.

32-34 너희가 염려 없기를 원하노라 장가 가지 않은 자는 주의 일을 염려하여 어찌하여야 주를 기쁘시게 할까 하되 장가 간 자는 세상 일을 염려하여 어찌하여야 아내를 기쁘게 할까 하여 마음이 갈라지며 시집 가지 않은 자와 처녀는 주의 일을 염려하여 몸과 영을 다 거룩하게 하려 하되 시집 간 자는 세상 일을 염려하여 어찌하여야 남편을 기쁘게 할까 하느니라.

“너희가 염려 없기를 원하노라.” 세상 염려는 신앙에 해롭다. 왜냐하면 세상 염려가 쓸데없는 일에 마음을 쓰기 때문이다. 어찌하여 자기 힘으로 할 수 없는 일을 주님께 부탁하지 않고 자기 스스로 해결하려고 고심하는가? 그런 염려는 하나님을 무시하는 죄악이다. 그뿐 아니라 그런 염려를 가진 자는 하나님께 드려야 할 마음의 힘을 헛된 일에 소모하고 만다. 성경을 보면 우리가 하나님을 섬길 때 “마음을 다하고 목숨을 다하고 뜻을 다하여” 사랑하라고 하였으니(마 22:37), 하나님을 섬김에 있어서 마음의 힘이 얼마나 중요한 것인지를 알 수 있다. 마음이 나눠지면 하나님을 섬기는 일에 진실할 수 없다. 예수님께서 말씀하시기를 “한 사람이 두 주인을 섬기지 못한다”라고 하셨다(마 6:24). 성경이 가르치는 것처럼 신앙생활의 생명은 마음의 단순성이다. 시편 27:4에 말하기를, “내가 여호와께 바라는 한 가지 일 그것을 구하리니 곧 내가 내 평생에 여호와의 집에 살면서 여호와의 아름다움을 바라보며 그의 성전에서 사모하는 그것이라"고 하였다. 다윗은 이같이 한 가지만 사모하고 간구하였다. 한마디로 그는 여호와 하나님의 아름다움을 사모하여 보고자 한 것이다. 그리스도께서도 신앙생활의 단순성을 강조하시면서 자신의 청빈한 삶을 모범으로 보여 주셨다. 그는 자신을 따르려는 자들에게 말씀하시기를, "여우도 굴이 있고 공중의 새도 집이 있으되 인자는 머리 둘 곳이 없도다."라고 하셨다. 또한 덧붙여서 말씀하시기를, "다른 사람에게 나를 따르라 하시니 그가 이르되 나로 먼저 가서 내 아버지를 장사하게 허락하옵소서 이르시되 죽은 자들로 자기의 죽은 자들을 장사하게 하고 너는 가서 하나님의 나라를 전파하라 하시고 또 다른 사람이 이르되 주여 내가 주를 따르겠나이다마는 나로 먼저 내 가족을 작별하게 허락하소서 예수께서 이르시되 손에 쟁기를 잡고 뒤를 돌아보는 자는 하나님의 나라에 합당하지 아니하니라"라고 하셨다(눅 9:58-62). 예수님은 이 교훈을 통하여 신앙생활에 단순성이 필요함을 가르치셨다.

"어찌하여야 주를 기쁘시게 할까 하되"(갈 1:10; 롬 12:2 참조). 주님을 기쁘시게 하는 길은 마음을 하나로 모아 주님을 섬기는 것이다. 하나님은 온전한 마음으로 하지 않는 봉사를 기뻐하지 않으신다(고전 7:33). 그렇다면 여기 33절에 가르친 대로 결혼한 남자가 아내에 대하여 전혀 책임을 지지 않는 것이 옳다는 의미인가? 물론 그런 것은 아니다. 이 말씀의 뜻은 결혼한 자는 주님을 잊어버리고 아내를 기쁘게 하는 일에 너무 마음을 기울이는 과오를 범하기 쉽다는 의미일 뿐이다.

"주의 일을 염려하여 몸과 영을 다 거룩하게." 여기서 이른바 염려라는 것은 세상일 때문에 고민하는 나쁜 염려가 아니라 주님께 마음을 바치는 것을 의미한다. 염려라는 것은 마음을 깊이 기울이는 것인데, 주님의 일을 위하여 이렇게 전심할 때 경건한 삶이 이루어질 수밖에 없다. 마음을 쓰는 일은 그 강약에 비례하여 실행력이 나타난다. 그러므로 주님의 일을 위하여 염려하는 것은 강한 실행력을 가져다주는 집중된 마음이다. 시집가지 않은 자는 그 생활이 단순하기 때문에 주님의 일에 전심할 수 있게 된다. 그는 몸과 영을 다 바쳐 주님을 위하여 일하기가 용이하다.

그렇다고 하여 결혼생활을 하는 자들은 "몸과 영을 다 거룩하게" 주님께 바칠 수 없다는 것인가? 물론 그런 것은 아니다. 그의 생활이 복잡하다 해도 그가 자신을 쳐서 복종시켜 주님을 중심으로 삼는 삶에 열중한다면 그의 복잡한 환경도 모두 다 그가 주님을 섬기는 수단이 될 수 있다. 그런 경우에는 그의 복잡한 환경이 반드시 신앙생활에 방해가 된다고 할 수 없다. 불은 작은 것이지만, 그것이 진정한 불이라면 광활하고 복잡한 삼림을 다 태울 수 있다.

여기서 이른바 "거룩하게" 한다는 것은 주님께 바친다는 뜻이다.

35 내가 이것을 말함은 너희의 유익을 위함이요 너희에게 올무를 놓으려 함이 아니니 오직 너희로 하여금 이치에 합당하게 하여 흐트러짐이 없이 주를 섬기게 하려 함이라. "올무를 놓으려 함이 아니니"라는 말은 바울이 이 문제와 관련하여 그의 교훈을 받는 자들의 자유를 구속하려는 의도가 아니라는 뜻이다. 바울은 사도의 권위를 가지고 명령조로 말하여 그 말에 순종하지 않는 자는 범죄자가 될 것이라고 가르친 적도 있으나, 여기서는 그런 어투로 말하지 않고 다만 개인적인 권면을 제시하는 것뿐이다. 그러나 그렇다고 해서 이와 같은 권면에 포함되어 있는 말씀이 성령의 감화를 전달하는 사도의 권위에서 이탈한 것이라는 의미는 아니다. 개인적인 권면 역시 선한 것이라면 하나님 말씀으로서의 성격을 가지기에 부족할 것이 없다. "이치에 합당하게"라는 말은 외부적인 사정이 그리스도인의 헌신 윤리에 합당하게 됨을 가리키고, "흐트러짐이 없이"라는 말은 생활의 방향이나 능력이 분리됨 없이 단순하게 전진함을 의미할 것이다. 여기서 우리는 마르다와 마리아 두 자매의 경건에서 두 가지 헌신의 형태를 대조함으로써 이 구절의 의미를 밝힐 수 있다. 누가복음 10:38-42을 보면 마르다는 주님을 영접한다는 명목으로 다양한 외형적 활동에 분주

하였다. 따라서 그의 심령은 단순성을 잃어버리고 복잡한 데 떨어져 염려와 원망으로 흘러갔다. 이것은 바울이 이 구절에서 말하는 "흐트러진" 심령의 태도다. 이와 대조적으로 마리아는 주님의 발아래 앉아 그의 말씀을 듣는 일에 열중한 채 다른 일들은 (비록 필요한 것일지라도) 포기하였다. 이것은 마치 주님께서 말씀하신 바와 같이 "죽은 자들로 자기의 죽은 자들을 장사하게 하고 너는 가서 하나님의 나라를 전파하라" 하신 말씀에 합한 행동 원리다. 신앙생활에서 단순성은 언제나 정결을 보존하며 또한 목표를 향하여 힘차게 나아가는 비결이 된다. 반면에 흐트러진 생활방식은 정결을 보존하기 어렵고 주님을 향하여 전진하는 힘도 잃어버리게 만든다(눅 10:38-42 참조).

36-38 그러므로 만일 누가 자기의 약혼녀에 대한 행동이 합당하지 못한 줄로 생각할 때에 그 약혼녀의 혼기도 지나고 그같이 할 필요가 있거든 원하는 대로 하라 그것은 죄 짓는 것이 아니니 그들로 결혼하게 하라 그러나 그가 마음을 정하고 또 부득이한 일도 없고 자기 뜻대로 할 권리가 있어서 그 약혼녀를 그대로 두기로 하여도 잘하는 것이니라 그러므로 결혼하는 자도 잘하거니와 결혼하지 아니하는 자는 더 잘하는 것이니라. 여기 기록된 말씀은 부모 된 자가 처녀 딸에 대하여 취할 방침을 자세히 가르친다. 첫째, 그 처녀 딸의 형편을 존중해야 한다는 것, 다시 말해 처녀 딸의 심리나 기타 사정이 혼인을 필요로 하는 경우에는 그것을 억압하지 말고 그 사정대로 문제를 해결해야 한다는 것이다. 둘째, 부모 된 자에게 그 처녀 딸을 그냥 머무르게 할 의도도 필요하지만 더불어서 그렇게 할 권리가 병존해야 함을 가르친다. 부모 된 자가 처녀 딸을 그냥 머무르게 할 뜻이 없는 것도 그 일의 실행에 지장이 된다. 왜냐하면 그렇게 할 경우에 부모 된 자가 그에 대한 생계의 책임과 기타 여러 가지 책임을 부담해야 하기 때문이다. 그리고 처녀 딸을 머무르게 만들 권리의 문제도 적지 않은 것이다. 그가 시집을 가고 안 가고의 문제는 누구에게보다 우선 그 자신에게 결정권이 있기 때문에 부모 된 자가 억지로 할 수 없는 일이다.

이러한 두 가지 조건을 보면 성경말씀이 얼마나 인권을 중시하는지를 확인할 수 있다. 처녀 딸을 머무르게 할지 여부의 문제에 있어서 부모 된 자의 의사도 신중하게 고려하는 동시에 처녀 딸의 권리 행사 가능성 여부도 신중하게 고려하였다.

하나님께서 내신 생명을 인간이 억지로 주장할 수 없다. "잘하거니와"라는 말씀과 "더 잘하는 것이니라"라는 말씀은 종교윤리적인 차원에서 선의 대소를 따지는 것이 아니다. 이것은 주님을 따르는 삶에 있어서 단순성을 표준으로 어느 편이 유익한지를 고려하는 말씀일 뿐이다.

39-40 아내는 그 남편이 살아 있는 동안에 매여 있다가 남편이 죽으면 자유로워 자기 뜻대로 시집 갈 것이나 주 안에서만 할 것이니라 그러나 내 뜻에는 그냥 지내는 것이 더욱 복이 있으리로다 나도 또한 하나님의 영을 받은 줄로 생각하노라. 여기서 "주 안에서만 할 것이니라"라는 말씀은 믿는 남편을 택하라는 의미일 것이다.

"나도 또한 하나님의 영을 받은 줄로 생각하노라." 이 구절과 관련하여 우리는 하지(Hodge)의 견해를 채택하려고 한다. 요컨대 이 말씀은 바울이 성령의 인도를 받아 앞에서와 같이 권면적인 의견을 제시한다는 것이다. 그렇다면 문제는 성령의 권면이 듣는 자들에게 구속력을 가지는가 하는 점이다. 물론 성령의 충고라 할지라도 그것이 명령이 아니고 다만 그것을 채택할지 여부에 대하여 듣는 자에게 자유를 허용한 것이라면 그들은 자신의 의사에 따라 그 권면을 받아들일지를 선택할 수 있게 된다. 성령께서 그런 자유를 주신다고 말씀하셨으니 그런 자유를 사용하는 일이 잘못이라고 할 수는 없다.

이 구절에서 "또한"이라는 표현은 무슨 의미로 사용된 것인가? 이것은 다른 이들도 성령의 인도를 받아 말한다면 바울도 그러하다는 점을 겸손히 표현한 것이다. 이 말은 결단코 바울의 영적 권위를 약화시키는 것이 아니고 다만 그의 겸손을 보여 줄 뿐이다.

설교 전심으로 주를 따르자(고전 7:29-31)

1. 시간이 단축되었으니 주를 따르는 일에 마음이 나뉘지 말고 전심을 다하자

시간은 귀하다. 한 번 지나간 시간은 다시 회복될 수 없다. 모래밭에 쏟은 물을 다시 주워 담을 수 없는 것처럼 시간은 한 번 가면 다시 돌아오지 않는다. 육신에 속한 일들도 아무 때나 할 수 있는 것이 아니다. 인간의 생명은 짧다. 특히 은혜 받는 기회는 언제나 열려 있는 것도 아니고 사람이 임의로 붙잡을 수도 없다. 은혜 받는 때는 신령한 운동이 일어나는 때인데, 신령한 것을 사람이 마음대로 좌지우지할 수 없다. 주님을 따르는 일에 도움이 되는 시간은 귀하다.

인생에게 주어진 책임은 크고 무거운 반면 그것을 실행할 시간은 짧다. 그러므로 속담에도 "일 다하고 죽은 무덤 없다."라고 하였다. 특별히 신령한 일에 있어서는 더더욱 그러하다. 신령한 일은 잠깐 있다가 지나가는 이 세상에서 살아갈 일을 준비하는 것이 아니라 영원한 내세에서 살아갈 일을 준비하는 것이니 그 일이 얼마나 크고 많겠는가? 그 일은 "크고 영원한 영광의 중한 것을 우리에게 이루게" 하는 것이니 우리가 그 일을 위해 받는 환난도 가벼운 것으로 간주되어야 한다(고후 4:17). 우리가 영원한 내세에 들어갈 준비와 훈련을 하는 것이 얼마나 큰일인가? 그러나 우리에게 늘 기회가 있는 것은 아니다.

그렇다면 우리가 어떻게 세상일에 뜻을 두겠으며 세상 것을 따라갈 수 있겠는가? 더구나 이 세상에 대한 애착은 무엇이든지 천국 가는 일에 방해가 되기 십상이다. 신자가 이 세상 것들을 너무 단단히 붙잡으면 우리의 발걸음을 천국으로 옮겨 놓는 일이 지연되고 실패한다. 우리는 이 세상에 속한 것을 몸에 짊어지지 말고 그것을 없는 것처럼 여겨야 한다. 아프리카에서 원숭이를 잡는 사람들은 다음과 같은 방법을 사용한다고 한다. 원숭이가 좋아

하는 열매를 상자에 넣은 후에 원숭이의 손이 들어갈 만큼만 구멍을 내서 나무 위에 놓는다. 그러면 밤중에 원숭이가 와서 그 구멍에 손을 넣어 그 열매를 한 줌 쥐고 손을 뽑으려다가 실패하여 아침이 되기까지 애쓴다. 그때 사람이 다가와서 원숭이를 잡는 것이다. 만일 그 원숭이가 열매를 붙잡지 않고 놓았다면 손을 빼낼 수 있었을 것이다. 그러나 원숭이는 열매를 포기하지 못하기 때문에 손을 빼낼 수 없어서 결국 사람에게 붙잡힌 것이다. 그와 같이 사람도 이 세상에 속한 것을 놓지 않으려다가 구원을 잃어버린다.

2. 주님을 따르는 데 마음을 다하고 이 세상 것에 너무 마음을 두지 않아야 할 또 한 가지 이유는 이 세상에 속한 것이 외형뿐이고 지나가는 것이기 때문이다. "외형"이라는 것은 헬라어로 "스케마"(σχῆμα)라고 하는데, 그것은 외적인 모양이나 유행을 의미한다. 이것은 변하는 것이고 항상 있는 것이 아니다. 우리는 눈에 보이는 것을 따르거나 그것을 중하게 여겨서는 안 된다. 우리는 보이지 않는 세계를 중히 여겨야 한다. 이렇게 행하는 것이 성경 교훈에 기초한 삶의 방식이다. 우리는 성경대로 살아야 한다. 그런데도 우리는 왜 그러지 못하는가? 우리가 성경보다 지혜로운가? 성경보다 강한가? 고린도후서 4:18에 말하기를, "우리가 주목하는 것은 보이는 것이 아니요 보이지 않는 것이니 보이는 것은 잠깐이요 보이지 않는 것은 영원함이라"라고 하였다.

오늘날 교회 지도자들이 채택하는 지도 원리에는 비성경적인 것들이 많다. 그들은 중요한 것보다 덜 중요한 것을 우선시한다. 그들은 신령한 것보다 물질에 집착하고 영적으로 옳게 나아가는 일보다 교권과 세상 영광을 얻는 일에 관심이 많다. 이렇게 교회를 인도하니 교회가 혼란에 빠진다. 그러면서 입으로는 정통을 말하며 가르친다. 우리는 이 세상의 눈에 보이는 것들에 애착을 갖지 말고 보이지 않는 내세에 마음을 기울여야 한다.

설교 신자의 처세(고전 7:29-31)

"때가 단축하여진 고로." 먼저 이 문구의 의미를 생각하여 보자. "때가 단축하여졌다"라는 말은 헬라어로 "호 카이로스 쉰에스탈메노스 에스틴"(ὁ καιρὸς συνεσταλμένος ἐστίν)인데 이것은 인생이 짧음을 가리키는 표현이다(Calvin). 이어지는 본문은 인간의 생애가 짧은 만큼 인간은 이 세상의 향락을 취하려고 애쓰지 말고 천국을 위하여 모든 것을 집중해야 한다고 말한다. 그러나 다른 해석에 따르면 이 문구를 "때가 압축된 고로"라고 이해할 수 있는데, 예컨대 그로샤이데(Grosheide)가 이러한 해석을 따른다. 그는 말하기를, "때가 압축되어 짧아졌다. 그만큼 이때는 무겁고 집중되어 있다(마 24:22 참조). 이것은 성령이 강림하신 때부터 주가 재림하실 때까지의 중간 시대를 가리킨다. 이 시대는 종말을 향해 빨리 가고 있다. 따라서 우리의 생애도 이러한 시대의 성격으로부터 영향을 받게 된다."라고 하였다.[38] 이런 해석에 따르면 신약 시대라는 기간은 매우 짧게 여겨져야 할 긴박한 시간이다. 동일한 분량의 시간이라도 일이 없이 지내면 더욱 길게 여겨지는 반면 중대한 일로 분주하면 짧게 느껴진다. 우리는 신약 시대에 대하여 독특한 시간관념을 가져야 한다. 그것은 바울이 성령을 통해 이미 우리에게 알려 준 것이다. 요컨대 "또한 너희가 이 시기를 알거니와 자다가 깰 때가 벌써 되었으니 이는 이제 우리의 구원이 처음 믿을 때보다 가까웠음이라"라고 하신 말씀이다(롬 13:11). 우리가 이처럼 깨어 있는 시간관념으로 살아야 하는 이유는 하나님의 아들이 우리를 대신하여 죽으셨으며 우리가 그리스도의 재림, 우주에 대

---

38) Eerste Brief aan Korinthe, 259. "Een samengedrongen tijd is een verkort maar daardoor zwaar intens te blijven-tijd, vgl. matth. 24:22. Wij vatten dit liefst zoo op, dat de bepaalde periode, waarin wij leven, die tussen de uitstorting van den Heiligen Geest en Christus wederkomst, een tussen periode is, die vraagt om het einde, maar zich ook spoedt naar het einde, Op 22:20. Daardoor is de tijd gekenmerktook de periode van ons eigen leven."

한 최후 심판을 앞두고 살아가기 때문이다. 하나님의 아들이 나를 대신하여, 또한 많은 사람을 대신하여 죽으셨기 때문에 나는 그의 보혈을 만방에 전해야 할 책임이 있다. 나의 한 몸에는 천하 만민을 위하여 해야 할 일들이 태산과 같이 짊어지고 있다. 그뿐 아니라 나는 장차 주님의 심판대 앞에 서야 할 처지이니 날마다 심판대 앞에 선다는 의식을 가지고 살아가야 한다. 그렇다면 나는 긴장할 대로 긴장한 채 천 년을 하루같이 지내야 하는 사람이다.

1. 아내 있는 자들은 없는 자같이 하며

아내를 중심으로 이루어진 가정은 우리 인류에게 매우 좋은 곳이다. 그곳에서 우리는 위로를 받고 새 힘을 얻는다. 그러나 가정은 위태한 곳이기도 하다. 사람들은 그곳에서 방종을 일삼거나 악독을 표출하기도 한다. 그뿐 아니라 그곳에서 신자가 하나님을 사랑하는 마음이 나뉘기 쉽다. 그러므로 주님께서는 가정을 가진 신자들에게 다른 주의사항보다 우선적으로 하나님을 사랑하는 마음이 나뉘지 않아야 할 것을 주의시키셨다. 누가복음 14:26에 말하기를 "무릇 내게 오는 자가 자기 부모와 처자와 형제와 자매와 더욱이 자기 목숨까지 미워하지 아니하면 능히 내 제자가 되지 못하고"라고 하였다. 예수님이 여기서 특별히 가정을 예로 들어서 말씀하신 이유는 가정이 신자의 애정을 빼앗는 곳이기 때문이다. 그런 의미에서 가정은 위험하다.

하나님은 우리의 애정을 원하신다. 그렇기 때문에 로마서 10:10에 말하기를 "사람이 마음으로 믿어 의에 이르고"라고 하였다. 여기서 "마음"이라는 말은 헬라어로 "카르디아"(καρδία)인데 그것은 애정의 근원이 되는 부분이다. 스펄전은 말하기를, ① "마음을 빼앗은 자가 그 사람을 빼앗은 것이다."라고 하였고, ② "우리의 마음은 하나님이 지어 주신 것이니 그것을 하나님께

바쳐야 한다."라고 하였다.[39)]

잠언 23:26에 말하기를 "내 아들아 네 마음을 내게 주며"라고 하였고, 마태복음 22:37에 말하기를 "예수께서 이르시되 네 마음을 다하고 목숨을 다하고 뜻을 다하여 주 너의 하나님을 사랑하라"고 하셨다. 하나님이 우리의 마음을 원하시는 것은 그의 사랑을 보여 준다. 우리같이 낮은 자들의 사랑을 구하신다는 사실이 바로 그가 우리를 사랑하시는 증표다. 만일 누군가가 흉악한 강도의 사랑을 받기 원한다면 그것은 그가 그 강도를 사랑한다는 증거다. 그런 사랑은 참으로 형용할 수 없는 큰 사랑이다. 하나님은 우리 신자들의 마음을 원하신다. 그러나 우리의 사랑은 가정 때문에 나뉘기 쉽다. 왜냐하면 가정을 포함하여 이 세상에 속한 것들이 마취제과 같은 역할을 하기 때문이다. 사람이 가정에 대한 애착에 취해 버리면 하늘나라의 중요한 일들을 잊어버린다. 일제 강점기 때 신의주에서 어떤 소학교 교원이 추운 겨울날 잘못을 저지른 생도 한 아이를 벌하기 위하여 창고에 가두었다. 그가 생도를 가두고 나오는 길에 친구를 만나 함께 술을 마시러 갔다. 술에 취하여 집에 돌아가서 잠을 자고 이튿날 학교에 와서 생각해 보니 아이를 창고에 가두었던 일이 기억났다. 얼른 뛰어가 창고를 열어 보니 아이가 빳빳하게 얼어 죽어 있었다. 참으로 무언가에 취한 사람은 이렇게 실수하기 쉽다. 아내가 있는 사람도 너무 가정에 애착하면 거기에 취하여 하늘나라의 중요한 일들을 방치하고 지나쳐 버린다. 그러므로 "아내 있는 자들은 없는 자 같이" 해야 한다. 아내가 있는 자는 "어찌하여야 아내를 기쁘게 할까" 생각하느라 마음이 나뉜다고 한다(7:33). 한 사람이 두 주인을 섬기지 못한다. 마음도 하나고 사랑도 하나다. 기드온의 군대 중에서 무릎을 꿇고 엎드려 물을 마신 자는 돌려보내졌는데, 그 이유는 그들이 낮은 것을 위하여 꿇어 엎드렸기 때문이다. 아

---

39) Choice Sermon Notes, 56.

내 때문에 하나님을 멀리하는 자는 황금을 모래와 바꾸는 자다.

2. 우는 자들은 울지 않는 자같이 하며

고린도후서 7:10을 보면 세상 근심은 사망을 이루는 것이라고 하였다. 세상 것을 위하여 슬퍼하면 슬퍼할수록 우리의 영혼은 손해를 입는다. 그런 슬픔은 사실상 사람을 하나님께 인도하지 않고 그냥 슬픔으로 계속되는데, 그것은 결국 자살과 같이 끝없는 슬픔이다. 그러나 세상 슬픔을 가진 자가 즉시 하나님께로 마음을 돌이켜 하나님을 우선시하는 삶으로 올라서면 그는 생명의 세계에 들어서는 것이다.

3. 기쁜 자들은 기쁘지 않은 자같이 하며

이 세상 기쁨이라는 것은 사실 위태하다. 그것은 헛되고 도리어 해로운 것일 수 있다. 전도서 2:2에서 솔로몬이 말하기를 "내가 웃음에 관하여 말하여 이르기를 그것은 미친 것이라 하였고 희락에 대하여 이르기를 이것이 무슨 소용이 있는가 하였노라"라고 하였다. 또한 세상을 기뻐하는 것은 위험하기도 하다. 쾌락을 사랑하는 자는 그것을 하나님보다 더 사랑하는 위험에 빠지기 쉽다(딤후 3:4). 쾌락 사랑하기를 하나님 사랑하기보다 더하는 것은 하나님을 멸시하는 큰 죄악이다.

4. 매매하는 자들은 없는 자같이 하며 세상 물건을 쓰는 자들은 다 쓰지 못하는 자같이 하라.

여기서 "매매"라는 말은 엄밀히 말해 '사는 자'라는 뜻이다. 물건을 구매한 자는 그것을 가지지 않은 것처럼 생각해야 한다. 왜냐하면 그의 물건은 오래지 않아서 없어지게 될 것이기 때문이다. 알렉산드로스 대왕이 유언하기를, 자기가 죽어서 장사 지낼 때 두 손을 밖으로 내어 놓으라고 하였다. 그것은 사람이 결국 빈손으로 돌아간다는 진리를 가르쳐 주기 위함이라고 하였다. 사람이 이렇게 빈손으로 돌아가게 될 것을 기억한다면 죽음이 이르기 전에 미리 빈손으로 살아가는 일을 경험해 보는 것도 유익할 것이다.

필자는 예전에 부산 금정산에서 어떤 사람이 4년째 굴속에 살면서 기도하는 것을 목격했다. 그는 말하기를 "나는 과거에 많은 죄를 범하였는데 이제 남은 생은 범죄하지 않고 살기 위해 이렇게 세상에 나아가지 않습니다."라고 하였다. 그는 기술자였는데 원하기만 하면 얼마든지 돈을 벌 수도 있었지만 그런 기회를 분토같이 버린 것이다. 그는 재물을 사랑하지 않는 사람으로 살아가는 일을 만족스럽게 여겼다.

시편 39:6에 말하기를, "재물을 쌓으나 누가 거둘는지 알지 못하나이다"라고 하였고, 잠언 11:4에는 "재물은 진노하시는 날에 무익하나 공의는 죽음에서 건지느니라"라고 하였다.

제 8 장

⚜ 개요

고린도 교회는 '신자들이 우상에게 제물로 바쳐진 음식을 먹을 수 있는가?'라는 문제로 의견이 갈라졌다. 그리하여 그들은 이 문제를 바울에게 문의하였다. 바울은 고린도전서 8장에서 이에 대해 "지식보다 사랑으로 행하라"고 답변한다. 그런 맥락에서 그는 말하기를, "지식은 교만하게 하며 사랑은 덕을 세우나니"(8:1)라고 하였다.

1. 지식의 관점에서 보면 우상은 아무것도 아니며(4절), 천지 만물의 창조자는 하나님 한 분뿐이시니(5-6절), 우리가 무슨 음식이든지 하나님이 내신 것인 줄 알고 먹을 수 있다는 것이다. 바울도 그 점을 인정하였다. 하나님께서 내신 물질 자체가 죄악성을 포함하고 있는 것은 아니다. 그러나 바울은 여기서 그치지 않는다. 그는 양심 문제를 다루면서 그리스도인이 사랑을 바탕으로 행해야 한다고 다음과 같이 결론짓는다.

2. 앞에서 설명한 것과 같은 지식을 갖지 못한 자들이(7절) 우상에게 제

물로 바쳐진 음식을 먹게 되는 경우에는 우상과 접촉하는 느낌을 가진다(7절 하). 또한 그는 의지에 반하여 먹었기 때문에 그의 양심을 더럽힌 것이다. 그가 이처럼 먹는 일을 강행한 이유는 그가 우상의 전에서 지식 있는 신자들이 제물로 바쳐진 음식을 먹는 것을 목격했기 때문이다(10절). 그렇다면 지식이 없는 신자가 양심에 반하여 제물을 먹도록 유인한 지식 있는 신자들은 사랑으로 행하지 못한 셈이 되었다. 그러므로 바울은 지식 있는 자가 사랑으로 행함으로써 약한 형제가 실족하지 않게 도와야 한다고 주장한다(11-13절).

해석

2. 우상의 제물에 대한 그리스도인의 태도(8:1-11:1)

(1) 일반적인 원칙(8:1-13)

1 우상의 제물에 대하여는 우리가 다 지식이 있는 줄을 아나 지식은 교만하게 하며 사랑은 덕을 세우나니. 여기서 "우상의 제물에 대하여는"이라고 했는데, 아마도 고린도 교회 내에 우상에게 제물로 바쳐진 음식을 먹어도 되는지에 관하여 논쟁이 있었기 때문에 그들이 바울에게 이 문제를 문의하였을 것이다. 고린도 사회에서는 시민들이 우상을 섬기는 풍속이 만연했기 때문에 우상을 섬기는 자들이 우상에게 제사한 후에 친구들을 불러서 연회를 벌이는 일이 있었다. 물론 그 연회에는 우상 앞에 제물로 놓았던 음식들이 사용되었다. 이때 어떤 그리스도인들은 우상이 아무것도 아니라는 신념으로 제사에 사용된 음식물을 거리낌 없이 먹을 수 있다고 주장하였다. 그러나 사도 바울은 신전에서

그러한 제물을 우상 교도들과 함께 먹을 수 없다고 확언하였다(고전 10:14-22). 다만 신전이 아니고 시장에서나 혹은 일반 가정에서 그것이 제사에 사용된 음식물인지 모르고 먹은 경우에는 문제될 것이 없다고 지적하였다(고전 10:25). 그러나 고린도 교회의 어떤 신자들은 이런 점들을 명백하게 구분하지 않고 다만 우상은 아무것도 아니라는 이유로 어떤 경우에나 우상의 제물을 먹을 수 있다고 주장하였다. 그것은 우상에 대한 지식이 바탕이 되어 있다는 전제하에서는 무시할 수 없는 주장이지만, 지식이 부족한 자에 대한 사랑이라는 측면에서는 부적절한 주장이었다. 다시 말해 그것은 다른 형제의 양심을 존중하지 못한 처사라는 것이다(8:9-11).

지식만 주장하면 교만에 빠지기 쉽다. 본래 아담과 하와도 지식 문제로 시험을 받아 교만하여졌고 범죄하였기 때문이다.

"사랑은 덕을 세우나니." 이 말씀의 뜻은 사랑으로 하나님의 교회를 세워 나갈 뿐만 아니라, 자기 자신의 유익도 쌓아 나간다는 의미를 가진다(고전 13:3).

그렇다면 바울이 여기서 지식의 필요성을 아예 무시하는 것일까? 그렇지 않다. 다만 참된 지식이라면 반드시 사랑을 동반해야 함을 역설하는 것일 뿐이다. 만일 지식에 사랑이 없다면 그 자체가 교만한 것이고, 마침내 사람으로 하여금 교만하게 행하도록 만들고 말 것이다.

2 만일 누구든지 무엇을 아는 줄로 생각하면 아직도 마땅히 알 것을 알지 못하는 것이요. 사람이 무엇에 있어서든지 자기가 그것을 아는 줄로 교만하게 생각하면 그는 아직 사안의 핵심을 모르는 사람이라는 뜻이다. 다시 말해 그는 그가 안다고 주장하는 내용 자체를 바로 알지 못하였다는 것이다. 지식은 사랑을 목표로 삼아야 하며, 사랑을 위하지 않는 지식은 기형적인 것일 뿐이다.

3 또 누구든지 하나님을 사랑하면 그 사람은 하나님도 알아 주시느니라. 이 구절은 얼핏 보면 앞절과 관련이 없는 것 같다. 그러나 자세히 살펴보면 앞절 말씀과

연속성을 갖는다. "하나님을 사랑하면"이라는 말은 사실상 1절 끝자락에서 말하는 덕을 세우는 사랑이라는 구절과 연결된다. 사람을 사랑하는 사랑은 본질상 신본주의적인 것이며 하나님에 대한 사랑을 근본과 테두리로 삼고 있다. 그렇기 때문에 여기서 하나님을 사랑하는 사랑에 대하여 말하는 것은 자연스럽다.

그러면 "하나님도 알아 주시느니라"라는 말씀은 무슨 뜻인가? 이것은 헬라어로 "에그노스타이"(ἐγνῶσται)인데, 찰스 하지는 스테파누스(Stephanus)의 문법 해석에 근거하여 이 단어를 사역동사로 간주하였다. 그럴 경우 이 단어는 다음과 같은 의미를 가진다. 곧 하나님을 사랑하는 자는 알아야 할 것을 아는 일에 있어서도 하나님께서 알게 하여 주시는 대로 아는 참된 지식의 소유자라는 뜻이다.

설령 여기서 "알아 주시느니라"(ἐγνῶσται)라는 말이 하지(Hodge)가 해석한 의미를 지니지 않고 우리 한글 번역 성경이 보여 주는 것과 같은 뜻을 가진다 할지라도, 그것은 결국 하나님을 사랑하는 자라면 하나님이 알아주실 만한 참된 지식을 소유한 자라는 뜻일 것이다. 그렇다면 결국 하지(Hodge)가 해석한 것과 같은 의미가 성립된다.

4 그러므로 우상의 제물을 먹는 일에 대하여는 우리가 우상은 세상에 아무것도 아니며 또한 하나님은 한 분밖에 없는 줄 아노라. 여기서 "우상은 세상에 아무것도 아니며"라는 말은 사람의 손으로 만들어진 우상 자체가 실체를 가진 신이 아니고 헛된 것이라는 뜻이다. 우상에 대하여 이렇게 말하는 구절은 구약성경에서도 쉽게 찾아볼 수 있다(사 41:24; 44:8-9; 렘 10:14; 시 115:4, 8).

바울이 우상에게 바쳐진 제물과 관련하여 강조하는 사실은 우상이라는 존재가 제물이라는 물질 자체에 아무런 영향을 주지 못한다는 것이다. 아무것도 아닌 것에게 바쳐졌던 물질이 자체적으로 무슨 변화나 영향을 받았을 리 만무하다. 그러므로 그것이 사람의 양심에만 아무런 영향이 없다면 그 자체가 더러운 것은 아니다. 그것은 하나님께서 지으신 것이다.

"하나님은 한 분밖에 없는 줄 아노라." 이 말씀 역시 물질의 창조자로서 물질을 소유하시고 주장하시는 이는 오직 하나님밖에 없음을 지적한다. 그렇다면 양심의 문제와 관계없는 물질 자체는 하나님의 것이다. 고린도 교회 교인들 중에서 일부 사람들은 이렇게 알고 있었고 바울도 그들에게 동조한 것이다. 이런 의미에서 그는 계속하여 다음과 같이 말한다. 다만 우상에게 바쳐진 제물이 명백하게 우상과 관련되어 있다는 표지를 가지고 있는 경우에는 그리스도인들이 그것을 원칙적으로 배척해야 할 것이며 사용하지 말아야 한다는 것이다. 예를 들어 우상의 신당에서 우상을 섬기는 교도들과 함께 우상에게 바쳐진 제물을 먹어서는 안 된다는 것이다. 왜냐하면 그 장소는 그 음식물이 우상을 위하는 분위기와 배경 속에 있는 것이므로 우상의 표지를 가졌다고 볼 수 있기 때문이다.

5-6 비록 하늘에나 땅에나 신이라 불리는 자가 있어 많은 신과 많은 주가 있으나 그러나 우리에게는 한 하나님 곧 아버지가 계시니 만물이 그에게서 났고 우리도 그를 위하여 있고 또 한 한 주 예수 그리스도께서 계시니 만물이 그로 말미암고 우리도 그로 말미암아 있느니라.
이 구절 역시 물질의 주재자가 한 분밖에 없다는 것을 보여 준다. 여기서 "신이라 불리는 자가 있"다 함은 세상 사람들의 생각에 여러 가지 신들이 있다는 말이다. 바울이 여기서 그런 신들의 존재를 부인하는 것은 아니나, 다만 손으로 만든 모든 우상은 헛것이다. 이 세상에 잡신들이 있다는 것은 부인할 수 없다. 그러나 그들이 물질에 대한 하나님의 주권을 빼앗을 수 있는 것은 아니다. 바울은 이런 의미에서 "우리에게는 한 하나님 곧 아버지가 계시니 만물이 그에게서 났고 우리도 그를 위하여 있고"라고 말하였다. 그리고 그는 이와 같은 하나님을 섬기는 구체적 방법을 말하기 위하여 중보자 예수 그리스도에 대하여 가르친다. "우리도 그로 말미암았느니라"라는 말은 그리스도인이 예수 그리스도로 말미암아 거듭났다는 뜻이다.

7-9 그러나 이 지식은 모든 사람에게 있는 것은 아니므로 어떤 이들은 지금까지 우상에 대한 습관이 있어 우상의 제물로 알고 먹는 고로 그들의 양심이 약하여지고 더러워지느니라 음식은 우리를 하나님 앞에 내세우지 못하나니 우리가 먹지 않는다고 해서 더 못사는 것도 아니고 먹는다고 해서 더 잘사는 것도 아니니라 그런즉 너희의 자유가 믿음이 약한 자들에게 걸려 넘어지게 하는 것이 되지 않도록 조심하라. 여기서 이른바 "이 지식"이라는 말은 앞에 있는 4-6절에서 설명한 하나님에 대한 지식이다. 한마디로 만물의 주재자는 그리스도로 말미암아 우리에게 알려지신 하나님밖에 없다는 지식이다. "우상에 대한 습관"이란 우상을 섬기던 과거의 행태를 가리킨다. 이러한 관습을 따르던 자들은 개종한 후에도 우상의 제물이 그 자체로 더럽혀진 것이라고 생각한다는 것이다. 그가 이렇게 알고도 먹기를 강행하면 그의 양심이 약해져서 신앙에 손해를 입게 된다. 어째서 그런가? 이 문제를 해명하기 전에 우리는 먼저 양심이 무엇인지 살펴보아야 한다. 양심이란, 선한 것은 마땅히 해야 하며 악한 것은 마땅히 하지 말아야 한다는 것을 직관적으로 느끼는 작용을 말한다. 어떤 사람들이 말하는 것처럼 양심은 하나님의 음성 자체가 아니고 다만 사람에게 속한 것이다. 프린스(P. Prins)도 말하기를 "양심은 하나의 반응이다. 다시 말해 그것은 하나님 말씀에 대한 응답이다. 그러나 양심은 이처럼 사람에게 속해 있다는 점에서 무오한 것은 아니다. 무오성은 오직 하나님께만 속한 것이다. 그러나 양심이 사람의 것이면서도 하나님 앞에서 중재자의 역할을 한다. 그것은 하나님의 형상을 지니고 있다."라고 하였다. 여기서 프린스가 말한 대로 양심이 잘못할 수도 있다는 것은 인생이 타락한 이후의 양심을 염두에 둔 것이다. 타락 이후 인생의 양심은 성경말씀을 근거로 삼을 때에만 그릇됨이 없고 절대성을 띤다.

할레스비(O. Hallesby)는 양심의 타락과 죽음에 대하여 다음과 같이 말하였다. "양심은 전적으로 본능적, 또는 직관적으로 작용한다. 다시 말해 그것은 우리의 의지나 기타 의식적인 노력에 의존하여 작용하는 것이 아니다.

그렇기 때문에 양심은 종종 우리의 의지나 사상과 정반대의 목소리를 내기도 한다. · · · 그렇다고 해서 양심이 우리의 의식이나 의지에 대하여 전적으로 독립적으로 성장하거나 발달하는 것은 아니다. 만일 우리가 양심의 명령에 순응하면 우리의 양심이 성장하고 발달한다. 다른 방법으로는 양심을 보존하지 못한다. 이것은 우리의 허파에 비견될 수 있다. 허파는 호흡에 의하여 성장하기도 하며 발달하기도 한다. 이처럼 양심은 그에 대한 우리의 복종행위에 따라서 성장하고 발달한다. 만일 우리가 양심의 명령에 순종하지 않으면 우리의 양심은 약해질 수밖에 없다. 양심의 명령에 대한 우리의 불복종으로 말미암아 양심은 명령을 내릴 능력을 잃어버린다. · · · 성령께서 우리의 죄를 꾸짖는다고 하였는데(요 16:8) 사람이 약해진 후에는 성령의 책망을 분별하지 못한다. 따라서 그의 양심은 죄를 느끼거나 죄책감을 갖게 하는 데 있어서 영적 작용을 상실한다. 이런 의미에서 바울은 양심이 점점 약해지는 자는 멸망한다고 말하였다(고전 8:11)."

사람이 우상의 제물을 먹음으로써 양심이 더러워지는 경위는 다음과 같다. 사람이 어떤 경우에도 우상의 제물을 먹으면 안 된다고 느끼는 약한 자의 양심도 하나님을 영화롭게 하고자 하는 것이다. 이처럼 연약한 양심이 어떤 경우에도 제물을 먹어도 괜찮다는 강한 양심을 가진 신자의 자유로 말미암아 억지로 강화되도록 강요되어서는 안 된다. 약한 자의 양심이 억지로 강화되면 그 양심이 더러워진다. 그는 우상의 제물을 먹지 않는 것이 옳다고 여기는데, 그렇게 생각하지 않는 강한 자의 양심을 억지로 따라가려다가 하나님의 영광을 중심으로 작용하던 그의 양심이 약화되기 때문이다. 다시 말해 그의 양심이 하나님의 영광을 위하여 작용하고 있는데, 강한 자가 양심의 자유를 남용할 때 약한 자의 양심이 그로부터 영향을 받아 주저하게 되고 결국은 억지로 본래의 양심을 억누르고 행동하게 된다. 이렇게 되어 나중에는 다른 일들에 있어서도 양심이 약해지고 결국은 소멸하기에 이른다.

10 지식 있는 네가 우상의 집에 앉아 먹는 것을 누구든지 보면 그 믿음이 약한 자들의 양심이 담력을 얻어 우상의 제물을 먹게 되지 않겠느냐. 여기서 "지식 있는 네가"라는 말씀은 앞에 있는 4-6절에서 제시한 하나님에 대한 지식을 가진 그리스도인을 가리킨다. "우상의 집"은 이방 신전을 의미한다. 그 당시 이방 그리스도인들이 불신자인 이웃들과의 인연에 끌려 이방 신전에 가서 제물을 먹도록 유혹을 받았던 것이다. 바울은 그런 일을 엄히 금한다. 그 이유에 대하여 여기서는 두 가지 중 하나만을 말하는데, 다른 한 가지는 10:19-22에 기록되어 있다. 거기서는 우상을 섬기는 교도들과 함께 우상의 제물에 참예하는 것은 귀신과 교제하는 것과 같다고 말한다. 여기 8:10에서 말하는 것은 우상의 제물을 먹는 자가 다른 약한 형제를 잘못된 길로 빠뜨릴 우려가 있다는 것이다. 다시 말해 믿음이 연약한 형제도 시험 삼아 억지로 우상의 제물을 먹다가 양심이 약하여져서 영적으로 해를 당하게 될 것을 우려한 것이다.

11 그러면 네 지식으로 그 믿음이 약한 자가 멸망하나니 그는 그리스도께서 위하여 죽으신 형제라. 여기서 "그 믿음이 약한 자"는 진리에 대한 지식이 아직 성숙하지 못한 신자를 의미한다(H. N. Ridderbos). 믿음이 약한 자가 지식을 소유한 신자(4-6절)의 먹는 행위로 말미암아 "멸망"한다는 것은 그가 전적으로 구원에서 떨어졌다는 말은 아닐 것이다. 왜냐하면 첫째, 본문 하반절에서 말하는 것처럼 "그리스도께서 위하여 죽으신 형제"로 간주된 자가 구원에서 떨어지는 법은 없기 때문이다(요 10:15, 27-29). 둘째, 여기서 "멸망"이라는 말은 헬라어로 "아폴뤼타이"(ἀπόλλυται)인데, 현재 시제다. 그러므로 이것은 소망이 완전히 사라지고 멸망에 떨어진 것을 의미하지 않는다. 우리 한글 성경도 이 단어의 현재 시제를 살려 "멸망하나니"라고 번역하였다. 그러므로 크로샤이데(Grosheide)는 이 말의 뜻을 "죄를 짓는데 이름"이라고 해석하였다.[40] 양심

40) Eerste Brief aan Korinthe, 291. "ἀπόλλυται, welk woord hier blijkens het verband op het vallen in zonde ziet."

이 약하여지는 것은 그리스도인에게 있어서 치명적이고 위태한 일이니, 그것을 가리켜 멸망한다(멸망을 향하여 간다)고 표현하는 것이 잘못된 것은 아니다. 신앙과 양심은 서로 뗄 수 없는 관계에 놓여 있는데, 양심이 완전히 파괴되면 신앙도 타락할 위험이 있는 것이다(딤전 1:19 참조).

"그는 그리스도께서 위하여 죽으신 형제라." 이 말씀은 속죄의 도리를 명확히 보여 주는 말씀이다(고후 5:14-15 참조). 이 말씀에는 두 가지 중요한 의미가 포함되어 있다. ① 우리가 상대하는 신자는 그리스도의 보혈로 구속함을 얻은 자이기 때문에 귀중하기 이를 데 없다는 뜻이며, ② 우리와 동일한 그리스도의 보혈로 말미암아 구원받았기 때문에 주님의 보혈로 맺어진 지극히 사랑스러운 형제라는 것이다. 이처럼 주님의 보혈이 인연이 되어 이루어진 형제 관계는 실제로 부모의 혈통으로 말미암은 형제 관계보다 더 친밀한 것이다.

이러한 두 가지 의미를 염두에 둔다면, 지식 있는 자는(4-6절) 자기의 자유를 남용하여 약한 형제의 양심을 해치는 일을 도저히 할 수 없는 것이다.

12-13 이같이 너희가 형제에게 죄를 지어 그 약한 양심을 상하게 하는 것이 곧 그리스도에게 죄를 짓는 것이니라 그러므로 만일 음식이 내 형제를 실족하게 한다면 나는 영원히 고기를 먹지 아니하여 내 형제를 실족하지 않게 하리라. 여기서 "형제"라는 말은 분명히 앞절에서 제시한 교훈과 연장선상에서 다루어져야 하며, 이는 그리스도의 보혈이 가져다주는 제한적인 구속에 참여한 신자들을 가리킨다. 하지만 현대 신학자들은 신약성경에 나오는 형제라는 용어를 이처럼 구속과 관련하여 다루지 않고 모든 사람이 형제라는 의미로 해석한다. 그들은 주님의 보혈로 말미암은 구속을 도외시한 채 막연하게 기독교적 사랑을 주장한다는 명목으로 모든 불신자도 형제라고 말한다. 서구의 어떤 교회는 구속의 복음에 든든히 기초하고 있지 않기 때문에 "불교, 이슬람교 등에 속한 우리의 형제들"이라는 문구가 담긴 전단지를 배부하기도 한다. 이것은 현대 자유주의 신

학자들로 말미암아 나타나는 그릇된 사상의 표본이라고 할 수 있다. 물론 우리는 혈육을 따라 형제 된 자들을 형제로 대한다. 모든 인류가 아담의 후손이라는 점에서 우리는 어떤 인종이나 민족이든지, 그리고 어떤 개인이든지 동일한 혈육이라는 의미에서 형제로 대해야 한다. 그러나 종교적인 의미에서 어떤 사람을 형제라고 말할 때는 그리스도의 보혈로 함께 속죄함을 받은 경우에만 그렇게 말할 수 있다. 신약성경에서 말하는 형제는 이와 같은 맥락을 가지고 있다.

"약한 양심." 이 말씀의 의미는 11절에 나오는 "그 믿음이 약한 자"라는 표현에 대한 해석에서 제시되었다. 이런 양심을 상하게 한다는 것은 약한 양심을 소유한 자가 강한 자의 과도한 자유 남용으로 말미암아 억지로 담력을 얻어서 우상의 제물을 먹은 결과 자신의 양심을 지키지 못하게 되는 상황을 묘사한다.

"그리스도에게 죄를 짓는 것이니라." 그리스도께서 위하여 죽으신 형제의 양심을 해롭게 한 자는 결국 그리스도께 죄를 짓는 것이라는 말이다. 13절의 "고기"는 무엇을 의미하는 것일까? 이것이 만일 이 단락에서 논의의 주제가 된 제물을 의미하는 것이었다면 이미 사용된 "제물"이나 "음식물"이라는 말이 더 자연스러울 텐데 왜 제물이라는 표현 대신에 "고기"라는 단어를 사용한 것일까? 그러나 이것은 문제될 것이 없다. 문맥상으로 볼 때 바울이 이때에 염두에 둔 것은 제물일 것이다. 그렇다면 바울이 여기서 다른 신자를 실족하게 할 여지가 있는 경우라면 자기는 영원히 제물을 먹지 않겠다고 말한 것은 양심의 자유를 완전히 부정한 것인가? 그런 뜻은 아니다. 이것은 다만 자신이 남들을 위하여 충분히 자유로운 동기에서 이렇게 결심할 수 있다는 의미일 뿐이다. 양심의 자유라는 문제에서 바울은 자기의 양심 자체를 부정할 수 없었다. 왜냐하면 그것은 양심 자체이기 때문이다. 바울의 관점에서도 제물이 그 자체로 악한 것은 아니지만(4-6절) 다만 그것을 사용하는 데 있어서 타인의 양심을 파괴할 여지가 있는 경우에는 자유를 남용하지 않겠다는 것뿐이다. 그러므로 이 말씀은 우상의 제물을 먹는 것이 자유를 남용하는 일이 될 여지가 있기 때문에 그가 영원히 이런 음식물을 먹지 않겠다는 것이다.

설교 지식과 사랑(고전 8:1-3)

1. 지식

지식의 문제로 범죄하는 일은 맨 처음 인류의 조상 하와에게서 나타난다. 하나님께서는 아담에게 "선악을 알게 하는 나무의 열매는 먹지 말라"고 하셨다(창 2:17). 사람은 선과 악을 스스로 결정할 위치에 있지 않으며 다만 하나님의 결정을 따라야 하는 존재다. 만일 인간이 선악을 스스로 결정한다면, 그 자신이 입법자이자 심판자가 되는 것이니 이는 천부당만부당한 일이다. 야고보서 4:12에 말하기를 "입법자와 재판관은 오직 한 분이시니 능히 구원하기도 하시며 멸하기도 하시느니라"라고 하였다.

그럼에도 불구하고 마귀가 하와를 시험하면서 말하기를, "너희가 그것을 먹는 날에는 너희 눈이 밝아져 하나님과 같이 되어 선악을 알 줄 하나님이 아심이니라"라고 하였다(창 3:5). 이것은 하와가 하나님의 자리를 차지하도록 유혹하는 말이다. 한마디로 이것은 지식을 가짐으로써 하나님 행세를 하라는 유혹이다. 지식이 인류의 조상을 교만하게 만든 것이다. 하와는 하나님의 계명을 지키는 일보다 지식을 택하였다. 그는 하나님과 같아지기 위해 높은 지식을 얻으려고 하였으니 그것이 교만이다. 그것은 지식에 대한 욕구를 절제하지 못한 죄악이다(벧후 1:6).

1) 범죄한 아담의 자손인 인간은 하와처럼 지식에 대한 욕구를 절제할 줄 모르고 하나님처럼 알고자 하는 죄를 범한다. 다시 말해 자기의 지혜로

궁극적 지식에 도달하고자 한다. 그들은 지식에 있어서 스스로 하나님 행세를 하려고 한다. 이것이 교만이다.

2) 사람은 자기가 친히 체험하여 알기 전에는 믿으려고 하지 않는다. 그들은 자신이 가진 현재의 지식이 용납하지 않는 것들은 받아들이려 하지 않는다. 이처럼 그들은 지식 문제에 있어서 교만하고 자신을 내세우기 좋아한다. 지식 자체가 악한 것은 아니지만 인간이 그것을 잘못 다룸으로써 교만하여진다. 교만은 인간을 망하게 한다. 잠언 16:18에는 "교만은 패망의 선봉이요 거만한 마음은 넘어짐의 앞잡이니라"라고 하였다.

오바댜 3절에서는 "너의 마음의 교만이 너를 속였도다"라고도 하였다. 교만한 자는 자기가 교만한 줄 모른다. 그는 도리어 남을 가리켜 교만하다고 비난한다.

교만은 자기가 아닌 자를 자기로 알고 스스로 높은 줄 안다. 그러므로 사실상 우리의 지식 대부분은 무지의 일부라고 할 수 있다.

2. 사랑

본문에서 "사랑"이라는 말은 주로 하나님에 대한 사랑을 가리키는데(3절), 그것은 덕을 세우는 힘이 있다. 사람이 하나님을 사랑할 수 있을까? '사랑은 본디 내려가는 것인데 우리가 올라가서 하나님을 사랑하는 일이 순조로울 것인가?'라는 질문이다. 물론 하나님의 사랑이 우리에게 내려왔다. 그것은 그가 그의 독생자를 주신 사건에서 확증되었다. 로마서 11:35에 말하기를 "누가 주께 먼저 드려서 갚으심을 받겠느냐"라고 하였다. 사람이 하나님을 사랑한다는 것은 하나님께서 우리에게 주시지 않은 무언가를 하나님께 제공하는 일이 아니다. 하나님을 향한 사람의 사랑은 반영되는 사랑이다. 달빛은 본래 자기의 빛이 아니다. 달은 발광체가 아니기 때문이다. 달이 우리에게 전해 주는 빛은 태양빛을 반사시킨 것이다.

사람이 하나님의 사랑을 받아서 그것을 반영시킬 때 우리는 그것을 가리켜 하나님을 사랑하는 일이라고 말한다. 우리가 하나님의 사랑을 많이 받을수록 그의 사랑을 많이 반영시킬 수 있다. 하나님의 사랑을 많이 받는다는 것은 그 사랑을 많이 깨닫는 것을 의미한다. "하나님의 사랑이 우리 마음에 부은 바 됨이니"(롬 5:5)라는 말씀을 보면 하나님의 사랑의 맛을 알고 또 그 사랑을 많이 받기 위해서는 그 사랑을 깨달아야만 한다. 그 사랑의 맛을 모르면 그것을 받는 자가 합당하게 받는다고 할 수 없다. 우리 신자들은 하나님의 사랑을 합당하게 받기 위하여 그 사랑을 깊이 알아야 한다. 그래야만 그 사랑을 더욱 많이 반영할 수 있다. 따라서 우리는 하나님의 사랑을 깨닫도록 끊임없이 힘써야 한다. 에베소서 3:18-19에 말하기를 "능히 모든 성도와 함께 지식에 넘치는 그리스도의 사랑을 알고 그 너비와 길이와 높이와 깊이가 어떠함을 깨달아 하나님의 모든 충만하신 것으로 너희에게 충만하게 하시기를 구하노라"라고 하였다. 하나님의 사랑을 깨닫지 못하는 자는 그 사랑을 받았다고 할 수 없다. 왜냐하면 하나님의 구원의 사랑은 우리의 손으로 받는 것이 아니고 영의 깨달음으로 받는 것이기 때문이다. 그러므로 요한복음 17:3에 말하기를 "영생은 곧 유일하신 참 하나님과 그가 보내신 자 예수 그리스도를 아는 것이니이다"라고 하였다. 영생은 하나님을 아는 것이라고 하였는데, 하나님을 아는 것이 곧 하나님의 사랑을 받는 것이다. 따라서 우리는 하나님의 사랑을 깊이 깨달으면서 그 사랑을 받아야만 그 사랑을 더욱 많이 반영할 수 있다. 하나님에게서 받은 사랑이 많을수록 그 사랑이 더욱 많이 반사되어 하나님께로 향하기도 하고 사람에게 향하기도 한다. 그러므로 유대인들이 예수님께 묻기를 "우리가 어떻게 하여야 하나님의 일을 하겠습니까?"라고 했을 때 그는 대답하시기를 "하나님이 보내신 자를 믿는 것이 하나님의 일이니라."라고 하셨다. "믿는 것"은 곧 하나님의 사랑을 받는 것이다.

하나님이 보내신 자를 믿는 것이 왜 하나님의 일인가? 그것은 다음과 같은 이유로 그러하다.

1) 하나님이 보내신 자, 곧 그리스도는 진리 자체이니 진리가 원하는 것은 인생들이 그를 믿는 것뿐이다. 진리가 가장 섭섭해하는 일은 불신앙이다.

2) 하나님께서 독생자를 보내신 것은 그의 사랑의 절정이기 때문에 그러한 사랑을 받아들이는 자는 하나님을 가장 기쁘시게 한다.

"덕을 세운다." 함은 남에게 유익을 준다는 뜻인데, 달리 말하면 남을 사랑한다는 의미가 된다. 하나님의 사랑을 깊이 깨닫고 받아들이는 사람이라면 남을 위하여 수고하며 희생한다. 무디(Moody) 선생은 말하기를, "사랑은 많은 일을 한다"(Love works most)라고 하였다.

"이 사람은 하나님이 아시는 바 되었다." 함은 하나님을 사랑하는 자가 과연 참지식을 가졌다는 뜻이다. 하나님이 아신 바 된 자는 하나님의 지식을 반영하는 지식만을 참된 것으로 여긴다. 그러한 지식은 사랑으로 열매 맺는 지식이다.

제 9 장

⚘ 개요

1. 9장은 앞 장 말씀에 이어서 신자가 사용할 수 있는 자유도 남들에게 덕이 되지 않는 경우에는 그것을 사용하지 말고 절제해야 한다고 권면한다. 이 일에 있어서 바울은 자신을 모범으로 삼아 말하였다. 바울의 어조를 얼핏 보면 자기 자랑 같으나 여기서 우리는 두 가지 사실을 기억해야 한다. ① 바울의 이 같은 모범적인 행위가 자기에게서 난 것이 아니고 하나님에게서 난 것이라는 사실을 자타가 공인하게 될 것이기 때문에 그가 자기의 모범적 행위에 대하여 언급하는 것은 은혜의 간증이 될 뿐이며 자기 자랑의 말이 아니었다. 사람마다 이같이 뚜렷하게 그가 받은 은혜가 하나님에게서 온 것임을 보여 주지 못하기 때문에 바울처럼 자신을 모범으로 내세우기가 어려운 것이다. 그러나 바울에게는 그렇게 하는 것이 자연스럽다. 이런 점을 보아도 바울이 받은 은혜의 수준이 보통 사람 이상의 것이었다는 사실을 알 수 있다. ② 9장이나 다른 장에서 바울이 자기 자신을 모든 그리스도인들에게 모범으로 제시한 것은(11:1) 중대한 목회 원리를 보여 주기도 한다. 다시 말해 그와 그가 목양하는 양떼 사이에는 친부모와 자식 간의 사랑과 같은 사랑이

있기 때문에 거리감이 없다는 것이다. 그런 사랑이 있었기 때문에 바울은 그처럼 아무런 거리낌 없이 말할 수가 있었다. 부모는 자식에 대하여 자기의 장점을 가리지 않고 드러내면서 본받으라고 말할 수 있다. 그러나 일반 교역자들이 이런 수준에 도달하기는 어려울 것 같다. 왜냐하면 비록 모범적인 교역자라 할지라도 사도의 반열에 오르지 않은 이상 이처럼 혈족관계와 같은 친밀함과 자식에 대해 부모가 갖는 권위를 가지기는 어렵기 때문이다. 그러므로 일반 교역자들은 이런 점에 있어서는 사도를 모방하지 말아야 한다.

2. 바울 사도는 9장에서 자신의 실제 삶을 통해 극기의 모범을 보여 준다

1) 그는 사도로서 정당한 자격을 가졌음에도 불구하고(9:1-2), 교회에서 물질적 보수를 받지 않고 전도하였다. 그는 자신이 보수를 받을 정당한 권리가 있음을 주장하기 위해 여러 가지 근거를 제시한다. 곧 ① 일하는 자가 보수를 받는다는 일반적 원리에 호소하고, ② 구약에 있는 하나님 말씀에 호소하고, ③ 교역의 정당성에 호소하고(11절), ④ 고린도 교인들이 다른 선생들에게 주어지는 보수를 인정한다는 사실에 호소하고(12절), ⑤ 성전 일을 하는 이들은 성전에서 나는 것을 먹으며 제단에서 수종드는 이들은 제단과 함께 나눈다는 사실에 호소하고(13절), ⑥ 그리스도께서 친히 가르치신 말씀에 호소한다(14절).

이러한 여러 가지 근거로 그는 보수를 받는 것이 마땅하지만 이 권리를 사용하지 않았다(15-18절).

2) 바울은 앞에서 말한 바와 같이 복음의 일꾼으로서 보수를 받을 권리를 포기하였을 뿐 아니라, 자기와 다르게 생각하는 사람들의 처지에 자기를 적응시키기도 하였다(19-23절). 이것 역시 극기의 자세다. 이렇게 남들을 위하여 자기의 이권을 포기하는 것이 그의 신앙의 모습이다. 그것이 그의 영적 전쟁이었다(24-27절).

⚜ 해석

(2) 위대한 포용의 원리(9:1-27).

1 내가 자유인이 아니냐 사도가 아니냐 예수 우리 주를 보지 못하였느냐 주 안에서 행한 나의 일이 너희가 아니냐. 여기서 "자유인"이라는 말은 율법의 모든 의식의 속박에서 풀려난 자라는 뜻이다. 바울은 다른 모든 그리스도인들과 마찬가지로 의식적 율법의 속박에서 풀려났기 때문에 물질과 외형에 속하는 법규들의 제재를 받지 않을 수 있다. "사도가 아니냐"라는 말씀은 바울이 받은 직위가 보통 교역자가 아니고 단회적인 사도의 직분이라는 것이다. 사도는 구약의 선지자 직분에 대응하는 신약의 기초적인 직분이다. 하나님께서 기독교 복음을 전하시기 위하여 특별한 직분을 세우시고 그들을 통하여 만민에게 말씀을 전하도록 하셨으니 그것이 사도직이다. 그들은 ① 그리스도 사건, 곧 그리스도께서 죽었다가 다시 사신 것을 분명하게 목격한 자들이다. 또한 이에 더하여 ② 성령의 특별한 은혜를 받아서 그들이 목격한 사건을 전하되 전혀 실수 없이 전할 수 있게 된 자들이다. 사람들은 그들의 복음 전파를 통하여 자신의 눈으로 직접 목격한 것 이상으로 확신을 가지게 된다. 왜냐하면 앞에서 말한 바와 같이 사도들은 그리스도 사건을 그대로 전하도록 역사적 사실에 충분히 접촉하였고 또한 성령의 특별한 은혜를 지니고 있었기 때문이다. 다른 사람들은 사도들이 전파한 그리스도 사건, 곧 신약의 케리그마에 접촉하기만 하면 하나님의 기쁘신 뜻대로 역사하시는 성령에 의하여 구원받는 믿음을 얻을 수 있게 된다.

"예수 우리 주를 보지 못하였느냐." 이것은 바울이 환상으로 주를 보았다는 의미가 아니라 부활하신 주님이 친히 그에게 나타나신 것을 가리킨다. 주님이 부활하신 것을 친히 목격하는 일은 사도의 자격을 성립시키는 중요한 조건이다. 주님께서 다시 살아나신 후에 사도들에게 나타나셨으나 그들이 처음에는 의심하였다. 그러나 그가 40일이라는 긴 시간 동안 다양한 방면으로 나타나셨기 때문에 그들의 의심이 다 깨어지고 결국 견고한 신앙에 이르게 되었다. 하나님께서 이처럼 그들이 그리스도의 부활을 믿게 하신 목적은 어떤 사상이 아니라 그리스도 사건이 이 기독교의 출발이 되게 하시기 위함이었다. 기독교는 사색적인 운동이 아니고 그리스도 사건을 그대로 전파하여 다만 그 사건을 믿기만 하면 구원받도록 하는 것이다. 구약은 그리스도 사건에 대한 예언이고 신약은 예언대로 이루어진 사건을 설명하는 하나님의 말씀이다. 바울은 이처럼 다시 사신 주님을 친히 보았다고 증언함으로써 자신이 사도의 반열에 참여한 자라는 사실을 확증한다.

"주 안에서 행한 나의 일이 너희가 아니냐." 주 안에서 행하였다는 말은 그리스도로 말미암아 복음을 전파한 것을 가리키는데, 이렇게 복음을 전파한 결과로 고린도 교회의 신자들이 존재하게 된 것이다. 바울은 이 말을 함으로써 고린도 교인들이 그의 사도직의 확실성을 의심하지 못하게 만들었다. 바울의 이 같은 발언은 거짓 교사들의 미혹을 받고 있었던(고후 10:2) 고린도 교인들에게 시의적절한 것이었다.

2 다른 사람들에게는 내가 사도가 아닐지라도 너희에게는 사도이니 나의 사도 됨을 주 안에서 인친 것이 너희라. 이 구절에서도 바울은 자기가 사도인 사실을 힘주어 말한다. "나의 사도 됨을 주 안에서 인친 것이 너희라"라는 말씀 역시 이론보다 사실로 그의 논제를 확증한다.

3-6 나를 비판하는 자들에게 변명할 것이 이것이니 우리가 먹고 마실 권리가 없겠느냐 우리가 다른 사도들과 주의 형제들과 게바와 같이 믿음의 자매 된 아내를 데리고 다닐 권리가 없겠느냐 어찌 나와 바나바만 일하지 아니할 권리가 없겠느냐. 여기서 바울은 그가 받은 사도직의 권위를 깎아내리려고 시도하는 거짓 교사들의 비난을 잠재운다. 여기서 그는 자신이 다른 사도들과 마찬가지로 권위를 가졌음에도 불구

하고 그에게 허락된 자유마저 사용하지 않은 이유를 설명한다. 특별히 "먹고 마실 권리", 다시 말해 급여를 받을 수 있는 권리가 있음에도 그는 자신이 이 권리를 사용하지 않는다는 점을 보여 주기 위하여 그 경위를 밝힌다. 그는 가정생활을 영위하지 않음으로써 삶을 단순화하고 자급 전도에 힘썼는데, 이것은 그가 하나님의 일꾼으로서 생활비를 받을 마땅한 권리가 있었음에도 그렇게 한 것이다. 그는 바나바도 같은 원리에 따라 일하였다는 사실을 밝힌다.

7-10절. 바울은 여기서 일꾼이 생활비를 받는 것이 합당하다는 점을 제시하기 위해 병정, 포도원 일꾼, 양떼를 돌보는 목자 등 여러 가지 실례를 들고 있다. 그는 이 사실을 율법의 말씀대로 더욱 견고히 증명하기 위하여 타작하는 소를 언급하는 신명기 25:4을 인용한다. 그리고 그는 이 율법의 말씀이 복음 전도자들을 가리킨다는 의미에서 "밭 가는 자", "곡식 떠는 자" 등의 실례를 들었다. 바울은 이러한 예들을 통해 전도자인 자기도 보수를 받는 일이 당연하다고 생각하였다. 그러나 이것은 전도자가 사람들에게 일정한 보수를 마치 부채를 상환하는 것처럼 지불하라고 요구해야 한다는 말씀이 아니다. 예수님께서는 "너희가 복음을 거저 받았으니 거저 주라"고 말씀하셨다. 그렇기 때문에 전도자는 오직 하나님께만 보수를 요구할 수 있는 것이다.

11 우리가 너희에게 신령한 것을 뿌렸은즉 너희의 육적인 것을 거두기로 과하다 하겠느냐. 신령한 것은 육신의 것보다 무한히 중요하다. 왜냐하면 신령한 것은 영생을 주는 것이요 육신의 것은 잠깐 있다가 지나가는 이 세상에서만 유효한 것이기 때문이다. 물질을 가지고 복음 운동에 수종드는 것은 하나님께서 명하신 것이고 또 기뻐하시는 일이다(롬 15:27; 갈 6:6; 빌 4:10-18 참조).

12 다른 이들도 너희에게 이런 권리를 가졌거든 하물며 우리일까보냐 그러나 우리가 이 권리를 쓰지 아니하고 범사에 참는 것은 그리스도의 복음에 아무 장애가 없게 하려 함이로다.

여기서 "우리가 이 권리를 쓰지 아니하고"라는 말씀은 바울이 당연히 받을 보수를 받지 아니하였다는 것인데, 그는 이렇게 하기 위하여 자기 손으로 수고하여 ① 자기의 생계뿐 아니라 동역자들의 생계도 담당하였으며(행 20:34), ② 그렇게 함으로써 가난한 교회에 폐를 끼치지 않도록 힘썼다(고후 11:9). 이런 모습을 보면 그가 자비량으로 전도한 이유는 교회에서 권세를 행사하기 위해서가 아니라 남들과 자기 자신을 돕기 위해서였다. 교계에는 종종 자비량 전도자들이 일어난다. 그러나 그들이 교회에서 주는 급여를 받지 않는다는 이유로 교인들에게 권위를 행사하려고 하면 은혜가 사라진다. 하나님의 은혜는 권세 부리는 자리에 임하지 않고 다만 미천하고 업신여김을 받으며 자신을 드러내지 않는 자리에 더욱 풍성히 임한다. 바울의 자비량 전도는 그가 이처럼 미천하고 연약한 자로서 자신의 처신을 유지하였기 때문에 은혜가 넘쳤고 교회에 큰 유익을 주었다. 그의 자비량 전도야말로 "그리스도의 복음에 아무 장애가 없게" 하는 데 도움을 주었다(고전 9:12 하). 그러나 앞에서 이미 말한 바와 같이 사람이 자비량 전도를 한다는 이유로 그의 사역에서 당당한 자세를 취한다면 그것은 도리어 십자가를 짊어지는 삶에서 멀어지게 만든다. 그렇게 될 바에는 차라리 교회에서 봉급을 받고 때로는 이같이 주고받는 관계에서 송구한 생각도 가지고, 그리하여 하나님 앞에서 자기 사역의 효과를 반성하면서 교인들 앞에서 자신을 낮추는 달갑지 않은 일도 당하면서 겸손히 하나님 앞에 찾아 나가는 생활이 오히려 은혜가 되는 것이다.

"아무 장애가 없게 하려 함이로다." 그 당시 거짓 교사들이 물질을 탐하면서 교계를 떠돌아다니는 일이 있었기 때문에 바울 자신은 이 점에 교훈을 주기 위하여 자비량 전도라는 방침을 택했다. 그가 자비량으로 전도한 또 다른 목적은 교회에 폐를 끼치지 않으려는 데 있었다.

만일 바울이 그 당시에 보수를 받았더라면 거짓 교사들로부터 물질을 탐한다는 공연한 비판을 받았을지도 모른다. 그러나 바울은 물질 문제에 있어서 어디까지나 청렴하였고 비판거리를 만들지 않기 위해 세심하게 주의를 기울였다. 역사적으로 모범적인 교역자들은 모두 다 물질 문제에 있어서 청렴하였다. 아우구스티누스는 자기 소유를 다 팔아서 복음 운동에 이바지하였고 모든 다른 교역자들과 나누었다. 칼빈도 일평생 가난한 삶을 살았고 물질을 탐하지 않는 점에서 깨끗하였다. 그렇기 때문에 그의 원수들도 그런 점에서는 그를 비난하지 않았다.

13-14 성전의 일을 하는 이들은 성전에서 나는 것을 먹으며 제단에서 섬기는 이들은 제단과 함께 나누는 것을 너희가 알지 못하느냐 이와 같이 주께서도 복음 전하는 자들이 복음으로 말미암아 살리라 명하셨느니라. 여기 두 절을 보면 구약의 제사장에 해당하는 직분이 신약의 교역자인 것처럼 오해할 여지가 있다. 그러나 사도 바울이 여기서 의미하는 바는 그런 것이 아니다. 신약 시대의 성직은 구약 시대의 제사장직에 해당하는 것이 아니다. 찰스 하지(Charles Hodge)는 그의 『조직신학』 제2권에서 신약 시대의 성직이 구약 시대의 제사장 직분에 해당하는 것이 아니라는 점을 밝히고 있다. ① 제사장을 의미하는 "히에레우스"(ἱερεύς)가 신약 시대의 교역자에 대하여 한 번도 쓰인 적이 없다. ② 구약의 제사장이 하는 일이 신약의 성직자들에게는 해당되지 않는다. 구약의 제사장들은 하나님과 사람 사이에 중보하는 역할을 하였으나, 신약의 사역자들은 우리의 죄를 위하여 대신 제물을 드리는 것과 같은 사역을 전혀 하지 않는다. 신약의 교직자들이 남들을 위하여 기도하는 경우가 있지만 그것은 일반 신자들도 할 수 있는 일이다. ③ 모든 신자는 교직자들과 마찬가지로 오직 그리스도만을 통하여(다시 말해 오직 그리스도의 이름으로) 하나님께 나아갈 수 있으며 기쁘게 받아들여질 수 있다. 만일 신약 시대에도 신자들이 다른 사람의 중재를 통해서만 하나님께 받아들여질 수 있다고 누군가가 주장한다면, 그는 신약성경의 명백한 교훈을 위반하는 잘못을 범하는 것이다. 찰스 하지는 이와 같은 세 가지 논증을 제시하였다. 신약 시대의 제사장 직분에 대해 말하

자면, 대제사장은 하늘에 계신 예수님뿐이며, 일반 제사장의 직분은 모든 신자에게 주어졌다(벧전 2:9). 그렇다면 이 두 구절에 있는 대로 구약 시대와 신약 시대 사역자들 간의 유비는 그 직제의 지위에 관한 것이 아니라, 다만 양자 모두 수고한 결과로 보수를 받는다는 점에서 동일하다는 것이다. 구약 시대에 성전의 일을 담당한 제사장들이 그 제물에서 분깃을 취한 일에 대하여는 레위기 7:6, 14, 28-36, 10:12-15에 기록되어 있다. 그리고 신약 시대의 사역자들이 수고에 대한 보수를 받는 것이 마땅하다는 말씀은 마태복음 10:10에 기록되어 있다. 고린도전서 9:14에서 "주께서도 복음 전하는 자들이 복음으로 말미암아 살리라 명하셨다"는 말씀은 전도자가 인간의 손에서 보수를 받을 것을 기대하면서 일하라는 의미가 아니다. 예수님께서는 마태복음 10:8에서 "너희가 거저 받았으니 거저 주어라"라고 말씀하셨다. 복음을 전하는 사람 자신도 그 귀한 복음을 하나님에게서 거저 받았는데 어찌 그것을 남에게 팔아먹겠는가? 그것은 인류가 공동으로 받은 유산이니 그것을 먼저 받은 자가 남들에게 돌려주어야 할 무거운 책임을 지고 있다는 것은 상식으로도 알 수 있는 사실이다. 인류에게 주신 공동 유산을 어찌 자기의 사적인 소유로 가두어 둘 것인가? 특별히 복음은 주님께서 그의 백성을 위하여 죽으신 사실을 전파하는 것인데, 그 사실을 알고 있는 자가 주님의 죽으심으로 말미암아 구원을 받아야 할 백성들에게 어찌 그 사실을 말하지 않고 침묵을 지킬 수 있겠는가? 만일 그처럼 침묵을 지키는 자가 있다면 그는 저주를 받아 마땅하다. 그러므로 전도자는 복음을 전하는 일에 있어서 인간의 손에서 보수를 기대하는 마음을 지나치게 가져서는 안 된다. 그는 다만 하나님께서 갚아 주시기만을 기대해야 한다.

15 **그러나 내가 이것을 하나도 쓰지 아니하였고 또 이 말을 쓰는 것은 내게 이같이 하여 달라는 것이 아니라 내가 차라리 죽을지언정 누구든지 내 자랑하는 것을 헛된 데로 돌리지 못하게 하리라.** 여기서 "내가 이것을 하나도 쓰지 아니하였고"라는 말씀은 그가

복음을 전한 수고에 대하여 보수를 받을 권리를 사용하지 않았다는 것이다. 여기서 특히 "하나도"라고 한 말은 이러한 사실을 더욱 강조하여 그런 권리를 사용한 일이 전혀 없다는 점을 보여 준다.

"이 말을 쓰는 것은 내게 이같이 하여 달라는 것이 아니라." 다시 말해 바울이 앞에서 복음을 위하여 수고하는 자가 보수를 받는 것이 마땅하다는 의미로 말한 의도는, 그가 그렇게 의사를 표현함으로써 고린도 교인들을 부추겨 자신에게 보수를 주도록 하려는 것이 아니었다는 말씀이다. 보수를 받지 않으려는 그의 결심은 언제나 공고하였다. 그것은 다음과 같은 말이 더욱 명백히 보여 준다. 요컨대 "내가 차라리 죽을지언정"이라는 말씀이다. 그가 이처럼 보수를 받지 않기 위하여 죽음까지 각오하였다는 말은 얼핏 보면 과장하는 말 같기도 하고 혹은 그런 지엽적인 문제에 대해 너무 과도한 반응을 보이는 것처럼 보이기도 한다. 그러나 그 당시 교회들의 사정과 형편을 생각할 때 바울로서는 보수를 받는 것이 그의 사역에 지장이 될 여지가 충분했다. 왜냐하면 거짓 교사들이 어떤 이유로든 바울을 트집 잡아 사도로서의 권위를 실추시키기 위해 맹렬하게 달려들었기 때문이다. 바울은 어떻게 해서든 복음을 전하는 자신의 사역에 털끝만큼도 손해가 되지 않게 하려고 힘썼다. 그는 그만큼 복음을 사랑하였다. 그가 말한 대로 "죽을지언정"이라고 한 것은 복음을 위한 그의 비장함을 표현한 것이고 자기 자신을 위한 것이 아니었다. 바울은 복음을 위하는 일이라면 대소사를 가리지 않고 죽음을 각오하였다. 그는 그만큼 복음을 사랑하였다.

"죽을지언정 누구든지 내 자랑하는 것을 헛된 데로 돌리지 못하게 하리라." 이 문장이 보여 주는 큰 뜻은 바울이 죽을지언정 거짓 교사들 앞에서 내세울 수 있는 그의 자랑거리(교만한 자랑이 아니라 거짓 교사들의 탐심과 대조되는 그의 자비량 전도)를 그대로 지니겠다는 것이다.

16 내가 복음을 전할지라도 자랑할 것이 없음은 내가 부득불 할 일임이라 만일 복음을

전하지 아니하면 내게 화가 있을 것이로다. 바울의 복음 전도는 하나님 앞에서 그가 받은 사명감으로 인해 그가 선택의 여지 없이 해야만 하는 일이었다. 그러므로 그것은 자랑할 일이 될 수 없다고 하였다.

"내가 부득불 할 일임이라." 이 말의 의미는 바울이 복음 전도를 하지 않을 수 없도록 매였다는 뜻이니, 말하자면 그가 하나님 앞에서 그것을 사명으로 받았다는 것이다. 그가 하나님 앞에서 복음 전도를 사명으로 받았기 때문에 그것을 회피하면 하나님의 명령을 어기는 것이니 화를 당할 수밖에 없다. 요나도 니느웨로 가라는 소명을 받았으나 그 명령을 어기고 다시스로 가다가 뱃사람들의 손으로 바다에 던져져서 물고기 배 속에 들어가게 되었던 것이다. 그렇다면 복음을 전하지 않는 일에 대해서 우리는 하나님이 주신 사명에 순종하지 않은 죄에 대해서만 화를 당할 것인가? 그런 것이 아니다. 그리스도인마다 하나님께 거저 받은 복음을 모든 불신자에게 거저 주어야 할 책임이 있다. 그것을 남들에게 나누어 주지 않으면 인류에게 공통으로 주어진 구원의 기쁜 소식을 감추는 죄를 범하는 것이다. 이런 의미에서 그리스도인은 누구든지 복음을 전하지 않으면 화를 받을 수밖에 없다.

"내게 화가 있을 것이로다." 여기서 "화"라는 것은 사람에게서 받는 것이 아니고 하나님께 받는 재앙을 의미한다. 따라서 그것을 당하게 된 자는 피할 수가 없다(왕상 12:25-13:29; 렘 48:10; 사 56:9-12 참조).

17 내가 내 자의로 이것을 행하면 상을 얻으려니와 내가 자의로 아니한다 할지라도 나는 사명을 받았노라. 만일 바울이 자기 사명이 아닌 것을 자진해서 행했다면 그에게 상이 있을 것이다. 하지만 그것이 하나님 앞에서 직분을 받았기 때문에 하는 일이라면 상 받을 이유가 없다는 뜻이다. 여기서 상이란 말은 보수를 의미한다. "자의로 아니한다 할지라도"라는 말은 차라리 "자의로 하는 경우가 아니라면"이라고 번역하는 것이 이 말의 뜻을 더욱 분명하게 밝혀 준다. 바울은 여기서 교역자가 하나님 앞에서 복음 전도의 사명을 받았기 때문에

그것을 실행할 때 보수를 기대하는 심리에 얽매여서는 안 된다고 가르친다. 그는 보수를 받을 수 있다. 그러나 그것은 별개로 다루어져야 할 문제다. 그가 일하는 동기는 다만 하나님이 주신 소명감이어야 한다.

18 그런즉 내 상이 무엇이냐 내가 복음을 전할 때에 값없이 전하고 복음으로 말미암아 내게 있는 권리를 다 쓰지 아니하는 이것이로다. 바울은 여기서 자기가 복음을 전한 결과로 물질적 보수를 받을 것이 기대되지 않는다는 점을 강조하기를, 그가 받을 상(보수)이 있다면 그것은 자비량으로 전도하면서 그의 권리를 사용하지 않는 생활 자체라고 말한다. 그는 이렇게 말함으로써 그의 자비량 전도 생활이 그에게 얼마나 자랑거리(교만한 자랑은 아님)가 되는지를 분명하게 드러낸다. 이것을 보면 교역자들이 언제나 명심해야 할 사실은, 주님의 복음 사역이 형통하기 위해서는 확실히 교역자의 희생이 필요하다는 점이다. 바울이 자비량으로 전도함으로써 복음 사역이 형통하게 했다는 점, 그리고 그가 희생을 감수했다는 점, 이 두 가지가 기쁜 사실이었다. 주님의 종은 어떠한 모양이든지 복음이 열매 있게 전파되는 일을 기뻐한다(빌 1:18). 그뿐 아니라 그는 주님의 일을 위하여 자신이 희생당하는 것을 최고의 즐거움으로 삼는다. 그러므로 사도 바울은 말하기를 "전제와 같이 내가 벌써 부어지고"라고 하면서 복음 전하는 생활에 있어서 자신은 최후까지 희생당하는 것을 기뻐하였다(딤후 4:6; 롬 9:3 참조).

19-20 내가 모든 사람에게서 자유로우나 스스로 모든 사람에게 종이 된 것은 더 많은 사람을 얻고자 함이라 유대인들에게 내가 유대인과 같이 된 것은 유대인들을 얻고자 함이요 율법 아래에 있는 자들에게는 내가 율법 아래에 있지 아니하나 율법 아래에 있는 자 같이 된 것은 율법 아래에 있는 자들을 얻고자 함이요. 여기서는 바울이 여러 종류의 사람을 복음으로 인도하기 위하여 취한 처세 원리를 보여 준다. 그는 형편과 사정이 다른 모든 사람과 연합하기 위하여 가능한 한 양보와 교류에 힘썼다. 물론 그는 복음을 위반하거나 죄를 범하는 일이 되지 않는 범위 내에서 이 같은

자세를 취하였다.

"내가 모든 사람에게서 자유로우나 스스로 모든 사람에게 종이 된 것." 바울은 그리스도 안에서 사는 자로서 정죄에서 해방되었기 때문에 세상 사람들에게 아무런 속박을 받을 일이 없었다. 그는 하늘에 계신 하나님께만 종이었으며 인류의 종이 될 필요는 없었다. 그러나 그가 하나님의 종이 되었다는 것은 결국 하나님이 명하신 대로 모든 사람을 주께로 인도해야 할 사명 아래 있다는 것을 의미한다. 그는 이 사명을 완수하기 위하여 모든 사람의 종이 되었다. 사람을 주께로 인도하는 일은 권력으로 할 수 있는 것이 아니고 희생으로만 가능한 것이니 그 일을 하려는 자는 기꺼이 모든 사람의 종이 되지 않을 수 없다. 하나님의 아들 예수 그리스도께서 이런 일에 본보기가 되셨다. 예수 그리스도는 모든 사람을 자기의 백성으로 삼기 위하여 종의 형상을 입으셨다(빌 2:6-11).

"내가 유대인과 같이 된 것은 유대인을 얻고자 함이요 율법 아래에 있는 자들에게는 내가 율법 아래에 있지 아니하나 율법 아래에 있는 자 같이 된 것은 율법 아래 있는 자들을 얻고자 함이요." 여기서 말하는 "유대인"은 무엇을 의미하며 "율법 아래에 있는 자들"은 무엇을 의미하는가? "유대인"이라는 것은 구약 시대에 하나님의 말씀을 맡은 유대인을 가리키며, 그리스도께서 구원의 복음을 성취하신 이후로 그 복음을 가지고 먼저 그들을 찾는 것이 바울의 순서였다. 로마서 1:16에 제시된 이와 같은 순서가 언제나 지켜져야 할 철칙은 아니지만, 그리스도에 대한 예언을 받은 그들에게서 시작하고 이후로 이방인에게 복음을 전파하는 것이 효과적인 방법이라고 말할 수 있다. 바울은 전도 여행을 다닐 때 유대인의 마음을 얻기 위해서라도 어디를 가든지 먼저 회당을 찾았고 유대인을 찾았다. 다음으로 "율법 아래에 있는 자들"이라는 말은 복음이 세상에 나타난 사도 시대에도 여전히 모세 율법의 의식법을 주장하는 자들이 있었던 점을 상기시킨다. 그들이 주장하는 의식은 예수 그리스도로 말미암아 성취된 것이기 때문에 신약 시대에는 그것을 그대로 지킬 필요가 없다(히 9:10). 신약 시대에 이르러서는 그런 의식법들을 성취하신 예수 그리스도를 믿음으로써 영적으로 그 법들을 지킨 것이다. 그러므로 그리스도를 믿는 자들은 모세 율법의 의식과 제도를 그대로 지킬 필요가 없다. 그러나 바울이 있던 시대에 어떤 유대인 그리스도인들은 이런 의식적 법규들을 그리스도인이 지켜야 한다고 주장하였는데, 바울은 그들의 주장 앞에서도 필요에 따라 양보한 경우가 있었다. 이러한 원리에 따라 바울은 디모데에게 할례를 행하였지만, 디도에게는 행하지 않았다. 한편 그는 유대인의 절차에 따라 결례를 지킨 일도 있었다(행 21:17-26).

바울의 이와 같은 행동은 결코 외식이 아니고 사고방식이 다소 다른 신자들과의 연합을 잃지 않으려는 사랑의 고충에서 그리한 것뿐이다. 그뿐 아니라 본문이 말한 대로 "얻고자"하는 것이 그 목적이었는데, 여기서는 특별히 그들을 그리스도께 인도하기 위한 목적을 뜻한다.

21 율법 없는 자에게는 내가 하나님께는 율법 없는 자가 아니요 도리어 그리스도의 율법 아래에 있는 자이나 율법 없는 자와 같이 된 것은 율법 없는 자들을 얻고자 함이라. 여기서 "율법 없는 자"라는 표현은 이방인을 가리킨다. 바울은 그리스도 안에 있었으므로 율법주의자들이 주장하는 의식을 따르는 것이 아니라 복음적 원리를 따라 율법을 지키는 자였다. 그런데 그가 율법 없는 자와 같이 된 때가 있었다는 말은 무엇을 의미하는가? 그것은 그가 이방인의 풍속이나 규범이 죄악이 아닌 한 거기에 참여하였다는 의미일 것이다(갈 2:11-21). 그가 이방인들과 더불어 이렇게 장벽 없이 교류하지 않았다면 심령의 교제를 통해 이루어지는 복음 전파 사역이 왕성하게 일어날 수 없었다.

22 약한 자들에게 내가 약한 자와 같이 된 것은 약한 자들을 얻고자 함이요 내가 여러 사람에게 여러 모습이 된 것은 아무쪼록 몇 사람이라도 구원하고자 함이니. 여기서 "약한 자들"이란 로마서 14장에서 말하는 것처럼 진리 지식에 있어서 구속의 효과

를 충분히 누리게 해 주는 복음에 따라 만사를 분별하지 못하는 자들을 가리킨다. 그들의 연약한 사고방식이 죄라고 할 수는 없다. 그들이 그렇게 생각하는 것은 다만 하나님을 영화롭게 하려는 양심 때문이니 그들이 양심에 따라 행하는 것은 바람직한 일이다. 그러나 바울은 그들과 다른 점이 있으면서도 그들의 양심을 위하여 자신의 삶을 조절하는 경우가 있었다.

23 내가 복음을 위하여 모든 것을 행함은 복음에 참여하고자 함이라. 이 말의 의미는 바울이 불신자에게 복음을 전하는 자이기 때문에 전도자로서 많은 사람을 주님께로 인도하고자 하는 목적으로 앞에서 말한 것처럼 행하였다는 것이다. 그런데도 여기 23절에서는 바울이 이때까지 전도자로서 취한 처세 원리가 자기 스스로 친히 복음(구원)에 참예하기 위함이었다고 말한다. 이것은 얼핏 보면 서로 모순되는 듯하다. 그러나 전도자는 두 가지 동기의 지배를 받는다. 하나는 그의 전도로 말미암아 다른 사람들을 주님께 인도하려는 동기요, 다른 하나는 그 전도 행위를 통하여 자기 자신의 영이 살고자 하는 동기다. 전도자 자신이 영적으로 사는 데 관심을 두지 않는 직업적이고 기계적인 전도 행위는 남을 구원하는 효과를 내지 못한다.

24 운동장에서 달음질하는 자들이 다 달릴지라도 오직 상을 받는 사람은 한 사람인 줄을 너희가 알지 못하느냐 너희도 상을 받도록 이와 같이 달음질하라. 여기서 바울은 신앙생활을 헬라 제국의 알렉산드로스 대왕 이후 헬라 각처에서 풍속이 되어 있었던 육상 경기에 비유한 것이다. 신앙생활을 경주에 비유하는 말씀은 신약 다른 부분에서도 발견되는데, 히브리서 12:1-4, 빌립보서 3:10-14, 디모데후서 4:7, 2:5 등이다. 이 모든 말씀에서 발견되는 중요한 요소는 경주하는 자가 법대로 경기에 임해야 한다는 점, 푯대를 향하여 달음질해야 한다는 점, 지금 구름과 같이 허다한 성도들이 승리하여 하늘나라에 이미 가 있다는 점 등이다. 여기서는 특별히 모든 참가자가 상을 얻는 것은 아니며, 다만 경주에 통과한 자여야 한다는 점을 강조하고 있다. 여기서 "한 사람"이라는 수가 이

비유의 요점은 아니다. 다시 말해 이 비유가 신령한 세계에서 구원을 향하여 달음질하는 자 중에 구원의 상급을 받을 자가 한 명뿐이라는 교훈을 가르치는 것은 아니라는 뜻이다.

25 이기기를 다투는 자마다 모든 일에 절제하나니 그들은 썩을 승리자의 관을 얻고자 하되 우리는 썩지 아니할 것을 얻고자 하노라. 이 비유에서 이긴다는 것은 다른 사람과 대항하여 이긴다는 것을 의미하지 않고 눈에 보이지 않는 사탄의 권세와 대항하여 이긴다는 것을 의미한다. 여기서 "절제"한다는 말의 의미는 극기한다는 것이다. 그 당시 경주에 참여하는 자들은 경주를 앞두고 미리부터 음식을 먹는 일에나 잠자는 일에 일정한 규칙을 따르면서 특별히 향락을 즐기는 일을 자제하였다. 그와 마찬가지로 그리스도인의 승리는 다른 사람에게 달린 것이 아니고 인간 편에서는 자기 자신에게 달린 것이니, 그는 무슨 일에나 남을 원망할 일이 아니라 다만 주님이 주시는 힘을 가지고 자신을 극복하는 일에 힘써야 할 것이다. 자신을 극복하는 그의 삶은 결코 이교도들이 행하는 소망 없는 고행이 아니며, 오히려 즐거움 가운데 주님의 계명을 지키며 영원히 썩지 않을 상급을 향하여 기쁘게 나아가는 절제의 삶이다. 바울이 이 비유에서 특별히 강조하는 것은 이 세상 사람들이 썩을 것을 얻기 위해서도 온갖 고생을 감수하며 달음질하는데, 하물며 썩지 않을 영생의 상급을 위해서는 얼마나 더욱 인내하고 힘써야 할 것인가, 하는 점이다. 오늘날에도 많은 사람이 썩을 것을 위하여 목숨을 걸기까지 한다.

26 그러므로 나는 달음질하기를 향방 없는 것 같이 아니하고 싸우기를 허공을 치는 것 같이 아니하며. 여기서 말하고자 하는 바는 바울 사도가 확고한 목적을 가지고 신앙생활을 해 나간다는 것이다. 신앙생활의 목적이 되는 구원은 하나님께서 그리스도 안에서 확실하게 보증하신 것이며, 영원히 썩지도 않고 변하지도 않는 것이다. 그러나 신자 자신이 그와 같은 견고한 구원을 확고한 목표로 삼지 못하고 여전히 이 세상 것들에 애착을 보이며 흔들리고 눈을 땅에 있는

허탄한 것에 둘 때, 그는 입으로는 "주여, 주여" 하면서도 실상은 "향방 없는 것같이" 헛되이 행하는 것이다. 신앙생활은 먼저 일정한 목표를 가지고 삶을 단순화하여 진실하고 정결하며 힘 있게 움직일 때 비로소 열매를 거둔다.

바울은 이 구절에서 신자를 군인에 비유하는데, 이것 역시 신약성경이 다른 데서도 사용한 표현법이다.[41] 신자가 이 세상에서 처한 상황은 교전 중인 군인의 처지와 같다. 그는 대기 중인 병사도 아니고 재향 군인도 아니며, 실전에 뛰어든 군인이다. 왜냐하면 이 세상은 바로 하나님과 사탄 사이에 벌어진 전쟁터이기 때문이다. 이 전쟁터에는 완충 지대가 전혀 없다. 하나님과 사탄 사이에는 인간이 취할 만한 중간적인 입지가 없다. 전쟁터에는 중립지대라는 것이 전혀 없다. 전쟁에 투입된 군사는 생사를 걸고 어느 한편에 속하여 싸워야 한다.

바울은 자신의 이와 같은 처지를 깨닫고 마땅히 공격해야 할 대상을 지목하여 싸웠는데, 그것은 곧 자기 몸을 쳐서 복종시키는 일이었다.

27 내가 내 몸을 쳐 복종하게 함은 내가 남에게 전파한 후에 자신이 도리어 버림을 당할까 두려워함이로다. 여기서 "몸을 쳐 복종하게" 한다는 것은 몸 자체가 죄가 되기 때문이 아니다. 인간의 부패성과 마귀는 우리의 몸을 충동하여 죄를 범하도록 만들기 때문에 결국 신자는 자기 몸에 제재를 가해야 한다. "쳐 복종하게" 한다는 것은 때리거나 상처를 입히는 것을 의미하지 않고 다만 지배하고 견제하는 행위를 비유할 뿐이다. 이렇게 몸을 쳐 복종시키는 일은 인간이 자발적으로 자기의 사상이나 행동을 능히 통솔하는 것을 의미한다. 그리고 하나님이 주시는 고난 밑에서 그 몸을 복종시켜 성화의 삶에서 전진해 나가는 것을 의미하기도 한다(시 119:67, 71 참조). 그러나 바울이 여기서 중요하게 생각한 점은 신자가 주님이 주시는 능력을 통하여 자기 생각 속에 있는 악한

---

41) 딤후 2:4; 엡 6:10-17; 딤후 4:7; 계 17:14; 19:11-16.

충동을 죽이고 견제해야 한다는 사실이다.

"내가 남에게 전파한 후에 자신이 도리어 버림을 당할까 두려워함이로다." 이 말씀의 의미는 얼핏 보면 성경에서 분명히 가르치는 "성도의 견인"(Perseverance of saints) 교리, 다시 말해 하나님이 택하신 자는 반드시 구원을 받게 된다는 교리를 위반하는 것처럼 여겨질 수도 있다. 하지만 그런 것은 아니다. 물론 예수님과 바울의 교훈에서 볼 수 있는 것처럼 택함을 입은 백성은 복음을 들음으로써 거듭날 수밖에 없고 거듭난 자는 영원히 구원에서 떨어지지 않는다(요 10:28-29; 롬 8:30). 그러나 성도의 궁극적 견인을 포함하는 구원의 계획이 존재한다고 해서 그리스도인이 방심해도 된다는 것은 아니다. 그리스도인은 구원에서 떨어질까 두려워하는 심정을 그의 인격을 구성하는 요소로 가지고 있다. 하나님께서는 신자를 그렇게 만드심으로써 그가 죄를 멀리하며 방심하지 않게 하셨다. 실상은 이렇게 두려워 떨며 방심하지 않고 힘쓰는 자들만 확신과 희열을 누릴 수 있도록 하신 것이 하나님의 경륜이다. 주님을 두려워하는 자만이 모든 참된 확신의 은혜를 받게 되는 것이다. 방종에 빠진 자들은 하나님의 영적 사역에 참여할 수 없고 그의 마음 중심에 확신을 가질 수도 없다.

설교 신앙생활의 두 가지 모습(고전 9:24-27)

1. 우리는 달음질하는 자와 같다

우리의 삶은 시간의 제약을 받고 있으며 또한 장차 하나님의 심판대 앞에서 심판을 받을 것이기 때문이다. 우리는 상을 "얻도록" 달음질하여야 한다(24절). 우리가 상을 "얻도록" 달음질하기 위해서는,

1) 모든 일에 절제해야 한다(25절). "절제"라는 것은 자신을 극복하는 생활을 의미한다. 우리가 가장 이기기 어려운 대상은 바로 자기 자신이다. 잠

언 16:32에 말하기를, "자기의 마음을 다스리는 자는 성을 빼앗는 자보다 나으니라"라고 하였다. 자신을 이기는 삶을 영위하는 자는 성결한 삶을 육체적인 쾌락보다 더욱 사랑하는 자다. 성 바실리오스(St. Basil)는 두통이 찾아왔을 때 그것을 고쳐 달라고 하나님께 기도하였다. 과연 그의 기도가 응답되어 두통이 사라졌다. 하지만 그 결과 그의 마음속에 죄악된 생각이 많이 일어났다. 그때 그는 다시 기도하기를 두통을 되돌려 달라고 간구하였다고 한다. 우리가 성경에서 알 수 있는 것은 고난이 죄를 이기는 데 유익하다는 사실이다. 사람이 일부러 자기 자신을 괴롭게 하는 것은 옳지 않다. 그러나 세상이 주는 고난으로 인하여 우리가 죄를 멀리하게 되는 것은 선한 일이다. 시편 119:67에 말하기를, "고난 당하기 전에는 내가 그릇 행하였더니 이제는 주의 말씀을 지키나이다"라고 하였다.

2) 향방 있게 달음질해야 한다. 우리 그리스도인들은 방향을 정하고 달음질해야 한다. 방향을 정하지 않은 배는 표류할 뿐이니 전진하다가도 다시 뒤로 물러가든지, 그렇지 않으면 이리저리 떠돌아다닐 것이다. 우리 그리스도인들은 천성에 들어가는 데 목표를 두고 발걸음을 움직여야 한다. 그러나 많은 그리스도인들이 천국으로 향하는 일정한 방향을 잃어버리고 이리저리 표류한다. 그들은 마치 "천성이 있으면 가고 없으면 말지!" 하는 태도로 움직이는 것처럼 보인다. 현세에 집착하는 자들에게는 천국에 대한 말이 귀에 들어가지 않는다. 미국에 있는 한인 교회에서는 설교하기가 어렵다. 그 교회에 모이는 이들의 마음에는 현세에서 잘살아야겠다는 생각이 너무 강하다. 그런 교회에서 천국에 관한 설교는 쓸데없는 이야기처럼 들릴 듯하다. 이것을 보면 사람의 삶이 곤경에 처해야 더욱 복이 있다는 것을 알 수 있다. 예수님이 말씀하신 대로 "너희 가난한 자는 복이 있나니 하나님의 나라가 너희 것임이요"라고 하신 것은 지당한 말씀이다(눅 6:20).

"천국에 들어가기로 지원이나 해 두었다가 죽을 때 진짜로 천국이 있으면 들어가고 없으면 말겠다."라는 태도는 이 세상에 애착을 가진 자들의 태도다. 그러나 자기가 현재 거주하고 있는 곳이 타지인 것을 알고 본향을 사모하는 자들은 뜻을 정하고 고향으로 돌아갈 준비를 한다. 예수님께서 말씀하시기를, "쟁기를 잡고 뒤를 돌아보는 자는 하나님의 나라에 합당하지 아니하니라"라고 하셨다(눅 9:62). 바울 사도는 말하기를, "뒤에 있는 것은 잊어버리고 앞에 있는 것을 잡으려고 푯대를 향하여 그리스도 예수 안에서 하나님이 위에서 부르신 부름의 상을 위하여 달려가노라"라고 하였다(빌 3:13-14).

목표가 있는 인생은 자신이 가진 모든 역량을 그곳에 집중시킨다. 우리가 천성을 목표로 삼았다면 우리는 뒤를 돌아보거나 주변을 둘러볼 여유가 없다. 왜냐하면 뒤에 있는 것이나 주변에 있는 것들은 목표를 향해 전진하는 일에 방해가 되기 때문이다. 바울은 뒤에 있는 것은 잊어버렸다고 표현하였는데 그것은 이 세상에 대한 애착을 버린 태도다.

우리는 천국을 사모하고 그곳에 가는 일에만 집중해야 한다. 어떤 어부가 고기를 잡다가 배가 망가져서 물에 빠졌다. 사람들이 그를 건져서 인공호흡을 시켜 살려 놓으니 그가 불평하기를 "내가 천국에 거의 들어갔는데 왜 나를 깨웠는가?"라고 하였다고 한다.

2. 그리스도인은 전쟁하는 자와 같다

1) 전쟁에 임하는 군사는 허공을 치는 것처럼 싸우지 않는다. 여기서는 바울이 그리스도인의 삶을 전투에 비유하여 말한다. 이 세상은 하나님과 마귀 사이에 싸움이 벌어지는 전쟁터이지 완충지대나 중립지대가 아니다. 이 세상이라는 곳은 당분간 마귀의 지배를 받는 장소다. 그러므로 마귀를 가리켜 "이 세상 임금"이라고 하였다. 따라서 이 세상을 사랑하는 자는 하나님의 원수다. 신자는 하나님의 군대와 같다. 바울은 말하기를 "너는 그리스도 예수의 좋은 병사로 나와 함께 고난을 받으라 병사로 복무하는 자는 자기 생

활에 얽매이는 자가 하나도 없나니 이는 병사로 모집한 자를 기쁘게 하려 함이라"라고 하였다(딤후 2:3-4). 원수가 누구이고 원수가 어디 있는지 분명하게 아는 것이 전쟁에서 승리할 수 있는 열쇠가 된다. 그렇다면 우리가 싸워야 할 원수는 무엇인가? 원수가 무엇인지 모르고 싸우면 허공을 칠 수밖에 없다. 우리의 원수는 마귀와 죄악이다. 사람이 마귀와 죄악을 상대로 싸우지 않고 사람과 싸우면 이는 헛된 것이다. 마귀와 죄악을 상대로 싸울 때 우리가 사용할 무기는 믿음과 하나님의 말씀과 기도다. 그런데 우리의 원수인 마귀와 죄악이 역사하는 곳은 몸이다(고전 9:27). 몸 자체는 죄가 아니고 원수도 아니다. 그러나 몸은 다음과 같은 의미에서 원수 노릇을 한다. ① 육신적인 쾌락 사랑하기를 하나님보다 더 사랑하기 쉽고, ② 우리의 육체를 우상처럼 아끼기 쉽고, ③ 몸이 죄악의 도구가 되기 쉽다. 그러므로 우리는 다음과 같이 몸을 억제하여야 한다. 첫째, 우리는 차라리 의의 종이 될지언정, 우리의 주인이 아닌 몸이 왕 노릇 하지 못하게 만들어야 한다. 둘째, 몸이 고난이나 환난을 당할 때 우리는 그것을 당연히 여겨야 한다. 우리가 그것을 먹여 기를지언정 그것에게 먹히지 말아야 한다.

2) 자신이 도리어 버림을 당할까 두려워해야 한다. 성경은 우리가 구원에 대하여 확신을 가져야 한다고 가르친다. 그러나 이러한 확신은 "자신이 버림을 당할까 두려워하는 자"가 가질 수 있는 것이다. 빌립보서 2:12에도 말하기를 "두렵고 떨림으로 너희 구원을 이루라"고 하였다. 구원에 대한 확신은 오직 하나님이 주셔야만 사람이 받을 수 있는 것이다. 하나님께서는 그를 두려워하지 않고 방심하는 자에게 이런 선물을 주시지 않는다.

시편 103:11에는 "그를 경외하는 자에게 그의 인자하심이 크심이로다"라고 하였고, 시편 103:13에는, "아버지가 자식을 긍휼히 여김 같이 여호와께서는 자기를 경외하는 자를 긍휼히 여기시나니"라고 하였다.

제 10 장

⚘ 개요

1. 바울은 고린도전서 9장 뒷부분에서 절제하는 삶의 필요성을 계속해서 강조하였다. 그리고 10장에서는 자신을 절제하지 않을 때 임할 멸망의 위협을 보여 준다. 이스라엘 백성은 하나님의 은혜를 많이 받았음에도 불구하고 절제하는 삶의 자세를 보이지 않고 죄악으로 흐르다가 대다수가 멸망하였다는 것이다. 이스라엘의 이와 같은 역사는 모든 그리스도인들에게 거울이 될 만한 경고다. 스스로 서 있는 줄로 생각하는 자는 넘어질까 조심하여 모든 시험을 끝까지 견디어 나아가야 한다. 그래야만 그 앞에 닥치는 시험을 통과할 수 있다. 왜냐하면 하나님은 자비하셔서 우리가 감당할 수 없는 시험은 당하지 않게 하시기 때문이다(1-13절).

우리는 이 부분에서 하나님의 백성은 구약 시대나 신약 시대나 동일하다는 교훈을 발견할 수 있다. 달리 말해 하나님의 백성이 받는 교훈이나 징계는 어느 시대에나 일반이라는 것이다(Grosheide). 슐라터(A. Schlatter)는 말하기를, "이스라엘 백성이 모두 다 하나님의 은혜의 증표들을 받았으나 그들이 전부 목적지에 이른 것은 아니다. 그들 중 대부분이 목적지에 도달하지 못하고 광야에서 하나님의 심판을 받았다. 바울은 이와 동일한 진리로 고린도 교인들을 경주자에 비유한 셈이다. 모두 다 경주를 시작하였으나 그들이 다 상을 얻는 것은 아니라는 것이다."라고 하였다.[42]

2. 바울은 다시 원래의 주제로 돌아가서 우상의 제물 문제를 논한다. 그는 우상의 신전에 앉아서 제물을 먹는 행위가 곧 우상 숭배라고 논증한다(14-22절). 그는 이 논증을 기독교의 성찬 교리와 구약 시대 이스라엘 백성이 제물을 먹는 행위에 비추어서 추론한다. 누구든지 성찬에 참여하는 것은 주님의 피와 몸에 참여하는 것을 의미한다(16-17절). 그와 마찬가지로 우상 신전의 연회에 참여하는 행위는 우상 숭배에 참여하는 것과 같다는 것이다.

또한 구약 시대 이스라엘 백성이 제물을 먹은 일은 그들이 제단에 참여한다는 의미를 지닌 것이었는데(18절), 그렇다면 우상을 섬기는 교도들과 함께 우상의 신당에서 제물을 먹은 행위는 우상의 제단에 참여하는 죄악이다.

바울은 여기서 그리스도의 교회와 마귀의 모임은 서로 화합할 수 없는 배타적인 관계임을 강조하였다.[43]

3. 신자가 우상의 제물을 먹을 수 있는 특별한 경우를 논함(23-33절). 우상에게 바쳐진 제물이라 해도 그것이 시장에 상품으로 진열되어 있고 제물이라는 사실이 알려지지 않은 경우에는 신자가 그것을 먹을 수 있으며, 신자가 식사에 초대를 받았을 때도 그 음식물이 제물이라고 알려지지 않은 경우

---

42) Die Korinther Briefe, 117. "Alle empfingen die Zeichen und Erweisungen der göttlichen Gnade; aber nicht alle erreichten ihr Ziel, sondern die Mehrzahl der Gemeinde erreichte es nicht und verfiel in der Wuste dem gottlichen Gericht. Das ist dieselbe Wahrheit, die Paulus den Korinthern soeben an den Wettläufern dargestellt hat: zwar beginnen alle den Lauf; aber nicht alle gewinnen den Preis."

43) H. D. Wendland, Die Briefe an die Korinther, 73. "Die Gemeinschaft Christi und die Gemeinschaft der Dämonen schliessen einander aus."

에는 그것을 먹을 수 있다.

그러나 그런 경우에도 "그것이 제물로 바쳐진 것이다."라고 알려 주는 사람이 있는 때는 그것이 이미 양심의 문제가 되었기 때문에 그것을 먹지 말아야 한다(25-28절).

⚜ 해석

(3) 원리들의 실제적 응용(10:1-11:1)

1) 이스라엘 백성들의 실례(10:1-13)

1 **형제들아 나는 너희가 알지 못하기를 원하지 아니하노니 우리 조상들이 다 구름 아래에 있고 바다 가운데로 지나며.** "나는 너희가 알지 못하기를 원하지 아니하노니"라는 어구는 바울이 특별히 중요한 내용을 전달할 때 주의를 환기시키기 위해 사용하는 표현이다.

"우리 조상들이 다 구름 아래에 있고." 여기서 "다"라는 단어가 중요하다. 그들이 모두 다 구름 기둥의 인도를 받았으나(출 13:21; 민 9:15, 22; 14:14; 신 1:33; 시 78:14), 전부 구원받은 것은 아니라는 점을 이 단어가 지적한다. "바다 가운데로 지나"갔다는 말은 그들이 홍해를 건넜다는 뜻이다.

2 **모세에게 속하여 다 구름과 바다에서 세례를 받고.** 이스라엘 백성이 "구름과 바다에서 세례를 받"았다는 말은 그들이 구름이나 바다에서 물에 잠겼다는 의미가 아니다. 바닷물에 잠겨 몰살을 당한 자들은 실상 애굽 사람들이었다. "세례"는 여기서 이스라엘 백성들을 애굽 사람들로부터 구별시킨 사건을 가리킨다(Lenski). 노아 홍수 때도 하나님께서는 물로 회개하지 않은 자들을 침몰시켜 죽이셨던 반면 노아의 여덟 식구는 방주에 들어가게 하심으로써

구원하셨다. 이렇게 물은 하나님의 백성을 구별시켰다. 이스라엘 백성은 이와 같이 구별되어 모세의 지도하에 전적으로 속하였다.

이와 같은 구별은 하나님의 권능을 통하여 이루어졌으니 이같이 구별된 이스라엘 백성은 모두 다 하나님의 보호하심을 받았다고 말할 수 있다.

3 **다 같은 신령한 음식을 먹으며.** 여기에도 "다"라는 단어가 사용되었다. 1절에 나오는 같은 단어에 대한 해석을 참조하라. "신령한 음식"은 "만나"를 가리킨다.

4 **다 같은 신령한 음료를 마셨으니 이는 그들을 따르는 신령한 반석으로부터 마셨으매 그 반석은 곧 그리스도시라.** 여기서 "그들을 따르는 신령한 반석"이라는 말은 물을 내어 주는 반석이 이스라엘 백성과 동행하기 위하여 굴러다녔다는 뜻이 아니다. 이것은 그리스도께서 그들과 동행하셨다는 뜻이다. 그들은 광야 어디에서나 기적적인 방법으로 물을 얻었는데, 그것은 신령한 반석이신 그리스도께서 그렇게 이루어지게 하셨기 때문이다.

5 **그러나 그들의 다수를 하나님이 기뻐하지 아니하셨으므로 그들이 광야에서 멸망을 받았느니라.** 처음에 애굽에서 떠난 자들 중 다수가 가나안에 들어가지 못하고 광야에서 죽었다. 여기서 우리가 배울 진리는, ① 하나님께서는 그의 백성이 잘못된 길로 나갈 때는 다수라도 버리실 수 있다는 점이다. 하나님께서는 다수를 따라가시는 분이 아니며 자기의 뜻대로 참되게 행동하는 자들과 동행하신다. ② 은혜를 많이 맛본 자들이라도 후에 잘못하면 하나님께서 그들에게 복 내리시기를 중단하실 수 있다는 점이다. 신자들은 은혜를 많이 받을수록 두려움과 겸손으로 행해야 한다. 바울은 말하기를, "내가 남에게 전파한 후에 자신이 도리어 버림을 받을까 두려워"한다고 하였다. 구원에 대한 확신은 이렇게 두려워 떠는 자들에게만 임하는 것이다.

6 **이러한 일은 우리의 본보기가 되어 우리로 하여금 그들이 악을 즐겨 한 것 같이 즐겨 하는 자가 되지 않게 하려 함이니.** "악을 즐겨" 한다는 말은 이스라엘 백성이 광야

에서 애굽의 향락을 탐한 사실을 염두에 둔 것이다(민 11:4-5). 그리스도인들이 만일 불신 시대의 향락을 추구한다면 그것 역시 이와 동일한 죄악이 된다. 죄는 언제나 육체의 쾌락을 따르는 것인데, 사람은 그것을 범하기 위해 높은 벼랑이라도 기어 올라간다.

7 그들 가운데 어떤 사람들과 같이 너희는 우상 숭배하는 자가 되지 말라 기록된 바 백성이 앉아서 먹고 마시며 일어나서 뛰논다 함과 같으니라. 이것은 출애굽기 32:6에 기록된 것과 같이 이스라엘 백성이 금송아지 우상을 섬기면서 잔치를 벌인 사건을 가리킨다. 이방 우상 종교에는 이처럼 춤추는 풍속이 있었다. 그 당시 고린도에는 아프로디테 신전에서 이런 축제가 진행되었는데, 고린도 교회의 그리스도인들이 거기에 참여할 위험이 있었다.

8 그들 중의 어떤 사람들이 음행하다가 하루에 이만 삼천 명이 죽었나니 우리는 그들과 같이 음행하지 말자. 이것은 민수기 25:1-9에 기록된 것처럼 이스라엘 백성이 모압의 신 바알브올에게 소속되었다는 의미에서 모압 여자들과 음행한 사실을 가리킨다. 우상 종교는 음행과 관련되는 경우가 많다. 여기서 23,000명이라는 숫자는 민수기 25:9에 기록된 24,000명이라는 숫자와 일치하지 않는다. 혹설에 바울이 말한 숫자는 하루 동안에만 죽임을 당한 숫자를 가리킨다고 한다. 다른 이는 말하기를 바울이 말한 숫자는 대략적인 것이라고 하였다. 고대에는 이런 방식으로 숫자를 언급하는 풍속이 얼마든지 보고되고 있으니 그것이 커다란 과오는 아니다.

9 그들 가운데 어떤 사람들이 주를 시험하다가 뱀에게 멸망하였나니 우리는 그들과 같이 시험하지 말자. 이것은 민수기 21:4-6에 기록된 사건을 염두에 두고 하는 말씀이다. 이스라엘 사람들이 광야에서 여행길의 고생과 형편없는 음식을 싫어하여 하나님과 모세를 원망하였다. 이것은 하나님에 대한 의심과 원망을 포함한다. 이것을 가리켜 바울이 "시험"이라고 하였다. 하나님의 약속을 의심하는 태도는 하나님을 이렇게, 혹은 저렇게 흔들어 보는 악행이다. 그것이

시험이다.

"뱀에게 멸망하였나니." 민수기 21:6-9을 참조하라.

10 그들 가운데 어떤 사람들이 원망하다가 멸망시키는 자에게 멸망하였나니 너희는 그들과 같이 원망하지 말라. 이것은 민수기 14장과 16장에 있는 사건들을 염두에 두고 한 말씀이다. 원망은 언제나 자신의 불행의 원인을 자기 허물에 돌리지 않고 하나님의 통치에 불만을 품는 죄악이다.

11 그들에게 일어난 이런 일은 본보기가 되고 또한 말세를 만난 우리를 깨우치기 위하여 기록되었느니라. 이스라엘이 당한 사건들이 신약 시대의 신자들에게 거울이 된다는 말은 그들이 그것들을 보고 바른길을 가게 된다는 뜻이다.

"말세를 만난 우리." 이 말은 바울의 역사관을 보여 준다. 이것은 신약 시대를 과거 모든 세대의 절정이자 초점으로 이해하는 것이다. 신약 시대 이전의 모든 세대는 신약 시대를 지향하여 움직이고 흘러왔다. 그렇다면 그 시대들을 통하여 주신 하나님의 계시들은 신약 시대의 그리스도인들을 위하여 주어진 것들이다. 우리 그리스도인들이 그러한 계시들을 받아들이지 않는다면 그것은 계시가 목표와 대상을 잃어버리는 셈이 된다. 그렇게 된다면 우리는 1,500년이라는 기간에 걸쳐 기록된 우리를 위한 하나님의 말씀을 배척하는 큰 죄악을 범하는 셈이다. 그렇게 오랫동안 공들여 기록된 계시의 말씀이 나를 위하여 주어졌다는 사실을 모르는 사람이 있는가?

그는 어째서 이처럼 중대한 사실을 모르는가? 그 이유는 다음과 같다. ① 자기가 죄인이라는 사실을 아직 모르기 때문이다. 성경은 죄인들을 구원하기 위한 책이며 자기가 죄인인 줄 아는 자만이 깨달을 수 있는 책이다. "나는 죽을 수밖에 없는 죄인이다."라고 깊이 통감하지 못하는 자가 누군가? 그는 맹인과 같다. 사람은 모두 다 죄인이다. 자기가 행한 일에 대해 부끄러워하지 않을 사람이 세상에 어디 있는가? 자기가 과거와 현재에 행한 일들(은밀히 행한 것들까지)을 모두 다 있는 그대로 동영상으로 촬영하여 전시하는 일을 허락할 사람은 세상에 하나도 없을 것이다. 누군가가 그런 동영상을 제작하겠다고 한다면 그는 한사코 말릴 것이다. 여기서 하는 말은 존 헌트(John Hunt) 선교사에게서 들은 것이다. ② 누구나 오랫동안 공들여 기록된 성경이 자기를 위한 것임을 모르는 또 한 가지 이유는 자신과 성경이 기록되던 시대 사이에 시간적인 거리가 멀기 때문에 그 사건이 자신과는 직접적으로 관련성이 없다고 생각하기 때문이다. 그러나 생각해 보자! 장구한 세월이 정말로 장구한 것인가? 시간이 길다고 생각하는 사람은 참된 사명감이 없고 참된 삶의 계획이 없는 게으른 사람이다. 하나님께는 그렇지 않다. 하나님께는 천 년이 하루와 같다(벧후 3:8). 사람들 중에도 참된 사명에 몰두하여 참된 일을 흥미 있게 책임감을 가지고 두려움 가운데 행하는 자는 시간이 더디게 흐른다고 생각하지 않는다. 그에게는 마치 시간이 길지 않고 짧은 것처럼 느껴진다. 실상 과거가 나와 관계없다고 생각할 만큼 시간이 길다고 생각하는 것은 헛된 관념이다.

12 **그런즉 선 줄로 생각하는 자는 넘어질까 조심하라. 사람은 실상 자기가 서 있다고 자만할 수 없다.** 그는 하나님의 수중에 머무는 동안만 안전하다고 할 수 있다. 그러므로 언제나 그는 "넘어질까 조심"해야 한다.

고린도 교회의 신자들 중에는 스스로 서 있는 줄 알고 교만하게 행하는 자들이 있었다(8:1). 그러므로 이 말씀은 그런 사람들을 염두에 둔 것이라고 생각된다.

13 **사람이 감당할 시험 밖에는 너희가 당한 것이 없나니 오직 하나님은 미쁘사 너희가 감당하지 못할 시험 당함을 허락하지 아니하시고 시험 당할 즈음에 또한 피할 길을 내사 너희로 능히 감당하게 하시느니라.** 여기서 말하는 "시험"은 신자들을 죄악된 길로 유혹하는 시험이 아니다. 이것은 하나님께서 인간을 연단시키기 위하여 어려운 환경에 빠지도록 허락하시거나, 혹은 난제를 만나도록 하시는 일을 가리킨다. 하나님께서는 이런 시험을 당한 자에게 피할 길도 주신다고 하였으니,

신자들은 이런 시험을 소망 가운데 이겨 내야 한다. 신실하신 하나님께서는 약속하신 구원을 신자들이 끝까지 받도록 하실 것이다. 그가 어찌 신자들에게 감당하지 못할 시험을 주시겠는가? 그가 어찌 시험당한 신자들에게 피할 길을 주시지 않겠는가?

2) 우상의 위험성(10:14-22)

14 그런즉 내 사랑하는 자들아 우상 숭배하는 일을 피하라. 이것은 우상의 신전에서 드리는 연회에 참여하는 일이 우상 숭배에 버금가는 행동이기 때문에 거기 참여하지 말라는 말씀이다. "피하라"는 것은 우상 숭배에 접근하지 않기 위하여 멀리 떨어지라는 것이다.

15 나는 지혜 있는 자들에게 말함과 같이 하노니 너희는 내가 이르는 말을 스스로 판단하라. 바울은 여기서 고린도 교인들의 판단을 요구한다. 그의 논조에서 취할 결론이 너무도 명백하기 때문에 그는 그들 스스로 판단해 보라고 요청하는 것이다. 그의 논조는 다음과 같다. 말하자면 성찬에 참여하는 자들이 그리스도의 피와 몸에 참여하는 것과 마찬가지로 신전에서 우상의 제물을 먹는 자는 귀신과 사귐을 갖는다는 것이다.

16-18절. 성찬에 참여하는 자들이 다 함께 그리스도와 연합하여 한 몸을 이룸과 같이 우상의 축제에 참여하는 자들 역시 귀신과 사귀어 서로 한 몸을 이룬다.

19-20 그런즉 내가 무엇을 말하느냐 우상의 제물은 무엇이며 우상은 무엇이냐 무릇 이방인이 제사하는 것은 귀신에게 하는 것이요 하나님께 제사하는 것이 아니니 나는 너희가 귀신과 교제하는 자가 되기를 원하지 아니하노라. 바울은 여기서 우상이라는 것이 실재하는 신은 아니며 헛된 것일 뿐임을 강조한다(8:4). 그러나 바울은 우상의 제물을 신전에서 먹는 것이 결국 귀신과 교제하는 결과를 낳는다고 다음 구절에서 말한다. 그 이유는 우상에게 제사하는 일이 하나님을 위한 것이 아니

고 결국 잡신들을 기쁘게 하는 행동이 되기 때문이다.

21-22 너희가 주의 잔과 귀신의 잔을 겸하여 마시지 못하고 주의 식탁과 귀신의 식탁에 겸하여 참여하지 못하리라 그러면 우리가 주를 노여워하시게 하겠느냐 우리가 주보다 강한 자냐. 주님을 위하는 자는 귀신을 위할 수 없고 귀신을 위하는 자는 주님을 위하지 못한다. 양자는 서로 용납할 수 없다.

3) 우상의 제물에 대한 실제적 교훈(10:23-11:1)

23 모든 것이 가하나 모든 것이 유익한 것은 아니요 모든 것이 가하나 모든 것이 덕을 세우는 것은 아니니. 바울은 앞에 있는 14-22절에서 신전의 축제 자리에서 그리스도인이 우상의 제물을 먹을 수 없다고 엄히 경계하였다. 특히 21절에 등장하는 "귀신의 잔"이나 "귀신의 식탁"이라는 표현은 제대로 갖추어진 축제의 연회를 상기시킨다. 축제의 자리는 우상의 교도들이 그들의 우상을 즐기는 의미에서 가지는 잔치 자리이기 때문에 그곳은 우상 숭배에 찬동하는 자리다. 그렇기 때문에 그리스도인이 거기에 참여할 수 없다는 것은 명백하다.

23절부터는 앞에서 언급한 신전에서 제물을 먹는 것과는 다른 경우를 다룬다. 말하자면 신자가 우상의 제물을 부지중에 먹는 경우에도(25-27절) 양심의 문제를 존중하여 행동을 취해야 한다는 점을 가르친다. 자기 자신의 양심에는 옳은 줄로 생각되는 일에서도 그가 그 일을 행하기를 거부해야 하는 경우가 있는데, 이런 것을 가리켜 흔히 "양심의 자유에 달린 사안"이라고 하며, 라틴어로는 "아디아포라"(Adiaphora)라고 부른다. 아디아포라 문제에 있어서 그리스도인 자신은 자유를 사용할 수 있다. 그러나 어떤 일이 남의 양심에 거리끼는 경우라면 그는 언제든지 그것을 양보할 수 있는 것이다. 이것이 본문에서 말하는 "모든 것이 가하나 모든 것이 덕을 세우는 것은 아니니"라는 원리에 따라서 행동을 변경하는 것이다. "덕을 세운다"는 말은 남들을 유익하게 하는 건덕을 의미한다. 물론 아디아포라 문제는 성경에 구체적인 명령이나 금령이 없는 사안들만 해당한다. 성경에 구체적인 지시사항이 있는데도 불구하고 어떤 사람이 그것을 실행하기를 꺼리는 경우에 신자가 그 일에 대한 자기의 행동을 견제할 필요는 없다.

24 누구든지 자기의 유익을 구하지 말고 남의 유익을 구하라. 여기서 구한다는 말은 계속적으로 탐색하는 것을 의미한다. 누구든지 자기 자신의 유익을 구하는 것이 잘못은 아니나 남들의 유익을 구하는 일만큼 중요하지는 않다.

25-26 무릇 시장에서 파는 것은 양심을 위하여 묻지 말고 먹으라 이는 땅과 거기 충만한 것이 주의 것임이라. 이 말씀의 의미를 다음과 같이 설명할 수 있다. 곧 시장에서 파는 음식물이라면 상품화된 것이니 그 상품의 유래를 물어볼 필요는 없다는 것이다. 바울은 여기서 우상에게 바쳐진 제물이 상품화되어서 시장에 나오는 경우도 염두에 두었다. 우상의 제물이라도 일단 상품화되어 시장에 나왔다면 그것은 단순히 상품으로 취급하면 된다는 것이다. 왜냐하면 그 음식물이 우상을 위한 제물로 사용된 일이 있다 할지라도 그 음식물 자체는 하나님께서 지으신 그대로 남아 있기 때문이다. 사물 자체가 윤리성을 띠는 것은 아니다. 왜냐하면 사물은 인격이 아니기 때문이다. 윤리 문제는 의지와 자유를 가진 인격에게 해당하는 것이다. 그뿐 아니라 하나님께서 만물을 지으시고 그것들을 좋다고 하셨다(창 1:12, 18, 21, 25, 31). 물질 자체가 악하다는 것은 이교의 사상이다. 특히 헬라 철학에서는 물질을 악하게 여겼다. 그러나 바울은 여기서 말하기를, "이는 땅과 거기 충만한 것이 주의 것임이라"고 하였다. "주의 것"이라 함은 주께서 그것들을 창조하시고 보존하시며 그것들을 소유하실 권세를 가지셨음을 가리킨다.

여기서 "양심을 위하여"라는 말은 남들의 양심을 위한다는 의미다.

27 불신자 중 누가 너희를 청할 때에 너희가 가고자 하거든 너희 앞에 차려 놓은 것은 무엇이든지 양심을 위하여 묻지 말고 먹으라. 바울이 여기서는 우상에게 바쳐진 제물에 대한 논의에서 잠시 벗어나 단순히 식탁과 관련하여 그리스도인이 취할

태도를 보여 준다. 신전이 아니라 일반 가정에서 음식을 차려 놓고 청할 때는 그것이 손님을 접대할 목적으로 차려 놓은 음식물이라는 관념 외에 다른 생각을 가질 필요가 없다. 그 마음에 다른 생각을 가지는 것은 헛된 일일 뿐이다. 초청을 받은 자는 청한 자의 친절과 거기 차려 놓은 음식물 자체를 볼 뿐이다. 물질은 하나님이 지어 내신 것이고 하나님께서 주장하셔야 마땅한 것이니 그것을 받는 자는 감사하는 마음으로 받을 뿐이다.

그러나 이 장면에서도 판단을 달리해야 하는 경우가 있다. 그것은 물질 자체에 대한 문제가 아니라 그와 같은 상황에 인적 관계가 적용되는 문제다. 달리 말하자면 다른 사람의 양심 문제가 관련되는 경우다.

28 누가 너희에게 이것이 제물이라 말하거든 알게 한 자와 그 양심을 위하여 먹지 말라. 앞절에서 설명한 식사 자리에서 어떤 사람이 말하기를 거기에 차려 놓은 음식물이 우상에게 바쳐진 제물이라고 밝히면서 문제를 삼을 경우, 그리스도인이 취할 처신은 달라져야 한다. 왜냐하면 그가 양심에 옳다고 생각한 일이 다른 사람에게는 새삼스럽게 양심에 거리끼는 일로 여겨지는 경우에, 그가 그런 사람 앞에서 자기 소신을 강행해서는 안 되기 때문이다. 그가 만일 그것을 강행하면 남에게 유익을 주지 못하고 덕을 세우지 못한다(23절). 여기서 "알게 한 자와 그 양심"이라는 말은 결국 그 "알게 한 자"의 양심이라는 의미가 된다.

29-30 내가 말한 양심은 너희의 것이 아니요 남의 것이니 어찌하여 내 자유가 남의 양심으로 말미암아 판단을 받으리요 만일 내가 감사함으로 참여하면 어찌하여 내가 감사하는 것에 대하여 비방을 받으리요. 일설에 이 말씀의 의미는 우상의 제물을 단지 물질로만 취급하여 자신의 양심에 저촉되지 않는 한 먹는 자가 남들의 비판을 받을 필요가 전혀 없다는 뜻이라고 한다. 그러나 이 말씀을 그렇게 해석한다면 자기 양심에 거리낌이 없다고 하여 형제들의 비판을 염두에 두지 않고 강행해도 된다는 뜻이 된다. 이런 해석은 28절 하반절에 "알게 한 자와 그 양심을

위하여 먹지 말라"는 말씀에 부합하지 않는다. 그러므로 우리는 차라리 이 말씀을 다음과 같이 해석해야 한다. 곧 먹을 수 있는 자의 자유가 남들의 양심에서 나오는 비판을 무릅쓰면서까지 강행될 필요는 없다는 것이다. 다시 말해 하나님이 지으신 물질이니 감사함으로 받을 뿐이라는 주장이 원칙적으로는 옳은 것이지만 굳이 그와 같은 주장을 남에게 해악을 끼치면서까지 관철할 필요는 없다는 것이다. 이렇게 해석하는 것이 그다음에 나오는 31-33절 말씀에도 잘 부합한다.

31-33 다 하나님의 영광을 위하여 하라. 이 말씀은 먹는 문제에서도 덕을 세우며 하나님을 사랑하는 궁극적인 목적을 이루라는 뜻이다(8:1-3 참조). 성경에서 명백하게 하나님의 영광을 위하는 행동 원리라고 밝혀진 진리에 대해서는 우리가 타인의 비판을 무릅쓰고라도 실행하는 것이 옳다. 그러나 성경에서 명백하게 규정하지 않은 아디아포라(Adiaphora) 문제(23절 해석 참조)에 있어서는 우리가 남들의 생각에 맞추어 스스로를 조절할 필요가 있다.

유대인에게나 헬라인에게나 하나님의 교회에나 거치는 자가 되지 말고. 이 말씀의 의미는 그리스도인이 유대인이나 헬라인의 고유한 사상과 타협해야 한다는 것도 아니고, 교회 안에서 다수의 사상에 맹목적으로 따라가야 한다는 것도 아니다. 이것은 신자가 아디아포라 문제에 있어서 어떤 행동이 죄가 되지 않는 한 인류의 어떤 풍습이나 교회의 어떤 사상에 조화롭게 행동할 수 있다는 것이다.

나와 같이 모든 일에 모든 사람을 기쁘게 하여 자신의 유익을 구하지 아니하고. 이 말씀도 앞에서 이미 제시한 원리(31-33절 해석 참조)에 대한 해설이다. 바울이 모든 사람을 기쁘게 한다고 말할 때, 그가 아무런 조건도 제시하지 않은 채 그렇게 말한 것은 아니다. 그는 이런 원리를 아디아포라 문제에 국한시켰다. 그는 성경에 제시된 명백한 진리의 문제에서는 원칙대로 강행하였고 사람들의 종이 되지 않았다. 이런 의미에서 그는 갈라디아서 1:10에 말하기를, "내가 지금까지 사람들의 기쁨을 구하였다면 그리스도의 종이 아니니라"라고 하였다.

설교 우리의 본보기: 신앙생활의 재정비(고전 10:1-12)

본문 6절과 11절을 보면 "본보기"라는 말이 반복해서 나온다. 본보기, 곧 거울이라는 것은 우리의 얼굴을 보기 위한 것인데, 하나님의 백성의 구원 역사를 기록한 구약의 말씀은 우리 영혼의 거울과 같다. 성경을 영혼의 거울이라고 표현하는 말씀은 야고보서 1:23에도 있는데, 거기서 말하기를 "누구든지 말씀을 듣고 행하지 아니하면 그는 거울로 자기의 생긴 얼굴을 보는 사람과 같아서"라고 하였다.

우리는 성경을 펼쳐 보아야만 내 영혼이 어떠한지를 알 수 있다. 인간이 성경을 보기 전에는 자기 영혼에 대해 알지 못한다. 이는 마치 사람이 거울을 보기 전에는 자기 얼굴이 어떠한지 알지 못하는 것과 마찬가지다. 성경은 창조주이신 하나님의 말씀이기 때문에 모든 피조물의 실상이 그 말씀 앞에서 그대로 나타난다. 히브리서 4:12-13에 말하기를 "하나님의 말씀은 살아 있고 활력이 있어 좌우에 날선 어떤 검보다도 예리하여 혼과 영과 및 관절과 골수를 찔러 쪼개기까지 하며 또 마음의 생각과 뜻을 판단하나니 지으신 것이 하나도 그 앞에 나타나지 않음이 없고 우리의 결산을 받으실 이의 눈 앞에 만물이 벌거벗은 것 같이 드러나느니라"라고 하였다. 거울과도 같은 하나님의 말씀은 하나님께서 인간을 다루실 때 적용하시는 몇 가지 원리를 우리에게 알려 준다.

1. 하나님은 숫자보다 참됨을 중시하신다

본문을 보면 이스라엘 백성의 다수가 신령한 은혜를 받았음에 불구하고 그들이 후에 참된 길로 나아가지 않았을 때 하나님이 그들 다수를 버리신 역사가 있다(고전 10:1-5). 이와 같은 원리는 노아 홍수 때도 나타났다. 하나님께서는 다수보다도 참되게 살아온 노아의 여덟 식구를 기뻐하셨다. 마지막 심판 때도 마찬가지다. 달란트 비유를 보면 주님은 충성스런 종들에게 "잘하였도다 착하고 충성된 종아 네가 적은 일에 충성하였으매 내가 많은 것을 네게 맡기리니 네 주인의 즐거움에 참여할지어다"라고 하셨다(마 25:21). 이 말씀을 보면 주님께서는 숫자를 제일로 여기신 것이 아니고 충성과 진실을 제일로 여기셨다. "적은 일에 충성하였으매"라는 말씀이 이런 사실을 보여 준다. 다수가 참되면 좋으나, 참되지 않은 다수라면 도리어 폐단이 된다. 현대 교회는 참되기를 우선시하기보다는 물량주의를 따르는 것처럼 보인다. 하나님 앞에서는 숫자의 많고 적음이 아무 의미가 없다. 그것은 옛날 바벨탑 사건의 실패가 증명한다. 하나님은 다수를 중시하거나 무서워하시지 않으며 다수를 반드시 기뻐하시는 것도 아니다. 이제 바벨탑 사건을 생각해 보자. 그들이 "성읍과 탑을 건설하여 그 탑 꼭대기를 하늘에 닿게 하여 우리 이름을 내고 온 지면에 흩어짐을 면하자 하였더니"라고 하였다(창 11:4). 그러나 하나님께서 그들을 흩으셨다(창 11:5-9). 예수님께서 말씀하시기를 "진실로 다시 너희에게 이르노니 너희 중의 두 사람이 땅에서 합심하여 무엇이든지 구하면 하늘에 계신 내 아버지께서 그들을 위하여 이루게 하시리라 두세 사람이 내 이름으로 모인 곳에는 나도 그들 중에 있느니라"라고 하셨다(마 18:19-20).

2. 악을 즐기지 않도록 하는 본보기(고전 10:6)

성경은 하나님 백성의 속죄를 가르치는 동시에 하나님 백성의 성결을 강조한다. 그러나 현대 교회의 결점은 교리를 말하는 일에는 열중하면서 성결을 가르치는 일에는 게으르다는 점이다. 신학도들을 교육시킬 때도 성령론의 실제적 체험을 염두에 두지 않는 듯하다. 오늘날 교계의 싸움은 주님을 위한 싸움이라기보다는 이권, 교권, 교세를 차지하기 위한 싸움이 아닌가?

어떤 선교사의 말에 의하면 경북 지방의 어떤 교회에서 두 파당이 예배당 쟁탈전을 하는데 다수파는 예배당을 점령하고 소수파는 예배당 뜰에서 비 오는 날 우산을 받고 예배를 드렸다고 한다.

교회에서 권세를 잡은 자들이 누구를 위하여 그 권세를 사용하는가? 자기를 위함이 아닌가? 본문 6절에서 "악을 즐겨 한 것 같이 즐겨 하는 자가 되지 않게 하려 함이니"라고 하였다. 이것은 사람들이 악을 행하는 심리적인 성향을 금하는 말씀이다. 사람들이 악을 행하는 이유는 악을 행하는 쾌감을 즐기기 위함이다. 그들은 일시적으로 즐거움을 가져다주는 죄악이 결국 자기들을 집어삼킨다는 사실을 알지 못한다. 호랑이를 데리고 다니는 서커스단이 있었다. 서커스 공연 중에 한 사람이 호랑이 입에 자기 머리를 들이미는 것을 구경시키는 순서가 있었다. 그 사람은 그 일을 취미 삼아 즐기곤 하였다. 그러나 한번은 그가 많은 사람이 모인 곳에서 호랑이 입에 자기 머리를 넣었는데 이번에는 호랑이가 그 사람의 머리를 물어뜯어 버렸다. 이와 같이 사람들은 죄짓는 쾌감을 즐기기 위해 그것을 범한다. 그러나 결국 죄는 그들을 멸망시킨다. 바울은 이 부분에서(고전 10:7-10) 세 가지 죄악을 경계하였다.

1) 우상 숭배하지 말 것(7절). 이것은 보이지 않는 하나님을 보이지 않는 대로 섬기지 않고 보이는 것으로 꾸며 섬기는 죄악을 가리킨다. 성경에 말하기를, 하나님은 "어떤 사람도 보지 못하였고 또 볼 수 없는 이"라고 하였는데(딤전 6:16), 나는 누구이기에 하나님을 볼 수 있다는 것인가? 우리는 하나님이 우리 눈에 보이지 않는다는 하나님의 불가시성을 도리어 고상하게 여기고 더욱 하나님을 신뢰해야 한다. 하나님이 보이지 않기 때문에 믿을 수 없다는 생각은 우상 숭배적인 근성이다.

2) 간음하지 말 것(8절). 간음은 성령의 전인 몸을 더럽히는 죄악이다(고전 6:13, 19). 그러므로 이것도 주님을 반역하는 죄악이다.

3) 주를 시험하는 죄를 범하지 말 것(9절). 주를 시험하였다는 말은 무엇을 의미하는가? 민수기 21:4-5을 보면, 이스라엘 백성이 호르산에서 여행길의 곤고함으로 인하여 하나님을 원망하였다. 그것은 하나님의 권능을 의심한 죄악이다.

이스라엘 백성이 르비딤에 이르러 마실 물이 없으므로 모세를 원망하였을 때, 모세가 말하기를 "너희가 어찌하여 여호와를 시험하느냐"라고 하였고(출 17:2), 이스라엘 백성이 가나안 정탐꾼들의 보고를 듣고 낙심하며 모세와 아론을 원망했을 때, 여호와께서 말씀하시기를 이 백성이 "열 번이나 나를 시험"하였다고 하셨다(민 14:20-22).

시편 78:18에 말하기를 "그들이 그들의 탐욕대로 음식을 구하여 그들의 심중에 하나님을 시험하였으며"라고 하였고(시 78:41, 56 참조), 시편 95:9에서는 하나님을 조사하는 것을 시험이라고 하였다. 이 모든 말씀을 보면 하나님을 의심하는 것이 곧 그를 시험하는 일이다.

이 세 가지 죄악은 드러나는 경우도 있지만 숨겨지는 경우도 많다. 은밀한 원수가 더욱 위험하다. 사자에게 물려 죽는 사람의 숫자보다 눈에 보이지 않는 세균 때문에 죽는 사람의 숫자가 비교할 수 없이 더 많다. 은밀한 우상과 은밀한 음행과 하나님에 대한 은밀한 의심과 원망이 사람들의 심령 속에 얼마나 많은가? 이렇게 은밀하게 죄를 즐기는 자들의 심령은 그 죄악으로 인하여 결국 죽는다. 미국 아칸소(Arkansas)주에 흑인 한 사람이 있었다. 그는 알에서 부화한 어린 뱀 한 마리를 길렀다. 그는 어린 뱀에게 먹을 것을 주고 잠자리를 제공했으며, 호루라기를 불면 나오도록 훈련시키기도 했다. 뱀이 자란 후에는 자기 팔을 감고 올라가도록 했다. 그는 그렇게 해도 뱀이 그에게 해를 끼치지 않을 것이라고 생각했다. 그런데 한번은 그가 뱀을 자기 팔에 감았는데, 그 순간 뱀이 그의 팔을 물었고 그는 그 자리에서 즉사하고 말았다. 우리 마음속에 죄악을 기르며 즐기는 것은 결국 뱀의 자식들을 무수히 기르는 것과 같다.

결론. 성경은 우리에게 본보기, 곧 거울이 된다. 그것은 우리에게 두 가지 사실을 보여 주는데, ① 하나님은 사람들을 다루실 때 그들의 숫자가 많고 적음에 따라 방침을 변경하시지 않는다는 것이며, ② 우리는 어떤 경우에도 죄악을 즐겨서는 안 된다는 것이다.

설교 시험을 이기는 비결(고전 10:12-13)

1. 우리는 스스로 선 줄로 생각하지 않아야 한다

① 사람은 누구든지 자신이 굳게 서 있는 줄로 생각하지 않아야 하는데, 실상은 많은 사람이 죄악의 진창에 빠져 일어나지도 못하면서 스스로 서 있는 줄로 착각한다. ② 자기 힘으로 서 있다고 여기는 자들은 사실상 거짓에 속한 자니 그들은 이미 넘어진 것이다. 그들이 서 있을 수 있는 것은 하나님께서 붙들어 주셨기 때문인데 자기 힘으로 서 있다고 생각하는 것은 사실과 위반되는 비진리를 믿는 것이다. 사람이 자기 힘으로 서 있다는 교만한 생각을 가지면 하나님께서 그를 물리치신다. 하나님은 그런 자를 축복하시지 않는다.

2. 시험당할 때에 피할 길 주실 것을 믿을 때 시험을 이길 수 있다

사람이 시험을 피할 수 있는 길은 시험당하는 그 순간에도 이미 주어져 있다. 그것은 그의 영적 생활의 수준을 높이는 것이다. 어떤 비행사가 공중에서 비행하는 도중 기관실에 쥐가 들어가서 매우 위험한 지경에 이르렀다. 지혜로운 비행사는 기수를 위로 향하게 하고 고도를 높였다고 한다. 이때 쥐가 죽음으로써 위험에서 벗어나게 되었는데, 쥐가 죽은 이유는 높은 고도에서의 기압이 쥐가 살기에 적합하지 않았기 때문이라고 한다. 이와 마찬가지로 우리에게 닥치는 모든 어려운 시험은 우리가 높은 수준의 영적 생활을 영위할 때 저절로 없어지게 된다.

제 11 장

개요

1. 여자가 수건을 쓰지 않는 것이 합당치 않다고 함(2-16절)

여자가 수건을 쓰는 것은 그 당시 풍속에서 남자에게 복종한다는 상징이었다. 신앙의 세계에서도 남녀가 동등한 인권을 가진 것은 확실하나 그렇다고 해서 창조 질서에 따라 남녀 사이에 주어진 직분의 차이를 폐지하는 것은 아니다. 여자가 순종하여야 할 천부적인 직분을 무시하고 파렴치하게 서지 않을 자리에 서는 것은 자연과 권위와 일반 풍속에 합당치 않다.

2. 성찬을 오용하는 일을 경계함(17-34절)

1) 편파적으로 애찬을 가지는 폐단을 지적함(17-22절)

2) 성찬의 유래와 그것의 시행이 가지는 의미(23-27절)

3) 성찬에 참여하는 자가 주의할 사항을 제시하는 한편 고린도 교인들이 범한 잘못의 결과를 지적하면서 훈시함(28-34절)

⚜ 해석

1 내가 그리스도를 본받는 자가 된 것 같이 너희는 나를 본받는 자가 되라. 이 구절은 문맥상 10절에서 계속 이어지는 듯하다. 자기를 본받으라는 바울의 말은 사도로서의 권위를 가지고 한 말이다. 사도가 아닌 일반인이 이런 말을 하기는 어렵다. 바울이 고린도 교회 신자들에게 자기를 본받으라고 말한 것은 무조건적으로 그를 모방하라는 의미는 아니었다. 무조건적 모방이라고 하면 바울이 가진 고유한 성격까지 모방하는 것을 의미할 텐데, 바울이 고린도 교인들에게 이런 모방을 장려하지 않았을 것이 분명하다. 무조건적 모방은 사실상 무의미한 것이고 그것은 사람이 자기가 아닌 자가 되는 일종의 외식이다. 그런 모방은 연극적이고 가식적인 것이 되기 쉽다. 그뿐 아니라 그런 모방은 반사적인 모방이다. 심리학 용어로 반사적 모방이란 외식은 아니지만 모방할 만한 인물을 존경하는 심리에서 기계적으로 나타나는 현상이다. 예컨대 어린아이가 부모의 모습과 행동을 반사적으로 자신에게 투영하는 것과 같다. 또는 어떤 부흥사에게 감화를 많이 받은 이가 그 부흥사의 모든 행동방식을 자기도 모르게 재연출하는 것과 같은 것이다. 이런 모방은 동기는 순수하지만 결과적으로는 하나님이 주신 자기 자신의 특징을 잃어버리고 기계적으로 남을 따르는 것이기 때문에 생명이 없는 것이다. 하나님께서는 각 사람에게 고유한 특성을 주셨다. 그 특성은 그리스도의 보혈로 거룩하게 될 때 천지 만물 중에서 유일하고도 중요한 선을 이룰 수 있는 것이다. 그러므로 각 개인은 자기의 개성을 상실하면서까지 남을 모방하려고 해서는 안 된다. 그렇다고 해서 이것이 소위 자존심을 인정하거나 배양해야 한다는 의미는 결단코 아니다. 자존심은 불신 세계에서 사용하는 용어이고 그곳에서 통하는 심리일 것이다. 그런 심리는 비성경적이다. 다만 진정한 의미에서의 자존심이란 것은 앞에 묘사한 것과는 다르다. 그것은 하나님께서 나를 통해 하나님을 영

화롭게 하시려는 목적을 인식하고 기억하는 심리를 가리킨다. 그런 자존심을 가진 자는 하나님이 개인 개인을 지으실 때 각각 다르게 만드셨다는 사실과 이에 따라 나 자신도 하나님이 명하신 특이한 형편을 가지고 태어났다는 사실을 겸손히 기억하고 그것을 하나님의 진리에 따라 성화시키며 하나님을 영화롭게 할 책임을 기억하는 것이다. 우리는 다른 사람의 장점을 본받을 필요가 있지만 반사적으로나 기계적으로 모방할 것이 아니고 나의 형편에 따라 그의 뛰어난 부분을 배울 뿐이다.

제3부 공예배 때에 있었던 무질서한 일들에 대하여(11:2-14:40)

1. 공예배 때에 여자가 수건을 쓰지 않음에 대하여(11:2-16)

2 너희가 모든 일에 나를 기억하고 또 내가 너희에게 전하여 준 대로 그 전통을 너희가 지키므로 너희를 칭찬하노라. 이 말씀 역시 사도 바울이 사도적 권위와 탁월한 목회적 권위를 가지고 교인들을 대하는 말씀이다.

"전하여 준 대로 그 전통을." 여기서 전통이라는 것은 일반적인 의미에서 인간적인 방법으로 전하여진 교훈을 의미하지 않고, 그때까지 아직 정경으로 기록되지 않았던 계시를 가리킨다. 그 당시에는 예수님의 말씀 중에도 아직 기록되지 않은 것들이 있어서 구전으로 교회에 전달되는 경우가 없지 않았다. 바울은 여기서 그런 것을 가리켜 전통이라 하였다. 그러므로 이 말은 사실상 사람의 교훈이 아니고 하나님이 주신 교훈을 사도인 바울이 전하여 주었다는 뜻이다.

3 그러나 나는 너희가 알기를 원하노니 각 남자의 머리는 그리스도요 여자의 머리는 남자요 그리스도의 머리는 하나님이시라. 이것은 인권적 관점에서 제시된 원리가 아니라, 다만 창조 시에 부여된 기능에 따른 남녀의 위치를 논한 것이다. 직분

으로 말하면 여자는 남자의 인도하에 있다. 그러나 인권 문제에 있어서는 양자가 동일하다(고전 7:4; 11:11-12). 또한 직책과 역할에 있어서 남자가 여자의 머리지만, 그렇다고 해서 남자가 여자를 자기 뜻대로 주관할 수 있는 것은 아니다. 그의 위에 계시는 이가 있다. 말하자면 그는 그리스도께서 주재하신다. 그러므로 남자 역시 영적으로 그리스도의 통치하에 있기 때문에 그는 그리스도의 사랑의 법에 따라(갈 6:2) 여자에게 인도자 역할을 해야 한다.

남자가 여자의 머리 됨이 직분 상으로만 그렇다고 생각되는 이유는 이 구절에 나타난 바울의 사상이 직분 관계를 염두에 둔 것이기 때문이다. "그리스도의 머리는 하나님이시라"라는 말씀도 직분상의 관계를 보여 주는 것이다. 하나님과 그리스도는 신성에 있어서 동등하시다. 다만 직분상으로 그리스도께서 하나님 아버지의 뜻을 성취하시기 위하여 이 세상에 오셨던 것이다.

"남자의 머리는 그리스도"라는 말씀도 직분을 염두에 둔 것이다. 그리스도는 직분상으로 남자 위에 계셔서 그를 중보하시며 그가 하나님 앞에 설 수 있게 해 주신다. 물론 존재론적으로도 그리스도는 인생의 머리이시다. 왜냐하면 그는 "창조의 근본"이시기 때문이다(계 3:14; 골 1:15, 17). 그러나 여기서 바울은 그리스도께서 특별히 중보자 직분으로 남자의 머리가 되신 사실을 생각한 것이다.

4 무릇 남자로서 머리에 무엇을 쓰고 기도나 예언을 하는 자는 그 머리를 욕되게 하는 것이요. 이것은 바울이 헬라인의 풍속을 그대로 채용하는 의미에서 말한 것이다. 헬라인의 풍속에 따르면 자유인의 특징은 머리에 무엇을 쓰지 않는 것이고, 종이나 여자는 두건을 써야 했다. 이와 반대로 유대인은 남자가 공식적인 예배 자리에서 머리에 무엇을 썼다. 이런 일들은 풍속에 관계된 것일 뿐이며 근본적인 진리에 속한 일들은 아니다. 그러므로 어떤 풍속이든지 그것이 죄악을 범하는 것이 아닌 한 신자는 그 풍속을 따르는 것이 어떤 의미에서는

양심적이다.

바울은 헬라의 풍속대로 남자가 공식 예배를 주관할 때 무엇을 쓰지 않는 것이 하나님의 창조 원리에 합당하다는 의미로 말한다. 남자의 머리는 그리스도이지만(3절) 그는 "하나님의 형상과 영광"이기 때문에(7절) 권세 아래 있는 표지(수건)를 머리에 두지 않아야 한다고 바울은 가르친다. 만일 남자가 머리에 무언가를 쓰면 그것은 그가 여자의 지위를 취하는 일과 같으며, 자기 자신의 머리에 스스로 부끄러움을 취하는 것이다. "기도나 예언을" 한다는 것은 공식 예배 석상에서 순서를 맡아 참여하는 것을 뜻한다.

5 무릇 여자로서 머리에 쓴 것을 벗고 기도나 예언을 하는 자는 그 머리를 욕되게 하는 것이니 이는 머리를 민 것과 다름이 없음이라. 바울은 여자들이 공식 석상에서 가르치는 것을 금하였다(14:34-36; 딤전 2:11). 그러나 그들이 공적인 자리에서 특별한 대상들에게 가르치는 일을 전적으로 금한 것은 아니다(딛 2:4). "기도나 예언"을 한다는 것은 회중을 대표하여 기도하거나 가르치는 것을 의미한다. 이런 일을 할 때 여자가 머리에 무언가를 써야 한다는 것은 헬라의 풍속이었다. 바울은 그것이 미풍양속이 되는 근거를 하나님의 창조 원리에 따라 설명한다(11:3, 7 하). 그러나 바울이 이 점에서 절대적인 규칙을 제정하는 것은 아니다(Lenski). 이것은 다만 한 나라의 풍속이 자연의 원리에 부합할 때, 또는 그것이 죄가 아닌 경우에는 그리스도인으로서 그 풍속을 따르는 것이 어떤 의미에서 양심적이고 순리에 따르는 것임을 가르친다.

"이는 머리 민 것과 다름이 없음이라." 여자가 머리를 완전히 미는 것은 여자로서 지킬 자연의 법을 어기는 것이기 때문에 합당치 않다. 그 자신이 그런 일에 부끄러움을 느껴야 한다.

6절. 이 구절 말씀은 하나의 풍자다. 이것은 앞절을 내용을 보강하기 위한 강조체 문장이다.

7 남자는 하나님의 형상과 영광이니 그 머리를 마땅히 가리지 않거니와 여자는 남자의

영광이니라. 남자가 하나님을 섬기는 공적 사역에서 머리에 아무것도 쓰지 않는 것이 원칙이다. 그 이유는 그가 하나님의 형상과 영광이기 때문이다. "하나님의 형상과 영광"이라는 말씀은 그가 하나님의 형상으로 지음을 받았을 뿐 아니라 특별히 하나님의 대리자로서 땅에서 만물을 정복할 직분을 받았다는 의미다(창 1:27-28). 이런 의미에서 인간계에서는 남자 위에 설 자가 아무도 없다. 따라서 그는 종속의 표지가 되는 두건을 쓸 필요가 없다.

"여자는 남자의 영광"이라는 말은, 여자는 남자를 영화롭게 할 자라는 뜻이다. 따라서 여자는 권세 아래 있는 자임을 드러내는 표로 머리에 수건을 써야 한다.

8-9절. 이 구절들은 직분에 있어서 여자가 남자에게 종속되어야 할 창조의 원리를 지적한다. 벤틀란트(W. D. Wendland)도 바울의 이 말씀이 인간 창조에 대한 모세의 기록에 비추어 이해되어야 한다고 하였다.[44)]

10 그러므로 여자는 천사들로 말미암아 권세 아래에 있는 표를 그 머리 위에 둘지니라. "천사들로 말미암아." 이 말씀에 대한 해석이 학자들마다 서로 다르다. ① 천사들은 여인이 창조될 때에 그 자리에서 참관하였기 때문에 여자의 지위를 잘 안다. 그들은 교회의 예배 자리에도 나타나기 때문에 여자들은 그곳에서도 권세 아래 있는 표지를 머리에 씀으로써 창조 원리에 순응해야 한다는 것이다. ② 어떤 이들은 여기서 "천사들"(ἀγγέλους)이라는 말이 교회의 교역자들을 의미한다고 주장한다. 다시 말해 여자들은 기도나 예언을 하는 경우 남자들의 권세 아래 있다는 표지를 교역자들 앞에서 나타내기 위하여 머리에 수건을 써야 한다는 것이다. ③ 또 어떤 학자들은 여기서 "천사들"이라는 말이 그 당시 불신 사회에서 교회에 참관했던 사람들을 의미한다고 주장한다.

---

44) Die Briefe an die Korinther, 82. "Dies Gedenken des Paulus sind nur aus der mosaischen Schöpfungsgeschichte zu verstehen. Das Weib ist aus dem manne und um seinetwillen geschaffen vgl. 1 Mose 2:18, 22-23, 1 Tim. 2:13."

다시 말해 그들이 교회 내에서 합당하지 않은 풍속을 목격하고 불신 사회에 좋지 못한 소문을 퍼뜨릴 것이기 때문에 그런 일을 막기 위해서는 여자들이 일반 대중의 풍속대로 예배 석상에서 머리에 수건을 써야 한다는 것이다.

이 세 가지 해석 중 첫째가 옳은 것이다.

11-12절. 여기서는 바울이 인권 문제에서 남녀가 동등함을 지적한다. ① 여자도 남자와 마찬가지로 생명의 은혜를 유업으로 받는데(벧전 3:7), 이것은 "주 안에서" 이루어진다(고전 11:11). ② 여자나 남자나 동일하게 하나님으로 말미암아 창조되었다는 점에서 양자는 창조 질서에 있어서 동등하다(12절). 이 두 가지는 남녀가 인권 문제에 있어서 동등함을 지적한다. 바울이 여기서 이 말씀을 하는 목적은 앞에서 "여자의 머리는 남자"라고 한 그의 강력한 교훈 때문에 혹시라도 남녀가 인권 문제에서 동등하다는 사실을 무시하는 독자들이 없게 하기 위해서다.

14-15절. 이 구절들은 머리카락의 길고 짧음에 대한 자연적 원리(창조 원리, 또는 본성)의 가르침을 존중할 것을 권면한다. 남자는 머리를 길게 기르지 않아야 하는 반면, 여자는 머리카락을 길게 보존해야 한다.

"본성"이라는 말은 헬라어로 "퓌시스"(φύσις)인데, 이는 인간의 도덕적 본성을 가리킨다(M. M. Findlay). 이것은 하나님의 창조 질서에 합당하게 반응하는 성품이다. 렌스키(R. C. H. Lenski)는 하나님의 창조 질서와 풍속의 관계에 대하여 그 요지를 다음과 같이 정리하였다.

1) 하나님의 창조에 관한 사실들은 영원히 변하지 않으며, 인간이 그러한 사실들을 있는 그대로 수용하지 않은 것은 잘못이다. 특별히 남녀의 차이점에 있어서 여자는 머리에 가리는 것(περιβόλαιον)이 있어야 한다는 것이 하나님의 창조 질서다.

2) 이 세상에는 창조 질서에 깊이 관여되지 않은 채 수시로 변천하는 풍속들이 많이 일어난다. 성경은 그런 것들에 관여하지 않는다. 다만 그러한 풍

속들 중에는 간혹 좋아 보이는 것들이 있기도 하고 좋아 보이지 않는 것들이 있기도 하다. 그리스도인들은 좋아 보이는 풍속들을 택하고 그렇지 않은 풍속들을 멀리해야 한다. 그러나 이런 선택이 반드시 종교적 이유에 근거해야 하는 것은 아니다.

3) 어떤 풍속은 창조 질서에 비교적 긴밀하게 뿌리내리고 있는데, 이는 합당한 일이다. 그러나 그런 풍속을 모든 나라에서 절대적으로 지키도록 요구할 것은 아니다. 왜냐하면 창조 질서에 위배되지 않으면서도 그와 똑같지 않은 풍속들이 있을 때 그것이 죄악이 아닌 한 정죄할 수 없기 때문이다.

4) 어떤 풍속은 창조 질서에 전적으로 위배된다. 그런 것은 바울이 여기서 반대한 것처럼 우리도 반대하여야 한다.[45]

16 논쟁하려는 생각을 가진 자가 있을지라도 우리에게나 하나님의 모든 교회에는 이런 관례가 없느니라. 여자가 머리에 두건을 쓰지 않고 공석에서 기도하거나 예언하는 일을 사도의 명령으로 금하였음에도 불구하고 어떤 사람들이 이에 반대한다면 그에게 대답할 말은 다음과 같다. 곧 사도들은 여자가 머리에 아무것도 쓰지 않고 기도하거나 예언하는 규례를 제정한 일이 없다는 것이다. 이것은 사도들의 권위에 호소하여 논쟁을 종결짓는 엄한 말씀이다.

2. 성찬 때에 무분별하게 행한 일들에 대하여(11:17-34)

17 내가 명하는 이 일에 너희를 칭찬하지 아니하나니 이는 너희의 모임이 유익이 못되고 도리어 해로움이라. 여기서 "이 일"이라는 말은 그다음에 나오는 고린도 교회의 분쟁에 관한 바울의 경계를 가리킨 듯하다. 고린도 교회의 분쟁은 어떤 것이었는가? 그것은 다음과 같다. 그들이 교회에 모여서 성찬을 올바르게 시행하

---

45) Interpretation of I and II Corinthians, 450-451.

지 않고 애찬을 가졌는데, 온 교회가 서로 사랑하는 가운데 그리한 것이 아니라 부유한 자들이 자기들끼리 먼저 먹고 가난한 자들은 소외시키는 일을 저질렀다. 그런 이유에서 두 무리 간에 알력이 생긴 것이다.

18 먼저 너희가 교회에 모일 때에 너희 중에 분쟁이 있다 함을 듣고 어느 정도 믿거니와. 여기서 "먼저"라는 말은 시간상의 순서를 가리키는 것이 아니라, 중요한 사안을 먼저 언급한 것뿐이다. "분쟁"은 헬라어로 "스키스마타"(σχίσματα)인데, 분열 혹은 당파를 의미한다. 분명히 그 교회에는 부유층과 빈곤층이라는 두 파가 존재했던 듯하다. 한 교회 안에 의견 차가 있다 해도 서로 겸손히 사랑으로 포용할 수 있는 정도라면 교회의 질서가 어느 정도 유지될 수 있다. 그러나 그들 사이의 의견 대립으로 인해 분열이 발생하는 정도라면 수습하기가 곤란하다. 그런 경우에는 옳지 않은 편이 속히 제자리를 찾아 바른길로 돌아와야 한다.

"어느 정도 믿거니와." 이 말씀은 풍문에 대한 바울의 신중한 태도를 보여 준다. 그는 그에게 들려오는 말을 모두 다 믿지는 않으려고 노력하였다.

19 너희 중에 파당이 있어야 너희 중에 옳다 인정함을 받은 자들이 나타나게 되리라. 헬라어 원문에는 이 구절 첫머리에 "왜냐하면"(γάρ)이라는 이유 접속사가 나온다. 그렇다면 이 구절은 앞절 말씀의 이유를 보여 준다. 바울이 고린도에서 들려오는 말을 어느 정도만 믿는 이유는 무엇인가? 그 이유는 다음과 같다. 곧 하나님께서 어떤 때는 교회 안의 신자들 사이에 의견 대립을 허락하신다. 또한 그렇게 되어야만 결국 옳은 편의 의견이 드러나게 된다. 그렇기 때문에 고린도 교회에도 신자들 사이에 그와 같은 대립이 있다는 말을 들었을 때 바울은 그런 일이 발생할 수도 있다고 생각하고 어느 정도 믿은 것이다.

그러나 바울은 고린도 교회 안에서 편 가르기가 오래 지속되지 않고 속히 옳은 편이 드러나서 제자리를 찾아가기를 원하였다. 그래서 그는 20-22절에서 옳지 않은 편을 비판한다.

20 그런즉 너희가 함께 모여서 주의 만찬을 먹을 수 없으니. 고린도 교회 내에 분쟁이 있었기 때문에(18절), 그들은 "주의 만찬"을 함께 먹을 수 없었다. 이 분쟁은 바로 성찬이 거행되는 장소에서 발생했는데, 따라서 성찬이 제대로 진행될 수가 없었다. 이 분쟁의 내막은 그다음에 나오는 21-22절이 밝혀 준다.

21 이는 먹을 때에 각각 자기의 만찬을 먼저 갖다 먹으므로 어떤 사람은 시장하고 어떤 사람은 취함이라. 그때는 "애찬"이라는 행사가 있었는데 여기서 그에 대해 설명하고 있다. 교회의 신자들이 애찬에 참여할 때 각각 자기가 먹을 것을 집에서 가지고 와서 먹었으며, 또한 식사 중에 성찬의 떡과 포도주를 돌린 것이다. 이처럼 애찬과 함께 성찬을 거행하는 일이 폐단을 가져왔기 때문에 후에 카르타고 공의회는 애찬 풍습을 폐지시켰다.[46)]

"어떤 사람은 시장하고 어떤 사람은 취함이라." 다시 말해 가난한 자는 집에서 가져올 것이 없었기 때문에 시장하고, 부자는 과식하고 술에 취하는 불공평한 결과를 연출하였다는 말이다. 이와 같은 상황에서는 서로 간에 파당이 생길 수밖에 없다. 그런 상황에서 어떻게 성찬이 거룩하게 거행될 수 있겠는가?

22절. 고린도 교회 신자들은 애찬도 애찬답게 시행하지 못했을 뿐 아니라 그것과 성찬을 혼합하여 거행했는데(21절 주석 참조). 그것은 ① 하나님의 교회를 업신여긴 것이고 ② 빈궁한 신자들을 부끄럽게 만든 잘못이다. 바울은 이 죄악을 꾸짖는다.

23 내가 너희에게 전한 것은 주께 받은 것이니 곧 주 예수께서 잡히시던 밤에 떡을 가지사. 헬라어 원문에는 이 구절 첫머리에도 "왜냐하면"(γάρ)이라는 이유 접속사가 있는 것을 볼 때 이 구절 이하에서 앞절의 이유를 밝히는 것이 분명하다. 앞절에서 바울은 고린도 교인들을 칭찬할 수 없다고 말하였는데, 그 이유는

---

46) Augustine's Antiquities of the Christian Church, 1, 299.

주님이 명하신 성찬의 거룩한 성격에 비추어 볼 때 고린도 교인들이 과실을 범했기 때문이다.

"주께 받은 것." 이 말은 그가 성찬에 관한 교훈을 다른 사도들로부터 간접적으로 들은 것이 아니라 주님께 직접 받았다는 뜻이다(Hodge). 물론 이것은 그가 계시를 통하여 성찬에 대한 주님의 교훈을 받은 것을 가리킨다. 사도행전 18:9, 22:18, 23:11, 27:23-25, 갈라디아서 1:12, 2:2, 그리고 고린도후서 12:7을 보면, 바울은 계시를 통해 주님의 말씀을 받은 일이 많이 있었다.

24-26절. 바울은 여기서 성찬에 대하여 예수님이 말씀하신 바를 소개하면서 신자들이 성찬을 거행할 때 신중을 기해야 할 것을 지적한다.

성찬의 의미에 대하여 학자들은 의견의 일치를 보지 못하였다. 달만(Dalman)은 "내 몸"이라는 단어가 본래 아람어였다면 그것이 "나 자신"이라는 뜻으로도 번역될 수 있다고 하면서, 이것은 성찬이 시행될 때 예수님께서 그 자리에 함께하실 것을 의미한다고 하였다. 그러나 이것은 성찬의 속죄적 의미를 약화시키는 해석이다. 또 다른 학자는 성찬이 유월절과만 관계되는 것이고 예수님은 유월절 양으로만 비유되었다고 주장한다. 그러나 예수님은 최후의 만찬 석상에서 양을 지적하여 말씀하신 일이 없다. 성찬은 유월절에 관계된 것이지만 그와 동시에 예수님 자신이 드리시는 속죄제사가 구약의 모든 희생제사(특히 시내산에서 드린 속죄제사)를 성취한다는 사실을 상기시키는 것이다. 이런 의미에서 성찬은 구속사적 의미를 가지고 있다. 또 다른 학자는 말하기를, 예수님께서 성만찬을 잡수시면서 성찬 예식을 제정하실 때 자기가 십자가 위에서 죽으실 것을 그 예식을 통해 모형적으로 실행하신 것이라고 주장한다. 그러나 이것은 그릇된 학설이다. 성찬은 예수님께서 죽으심으로 이루어진 사죄, 축복, 평안, 희락, 구원을 이제부터 그의 백성에게 주신다는 의미를 가질 뿐이고, 십자가에서 죽으심을 상징하는 모형적 실행이 아니다. 다시 말해 성찬은 죽으심의 실행이 아니고 죽으신 결과로 그의 백성이 받을 축복을 나누어 주는 일이다. 떡을 떼신 것은 그의 몸이 상처를 입는 광경을 표시하는 것이 아니고 그 상하신 몸의 영적 혜택을 그 백성에게 나누어 주신 것이다.

상징과 물질 간의 연관관계를 다루는 데 있어서 떡과 포도주가 실제로 예수 그리스도의 육체적 요소로 변화한다는 화체설이나 공재설은 그릇된 학설이다. "이것은 내 몸이라."라는 말씀은 비유일 뿐이다. 그것은 마치 "너희는 세상의 소금이라."라는 은유와 유사한 표현이다.

성찬에 대한 참된 해석은 다음과 같다. ① 성찬은 주님 자신이 죽으시는 광경을 보여 주는 예식이라기보다는 속죄의 죽음의 결과를 나누어 주는 예식이다. ② 성찬의 효과는 거기에 사용되는 물체의 본질과 관계된 것이 아니다. 다시 말해 떡이라는 물체가 변하여 살이 되거나, 또는 그것이 어떤 형태로든 그리스도와 관계되어야만 성찬의 효과가 발생하는 것이 아니다. 성찬의 효과는 오직 그리스도께서 약속하신 말씀에 달려 있다. 약속하신 분도 그리스도이시며 축복하실 분도 그리스도이시다. ③ 성찬이 주는 효과는 다만 복음을 듣는 것만큼의 효과를 가질 뿐이다. 성찬의 권위는 산상보훈이나 기타 복음 전도의 권위와 동일한 것이다.

27 그러므로 누구든지 주의 떡이나 잔을 합당하지 않게 먹고 마시는 자는 주의 몸과 피에 대하여 죄를 짓는 것이니라. 이것은 성찬을 거행할 때 고린도 교회가 저지른 잘못을 지적하는 말씀이다. 고린도 교회 교인들이 모여서 애찬을 벌임으로써 빈부 간에 차별을 두었기 때문에 피차간에 만족스럽지 못한 결과를 낳았다(21-23절). 성찬을 그런 식으로 거행하는 것은 합당하지 않다. "주의 몸과 피에 대하여 죄를 짓는"다는 말은 주님의 몸과 피를 잘못된 방법으로 다루는 것을 가리키는데 이것은 커다란 죄악이다.

28 사람이 자기를 살피고 그 후에야 이 떡을 먹고 이 잔을 마실지니. "자기를 살피

고"라는 말은 예수님의 죽으심이 속죄의 효력이 있는 것이라는 사실을 자기 자신이 깨닫고 있는지 살피는 것을 가리키며, 또한 자기의 죄를 살펴 회개하는 것을 의미한다.

29 주의 몸을 분별하지 못하고 먹고 마시는 자는 자기의 죄를 먹고 마시는 것이니라. 주의 몸을 분별하지 못한다는 것은 성찬을 일반 음식과 같이 취급하며 먹는 것을 뜻한다. 그리고 "죄를 먹고 마신다."라는 표현이 헬라어 원문에는 심판(κρίμα)을 먹고 마신다고 되어 있다.

30 그러므로 너희 중에 약한 자와 병든 자가 많고 잠자는 자도 적지 아니하니. "약한 자"는 몸이 약해진 자를 뜻하고, "잠자는 자"는 별세한 자를 뜻한다. 그들이 약한 자와 잠자는 자가 된 이유는 성찬을 일반 음식과 같이 다루는 죄악을 범했기 때문이다.

31 우리가 우리를 살폈으면 판단을 받지 아니하려니와. 여기서 "살피다"라는 말은 회개를 뜻한다. 그때에 고린도 교회 신자들이 회개하는 심정으로 성찬을 받았다면 정죄를 면할 뻔하였다.

32 우리로 세상과 함께 정죄함을 받지 않게 하려 하심이라. 하나님께서 이처럼 성찬에 대하여 범죄한 자들을 징계하신 목적은 그들이 그런 벌을 받고 회개하도록 하시려는 것이었다. 죄인들이 육신으로는 죽는 데까지 이르는 징계를 받게 하셔서라도 그들의 영혼이 구원받도록 하시려는 것이 하나님의 사랑이다(고전 5:5).

33 그런즉 내 형제들아 먹으러 모일 때에 서로 기다리라. 다시 말해 일부 회원들이 음식을 가지고 교회에 와서 먼저 먹었기 때문에 성도들 전체의 교제가 되어야 할 성찬이 의미를 상실해 버린 것이다. 그들은 성찬을 애찬과 혼동함으로써 성찬을 하나의 사회적인 성격을 가진 행사로 만들어 버렸고 그것마저도 질서 없이 시행함으로써 타락시켜 버렸다. 바울은 여기서 그러한 폐단을 교정한다.

34 만일 누구든지 시장하거든 집에서 먹을지니 이는 너희의 모임이 판단 받는 모임이 되지 않게 하려 함이라 그 밖의 일들은 내가 언제든지 갈 때에 바로잡으리라. "시장하거든

집에서 먹을지니." 그 당시 고린도 교회 신자들은 진정한 의미에서 성찬을 거행하기보다는 연회의 목적으로 모여서 음식을 나누어 먹었다. 그러므로 바울은 이런 잘못된 풍습을 금지시켰다. 그들이 그렇게 성찬을 그릇되게 시행하면 하나님의 "판단"(심판)을 받을 수밖에 없다(30절). "그 밖의 일들"이라는 말은 앞에서 말한 성찬 관련 문제 이외의 다른 문제들을 가리킨다.

설교 성찬의 의의(고전 11:23-34)

성찬 제도는 사도가 전해 준 것이기 때문에 우리는 이를 행해야 한다. 하나님께서는 우리에게 주시고자 하시는 것들을 사도들을 통해 주신다.

1. 성찬은 주님의 죽으심을 기념하는 행사다

"이것을 행"한다는 것은 성찬의 떡을 먹는 일을 가리키는데, 이것은 주님이 우리 죄를 대속하시기 위해 당하신 죽음을 마치 "떡을 먹는 것처럼" 믿는다는 것을 상징한다. ① 떡을 먹는 것처럼 믿는다는 것은 신앙을 추상적인 이상으로 대하는 것이 아니라 음식을 먹고 마시는 것처럼 실제적으로 나에게 효력을 미치는 행위로 받아들이는 것을 의미한다. 믿는다고 말하면서 그대로 행하지 않는 것은 사실상 믿음이 아니다. 예수께서 "나"를 위하여 죽으셨음을 아는가? 그렇다면 죄 있는 자는 구주 예수의 속죄의 공로를 섭취해야 한다. 그것이 죄를 용서받는 길이다. 그런데 이렇게 하는 것은 예수를 너무 단순하게 믿는 것처럼 여겨진다. 그렇다! 단순하다. 단순하게 믿는 것이 주님의 무궁한 속죄의 효력 앞에서 우리가 취해야 할 안식을 위한 결단이다. 만일 진실하기만 하다면 단순한 것이 오히려 문제를 해결하는 강력한 힘이 있다. 죄 때문에 언제나 고민에만 잠겨 있는 것은 사실상 불신앙이다. ② 주님의 속죄를 음식 먹듯이 믿는다는 말은 속죄 신앙이 어떻게든 우리 영혼의 깊은 곳까지 침투해 들어가서 뿌리를 내려야 한다는 의미이기도 하다. 이것은 우리의 신앙생활이 내면을 향해야 할 필요성을 보여 준다. 신앙생활에서 겉치레에 열중하는 자들은 사실상 구주 예수를 마음속에 확고하게 모시지 않은 자들이다. 그들은 음식을 먹는 것처럼 믿는 자들이 아니라 음식물을 토해 내듯이 믿는 자들이다. 그들은 아직도 예수님의 속죄의 공로를 우리가 먹지 못할 음식으로 여기는 자들이다. 음식은 우리 속에 들어가서 우리 몸의 일부가 된다. 그와 같이 그리스도에 대한 믿음도 신자의 속 깊은 곳까지 들어가서 참된 살이 되어야 한다. ③ 예수 그리스도의 속죄의 죽음을 음식 먹듯이 믿는다는 말에는 또 한 가지 뜻이 있다. 다름 아니라 그것을 먹을 때 심령의 만족을 얻는다는 것이다. 사람이 좋지 못한 음식을 먹으면 목숨을 잃는다. 그러나 좋은 음식을 먹으면 생명을 유지하고, 만족을 얻고, 기쁨이 충만해진다. 이처럼 우리가 그리스도의 죽음을 속죄의 공로로 믿으면 영적으로 만족과 기쁨을 얻는다.

2. 우리가 예수 그리스도의 속죄의 죽음을 먹고 마시듯이 믿을 수 있게 된 근거는 어디에 있는가?

인생이 하나님의 아들이 당하신 죽음의 효력을 이처럼 받아 누릴 권리가 있을까? 인생들에게는 아무런 권리가 없다. 그러나 그들이 주님의 죽음의 효용을 그와 같이 누릴 수 있는 이유는 그리스도께서 친히 우리를 위하여 죽어 주셨기 때문이다. 이것은 본문에서 "너희를 위하는 내 몸"이라는 말(24절)과 "내 피로 세운 새 언약"(25절)이라는 표현을 통해 분명히 알려진다.

그리스도는 영원토록 우리를 위하시는 분이라고 계시되었다. 이 세상 다른 어떤 종교에서도 속죄하시는 하나님의 사랑을 가르치지 않는다. 기독교의 성경만이 이것을 말해 준다. 구약에서는 짐승의 피가 하나님의 아들의 피를 상징했고 신약 시대에는 하나님의 아들이 친히 사람이 되셔서 죄인들을 대신하셨고, 승천하실 때 인생의 몸을 그대로 지니신 채 하늘로 올라가셔서 영원히 인생을 위하여 중보하시는 분으로 계신다. 그는 영원토록 우리를 위하시는 분이다. 무엇보다도 그가 죽으심으로써 우리 죄를 사하기 위한 대속물이 되신 것은 모든 구원 운동의 기본이다. 그는 우리를 위하여 자신을 내어 주셨다.

더욱이 그는 죽으심으로써 하나님의 백성들과 새 언약을 체결하셨다. 언약이라는 것은 변할 수 없는 것이다. 모든 참된 것과 도덕의 근본은 언약이다. 하나님께서 특별히 그의 백성에게 옛 언약, 곧 구약을 주셨고 또한 구약의 성취로서 새 언약을 주셨다. 구약은 신약을 통해 명맥을 이어간다. 우리는 예수 그리스도의 속죄의 죽음을 가능케 해 준 하나님의 언약을 통해 죄 사함이라는 효용을 누린다. 하나님은 진리의 최고봉인데, 만일 우리가 그를 통해 세워진 언약을 신뢰하지 못한다면 무엇을 신뢰할 수 있겠는가? 하나님의 언약을 믿지 못하는 자는 아무것도 믿지 못하는 자다.

제 12 장

⚘ 개요

신령한 은사들에 대하여(1-31절)

선지자 요엘은 예언하기를, 장차 메시아의 시대에 남종과 여종들에게 성령을 풍성히 부어 주시겠다고 하였다(욜 2:29). 이 예언대로 신약 시대 초기에 오순절 성령이 강림하셨으며, 이에 따라 그 시대의 성도들은 여러 가지 초자연적인 은사들을 받게 되었다. 하지만 이때에 성도들이 은사를 다루는 방식에 있어서 무질서한 경우들이 발생했다. 그러므로 바울은 여기서 여러 가지 은사들과 관련하여 주의사항을 자세히 가르친 것이다.

1. 사람들이 받았다고 주장하는 은사가 과연 성령으로부터 말미암은 것인지 분별하는 원칙은, 은사를 받은 자가 그리스도에 대하여 어떻게 말하는지 알아보는 것이다(고전 12:1-3).

2. 만일 은사가 진정한 것이라면 그것은 삼위일체이신 하나님에게서 유

래한 것이며 그 목적은 교회를 유익하게 하는 것이다(4-7절).

3. 은사의 종류(8-10절)

4. 이 은사들은 하나님의 주권에 의하여 성령이 각 사람에게 분배하여 주셨다(11절).

5. 교회를 몸에 비유함

1) 몸이 많은 지체를 가졌으나 하나인 것처럼 교회도 하나다(12절).
2) 하나로 이루어진 몸은 여러 지체로 나타난다(13절).
3) 한 지체는 다른 지체를 무시하지 못하며 전체로부터 독립해서 존재하지 못한다(14-16절).
4) 몸의 각 지체는 하나님께서 그 자리에 있게 하신 것이기 때문에 어느 지체든지 다른 지체에 대해 쓸모없는 것이라고 말할 수 없다(17-21절).
5) 연약해 보이는 지체들이 더욱 보호를 받고 중요하게 여겨져야 하는데, 이것은 각 지체들 간의 상부상조 정신을 보여 준다(22-25절).
6) 지체들은 동고동락해야 한다(26절).
7) 결론(27-31절).

앞의 개요는 찰스 하지(Charles Hodge)의 고린도전서 주석 237-239쪽을 참조하였다.

⚘ 해석

3. 영적 은사들에 대하여(12:1-14:40)

(1) 은사들의 다양성, 단일성, 또한 그것들의 목적(12:1-11)

1-3절. 신령한 은사에 대한 이해

1 형제들아 신령한 것에 대하여 나는 너희가 알지 못하기를 원하지 아니하노니. "신령한 것"이라는 용어는 하나님께서 그리스도 안에 있는 자들에게 주신 모든 은혜를 가리킨다. 그중에서 어떤 것들은 그들의 자연적 재능에 근거한 것이고 어떤 것들은 순전히 초자연적인 기원을 가진 것이다(Lenski).

"너희가 알지 못하기를 원하지 아니하노니." 이 말씀은 바울의 문체 중 하나다. 이것은 논리를 강조하기 위하여 사용된다(살전 4:13; 롬 1:13; 고전 10:1 참조).

2-3 너희도 알거니와 너희가 이방인으로 있을 때에 말 못하는 우상에게로 끄는 그대로 끌려 갔느니라 그러므로 내가 너희에게 알리노니 하나님의 영으로 말하는 자는 누구든지 예수를 저주할 자라 하지 아니하고 또 성령으로 아니하고는 누구든지 예수를 주시라 할 수 없느니라. 바울은 고린도 교인들에게 그들이 믿기 전의 생활 상태와 믿은 후의 그것을 비교해 보라고 권한다. 그들은 이 같은 비교를 통하여 신령한 은혜가 무엇인지를 깨달을 수 있다. 그들이 믿기 전에는 우상에게 끌려 다녔다. 그들은 말 못하는 우상으로부터 생명력 있는 일들을 경험할 수 없었다. 그러나 믿은 후에는 그들의 생활이 완전히 달라졌다. 그들은 성령의 역사를 통해 은혜를 받아서 예수를 "주"라고 부르게 되었다. 이것이 신령한 은혜 중에서도 가장 근본이 되는 은혜다. 아무 다른 은혜가 없다 해도 이것 하나만으로 신자에게

는 족하다.

이렇게 예수님을 주로 받아들이는 것이 성령의 은혜 가운데 근본이 되며, 다른 모든 은사들은 이 근본적인 은혜를 중심으로 삼는다. 예수님을 주님으로 삼고 그를 중심으로 역사하는 것은 무엇이나 참된 은혜다. 그러므로 그리스도를 중심으로 삼는지 여부가 다른 모든 은사들의 진위를 결정하는 시금석이다.

4-6 은사는 여러 가지나 성령은 같고 직분은 여러 가지나 주는 같으며 또 사역은 여러 가지나 모든 것을 모든 사람 가운데서 이루시는 하나님은 같으니. 이 말씀은 신령한 은사들이 결국 동일하신 삼위일체 하나님에게서 온 선물이라는 점을 지적한다. 그리고 어떤 은사든지 그 자체는 성령으로 말미암은 것이며, 직분상으로는 주께서 주관하시는 것이며 주를 위한 것이다.[47] 또한 은사의 역사를 보면 그것은 하나님 아버지에게서 유래한 것이다. 바울은 여기서 모든 은혜가 삼위일체 하나님께 통합적으로 속한 것이라고 말함으로써 모든 은사의 소유자는 서로 한 몸 된 사랑으로 봉사하여야 할 것을 강조한다. 이 사랑의 봉사에 대하여 다음 구절이 밝히 설명하고 결론을 맺는다.

7 각 사람에게 성령을 나타내심은 유익하게 하려 하심이라. "성령을 나타내심"이라는 말씀은 4절에 나오는 "은사"라는 단어를 해설한 것이다. "유익"이라는 말은 헬라어로 "쉼페론"(συμφέρον)인데 공동의 유익을 의미하며, 특히 여기서는 교회의 유익을 가리킨다.[48]

8-10 어떤 사람에게는 성령으로 말미암아 지혜의 말씀을, 어떤 사람에게는 같은 성령을 따라 지식의 말씀을, 다른 사람에게는 같은 성령으로 믿음을, 어떤 사람에게는 한 성령으로 병 고치는 은사를, 어떤 사람에게는 능력 행함을, 어떤 사람에게는 예언함을, 어떤 사람에

---

47) 계 1:13, 16; 2:1; 3:1; 고전 4:1; 8:6; 롬 12:11; 14:4-9; 마 25:40.

48) Wendland, Die Briefe an die Korinther, 94. "Alle diese Geistesgaben sollen der Gemeinde dienen."

게는 영들 분별함을, 다른 사람에게는 각종 방언 말함을, 어떤 사람에게는 방언들 통역함을 주시나니. "지혜의 말씀"이란 하나님이 계시하신 지혜, 곧 복음에 대해 성령으로 말미암아 영적 이해를 얻는 것을 가리키는데, 이것이 최고의 은사다. 이 은사는 그것을 소유한 사람뿐만 아니라 다른 사람들까지도 살리는 영적 지혜에 속하는 말씀이다. 이와 같은 지혜는 이 세상 지혜와 엄격히 구별되어야 한다(고전 1:20; 2:5-6, 13; 3:19; 고후 1:12; 약 3:15).

"지식의 말씀"이라는 것도 복음에 관계된 것이지만, 여기서는 특별히 역사적인 자료들을 다루는 활동과 관계된 것이다. 이것은 복음을 변증하고 해설하는 데 있어서 필수 불가결한 귀한 요소다. 이와 관련하여 본문에 "같은 성령을 따라"라는 말이 나오는데, 여기서 "따라"(κατά)라는 용어는 표준을 가리킨다. 그리스도인은 복음을 말함에 있어서 일반 지식도 사용하지만, 그렇다고 해서 복음의 원리를 어기는 지식적 방법이나 지식 자료를 사용하지는 않는다. 이런 지식은 성령의 인도를 통해서만 얻어진다.

"같은 성령으로 믿음을." 여기서 "믿음"이란 구원 얻는 믿음(fides salvifica)을 의미하지 않고 권능을 행하게 하는 믿음(fides miraculosa)을 가리킨다(마 17:20; 21:21; 고전 13:2). 이런 믿음은 구원 얻는 믿음을 소유하지 못한 자들도 가지는 경우가 있다(마 7:22).

"병 고치는 은사." 이는 특별히 사도 시대에 특징적으로 나타났던 은사라고 할 수 있는데, 그렇다면 이후에는 교회 시대에 이 같은 은사가 전혀 없다고 단언할 수 있을까? 개혁파 신학자들은 그렇다고 단언하면서 다만 "특별 섭리", 혹은 "일반 이적"이라고 할 만한 신유의 권능은 오늘날에도 나타난다고 말한다. 그것은 다름 아니라 신자가 병자를 위하여 기도할 때 즉시 완쾌되지는 않지만 의외로 병세가 호전되는 일과 같은 것이라고 한다.

렌스키(Lenski)는 다음과 같이 말한다. "사도 시대에 신유의 은사를 가진 자들이 병을 고친 것은 성령의 지시가 있을 때에만 실행한 일이다. 말하자면 그들이 병자를 만날 때마다 언제나 그 같은 권능을 자의로 나타낸 것이 아니고 다만 성령의 지시에 따라서만 그 권능이 나타나도록 행동하였다."[49] 그의 학설은 참고할 만하다.

"능력 행함." 여기서 "능력"이라는 말은 어려운 일을 감당하게 해 주는 힘, 또는 극도의 고난을 이겨 낼 수 있게 해 주는 역량을 가리킨다. 우리는 바울의 삶에서 이런 면을 많이 볼 수 있다(고후 11:23).

"예언함." 신약 시대 대언자들의 예언은 구약 시대의 예언과 성격상 다른 점이 있다. 신약 시대의 예언자들은 모든 교회에 근본적인 중요성을 지닌 말씀을 전한 것이 아니다. 그들은 초기 교회가 특수한 환경에서 알아야 할 것, 또는 행하여야 할 것을 단편적으로 알려 주었을 뿐이다. 그들의 예언 가운데 신약성경에 기록된 사례는 많지 않다(행 11:28; 21:11 참조).

"영들 분별함"(요일 4:1 참조). 악령은 사람들에게 거짓 예언도 시키고 이적도 행하게 한다(행 19:13). 그러므로 신자들이 하님의 영과 악령의 역사를 구별하는 것은 단순한 일이 아니다(고후 11:14; 마 24:23 참조).

"각종 방언 말함." 신자들이 방언을 말하게 되리라는 주님의 약속은 마가복음 16:17에 기록되어 있는데, 주님이 약속하신 대로 오순절 성령 강림 시에 그 일이 성취되었고(행 2장) 가이사랴에서도 그와 같은 현상이 나타났다(행 10:44-46).

각종 방언을 말함에 대하여 ① 크레머(Cremer)는 그의 저서에[50] 말하기를, 초기 교회 신자들이 각종 방언을 말했다는 것은 사실상 여러 나라 언어를 구사했다는 것이 아니다. 그들은 새로운 세계의 말을[51] 했던 것뿐이라고

49) Interpretation of Ⅰ and Ⅱ Corinthians, 502.

50) Biblisch-theologisches Woerterbuch der Neutestamentlichen Graezitaet.

51) die Sprache der neuen Welt, der Erloesten und Seligen.

하였다. 크로샤이데(Grosheide)는 이것이 이적적인 영적 방언이라고 하였는데,[52] 크레머의 해석과 유사하다. ② 렌스키(Lenski)는 이것이 문자 그대로 여러 나라 언어를 말한 것을 가리킨다고 하였다. 그러나 고린도 교회에서 방언한 사람들의 방언은 다른 사람들이 이해하지 못하는 영적 방언이었다고 고전 14:2이 지적한다. 그렇다면 어찌하여 한 가지의 영적 방언을 가리켜 "각종 방언"이라고(12:10) 하였을까? 크로샤이데(Grosheide)는 대답하기를 한 가지의 영적 방언이라도 여러 가지 성격으로 나타난 것이기 때문에 "각종"이라고 묘사했다고 하였다.[53]

"방언들 통역함." 14:5, 13, 26-28을 참조하라.

11 이 모든 일은 같은 한 성령이 행하사 그의 뜻대로 각 사람에게 나누어 주시는 것이니라. 여기서 모든 은사를 ① "같은 한 성령"이 주셨다고 하였는데, 이 말은 이 모든 은사의 소유자들이 서로 하나 되며, 서로 존중하며, 서로 도와주어야 할 것을 암시하고 ② "그의 뜻대로"(성령의 기쁘신 뜻대로) 나눠 주셨다고 하였는데, 이 말은 그런 은사를 주는 일은 전적으로 성령님의 주권에 달려 있다는 것이다. 그렇다면 인간 편에서는 이런 은사를 받거나 받지 못한 일로 인해 불평하거나 시기하거나 자랑할 수 없다. 이런 은사를 나눠 주는 권한이 오직 성령님께 있다는 사실은 우리 인간들에게 막대한 축복이다(Lenski).

(2) 교회의 단일성을 사람의 몸에 비유함(12:12-31)

12-13절. 이 구절들에서 바울은 교회의 구조가 단일성과 다양성을 함께 지니고 있다는 것을 역설한다. 그는 이것을 인체의 구조에 비유한다. 교회를

---

52) The new International Commentary on the New Testament, The First Epistle to the Corinthians, 222-289.

53) Ibid., 289.

몸에 비유하는 것은 바울 신학의 특징 가운데 하나다.

12 몸은 하나인데 많은 지체가 있고 몸의 지체가 많으나 한 몸임과 같이 그리스도도 그러하니라. 바울은 이 구절에서 교회가 단일성을 가지는 동시에 그 안에 은사의 다양성이 존재한다는 사실을 강조하기 위하여 동일한 이치를 반복하여 말한다.

"그리스도도 그러하니라"라는 말씀은 그리스도의 몸 된 교회도 그러하다는 뜻이다. 교회는 모든 지체들이 사랑으로 연합하는 단일성을 가진 단체이기 때문에 사람의 몸 외에 다른 것에 비유하기 어렵다. 교회의 단일성은 모래 무더기와 같은 것에 비유할 수 없다. 모래 무더기는 모래알로 쌓여 있는 단일체이지만 모든 모래알이 서로 진정한 의미에서 결합되지 않았다. 따라서 조금만 바람이 불어도 저마다 날아가서 흩어진다. 교회는 결단코 사람 무더기가 아니다. 한 걸음 더 나아가서 단일성을 지닌 교회를 어떤 기계에 비교할 수도 없다. 기계는 여러 가지 부품이 정밀하게 조립되어 이루어진 것이다. 그러나 거기에는 자유와 생명이 없다. 그러므로 그리스도 교회를 비유하기에 인체만큼 적합한 것은 없다.

13 우리가 유대인이나 헬라인이나 종이나 자유인이나 다 한 성령으로 세례를 받아 한 몸이 되었고 또 다 한 성령을 마시게 하셨느니라. 이 말씀은 그리스도의 교회가 어떻게 해서 한 몸이 되었는지 그 내막을 알려 준다. 교회 안의 모든 지체들이 하나가 된 원인은 그들이 다 함께 성령의 세례를 받았다는 사실에 있다. 그러므로 이 연합은 영적 긴밀성을 통해 이루어진 것이며 자유와 생명이 있는 연합이다.

"다 한 성령으로 세례를 받아." 진정한 세례에는 성령의 역사가 동반되는데, 이런 의미에서 예수님도 "사람이 물과 성령으로 나지 아니하면 하나님의 나라에 들어갈 수 없느니라"라고 하셨다(요 3:5).

"다 한 성령을 마시게 하셨느니라." 이것은 비유이며, 성령의 은혜를 "생수"에 비유한 요한복음 말씀(4:14; 7:37-38)에 비추어 잘 이해된다. 신령한 은혜의 섭취를 먹고 마시는 일에 비유한 것 역시 예수님의 교훈에 근거한다(요 6:53-56). 이것은 사람이 믿음을 통하여 신령한 은혜를 자기 자신과 화합시키는(히 4:2) 것을 잘 드러내 주는 비유다. 이처럼 한 분이신 성령의 은혜를 뼛속 깊이 받은 자들은 자연스럽게 서로 뭉쳐 한 몸처럼 될 것이 확실하다.

14 몸은 한 지체뿐만 아니요 여럿이니. 그리스도 교회는 앞의 13절에서 말한 바와 같이 모든 지체들이 친밀하게 한 몸같이 연합하여 이루어진 단일체이다. 그러나 그리스도인들은 언제나 이 단일체가 동시에 다양성을 지닌 여러 지체들로 구성되어 있다는 사실을 잊어서는 안 된다. 바울이 이 부분에서 교회에 대하여 말하면서 그 단일성을 말할 때는 그처럼 다양성을 지닌 지체들의 존재를 기억시키며, 또한 그 지체들의 다양성에 대해 말할 때는 그들이 서로 협력하여 이루어 가야 할 교회의 단일성을 강조한다. 그가 이런 어법을 사용하는 이유는 교회의 단일성과 다양성이 서로 분리할 수 없는 것이기 때문이다. 다양성을 살려서 유지하지 못하는 단일성도 진정한 교회에 마땅치 않고, 단일성을 잃은 다양성도 마찬가지다. 각 지체는 몸의 단일성을 잃지 않기 위하여 다른 지체들을 존중해야 한다. 이 점에 대하여 15-27절에서 자세히 말한다.

15-16절. 만일 다른 지체가 자신과 다르다고 하여 우리가 서로 한 몸이라는 원리를 부인한다면 그것은 자신을 몸 전체에서 분리시키는 잘못이다. 바울은 여기서 발과 손, 귀와 눈의 관계를 들어서 이 진리를 밝힌다. 내가 남들과 다르다고 해서 함께 연관성을 가진 공동체로서 협력하기를 거부한다면 그것은 사실상 자기 자신을 부인하는 어리석은 일이다.

이로써 몸에 붙지 아니한 것이 아니니. 사도 바울은 이 표현을 15-16절에 반복해서 사용함으로써 진리를 두드러지게 강조한다. 곧 내가 몸에 붙지 않았다고 스스로 선언한다 해도 사실은 그럴 수 없다는 것이다.

17 만일 온 몸이 눈이면 듣는 곳은 어디며 온 몸이 듣는 곳이면 냄새 맡는 곳은 어디냐. 이 말씀은 또 다른 이유를 들어서 다른 지체들의 절대적인 필요성을 드러낸다. 그것은 몸이 한 가지 지체만으로는 성립될 수 없다는 것이다.

18-21 그러나 이제 하나님이 그 원하시는 대로 지체를 각각 몸에 두셨으니 만일 다 한 지체뿐이면 몸은 어디냐 이제 지체는 많으나 몸은 하나라 눈이 손더러 내가 너를 쓸 데가 없다 하거나 또한 머리가 발더러 내가 너를 쓸 데가 없다 하지 못하리라. 많은 지체가 한 몸을 구성하는 것은 하나님께서 세우신 원리다(18절). 몸의 각 지체는 서로 협력하도록 지어졌다. 이 원리는 그리스도 교회의 단합을 가르치는 것이며, 신자들은 하나님께서 세우신 이러한 원리에 순종해야 한다. 지체들이 각각 다른 기능을 발휘하도록 지어진 것은 서로 분리되어도 좋다는 의미가 아니라 오히려 모든 지체가 다른 지체들의 도움을 필요로할 뿐만 아니라 다른 지체들을 도와주어야만 한다는 것을 의미한다. 예를 들면 눈은 손의 도움이 필요하고, 머리는 발의 도움을 무시할 수 없다. 이처럼 신자들은 각각 받은 은사가 다르기 때문에 서로 협력하고 화합하여 주님의 몸 된 교회를 받들어야 하는 것이다.

22-24 그뿐 아니라 더 약하게 보이는 몸의 지체가 도리어 요긴하고 우리가 몸의 덜 귀히 여기는 그것들을 더욱 귀한 것들로 입혀 주며 우리의 아름답지 못한 지체는 더욱 아름다운 것을 얻느니라 그런즉 우리의 아름다운 지체는 그럴 필요가 없느니라 오직 하나님이 몸을 고르게 하여 부족한 지체에게 귀중함을 더하사. 이 부분에서는 우리의 몸에서 "더 약하게 보이는 지체, 덜 귀히 여기는 그것들, 아름답지 못한 지체, 아름다운 지체"가 있음을 지적하는데, 이것은 그 지체들의 기능을 염두에 둔 것이 아니라 지체들의 모양을 가리키는 것이다. 이처럼 하나님께서는 한 몸에 여러 모양의 지체들을 지으시고 필요에 따라 그것들을 보호하며 감싸 주도록 하여 몸의 조화를 이루게 하신 것이다.

25 몸 가운데서 분쟁이 없고 오직 여러 지체가 서로 같이 돌보게 하셨느니라. 몸의 지

체들이 연대책임을 가지고 서로 돕기 때문에 분쟁이 없는 것처럼 그리스도의 몸 된 교회도 그러한 원리에 따라 장성해야 한다는 것이다. 여기서 "분쟁"(σχίσμα)이라는 말은 교회의 분열을 염두에 둔 용어다. 그리고 "서로 같이 돌보게"(ὑπὲρ ἀλλήλων μεριμνῶσιν) 한다는 말은 교회의 연합을 이루는 요긴한 작업을 가리킨다.

26-27 만일 한 지체가 고통을 받으면 모든 지체가 함께 고통을 받고 한 지체가 영광을 얻으면 모든 지체가 함께 즐거워하느니라 너희는 그리스도의 몸이요 지체의 각 부분이라. 교회의 참된 회원들은 그리스도 안에서 한 몸의 지체들이기 때문에 원리상 서로 동고동락하게 되어 있다. 그러므로 모든 회원은 다른 회원들의 어려움과 즐거움에 동참하기를 힘써야 한다. 다른 지체의 형편에 동참하지 못하게 방해하는 요인은 교만과 사랑의 부족이다. 로마서 12:15-16에 말하기를, "즐거워하는 자들과 함께 즐거워하고 우는 자들과 함께 울라 서로 마음을 같이하며 높은 데 마음을 두지 말고 도리어 낮은 데 처하며 스스로 지혜 있는 체하지 말라"라고 하였다.

28 하나님이 교회 중에 몇을 세우셨으니 첫째는 사도요 둘째는 선지자요 셋째는 교사요 그 다음은 능력을 행하는 자요 그 다음은 병 고치는 은사와 서로 돕는 것과 다스리는 것과 각종 방언을 말하는 것이라. 이 구절은 8-11절의 말씀을 다른 형태로 진술한 것이다. "사도"와 "선지자"는 지혜의 말씀(8상), 곧 복음(2:6-10)을 선포하는 근본적인 사명을 감당하는 사역자들을 가리키고, "교사"는 지식의 말씀, 곧 복음을 지식적으로 해설하는 사역자들을 가리키며, "능력"은 믿음(능력을 행하는 믿음, 9절 상)에 해당하는 표현이며, "병 고치는 은사"는 9절 하반절에서 제시한 것이다. "서로 돕는 것"(ἀντιλήμψεις)은 신자가 다른 사람을 대신하여 짐을 짊어진다는 뜻이다(F. Godet). 이러한 말씀을 볼 때 신자들이 행하는 물질적인 구제사업도 은사를 받아야만 참되게 실행될 수 있음을 알 수 있다. 그리고 "다스리는 것"(κυβερνήσεις)은 교회의 행정적인 사무를 처리하는 일을 가

리킨다.

29-30 다 사도이겠느냐 다 선지자이겠느냐 다 교사이겠느냐 다 능력을 행하는 자이겠느냐 다 병 고치는 은사를 가진 자이겠느냐 다 방언을 말하는 자이겠느냐 다 통역하는 자이겠느냐. 여기서는 신자들이 받은 은사가 각각 다르다는 점을 다시 한 번 강조한다. 신자들이 다 같은 은사를 받는다면 그리스도의 몸 된 교회가 성립될 수 없다. 그리스도의 몸 된 교회는 다양한 은사를 받은 신자들의 협력체다.

31절. 여기서 "가장 좋은 길"이라는 표현은 13장에서 제시하는 "사랑"의 내용을 가리킨다. 앞에 나열한 여러 가지 은사들(χαρίσματα; 12:8-10, 28-30 참조)의 목표는 사랑을 이루는 것이다. 모든 은사는 그것이 사랑을 이루는 데 사용되지 않는다면 존재의 의미를 잃어버린다(13:1-3).

제 13 장

개요

고린도전서 13장에 기록된 사랑의 교훈은 얼핏 보면 신본주의적인 사랑이라기보다는 인본주의적인 사랑을 가리키는 것처럼 오해하기 쉽다. 여기 등장하는 사랑의 모든 항목이 사람을 대상으로 하는 사랑을 가리키는 것처럼 보인다. 예컨대 "시기하지 않는다."라든가 "자랑하지 않는다."라든가 "무례히 행하지 않는다."라는 말씀이(4-5절 참조) 그런 오해를 불러일으킨다. 그러나 우리는 이 부분에 나타난 바울의 교훈에서 두 가지를 생각해야 한다.

1. 첫째, 여기 기록된 교훈이 기독교 사랑의 모든 내용을 포괄하는 것은 아니라는 점이다. 이것은 그리스도인이 사람을 사랑하는 원칙에 있어서 특별히 고린도 교회의 실정을 염두에 두고 제한적인 가르침을 준 것이다. 여기 기록된 모든 말씀은 고린도 교회에 있었던 여러 가지 폐단을 방지하기 위한 것이다. 몇 가지 예를 들면 방언이나 예언과 관련하여 사랑의 필요성을 강조한 점은(1-2절) 고린도 교회의 실정에 필요한 말씀이었다(14:1 이하). 그뿐 아니라 "시기하지 아니하며"라는 말씀은(13:4) 고린도 교회에 만연했던 파당

관계로 인한 시기의 문제(3:3)를 경계하는 의미를 지니며, "자랑하지 아니하며 교만하지 아니하며"라는 말씀도 마찬가지다(4:6). 또한 "무례히 행하지 아니하며"(13:5)라는 말씀은 고린도 교회 신자들이 방언을 말하면서 교회 안에서 질서 없이 떠드는 것을 금하는 말씀이며(14:40), "자기의 유익을 구하지 아니하며"(13:5)라는 말씀은 교회의 신자들이 우상의 제물을 먹거나 먹지 않는 문제에 있어서 어떤 사람들이 다른 사람의 양심을 돌아보지 않고 부덕하게 행한 것을 책망하는 의미를 담고 있다(10:24, 33).

2. 바울은 여기서 사랑을 말할 때 사랑의 의미를 정의하거나 사랑의 속성을 망라할 의도를 가진 것이 아니었다. 그는 다만 여기서 신본주의적인 관점에서 인간을 대상으로 사랑에 대해 약간의 표현을 제시한 것뿐이다. 그는 언제나 신본주의자였다. 그는 8:1과 3절에서 말하기를 "사랑은 덕을 세우나니"(1절)라고 한 뒤에 또다시 말하기를 "누구든지 하나님을 사랑하면 그 사람은 하나님도 알아 주시느니라"라고 하였다.

여기서 말하는 사랑도 인간을 대상으로 하는 사랑인 동시에(덕을 세운다는 말은 사람을 사랑한다는 의미를 지님) 하나님을 향한 사랑인 것이다. 이 점에 대하여 찰스 하지(Charles Hodge)는 주석하기를, "사도는 여기서 형제에 대한 사랑이라는 말을 하나님에 대한 사랑까지 포함하는 의미로 사용한 것이다. 왜냐하면 형제애는 하나님을 향한 사랑의 표현 중 하나이기 때문이다." 라고 하였다.[54] 이처럼 바울은 사랑이라는 말을 사용할 때 사람을 향한 사랑만을 의미한 것이 아니며, 하나님을 향한 사랑만을 의미하면서 사람을 향한 사랑을 배제한 것도 아니다. 이는 사실상 하나님을 향한 사랑을 위주로 하면서 사람을 향한 사랑을 일부분으로 포함시킨 것이다. 그렇다면 하나님을 사

---

54) The lst Epistle to Corinthians, 141.

랑하는 것이 근본이고 사람을 사랑하는 것은 인간을 대상으로 하여 맺히는 열매다. 따라서 바울은 그리스도인으로서 하나님을 사랑한다는 말이 사랑의 의미를 모두 다 포함한다고 생각하였으며, 그리스도인은 이러한 사랑을 가져야만 참된 그리스도인요 저주에서 구원받을 자라고 생각하였다. 그러므로 그는 말하기를, "만일 누구든지 주를 사랑하지 아니하면 저주를 받을지어다 우리 주여 오시옵소서"라고 하였다(고전 16:22). 그는 또다시 말하기를, "우리가 알거니와 하나님을 사랑하는 자 곧 그의 뜻대로 부르심을 입은 자들에게는 모든 것이 합력하여 선을 이루느니라"라고 하였다(롬 8:28). 여기서 "하나님을 사랑하는 자"라는 말은 바울에게 있어서 그리스도인을 가리키는 별명이 되었다. 니그렌(Anders Nygren)은 이 구절에 대해 주석하기를, "그리스도인은 무슨 일을 당하든지 거기서 하나님을 사랑하며 우리 주 예수 그리스도를 사랑한다. 하나님을 사랑하는 자라는 표현은 그리스도인을 가리키는 호칭으로 사용될 정도로 그리스도인을 특징짓는 표현이다."라고 하였다(Der Römer Brief, p. 246). 이처럼 신약성경에서는 하나님을 사랑하는 자는 당연히 형제를 사랑하는 것이 원칙이라는 의미에서 사랑이라는 말을 사용한다. 이 점에서 사도 요한의 사상도 마찬가지이다. 그는 말하기를 "누구든지 하나님을 사랑하노라 하고 그 형제를 미워하면 이는 거짓말하는 자니 보는 바 그 형제를 사랑하지 아니하는 자는 보지 못하는 바 하나님을 사랑할 수 없느니라 우리가 이 계명을 주께 받았나니 하나님을 사랑하는 자는 또한 그 형제를 사랑할지니라"(요일 4:20-21)라고 하였다.

사랑에 대한 이러한 교리는 예수님의 사상과 일치한다. 예수님께서 말씀하시기를, "네 마음을 다하고 목숨을 다하고 뜻을 다하여 주 너의 하나님을 사랑하라 하셨으니 이것이 크고 첫째 되는 계명이요 둘째도 그와 같으니 네 이웃을 네 자신 같이 사랑하라 하셨으니"라고 하셨다(마 22:37-39). 여기서 하나님을 사랑하라는 계명과 사람을 사랑하라는 계명은 사실상 서로 원인과 결과의 관계에 놓여 있다. 하나님을 사랑하는 것이 근본이 되며, 그 표현의 일부분으로 사람을 사랑하는 행동이 나타난다.

기독교가 주장하는 이와 같은 사랑은 하나님에게서 유래한 것이다. 하나님은 사랑의 근본이신데, 그가 독생자를 보내셔서 인생을 구속하심으로써 이 사랑이 나타났다. 인간은 이 사랑을 받음으로써 그 사랑을 소유하게 되었다. 요한1서 4:8-11에 말하기를, "사랑하지 아니하는 자는 하나님을 알지 못하나니 이는 하나님은 사랑이심이라 하나님의 사랑이 우리에게 이렇게 나타난 바 되었으니 하나님이 자기의 독생자를 세상에 보내심은 그로 말미암아 우리를 살리려 하심이라 사랑은 여기 있으니 우리가 하나님을 사랑한 것이 아니요 하나님이 우리를 사랑하사 우리 죄를 속하기 위하여 화목 제물로 그 아들을 보내셨음이라 사랑하는 자들아 하나님이 이같이 우리를 사랑하셨은즉 우리도 서로 사랑하는 것이 마땅하도다"라고 하였다.

헤르만 바빙크(Herman Bavinck)는 다음과 같이 말하였다. "사랑을 가리키는 히브리어 단어인 '아하바'(אַהֲבָה)는 헬라어 '에로스'(ἔρως)로 번역할 수 없다. 에로스는 육체적 사랑을 가리키는 명칭이다. 또한 '아하바'는 '필리아'(φιλία)로도 번역할 수 없는데, 필리아는 형제자매 관계의 사랑을 가리킨다. 앞에서 말한 히브리어 '아하바'는 헬라어 '아가페'(ἀγάπη)로 번역할 수 있는데, '아가페'는 필론이나 요세푸스의 문헌에 나오지 않는다. '아가페'는 완전하고 깨끗한 하나님의 사랑을 가리키는 명사다. 성부와 성자의 관계는 아가페 사랑으로 표현될 수 있다(요 3:35; 5:20; 10:17; 14:31; 15:9; 17:24, 26). 사랑을 소유하시고 자기를 희생함으로써 사랑을 나타내신 예수 그리스도 안에서(요 15:13) 사랑이 계시되었는데, 그것은 세상이나 교회를 일반적인 의미에서 사랑하는 정도가 아니고(요 3:16; 롬 5:8; 8:37; 요일 4:9) 사람을 개별적으로 사랑하시는 사랑으로 계시되었다(요 14:23; 16:27; 17:23; 롬 9:13; 갈 2:20). 이것을 보면 하나님은 단순히 사랑을 가지시는 정도가 아니라, 그 자신이 사랑이시다(요일 4:8). 그리고 그의 사랑은 우리 사랑의 기본이며 근원이며 모형이다(요일 4:10). 사랑은 하나님 자신처럼 독립적이고 영원하고 불변적이다. 사랑은 하나님 안에 근본을 가지고 나타나서 피조물에게서 다시 하나님께로 돌아간다."라고 하였다.[55)]

해석

(3) 사랑에 대하여 찬송함(13:1-13)

1-3 내가 사람의 방언과 천사의 말을 할지라도 사랑이 없으면 소리 나는 구리와 울리는 꽹과리가 되고 내가 예언하는 능력이 있어 모든 비밀과 모든 지식을 알고 또 산을 옮길 만한 모든 믿음이 있을지라도 사랑이 없으면 내가 아무것도 아니요 내가 내게 있는 모든 것으로 구제하고 또 내 몸을 불사르게 내줄지라도 사랑이 없으면 내게 아무 유익이 없느니라. 1-3절은 은사(χαρίσματα)의 목적을 설명하면서, 사랑이 없으면 은사들이 존재의 의미를 잃는다고 말한다. 고린도 교회 신자들은 이 사실을 망각하고 은사를 오용하면서, 사랑은 없는 채로 은사 자체만을 중시하며 자랑하였다. 본문에서 말하는 방언이나 예언은 초기 교회 당시에 나타났던 초자연적인 은사였다.[56)] 그런데 신자들이 그 은사를 사랑의 목적으로 사용하지는 못하였다(14장 참조). 그러므로 바울이 여기서 그것을 경계한다.

"소리 나는 구리와 울리는 꽹과리." 이러한 표현들은 ① 사랑 없이 그와 같은 은사를 다루는 자는 심령과 인격이 담겨 있지 않은 도구에 불과하다

---

55) Gereformeerde Degmatiek, Kampen. II, 1928, 183.

56) Grosheide, De Openbaring Gods In Het Nieuwe Testament, 186.

는 의미도 담고 있다. 인격은 사랑을 기대할 수 없는 황량한 세상에도 사랑을 불어넣는다. 인격은 미움을 미움으로 갚는 기계적인 법칙에 매이는 대신 미움을 사랑으로 갚는 상식을 초월하는 법칙도 가능케 한다. 오늘날의 세상에서 기계 문명이 발달함에 따라 인간의 삶이 점점 기계화되는 것은 유감스러운 일이다. 인간은 기계를 초월해야만 진정한 삶을 영위할 수 있다. 과학은 점점 발달하지만 사랑은 식어 가고 사람이 사람을 대할 때도 심령에 뜨거움이 사라져 간다. 이런 상황에서 우리가 잊어서는 안 될 것이 있다. 그것은 앞에서 말한 대로 기계와는 상반되는 요소, 곧 인격이라는 것이 자연적 인격을 의미하는 것이 아니고 성령으로 거듭나서 진정한 사랑을 가진 인격을 의미한다는 점이다. 성령으로 말미암아 거듭난 사랑을 소유한 인격은 이 세상에서 빛과 소금의 역할을 한다. ② 아무 의미 없는 소리를 가리키는 표현일 수도 있는데, 말하자면 아무 유익도 주지 못하는 맹목적인 소리라는 뜻이다.

"내가 아무것도 아니요." 이 말씀 역시 앞에 사용된 "소리 나는 구리와 울리는 꽹과리가 되고"라는 표현과 크게 다른 뜻을 담고 있지 않다. 이 말씀도 사랑 없이 하나님의 은사를 다루는 자는 아무런 효과를 나타내지 못하고 무의미한 존재가 된다는 것이다. 하나님이 주신 모든 좋은 것들도 사랑을 동반해야만 진정한 의미를 지니는 것이다.

"내게 아무 유익이 없느니라." 자선 사업과 같은 선한 일도 진정한 사랑이 없이 수행될 때는 그 일을 행하는 사람 자신에게 아무 유익을 끼치지 못한다는 것이다. 신자는 우리가 남을 위하여 희생할 때 어떤 의미에서는 우리 자신에게도 유익이 돌아온다는 사실을 마음에 새겨야 한다. 하지만 이 같은 일을 진정한 사랑이 없이 행하는 사람이 적지 않다. 어떤 이는 무의식적으로 행하고, 어떤 이는 명예를 위하여 행하고, 어떤 이는 군중 심리에 이끌려서 선을 행하기도 한다. 그가 행하는 일이 아무리 선한 일이라 해도 진정한 사랑으로 행한 것이 아니라면 그 일을 행한 사람 자신은 진정한 유익을 얻지 못한다.

4-7절. 여기서는 사랑에서 우러나오는 몇 가지 덕행을 보여주는데, 4절에서는 사랑을 의미하는 "아가페"(ἀγάπη)라는 단어를 세 번이나 사용하면서 사랑 자체가 모든 덕행을 이루는 듯이 사랑을 인격화하여 표현하고 있다. 이것은 무의미한 표현방법에 불과한 것이 아니다. ① 사랑이라는 것 자체가 그와 같은 덕행들을 이룬다고 말할 때 사랑은 그것이 만들어 내는 덕행들보다 훨씬 심오한 내용을 담고 있는 것임을 스스로 증언한다. 사랑이라는 것은 사람이 거듭날 때 그 인격의 심오한 곳에서 생겨나는 것이다(벧전 1:22). 기독교에서 가르치는 덕행과 이교에서 가르치는 그와 유사한 덕행들은 이 점에서 서로 근본적인 차이점을 갖는다. 기독교의 덕행들은 언제나 사랑을 원천으로 삼는 반면에, 이교의 덕행들을 그렇지 않다. 기독교의 모든 덕행은 사랑에서 비롯되고(갈 5:22), 사랑을 통해 보존된다(골 3:12-14). 기독교의 윤리는 이처럼 사랑을 주체로 하여 이루어진 것이다. 로마서 13:8-10에 말하기를, "피차 사랑의 빚 외에는 아무에게든지 아무 빚도 지지 말라 남을 사랑하는 자는 율법을 다 이루었느니라 간음하지 말라, 살인하지 말라, 도둑질하지 말라, 탐내지 말라 한 것과 그 외에 다른 계명이 있을지라도 네 이웃을 네 자신과 같이 사랑하라 하신 그 말씀 가운데 다 들었느니라 사랑은 이웃에게 악을 행하지 아니하나니 그러므로 사랑은 율법의 완성이니라"라고 하였다. ② 우리가 사랑과 관련하여 고린도전서 13장에서 볼 수 있는 또 한 가지 특징은 사랑의 강력함이다. 첫째, 사랑은 오래 견디며 친절을 보존하는 강력함을 소유하였다. 사랑은 "오래 참고, 온유하며"(4절 상), "모든 것을 참으며 모든 것을 믿으며 모든 것을 견디는"(7절) 강력한 힘이다. 이런 힘이 어디서 오는가? 그것은 사랑의 주체가 자신을 남에게 주는 데서 비롯된 것이다. 인격이 동요하는 이유는 언제나 자기 자신을 위하는 이기적인 마음 때문이다. 둘째, 사랑은 모든 죄를 이기는 강력함을 소유하였다. 사랑은 "시기하지 아니하며 사랑은 자랑하지 아니하며 교만하지 아니하며 무례히 행하지 아니하며 자기

의 유익을 구하지 아니하며 성내지 아니하며 악한 것을 생각하지 아니하며 불의를 기뻐하지 아니하는"(4-6절) 강력함을 가지고 있다. 사랑이 없다면 설령 방언을 말하는 은혜가 있다 해도 앞에서 열거한 여덟 가지 죄악을 이길 수 없다. 선지자의 은사, 신학자의 은사, 기적을 행하는 은사, 수난당하는 은사가 있어도 사랑이 없으면 이런 죄악들을 이기지 못한다. 사랑이야말로 모든 죄를 이기는 힘이다. 그러나 우리가 언제든지 기억해야 하는 사실은, 여기서 말하는 사랑이 인본주의적인 사랑이 아니고 성령으로 말미암아 우리에게 주어진 신본주의적인 사랑이며, 그리스도인으로서 남들을 위하여 자기를 희생하는(self giving) 것이라는 점이다.

4 사랑은 오래 참고 사랑은 온유하며. 이 두 가지 덕행은 공격을 받거나 괴롭힘을 당하여도 보복하지 않는 마음 자세다. "오래 참고"라고 번역된 헬라어 표현(μακροθυμία)은 화를 내는 일을 멀리하는 것을 가리키는데, 말하자면 격동적인 감정을 피하는 것이다. 그리고 "온유하다"(χρηστότης)라는 말은 친절을 베풀기로 준비된 태도를 가리킨다.

사랑이 있으면 아무리 성급한 사람이라도 이 두 가지 덕을 행할 수 있다. 그렇게 할 수 있는 이유는 ① 사랑은 우리가 수고하게 만들 수 있는 강한 힘을 가졌기 때문이다. "사랑은 죽음같이 강하고··· 많은 물도 이 사랑을 끄지 못하겠고 홍수라도 삼키지 못하나니 사람이 그의 온 가산을 다 주고 사랑과 바꾸려 할지라도 오히려 멸시를 받으리라"(아 8:6-7). 고린도전서 13장에서 말하는 사랑은 그리스도의 구속의 은총으로 말미암은 것이며, 따라서 그리스도의 죽으심과 관계된 사랑이다. 우리는 무슨 일에나 예수님이 나를 위하여 죽으신 사실을 기억하면서 온갖 어려움을 참게 된다. 그뿐 아니라, ② 사랑은 소망을 내포하고 있어서 우리에게 참을 힘을 주기 때문이다. 믿음, 소망, 사랑, 이렇게 세 가지는 항상 함께 있다. 그리스도의 대속적 죽음으로 말미암아 그의 재림이 가능케 되었다. 세상을 이기신 그는 장차 재림하실 것이다. 우리는 주님이 오실 것을 기다리며 모든 난관을 참는다. 야고보서 5:7-8에 말하기를, "그러므로 형제들아 주께서 강림하시기까지 길이 참으라 보라 농부가 땅에서 나는 귀한 열매를 바라고 길이 참아 이른 비와 늦은 비를 기다리나니 너희도 길이 참고 마음을 굳건하게 하라 주의 강림이 가까우니라"라고 하였다.

시기하지 아니하며 사랑은 자랑하지 아니하며 교만하지 아니하며. 여기 기록된 세 가지 말씀도 서로 연관성이 있는 하나의 묶음이다. 이 세 가지 요소는 ① 자기와 남을 비교하는 경쟁심리에서 비롯되는 죄를 범하지 않는 것을 가리키며, ② 공명심을 멀리하는 것과 관련이 있다.

"시기하지 아니하며." 남을 나보다 낫게 여기고 존경하는 것은 옳은 일이지만(빌 2:3), 남이 나보다 뛰어나다고 하여 섭섭하게 여기는 마음은 시기심이다. 의와 선이 결핍된 이 세상에서 나에게 없는 의와 선을 다른 사람이 가지고 있다면 그것이 얼마나 고마운 일인가? 그것은 기쁜 일이지 우리가 섭섭하게 생각할 일이 아니다. 남에게 있는 의와 선도 그리스도의 사랑에서 비롯된 구원 운동의 결과로 나타난 것이니, 그것 역시 그리스도의 사랑으로 말미암은 역사다. 그렇다면 그것을 보는 나는 기뻐할 것밖에 없다.

더욱이 그리스도인은 자기 개인 문제의 해결이 오직 그리스도 안에서만 이루어질 것으로 기대한다. 그런 의미에서 그는 독립적인 인간이기 때문에 자신을 다른 사람과 비교하거나 경쟁의식을 가질 필요가 없다. 그리스도인인 "나"의 구원 문제를 포함한 모든 문제의 해결은 오직 "나" 자신의 진실한 믿음으로 역사하는 그리스도의 능력에만 달려 있으며, 다른 사람의 선행에 달려 있지 않다. 그러므로 "나"는 다른 사람의 선행에 의존할 이유도 없을 뿐 아니라 간섭할 이유도 없다. 시기는 남의 일에 간섭하는 죄악이다. 그리스도 안에서만 살아가는 독립적인 인간은 시기하지 않는다.

"사랑은 자랑하지 아니하며." 그리스도인의 별명은 사랑이다. 그 이유는 하나님께서 그를 사랑하여 독생자를 주셨을 뿐 아니라, 그가 독생자의 자기 희생과 속죄의 은총을 받아 남을 사랑할 수 있는 자가 되었기 때문이다(요일 4:9-11). 이같이 주님을 영접한 그는 오직 주님으로만 자랑하며, 그의 자랑이 자기에게만 있고 남에게는 있지 않다(갈 6:4). 그 자랑이 자기에게만 있다는 말은, 그 자신이 다만 죄인일 뿐이기 때문에 주님만을 그의 영예로 여긴다는 뜻이다. ① 이러한 자랑은 남들을 대상으로 하는 것이 아니기 때문에 그는 교만하지 않으며, ② 그의 자랑은 오직 주님만을 자랑거리로 삼는 것이기 때문에 이것은 믿음이다.

"교만하지 아니하며." 교만은 자신을 높이는 마음이다. 사람이 일단 스스로 마음이 높아진 후에는 낮은 자리에 처하기가 쉽지 않다. 심지어 그가 겸손해지기를 힘쓸 때도 실상은 높아지고자 하는 마음에서 그렇게 처신하는 경우가 많다. 그러므로 그리스도인은 처음부터 높은 마음을 품지 말아야 한다. 사랑은 하나님의 아들이 벌거벗은 몸으로 십자가에 못 박혀 낮아지신 것인데, 이와 같은 속죄의 사랑을 받은 그리스도인은 결코 교만해질 수 없다. 이렇게 그리스도의 낮아지신 사랑을 소유한 자가 어찌 교만하겠는가? 죄는 만물 중에서 가장 더러운 것이며, 예수님은 그 더러운 죄를 씻어 주시는 분이다. 이것은 자신을 얼마만큼이나 심히 낮추시면서 실현하신 사랑인가?

5 무례히 행하지 아니하며 자기의 유익을 구하지 아니하며. 이 두 가지 말씀 역시 서로 연관성이 있는 하나의 묶음이다. "무례하다"(ἀσχημονεῖ)라는 말은 합당치 않게 행하는 것을 가리킨다. 그것은 ① 공중 앞에서 예의 없이 행동하는 것을 가리킬 수 있다. 신자는 그리스도의 지체이며, 홀로 고립되어 제멋대로 행동하는 자가 아니다. 그는 개인인 동시에 그리스도의 몸을 이루는 하나님 백성의 모든 지체와 함께 살아가야 하는 자다. 속죄의 사랑을 받은 사랑의 사람은 인륜상의 질서도 더욱 공고히 할지언정 그 질서를 무시하지 않는다. 사람에 대한 책임도 다하지 못하는 자가 어떻게 하나님을 바르게 섬길 수 있

겠는가?(요일 4:21) 하나님을 공경한다고 하면서 부모를 박대한 바리새인은 실상 하나님을 올바르게 공경하지 못한 자였다(마 15:5-6). 사람에 대한 예의와 하나님을 향한 경외심은 서로 밀접한 관련성을 가지고 있다. 누가복음 18:4에 등장하는 불의한 법관도 말하기를 "하나님을 두려워하지 않고 사람을 무시하나"라고 하면서 양자의 관련성을 암시한다. ② 권위를 존중하지 않는 것도 "무례"에 속한다. 이 세상에는 권위라는 것이 존재한다. 예컨대 부모는 자식에 대해 권위를 가지고 선생은 제자에 대해 권위를 가지며 노인은 젊은이에 대해 권위를 가진다. 이것은 하나님께서 제정하신 원리다. 사람이 땅의 권위들을 존경하도록 만들어진 것은, 그들이 그러한 방법을 통하여 하나님을 경외하도록 훈련받게 하기 위함이다. 레위기 19:32에 말하기를, "너는 센 머리 앞에서 일어서고 노인의 얼굴을 공경하며 네 하나님을 경외하라 나는 여호와이니라"라고 하였다. 권위를 존중할 줄 모르는 자는 하나님을 알기가 어렵다. 권위를 존중하는 마음은 어떤 의미에서 경건에 유익이 된다고 할 수 있다. 사람 중에서 존경할 자를 존경하는 자세는 우리의 경건 생활에도 보탬이 된다.

"자기의 유익을 구하지 아니하며." 이것은 상습적으로 개인적인 유익만을 구하지 않는다는 뜻이다. 속죄의 사랑을 받은 사람은 이미 독생자 예수와 함께 모든 것을 받은 자들이다. 그는 욥과 같이 "그가 나를 죽이실지라도 나는 그를 의뢰하리니"(욥 13:15 난외주)라고 말해야 한다. 그는 사람들로부터 무엇을 받기 위해 행하는 것이 아니라, 사람들에게 무언가를 주기 위해서 모든 일을 행한다. 그가 자기의 유익을 구하지 않는 이유는, 자아가 없어졌기 때문이 아니다. 그에게는 분명히 자아가 존재한다. 그러나 그의 자아는 "주는 것이 받는 것보다 복이 있다"라는 사실을 기억한다(행 20:35).

성내지 아니하며 악한 것을 생각하지 아니하며. 이 두 말씀도 서로 유사한 측면을 지닌 하나의 묶음이다. 성내는 일이나, 악한 것을 생각하는 일은 둘 다 악독한 마음을 표출하는 것을 가리킨다.

성내는 것은 잠재해 있던 미움이 폭발하는 것인데, 그것은 사람을 죽이는 독이다. 분노는 남을 죽이고자 하는 마음이 표출된 것이다. ① 이것은 영생이 우리 안에 거하게 하는 일을 방해하고(요일 3:15), ② 하나님의 사랑을 내 마음에서 내쫓으며(요일 3:17), (3) 분노하는 사람 자신을 죽음으로 내몬다(요일 3:14). 남을 죽이려다가 자기가 먼저 죽고 마는 것이다.

속죄의 사랑을 받은 사랑의 사람은 그렇게 할 수 없다. 요한1서 3:16에 말하기를, "그가 우리를 위하여 목숨을 버리셨으니 우리가 이로써 사랑을 알고 우리도 형제들을 위하여 목숨을 버리는 것이 마땅하니라"라고 하였다.

성내는 죄를 이기는 비결은 무엇인가? ① 남들 때문에 무고하게 괴롭힘을 당할 때 우리는 분노할 수밖에 없는데, 그럴 때 우리는 다음과 같은 생각을 마음에 품어야 한다. 말하자면 '내가 그 형제를 위하여 죽음도 감수해야 할 책임이 있는데, 그 형제로 인해 그만한 괴로움을 당하는 것도 참지 못하겠는가?'라는 생각이다. 그렇게 생각하는 것이 그리스도께서 '나'를 위하여 죽으신 것을 온전히 믿는 신자가 지녀야 할 생각이다. 우리가 입으로는 그리스도로 말미암은 속죄의 은총을 받았다고 말하면서 실제 상황에서는 그것을 받지 않은 자처럼 행동해서는 안 된다. 입으로는 믿는다고 말하면서 행위로는 그렇게 하지 않으면, 이는 그리스도의 속죄의 사랑을 진심으로 받아들이지 않는 불행한 일이다. ② 분노를 이기는 또 한 가지 비결은 성령 충만의 은혜를 받는 것이다. 성령 충만은 누구든지 간절히 원할 때 받을 수 있는 것이다. 사도 바울은 성령 충만을 받으라고 에베소 교인들에게 명령하였다(엡 5:18). 특별히 성내기 잘하는 사람은 그 같은 성질 하나가 자기를 망친다는 것을 깨닫고 그것 하나를 고치기 위하여 전심으로 기도해야 한다.

"악한 것을 생각하지 아니하며." 이것은 그리스도인이 억울함을 당했을 때 가해자에게 복수를 하지 않을 뿐 아니라 그가 받은 손해까지도 기억하지 않는 것을 의미한다. 베드로전서 4:8에 말하기를 "사랑은 허다한 죄를 덮느니라"라고 하였다. 우리가 받은 속죄의 사랑은 사죄의 사랑인데, 이 사랑을 받은 사랑의 사람이 어찌 복수의 마음을 품겠는가? 예수 그리스도가 보여주신 속죄의 사랑이란 우리가 그와 원수 되었을 때 그가 우리를 대속하시기 위하여 죽으신 것을 뜻한다(롬 5:10). 리처드 윌렘손(Richard Wilemson)은 주님을 위하여 박해를 받아 얼음장 위로 피하였다가, 자기를 잡으러 온 사람이 얼음물에 빠져 죽게 되었을 때 그를 건져주었다고 한다.

6 불의를 기뻐하지 아니하며 진리와 함께 기뻐하고. ① 불의는 하나님의 원수이니 하나님의 자녀 된 신자는 그것을 기뻐할 수 없다. 시편 5:4에 말하기를 "주는 죄악을 기뻐하는 신이 아니시니 악이 주와 함께 머물지 못하며"라고 하였다. ② 그리스도께서 우리의 불의로 말미암아 십자가에서 죽으셨으니(사 53:4-6) 신자 된 우리는 결코 불의를 기뻐할 수 없다. ③ 불의를 기뻐하지 않고 배척하여 그것을 멀리할 때 비로소 참된 기쁨이 신자의 마음속에 찾아온다. 그러므로 본문 하반절에서는 "진리와 함께 기뻐하고"라고 덧붙인다. 이 말씀의 의미는 복음 진리가 가르치는 의와 선을 기뻐한다는 뜻이다. 여기서 "진리"는 복음 진리를 가리킨다(골 1:5; 엡 1:13; 갈 5:7; 살후 3:14-15; 요 1:17). "함께"라는 표현은 "진리"라는 개념을 의인화하여 묘사한 것인데, 이는 성령께서 진리를 통하여 인격적으로 역사하신다는 점을 시사한다.

그렇다면 이 기쁨은 무엇을 위해 필요한 것인가? ① 그것은 물론 몸의 건강에도 유익이 된다. 그러나 그보다도 ② 그것은 영적으로 커다란 유익을 주는데, 기쁨이 있어야만 믿음과 감사가 증진되며 모든 덕을 힘 있게 피곤함 없이 실행할 수 있다.

7 모든 것을 참으며 모든 것을 믿으며 모든 것을 바라며 모든 것을 견디느니라. 1) 여기서는 "모든"이라는 단어가 네 번이나 사용되었는데, 이 구절은 그리스도인과 "모든 것"의 관계를 보여 준다. 속죄함을 받은 신자들을 위하여 "모든 것이

합력하여 선을 이룬다"(롬 8:28 참조). 믿는 자를 위하여 "자기 아들을 아끼지 아니하시고 우리 모든 사람을 위하여 내주신 이가 어찌 그 아들과 함께 모든 것을 우리에게 주시지 아니하겠느냐?"(롬 8:32). "그러나 이 모든 일에 우리를 사랑하시는 이로 말미암아 우리가 넉넉히 이기느니라"(롬 8:37). "그런즉 누구든지 사람을 자랑하지 말라 만물이 다 너희 것임이라 바울이나 아볼로나 게바나 세계나 생명이나 사망이나 지금 것이나 장래 것이나 다 너희의 것이요"(고전 3:21-22).

그렇다면 속죄의 사랑을 입은 사랑의 사람, 다시 말해 그리스도인은 모든 것이 결국은 자기에게 복이 될 것임을 알기 때문에 모든 일에 참고 믿으며 소망 가운데 견딘다.

어떤 배가 파선하여 배에 탔던 사람이 다 죽고 한 사람만 남았다. 그가 바다 위에서 표류하다가 마침내 어느 무인도에 상륙하여 조그만 초막을 지어서 살고 있었다. 하루는 먹을 것을 구하려고 섬을 돌아다니던 중에 그가 만든 초막에 불이 붙어 버렸다. 그런데 초막이 불타면서 내뿜은 연기를 보고 무인도 옆을 지나던 배가 가까이 다가와서 그를 발견하고 구해 주었다.

그레이스 색스(Grace Saxe) 부인은 해외에 선교사로 나가기로 작정하였는데, 그녀는 선교지로 떠나기 위해 배편을 마련하고 출항 시간까지 정하였다. 그런데 그녀는 부친이 병들어서 정한 날짜에 떠나지 못하여 마음이 불안하였다. 그러나 얼마 후에 그녀가 타기로 했던 배가 항해 중에 파선하여 승객이 모두 죽었다는 소식이 전해졌다.

2) 이처럼 모든 것이 자기에게 유익이 될 줄 믿는 사랑의 사람, 곧 그리스도인은 역경과 고난을 대하는 관점이 불신자와는 다르다. 그리스도인은 평안한 일들에 대해서도 인내와 소망과 신앙을 지키지만, ① 모든 역경과 고난 역시 자신을 단련시켜 성숙하게 만들어 준다는 것을 알고 있다. "환난은 인내를, 인내는 연단을, 연단은 소망을" 이룬다(롬 5:3-4; 약 1:2-4 참조). ② 그리

스도인은 역경과 고난을 잘 이겨 내면 그 뒤에 하나님의 상급이 뒤따라오는 것을 믿는다(약 1:12). 그는 자기를 위하여 독생자의 보혈까지 내어 주신 하나님의 사랑이 결코 실패하지 않을 것을 확신한다. 이 믿음으로 그는 끝까지 참고 믿으며, 바라보고 견딘다. 그의 이러한 생활은 비범한 일, 곧 커다란 희생이나 순교와 같은 행위만을 지향하는 이상적인 삶을 의미하지 않는다. 그의 인내 생활은 여기서 "모든 것"이라는 말이 보여 주는 것처럼(고전 13:7), 일상의 삶 속에서 실천되어야 한다. 일상생활에서 이와 같은 승리를 성취해 가면 비범한 희생이나 순교의 승리도 자동적으로 이루어진다. 그러나 그리스도인이 일상생활에서 승리를 거두지 못하면 비범한 희생이나 순교의 순간이 닥쳐와도 그러한 기회에 동참할 수 없다(Lenski).

일상생활의 모든 어려움을 마주할 때 ① 그리스도인인 나는 참고 인내해야 한다. 참는 일은 하나님을 기다리는 기쁨을 맛보는 비결이며, 쓰디쓴 말라리아 약을 씹지 않고 통째로 삼키는 것처럼 지혜로운 일이다. ② 그리스도인인 나는 믿어야 한다. 왜냐하면 그리스도께서 나를 위하여 피 흘리기까지 사랑하시어 구원하여 주셨기 때문이다. 이렇게 하나님의 큰 사랑을 받은 자는 모든 것이 자기에게 복이 될 줄로 믿는다. ③ 그리스도인인 나는 바라보아야 한다. 왜냐하면 나는 하나님의 약속을 이미 성취된 사실로 여기기 때문이다. 그러므로 나는 이 약속을 바라보면서 기뻐할 수 있다(벧전 1:3-4). ④ 그리스도인인 나는 모든 것을 견디어야 한다. 하나님께서 나에게 견디라고 명령하시면서 "모든 것"을 견디라고 하신 것은 나로서는 감당하기 어려운 무거운 짐인 것처럼 느껴진다. 그러나 주님은 모든 것이 합력하여 나에게 유익이 될 것을 아시기 때문에 모든 것을 견디라고 하신 것이다. 그러므로 이 명령은 무거운 짐이 아니고 도리어 복된 소식이다.

8-13절. 바울은 여기서 ① 사랑의 영속성에 관하여 말하면서 내세 문제

를 다룬다. 특별히 12절에 "우리가 지금은 거울로 보는 것같이 희미하나 그때에는 얼굴과 얼굴을 대하여 볼 것이요 지금은 내가 부분적으로 아나 그때에는 주께서 나를 아신 것같이 내가 온전히 알리라"라는 말씀은 내세를 현세와 대조시키는 것이 확실하다. 그러면서도 바울은 이 부분에서 사랑과 내세의 관계 문제도 다룬다. 사랑은 우리가 현세에서 확실히 맛볼 수 있는 것인데, 그것이 변하지 않고 끝없이 지속되면 결국 내세에까지 영원히 존재하는 것이다. 이런 의미에서 사랑은 내세에 속한 요소로서 현세에 우리의 눈앞에 있는 것이다. 사랑을 호흡하는 자는 이미 내세를 호흡하는 자다. 이렇게 바울은 사랑의 영속성을 가르치면서 사랑과 내세의 관계에 대해서도 언급하는 것이다.

② 여기서 내세에 대한 증거로 논의되는 또 한 가지 주제는 우리가 이 세상에서 얻을 수 있는 내세에 대한 부분적인 지식인데, 그것은 예언이나 방언 혹은 계시로 말미암은 다양한 지식에 의한 것이다. 이것들은 사랑과 같은 영속성은 없지만 부분적으로 내세의 진리를 알게 해 주는 지식들이다. 바울은 여기서 사랑의 영속성에 관해 설명하면서 예언이나 방언보다도 사랑이 더욱 요긴하다는 점을 강조하기 위해 이런 말을 하게 된 것이다. 그렇다면 바울은 사랑에 대하여 설명하다가 결론에 이르러서는 이처럼 내세에 대한 두 가지 증거를 말하게 된 셈인데, 하나는 사랑이라는 증거이며 다른 하나는 예언이나 방언 등으로 말미암은 지식이라는 증거다. 이것이야말로 내세에 대한 두 증인이라고 생각할 수 있다.

앞에서 언급한 바와 같이 바울은 여기서 그리스도인의 생명이 영원하다는 사실을 가르친다. 사도 바울은 여기서 몇 가지 대조를 통해 그것을 가르친다. 다시 말해 어린아이와 장성한 사람을 대조하고, 거울로 보는 것과 대면하여 보는 것을 대조하고, 부분적으로 아는 것과 온전히 아는 것을 대조하고, "이제"와 "그때"를 대조한다. 이 대조들이 가리키는 두 세계를 향하여 자아가 동일성과 영속성을 가진다는 사실도 알려진다. 여기서 이른바 어린아이 같은 "나"라는 것은 이생에서 살아가는 자아를 가리키며, "장성한 사람"이라는 것은 내세의 자아를 가리킨다. 여기서 두 자아는 동일한 자아다.

8 사랑은 언제까지나 떨어지지 아니하되 예언도 폐하고 방언도 그치고 지식도 폐하리라. 이 말씀은 ① 사랑이 내세에서도 폐지되지 않는다는 사실과 ② 예언이나 방언 또는 지식은 내세에서 폐지된다는 사실을 말해 준다. 바울은 이러한 말로써 사랑과 내세의 관련성을 가르쳐 준다.

여기서 "사랑은 언제까지나 떨어지지 아니하되"라는 바울의 말은 사랑이 이 세상에서도 존속한다는 것을 의미하기도 한다. 우리는 이처럼 캄캄한 세상에도 내세의 요소가 있음을 알 수 있다. 하나님은 사랑이시고(요일 4:8), 그의 사랑은 독생자를 보내시어 화목제물로 삼으신 사건을 통해 드러났다(요일 4:10). 이 속죄의 사랑은 이 세상 어디서 움직이고 있는가? 그것은 물론 그리스도인의 심령 속에서 움직이고 그의 삶에 나타나게 되어 있다. 그리스도는 우리를 대신하여 죽으심으로써 하나님의 사랑을 나타내셨지만, 우리는 그리스도의 남은 고난을 우리의 육체에 채움으로써 그 사랑을 체현한다(골 1:24). 사랑은 수고하는 것이다(살전 1:3). "그리스도의 남은 고난"(골 1:24)이란 무엇인가? 그것은 그리스도의 대속적 고난을 가리키는 것이 아니다. 대속적 고난은 오직 하나님의 아들만이 감당하실 수 있는 것이다. 그렇다면 "그리스도의 남은 고난"이란 주님을 믿는 우리가 주님을 위하여 당해야 하는 고난을 의미한다.

그리스도인은 이미 천국을 그 심령 속에 가지고 있다. 그가 사랑의 삶을 살려고 힘쓸수록 그는 더욱더 천국을 맛보게 된다. 고난에 참여하는 것이 바로 사랑의 삶인데, 우리는 그러한 삶을 통해 내세와 부활에 대한 확신을 가질 수 있다. 그러므로 바울은 빌립보서 3:10-11에 말하기를, "내가 그리스도와 그 부활의 권능과 그 고난에 참여함을 알고자 하여 그의 죽으심을 본받아 어떻게 해서든지 죽은 자 가운데서 부활에 이르려 하노니"라고 하였다. 또한 요한1서 4:16-17에 말하기를, "하나님이 우리를 사랑하시는 사랑을 우리가 알고 믿었노니 하나님은 사랑이시라 사랑 안에 거하는 자는 하나님 안에 거하고 하나님도 그의 안에 거하시느니라 이로써 사랑이 우리에게 온전히 이루어진 것은 우리로 심판 날에 담대함을 가지게 하려 함이니 주께서 그러하심과 같이 우리도 이 세상에서 그러하니라"라고 하였다.

9-10 우리는 부분적으로 알고 부분적으로 예언하니 온전한 것이 올 때에는 부분적으로 하던 것이 폐하리라. 여기서부터 12절까지는 이 세상에서 신자들이 받는 하늘나라에 대한 지식이 부분적인 것이라는 점을 밝힌다. "온전한 것이 올 때"는 내세가 완전히 나타나는 때를 가리킨다. 그렇다면 이 세상에서는 내세가 부분적으로만 알려지는 이유가 무엇인가? 그것은 다음과 같다. 말하자면 ① 이 세상은 죄악 세상이므로 죄 많은 인생이 내세의 형편에 대하여 모르는 것이 없을 수 없다. 죄는 한마디로 어두움이다. 죄 있는 인간은 결코 내세에 대하여 완전한 이해를 가질 수 없다. 그는 이같이 어두움의 벌을 받아야 마땅하다. 이 어두움은 그의 성결이 진보함에 따라 조금씩 벗겨진다. 그는 하늘나라에 대하여 좀 더 알기 위하여 더욱 착한 일에 힘쓰며 성결에 힘쓴다. ② 죄 있는 인생은 완전한 계시의 빛을 감당할 수도 없다. 예수님께서 게네사렛 호수에서 베드로에게 지시하셔서 고기를 많이 잡게 하셨을 때 베드로는 말하기를, "주여 나를 떠나소서 나는 죄인이로소이다"라고 하였다(눅 5:8). 불완전하고 죄 많은 인생은 완전한 지식을 감당하지 못한다. 그런 지식이 주어진다면 그것은 오히려 그에게 무익하고 해악을 끼치는 것이 되고 말 것이다. 예를 들어 우리가 세상을 떠나게 될 날을 알고 살아가는 것이 나을까, 아니면 차라리 그날이 언제인지 모르고 살아가는 편이 나을까? 아마도 그 날짜를 모르고 살아가는 것이 나을 것이다. 하나님께 속한 고차원적인 지식은 도리어 이 세상에 사는 우리에게는 너무 밝기 때문에 가려져 있다. 하나님은

"가까이 가지 못할 빛에 거하신다"(딤전 6:16)라고 하였으니 어찌 불완전하고 죄 많은 인생이 내세가 전체적으로 계시되는 일을 감당할 수 있겠는가? 하나님은 사랑이시지만, 그 사랑의 어떤 측면은 지금 땅 위의 사람으로서 감당하기 어렵다. 병아리가 바깥세상의 공기를 견딜 수 있을 만큼 털이 자라기 전에는 껍데기를 깨고 나오지 않는다. 하지만 병아리가 바깥세상에 나온 후에는 바깥세상이 그에게 유익하고 편리하다. ③ 인생은 현세에서 믿음을 연습한다. 믿음은 보이지 않는 것을 대상으로 움직인다. 로마서 8:24에 말하기를 "우리가 소망으로 구원을 얻었으매 보이는 소망이 소망이 아니니 보는 것을 누가 바라리요"라고 하였다. 하나님과 신자의 관계는 영원토록 믿음의 관계이기 때문에(고전 13:13) 신자는 땅 위에서 오로지 믿는 일에 힘써야 한다. "믿음은 바라는 것들의 실상이요 보이지 않는 것들의 증거"(히 11:1)라고 하였다. 보이지 않는 것을 대상으로 해야만 믿음의 연습과 연단이 가능하다. 베드로전서 1:7에 말하기를, "너희 믿음의 확실함은 불로 연단하여도 없어질 금보다 더 귀하여 예수 그리스도께서 나타나실 때에 칭찬과 영광과 존귀를 얻게 할 것이니라"라고 하였다.

11 내가 어렸을 때에는 말하는 것이 어린아이와 같고 깨닫는 것이 어린아이와 같고 생각하는 것이 어린아이와 같다가 장성한 사람이 되어서는 어린아이의 일을 버렸노라. 이 구절은 앞에서 설명한 "부분적인" 지식이 어떤 것인지를 밝혀 준다. 그것은 비유컨대 "어린아이"의 지식과 같다. 어린아이의 지식은 어떤 것인가? 어린아이의 지식은 비판적이지 못하고 사색적이지도 못하다. 어린아이는 감각을 중시하는데, 이것은 사람이 현세의 삶에서 지식을 얻는 방식을 표본으로 보여 준다. 그들은 자기중심적이고 주관적이며, 또한 그들은 객관적인 하나님에 대하여는 무관심하다. 여기서 "장성한 사람"은 비교적 판단력을 갖추어서 주관적인 지각보다 객관적인 지식을 귀하게 여긴다는 점에서 아이들보다 뛰어나다. 이것은 내세에서 살아가는 사람들의 지식 체계를 어느 정도 표본으로

보여 준다. 내세에 들어간 사람은 주관주의를 완전히 버리고 하나님을 중심으로 하는 지식을 체득하여 이에 따라 생활한다. 그러나 이 세상 사람들이 가진 지식은 어떠한가? ① 그것은 참으로 어린아이의 놀음에 불과하다. 현대인들은 너무도 주관적이고 감각적이다. 과학적 지식이라는 것도 감각주의에 속하는 것이다. ② 현대인들은 세상에서 당면한 문제를 해결하기 위해 하나님의 보좌는 생각하지 않고 모스크바와 워싱턴 D.C.만 바라보고 있다. 그러나 우리는 하나님의 보좌를 바라볼 뿐이다. 요한계시록 4장과 5장에만 하나님의 "보좌"라는 말이 19번이나 나타난다. ③ 이 세상 사람들은 세계와 역사가 모두 상대적 가치만을 지닌다고 주장하면서 실제로는 이 세상을 절대화한다. 그들은 이 세상의 자연적 법칙에 맞지 않는 것은 인간이 믿을 수 없는 것이라고 주장한다. 그들은 말로는 역사를 절대시하지 않는다고 하면서 실제로는 역사적 원리만을 표준으로 삼아 모든 것의 시비를 논하고, 역사를 초월하는 초자연적인 기적은 부인한다. ④ 이 세상의 과학이 다른 것은 모두 행할 수 있을지 모르지만, 인간의 마음을 통제하지는 못한다. 인간의 마음을 다스리는 것만이 곧 세계 평화를 이룰 수 있는 해결책이다. 인간의 마음을 통솔할 수 있는 것은 오로지 하나님의 말씀뿐이다. 그러나 현대인은 하나님의 말씀을 가장 낮게 여기며 업신여긴다. 이것이 유치한 지혜다.

요컨대 어린아이는 현재만 느낄 줄 알고 미래는 예비할 줄 모른다. 그들은 현재의 고통을 느끼고 울 뿐이고 장래의 고통을 피할 계획은 세우지 못한다. 그들은 미래를 내다보지 못한다. 그뿐 아니라 그들은 보이지 않는 실재에 대하여 생각할 줄도 모른다. 그러므로 그들은 신령한 이치를 깊이 깨닫지 못한다. 그들은 보이지 않는 것을 두려워할 줄 모른다. 어른들도 이 세상에서는 어린아이와 같다. 그들도 신령한 것을 업신여기는 경우가 많다.

12 우리가 지금은 거울로 보는 것같이 희미하나 그 때에는 얼굴과 얼굴을 대하여 볼 것이요 지금은 내가 부분적으로 아나 그때에는 주께서 나를 아신 것 같이 내가 온전히 알리라.

"거울로 보는 것같이 희미하나." 고대의 거울은 사람의 얼굴을 희미하게 보여 주었다. 거울의 비유는 어떤 대상이 존재한다는 점은 분명한데 그 정체를 전적으로 알기는 어렵다는 것을 의미한다. 밤하늘에는 별들이 많이 보이는데, 어떤 별은 그 자리에 존재하는 것이 분명하지만 우리 눈에 뚜렷이 보이지는 않는다. 그것을 가리켜 "희미하다"고 표현한 것이다.

내세가 거울로 보듯이 "희미한" 이유는 우리가 하나님 말씀을 통해 내세를 깨닫고도 또다시 그것을 망각하기 때문이다. 야고보서 1:23-24에 말하기를 "누구든지 말씀을 듣고 행하지 아니하면 그는 거울로 자기의 생긴 얼굴을 보는 사람과 같아서 제 자신을 보고 가서 그 모습이 어떠했는지를 곧 잊어버리거니와"라고 하였다. 사람은 하나님의 말씀을 잊어버리는 건망증이 있다. 사람의 마음은 더러운 연못과 같은데, 연못이 더러우면 고기는 모두 죽어 버리고 개구리만 번성한다. 사람은 하나님의 말씀을 잊어버림에 있어서 스라소니(Lupus Cervurius)라는 짐승과 같은 건망증이 있다. 스라소니는 무엇을 먹다가도 머리를 뒤로 돌리면 자기 앞에 놓여 있는 음식물을 잊어버리고 새로운 음식을 찾기 위하여 달려간다고 한다. 사람이 하나님의 말씀에 대하여 건망증이 생기는 원인은 하나님의 말씀과 반대되는 죄악과 이 세상의 삶을 좋아하는 애욕이 너무 강하기 때문이다.

그러나 그리스도인은 하나님의 말씀을 잊어버리지 않도록 힘써야 한다. 그는 "갓난 아기들 같이 순전하고 신령한 젖을 사모"해야 한다(벧전 2:2). 왜냐하면 그들은 내세에 대해 희미하지만 참된 지식을 가졌기 때문이다. 그리스도인은 캄캄한 때에 더욱 빛을 사모해야 하는 자들이다. 봉오리 속에 감춰진 꽃을 더욱 보고 싶어 하는 것과 동일한 마음으로, 그는 희미한 가운데 가려진 내세를 사모하고 그곳에 들어가고자 하는 심정으로 자신을 깨끗하게 지켜야 한다. 요한1서 3:2-3에 말하기를 "사랑하는 자들아 우리가 지금은 하나님의 자녀라 장래에 어떻게 될지는 아직 나타나지 아니하였으나 그가 나타나시면 우리가 그와 같을 줄을 아는 것은 그의 참모습 그대로 볼 것이기 때문이니 주를 향하여 이 소망을 가진 자마다 그의 깨끗하심과 같이 자기를 깨끗하게 하느니라"라고 하였다. 고린도후서 3:18에 말하기를 "우리가 다 수건을 벗은 얼굴로 거울을 보는 것 같이 주의 영광을 보매 그와 같은 형상으로 변화하여 영광에서 영광에 이르니 곧 주의 영으로 말미암음이니라"라고 하였다. 맛만 조금 보고 전체를 소유하지 못하는 마음이 얼마나 안타까운가? 감옥에 갇힌 사람이 좁은 창문을 통하여 바깥세상을 내다볼 때 그의 마음이 얼마나 바깥세상을 사모하겠는가? 진실한 성도들은 모두 다 은혜를 사모하는 자들이다.

"지금은 내가 부분적으로 아나." 고린도전서 13:9-10 해석을 참조하라. 우리가 여기서 기억해야 할 일이 있다. 그것은 현세에 우리가 아는 것은 부분적이지만 그렇다고 해서 믿음을 갖기에 부족한 것은 아니라는 점이다. 본문에서 바울은 "부분적으로 아는 것"의 가치를 부인한 것이 아니다. 주석가 아돌프 슐라터(A. Schlatter)는 다음과 같이 말하였다. "바울은 현세에서 우리가 아는 바를 무가치하거나 쓸모없다고 말한 것이 아니며, 다만 그것이 멸절된다고 말할 뿐이다. 그 이유는 그것이 완전한 것이 아니기 때문이다."라고 하였다.[57)]

우리가 정신만 차리면 우리는 이런 부분적인 진리 지식을 통해서도 내세에 대한 확신을 가질 수 있다. 부분은 전체를 증언하는 법이다. 이와 관련하여 이탈리아 사람 크리스토퍼 콜럼버스가 아메리카 대륙을 발견한 역사를 예로 드는 것이 적절할 것 같다. 그가 1492년 8월 3일 아침 여덟 시에 88명을 실은 세 척의 배(Sante Maria, Pinta, Mina)를 이끌고 대서양을 건너가던 중 8

57) Erläuterungen zum Neuen Testament, 1909, Zweiter Band, 117. "Was wir jetzt erkennen, heisst Paulus nicht wertlos und unnütz; es erfällt aber der Vergänglichkeit, weil es nie etwas ganzes und vollendetes ist."

월 17일에는 선원들이 콜럼버스를 원망하였다. 그렇지만 그는 그들을 안정시켜 항해를 계속하였고, 10월 7일에 철물에 붙어 있던 작대기 한 개와 판자 조각 한 개, 그리고 나뭇가지를 물에서 건졌다. 그것이 그들에게 큰 소망을 주었다. 그들은 그것으로 인하여 육지가 가까운 줄 알고 힘을 얻었고 기뻐하였다. 과연 그날 밤 11시에 콜럼버스는 멀리 있는 불빛을 보았고, 12일 오전 2시에 그들은 신대륙을 발견하였다. 그러자 그때까지 콜럼버스를 원망하던 자들이 콜럼버스의 발밑에 엎드리어 자복하여 울면서 용서를 빌었다. 그리고 그때 그들은 다 흙에 입을 맞추고 하나님께 감사하였다고 한다.[58] 여기서 우리는 그들이 항해 중에 부분적인 지식, 다시 말해 나뭇조각 같은 것을 보고서 전체, 다시 말해 대륙의 존재를 확신한 사실을 지적할 수 있다. 우리는 내세에 대한 현재의 우리의 지식이 희미하다고 해서 내세에 대한 확신을 가지지 못할 이유가 없다.

13 그런즉 믿음, 소망, 사랑, 이 세 가지는 항상 있을 것인데 그 중의 제일은 사랑이라. 이 말씀은 믿음, 소망, 사랑, 이 세 가지가 현세에도 신자와 늘 함께 있어야 한다는 것이다. 어째서 이 셋은 늘 함께 있어야 하는가? 그 이유는 다음과 같다. 곧 ① 소망을 동반하지 않는 믿음이 있다면 그것은 믿음으로써 장래에 은덕을 보려는 것이 아니니 성경이 말하는 "믿음"이 아니다. 사람을 의뢰하고 믿으면 자유도 잃고 진정한 소망이 없다. 그러나 하나님을 의뢰하는 믿음은 무언가를 의지해야 살아갈 수 있는 인간에게는 최고의 신앙이며 또한 장래에 진정한 은덕을 얻게 되는 믿음이다. 믿기만 하고 소망은 가지지 못하는 믿음이란 생명 없는 사물의 사리나 이치를 믿는 것과 같은 일이다. 생명 없는 사물이나 이치는 그것을 믿는 자에게 영생을 주지 못한다. '1+2=3'이라는 덧셈의 법칙을 믿는다고 해서 그 믿음이 구원을 가져다줄 수 있을까? 아니다. 성

---

58) Encyclopaedia Britanica Ⅵ, 742-743.

경대로 믿는 믿음은 "반드시 그가 계신 것과 또한 그가 자기를 찾는 자들에게 상 주시는 이심을" 믿는 믿음이다(히 11:6). 하나님이 계시는 것만 믿고 그가 우리에게 상 주시는 분임을 믿지 못하는 것은 귀신들이 하나님에 대하여 가지는 믿음과 동일한 것이다(약 2:19). 특별히 우리 그리스도인들이 믿는 하나님은 그리스도 안에서 갖는 믿음인데, 그것은 속죄의 큰 사랑으로 우리를 구원하여 주시는 하나님을 믿는 것이다. 이 믿음은 소망을 동반하는 참믿음이다. 기독교 신앙은 반드시 확실한 수확을 가져온다. 예수님께서 병자들에게 "너희 믿음대로 되라" 하셨을 때 믿음을 가진 병자는 곧바로 고침을 받았다. 기독교 신앙은 믿음대로 이루어지는 신앙이다. 어째서 우리는 믿음이 있어야만 구원을 얻을 수 있는 것일까? 그 이유는 다음과 같다. 구원은 인생이 알기 어려운 고상한 진리로 이루어진 것이기 때문에 유한하고 죄 많은 인생은 그것을 오직 믿음으로만 받을 수 있기 때문이다.

② 사랑이 없는 믿음은 죽은 믿음이다. 왜냐하면 성경이 말하는 믿음은 법칙을 대상으로 한 믿음이 아니고 독생자를 주신 살아 계신 사랑의 하나님을 대상으로 하기 때문이다. 사랑의 하나님을 대상으로 하는 믿음이 사랑 없는 믿음일 수 있을까? 그럴 수 없다.

그렇다면 우리는 하나님의 사랑을 어떻게 느낄 수 있는가? 하나님의 사랑과 나 개인의 관계가 어떻게 나의 의식 속에 성립되는가? 그것은 믿음으로만 성립될 수 있다. 성경은 "이는 그를 믿는 자마다 멸망하지 않고 영생을 얻게" 하려 함이라고 말씀할 뿐이다. 이 사랑을 느끼는 자마다 다른 사람을 사랑하지 않을 수 없다.

이 점에서 우리가 기억할 것은 다른 사람을 향한 사랑이 하나님을 향한 사랑을 강화시켜 준다는 사실이다. 그러므로 하나님을 향한 믿음은 형제애를 통해 강화된다. 요한1서 4:20에 말하기를 "누구든지 하나님을 사랑하노라 하고 그 형제를 미워하면 이는 거짓말하는 자니 보는 바 그 형제를 사랑하지 아니하는 자는 보지 못하는 바 하나님을 사랑할 수 없느니라"라고 하였다.

설교 사랑의 작용(고전 13:4-7, 13)

사도 바울은 사랑을 가리켜 "가장 좋은 길"이라고 하면서(고전 12:31) 이에 대하여 길게 설명하였는데, 그것이 바로 고린도전서 13장이다. 우리는 고린도전서 13장을 따르는 삶이 절대적으로 필요하다. 그러므로 여기서 그것을 가지고 설교하려 한다.

"사랑은 오래 참고 사랑은 온유하며"(4절). 이것은 겉으로만 오래 참는 체하면서 속으로는 원망을 품는 것이 아니다. 그렇게 행하는 것은 온유함이 아니다. 참된 온유는 마음 중심에서 나오는 것이다.

"시기하지 아니하며"(4절). 시기심은 ① 나보다 못한 자가 나와 같이 될 때, ② 나보다 나은 자를 대할 때, ③ 나와 같은 자가 나보다 나아질 때 일어나는 것이다. 시기는 실로 백해무익한 것이다. 그것은 정신적으로나 육체적으로도 건강을 해치고 영적으로는 형벌을 가져오는데, 이스라엘의 첫 번째 왕이었던 사울이 그렇게 되었던 사람이다.

"사랑은 자랑하지 아니하며"(4절). 이것은 자기의 영광을 위하여 자기의 장점을 남들에게 드러내지 않는 것을 의미한다. 우리는 우리가 받은 은혜를 겸손히 증언해야 하는 경우가 있는데, 그것은 주를 위한 것이며 자긍심에서 비롯된 것은 아니다. 왜냐하면 그것은 주를 위하여 마지못해 자랑하는 것이지 자기를 위하여 자랑하는 것이 아니기 때문이다.

"교만하지 아니하며"(4절). 교만은 생각과 말과 행동으로 다른 사람을 무시하는 악을 가리킨다. 이것은 안하무인의 태도이며 무지한 처사다. 이것은 자기밖에는 영광을 얻을 자가 없고 심지어 생존할 가치가 있는 자도 없는 줄로 아는 것이니, 자기 자신과 타인 모두에 대해 오해한 무지한 일이다. 세상에서 가장 무지한 자는 교만한 자다.

"무례히 행하지 아니하며"(5절). 무례하다는 것은 ① 윗사람을 공경할 줄 모르고 아랫사람을 동정하지 않으며 존중하지도 않는 태도다. 남의 수하에 있는 사람은 상전을 사적인 일에 연루시키지 말아야 하는데, 이는 무례한 행동이다. 윗사람은 아랫사람을 억지로 사적인 일에 동원하지 말아야 하는데, 그것도 무례한 행동이다. ② 감사할 줄 모르는 태도 또한 무례한 것이다. 사람은 마땅히 거저 받은 은혜에 대하여 감사하는 마음을 가져야 하는데, 그것을 당연히 받아야 할 것으로 여기고 감사하지 않는 것은 무례한 태도다. ③ 남의 일에 간섭하는 것도 무례한 일이다.

"자기의 유익을 구하지 아니하며"(5절). 이것은 헬라어 원어로 "자기의 것들을 찾지 않는다."라는 뜻이다. 자기의 것들을 찾는다는 말은 ① 자기중심적인 삶을 가리킨다. 내가 중심이 되는 행위는 죄악이다. 왜냐하면 그것은 하나님을 중심으로 삼는 생활을 파괴하기 때문이다. ② 그것은 자기 뜻대로 하는 생활을 가리킨다. 그것은 하나님의 뜻이 성취되는 것을 막는다. ③ 그것은 자기를 우상으로 세우는 자아 중심주의를 뜻한다. 자아 중심주의는 그 자신을 노예의 삶에 빠뜨린다. 베르나르두스는 말하기를, "인간이 하나님의 뜻에 따라 다스림을 받지 않으면 그 벌로 자신의 노예가 된다. 그리스도께 사로잡힐 때만 나는 참된 자유를 얻는다."라고 하였다. 현대인은 자기희생이 바로 자유이고 행복이라는 사실을 깨닫지 못한다. 자기의 것을 찾는 자의 삶은 다음과 같이 표현된다.

자기 열중(self-infatuation).

자기 의(self-righteousness).

자기 신뢰(self-trust).

자기 영광(self-glory).

자기 만족(self-pleasing).

자기 고집(self-will).

자기 변호(self-defence) 등이다.

"성내지 아니하며"(5절). 살인에 이르는 네 가지 단계가 있는데, 곧 증오, 성냄, 구타, 살해다. 분노는 마음속에 잠재하였던 증오의 독이 폭발하여 신경계에 퍼지는 것인데, 이것은 옳고 그름을 가리지 못하도록 감각을 마비시킨다. 그래서 분노에 빠진 자는 살해하는 일마저도 옳게 여기는 착각에 빠진다.

잠언 12:16에 "미련한 자는 당장 분노를 나타내거니와"라고 하였고 잠언 16:32에는 "노하기를 더디하는 자는 용사보다 낫고"라고 하였고 전도서 7:9에는 말하기를 "급한 마음으로 노를 발하지 말라 노는 우매한 자들의 품에 머무름이니라"라고 하였다. 사람이 분노하면 생리적 현상으로 수의근의 활동이 왕성해져서 혈관이 늘어나 혈액이 피부에 모이며 독소가 발생한다. 우리가 육체의 힘으로 불의를 대적하려 할 때 그런 일이 발생하는데, 그것은 하등 동물의 투쟁법이다. 사람은 육체의 힘으로 불의를 대적할 자가 아니고 영적인 능력으로 불의를 대적해야 하는 자다.

"악한 것을 생각하지 아니하며"(5절). 인간은 다른 사람의 호의를 입은 것은 빨리 잊어버리고 남에게서 받은 상처는 잊지 않는다. 남이 내게 잘못한 것을 용서하지 않는 일 역시 잔인하고 무자비한 죄악이다. 그러므로 주께서 말씀하시기를, 우리가 남을 용서하지 않으면 주님도 우리를 용서하지 않겠다고 하셨다(마 6:14-15).

다른 사람이 나에게 끼친 해악을 기억하는 것은 우리 자신에게도 해로운 일이니, 그것이 없어지도록 기도해야 한다. 어찌하여 몸이 병들 때는 기도하면서 영혼이 병들 때는 기도하지 않는가?

"불의를 기뻐하지 아니하며 진리와 함께 기뻐하고"(6절). 이는 나 자신과 다른 사람이 행하는 불의를 기뻐하지 않는다는 말이다. 왜냐하면 그 불의로 인하여 나 자신과 다른 사람 모두가 함께 해를 당하기 때문이다.

불의는 남을 해침으로써 나의 유익을 도모하는 행동인데, 그것은 사랑에 반대되는 것이다. 사랑을 아는 자는 무엇이 유익한지 바로 알고 행하는 자다. 남에게 해를 끼치는 불의를 통해서는 유익을 얻지 못하고 오히려 손해를 당하기 때문에 우리는 불의를 기뻐하지 않는다. 사랑을 실천하는 자는 오직 진리의 행위로만 기뻐한다.

"모든 것을 참으며"(7절). 여기서 '참는다'는 말은 헬라어로 "스테게이"(στέγει)인데, 이것은 숨긴다는 의미다. 우리는 남의 허물을 숨기고, 자기가 당하는 모든 고난도 숨겨서 마치 그것이 없는 것처럼 이겨 나가야 한다. 우리가 어떻게 해야 남의 허물을 없는 것처럼 생각할 수 있을까? ① 남의 허물을 감추기 위해서는 먼저 내 허물을 눈앞에 드러내 놓고 보아야 한다. 나의 태산 같은 허물을 눈앞에 놓으면 남의 허물을 들여다보지 못하게 된다. ② 어떻게 하면 현재의 고난을 없는 것처럼 여길 수 있을까? 그러기 위해서는 내가 받을 미래의 영광을 내 눈앞에 내어놓고 보아야 한다. 로마서 8:18에 말하기를, "생각하건대 현재의 고난은 장차 우리에게 나타날 영광과 비교할 수 없도다"라고 하였다.

"모든 것을 믿으며 모든 것을 바라며"(7절). 이것은 주님을 향한 믿음과 소망 가운데 우리가 당하는 어려움을 견뎌 내는 삶을 묘사한다. 우리는 주님을 믿기 때문에 어떤 어려운 일이라도 주님께서 그것이 우리에게 필요하기 때문에 허락하신 것으로 알고 그것을 견뎌 낸다. 그러므로 우리는 악한 자에 대해서도 원망하거나 역정을 내거나 고민하거나 낙심하는 태도를 보이지 않는다. 우리는 악한 자를 대면하고 처리하는 방법에서도 그리스도의 진리를 따라야 하며 잘 참아 나가야 한다. 이렇게 행할 때 우리는 모든 일에 소망을 가진다.

"모든 것을 견디느니라"(7절). 여기서 "견디느니라"라는 말은 헬라어로 "휘포메네이"(ὑπομένει)인데, 이는 보다 적극적으로 난관을 헤쳐 나가는 인내심을 가리킨다. 이것은 방어와 더불어 정복하는 힘까지 겸비한 인내다. 이것이 사랑의 모든 작용에 있어서 가장 중요한 한 가지다. 이것이 없으면 그 어떤 미덕도 성립하지 못한다. 사랑의 원수인 죄와 시련을 돌파하는 인내 없이는 사랑이 그 생명력을 발휘하지 못한다. 사랑이라는 탑이 바로 서기 위해서는 먼저 "오래 참음"(마크로튀미아)으로 터를 닦고(4절) 쌓아 올려 마지막에는 "인내"(휘포모네)로 관을 씌워야 한다. 사랑은 수고하는 것이고 수고는 참는 것이다.

"그런즉 믿음, 소망, 사랑, 이 세 가지는 항상 있을 것인데 그 중의 제일은 사랑이라"(13절).

1) 믿음. 신자는 내세에 가서도 주님을 의뢰해야 한다. 자기 혼자 힘으로 서고 자기 뜻대로 행하고자 하는 태도로 말미암아 인류가 에덴동산에서 쫓겨난 것인데, 사람이 어찌 내세에서 그 같은 과오를 되풀이하겠는가? 우리가 영원히 가져야 할 것은 믿음이니, 우리가 어찌 그것을 등한시하겠는가?

2) 소망. 내세에는 구원이 다 성취되었으니 소망은 필요하지 않을 것처럼 보인다. 그러나 하늘에서도 사람은 유한한 영이기 때문에 무한하신 하나님을 더욱 사모하지 않을 수 없을 것이다. 내세에는 죄가 없지만 소망은 있다. 그곳에는 질병이 없지만 보다 더 좋은 것에 대한 소망은 끝이 없다. 우리가 거기서 받을 축복은 무한하다. 우리는 하늘에 가서도 무한을 무한히 동경하게 된다.

3) 사랑. 하나님의 사랑은 믿음도 가능하게 해 주고 소망도 가능하게 만들어 주는데(7절), 사랑이 이 모든 것의 기초다. 그것은 언제나 있을 것이며 또한 가장 좋은 것이다.

제 14 장

(4) 신령한 은사들을 사랑으로 사용해야 함(14:1-40)

1) 방언보다 예언이 우수함(14:1-25)

⚜ 해석

1 사랑을 추구하며 신령한 것들을 사모하되 특별히 예언을 하려고 하라. 바울은 사랑이 제일 되는 것이라고 하였다(13:13). 따라서 다른 모든 은사는 사랑을 베풀기 위하여 있는 것일 뿐이니, 은사를 구하는 자는 "사랑을 추구"해야 한다. 다시 말해 그는 사랑을 실천하는 데 필요한 은사들을 구해야 한다.

"추구하다"(διώκεν)라는 말은 붙잡기 위하여 열심히 따라가는 것을 가리킨다. 한마디로 사랑을 실천하기 위해 온 마음을 다한다는 뜻이다(Lenski).

"예언을 하려고 하라." 이 말은 남들을 영적으로 유익하게 지도하는 데 필요한 성령의 지시를 구하라는 뜻이다. 이 은사는 사랑을 더욱더 밝히 드러낸다. 그 이유를 그다음 구절에 자세히 진술한다.

2 방언을 말하는 자는 사람에게 하지 아니하고 하나님께 하나니 이는 알아 듣는 자가

없고 영으로 비밀을 말함이라. "방언을 말하는 자는 사람에게 하지 아니하고 하나님께 하나니." 이 말씀에 대하여 어떤 학자는 다음과 같이 생각한다. 곧 방언은 이 세상에 속한 어떤 외국어라 하고, 그것을 말할 때에 그 언어를 배운 자가 그 자리에 한 사람도 없을 경우에 하나님 외에는 아무도 그 말을 깨닫지 못한다는 것이다. 그러나 이 해석은 자연스럽지 않다. 이 구절 후반부에 있는 "영으로 비밀을 말함이라"라는 말씀을 보면 그것은 영적 방언을 가리키는 것이지 외국어를 뜻하는 것이 아니다.

그런데 이 같은 이적이 교회 시대에도 나타나는 것일까? 교회 시대란 계시 시대, 곧 사도 시대와 구분되는 명칭이다. 사도 시대에는 표준적인 이적과 계시가 있었다. 하나님께서 교회를 세우시기 위하여 이렇게 터를 닦는 의미에서 기초적인 역사(役事)를 행하셨다. 그 시대에 존재했던 이적과 계시는 사실상 주님의 재림 때까지 장성해 가야 할 교회의 뿌리와 터전을 이루는 것이다. 이런 의미에서 바울은 사도들의 사역을 터 닦는 일에 비유하였다. 고린도전서 3:10에 말하기를, "내가 지혜로운 건축자와 같이 (교회의) 터를 닦아 두매"라고 하였고, 11절에는 말하기를, "이 닦아 둔 것 외에 능히 다른 터를 닦아 둘 자가 없으니 이 터는 곧 예수 그리스도라"라고 하였다. 이 말씀은 사도가 그리스도를 전파하도록 계시와 능력을 받아 복음을 드러낸 사실을 가리킨다. 교회는 이 터 위에 세워지는 것이다(엡 2:20; 계 21:14). 이렇게 생각할 때에 사도들의 사역은 나무의 뿌리와 같은 것이다. 뿌리가 한번 일정한 자리에 든든하게 서고 나면 거기서 돋아 나온 줄기가 질적으로는 뿌리와 같은 것이지만, 외모에 있어서는 뿌리와 다른 점들이 많다. 하나님은 변치 않으시며 그 능력도 여전하시지만, 그의 사역의 경륜을 나타내시는 모습은 사도 시대의 방식과 교회 시대의 방식이 서로 다르다. 그가 이스라엘 백성을 광야에서 인도하실 때는 하늘에서 만나를 내려 먹여 주셨지만, 이스라엘 백성이 가나안 땅에 들어온 다음에는 만나 내리시기를 그치셨다. 하지만 그렇다고 해서 하나님이 변하신 것은 결코 아니다. 우리가 교회 시대를 생각해 보면 그 시대는 마치 든든하게 세워진 뿌리에서 돋아나는 나무줄기와 같은데, 줄기가 자라는 과정에 다시금 뿌리의 형태를 드러낼 필요는 없는 것이다. 이처럼 교회 시대에는 그 뿌리가 되는 사도들의 사역을 되풀이하지 않는다. 다만 우리가 여기서 기억해야 할 점은, 교회 시대에는 사도의 증표를 보여 주는 이적이 없다 할지라도 특별한 섭리가 나타나는 경우는 있다는 것이다.[59] 특별한 섭리가 계시의 역사에 속한 것은 아니지만, 그것 역시 하나님의 특별한 간섭이다. 예를 들어 신자들이 병자를 위하여 기도할 때 하나님의 은혜로 병이 낫는 것과 같은 일들이다. 그러나 그것은 예수님과 사도들이 행한 이적과 다르다. 비교하자면, ① 예수님과 사도들의 경우에는 고침을 받으러 나아온 병자들이 모두 치료되었으나, 교회 시대의 신유 사역은 그렇지 못하고, 그들을 위하여 기도할 때 하나님의 은혜로 치료되는 경우도 있지만 치료되지 않는 경우도 있는 것이다. ② 그뿐 아니라 예수님과 사도들의 이적을 통해 치료받은 질병은 재발하는 법이 없으나, 교회 시대의 신유는 그 병이 재발하는 경우도 있다. ③ 예수님과 사도들이 고친 병자들은 몸이 곧바로 완전해졌으나, 교회 시대의 신유는 그렇지 못하다.

이러한 세 가지 사실은 교회 시대 신유의 특징을 보여 준다. 이러한 특징들이 나타나는 원인은 하나님의 능력이 교회 시대에 이르러서 약해졌기 때문이 아니다. 하나님의 권능은 여전히 동일하게 역사하신다. 다만 그 사역의 경륜에 이와 같은 차이점이 발생하는 것은, 특별히 교회의 터가 되는 계시 시대(예수님과 사도 시대)의 표준성을 드러내기 위함이다. 우리의 신앙은 언제나 예수 그리스도와 사도들이 선포한 내용, 다시 말해 성경말씀을 표준으로 삼고 거기서 안식을 찾아야 한다. 만일 교회 시대에 이르러서도 어떤 사람들이

---

59) L. Berkhof, Systematic Theology, 68.

예수 그리스도나 사도들처럼 표준적인 이적을 행한다면 우리는 그들 역시 성경말씀과 같은 권위 있는 계시를 전한다고 해야 할 것이다. 그렇게 되면 예수님과 성경만을 기초로 하는 기독교의 근간이 무너진다.

그러므로 우리는 오늘날의 방언을 사도 시대에 나타났던 방언과 동일한 성격을 가진 것으로 여길 수 없다. 현대의 방언 운동에는 많은 그릇된 방언들도 나타난다. 이런 방언들은 물론 금지해야 한다. 다만 방언을 하는 것이 자신의 신앙에 유익이 되는 것으로 여기는 자들은 고린도전서 14장의 교훈을 마음에 새겨야 할 것이다.

3 **그러나 예언하는 자는 사람에게 말하여 덕을 세우며 권면하며 위로하는 것이요.** 사도 시대에 활동한 예언자들은 성령의 감동에 의하여 특별한 사건들을 예고하였다(행 11:28; 21:11). 그들 중 일부는 하나님 백성의 구원을 위한 계시의 사역을 감당하였으며, 신앙에 관한 진리를 해명하기도 하였다(롬 12:6). 그런 측면에서 그들의 사역도 사도들의 사역과 함께 신약 교회의 기초를 이루었다(엡 2:20; 고전 12:28). 이것이 방언과 예언의 차이점이다. 방언의 은사는 교회의 기초가 아니라 은사 가운데 가장 낮은 단계에 속한다(고전 12:10, 28). 그러나 예언 사역은 사도들의 사역처럼 계시 시대(사도 시대)에만 있었던 단회적인 직분에 속한다. 교회 시대에는 예언의 후신으로서 설교가 자리 잡았다고 할 수 있다. 왜냐하면 예언과 설교의 기능이 동일하기 때문이다. 예언의 기능은 건덕, 권면, 안위라고 할 수 있는데(고전 14:3), 설교도 마찬가지다. 다만 예언자의 경우에는 하나님의 말씀이 초자연적으로 그에게 임하였으나, 설교자의 경우에는 그 자신이 하나님의 말씀(성경)으로 나아가야 한다. 다시 말해 설교자는 말씀의 청지기라는 뜻이다. 그는 사도와 선지자를 통하여 교회에 임한 하나님의 말씀을 맡은 자다(고전 4:1,2; 딛 1:7). 설교자는 기독교의 터를 닦는 자가 아니라, 사도와 선지자가 닦아 놓은 터전(고전 3:10-11), 곧 그리스도에 대한 설명(성경)을 근거로 교회를 세우는 자다. 설교자는 ① 그들에

게 맡겨진 터와 자재, 곧 성경을 그대로 수호해야 할 책임이 있고, ② 또한 그 터와 자재를 가지고 집을 지을(다시 말해 교회를 세울) 책임도 있다. 성경말씀을 전파하며 가르치는 것이 바로 그들에게 맡겨진 일이다. 그는 말씀을 전파할 때 자신의 구미에 맞는 것만 골라서 전할 것이 아니라, 성경말씀 전부를 전할 책임이 있다.

현대 교회에도 예언이 있다고 주장하는 이들이 있다. 만일 오늘날에도 예언과 같은 일들이 나타난다면 그에 대한 우리의 태도는 어떠해야 될 것인가? 1) 그 예언이 맞지 않을 경우에 그것을 배척하기는 쉬운 일이다. 2) 그러나 그 예언이 사실과 부합할 때 우리로서는 그것을 거부하기가 곤란할 듯하다. 하지만 이와 같은 경우에도 우리는 그것을 받아들일 수 없다. 왜냐하면 ① 그 예언이 맞는다 해도 그것이 거짓된 예언일 수 있기 때문에(신 13:2), 하나님의 명령대로(요일 4:1) 착실히 영들을 시험하여 지내보아야 한다. 그것을 시험하여 지내보는 데는 오랜 세월이 필요할 수도 있다. 신자가 미혹에 빠지지 않기 위하여 영들을 시험하는 것은 오히려 경건한 행동이다. 신명기 13:1-3에 말하기를, "너희 중에 선지자나 꿈꾸는 자가 일어나서 이적과 기사를 네게 보이고 그가 네게 말한 그 이적과 기사가 이루어지고 너희가 알지 못하던 다른 신들을 우리가 따라 섬기자고 말할지라도 너는 그 선지자나 꿈꾸는 자의 말을 청종하지 말라 이는 너희의 하나님 여호와께서 너희가 마음을 다하고 뜻을 다하여 너희의 하나님 여호와를 사랑하는 여부를 알려 하사 너희를 시험하심이니라"라고 하였다. ② 사탄의 사자도 복음을 높이는 것처럼 흉내 낼 수 있으며(행 16:16-17), 또한 대인관계에서도 스스로를 도덕적인 것처럼 포장할 수 있다(고후 11:14-15; 마 7:15). 따라서 우리는 오늘날 나타나는 "예언"과 같은 현상을 시험해 보는 것이 마땅하다. 우리에게는 현대의 예언보다 성경이 더욱 권위 있고 우리의 신앙에 유익을 가져다주는 것이다(롬 15:4).

덕을 "세우며"라고 번역된 헬라어(οἰκοδομήν)를 직역하면 "세워 나가며"

라고 할 수 있는데, 하나님의 진리를 가르쳐 신자들의 신앙사상을 증진시키는 것을 의미한다. "권면"(παράκλησις)이란 경계하여 양심과 의지를 옳은 데로 움직이게 하는 것이고, "안위"(παραμυθία)는 난관과 핍박을 당한 신자들에게 소망을 보여 주어 그들의 정서에 기쁨과 용기를 북돋아 주는 것이다.

이런 점을 고려할 때 "예언"이란 반드시 성령의 특수한 예고를 전달하는 일에만 국한되는 것이 아니고 광범위한 영적 교훈과 지도를 가리키는 것이다.

4 **방언을 말하는 자는 자기의 덕을 세우고 예언하는 자는 교회의 덕을 세우나니.** 방언하는 자의 말은 듣는 자들에게 그 뜻이 알려지지 않기 때문에 남에게는 유익이 없다. 그것은 단지 자신에게 영적 깨달음을 줄 뿐이다. 그러나 예언하는 자는 온 교회로 하여금 진리를 깨닫게 하여 유익을 얻도록 한다.

5 **나는 너희가 다 방언 말하기를 원하나 특별히 예언하기를 원하노라 만일 방언을 말하는 자가 통역하여 교회의 덕을 세우지 아니하면 예언하는 자만 못하니라.** 바울의 주장은 그 당시에 행해지던 방언의 은사가 전혀 불필요하다는 것이 아니고, 다만 그것에 대해 과대평가하지 말아야 한다는 것이다. 방언은 통역되지 않으면 남들에게 별로 유익을 주지 못한다. 방언은 앞서 해석한 바와 같이(2절) 영감으로 말하는 것이다. 따라서 방언은 영감이 동반되지 않는 순간부터 효력을 잃어버린다고 생각할 수 있다. 그러므로 통역하는 자도 영감을 받아야 한다(Hodge). 방언을 말하는 사람 자신이 통역의 은사까지 겸하는 경우가 있으나 언제나 그런 것은 아니었다. 예언의 효능에 대해서는 3절에서 설명하였다.

6절. 바울은 자기 자신도 방언하는 것으로는 남들에게 유익을 끼칠 수 없다고 단언하면서 앞에서 펼친 논지를 보강하고 있다. 여기서 그가 다른 사람들을 예로 들지 않고 자기 자신의 경우를 예로 들어 말한 것은 겸손의 표현이라고 할 수 있다.

7-10절. 이 단락에서는, 우리가 이해할 수 없는 모든 소리는 그것을 듣는

자들에게 무익한 것이라고 말하면서 몇 가지 실례를 든다.

신자가 복음을 명백히 말하지 않으면 교회에 유익을 끼치지 못한다. 생명이 없는 악기조차도 사람이 분별할 수 있는 소리를 내는데, 생명을 가진 사람들이 어찌 교회에서 사람들이 식별하지 못할 말을 하고 있겠는가?(7절) 그뿐 아니라 모든 소리가 그 나름의 의미를 가지는데(10절), 신자들이 의미 없는 소리를 내서 되겠는가? 바울은 이러한 논지로 심각하게 고린도 교회에서 방언하는 자들의 주의를 환기시킨다. 그는 말하기를, "만일 나팔이 분명하지 못한 소리를 내면 누가 전투를 준비하리요"라고 하였다(8절).

그리스도인들은 교회에서 오직 복음만을 명백히 드러내야 한다. 그러기 위해서는 다음과 같은 점들을 주의할 필요가 있다. ① 기독교 교리 가운데 중요하지 않은 사소한 조항들에 치중하지 않아야 복음의 나팔 소리가 분명해질 수 있다. 무슨 일에든지 중요한 것과 부수적인 것, 앞서야 할 것과 뒤따라야 할 것을 혼동하면 일이 틀어진다. 고린도 교회에서 방언하는 신자들은 방언을 과도하게 중시하여 남들이 이해하지 못하는 말을 회중 앞에서 늘어놓았던 것으로 보인다. 그러므로 바울은 그 같은 잘못을 시정했다. 그들은 그리 중요하지 않은 은사, 곧 방언을 지나치게 내세웠던 것이다. ② 밝히 드러난 하나님의 말씀대로 살아야 복음의 나팔 소리가 분명해질 수 있다. 우리의 구원과 관계된 하나님의 말씀은 모두 다 밝히 드러난 것이다. 이런 의미에서 바울은 말하기를, "만일 우리의 복음이 가리었으면 망하는 자들에게 가리어진 것이라"라고 하였고(고후 4:3), 또 말하기를, "말씀이 네게 가까워 네 입에 있으며 네 마음에 있다 하였으니 곧 우리가 전파하는 믿음의 말씀이라"라고 하였다(롬 10:8). 기독교의 특징은 복음의 가장 깊은 오묘한 것을 밝히 드러내는 것이다. 에베소서 3:9에 말하기를, 사도의 직분은 "영원부터 만물을 창조하신 하나님 속에 감추어졌던 비밀의 경륜이 어떠한 것을 드러내게" 하는 것이라고 하였다(벧전 1:12 참조).

우리는 밝히 드러난 복음의 사실들을 받아들여 그에 따라 살아가는 일에 힘써야 하는 것이지, 논쟁적인 문제들에 과도하게 시간을 빼앗길 필요가 없다. 신명기 29:29에 말하기를, "감추어진 일은 우리 하나님 여호와께 속하였거니와 나타난 일은 영원히 우리와 우리 자손에게 속하였나니 이는 우리에게 이 율법의 모든 말씀을 행하게 하심이니라"라고 하였다. 우리가 중요하게 여겨야 할 것은 하나님께서 계시를 통해 우리에게 드러내 주신 그리스도 사건, 다시 말해 그가 죽으셨다가 다시 살아나신 사건을 가르치는 성경말씀이다. 그런데 이처럼 밝히 드러난 하나님 말씀의 단맛은 그 말씀을 믿고 따르는 자들만 느낄 수 있는 것이다. 만일 우리가 밝히 드러난 하나님의 말씀을 믿고 따르는 일에 전념하지 않는다면, 우리는 샘물 곁에서 목말라 죽거나 곡식이 가득한 창고 안에서 굶어 죽는 자처럼 어리석은 자들일 것이다.

7절. 생명이 없는 악기도 분별이 가능한 곡조를 연주하지 않는다면 듣는 사람들에게 의미 없는 것이 되고 만다. 사람이 알아들을 수 있는 소리를 내지 않을 때는 사람들에게 무의미한 것이 되어 버리는 일은 이처럼 생명 없는 도구들에게도 마찬가지다. "피리 부는 것인지 거문고 타는 것인지 어찌 알게 되리요"(πῶς γνωσθήσεται τὸ αὐλούμενον ἢ τὸ κιθαριζόμενον). 이 구절은 차라리 다음과 같이 번역해야 한다. 곧 "피리를 분 것이 무엇이었는지, 거문고를 탄 것이 무엇이었는지 어찌 알려지겠는가?"라고 말이다(Hodge). 이 말씀의 뜻은, 곡조를 분별 있게 연주하지 않으면 피리 소리나 거문고 소리는 무의미하다는 것이다.

8 만일 나팔이 분명하지 못한 소리를 내면 누가 전투를 준비하리요. 전쟁 때에는 나팔 소리로 군인들에게 경보를 발한다. 그것은 곡조를 통해 뜻을 표시하여 듣는 자들이 깨닫게 하기 위함이다.

9 허공에다 말하는 것. 효과 없이 말한다는 뜻이다.

10 이같이 세상에 소리의 종류가 많으나 뜻 없는 소리는 없나니. 여기서 "소리"라는

말은 헬라어로 "포네"(φωνή)인데, 목소리를 의미한다. 여기서는 아마도 사람들의 방언 소리를 의미할 것이다. 칼빈(Calvin)은 이것을 동물의 소리로 해석하였으나 문맥으로 보아 사람들의 언어를 가리키는 듯하다(Hodge).

11-16절. 그리스도인은 교회에 유익한 것만을 내놓아야 한다. 바울 사도는 말하기를, 어떤 신자가 다른 신자들이 깨닫지 못하는 방언을 교회에서 말하면, 말하는 자와 듣는 회중 사이에 야만의 관계가 조성된다고 경고한다. 화합과 융통은 서로 주고받는 데서 생기는 법이다. 그러나 방언하는 자가 자기도 이해하지 못하는 말을 회중에게 전할 때는 영적인 은혜를 전달하지 못하고 도리어 피차 소외되는 느낌만을 전달한다. 그런 관점에서 방언을 말하는 것은 교회에 해가 된다. 그것은 신자들 간에 사랑의 연합을 이루는 데 방해가 된다. 바울은 말하기를, "내가 사람의 방언과 천사의 말을 할지라도 사랑이 없으면 소리 나는 구리와 울리는 꽹과리가 되고"라고 하였다(고전 13:1). 방언의 은사를 포함하여 모든 은사의 목적은 사랑이다(14:1). 그리스도인이 교회에서 자신이 깨닫지 못하는 방언을 말함으로써 도리어 사랑을 깨뜨리는 결과를 낳는 것이 얼마나 모순된 일인가? 그러므로 바울은 방언하는 신자들을 향해 그들이 기도하거나 찬미할 때 영으로뿐만 아니라(영으로 하는 말은 알아듣는 자가 없기 때문에, 14:1), 마음으로도 말하라고(듣는 사람의 지각에 알려질 수 있도록) 권면한다.

11 그러므로 내가 그 소리의 뜻을 알지 못하면 내가 말하는 자에게 외국인이 되고 말하는 자도 내게 외국인이 되리니. 다시 말해 피차간에 야만의 관계가 된다는 뜻이니 서로 이해하지 못하는 형편에 처한다는 것이다.

12-13 교회의 덕을 세우기 위하여 그것이 풍성하기를 구하라. 다시 말해 신령한 은사를 구하되 남들에게 유익을 끼치는 것을 목표로 삼으라는 뜻이다. 그러기 위해서 방언하는 자는 통역하는 은사도 받아야 한다.

14 내가 만일 방언으로 기도하면 나의 영이 기도하거니와 나의 마음은 열매를 맺지 못하리라. 이 구절에 대한 해석은 세 가지다. ① 방언은 지능(마음)으로 하는 것이 아니고 그보다 높은 차원에 속하는 영으로 하는 것이다. 그러므로 방언을 하는 자기 자신도 지능으로는 그것을 이해하지 못한다는 것이다. ② "나의 영"은 정서를 가리키는 것이며 지능과는 관계가 없다. 그러므로 정서적 차원에서 이루어지는 방언을 통해 지능이 얻는 것은 없다는 뜻이다. ③ "나의 영"이라는 것은 성령의 지배하에 있는 인간의 영을 의미한다. 그런데 나의 영이 방언하는 것을 가지고 나의 영과 크게 다를 바 없는 나의 지능이 남들에게는 유익을 가져다주지 못한다는 것이다. 하지는 이 해석이 타당하다고 말한다. 그러나 바울은 그다음 구절에서도 나의 "영"과 나의 "마음"을 엄격히 구분하여 말하고 있다(15절). 따라서 첫 번째 해석이 옳은 듯하다.

15 그러면 어떻게 할까 내가 영으로 기도하고 또 마음으로 기도하며 내가 영으로 찬송하고 또 마음으로 찬송하리라. 이 말씀의 뜻은 방언하는 자들이 자기만 알 수 있는 기도나 찬송을 할 것이 아니라 남들도 알아듣도록 해야 한다는 것이다(Hodge). 그러므로 방언하는 자는 통역하는 은사까지 받아야 한다.

16 그렇지 아니하면 네가 영으로 축복할 때에 알지 못하는 처지에 있는 자가 네가 무슨 말을 하는지 알지 못하고 네 감사에 어찌 아멘 하리요. 여기서 "축복"(εὐλογῇς)이라는 말은 하나님께 감사하는 것을 의미한다. "알지 못하는 처지에 있는 자"(ὁ ἀναπληρῶν τὸν τόπον τοῦ ἰδιώτου)라는 표현은 교회의 지도자가 아닌 일반 성도를 가리킨다(Lenski). "아멘"이라는 말이 여기서는 예배에 참석한 자들이 회중을 대표하여 기도하는 자의 감사에 동조하여 "그렇습니다."라고 표현하는 것을 의미한다(느 8:6). 이 말은 히브리어(אָמֵן)를 음역한 것이다. 그 말은 "진실합니다." 또는 "그렇습니다."라는 뜻이다.

대표 기도가 끝날 때 회중이 "아멘"으로 화답하는 것은 구약의 예배 풍속에서 온 것이다(민 5:22; 신 27:15).

17 너는 감사를 잘하였으나 그러나 다른 사람은 덕 세움을 받지 못하리라. 이것은 남이 알아듣지 못할 방언으로 기도하는 것이 공적 예배에 동참한 자들에게 유익을 주지 못할 것임을 지적한다. 예배는 단지 신비적인 느낌을 전달하는 데 중점을 두는 것이 아니라, 지식을 바탕으로 성품을 통하여 받아들여야 할 진리에 대한 심령의 반응을 보다 중요시한다.

18 내가 너희 모든 사람보다 방언을 더 말하므로 하나님께 감사하노라. 신자들이 받은 은사를 잘못 사용함으로 말미암아 폐단이 발생하는 상황에서, 그것을 교정할 만한 자격을 갖춘 자는 동일한 은사를 받은 자다. 바울은 누구보다도 방언의 은사를 더 많이 받았으므로 이 은사를 부적절하게 사용하는 자들을 경계할 권위를 가졌다. 오늘날 불건전한 신비주의의 폐단을 교정할 수 있는 사람이 누구인가? 그는 참된 신비주의를 체험한 사람이다. 기독교는 냉랭한 지식 종교가 아니며 건전한 신비주의를 하나의 요소로 가지고 있다. 성경말씀을 그대로 믿고 순종하는 자가 살아 계신 하나님의 사랑을 실감하는 것이 곧 건전한 신비주의다.

바울은 자기 자신이 방언하는 은사를 받은 사실로 인하여 감사하였다. 그러므로 그는 이 은사 자체를 귀히 여긴 것이 분명하다.

19절. 바울은 사람들이 알아들을 수 있는 말로 남을 가르쳐 그들로 하여금 깨닫게 하는 것이 남들이 모르는 방언을 말하는 것보다 교회에 유익하다고 역설한다. 그리스도인이 받은 은사는 개인의 독점적인 사용을 위한 것이 아니고 교회의 봉사를 위한 것이다. 이것을 보면 바울은 교회 앞에서는 방언을 하지 않은 것이 분명하다. 그는 교회 앞에서 말할 때는 그가 깨달은 바를 평범한 언어로 말하였던 것이다. 오늘날 우리도 방언을 우선시할 수 없다. ① 예수님께서도 친히 방언을 하셨다는 기록이 성경에 없고, 교회 역사상 가장 탁월한 지도자들도 대부분 방언하였다는 말이 없을뿐더러 방언을 중요시하지도 않았다. ② 방언을 중시하면 결국 성경을 등한히 여기는 폐단이 뒤

따르게 될지도 모른다. 사람의 마음은 언제나 기이한 것을 탐한다. 누군가가 어떤 곳에서 성경말씀을 가지고 그리스도인들에게 은혜를 끼친다 할지라도, 그 주변에 이적을 행하는 자가 있을 때에는 그들의 마음이 거의 전적으로 그에게로 쏠리게 된다. 그러나 하나님께서는 신자들의 영혼을 이적으로 먹여 살리지 않으시고 성경말씀으로 먹여 살리신다. 바울은 말하기를, "유대인은 표적을 구하고 헬라인은 지혜를 찾으나 우리는 십자가에 못 박힌 그리스도를 전하니"라고 하였다(고전 1:22-23). ③ 방언을 중시하는 자들은 결국 "예언"(성경 이외의 어떤 예고)도 중시하게 된다. 그리하여 신자들이 결국 저마다 계시를 보고자 하여 꿈을 숭상하고, 기타 여러 가지로 숨겨진 진리를 드러낸다고 주장할 우려가 있다. 예언을 중시하는 곳에서는 그릇된 예언들이 우후죽순처럼 쏟아져 나오게 되어 마침내 그곳은 마귀 역사의 온상이 되어 버린다. 마귀는 언제든지 불건전한 교훈의 틈을 타서 역사하는 법이다. 사도 바울은 교훈의 건전성을 자주 강조하였다(딤전 1:10; 6:3; 딤후 1:13; 4:3; 딛 1:9; 2:1). 이 구절들에서 그가 주장한 "바른 말", 혹은 "바른 교훈"이라는 것은 건전한 교훈을 의미한다. "건전한 교훈"이라는 것은 "건강한 교훈"(ὑγιαινούσῃ διδασκαλίᾳ)을 말한다. 사람의 체격이 건전하다는 것이 무엇을 의미하겠는가? 그것은 여러 지체들이 제자리에 놓여 있는 질서정연한 체격을 뜻하지 않겠는가? 마찬가지로 하나님께서 주신 모든 은사들이 교회에서 앞뒤 순서가 바뀌지 않고 각기 자기의 위치를 지키도록 가르치는 교훈이 건전한 교훈이다.

20 형제들아 지혜에는 아이가 되지 말고 악에는 어린 아이가 되라 지혜에는 장성한 사람이 되라. 고린도 교인들 중에 방언의 은사를 받은 자들이 통역 없이 방언을 회중에게 말하였다. 그것은 지혜 없는 일이었다. 그것은 하나님에게서 받은 은사를 하나의 호기심의 대상과 자랑거리로 만드는 일이다. 그러므로 바울은 그들에게 어린아이처럼 유치하게 행동하지 말라고 권면한다. 그런 다음 덧붙이기를 어린아이에게서 본받을 것만 본받으라고 말한다. 다시 말해 악

에 관해서는 그것을 경험해 본 일이 전혀 없는 어린아이같이 되라는 것이다. "어린 아이"라는 말의 헬라어 원어는 상반절에 나오는 "아이"(παιδία)라는 말과 다른 단어다. 이것은 사실상 유아를 의미하는 "네피오이"(νήπιοι)이다.

"지혜에는 장성한 사람이 되라." 방언하는 자들이 교회의 유익을 위하는 것이 지혜다. 그렇게 행하는 것이 장성한 사람다운 처신이다.

21 율법에 기록된 바 주께서 이르시되 내가 다른 방언을 말하는 자와 다른 입술로 이 백성에게 말할지라도 그들이 여전히 듣지 아니하리라 하였으니. 이것은 이사야 28:11-12에서 인용한 말씀이다. 그런데 이것을 가리켜 "율법에 기록된 바"라고 말하는 이유는 그 당시 유대인들이 구약성경 전체를 가리킬 때도 "율법"이라는 호칭을 사용했기 때문이다(요 20:34; 롬 3:20 참조).

그렇다면 여기 인용된 이사야 28:11-12의 예언은 어떤 내용인가? 그것은 다음과 같다. 이사야 시대에 유대인들이 선지자의 말에 순종하지 않았을 때 하나님께서 그들에 대하여 말씀하시기를, 장차 외국인들(앗수르 사람들)이 유대를 침략하여 정복하고 지배하리라고 하셨던 것이다. 그것이 여기서 이른바 "내가 다른 방언을 말하는 자와 다른 입술로 이 백성에게 말할지라도"라고 하신 말씀의 의미다. 여기서 "다른 방언을 말하는 자"는 앗수르 사람을 가리킨다. 이렇게 다른 방언을 말하는 자가 유대인에게 찾아온 것은 그들을 벌하시는 일이었다. 그렇다면 이제 고린도 교회에서 방언의 은사를 받은 자들이 일반인이 깨닫지 못하는 말로 회중에게 말하면, 그것은 회중에게 일종의 징벌이 된다. 그것은 유익을 주는 일이 아니다.

22 그러므로 방언은 믿는 자들을 위하지 아니하고 믿지 아니하는 자들을 위하는 표적이나 예언은 믿지 아니하는 자들을 위하지 않고 믿는 자들을 위함이니라. "방언은 믿는 자들을 위하지 아니하고." 이 말씀의 뜻은 남들이 깨닫지도 못하는 방언을 말하는 것은 결과적으로 듣는 자들을 믿음으로 인도하지 못한다는 것이다(23절). 이는 마치 유대인들이 이사야 선지자의 예언대로 마침내 다른 방언

을 말하는 자(앗수르 민족)의 지배를 받았음에도 하나님께 순종하지 않았던 것과 같은 일이다(21절).

"믿지 아니하는 자들을 위하는 표적." 다시 말해 방언은 결과적으로 듣는 사람들의 불신앙을 고쳐 주지 못하며, 그저 믿지 않는 자들이 그대로 남아 있도록 할 뿐이라는 뜻이다. 이것은 방언의 결과가 어떠함을 지적하는 말이다.

"예언은 믿지 아니하는 자들을 위하지 않고 믿는 자들을 위함이니라." 이것은 사람들이 깨달을 수 있는 하나님의 말씀, 곧 예언을 말하면 듣는 자들이 회개하고 믿는 데로 나아가게 된다는 뜻이다.

23 그러므로 온 교회가 함께 모여 다 방언으로 말하면 알지 못하는 자들이나 믿지 아니하는 자들이 들어와서 너희를 미쳤다 하지 아니하겠느냐. 신자들이 통역을 세우지 않고 방언을 말하는 경우에 그것을 듣는 불신자들은 방언을 이해하지 못하고 방언 말하는 자들을 미쳤다고 할 것이다. 바울은 이 말로 통역 없이 방언하는 것이 얼마나 헛된 것인지를 역설한다.

24-25절. 이 구절들에 대한 해석은 설교를 참조하라.

2) 예언과 방언을 사용하는 데 대한 규칙(14:26-36)

26 그런즉 형제들아 어찌할까 너희가 모일 때에 각각 찬송시도 있으며 가르치는 말씀도 있으며 계시도 있으며 방언도 있으며 통역함도 있나니 모든 것을 덕을 세우기 위하여 하라. "찬송시"라는 것은 초기 교회에서 성령의 감동을 받은 회원들이 불렀던 시가로서(엡 5:19; 골 3:16), 구약성경의 시편을 가리키는 것이 아니다.[60] 벤틀란트(H. D. Wendland)도 이와 같은 뜻으로 해석하였다.[61]

"가르치는 말씀"은 교리나 윤리적인 교훈을 베푸는 것을 가리킨다.

---

60) 눅 1:46, 68; 2:14, 29; 딤전 3:16; 계 4:8; 5:9; 7:10; 11:15; 12:10; 15:3; 19:1, 6 참조.

61) Die Briefe an Die Korinther, 114.

"계시도 있으며." 이것은 그 당시 교회의 신자들이 직접 영감을 통해 진리를 받아들인 것을 가리킨다.

"모든 것을 덕을 세우기 위하여 하라." 신자들은 앞에 열거한 모든 은사들을 오직 건덕을 위하여 수행하고 사용해야 한다는 뜻이다. 은사라는 것은 본래 남들에게 유익을 끼치는 특성을 지닌 것이다. 따라서 은사를 행하는 자는 다만 남들에게 덕을 세우기 위하여 그것을 사용할 뿐이다. 건덕은 결국 사랑을 의미하는 행위다.

27-28절. 방언을 말하는 자들은, ① 공중 질서를 지키기 위하여 한 사람씩 순서를 지켜서 행할 것이고, ② 또한 회중이 그 뜻을 알 수 있도록 그가 말하는 방언을 통역해야 할 것이다.

사도 바울의 이 같은 지시는 후대 교회를 위한 것이라기보다는 그 당시 초기 교회의 실정에 맞춘 것이다. 현대 교회에서 이렇게 하기는 어려울 것이다. 왜냐하면 현대 교회의 방언은 사도들의 역사로 나타났던 것과 같은 수준의 방언이 아니기 때문이다. 세계 3대 칼빈주의 신학자 중 하나인 아브라함 카이퍼(Abraham Kuyper)는 말하기를, "방언은 성령으로 말미암아 이루어지는데, 성령께서 말하게 하시는 대로 말한 것이다. 그것은 하늘의 방언이며(천사의 방언은 아님), 죄악의 영향을 초월한 것이다."라고 하였다. 그는 계속하여 말하기를, "방언의 이적이 오순절에는 완전하게 나타났으나 그 후에는 불완전하여졌다. 이것은 마치 우리가 마음에 받는 은혜가 처음에는 중생이라는 강한 능력으로 나타나고, 그 후에는 비교적 현저하지 않은 영력만 나타나는 것과 같다. 오순절에는 완전한 방언의 이적이 나타났고, 그 후에 지방 교회에서는 비교적 약한 분량으로 나타났다."라고 하였다.[62]

교회 시대(특별히 현대)의 방언 운동과 관련하여 한 가지 주의해야 할 점

---

62) The Work of the Holy Spirit, 134-135.

은 앞에서 아브라함 카이퍼(A. Kuyper)가 말한 바와 같이 그것이 사도적 역사의 완전성에 속한 것이 아니라는 사실이다. 사도들의 역사로 말미암은 치유의 이적에서는 병자가 완전히 고침을 받았다. 그러나 오늘날 교회 시대의 신유는 그렇지 못하여 어떤 병자는 치료하는 반면 어떤 병자는 치료하지 못하는 경우가 있다. 오늘날 참된 방언이 있다면, 그것 역시 그런 수준의 것이라고 인정해야 된다. 사도의 직접적인 지도가 없는 오늘날 교회 시대에 방언의 진위를 제대로 분별할 수 있는 사람이 누구이기에 교회에서 방언과 그에 대한 통역을 교회에서 공식적으로 사용할 수 있겠는가?

29-31절. 이 부분의 말씀은 초기 교회의 신자들이 직접 계시를 받은 일이 있음을 보여 준다. 그들은 예배 석상에서 자신이 받은 계시를 회중에게 전달할 자유가 있었다. 그러나 이것도 공중 질서를 무시하지 않고 전달되도록 해야 했다. 한 번의 모임에서 너무 많은 사람이 예언하지 않도록 제한하고, 예언하는 자들도 한 번에 한 명씩 하도록 한 것은 질서를 지킴으로써 유익을 얻도록 한 것이다.

32 예언하는 자들의 영은 예언하는 자들에게 제재를 받나니. 여기서 "예언하는 자들의 영"이라는 말은 예언하는 자가 받은 성령의 감화를 가리킨다. 이 감화력은 예언자의 의식의 자주성을 억압하는 것이 아니다. 그 예언자는 의식 없는 사람처럼 난동을 부릴 여지가 있는 무아지경 상태에 있는 것이 아니다. 그는 29-31절에 기록된 질서를 지킬 수 있는 정상적인 의식을 가지고 있다.

33상 하나님은 무질서의 하나님이 아니시요 오직 화평의 하나님이시니라. 예언을 주시는 하나님 자신이 질서와 화평의 하나님이시기 때문에 예언자들이 질서를 지켜야 할 것은 당연한 일이다.

33하-34 모든 성도가 교회에서 함과 같이 여자는 교회에서 잠잠하라 그들에게는 말하는 것을 허락함이 없나니 율법에 이른 것 같이 오직 복종할 것이요. "모든 성도가 교회에서 함과 같이"라는 말씀은 "모든 교회의 풍속과 같이"라는 뜻이다. 이것은 교회의 아름다운 규례를 행동의 바탕으로 제시하는 말씀이다. 교회의 규례가 성경에 근거한 것이라면 신자들은 그것을 반드시 지켜야 한다. 바울은 이 규례가 성경에 근거하고 있음을 지적하기 위하여 "율법"의 교훈에서 인용한다. 그렇다면 여자가 교회에서 잠잠해야 한다는 것(남자를 지배하는 공적 교훈을 선포하지 못함)은 율법의 말씀(창 3:16)에 근거한 것이다.

35 여자가 교회에서 말하는 것은 부끄러운 것이라. 여기서 이른바 "부끄러운 것"(αἰσχρόν)이라는 말은 보기 싫은 것(ugly, deformed)을 의미한다(Hodge). 여기서 여자가 교회에 말하는 일을 금한 것은 그들이 거기서 어떤 말도 하지 못하도록 금한 것이 아니고, 다만 남자들을 주장하는 공적 교훈에 관한 것이다.

36 하나님의 말씀이 너희로부터 난 것이냐 또는 너희에게만 임한 것이냐. 이것은 일반적으로 고린도 교회를 꾸짖는 말씀이다. 그 당시 고린도 교회는 자신들이 모든 다른 교회의 모체이기라도 한 듯이 스스로 교만하였다. 또한 고린도 교회 신자들은 하나님의 말씀이 자기 교회에만 임하기라도 한 것처럼 자만하였다. 이런 주제 넘는 태도는 오늘날 교회들 가운데서도 발견된다. 하나님의 복음이 그들에게만 속하기라도 한 것처럼 남들을 무시하며 교만하게 행하는 일이 얼마나 많은가? 그들은 그러는 동안 자기도 모르는 사이에 진리에서 떠나게 되는 것이다(약 4:6 참조).

3) 결론(14:37-40)

37 만일 누구든지 자기를 선지자나 혹은 신령한 자로 생각하거든 내가 너희에게 편지하는 이 글이 주의 명령인 줄 알라. 이 말씀은 고린도 교회의 은사를 받은 자들이 바울의 편지를 기준으로 시정받아야 할 것을 가르친다. 그들이 은사를 받았으나 그것을 오용하는 일이 있었다. 그렇다면 그들은 주님의 명령을 전달하는 바울의 서신을 보고 고쳐야 할 것이다.

38 만일 누구든지 알지 못하면 그는 알지 못한 자니라. 이 말을 개역하면, "만일

누구든지 알지 못하거든 그는 인정되지 않는 자니라"고 할 것이다. 곧 바울의 편지를 주님의 명령인 줄 모르는 자가 있다면, 그런 사람은 하나님께 알려지지 않은 자, 곧 진리의 사랑을 받지 못한 자이다.

39-40 그런즉 내 형제들아 예언하기를 사모하며 방언 말하기를 금하지 말라 모든 것을 품위 있게 하고 질서 있게 하라. "예언하기를 사모하며"라는 말씀은 예언을 적극적으로 장려하는 것이고, "방언 말하기를 금하지 말라"는 말씀은 다만 그것을 용인하는 정도에 그치는 것이다. 이 권면은 앞의 6-28절에 기록된 모든 규례에 의하여 교회의 공적 질서에 해를 끼치지 않는 방언을 할 때는 그것을 금하지 말라는 의미일 뿐이다.

방언 문제에 있어서도 우리는 "영을 다 믿지 말고 오직 영들이 하나님께 속하였나 분별하라"(요일 4:1)라고 하신 말씀을 지켜야 한다. 성경은 성령님의 말씀이므로 무엇보다도 그 말씀을 존중히 여기는 것이 성령의 감화를 참되게 보존하는 길이다. "영들을 시험하라"라는 말씀까지 있는 것을 볼 때 우리가 성령의 은사들을 다룸에 있어서 얼마나 신중을 기해야 할 것인지 짐작할 수 있다. 시험해 보기까지 분별하는 행위는 결단코 불신앙이 아니라 도리어 경건한 자세다. 우리가 방언을 아무런 분별없이 받아들이게 되면 그와 함께 마귀의 역사도 받아들일 위험이 얼마든지 도사리고 있다.

그러므로 우리는 신령한 은혜의 진위를 분별하기 위해 언제든지 성경을 표준으로 삼아야 한다. 성경이 아닌 그 무엇으로 이처럼 중대한 일들을 분별할 수 있을 것인가? 진리 판단의 표준은 오직 성경이다. ① "이적"을 행하는 사람이라고 해서 그가 반드시 진리를 바로 분별할 것이라고 말할 수도 없다. 마귀도 어느 정도 이적을 행한다(마 24:24). ② 병을 치유하는 사람이라고 해서 그가 언제나 진리를 옳게 분별할 것이라고 말할 수도 없다. 우리가 확실히 아는 것은 예수님과 사도들이 하나님의 권능으로 병을 고치셨고 그들이 전파한 말씀이 진리라는 사실이다. 오늘날 신자들도 하나님께 기도함으로써 병 고침을 받는 것이 사실이다. 그러나 교회 시대에 기도나 안수로 병 고치는 일이 있다고 해서 그 같은 사건들을 모두 다 신임할 수는 없다(물론 그중에는 신임할 수 있는 역사들도 있다).

"품위 있게 하고 질서 있게 하라"(고전 7:6, 17, 25, 35-36 참조). 고린도전서 14장을 읽는 자는 공식예배가 어느 시대에나 질서 있게 실행되어야 함을 깨달을 것이다.

설교 성도가 되어 가는 비결(고전 14:20-25)

1. 지혜에는 아이가 되지 말라

1) 아이는 신령한 것을 잘 깨닫지 못한다. 아이들은 신령한 것을 잘 이해하지 못하기 때문에 그들을 가르칠 때는 비유나 실물 교수법을 사용해야 한다. 성도는 신령한 것을 깊이 깨달아야 한다. 신령한 것을 깨닫기 위해서는 기도를 많이 하고 말씀에 순종해야 한다.

고린도 교회의 신자들 중에서 방언하는 자들은 일종의 호기심으로 그 방언을 사용하였고, 그 방언의 신령한 의미를 남들에게 권해야 할 것으로 생각하지 않았다. 그들은 방언의 신령한 내용을 중시하지 않았는데, 그것은 어린아이같이 어리석은 일이다.

2) 아이는 남들을 돕는 일에 능숙하지 못하다. 참된 지혜는 남들에게 도움이 필요한 곳이 어디인지를 민첩하게 살핀다. 그러나 미련한 자는 돼지와 같이 자기 밖에 모른다. 아이에게 철이 들었다고 말하는 것은 그가 남을 위하는 마음을 가지게 된 것을 의미한다.

2. 악에는 어린아이가 되어라

여기서 "어린아이"라는 말은 헬라어로 "네피오이"(νήπιοι)인데, 이것은 영아, 다시 말해 젖을 먹는 아이를 뜻한다. 이런 아이는 악이 무엇인지 알지 못할 뿐 아니라 악을 행할 능력이 없다. 바울은 롬 16:19에서 말하기를, "너희가 선한 데 지혜롭고 악한 데 미련하기를 원하노라"라고 하였다. 이런 어린아이는 전적으로 남의 보호 아래에서 살아간다. 그러므로 이런 어린아이(영아)는 죄를 범할 여지가 없다.

이처럼 어린아이는 죄를 짓지 않는 사람이기 때문에 우리는 그들을 본받아야 한다. 그러나 장성한 사람들은 이런 아이들을 본받기는커녕 도리어 그들의 생명을 경시한다. 선교사들이 중국 땅에 처음 들어갔을 때에는 그 나라가 미개하여 "어린아이 연못"(Baby's pond)이 있었다고 한다. 그 연못에 어린아이들을 던져 넣었기 때문에 아이들의 시체가 물위에 둥둥 떠 있는 것을 사람들이 볼 수 있었다고 한다. 장성한 인생들은 이렇게 악하여 자기보다 의로운 어린아이들을 천하게 여긴다.

성경에는 우리가 어린아이처럼 살아야 하나님의 은혜 아래 있을 것이라는 취지를 담은 말씀이 적지 않다. 하나님께서는 천국 복음을 어린아이에게 나타내신다고 하였고(눅 10:21), 우리를 가리켜 하나님의 "아이들", 곧 자녀들이라고 하신 말씀도 많이 있다. 어린아이에게는 자아의식보다 어머니를 기억하는 어머니 의식이 더 강하다. 그와 마찬가지로 우리에게 자아의식보다 하나님을 기억하는 하나님 의식이 강할수록 우리는 죄에서 멀어질 수 있다. 하나님과 가까울수록 죄악과는 멀어지는 법이다.

3. 지혜에 장성한 사람이 되자

성경에는 "지혜"라는 말이 자주 나오는데, 이것은 단지 이론적인 지식을 가리키는 표현이 아니다. 이것은 선을 이루기까지 행동하는 지혜를 의미한다. 바울은 "선한 데 지혜롭게" 되라고 말하였다(롬 16:19).

여기서 말하는 "지혜"는 무엇을 의미하는 것일까? 그것은 본문의 문맥에 따라 결정되어야 한다. 본문의 문맥에 따르면 그것은 세상의 과학적 지혜를 의미한 것이 아니라, 남들에게 영적 유익을 끼치는 지혜를 뜻한다. 고린도 교회에서 방언을 말하는 사람들이 방언의 은사를 오용하여 회중을 대상으로 남들이 알아들을 수 없는 말을 한 것은 아이들의 어리석은 자랑은 될지언정 교회에는 아무 유익이 없었다. 바울은 방언을 그렇게 사용하는 것은 듣는 자들에게 지속적인 불신을 낳게 된다고 여겼다. 본문에서 "방언은 믿는 자들을 위하지 아니하고 믿지 아니하는 자들을 위하는 표적"이라고 한 말씀이 그런 뜻이다.

바울은 고린도 교인들이 방언보다는 예언의 은사를 사용함으로써 듣는 자들로 하여금 그리스도를 믿도록 만들기를 바란다. "예언은 믿지 아니하는 자들을 위하지 않고 믿는 자들을 위함이니"라는 말씀은 예언이 결과적으로 듣는 자들로 하여금 "믿는 자들"이 되게 한다는 것이다. 요컨대 예언을 할 때는 듣는 자들(불신자들과 무식한 자들)이 그리스도를 믿는 결과가 나타난다는 것이다(고전 14:24-25). 그러면 이제 20절로 되돌아가 보자! 바울은 이렇게 하나님의 말씀을 사람들에게 전하여 그들로 하여금 그리스도를 믿도록 하는 것이 "지혜"라고 역설한다(20절).

세상 사람들은 "지혜"가 무엇인지를 세상의 기준에 따라 생각한다. 그들은 이 세상의 첨단 문화 활동을 가리켜 지혜라고 한다. 그러나 우리는 인생들의 문화 활동이라는 것이 얼마나 더디고 둔하며 무지 속에서 행하여지는 것인지를 알고 있다. 인류학자들에 따르면, 인류가 돌을 가지고 모든 것을 해 나가던 시대가 백만 년이고, 창과 검을 만들어서 사용하던 시대가 삼만 년이고, 도자기를 사용하던 시대가 만 년이고, 기계를 만들어 내는 데 걸린 세월이 천 년이라고 한다. 이와 같이 시간을 추정하는 인류학자의 학설이 반드시 정확하다고 할 수는 없다. 그러나 이러한 학설은 인류의 문화 활동이 얼마나 더디고 둔하게 이루어지는지를 짐작할 수 있게 해 준다. 오늘날은 원자시대,

혹은 우주시대라고 하면서 인류가 과거에는 만들지 못했던 첨단 무기를 만들어 낸다. 그러나 이런 발명은 지혜가 아니다. 이것은 살육의 시대를 가져오고 인류를 멸망시키는 우매한 일이다. 사람을 대량으로 살상하는 방법을 발전시키는 것이 어떻게 지혜의 발전이라고 할 수 있겠는가? 이렇게 무기가 발달함에 따라 인류의 도덕은 그에 비례하여 더욱더 타락한다. 그럴 수밖에 없는 이유는 그와 같은 시대에 사람의 마음이 기계에 집중되고 인격 수양을 도외시하기 때문이다. 그렇다면 현대 문화는 인류를 타락시키고 인류를 전체적으로 멸망시키는 문화다. 이것은 전진이 아니고 퇴보다. 인간은 이처럼 무지몽매해서 그가 하는 일들이 어리석을 뿐이다. 그러나 하나님이 주신 지혜, 다시 말해 복음은 죽이는 운동이 아니라, 할 수 있는 대로 많은 사람을 말씀 한마디로 살리는 일이다. 복음은 잘 듣기만 하면 영원한 생명을 얻게 해 주는 말씀이다. 사람들은 인류를 죽이기 위해 핵폭탄을 발명하였으나, 하나님은 사람을 살리는 생명탄을 이미 수천 년 전에 인류에게 주셨다. 이 생명탄은 하나님의 말씀이다. 하나님의 말씀은 얼마나 위대한가? 히브리서 4:12-13에 말하기를, "하나님의 말씀은 살아 있고 활력이 있어 좌우에 날선 어떤 검보다도 예리하여 혼과 영과 및 관절과 골수를 찔러 쪼개기까지 하며 또 마음의 생각과 뜻을 판단하나니 지으신 것이 하나도 그 앞에 나타나지 않음이 없고 우리의 결산을 받으실 이의 눈앞에 만물이 벌거벗은 것 같이 드러나느니라"라고 하였다. 이 말씀을 보면, 하나님의 말씀으로 말미암아 우리 인생들에게 어떤 결과가 생기는지 알 수 있다. ① 하나님의 말씀은 우리에게 살아 움직인다. ② 하나님의 말씀은 칼로 찌르는 것과 같은 역사가 영혼에게 임하는 맛을 느끼게 해 준다. 하나님의 말씀은 그야말로 영혼을 수술하는 칼이다. ③ 하나님의 말씀은 우리의 마음과 생각을 판단한다. 하나님의 말씀은 그야말로 나의 마음속 가장 깊은 것까지 찾아내는 엑스레이 광선이다. ④ 이 말씀이 사람들에게 제대로 명중하면, 그 사람은 그야말로 세상에 임하신 창조주의 눈앞에 피조물이 그대로 드러나는 경험을 하게 된다.

이처럼 하나님의 말씀을 전파하는 예언의 사역을 행할 때 그와 같은 역사가 나타나기 때문에, 그런 역사를 경험하는 자들은 "책망을 들으며", "판단을 받고", "마음에 숨은 일들"을 지적받음으로써 "하나님이 참으로 너희 가운데 계신다."라고 전파한다.

설교 하나님이 계실 만한 교회가 되자(고전 14:26-33)

1. 교회에 질서가 없으면 그 가운데 하나님이 계시지 않는다

본문에서 "무질서"라는 말은 헬라어로 "아카타스타시아스"(ἀκαταστασίας)인데, 국가의 무질서를 가리키는 말이다. 유감스러운 일이지만 교회도 이런 무질서에 빠지는 경우가 있다. 무질서는 ① 악한 운동을 통해서만 오는 것이 아니다. ② 선한 일을 순리대로 행하지 않을 때도 무질서가 찾아온다. 그것은 그리스도인들이 시기, 질투, 혹은 다툼으로 하나님을 섬기려 할 때 찾아오는 것이다. 가인은 신앙의 문제로 아벨을 시기하였으며, 결국 죽이기까지 하였다. 하나님께서는 이런 마음자세로 드리는 그의 제물을 받지 않으셨다. 오늘날에도 제물을 가지고 다투는 자들이 얼마나 많은가? 오직 시기와 질투의 마음이 없는 겸손한 자만이 참된 예물을 바칠 수 있다. 디모데전서 2:8에 말하기를, "그러므로 각처에서 남자들이 분노와 다툼이 없이 거룩한 손을 들어 기도하기를 원하노라"라고 하였다. ③ 무질서는 사람들의 무례함에서 오기도 한다. "무례"라는 것은 사람이 자기 지위를 지키지 않는 마음자세다. 교인들이 서로 모여서 접촉할 때에는 서로 문안하고 서로 돕기를 힘써야 한다. 주일 예배에 낯선 사람이 찾아올 때 그를 잘 안내해야 하며 떠날 때도 잘 보내야 한다.

2. 화평한 교회가 되어야 한다

"화평"이라는 것은 ① 외부의 모든 대적들을 정복했을 때 찾아오는 것이다. ② 그러나 우리는 화평을 방해하는 첫째 원수가 무엇보다도 나 자신이라는 것을 알아야 한다. 특별히 이기주의가 화평의 원수다. 사람은 사실상 이기주의 때문에 불행해진다. 사람은 자아가 죽어야만 풍미 있는 인생이 되어 하나님께 영광을 돌릴 수 있는 것이다. 하나님께서는 이기주의자와는 동행하지 않으신다. 그러므로 이기적인 사람은 우선 자기 스스로가 비참해지고 언제나 기쁨을 모른다. 그러므로 어떤 학자는 말하기를, "네가 비참해지는 방법은 다음과 같다. 너 자신만을 늘 생각하라. 너 자신에 대해서만 말하라. '나'라는 말을 될 수 있는 대로 자주 써라. 남들이 의견을 말할 때도 계속해서 너 자신의 의견만을 생각하라. 남들이 네게 대하여 무슨 말을 하는지 듣기를 즐겨라. 너 자신이 칭찬 받기를 즐겨라. 너 자신과 남을 비교하여 그를 시기하라. 너 자신과 관련된 일이라면 조그마한 것이라도 예민하게 간섭하라. 너를 비평하는 자를 용서하지 말라. 남들을 믿지 말고 너 자신만을 믿어라. 네가 받아야 할 존경을 끝없이 받으려 하라. 모든 일에 있어서 남들이 너와 일치되는 의견을 가지기를 요구하라. 네게 신세진 자가 네게 감사하지 않으면 섭섭히 여겨라. 너는 네가 봉사한 사건을 잊지 말라. 너는 너에게 도움이 될 좋은 시기가 오기를 늘 고대하라. 너는 할 수 있는 대로 네가 떠맡아야 할 책임을 피하라. 너는 될 수 있는 대로 남들을 위해 봉사하지 말라. 너는 너 자신을 제일 사랑하라. 이기주의자가 되어라."라고 하였다. 그는 이러한 여러 가지 조건들이야말로 화평을 잃어버리기 위한 철칙이라고 하였다.[63] 네로(Nero) 황제는 자신을 위하여 황금 저택을 지을 만큼 이기적인 사람이었으나 평화롭게 살지 못하고 마침내 자살하였다. 이런 이기주의자는 자기 자신

63) Knight's Master Book of New Illustrations, 615.

이 평화를 누리지 못할 뿐 아니라, 남에게도 유익을 주지 못한다. 그러므로 어떤 학자는 이기주의자를 가리켜 "숨 쉬는 시체"라고 하였다. ③ 화평의 원수는 사람이 그리스도의 대속의 은총으로 살지 않고 자기 의를 내세우는 것이다. 사람들이 자기 의를 가지고 다투는 동안 화평은 결코 찾아오지 않는다. 신자들은 마땅히 예수 그리스도로 말미암은 의밖에는 다른 의가 없음을 깨달아야 한다. 십자가에 못 박혀 죽은 강도는 자기 옆에서 함께 십자가에 못 박히시는 예수님을 자세히 보았다. 그는 말하기를, "이 사람이 행한 것은 옳지 않은 것이 없느니라"라고 하였다(눅 23:41). 오직 그리스도의 의로만 우리가 살며 또 평안을 누릴 수 있다.

요한복음 16:33에 말하기를, "이것을 너희에게 이르는 것은 너희로 내 안에서 평안을 누리게 하려 함이라 세상에서는 너희가 환난을 당하나 담대하라 내가 세상을 이기었노라"라고 하였다. 마이어(F. B. Meyer)는 말하기를, "우리가 하나님과 더불어 화평을 이룰 조건(예수 그리스도께서 우리의 죄를 담당하시고 죽으심으로써 이루어진 것)이 하나님 편에서는 완성되어 있다. 사람들이 이 화평을 이룰지 여부에 대하여는 말할 필요조차 없다. 그것은 벌써 이루어진 화평이다. 하나님의 거룩한 공의도 신자들이 이 화평을 누리는 일을 가로막지 않는다. 그의 공의가 억만 세계를 멸망시켜야 충족될 수 있는 것이었다 할지라도, 그것은 하나님의 아들의 죽으심을 통해 충족되었다. 하나님의 공의는 입법자 자신의 죽으심을 통해 화해되었다. 우리가 혹시 이 사실을 잊는다 해도 하나님은 언제나 이 사실을 기억하신다. 따라서 예수 그리스도의 피는 한 시대에뿐 아니라 억만 시대가 지나도록 낡아지지 않으며 동일한 구속의 힘을 가지고 역사하신다."라고 하였다(Peace, Perfect Peace, pp. 15-17). 그리스도께서 이루신 평화를 믿음으로 받아들일 때 교회는 화평을 누리게 된다.

제 15 장

⚜ 개요

고린도전서 15장은 그리스도의 부활에 대하여 길게 말한다. 고린도 교회에는 일반 신자들의 부활 문제에 대하여 의문을 가진 자들이 있었다.

1. 바울은 그리스도의 부활이 일반 신자들에게 확고히 믿어진 사실을 근거로 그 문제를 풀어간다. 다시 말해 예수 그리스도께서 부활하셨기 때문에 일반 신자들도 부활할 것이 확실하다는 논리다. 왜냐하면, 첫째로 예수 그리스도께서 (하나님이신 동시에) 사람이신데도 부활하셨기 때문이며, 둘째로 예수 그리스도는 모든 신자의 머리 되신 자시니 그의 부활은 필연적으로 그의 몸 된 교회의 부활을 성립시키기 때문이다. 이렇게 바울은 일반 신자들의 부활이 확실한 이유가 예수 그리스도께서 부활하신 사실에 놓여 있다고 믿는다. 따라서 그는 먼저 예수 그리스도께서 부활하신 사실이 확실함을 증거한다(1-11절).

2. 그다음에 그는 일반 신자들의 부활의 가능성, 또는 확실성을 논증한

다(12-34절).

3. 마지막으로 그는 부활한 몸의 성질에 대하여 논한 후에, 일반 신자들의 부활은 그리스도의 승리로 말미암는다고 다시 한 번 확언한 후에 신자들에게 확신을 권고한다(35-58절).

⚜ 해석

제4부 죽은 자들의 부활에 대한 교리(15:1-58)

1. 근본적인 교리로서의 그리스도의 부활(15:1-11)

1-2절. 여기서 "복음"이라는 말은 예수 그리스도가 죽었다가 다시 사신 것을 전파하는 "좋은 소식"(εὐαγγέλιον)을 가리킨다(롬 1:2-4).

이는 너희가 받은 것이요 또 그 가운데 선 것이라. 바울은 여기서 고린도 교회의 교인들이 예수 그리스도의 부활을 믿을 뿐만 아니라 바로 그 믿음 위에 굳게 서 있다는 사실을 지적한다. 그들은 그리스도의 부활에 대한 신앙을 가졌기 때문에 필연적으로 일반 신자들의 부활도 믿어야 한다. 왜냐하면 신자들의 부활은 그리스도의 부활로 말미암아 필연적으로 성립되기 때문이다(요 14:19).

3-4절. 그리스도의 부활은 성경적 진리다.

본문에 "성경대로"라는 말이 두 번 되풀이된다. 세계 역사에서 발생한 사건 가운데 성경에 기록되지 않은 것들도 많다. 그러므로 사실이라고 해서 반드시 다 성경에 예언되었던 것은 아니다. 그렇다면 성경에 기록되어 있다는 사실이 무슨 중요성을 가지는가? 수많은 사실 가운데서도 특별히 예수님께서 죽었다가 부활하실 것이라는 점은 성경에 예언되어 있었다. 그 이유는 인류, 그 가운데서도 특별히 하나님 백성의 부활은 우주 만물이 고대하는 목표이기 때문이다("피조물이 고대하는 바는 하나님의 아들들이 나타나는 것이니"[롬 8:19]).

이사야 26:19에는 "주의 죽은 자들은 살아나고"라고 하였고, 다니엘 12:2에는 "땅의 티끌 가운데에서 자는 자 중에서 많은 사람이 깨어나 영생을 받는 자도 있겠고"라고 하였다. 이 밖에도 구약성경의 많은 장절들이 부활에 대하여 예언한 것이 확실하다. 이는 예수님께서 부활 문제와 관련하여 구약성경을 해석하신 사실로도 알려진다. 그는 엠마오로 가는 두 제자에게 다음과 같이 행하셨다. "이르시되 미련하고 선지자들이 말한 모든 것을 마음에 더디 믿는 자들이여 그리스도가 이런 고난을 받고 자기의 영광에 들어가야 할 것이 아니냐 하시고 이에 모세와 모든 선지자의 글로 시작하여 모든 성경에 쓴 바 자기에 관한 것을 자세히 설명하시니라"(눅 24:25-27). 예수님께서 부활과 관련하여 구약성경을 언급하신 말씀을 보면 구약성경에 부활에 관한 장절들이 많이 있음을 알 수 있다. 다만 우리가 무지하여 깨닫지 못하는 것뿐이다. 그러나 예수님은 알고 계셨다. 예수님이 마태복음 22:31-32에서 말씀하신 것을 보면 그는 우리가 부활에 대한 가르침이라고 생각하기 어려운 장절들을 부활에 관한 말씀으로 대하셨다. 그는 다음과 같이 말씀하신다. 곧 "죽은 자의 부활을 논할진대 하나님이 너희에게 말씀하신 바 나는 아브라함의 하나님이요 이삭의 하나님이요 야곱의 하나님이로라 하신 것을 읽어 보지 못하였느냐 하나님은 죽은 자의 하나님이 아니요 살아 있는 자의 하나님이시니라"라고 하셨다. 그는 여기서 부활에 관한 구절처럼 보이지 않는 장절을 부활에 관한 말씀으로 인용하셨다. 그는 성경을 밝히 아시고 이렇게 가르치신 것이다. 그러므로 예수님이 보시기에 구약성경은 그 전체가 직접적으로, 혹은 간접적으로 부활에 관한 가르침이라고 생각되었을 것이다. 그가 이렇게 생각하셨을 것이라는 점은 바울의 말을 보아도 확실하다. 바울은 구약성경의 목적이 부활을 가르치는 데 있다는 의미로 말하였다(행 24:15-16; 26:22-23).

이처럼 구원에 관한 역사라고 할 수 있는 구약성경은 부활을 내다보고 예언하였다. 그 이유는 부활이 우주만물의 목표이기 때문이다. 이처럼 중대성을 띤 사건이 구약성경에 중점적으로 예언되었으니 우리가 그것을 믿기에 용이하다. 우리는 부활을 믿어야 하며, 우리가 그것을 믿지 못할 이유가 전혀 없다. 사람이 자기 힘으로 부활한다고 누군가가 주장한다면 그것은 믿을 수 없는 이야기다. 그러나 사람을 부활시키시는 이가 하나님이시니 우리는 부활을 믿는 데 아무런 거리낌도 가질 필요가 없다. 아무것도 없는 무(無)에서 만물을 창조하신 하나님이 죽은 자를 부활시킬 수 없겠는가? 세상 사람들이 부활을 믿지 못하는 이유는 인간의 죄악성 때문이다. 그러나 택함을 받은 자들은 성령으로 말미암아 부활을 믿는다. 그러므로 부활의 도리를 전할 때에 그 도리를 믿는 자들이 있는가 하면 믿지 않는 자들도 있는 것이다. 이와 같은 현상은 부활이 아닌 다른 교리를 전할 때도 마찬가지로 발생한다.

5-8절. 그리스도의 부활은 눈으로 친히 목격한 자들의 증거를 통해 확증된 것이다(고전 15:5-11).

게바. 그는 다시 사신 예수와 함께 음식을 먹었다고 말하면서(행 10:41) 얼마나 확실성 있게 주님이 부활하신 사실을 안다고 증언하였는가? 음식을 같이 먹는 것은 시간을 필요로하는 일이기 때문에 함께 음식을 먹는 상대방을 찬찬이 살필 수 있었을 것이며, 또한 그 일을 통하여 주님의 몸이 음식을 잡수실 수 있는 구체적인 몸이었다는 사실도 알려진다.

열두 제자. 이 말은 그들의 수가 예수님이 부활하신 직후에도 열둘이었다는 뜻이 아니다. 그리스도의 부활은 유다가 죽은 뒤에 일어난 사건이다. 그러므로 예수님이 부활하신 직후에는 오직 열한 제자만 남았다. 여기서 "열두 제자"라고 말한 것은 "열둘"이라는 제자단의 명칭을 가리킨 것이다. 그중 한 사람이 없어졌어도 그들 단체의 이름은 여전히 "열둘"이었다. 이 단체는 신약 교회의 기초로서 진리를 올바로 분별하는 훈련을 3년 동안 받았으며 부활하신 예수를 잘 식별할 수 있었다. 그들은 이런 일에서 최고의 권위를 갖는 단체였다. 하나님의 방침은 부활하신 주님을 누구에게나 보여 주시는 것이 아니었다. 사도행전 10:40-41에 말하기를, "하나님이 사흘 만에 다시 살리사 나타내시되 모든 백성에게 하신 것이 아니요 오직 미리 택하신 증인 곧 죽은 자 가운데서 부활하신 후 그를 모시고 음식을 먹은 우리에게 하신 것이라"라고 하였다.

오백여 형제에게 일시에 보이셨나니. "오백"이라는 숫자는 대중의 숫자다. 주님께서는 부활하신 후에 소수에게만 아니라 대중에게도 나타나셨다. 따라서 예수의 부활은 소수에게만 나타난 불완전한 사실이 아니고 대중 앞에서도 마찬가지로 진리임을 알 수 있다. 그러므로 사도행전 1:3에는 "확실한 많은 증거로 친히 살아 계심을 나타내사"라고 하였다.

야고보에게 보이셨으며. 야고보는 주님의 동생이기 때문에 그는 부활하신 예수를 더욱 잘 식별할 수 있었을 것이다. 그는 부활에 대해 이처럼 확실한 지식을 가지고 있었기 때문에 후에 기둥같이 여겨지는 일꾼이 되었다(갈 1:19; 2:9).

모든 사도에게. 여기서 "모든 사도"라는 표현은 "열둘"이라는 단체에 국한되는 것이 아니며, "사도"라는 명칭을 보다 넓은 의미로 사용하여 다른 사람들, 예컨대 바나바와 같은 사람들도 포함하는 말인 듯하다.

만삭되지 못하여 난 자 같은 내게도. 바울은 예수님을 핍박하던 자였으나 부활하신 예수님을 만나고 인격이 전적으로 변화되었다. 이것은 예수님의 부활에 대한 증거의 또 다른 특징이다. 예수님이 부활하신 사실은 그의 원수들도 믿을 수밖에 없었다.

이처럼 부활하신 예수님이 나타나신 사실은 순수하게 객관적인 사실인 것이다. 예수님의 부활이 보여 주는 원리를 간추리면 다음과 같다.

1) 부활하신 주님이 나타나실 때에 이를 목격한 사람의 숫자가 일정하지 않은데, 어떤 때는 한 사람을 대상으로, 어떤 때는 십여 명, 어떤 때는 오백 명을 대상으로 나타나시기까지 하셨다. 예수님의 부활이 일정한 숫자의 사람에게만 드러났다고 말할 수 없다. 그만큼 그의 부활을 목격한 자들의 증거는 일방적이지 않고 완전하다.

2) 예수님의 부활은 주로 그의 동생 야고보를 포함하여 제자들에게만 나타났는데, 이는 그들만이 십자가에 못 박히기 전의 예수님과 부활하신 후의 예수님이 동일한 분이라는 사실을 식별할 수 있었기 때문이다.

3) 그러나 주님을 핍박하던 불신자 바울에게도 부활하신 주님이 나타나셨다. 이것 역시 주님의 부활이 객관적 사실임을 확증한다. 주님의 원수도 주님의 부활을 믿을 수밖에 없었다.

4) 어쨌거나 주님의 부활이 일반 대중에게 무차별적으로 나타났던 것은 아니다. 왜냐하면, 첫째로 주님이 부활하신 사실은 하나님이 택하신 일꾼들을 통해서만 증언되게 하셨기 때문이며(행 10:41), 둘째로 주님의 부활을 보지 못하고 믿는 자가 더욱 복이 있다는 것이 하나님의 경륜이기 때문이며, 셋째로 주님의 부활은 오직 성령의 능력으로만 증언되고 믿어지기 때문이다(행 5:32).

고린도전서 15:5-8에 기록된 대로 바울은 예수 그리스도의 부활을 친히 목격한 자들을 증거 삼아 부활의 역사성을 지적하였다. 그러나 칼 바르트(K. Barth)는 이 구절들에 대하여 다음과 같이 말하였다. "소망이나 어두움이나 신앙도 무덤 앞에는 있을 수 있다."[64] 이 말은 그리스도의 빈 무덤이 그의 부활에 대한 역사적 증거로는 별로 효과가 없다고 하는 그릇된 주장이다. 그는 덧붙여 말하기를 "바울이 이처럼 부활한 그리스도가 나타나신 일을 기록한 이유는 무엇인가? 그것은 부활에 대한 역사적 증거를 제시하기 위함이 아니다."라고 하였다.

바르트의 이 같은 말을 보면 그는 확실히 계시의 역사성을 부인하고 잘못 생각한 것이다.

9-11절. 바울은 이 단락에서 자기의 부족함을 밝힌 후에 자기와 같이 악한 자도 그리스도의 부활을 목격하고 변화되었으며 은혜로 말미암아 사도가 되었다는 사실을 지적하였다. 요컨대 크나큰 죄인이 변화하여 신앙에 입문하게 된 것은 그가 목격했던 그리스도의 부활이 역사적 진리이기 때문이라는 말이다.

그러나 바르트는 이 구절에 대해서도 말하기를 "진리가 눈에 보이는 역사적 형태를 취하지 않을 때 그것은 초라한 모습이라 할지라도 강력한 힘을 갖는다. 진리가 인간의 이름을 취하거나 혹은 특정한 표어 아래에서 학파나 운동으로 나타날 때, 그것은 죽었거나 혹은 치명적인 병에 걸린 것이다."라고 하였다.[65] 바르트의 이 같은 말은 복음 진리에 역사적 체계가 있을 수 없다는 그릇된 사상이다.

2. 그리스도께서 부활하셨으면 그리스도 안에서 죽은 자들도 부활할 것이라 함 (15:12-34)

---

64) The Resurrection of the Dead, translated by H. J. Stenning.

65) Ibid., 145-146.

(1) 죽은 자의 부활을 반대하는 사상의 결과(15:12-19)

12-19절. 바울은 고린도 교인 중에서 일반 신자의 부활을 반대하는 이들의 잘못이 얼마나 심각한지를 지적한다. 왜냐하면 일반 신자의 부활을 반대하는 것은 곧 그리스도의 부활을 부인하는 것과 같기 때문이다(12절). 그리스도께서 부활하신 목적은 일반 신자의 부활을 성취하시기 위한 것이다. 그리스도의 부활은 확실하다. 만일 그리스도께서 부활하시지 않았다면, ① 사도들이 거짓 증인으로 여겨질 것이다(15절). ② 또한 믿음도 헛되고 사죄도 헛되고 이미 죽은 자들의 소망도 헛될 뿐이다(18절). ③ 이 세상에 소망을 두지 않고 내세에 소망을 두고 있는 우리 신자들이 가장 불쌍한 자가 될 것이다(19절).

12-13절. 이 두 구절은 예수 그리스도의 부활이 사실이기 때문에 일반 신자들도 죽었다가 다시 살 수 있다고 말한다. 부활은 이미 이루어진 일이기 때문에 앞으로 신자들에게 그 같은 일이 일어날 가능성은 충분하다. 다시 말해 예수 그리스도도 인성을 가지신 분으로서 죽었다가 다시 살아나셨으니, 인성을 소유한 다른 모든 사람도 그렇게 될 가능성 아래에 있다는 것이다.

14-15절 상. 이 구절들에서는 그리스도의 부활이 없다고 가정할 때 발생하게 될 불행한 일들에 대하여 말한다. 여기서 예상되는 불행한 일들은 다음과 같다. ① 사도들의 전도가 헛된 일이 되어 버릴 것이다. 이것은 물론 천부당만부당한 가정이다. 사도들이 전파하는 도리가 참이라는 사실은 하나님의 이적과 기사가 동반되고 성령의 역사가 함께함으로써 증거되었다(히 2:4). ② 그리스도에 대한 믿음도 헛된 일이 되어 버릴 것이다. 이것도 이론적으로 가정하여 말하는 것일 뿐이며 사실과는 정반대의 진술이다. 믿음은 결코 헛된 것이 될 수 없다. 믿음은 바라는 것들의 실상이요 보이지 않는 것들의 증거니 선진들이 이로써 증거를 얻었다(히 11:1-2). ③ 사도들이 하나님의 거짓 증인

으로 발견될 것이다. 이것도 사실과 정반대되는 가정이다. 사도들은 거짓 증인과 정반대되는 진실한 증인의 사역을 감당하였다(살전 2:3-6; 고후 2:17).

15하-16 **만일 죽은 자가 다시 살아나는 일이 없으면 하나님이 그리스도를 다시 살리지 아니하셨으리라 만일 죽은 자가 다시 살아나는 일이 없으면 그리스도도 다시 살아나신 일이 없었을 터이요.** 여기서 같은 말씀을 반복하는 목적은 그리스도의 부활과 일반 신자들의 부활이 서로 서로 일체라는 원리를 강조하기 위함이다.

17-19절. 이 구절들은 14-15절 말씀과 유사하게 그리스도의 부활이 없다는 가정하에 나타나게 될 불행한 결과들을 보충한다. 그리스도의 부활이 없다면,

1) 믿음도 헛되다. 14-15절의 같은 말씀에 대한 해석을 참조하라.

2) 너희가 여전히 죄 가운데 있을 것이다. 그리스도의 부활을 믿음으로 이방인들이 죄 용서 받은 것이 확실하였다(행 10:43; 11:1-18). 그들은 복음을 믿자마자 하나님께 용서받은 증표를 많이 받았다. 그렇다면 신자들이 여전히 죄 가운데 있다는 말은 성립될 수 없다. 그렇다면 그들로 하여금 죄 용서를 받게 해 준 그리스도의 부활 사건도 참되다.

3) "그리스도 안에서 잠자는 자도 망하였"을 것이다. 그리스도의 부활을 믿고 죽은 자들이 부활할 것은 확실하다(살전 4:14). 그리스도 안에서 죽는 일은 성령의 은혜로 말미암아 이루어지는데, 성령을 받은 자가 부활할 것은 확실하기 때문이다(롬 8:11). 그러므로 "그리스도 안에서 잠자는 자도 망하였으리니"라는 가정은 성립될 수 없다. 다만 그리스도의 부활이 참되지 않은 경우에만 이런 불가능한 가정이 성립될 수 있는 셈이니, 그리스도의 부활이 참되지 않다고 말할 수는 없다는 것이다.

4) "우리가 더욱 불쌍한 자"일 것이다. 이것도 가정이다. 그리스도인인 바울은 얼마나 행복한 사람이었는가!(행 26:29; 빌 3:7-9) 그러므로 이런 가정은 성립될 수 없다.

(2) 그리스도의 부활을 믿는 사상의 결과(15:20-28)

20-28절. 이 단락에서는 그리스도의 부활이 하나님 백성의 머리 되신 메시아의 부활이기 때문에 그것은 메시아의 백성의 부활도 성립시킨다고 말한다.

20 그러나 이제 그리스도께서 죽은 자 가운데서 다시 살아나사 잠자는 자들의 첫 열매가 되셨도다. "잠자는 자"라는 표현은 죽은 자들을 가리킨다.

"첫 열매." 하나님께 처음 익은 열매를 바치는 일은 거두어들인 곡식 전부를 바치는 것과 마찬가지의 의미를 지닌다.[66] 그와 마찬가지로 그리스도께서 다시 살아나심으로써 그의 백성의 부활도 성취된 것이다. 그는 머리요 그의 백성은 몸이니, 머리가 부활하였으므로 그의 몸인 교회도 부활하도록 되어 있다(롬 6:5; 골 1:18).

21 사망이 한 사람으로 말미암았으니 죽은 자의 부활도 한 사람으로 말미암는도다. 이 말씀은 구주 예수의 대속적 구원의 원칙을 명백히 보여 준다. 특별히 로마서 5:12 이하의 말씀이 이 구절을 해석하는 데 적절한 참고가 될 것이다. 대속자이신 그리스도의 역사가 앞절에 묘사된 그의 "첫 열매"로서의 역할을 설명하여 준다. 그렇기 때문에 헬라어 원문에는 21절 앞부분에 "왜냐하면"(ga,r)이라는 이유 접속사가 있다.

22절. 이 구절은 앞절 말씀에 대한 해설이다.

23 그러나 각각 자기 차례대로 되리니 먼저는 첫 열매인 그리스도요 다음에는 그가 강림하실 때에 그리스도에게 속한 자요. "첫 열매"라는 표현에 대해서는 20절 해석을 참조하라. "강림"(παρουσία)이라는 용어는 왕의 방문을 묘사할 때 사용되는 말인데 여기서는 주님의 재림을 가리킨다. "그리스도에게 속한 자"라는 말은

---

66) 롬 11:16; 출 23:19; 34:26; 레 2:12; 23:10, 17, 20; 민 15:20-21.

그리스도의 백성을 가리키는데, 한마디로 그리스도인들이다(고전 12:3; 1:30; 7:23 참조).

24 그 후에는 마지막이니 그가 모든 통치와 모든 권세와 능력을 멸하시고 나라를 아버지 하나님께 바칠 때라. 여기서 "마지막이니"라는 말은 헬라어로 "토 텔로스"(τὸ τέλος)인데, 이것은 세상 끝이라는 뜻이며 "마지막 부활"이라는 뜻은 아니다.

"나라를 아버지 하나님께 바칠 때라." 이 말은 그리스도가 그의 백성을 구속하기 위하여 모든 악한 권세들을 멸하기 위해 지니고 있던 권세를 하나님 아버지께 바친다는 뜻이다. 그가 재림하실 때에는 모든 악한 권세들을 멸하신다.[67)]

25-26절. 그리스도께서는 그의 백성을 구속하시기 위해 사망을 비롯한 모든 원수를 완전히 멸절하실 권세를 가지신다. 이것이 그의 왕권인데, 그는 하나님 우편에 앉아 계시면서 이 권세를 사용하신다(시 110편). "그 발 아래에" 둔다는 것은 완전한 정복을 뜻한다.

27 만물을 그의 발 아래에 두셨다 하셨으니 만물을 아래에 둔다 말씀하실 때에 만물을 그의 아래에 두신 이가 그 중에 들지 아니한 것이 분명하도다. 이 구절은 "만물을 그의 발 아래 두셨으니"라는 시편 8:6을 인용한 말씀이다. 이것은 메시아께서 구속 사역을 이루기 위하여 하나님 아버지께로부터 받은 권세를 가리킨다. 하나님 아버지께서 그에게 이런 권세를 주셨다고 했으니 아버지는 메시아의 권세 아래 들지 않으신 것이 명백하다. 그는 만유의 주가 되신다(고전 15:28).

28절. 그리스도께서 모든 원수들을 정복하시고 왕권을 하나님 아버지께 바치심에 따라 하나님 아버지는 만유의 주로 계신다.

이처럼 그리스도께서 재림하셔서 하나님 아버지께 복종하신다는 말은, ① 그의 신성이 아버지와 비교하여 열등하다는 뜻이 아니다. 이것은 다만 그

---

67) 참조. 대상 29:11; 시 22:29; 145:13; 계 11:15; 20:10.

가 구원 사역에 있어서 아버지께 종속되심을 가리킨다. ② 또한 이것은 그가 삼위일체 내에서 영원한 하나님이심을 부인하는 것이 아니다. ③ 또한 이것은 그가 구속받은 그의 백성들의 영원한 왕이심을 부인하는 것도 아니다.

바르트는 이 부분에 대하여 말하기를, "그리스도의 왕국은 본질적으로 언제나 오는 중일 뿐이다."라고 하였다(같은 책 p.171). 이것은 그리스도께서 이 세상에서 성취하신 일의 역사적 가치를 무시하는 말 아닌가? 그리스도의 왕국은 물론 과도기적인 성격을 지닌 것이다. 그러나 그것은 동시에 천국의 현실이 아닌가? 천국의 종말론적인 완성은 미래에 속하지만 그것은 그리스도의 초림과 함께 이미 도래해 있는 현실이다.

(3) 경험에 의하여 논증함(15:29-34)

29-34절. 여기서 바울은 일반 신자들의 부활이 확실히 있을 것이라는 점에 대하여 그리스도인들의 경험을 통해 논증한다(Leon Morris). 다시 말해 그리스도인들이 죽은 자들을 위하여 세례를 받는 것이 부활의 소망 때문이며(29절), 바울과 다른 그리스도인들이 죽음을 건 모험을 감행하는 것도 부활 신앙으로 말미암는다는 뜻이다(30-32절).

29 만일 죽은 자들이 도무지 다시 살아나지 못하면 죽은 자들을 위하여 세례를 받는 자들이 무엇을 하겠느냐 어찌하여 그들을 위하여 세례를 받느냐. 여기서 "죽은 자들을 위하여 세례를 받는"이라는 말은 무엇을 의미하는가? 이 구절에 대해 몇 가지 해석이 있다. ① 어떤 주석가는 말하기를, 이것은 살아 있는 사람이 죽은 자를 위하여 대신 세례를 받는 것을 가리킨다고 한다. 그러나 이 같은 대리적 세례는 이단에 속하는 것이니, 바울이 여기서 그것을 인정하는 발언을 하지는 않았을 것이다. ② 다른 주석가는 이것이 죽음을 앞둔 신자의 부탁을 받은 그의 불신 가족이나 친척, 혹은 친구들이 그의 말에 순종하여 세례 받음

을 의미한다고 한다. ③ 어떤 주석가는 이것이 죽은 자들의 무덤 위에서 세례 받음을 의미한다고 말한다. "위하여"라고 번역된 전치사 "휘페르"(ὑπέρ)는 "위에서"(above)라고 해석될 수도 있다. (4) 그리고 또 다른 해석은 여기서 "죽은 자들을 위하여"라는 말씀이 "(세례 받은 자들을 포함하여) 죽은 자들이 부활할 것을 염두에 두고"라는 의미라는 것이다. 이 해석은 "부활할 것"이라는 말을 보충하는 것이기 때문에 자연스럽지 않다.

이 밖에도 학자들은 거의 삼사십 가지의 다른 해석을 이 말씀에 덧붙인다고 한다. 어쨌거나 여기서 바울이 세례 받는 자들은 부활에 대한 소망을 가지고 받는다는 사실을 염두에 두고 있었다는 점은 분명하다. 만일 부활이 없다면 사람들이 세례를 받을 필요가 없을 것이다. 사람들이 부활에 대한 소망을 가지고 세례를 받는 것은 사실이다.

30-31절. 신자들이 의를 위하여 죽음을 무릅쓰는 것은 장래의 부활을 믿기 때문이다. 그 같은 모험적 신앙을 가지는 일이 사람의 힘으로는 될 수 없다. 그것은 하나님께서 부활 신앙을 기뻐하셔서 그에게 주신 은혜로 말미암아 이루어지는 일이다. 하나님이 부활 신앙을 기뻐하시는 이유는 그것이 진리이기 때문이다.

32 내가 사람의 방법으로 에베소에서 맹수와 더불어 싸웠다면 내게 무슨 유익이 있으리요. "사람의 방법으로"라는 말은 "부활에 대한 소망이 없는 사람처럼"이라는 뜻이다. 그처럼 소망 없는 사람이 무슨 유익을 얻겠다고 맹수와 더불어 싸웠겠는가? 바울이 "맹수와 더불어 싸웠다"는 말은 일종의 은유인데, 말하자면 악인들로부터 박해를 받았다는 뜻이라고 한다.

죽은 자가 다시 살아나지 못한다면 내일 죽을 터이니 먹고 마시자 하리라. 이사야 22:13을 참조하라. 여기서 "먹고 마시자"라는 말이 인용되었는데, 이것은 에피쿠로스 철학(Epicurean Philosophy), 곧 쾌락주의 철학의 모토다.

33-34절. 여기서 바울은 고린도 교인들에게 회의주의에 물든 악한 무리

에게 속아서는 안 된다고 다짐한다. 회의주의자들의 특징은 행실이 부패하다는 것이다(시 14:1). 진정한 의미에서 의를 행하는 사람일수록 진리의 신앙에 가까워진다.

3. 반대론에 대한 대답, 다시 말하면 다시 산 자의 몸이 어떠할 것을 말함 (15:35-58)

(1) 자연과 성경으로 대답함(15:35-49)

35-58절. 이 단락에서는 부활할 몸의 성질에 대하여 논증한다.

35 누가 묻기를 죽은 자들이 어떻게 다시 살아나며 어떠한 몸으로 오느냐 하리니. 이것은 신자들의 부활할 몸이 어떤 성질의 것인지에 대한 물음에 답하는 말씀이다.

36-37절. 이 말씀은 ① 현세의 몸이 죽어야 내세의 부활체가 생겨난다는 비유이며, ② 장래에 부활할 몸은 현세의 썩을 몸과 동일하지 않다는 비유다. 땅에 뿌려져서 죽음을 맞이하는 씨앗은 거기에서 자라나는 줄기에서 피어나는 꽃과 같을 수 없다. 부활한 몸도 영적인 실체이기만 한 것이 아니라 물질적이면서도 현세의 인체와 같지는 않다(Charles Hodge).

38 하나님이 그 뜻대로 그에게 형체를 주시되 각 종자에게 그 형체를 주시느니라. 여기서 "그"(αὐτῷ)라는 말은 종자를 의미하기 때문에 "그것"이라고 번역되어야 한다. 그렇다면 심겨진 종자에서 그 종자와는 다른 형체를 가진 줄기와 잎이 나온다는 말이다. 그 형체는 또한 씨앗의 종류에 따라서 다르기도 하다. 그와 마찬가지로 그리스도가 재림하시는 부활의 때에 나타나는 신자의 몸은 본래 무덤에 들어갔던 몸과는 다른 것이다.

39-40절. 바울은 앞절 말씀에 이어서 모든 형체들(σώματα)이 개체성에

따라 각기 다르다는 사실을 지적한다. 부활한 몸도 현세의 죽을 몸과 동일하지 않다는 것이다. 하지만 현세의 몸과 다르다고 해서 그것이 실체가 아니라는 뜻은 아니다.

39 육체는 다 같은 육체가 아니니 하나는 사람의 육체요 하나는 짐승의 육체요 하나는 새의 육체요 하나는 물고기의 육체라. 하나님께서 모든 생물을 창조하실 때 그 신체의 구조와 모양이 각각 다르게 하셨다. 그렇다면 그가 인간들을 부활시키실 때 그들의 부활체를 땅에 있던 그들의 이전 육체와 동일하게 만드셔야 한다는 제한이 있을 것인가? 그럴 리 없다.

40 하늘에 속한 형체도 있고 땅에 속한 형체도 있으나 하늘에 속한 것의 영광이 따로 있고 땅에 속한 것의 영광이 따로 있으니. 여기서 "하늘에 속한 형체"라는 것은 다음 구절이 명시하는 것처럼 하늘의 일월성신을 의미하고, "땅에 속한 형체"는 땅에서 사는 생명체들의 몸을 가리킨다. 여기서 바울은 양자의 모습이 서로 다르다는 사실에 근거하여 하나님이 하시는 일의 다양성을 또다시 지적한다. 특별히 여기서는 하나님께서 다시 살아날 신자들의 몸을 현세 인류의 몸과 다르게 만드실 수 있음을 지적한다.

바울은 여기서 "창조질서를 통해 나타내신 하나님의 능력을 그의 구속의 능력에 대한 비유와 전주곡으로 생각하였다. 구속의 능력은 결코 창조의 능력보다 작은 것이 아니다."[68]

41-44절. 이 단락에서는 하나님의 능력이 얼마나 위대한지를 암시한다. 창조질서에 있어서도 다양성을 보여 주시는 그의 능력은(38-41절) 참으로 오묘하다. 이 능력은 부활을 성취하시는 사역에서도 역시 오묘하게 나타난다.

바울은 여기서 현세의 인체와 내세의 부활체 간의 대조를 보여 주며, 양

68) H. D. Wendland, Die Briefe an die Korinther, 134. "Diese Schöpfungswirklichkeit ist Gleichnis und Vorspiel der Erlösungswirklichkeit. Die Macht des Gottes der Erlösung ist nicht geringer als die Macht des Gottes der Schöpfung."

자 모두 하나님의 능력으로만 성립되고 존재할 수 있음을 지적한다. 그 둘 사이의 대조는 "썩을 것과 썩지 아니할 것", "욕된 것과 영광스러운 것", "약한 것과 강한 것", "육의 몸과 신령한 몸" 사이의 대조다. 이것을 존재하게 하신 하나님은 저것도 존재하게 하실 수 있다. 하나님은 여기 열거한 각각의 대조 중에서 한쪽 편만 존재하게 하실 수 있을까? 하나님은 권능에 제한이 있는 신이신가? 결단코 그렇지 않다.

45 기록된 바 첫 사람 아담은 생령이 되었다 함과 같이 마지막 아담은 살려 주는 영이 되었나니. 여기서 "기록된 바"라는 말은 창세기 2:7을 염두에 둔 것이다. "첫 사람"이라는 말은 아직 완성되지 못한 초등 인간을 의미한다. 그에게는 완성시키시는(살리시는) 사람, 곧 마지막 아담이 무언중에 요구되고 있었던 것이다. "살려 주는 영"(ψυχὴν ζῶσαν)이란 하나님이 아담의 몸을 지으시고 그것에 생기를 불어 넣은 후에 만들어진 존재를 가리킨다(창 2:7). 그리하여 그 몸은 영혼이 담긴 그릇이 되었던 것이다(Meyer). 그것은 고린도전서 15:44에서 말하는 "영혼의 몸"(σῶμα ψυχικόν)이다(개역개정에서 "육의 몸"이라고 옮긴 것은 오역이다).

이런 몸은 범죄하지 않았다면 자체로 영생할 뻔하였다. 그러나 그것이 남을 살리는 영이 될 수는 없었다.

"마지막 아담은 살려 주는 영이 되었나니." 예수 그리스도를 "마지막 아담"이라고 한 이유는 그가 말세에 나타나서 인생들을 구원하여 완성시키기 때문이다(히 9:25-28상). "마지막"이라는 말은 말세를 암시한다. 성경의 가르침에 따르면 그리스도의 초림 때 말세가 시작되었다(히 1:1-2).

그리스도가 "살려 주는 영"이 되신 것은 어느 때부터인가? 여기서 "되었다"라는 말이 역사적으로 이루어진 사건을 가리키는 것으로 볼 때, 그 일은 그가 부활, 승천하신 때부터 된 것이다. 그가 부활하시기 전의 몸은 아직 "영혼의 몸"(soul body), 다시 말해 영혼만을 지닌 몸이었다. 그러나 그가 죽었다가 다시 사신 몸은 남들에게 생명을 교통하여 줄 수 있는 몸이다. 이같이 생명을 교통하여 주시는 일을 그가 하시는데, 그는 이 일을 성령으로 말미암아 행하신다.

46절. 이 말씀은 신령한 사람과 "육의 사람"(헬라어 원문에는 ψυχικόν이니 "영혼의 사람")이 존재하는 시간상의 순서를 지적하려는 것이 아니라, 미완성품과 같은 "육의 사람"(헬라어로는 "영혼의 사람"[ψυχικόν]이니 성령으로 다시 살림을 받은 사람을 가리키는 것은 아님)을 완성하기 위하여 마지막 아담, 다시 말해 신령한 자가 오셨다는 것이다. 그러므로 이 구절은 하나님께서 인생을 구원에 이르도록 완전케 하시는 사역의 단계를 표시하는 말씀이다.

47-48절. 이 구절들은 첫 사람 아담의 근원과 둘째 사람 그리스도의 근원에 대하여 말한다. 하나는 흙에서 유래하였고 다른 한 분은 하늘에서 오셨으니, 양자는 하늘과 땅의 차이만큼 서로 다르다. 그러나 그리스도께서 사람의 성품을 취하셨기 때문에 그를 믿는 자들은 그의 형상을 입을 소망이 있다. 다음 구절(49절)이 그것을 지적한다.

바르트(Barth)는 47절에 있는 "둘째 사람은 하늘에서 나셨느니라"라는 문구에 대하여 다음과 같이 말하였다. "이 진정한 영은 언제나 우리를 위해서는 주어지지 않는 것이고 하나님이 주신 절대적 이적이다."[69] 그는 또 말하기를 "우리는 구속사와의 관계 속에 자리하고 있다. 그것이 진정한 역사니, 옛것은 망해 가고 새것이 되어 가는 역사다. 그것은 시공간 세계에서 연출되는 것이 아니고, 시간과 영원 사이에서 이루어지는 것이다."라고 하였다.[70]

앞에 소개한 바르트의 구속사관은 초월주의가 아니라 초절(超絶)주의다. 구원사와 관련하여 성경은 초월주의를 가르치는 반면 초절주의를 말하

---

69) Barth, The Resurrection of the Dead, translated by Stenning. 201.

70) Ibid., 201-202.

지는 않는다. 초월주의는 하나님께서 시공간 세계에 내재하시는 동시에 초월하셔서 영원계에 존재하심을 말한다. 이러한 사실은 고린도전서 15:27-28이 밝혀 준다.

(2) 죽음에 대한 승리(15:50-57) // (3) 결론(15:58)

50 **혈과 육은 하나님 나라를 이어 받을 수 없고.** 이 말씀은 몸의 부활을 부인하는 것이 아니고, 혈육 그대로는 천국에 들어갈 수 없다는 의미일 뿐이다.

썩는 것은 썩지 아니하는 것을 유업으로 받지 못하느니라. 이 말씀 역시 "썩는 것" 그대로는 "썩지 아니하는 것"(천국)에 참여할 수 없다는 뜻이다. 썩는 것은 하나님의 권능으로 변화를 받아 부활체가 되어야만 천국에 참여할 수 있다.

51 **보라 내가 너희에게 비밀을 말하노니 우리가 다 잠 잘 것이 아니요 마지막 나팔에 순식간에 홀연히 다 변화되리니.** "비밀"이라는 말은 전에 감추어졌다가 지금은 계시된 진리를 가리킨다. 이것은 신자들의 부활에 관한 진리를 염두에 둔 말이다.

"우리가 다 잠 잘 것이 아니요." 다시 말해 우리 신자들이 주님의 재림 이전에 모두 다 죽음을 맞이하여 없어질 것이 아니고, 그때까지 살아남는 자들도 있을 것이라는 뜻이다. 살아남은 자들은 그때에 주님의 재림으로 말미암아 몸이 변화될 것이다. "마지막 나팔"은 비유인데, 주께서 재림하셔서 성도들을 모으실 것을 가리킨다(마 24:31; 사 27:13; 살전 4:16 참조).

52 **우리도 변화되리라.** "우리"라는 표현은 주님의 재림 때까지 살아남아 있을 자들을 대표하는 말이다. 바울 사도는 자기 당대에 주께서 재림하실 것이라고 믿었던 것인가? 그는 아마도 재림의 날이 자기 생전에 찾아올지도 모른다는 신앙을 가졌을 것이다(고전 7:26 해석 참조). 왜냐하면 예수님께서 말씀

하시기를 아무도 재림의 날과 때를 모른다고 하셨으며, 또한 늘 깨어 있으라고 하셨기 때문이다(마 25:13; 눅 12:40). 그러므로 바울이 자기 당대에 그리스도께서 재림하실지도 모른다는 견해를 가졌다 해도 그것이 잘못은 아니다.

53 이 썩을 것이 반드시 썩지 아니할 것을 입겠고 이 죽을 것이 죽지 아니함을 입으리로다. 이 말씀은 주님이 재림하실 때까지 살아남아 있는 자들이 변화하게 될 이유를 보여 준다. 요컨대 이 말씀에서는 "반드시"(Δεῖ)라는 말이 중요한데, 그것이 곧 원인이다. 그것은 어떤 추상적인 절대성을 의미하지 않고, 하나님의 필연성, 다시 말해 하나님께서 되도록 하셨기 때문에 될 수밖에 없다는 진리를 가리킨다. 이것은 구원론적 필연성을 염두에 둔 말이다(Lenski).

54 사망을 삼키고 이기리라고 기록된 말씀이 이루어지리라(호 13:14 참조). 사망이 삼켜지고 패배하리라는 사실에 대해서는 55-57절 말씀이 잘 보여 준다. 말하자면 사망은 죄를 이루고 죄는 율법을 기회로 삼아 성립되는데, 예수 그리스도께서 우리를 대신하여 율법을 완수해 주셨기 때문에 사망은 패배하였으며 폐지되었다는 것이다.

55-58절. 이 구절들에 대해서는 다음의 설교들을 참조하라.

설교 어떻게 죽을까?(고전 15:55-58)

1. 죽음을 당하는 비극의 진상

본문은 죽음이 무엇이라고 가르치는가? 그것은 "사망이 쏘는 것은 죄요"라는 말씀에서 알 수 있다. "쏘는 것"이라는 말은 헬라어로 "켄트론"(κέντρον)인데, 이것은 화살을 의미한다. 인생들을 죽이기 위해 찌르고 쏘는 것이 있는데, 본문은 그것이 죄라고 말한다.

성경은 인생이 죽는 것이 죄의 대가라고 일관되게 증언한다. 야고보서

1:15에도 말하기를 "욕심이 잉태한즉 죄를 낳고 죄가 장성한즉 사망을 낳느니라"라고 하였다. 사망이 죄로 말미암아 찾아왔다고 가르치는 것은 오로지 기독교의 성경뿐이다. 이 교훈은 몇몇 구절에만 나타나는 것이 아니다. 기독교의 구원론 체계 전부가 이 같은 교훈에 기초하고 있다. 성경은 그리스도께서 우리 대신 죄를 담당하심으로써 우리의 죽음 문제를 해결하신다고 말한다. 우리는 이 말씀을 확신해야만 한다. 그 이유는 다음과 같다. 죽음과 같은 심오한 문제는 ① 인생의 지식으로 해석하기 어렵다. 공자도 죽음에 대하여 누군가가 질문했을 때 대답하기를, "우리가 삶에 대해서 모르는데 어찌 죽음에 대하여 알 수 있으랴?"(未知其生焉知其死)라고 하였다. 그처럼 심오한 문제에 대해서는 성경말씀을 믿는 것이 최선의 길이다. 우리가 배를 타고 태평양을 건너갈 때, 배가 얕은 바다에 머물러 있을 때는 우리 눈으로 동서남북을 분별할 수 있다. 그러나 깊은 바다에 들어간 후에는 우리 지식으로 방향을 알 수 없어서 나침반을 바라볼 따름이다. 그와 마찬가지로 우리가 알기 어려운 죽음의 문제에 해답을 제공하는 것은 성경이다. 성경이 심오한 문제를 해결한다는 것은 다음과 같은 사실을 통해서도 알 수 있다. 유교의 최고 경전인 주역(周易)은 땅을 가리켜 잘못 말하기를, "곧고, 모나고, 크다."라고 한다(坤卦). 그러나 성경은 올바로 말하기를, 하나님께서 "땅을 아무것도 없는 곳에 매다시며"라고 하였다(욥 26:7; 사 40:22 참조). 죽음과 같이 심오한 문제는 진리의 최고 권위인 성경을 통해서만 해결할 수 있으며, 다른 무엇으로도 해결할 수 없다. 그러므로 이 같은 문제의 해답을 다른 책에서 찾으려 하는 것은 성경의 권위를 무시하는 일이다. 다른 책이 담고 있는 진리지식의 정도는 유치할 뿐인데 어찌하여 성경말씀으로 만족하지 않고 다른 책을 뒤적거리는가?

그렇다면 이제 죽음의 원인이 죄악이라는 말씀을 생각해 보자! 그렇다면 죽음이 비통한 것인 만큼 죄악도 그런 줄로 알아야 한다. 우리는 질병보다 죄악을 더 미워해야 한다. 사람이 죄를 범할 때마다 죽음의 화살을 맞는 줄 알아야 한다. 죽음과 죄악은 사실상 동일체다. 그러므로 죄악의 문제를 해결하지 못한 채로 맞이하는 죽음은 말할 수 없이 비참하다. 죄악의 문제를 해결받지 못하고 맞이하는 죽음에 관하여 몇 가지 실례를 들자면, 가룟 유다는 목매어 죽었으니(마 27:5), 자기 죄악을 해결하지 못하여 비참하게 맞이한 죽음의 대표적인 예다. 그는 마음에 평안을 잃어버려 자살하였으니, 마음의 불안은 언제든지 죄악의 문제가 해결되지 않아서 찾아오는 것이다. 또한 유다가 곤두박질하여 배가 터져 창자가 다 흘러나왔다고 하였는데(행 1:18), 그것 역시 그가 평안히 죽지 못했음을 보여 주는 표현이다.

성경에서 이처럼 죄악의 문제를 해결하지 못한 죽음이 어떠한지 보여 준 것과 마찬가지로, 이어지는 인류의 역사는 성경의 진리를 증명한다.

그리스도를 배척한 볼테르(Voltaire)는 마지막 숨을 몰아쉬면서 말하기를, "나는 하나님과 사람에게 버림받았다. 나는 지옥에 가노라."라고 하였고, 그리스도인을 많이 죽였던 프랑스 왕 샤를 9세는 최후의 순간에 말하기를, "나는 망하였구나! 분명히 그렇다."라고 하였고, 토머스 스코트는 죽으면서 말하기를 "이때까지 나는 하나님도 없고 지옥도 없는 줄 알았지만 이제는 둘 다 있는 줄을 안다. 나는 멸망으로 들어간다."라고 하였다.

2. 죽음을 이기는 승리

본문은 말하기를, "우리 주 예수 그리스도로 말미암아 우리에게 승리를 주시는 하나님께 감사하노니"라고 하였다. 우리가 그리스도로 말미암아 사망을 이긴다는 말이 무슨 뜻인가?

히브리서 2:14-17에 말하기를, "그도 또한··· 죽음을 통하여 죽음의 세력을 잡은 자 곧 마귀를 멸하시며 또 죽기를 무서워하므로 한평생 매여 종노릇 하는 모든 자들을 놓아 주려 하심이니 이는 확실히 천사들을 붙들어 주려 하심이 아니요 오직 아브라함의 자손을 붙들어 주려 하심이라 그러므로 그가 범사에 형제들과 같이 되심이 마땅하도다 이는 하나님의 일에 자비하고 신실한 대제사장이 되어 백성의 죄를 속량하려 하심이라"라고 하였다. 우리는 여기서 "그도 또한… 죽음을 통하여"라는 말씀에 주의를 기울여야 한다. 그리스도는 죽음을 통해 죽음을 죽이셨다. 그리스도의 죽으심은 오묘한 진리요 은혜다. 그것은 하나님께서 영원 전에 계획하여 인류에게 약속하신 구속의 방편이며, 부패한 종교가들이 깨닫지 못하는 생명의 진리다. 예수 그리스도를 죽인 자들은 부패한 종교가들이었다.

이처럼 오직 인류의 죽음 문제를 해결할 목적으로 오신 구세주는 예수 그리스도밖에 없다. 그러므로 모든 사람은 오직 그로 말미암아서만 죽음의 문제를 해결받아 평안히 죽을 수 있고 영생에 들어갈 수 있다.

그러므로 바울은 죽음에 대하여 말하기를, "이는 내게 사는 것이 그리스도니 죽는 것도 유익함이라"(빌 1:21)라고 하였다. 그는 또한 임종 시에 말하기를, "나는 선한 싸움을 싸우고 나의 달려갈 길을 마치고 믿음을 지켰으니 이제 후로는 나를 위하여 의의 면류관이 예비되었으므로 주 곧 의로우신 재판장이 그 날에 내게 주실 것이며 내게만 아니라 주의 나타나심을 사모하는 모든 자에게도니라"라고 하였다(딤후 4:7-8).

바울 이후에도 임종 시에 이처럼 구원에 대한 확신 가운데 기쁘게 죽음을 맞은 신자들이 무수하다. W. B. 나이트(W. B. Knight)의 예화집에서[71] 실례를 들고자 한다.

* * * * *

71) Master Book of New Illustrations, W.B. Eerdmans Publishing Company, Grand Rapids, Mich. 157-159.

드와이트 무디는 임종 시에 말하기를, "땅은 물러가고 하늘이 열린다."라고 하였고, 존 앤드루는 "불 수레가 왔으니 나는 올라타야겠다."라고 하였고, 존 웨슬리는 "가장 좋구나! 하나님이 우리와 같이하심이여."라고 하였고, 존 녹스는 "그리스도 안에서 살라. 그러면 죽음이 무섭지 않다."라고 하였고, 존 라이드는 "이것이 죽음인가? 이는 참으로 사는 것보다 좋구나! 내가 예수 안에서 기쁘게 죽는 것을 사람들에게 알려다오."라고 하였다.

마르틴 루터는 "우리 하나님에게서 구원이 오는구나. 우리는 하나님으로 말미암아 죽음을 피합니다. 주님이여, 주님의 손에 내 영혼을 맡기나이다."라고 하였고, 마가레트 프라이오는 "영원한 세계가 내 앞에서 영광의 바다처럼 전개된다."라고 하였고, 매크라켄은 "아! 방이 어쩌면 이토록 밝은지! 천사들이 가득하구나."라고 하였다.

매리 프랜시스는 "아! 내가 지금 소유한 기쁨을 너희들에게 알려 줄 수 있으면 좋겠구나! 하나님께서 나의 영혼에 밝히 비치시는구나! 그가 오셨다. 그가 오셨다."라고 하였고, 필립 헤크는 "얼마나 아름다운가! 열린 하늘이 나를 두루 비춘다."라고 하였고, 데이비드 브루스터는 "나는 예수를 보리라. 그가 어떠하심을 그대로 보리라. 나는 여러 해 동안 그의 빛을 가졌다. 그것이 얼마나 밝은지! 나는 안전하고 만족스럽구나!"라고 하였다.

찰스 디킨스는 "나는 예수 그리스도로 말미암아 내 영혼을 하나님께 맡깁니다."라고 하였고, 브라운로 노스는 "그의 아들 예수 그리스도의 피가 우리의 모든 죄를 씻어 주신다(요일 1:7). 나는 그 말씀을 붙잡고 의지하고 죽노라."라고 하였고, 헨리 무어하우스는 "만일 하나님이 나를 일으켜 주신다면 나는 요한복음 3:16을 가지고 설교할 마음이 있다. 주님을 찬미하라!"라고 하였다.

존 넬슨 다비는 "내가 천국에 들어가는 순간에는 이상함을 느낄 것이다. 그러나 그리스도는 낯익은 그리스도이실 것이다. 나는 그를 여러 해 동안 알아 왔다. 그가 나를 아시니 나는 기쁘다. 나는 깊고 깊은 평안을 가지고 있다."라고 하였고, 얼 케언스는 "하나님은 나를 사랑하시며 나를 보호하신다. 그리스도의 공로 때문에, 하나님께서 나의 모든 죄를 사하셨다. 나는 미래를 두려움 없이 내다본다."라고 하였고, 로드 콩글톤은 "주 예수여 내 영혼을 받으소서."라고 하였고, 시드니 쿠퍼는 "주여! 나는 주님의 속죄를 완전히 믿나이다. 나는 주님의 도움을 믿습니다. 주님의 보혈을 내가 완전히 믿나이다. 주님은 나의 위로의 근원입니다. 다른 사람의 위로는 내가 원치 않습니다."라고 하였고,

미국의 큰 부자인 존 피어몬트 모건은 자신의 영혼이 그리스도의 보혈로 말미암아 구속받은 사실을 믿고 그의 영혼을 구주의 손에 맡긴다고 하였으며, 유서를 통해 그의 자손들에게 이르기를 어떤 희생을 치르고라도 이 구속의 도리를 주장하라고 하였다.

로드 로버츠는 자기가 거느린 부대의 병사들에게 성경을 늘 읽으라고 부탁하면서 말하기를, "이 책은 당신들이 건강할 때 인도자가 되며 병들었을 때 위로가 되며 환난 때 힘이 된다."라고 하였고, 윌리엄 피트는 "나는 그리스도의 공로로 말미암아 나 자신을 하나님의 자비 위에 던지나이다."라고 하였다.

오거스터스 토플레디는 "만세 반석 열리니 내가 들어갑니다."라는 찬송시를 지은 분인데 임종 시에 말하기를, "나는 나의 영혼 속에 이미 천국을 맛본다."라고 하였고, 헌팅턴 공은 "나는 나의 일을 다하였다. 이제는 나의 아버지께 갈 것밖에 없다."라고 하였고, 존 베이컨은 "내가 미술가로서는 세상에 있는 동안 어느 정도 요긴하였으나, 이제 유

일한 중요성을 띤 일은 내가 진정한 그리스도인이었다는 사실뿐이다."라고 하였다.

조지 워싱턴은 "의사여! 나는 지금 죽는다. 그러나 죽음을 무서워하지 않소!"라고 하였고, 레이디 파워스코트는 "사람이 살아 있을 때 곁에 지니고 살아갈 성경구절은 무수히 많다. 그러나 죽을 때 곁에 지니고 죽을 구절은 오직 요한1서 1:7(그 아들 예수의 피가 우리를 모든 죄에서 깨끗하게 하실 것이요)뿐이다. 이 구절이 지금 이 순간 나에게 특별히 달다. 이전에는 이렇게까지 달지 못하였다."라고 하였다.

월터 스코트가 임종 시에 그의 사위에게 책을 읽어 달라고 하니 사위가 말하기를 "무슨 책 말입니까?"라고 하였다. 그때 그는 대답하기를 "책은 하나밖에 없다"(성경을 의미함)라고 하였고, 윌리엄 윌버포스는 "천국에 대한 나의 애착심은 너무 강하기 때문에 너희들을 유감없이 여기 버려두고 간다. 내가 너희를 덜 사랑하는 것이 아니다. 그러나 내가 하나님을 더 사랑한다는 것은 사실이다."라고 하였다.

헤들리 비카스는 "주님께서 나를 완전한 평강 속에 머물도록 명하셨고 나로 하여금 그의 얼굴빛으로 즐거워하게 하셨다. 예수 그리스도 안에서 나는 모든 행복을 발견하노라."라고 하였고, 헨리 해블록 경은 콜레라로 죽으면서 말하기를, "나는 이것을 위하여 (세상을 떠나 하나님을 만나기 위하여) 40년을 준비하였노라."라고 하였다.

필립 멜란히톤은 그의 사위가 성경을 몇 구절 읽어 준 뒤에 무엇을 더 원하는지 물었을 때 대답하기를 "천국밖에 없노라."라고 하였고, 미켈란젤로는 유언을 써서 남기기를, "나는 예수 그리스도를 신앙하여 더 좋은 세상에 갈 확신으로 죽노라."라고 하였고, 사무엘 루터포드는 "내 눈이 내 구주를 보리라. 그가 나를 용서하셨고, 사랑하셨고, 나를 씻으셨고, 또한 형용할 수 없는 기쁨과 충만한 영광을 내게 주셨다.

나는 만나를 먹노라. 나의 창조자 구속자에게 영원토록 영광을 돌릴 지어다. 영광이 임마누엘의 땅에 비치도다!"라고 하였다.

존 번연은 "나를 위하여 울지 말고, 너희를 위하여 울라. 나는 우리 주 예수 그리스도께 가노라. 하나님께서 그의 복스러운 아들의 중보로 말미암아 나를(비록 죄인이지만) 영접하시되 우리가 새 노래를 부르기 위하여 모일 곳으로 영접하시리라. 그리고 거기서 영원토록 머물리라."라고 하였다.

데이비드 브레이너드는 "나는 영원한 세계에 들어가노라. 영원한 세계는 생각만 하여도 좋다. 그 세계의 영원무궁함이 그토록 그것을 감미롭게 만드는구나! 아, 영원한 세계라는 것이 저 악한 무리에게는 어떤 종류의 것이겠는가? 생각만 하여도 두렵다."라고 하였다.

마이클 패러데이는 저명한 과학자였다. 임종 시에 누군가가 그에게 묻기를, "당신은 내세에 들어가서 무슨 일을 할지 아십니까?"라고 하였을 때 그는 대답하기를, "하나님이 자기를 사랑하는 자들을 위하여 예비하신 모든 것은 눈으로 보지 못하고 귀로 듣지 못하고 사람의 마음으로 생각하지도 못하였다 함과 같으니라"(고전 2:9)라고 하였고, 덧붙여 말하기를 "나는 그리스도와 함께 있게 된다. 그것으로 족하다."라고 하였다.

* * * * *

여기 열거한 임종 시의 모든 증언은 신자들이 주 예수 그리스도로 말미암아 죽음을 이긴 사실을 대표적으로 보여 주는 고백들이다. 우리는 그리스도로 말미암아 죽음을 이기게 된 사실을 앞에 나열한 임종 체험들에서보다 오히려 성경말씀에서 더욱 확신할 수 있음을 알아야 한다. 성경말씀 한마디는 억만 성도의 체험을 가능하게 해 준 진리이니, 그 한마디가 억만 성도의 억만 체험보다 탁월한 것이다. 그러므로 우리는 또다시 성경으로 돌아가서 더욱 확신하며 안식을 누리자!

설교 승리자의 생활(고전15:57-58)

신자는 이미 그리스도 안에서 승리하였다. 다시 말해 그는 사망을 이긴 자다. 고린도전서 15:53에 말하기를, "이 썩을 것이 반드시 썩지 아니할 것을 입겠고 이 죽을 것이 죽지 아니함을 입으리로다"라고 하였다. 이것은 신자가 그리스도로 말미암아 마지막에는 완전히 영생의 몸으로 변화될 것을 지적하는 말씀이다. 이 일은 신자 자신의 힘으로 이루어지는 것이 아니고 순전히 그리스도로 말미암아 이루어지는 것이다. 만일 이 일이 신자 자신의 힘으로 이루어진다고 말한다면 그것은 믿기지 않는 이야기일 것이다. 그러나 그리스도가 이루어 주신다는 말은 믿을 수 있다. 이와 같은 승리는 "나"라는 존재가 세상을 향하여 살아 있는 동안에는 깨달을 수도 없고 믿어지지도 않는다. 조지 뮬러의 승리 생활은 그가 세상에 대하여 죽었을 때부터 시작되었다고 한다. 그는 그때부터 세상의 칭찬이나 책망에 대하여 무관심하였다. 한마디로 그는 그때부터 이 세상의 평가를 중요시하지 않았다. 이 세상은 거짓된 사상과 말로 가득하다. 모든 사상과 말은 자기 자신들의 특수한 입장을 세우기 위하여 꾸며진 것이다. 그렇다면 예수 그리스도로 말미암은 승리를 믿는 승리자의 생활은 어떠한가?

1. 견고하여 흔들리지 않는다

그는 승리한 자이기 때문에 동요하지 않는다. 그는 승리하기 위해서가 아니라 이미 그리스도 안에서 승리했기 때문에 동요하지 않아야 한다. 승리자는 이미 이 세상의 사상이 거짓 선전인 줄을 확신하고 있다. 이 세상 사람들의 선전은 진실이라고 말하는 것도 절반쯤은 거짓이거나 혹은 거의 전부가 거짓이다. 그리스도인은 진리를 믿는 일에 이미 승리자의 확신을 지니고 있다. 왜냐하면 그의 구원이 그리스도 안에서 이미 이루어졌기 때문이다. 바울은 디모데후서 1:12에 말하기를, "이로 말미암아 내가 또 이 고난을 받되 부끄러워하지 아니함은 내가 믿는 자를 내가 알고 또한 내가 의탁한 것을 그날까지 그가 능히 지키실 줄을 확신함이라"라고 하였다. 시편 57:7에는 말하기를, "하나님이여 내 마음이 확정되었고 내 마음이 확정되었사오니 내가 노래하고 내가 찬송하리이다"라고 하였다(시 108:1; 112:7 참조). 마음이 확정되지 못하는 원인은 미련함에 있다. 미련하여 일정한 목표를 잡지 못하였기 때문에 안정을 얻을 수 없는 것이다. 잠언 17:24에 말하기를, "미련한 자는 눈을 땅 끝에 두느니라"라고 하였다. 믿는 사람 가운데도 미련한 사람이 있다. 요컨대 수만 가지의 헛된 욕심을 가지고 예수를 믿는 자는 미련한 사람이다. 참으로 예수를 믿는다는 것은 예수님 한 분만으로 만족하는 것이다. 사람이 그리스도 제일주의, 곧 하나님 제일주의로 마음을 작정하고 나면 흔들리지 않는다. 무디 선생은 오직 예수만을 원하는 신앙 자세에 대하여 이렇게 말하였다. "① 전에는 축복받는 것이 내 소원이었지만 지금은 주님 자신이 내 소원이며, ② 전에는 내가 감정의 중심이었지만 지금은 그의 말씀이 중심이며, ③ 전에는 끊임없이 무언가를 달라고 요구하였지만, 지금은 쉬지 않고 찬송한다. ④ 전에는 내가 주님을 사용하려고 하였지만 지금은 그가 나를 사용하시기를 원하게 된다."라고 하였다. 이같이 그리스도 중심적인 생활, 다시 말해 "그리스도 안에서" 사는 것은 우리의 마음을 견고하게 하며 흔들리지 않게 한다.

불신자 가운데도 한번 마음을 정한 뒤에는 흔들리지 않는 이들이 있다. 김유신 장군은 방탕한 생활을 청산하였다. 그 후에 그가 탄 말이 예전과 같이 기생집으로 향했을 때 그는 그 말의 목을 베었다고 한다. 하지만 일반적으로 사람들은 마음이 약하여서 그처럼 단호한 결단을 내리지 못한다. 그러나 우리 그리스도인들은 자신의 연약함을 알고 그리스도를 의지함으로써 동요하지 않을 수 있다. 나의 셋째 아들이 세 살 때 홍역으로 세상을 뜰 무렵에 의사를 청하여 보이니, 폐렴까지 걸려서 이미 고치기 어려운 단계였다. 의사가 그 아이 가슴에 주사기를 꽂고 피와 고름을 뽑을 때 그가 어머니를 꼭 붙들고 고통을 견디던 모습이 지금도 내 눈에 선하다. 그는 어머니를 의지하고 고통을 견디었다. 나는 세 살 된 아이만도 못한가?

2. 항상 주의 일에 더욱 힘쓰자

그리스도인은 그리스도 안에서 영생을 얻었다. 그것은 천하를 얻은 것보다 귀한 것이다. 그는 얻을 수 있는 것을 이미 다 얻었다. 그러니 그는 이제 주님의 일을 해야 할 처지에 놓여 있다. 이 땅에는 그리스도를 알지 못하는 자들이 부지기수다. 그러므로 그리스도인이 할 일은 너무도 많다. 그는 모든 사람에게 빚진 자다. 그는 자기와 직접 관계가 없는 일들도 자기의 책임으로 여겨야 한다. 왜냐하면 그는 천하의 모든 사람을 자기 자신과 같이 생각해야 할 위치에 있기 때문이다. 주한미군 오산 공군기지의 병원장 에머슨 대령이 군산을 방문했을 때 열네 살 된 맹아를 보고 그를 불쌍히 여겨 헬리콥터를 동원하여 그 아이를 데리고 인천 부평에 있는 병원에서 수술을 받게 해 준 뒤에 다시 군산으로 데려다주었다고 한다. 그는 자기 책임이 아닌 일을 자기 책임으로 느껴서 이런 일을 실행한 것이다. 그리스도인에게 주어진 임무는 이와 같은 것이다. 앤드류 머레이(Andrew Murray)의 마음은 잠시도 책임감에서 떠날 수 없었으며, "지금도 수많은 영혼이 멸망받고 있는데 내가 어찌 쉴 수 있겠는가."라는 느낌을 항상 가지고 살았다고 한다. 그는 89세에 세상을 떠날 때까지 영혼을 구원하는 데 힘썼다. 그는 영혼을 사랑하는 마음을 중심에 품고 활동하였으며 그 때문에 쉴 수 없었다고 한다. 그는 많은 사람의 이름을 적어서 가지고 다니면서 기도하였다. 한번은 그가 감옥에 있는 죄수 200명 앞에서 설교할 기회를 얻었다. 그때 그 죄수들은 머레이 목사의 설교를 방해하려고 계속 기침을 하였다. 이때 머레이 목사는 겸손히 말하기를, "시간을 절반씩 나눕시다. 여러분이 5분 동안 계속하여 기침을 한 후에 나머지 5분 동안만 내가 설교하지요!"라고 하였다. 그 말을 들은 죄수들은 기침을 그쳤다고 한다.

아프리카의 신자 타기는 평생 동안 하루도 개인 전도를 거른 날이 없었다고 한다. 한번은 그가 병이 들어서 전도를 하기 어렵게 되었다. 그는 그때 하나님께 기도하기를, "하나님! 오늘도 전도하게 하여 주십시오."라고 하였다. 그러자 갑자기 비가 내리기 시작하여 길을 가던 사람들이 비를 피하려고 타기의 집에 들어왔다. 그는 이 기회를 놓치지 않고 그들에게 전도하였다고 한다. 이처럼 그리스도인은 "너는 말씀을 전파하라 때를 얻든지 못 얻든지 항상 힘쓰라"라고 하신 말씀(딤후 4:2)대로 살아야 한다. 주님을 위한 수고는 헛되지 않다(고전 15:58).

제 16 장

내용 분해

찰스 하지(Charles Hodge)에 따르면 고린도전서 16장은 다음과 같은 내용을 담고 있다.

1) 예루살렘 성도들을 위한 연보에 대하여(1-9절)
2) 디모데와 아볼로를 신임하라고 부탁함(10-14절)
3) 권면과 인사(15-20절)
4) 바울이 친필로 쓴 인사와 축복(21-24절)

해석

결론(16:1-24)

1 성도를 위하는 연보에 관하여는 내가 갈라디아 교회들에게 명한 것 같이 너희도 그렇

게 하라. 이 연보는 예루살렘 성도들을 위한 것인데, 바울이 이방 전도 여정 중에 각처에서 모금한 것이었다(갈 2:10; 롬 15:26; 고후 8:9).

2 **매주 첫날에 너희 각 사람이 수입에 따라 모아 두어서 내가 갈 때에 연보를 하지 않게 하라.** 여기서 "매주 첫날"이라는 표현은 "주일"을 가리킨다. 우리는 여기서 교회가 초창기부터 "주일"을 예배일로 지켰다는 사실을 알 수 있다.

신약의 주일은 구약 안식일의 후신으로서 원칙상 안식일의 연속선상에 있는 것으로 간주해야 한다. 다만 신약 시대에는 구약의 안식일을 그대로 지키지 않고 그것이 성취된 형태, 곧 그리스도 안에서 안식을 지키라고 가르친다. 골로새서 2:16-17에 말하기를, "그러므로 먹고 마시는 것과 절기나 초하루나 안식일을 이유로 누구든지 너희를 비판하지 못하게 하라 이것들은 장래 일의 그림자이나 몸은 그리스도의 것이니라"라고 하였다. 신약의 주일이 구약 안식일의 연속선상에 놓여 있는 만큼, 그날은 예배를 드리는 날이기 때문에 이 세상의 영업은 하지 말아야 한다. 다만 신약 시대의 신자들은 그리스도 안에서 안식일을 지키기 때문에, 먼저 의식적인 측면에서 날짜는 구약의 안식일과 달리하였다. 날짜는 한 주의 첫날(그리스도께서 부활하신 날)로 하였고, 그날에는 일하지 않고 예배해야 한다는 점에서는 구약의 안식일과 별로 다를 바가 없다. 다만 그날에 부득이한 일과 자비를 시행하는 일은 허락된다. 우리는 이 점에서 예수님이 하신 말씀을 표준으로 한다. 누가복음 13:15에 말씀하시기를, "외식하는 자들아 너희가 각각 안식일에 자기의 소나 나귀를 외양간에서 풀어내어 이끌고 가서 물을 먹이지 아니하느냐"라고 하셨고, 마태복음 12:12에 말씀하시기를 "안식일에 선을 행하는 것이 옳으니라"라고 하셨고, 마태복음 12:7에는 말씀하시기를 "나는 자비를 원하고 제사를 원하지 아니하노라 하신 뜻을 너희가 알았더라면 무죄한 자를 정죄하지 아니하였으리라"라고 하셨다.

"수입에 따라 모아 두어서." 이 문구의 헬라어 원문에는 한글 번역에 빠진 말 한마디가 더 있는데, 곧 "자기에게서"(παρ' ἑαυτῷ)라는 말씀이다. 이것은 중요한 말인데, 그것은 각 사람이 자원하여 행하라는 뜻이다. "수입에 따라"(εὐοδῶται)라는 표현은 "이익을 얻은 정도대로"라는 뜻이다. 이것을 보면 하나님께 재물을 바치는 일에 있어서, 사도의 교훈에는 율법주의의 색채가 전혀 없다. 그렇다고 해서 신자가 연보에 대하여 무책임하게 생각해도 된다는 뜻은 아니다. 자원하는 마음으로 실행하되 책임감은 가져야 한다는 것이다. 왜냐하면 연보는 사도의 명령으로 정해진 것이기 때문이다(고전 16:1).

"내가 갈 때에 연보를 하지 않게 하라." 이 말씀은 바울이 고린도 교회에 왔을 때 헌금을 걷는 일이 없도록 하라는 뜻이다.

3 내가 이를 때에 너희가 인정한 사람에게 편지를 주어 너희의 은혜를 예루살렘으로 가지고 가게 하리니. 바울이 고린도에 도착하여 그 연보를 예루살렘으로 전달할 때 사신들을 통하여 전달하도록 한다는 것이다. 이것은 교회가 재정을 다룰 때 비판받을 여지가 없도록 만반의 대비를 하기 위함이다. 사도 바울은 이처럼 교회가 재정을 다루는 일에 신중하도록 언제나 위원들을 동참하게 하였다(고후 8:18-21). 공금은 혼자서 취급할 것이 아니고, 언제나 몇몇 위원이 함께하여야 시험을 받을 일이 없다.

"너희의 은혜"라는 말은 고린도 교인들이 저축한 연보를 가리킨다.

4절. 만일 연보의 양이 많으면 바울 자신도 사신들과 함께 예루살렘에 갈 수 있다는 뜻이다(Lenski, Grosheide).

5 내가 마게도냐를 지날 터이니 마게도냐를 지난 후에 너희에게 가서. 고린도후서 1:1-16을 보면, 바울의 본래 계획은 그가 현재 머무르고 있는 에베소에서 직접 고린도로 가고, 거기서 마게도냐를 방문한 후에 고린도로 되돌아와서, 그 길로 예루살렘으로 가려던 것이었다(Hodge). 그러나 그는 계획을 변경하여 마게도냐를 방문한 후에 곧바로 고린도에 가려고 한다. 그가 이렇게 여정을 변경한 것이 원수들의 비방거리가 된 듯하다(고후 1:17). 그러나 한번 작정하

였던 것을 변경하는 일이 사욕을 위한 결정이 아니라면 언제나 정당한 것이다(고후 1:18-24).

6 혹 너희와 함께 머물며 겨울을 지낼 듯도 하니 이는 너희가 나를 내가 갈 곳으로 보내어 주게 하려 함이라. 이 말씀 가운데 고린도 교인들에 대한 그의 두터운 우정이 드러나 있다. 요컨대 그가 그들과 함께 머물러서 은혜 끼치기를 원하는 동시에, 그가 갈 때에는 그들의 도움을 받기를("보내어 준다"라는 말씀의 의미) 원한다는 것이다. 이것은 선한 교역자가 그의 교우들과 아무런 장벽 없이 원만하게 소통하는 상황에서 그의 소원을 거리낌 없이 표현하는 모습이다.

7절. 앞절에서 바울이 소원했던 바를 여기 다시 진술하면서, 그것이 실현되는 일은 주님의 허락에 달렸다고 말한다. 그는 자신의 모든 활동과 사안에 주님의 인도와 허락을 기다렸다. 그가 그렇게 했던 이유는 그의 모든 일이 주님의 일이었기 때문이다.

8-9 내가 오순절까지 에베소에 머물려 함은 내게 광대하고 유효한 문이 열렸으나 대적하는 자가 많음이라. 바울이 이 편지(고린도전서)를 쓴 시기는 유월절 조금 전이었다. 그는 오순절까지 에베소에 머물려고 하였는데, 그렇다면 이제부터 두 달 동안은 그곳에 있겠다는 의미다.

"광대하고 유효한 문이 열렸"다는 말은 그의 복음 사역이 성과를 낼 기회가 찾아왔다는 뜻이다(행 19:19-20). 그는 더불어 그가 에베소에 머물러야 할 또 한 가지 이유를 제시하는데, 그것은 "대적하는 자가 많음"(고전 15:32; 행 19:23)이다. 신자들은 흔히 복음을 대적하는 자가 많을 때는 길이 막혔다고 생각한다. 그러나 바울은 그렇게 여기지 않는다. 그는 그를 대적하는 움직임이 도리어 복음 전도에 도움이 될 것이라고 믿는다. 그가 이렇게 생각할 수 있었던 것은 전화위복을 가능하게 하시는 하나님과 동행한다는 깨달음 때문이었다.

10-11절. 이 구절들에서 바울은 고린도 교회 신자들에게 디모데를 신임하

라고 말한다.

두려움이 없이 너희 가운데 있게 하라. 그 당시 디모데는 고린도 교회의 여러 가지 잘못을 교정하기 위하여 고린도로 가는 중이었다(4:17). 그가 고린도 교회의 신임을 받기 전에는 거기서 안심하고 일할 수 없다. 따라서 사도는 고린도 교회가 그에게 염려를 끼치지 말라는 의미에서, 그가 두려움 없이 그들 가운데 머물게 하라고 부탁한다. 16:11에 "그를 멸시하지 말고"라는 말씀 역시 동일한 맥락에서 하는 부탁이다.

12 **"아볼로"**에 대해서는 사도행전 18:24-28, 고린도전서 3:4, 6, 22을 참조하라. 아볼로가 바울의 권면대로 즉시 고린도에 가지 않은 이유는 고린도에 있는 아볼로 파에게 가세할까 두려워했기 때문인 듯하다. 바울이 아볼로에 대한 고린도 교회의 청빙에 응하여 그에게 속히 그리로 가라고 말한 것도 원만한 처사다. 아볼로 파가 더욱 힘을 얻으면 바울 자신에게 불리할 수 있었지만, 바울은 그런 것을 고려하지 않고 오히려 다른 파당의 소원을 들어준 것이다. 이것이 위대한 사도가 보여 준 편협하지 않은 태도다. 이것은 또한 파벌을 일소하는 사랑의 처사다(고전 1:12-17 참조).

13-14 **깨어 믿음에 굳게 서서 남자답게 강건하라 너희 모든 일을 사랑으로 행하라.** 일설에 의하면 이 구절들은 고린도 교인들이 아볼로를 머리 삼아 작당하지 말고 각기 깨어 자기 할 일을 하라는 권면이라고 한다. 그러나 사실은 그런 것이 아니다. 이 구절들은 앞절과 무관하게 고린도 교회에 주는 결론적 권면이다. 로버트슨과 플러머는 이 구절들에 포함된 네 가지 명령이 다음 몇 가지 악덕을 경계한다고 주장한다. 말하자면 부주의함, 변덕스러움, 유치함, 도덕적으로 무능함을 막기 위한 경계라는 것이다. 이 구절들은 고상한 종교 윤리의 행동 원리들을 포함한다.

"깨어." 깨어 있다는 것은 무엇을 말하는가? 그것은 부주의와 반대되는 "주의"이며, 무관심과 반대되는 "관심"이고 무지와 반대되는 "각성"이다(사

56:10 참조).

국가도 깨어 있지 않으면 망하는 줄 모르고 망하게 되며, 개인도 깨어 있지 않으면 퇴락하는 줄 모르고 퇴락하게 된다. 신라는 깨어 있지 못하여 임금이 신하들을 데리고 포석정에서 술이나 마시며 놀다가 후백제의 전격적인 침략으로 망하였다. 망하는 나라나 퇴락하는 개인은 깨어 있지 못하여 망하는 줄도 모르고 망하였다. 다시 말해 그들은 자신들의 형편과 처지가 얼마나 위험한지도 모르고 있었다. 그러나 깨어 있는 자는 이러한 위험을 알고 힘써 자신의 형편을 지키고 자신을 구한다. 우리가 깨어 있어야 하는 이유는 자신과 남을 위험에서 구하기 위해서다. 얼마 전 우리 집에 화재가 날 뻔하였다. 초저녁인데 연기가 벽 틈으로 스며들어 왔다. 나는 그것이 아궁이에 불을 지폈기 때문이라고 생각해서 연기가 스며드는 틈마다 모조리 종이를 바르는데 열중했다. 그러나 이 틈을 막으면 저 틈으로 연기가 나오고, 또 쫓아가서 그곳을 막으면 다른 데로 연기가 들어왔다. 종이를 바르다 못하여 나중에는 그만두고 잠자리에 누워 온 가족이 잠들었다. 얼마 후에 딸 혜란이가 내 방에 들어왔을 때 잠에서 깨었는데, 그때 혜란이가 내 베개 밑에서 요가 타고 있는 것을 발견하였다. 그제야 아궁이 기둥이 타오르는 것을 발견하고 온 식구가 일어나 물을 떠서 끼얹으며 불을 끄기 위해 죽을힘을 썼다. 결국 응원대의 도움으로 불을 끌 수 있었다.

그와 마찬가지로 우리가 영적으로 깨어 보면 우리가 수많은 위험에 둘러싸여 있음을 발견할 수 있다. 이러한 위험들을 극복하기 위해서는 어찌해야 하는가? 그 같은 위험을 이기는 길은 믿음밖에 없다.

"믿음에 굳게 서서." 앞에서 말한 바와 같이 우리는 수많은 위험에 둘러싸여 있다. 그중에서도 사탄의 공격과 세상의 미혹이 가장 위험하다. 이것을 극복하기 위해서는 주님을 믿어야 한다. 여기서 말하는 믿음은 특히 그의 보혈을 믿는 믿음이다.

요한1서 5:4-6에 말하기를, "세상을 이기는 승리는 이것이니 우리의 믿음이니라 예수께서 하나님의 아들이심을 믿는 자가 아니면 세상을 이기는 자가 누구냐 이는 물과 피로 임하신 이시니 곧 예수 그리스도시라"라고 하였고, 마태복음 17:20에는 말하기를, "만일 너희에게 믿음이 겨자씨 한 알 만큼만 있어도 이 산을 명하여 여기서 저기로 옮겨지라 하면 옮겨질 것이요 또 너희가 못할 것이 없으리라"라고 하였으니, 믿음의 효과가 얼마나 큰지를 알 수 있다.

"남자답게." 이것은 헬라어로 "안드리제스테"(ἀνδρίζεσθε)인데, "남자다워라."라는 뜻을 가진 명령형 동사다. 여자의 성격은 온유한 반면 남자의 성격은 너그럽고 용감하고 굳세고 쾌활한 편이다. 양편 모두 각자의 장점을 지녔다. 온유함이라는 미덕도 성경에서 많이 장려되고 있다. 하지만 여기서는 남자의 미덕을 장려하였다. 신앙은 너그럽고 용맹스러운 것이다. 옹졸하고 연약하고 겁이 많으면 신앙을 가지기 어렵다. 왜냐하면 신앙은 모험이기 때문이다. 신앙은 믿을 만한 큰 증거가 있으면 담대하게 믿어 버리는 것이다. 신앙은 지나치게 세세한 것들을 캐묻지 않는다. 이것이 남자다운 너그러운 성격이다. 그리고 남자다운 신앙은 하나님을 위하여 너그럽게 희생하기도 한다. 남자다운 신앙은 모든 것을 다 팔아서 주님을 따르는 것이다. 그런 신앙은 생명도 아끼지 않고 하나님께 바친다.

"강건하라"(κραταιοῦσθε). 이 말은 문법적으로 앞의 단어와 별개로 다루어야 한다. "강건"은 여기서 강력함을 의미하는데, 이것은 주님이 주시는 성품이다. 에베소서 6:10에 말하기를, "너희가 주 안에서와 그 힘의 능력으로 강건하여지고"라고 하였다. 사람이 이처럼 영적 능력을 받아야 주님을 믿을 수 있다. 믿음은 지식의 산물이 아니고 영적인 능력의 산물이다.

"모든 일을 사랑으로 행하라." 사랑은 승리의 비결이다. 야고보서 2:13에 말하기를, "긍휼은 심판을 이기고 자랑하느니라"라고 하였다.

15-16 스데바나의 집. 1:16 해석을 참조하라. "아가야의 첫 열매." 이 말은 아가야 최초의 개종자라는 의미다. 예수 그리스도의 복음을 믿는 것은 귀한 일이기 때문에, 맨 처음 믿었다는 사실 역시 귀하게 다루어진다.

성도 섬기기로 작정한 줄을 너희가 아는지라. 이것은 스데바나의 가정이 자원하여 성도 봉사에 투신하였다는 뜻이며, 그들이 집사의 직분을 받았다는 말은 아니다.

17-18 그들이 너희의 부족한 것을 채웠음이라. 그들이 바울에게 와서 고린도 교회의 사정을 알렸다. 그들은 그렇게 고린도 교회 교인들을 대신하여 일해 준 셈이다.

그들이 나와 너희 마음을 시원하게 하였으니. 그들이 이처럼 바울에게 왔다가 고린도로 다시 돌아감으로써 양측 모두 기쁨과 위안을 얻었다. 왜냐하면 그들이 그렇게 함으로써 둘 사이에 막혔던 것이 풀렸기 때문이다.

19 아시아의 교회들이 너희에게 문안하고 아굴라와 브리스가와 그 집에 있는 교회가 주 안에서 너희에게 간절히 문안하고. "아시아"라는 말은 여기 외에도 바울 서신에 세 차례 더 나온다(고후 1:8; 롬 16:5; 딤후 1:15). 이것은 물론 그 당시의 소아시아(Asia Minor)를 가리키는 표현이다. 바울이 이때 소아시아의 에베소에 머물렀기 때문에, 소아시아의 다른 지방 교인들도 그에게 왕래하였을 것이다. 아굴라와 브리스가에 대해서는 사도행전 18:1-18, 26, 로마서 16:3, 디모데후서 4:19을 참조하라. 브리스가는 브리스길라라고도 하는데, 이 두 가지 이름은 서로 통용된다. 브리스가의 이름이 이처럼 남편의 이름과 함께, 혹은 남편의 이름보다 먼저(행 18:18, 26) 기록되는 이유는 그녀의 복음 사역이 남편보다 앞섰기 때문일 것이다. 그들의 집은 여기 에베소에서처럼 로마에서도 교회의 모임 장소로 사용되었다(Robertson and Plummer; 롬 16:3; 골 4:15; 몬 2 참조).

20 너희는 거룩하게 입맞춤으로 서로 문안하라. 이 구절에 대해서는 로마서

16:16, 고린도후서 13:12, 데살로니가전서 5:26을 참조하라. 입맞춤은 친절, 존경, 용서 등의 의미를 가지는데, 고대 근동 지역의 교회에서는 일종의 의식이 되어 남자는 남자끼리 여자는 여자끼리 입맞춤을 하는 전통이 있었다.

21 나 바울은 친필로 너희에게 문안하노니. 바울은 편지를 쓸 때 대필자의 도움을 받았다(골 4:18; 살후 3:17). 하지만 편지를 마무리하는 지점에서는 친필로 몇 마디를 기록했는데, 이것은 그의 사랑의 표현인 동시에 서신의 진정성, 다시 말해 그 편지가 사도의 권위로 보내는 편지임을 보증하는 역할을 했다.

22절. 이 구절에 대해서는 뒤에 나오는 설교를 참조하라.

23절. 고린도 교회에는 결점들도 많았지만, 그리스도의 은혜가 계속 머물러 있는 한 그들은 사유함을 받을 것이며 결국은 바른 길로 돌아설 것이다. 죄인들은 그리스도의 은혜밖에 바라볼 것이 없다. 인생은 모두 다 죄인이다.

24 나의 사랑이 그리스도 예수 안에서 너희 무리와 함께 할지어다. 서신을 이와 같이 마무리하는 일은 바울에게 쉽지 않은 일이었다. 이 말은 그의 애정이 변함없이 고린도 교인들과 함께하기를 소망한다는 말이다. 바울은 이 서신에서 그들의 결점들과 과오들을 지적하였다. 그러나 그가 애정이 없어서 그렇게 한 것이 아니라는 점이 여기에 드러난다. 그는 언제든지 그들과 사랑으로 연결되어 있기를 바란다.

"그리스도 예수 안에서"라는 말은 그의 사랑의 근원이 자기에게 있지 않고 오직 그리스도께 의존한다는 뜻이다. 그런 사랑은 편파적이지도 않고 변함도 없을 것이다(Robertson and Plummer). 그를 계속해서 고린도 교회와 이어 줄 수 있는 사랑은 오직 그리스도로부터 오는 것이기 때문에 그는 이 같은 사랑이 지속되기를 주 안에서 간구할 뿐이다.

사랑의 서신은 이렇게 사랑으로 결말을 맺는다.

설교 주를 사랑하지 않는 자는 저주를 받음(고전 16:21-24)

1. 그리스도는 생명과 사망의 분수령이다

알프스산맥 어떤 봉우리에서 돌을 이쪽으로 던지면 흑해로 들어가고 저쪽으로 던지면 북해로 들어간다고 한다. 누구든지 그리스도를 사랑하지 않으면 하나님의 가장 큰 사랑을 배척하는 죄를 범하는 것이므로 그는 저주를 받는다. 사랑을 배척하는 것보다 큰 죄는 없다. 성현의 글에도 "부모에게 불효한 것처럼 큰 죄가 없다"(罪莫大於不孝)라고 하였으니, 그것 역시 사랑을 배척한 죄를 지적하는 것이다. 부모의 사랑을 저버리는 것도 이토록 큰 죄악인데, 주님의 사랑을 저버리는 것은 얼마나 더 큰 죄이겠는가? 주님은 나를 위하여 십자가에서 못 박혀 죽으셨다.

그러므로 히브리서 2:3에 말하기를 "우리가 이같이 큰 구원을 등한히 여기면 어찌 그 보응을 피하리요"라고 하였다. 여기서 우리가 주목해야 할 표현은 "등한히 여기면"이라는 말이다. 이것은 "배척"한다는 말보다는 약한 표현이다. 이것은 그리스도를 믿기는 하지만 "소홀하게" 믿는 것을 가리킨다. 속죄의 사랑은 너무도 큰 사랑이기 때문에 그것을 소홀하게 여기는 것도 죄가 된다.

그뿐 아니라 주님이 이 세상에 오셔서 우리를 위하여 죽으신 사랑은 하나님의 마지막 사랑이다. 포도원 주인이 포도원을 농부들에게 맡겼는데, 그들이 소출을 바치지 않고 주인이 보낸 종들을 때리기도 하고 죽이기도 하였다. 나중에는 주인이 그의 아들을 보냈다고 성경은 말한다(마 21:33-37). 예수 그리스도는 하나님께서 그의 백성을 사랑하셔서 보내신 마지막 사랑의 증표다. 히브리서 1:2에 말하기를 "이 모든 날 마지막에는 아들을 통하여 우리에게 말씀하셨으니"라고 하였다(벧전 1:20 참조).

2. 주님을 사랑하지 않는 자는 다른 것을 사랑하게 된다. 다른 것은 모두 다 우리를 멸망으로 끌고 간다.

1) 사람이 돈을 사랑하게 되면 그는 다만 거기에 끌려서 결국은 수전노가 되어 망한다. 디모데전서 6:10에 말하기를 "돈을 사랑함이 일만 악의 뿌리가 되나니 이것을 탐내는 자들은 미혹을 받아 믿음에서 떠나 많은 근심으로써 자기를 찔렀도다"라고 하였다.

2) 사람이 세상을 사랑하기 시작하면 거기에 빠지도록 사랑하게 되며, 결국 그렇게 함으로써 믿음을 저버리게 된다. 그것은 데마가 "이 세상을 사랑하여"(딤후 4:10) 사도를 버린 것과 마찬가지의 결과다. 세상을 사랑하는 자는 하나님의 원수가 된다. 야고보서 4:4에 말하기를, "누구든지 세상과 벗이 되고자 하는 자는 스스로 하나님과 원수 되는 것이니라"라고 하였다.

3) 우리가 쾌락을 사랑하게 되면 우리는 살아 있어도 죽은 자와 같다(딤전 5:6). 사람이 쾌락을 사랑하게 되는 날에는 쾌락 사랑하기를 하나님 사랑하는 것보다 더하는 자리에 이르고 만다(딤후 3:4).

4) 사람이 자기 자신을 사랑하게 되는 날에는 네로 황제보다 무서운 폭군을 섬기는 자가 되는 것이다. "자기 자신"이라는 존재는 폭군과 다르지 않다. 자아는 언제나 자기 자신이 첫 번째로 존중받아야 할 대상이라고 생각한다. 그는 자기 제일주의를 표방하여 행동한다. 그는 자기 눈 속에 있는 들보는 깨닫지 못하고 형제의 눈 속에 있는 티만 본다(마 7:3).

결론

영국의 설교가 존 플라벨(John Flavel)은 고린도전서 16:22을 본문으로 설교한 후에 축도하려고 하면서 말하기를, "만일 여기 모인 회중 가운데 주를 사랑하지 않는 자가 한 사람이라도 있다면, 내가 어떻게 축도를 할 수 있겠습니까?"라고 하였다. 그때 그의 설교를 들은 회중 가운데 루크 쇼트(Luke

Short)라는 15세 소년이 있었다. 그는 그 설교를 듣고 미국에 가서 85년 동안 불신자로 살았다. 그러나 그가 100세 되던 해 어느 날 밭에서 일하다가 고린도전서 16:22에 관한 플라벨의 설교가 기억났다. 그는 그 설교 때문에 회개하여 복음을 믿고 16년을 더 살다가 116세에 별세하였다고 한다.

"그리스도의 고난이 우리에게 넘친 것 같이
우리가 받는 위로도 그리스도로 말미암아 넘치는도다."
(고후 1:5)

ἅτι καθὼς περισσεύει τὰ παθήματα τοῦ Χριστοῦ εἰς ἡμᾶς,
οὕτως διὰ τοῦ χριστοῦ περισσεύει καὶ ἡ παράκλησις ἡμῶν.

신약주석
고린도후서

A Commentary on Ⅱ Corinthians

고린도후서 주석

목차

서론

본문주석

설교

특별참고

참고문헌 560

서론

I. 본서의 저자와 저작 시기 및 장소

본서가 바울의 저작이라는 점에 대해 의심하는 자는 없다. 본서 첫머리에 바울의 이름이 뚜렷이 기록되어 있고, 문체가 바울의 것이며 본서에 담겨 있는 사상과 경험도 바울에게 적합한 것이다. 그뿐 아니라 교회 역사에서 본서를 인용하는 초기 교회의 교부들도 본서를 바울의 서신으로 알고 인용하였다. 로마의 클레멘스는 주후 91-101년 사이에 본서 11:29, 8:21, 6:3, 5:11 등을 인용하였고, 폴리카르포스는 주후 169년경에 본서 8:21을 인용하였고, 이레나이우스는 주후 177-202년 사이에 12:2 이하에 기록된 바울의 승천 체험을 해설하였고, 알렉산드리아의 클레멘스는 주후 191-202년 사이에 본서를 20차례 이상 인용하였다.

본서는 고린도전서와 마찬가지로 주후 57년에 저작되었다. 바울은 그해 부활절을 앞둔 시점에 고린도전서를 저작하였고(고전 5:6-8), 오순절 이후에 에베소를 떠났으며(고전 16:8), 그해 9월 이후에 고린도후서를 저작하였다(고후 8:10).

저작 장소에 관해 말하자면, 넓게는 마게도냐 지역인 것이 분명하고(고후 2:13; 7:5; 9:2-4), 구체적으로 어느 도시인지 알 수 없으나 어떤 사본들의 부기에는 "빌립보"라고 되어 있다. 플러머(Plummer)라는 학자는 빌립보를 저작 장소로 여긴다.

Ⅱ. 본서의 통일성 문제

근대에 이르러 본서의 통일성에 대해 이의를 제기하는 학자들이 있었다. 제믈러(Semler)는 본서가 세 개의 개별 서신의 집합체라고 생각하였다. 다시 말해 본서 1장-8장, 로마서 16:1-20, 본서 13:11-13이 하나의 서신이었고, 다음으로는 본서 10:1-13:1이 또 하나의 서신이며, 그다음으로는 본서 9장이 또 다른 별개 서신이었다고 주장한다. 그는 어째서 이처럼 본서의 통일성을 의심한 것일까? 그 이유는 앞에서 구분한 각 부분의 정서가 서로 같지 않기 때문이라고 한다. 그러나 이것은 문학의 성격을 알지 못한 데서 생겨난 오해다. 같은 저자의 글이라 할지라도 다루는 주제에 따라서 저자의 정서가 변할 수 있다는 것은 부인할 수 없는 사실이다.

그런가 하면 다른 학자들은 본서를 양분하여 다루기도 한다. 그들은 1-9장이 하나의 서신을 이루고 10-13장이 또 다른 서신을 이루는 것으로 여겼는데, 이것 역시 앞에서 말한 제믈러가 제시한 기준에 따른 것이기 때문에 받아들여질 수 없는 이론이다. 다시 말해 저작자가 편지를 수신하는 교회의 문제에 따라 낙관적인 문제를 다룰 때는 정서적으로 낙관적인 표현을 사용하였을 것이고, 비관적인 문제들을 다룰 때는 정서적으로 비관적인 표현을 사용하였을 것이다. 따라서 본서의 여러 부분에서 저자의 서로 다른 정서가 포착되었다고 해서 본서의 통일성을 의심하는 것은 옳지 않다.

Ⅲ. 본서의 내용 분해

머리말(1:1-11)

문안(1:1-2)

감사와 소망(1:3-11)

제1부 바울이 최근 고린도 교회와 자신의 관계를 일고함(1:12-7:16)

1. 그가 고린도 교회에 관하여 취하기로 약속하였던 자신의 행동 원리에 대하여 변증하고, 고린도 교회의 범과자에 대한 그의 방침을 말함(1:12-2:17)
2. 사도직의 영광(3:1-6:10)
   (1) 신약의 사역이 구약의 사역보다 우수함(3:1-11)
   (2) 신약의 복음 사역자들의 담대함에 대하여(3:12-4:6)
   (3) 사도의 고난 받음과 지원 받음에 대하여(4:7-5:10)
   (4) 사도의 생활(5:11-6:10)
3. 사도와 고린도 교회 간의 신뢰 회복(6:11-7:16)
   (1) 사도가 고린도 교인들에게 호소함(6:11-7:4)
   (2) 완성된 화해(7:5-16)

제2부 예루살렘에 있는 가난한 성도들을 위한 연보에 대하여(8:1-9:15)

1. 마게도냐 교회의 모범(8:1-7)
2. 그리스도의 모범(8:8-15)

3. 디도와 다른 두 형제에게 연보의 사명을 맡김(8:16-24)

4. 자원하는 마음으로 연보를 준비하라고 함(9:1-5)

5. 넉넉한 마음으로 연보하라고 함(9:6-15)

제3부 바울이 자신의 사도권을 변호함(10:1-13:10)

1. 그의 사도권과 사명의 한계(10:1-18)
   (1) 겁약하다는 비평에 답변함(10:1-6)
   (2) 연약하다는 비평에 답변함(10:7-11)
   (3) 바울의 사도로서의 사명이 갖는 한계에 고린도 교회가 포함됨(10:12-18)
2. 부득이하게 자랑함에 대하여(11:1-12:18)
   (1) 부득이한 자랑, 곧 "어리석음"의 이유(11:1-6)
   (2) 자급 전도의 자랑(11:7-15)
   (3) 그의 봉사와 수고에 대한 자랑(11:16-33)
   (4) 삼층천 체험에 대한 바울의 진술과 그의 육체의 가시에 대한 자랑(12:1-10)
   (5) 바울을 사도로 신임할 만한 증표들, 곧 비범한 이적들과 특별한 사랑(12:11-18)
3. 머지않은 그의 고린도 교회 심방을 앞두고 다짐하는 경고(12:19-13:10)

결론: 권면, 문안, 축도(13:11-13)

제 1 장

개요

1-2절. 바울은 그의 사도 된 것이 하나님의 뜻으로 되었다고 먼저 확언한다. 이 말씀은 거짓 스승들을 용납한 고린도 교인들로 하여금 바울의 사도적 권위를 인식케 한다. 그리고 그는 이 편지를 받을 자들이 누구인지 명시한다. 크로샤이데(Grosheide)는 말하기를, "바울은 여기서 헬라식 서신 문체로, 발신자와 수신자가 누구인지 말하는 것으로 이 서신을 시작한다"고 하였다.[1]

3-6절. 바울은 이 부분에서 그의 환난 중에 건짐받은 일에 대하여 감사한다. 그가 감사하는 대상은 ① 그리스도의 아버지이신 하나님이라고 하였으니, 이것은 신약의 신관으로 명백해진 계약신관이다. 곧 그리스도께서 우리의 중보자가 되셨기 때문에 그의 아버지 하나님이 우리의 아버지 하나님이 되시는 사실을 지적한다. ② 자비의 하나님이라고 하였다. 하나님은 모든 자비의 근원이시다. 그에게서 보혜사(παράκλητος=Comforter=위로자)가 나오

1) Tweede Brief aan Korinthe, 37. "Ook dezen brief begint Paulus op de gewone Grieksche wijze, door schrijver en lezers te vermelden."

셨고(요 15:26), 또 그 밖의 많은 위로가 온다.

바울이 받은 환난을 여기서 "그리스도의 환난"이라고 했으니, 그것은 요 16:33과 관련된 표현이다. 그가(바울) 환난을 당하였으나 그것도 그리스도께서 이미 십자가 위에서 이겨 주신 것이므로, 그는 그 환난을 당한 결과로 위로를 많이 받았다. 이것은 바울의 체험담이다. 매튜 헨리(Matthew Henry)는 말하기를 "우리가 체험에 의하여 하나님에 대한 말을 할 때에는 그에 대하여, 또는 그의 선하심에 대하여 가장 힘 있게 말하게 된다"고 하였다.[2] 교역자들이 환난에서 건짐받는 위로는 자신들을 기쁘게 하는 것으로 끝나지 않고 그것이 다른 사람을 유익하게 한다.

7-11절. 바울은 여기서 그가 당하였던 환난이 얼마나 컸던 것인지 말하고, ① 그런 환난에서 건져 주신 하나님만 믿어야 할 것을 가르친다. ② 그뿐 아니라 그는 인간들이 아무것도 할 수 없는 때가 바로 그들이 하나님을 만날 수 있는 좋은 때임을 암시한다. 다시 말하면 인간이 달리 어찌할 방도가 없을 때는 하나님께서 일하실 기회이다(Our extremity is God's opportunity). ③ 그리고 이런 과거 환난에서의 구원 체험은 그로 하여금 미래의 환난에까지 구원을 내다보게 하였다. 우리가 미래의 환난에서도 구원받을 것을 믿지 않는다면, 이는 과거의 구원 체험을 무시하며 멸시하는 것이다. ④ 바울은 앞으로 환난에서 구원받을 것을 내다보면서 고린도 교인들에게 기도로 도와 달라고 청한다. 바울은 하나님께서 우리를 구원하여 주시기로 약속하셨지만, 우리의 기도를 반드시 요구하신다는 것을 알았다. ⑤ 이렇게 구원받는 목적은 하나님께 감사하기 위함이다(11절). 진정한 종교는 하나님의 영광을 최고의 목표로 구한다. Soli Deo Gloria.

---

2) Matthew Henry's Commentaries in One Volume, 626. "Then we speak of God and His goodness when we speak from our own experience."

12-14절. 이 부분에서 바울은 자기 행동의 진실성을 증거한다. 그는 무엇보다도 자기의 행동 원리가 세상 지혜가 아니고 "하나님의 은혜"인 사실을 지적한다(12절). 그는 여기서 하나님의 은혜에 의한 그의 행동 원리가 고린도 교회가 자랑하던 육체적 지혜와 대립된 것을 암시한다. 바울은 하나님의 은혜를 이론으로만 말하고 행동은 다른 원리에서 빚어내는 이가 아니었다. 벤드란드(H.D. Wendland)가 잘 지적한 것과 같이 기독교가 가르치는 "성결은 어떤 이상도 아니고 무상 명령도 아니다. 그것은 은혜의 능력이다."[3] 바울의 행동 원리가 은혜의 능력인 만큼 그것은 "하나님의 거룩함과 진실함으로" 되어 나갔을 것이 명백하다. 그는 이 사실이, ① 양심의 증거를 받고 있다고 한다. 이것은 바울이 자주 사용하는 최종 논거 중 하나이다(고후 4:2). 모든 신앙인은 다 이와 같이 양심(하나님 말씀에 근거하여 작용하는 양심을 이름)에 입각하여 모든 세상 사람의 오해를 문제시하지 않고 자기들이 갈 길을 갔다. 그뿐 아니라, ② 바울은 이런 은혜로 "자랑"한다고까지 하였다(1:12). 고린도 교인들은 한때 육체적 지혜를 자랑하였으나(고전 1장) 그는 오직 하나님의 은혜를 자랑한다는 의미에서 자기의 "자랑"하는 바를 말한다(고전 1:31; 고후 10:17). 크로샤이데(Grosheide)는 이 사실을 바르게 지적하였다.[4] 그러므로 바울의 이 자랑은 교만한 자랑이 아니고 도리어 겸손한 의식이다. 하나님의 은혜에 대한 강한 인식은 확실한 겸손이다. 그 의식은 자기 자신이 죄인인 사실을 깊이 느끼면서 그가 받은 은혜를 자랑거리로 가지는, 두렵고 부끄러운 의식이다. ③ 그는 이와 같은 하나님의 은혜로 말미암는 행동 원리를 그의 서신에도 그대로 나타내었다고 자백한다(1:13). 그가 여정을 변경한다고

---

3) Die Briefe an die Korinther, 146. "Heiligung ist nicht ein Ideal oder ein kategorischer Imperativ, sondern Kraft der Gnade."

4) Tweede Brief aan Korinthe, 53. "Te Korinthe roemde men. Vooral in 1 Kor, komt dat uit, maar in 1 Kor. zoowel als in 2 Kor, moet Paulus er aan herinnerren, dat eens Jeremia gezegd had, die roemt, moet roemen in den Heere, 1 Kor. 1:31; 2 Kor. 10:17."

한 통지는 결코 이 세상의 지혜에 의한 것이 아니었다. 비평하는 사람들이 이 여정 변경 통지를 기회로 하여 바울이 경솔하다고 비평하였으나 바울은 고린도 교인들이 그에 대하여 언제든지 변심하지 말기를 바랐다. 또한 그는 심판날까지 이와 같은 불변의 관계가 그와 고린도 교회 사이에 존속하기를 바랐다. 이와 같이 그는 은혜의 능력에 근거하여 취하여진 그의 행동(여정을 변경한 행동)의 진실성에 대하여 부동의 확신을 가지고 있다. 그는 그의 이 행동이 마지막 날의 심판 앞에서도 옳다고 인정될 것을 확신했다.

15-24절. 이 부분에 있어서, 1) 바울은 자기가 고린도 교회 방문에 관하여 여정을 변경한 것이 경솔한 데서 난 것이 아님을 확언한다(15-17절). 이어서 2) 그는 그가 전하는 복음의 진실성도 변증한다. 고린도 교인들이 일시 동안이라도 전도자인 바울의 신실함을 의심할 경우에는 그가 전하는 복음도 의심할 우려가 있었다(혹설에 여기 나오는 바울의 복음 변증 역시 계속하여 자기의 진실성을 변호하기 위한 것이라고 한다. 이것은 일리가 있는 말이다. 다음의 해석을 참조하라). 그는 복음의 신실성에 대하여 몇 가지 논증을 말하였으니 ① 복음을 성립시키기 위하여 약속을 주신 하나님이 진실하시다는 것이다(18절). ② 하나님의 약속을 이루어 복음이 실현되도록 하신 그리스도께서 진실하시다는 것이다(19-20절). ③ 이 복음대로 성령으로 말미암아 우리의 마음에 영생의 실제적 소유가 확보되었다는 것이며, 또한 이 확보를 주신 이가 하나님이시라는 것이다. 이 확보가 하나님과 관계없는 일이었다면, 구원의 설계자와 관계없는 엉뚱한 일이 되고 말 것이다. 그러므로 이 확보를 하신 이가 하나님이라는 말씀은 중요하다(21-22절). 3) 그는 그의 방문이 연기된 것과 그의 여정이 변경된 것이 고린도 교회의 유익을 위한 것이라고 밝힌다(23-24절). 그리고 그는 그들에게 엄한 태도로 임하기를 피하려고 한다. 그 이유는, 그는 그들의 신앙을 주장하지 않고 다만 은혜를 끼쳐서 그들의 기쁨을 도와주려고 한 까닭이다. 신앙의 주장자는 오직 예수 그리스도뿐이다. 우리가 교

회 일을 할 때에 독단적인 경향을 띠면 신앙의 주장자와 같은 태도를 취하는 과오를 범하기 쉽다.

⚜ 해석

머리말(1:1-11)

문안(1:1-2)

1 **하나님의 뜻으로 말미암아 그리스도 예수의 사도 된 바울과 형제 디모데는 고린도에 있는 하나님의 교회와 또 온 아가야에 있는 모든 성도에게.** "하나님의 뜻으로 말미암아" 기록된 사도의 서신은 권위 있는 글이다. 그것은 하나님의 말씀이다(고전 14:37). 바울은 이 같은 권위 인식을 가지고 본서를 집필하여 고린도 교회를 권면한다. "사도"라는 말은 헬라어로 "아포스톨로스"(ἀπόστολος)인데 '보냄을 받은 자'라는 뜻이다. 말하자면 하나님이 보내신 사신이라는 것이다.

"형제 디모데." 디모데는 바울이 주님께로 인도한 자인데 바울은 그를 가리켜 아들이라고도 했다(딤전 1:2; 딤후 1:2). 그러나 여기서는 그를 동역자로 인정하는 의미에서 "형제"라고 부른다.

"하나님의 교회." 단순히 교회라고 하지 않고 "하나님의" 교회라고 말한 것은 그 당시 고린도 교회에 거짓 스승들의 공격이 있었음에도 교회는 하나님의 소유이기 때문에 염려할 것이 없다는 것을 암시적으로 보여 준 듯하다. 하지만 더 나아가 이런 칭호는 고린도 교회 성도들이 교회의 신성한 지위를 자각할 수 있게 해 주는 것이었다.

"성도"는 하나님께 바쳐진 자라는 뜻을 가지는 한편 그의 생활도 거룩한 자임을 나타낸다.

2 하나님 우리 아버지와 주 예수 그리스도로부터 은혜와 평강이 있기를 원하노라. 우리를 구원하시는 일에서 "그리스도"와 하나님 아버지는 동등한 근원이시다. 그러므로 "~로부터"라는 말은 양자에게 공통으로 관련된다(Lenski).

"은혜"는 기독교가 전하는 구원의 근원이고 "평강"은 그 열매다. "은혜"는 변하지 않으나 사람이 그 "평강"에 대해 갖는 느낌은 변하는 경우가 있다.

감사와 소망(1:3-11): 환난에서 하나님이 구원해 주심에 대하여 감사함

3 찬송하리로다 그는 우리 주 예수 그리스도의 하나님이시요 자비의 아버지시요 모든 위로의 하나님이시며. 이것은 그릇된 번역이며, 정확히는 "찬송하리로다 그는 우리 주 예수 그리스도의 하나님이시며 아버지이시고, 자비의 아버지시요, 모든 위로의 하나님이시며"라고 해야 한다. 하나님을 "예수 그리스도의 하나님이시오 자비의 아버지"라고 한 것은 존재론적으로 그렇다는 것을 가리킨다. 하나님이 우리의 하나님이시며 우리의 아버지 되신 일은 우리가 그리스도로 말미암은 속죄의 은총을 받은 때부터 시작된다(요 20:17).

하나님은 그리스도의 하나님이시고 또 그리스도의 아버지이시기 때문에 그리스도를 믿는 우리에게 모든 복을 주신다. 왜냐하면 그리스도는 우리의 중보자이시기 때문이다.

"자비의 아버지시요 모든 위로의 하나님." 하나님께서 율법대로 우리를 다루신다면 우리는 죄인이기 때문에 소망이 없다. 그러나 그는 자비 베풀기를 기뻐하시며 우리를 불쌍히 여기시는 아버지시다. 그러므로 죄인 된 우리에게도 그의 위로가 임한다.

4 우리의 모든 환난 중에서 우리를 위로하사 우리로 하여금 하나님께 받는 위로로써 모

든 환난 중에 있는 자들을 능히 위로하게 하시는 이시로다. 바울과 디모데는 환난 중에 하나님의 위로를 받았다. 그들은 하나님의 사자들이기 때문에 그들에게 이루어진 일은 결국 그들이 목양하는 양떼에게 미친다. 실상은 그렇게 되도록 하기 위하여 그들에게 그런 위로가 찾아왔던 것이다.

그뿐 아니라, 환난 중에 하나님의 위로를 받은 체험이 없는 자들은 사실상 난관에 빠진 자들을 위로할 만한 자질을 갖추지 못한 것이다.

5 그리스도의 고난이 우리에게 넘친 것 같이 우리가 받는 위로도 그리스도로 말미암아 넘치는도다. "그리스도의 고난"이라는 것은 신자가 그리스도를 위하여 받는 고통을 가리킨다고 해석하는 이들도 있다. 그러나 이것은 사람이 그리스도와 연합하여 그리스도와 같이 되려고 애쓰는 과정에서 당하는 고난을 가리킨다(Hodge; 마 20:23; 골 3:10; 벧전 4:14; 롬 8:17; 골 1:24; 갈 6:17 참조). 사도의 경험은 모두 다 교회의 유익을 위한 것이다. 고통도 그러하고 위로도 그러하다. 사도와 교회의 교통은 고통과 위로의 교통이었다.[5] 오늘날 교역자와 교회의 관계도 그러해야 한다.

사도에게 고난이 넘칠 때 위로도 넘친다는 말씀은 세상 사람들이 말하는 "고진감래"(苦盡甘來)라는 사상과 완전히 같은 것은 아니다. 후자는 하나님의 일반적인 섭리에 따른 법칙이고 전자는 "그리스도로 말미암아" 이루어지는 구원 사역에 따른 것이다. 그리스도로 말미암는 위로는 반드시 고난 끝에만 찾아오는 것이 아니며 고난받는 중에도 동반되는 것이다. 이 같은 일은 성령으로만 실현된다.

6 우리가 환난 당하는 것도 너희가 위로와 구원을 받게 하려는 것이요 우리가 위로를 받는 것도 너희가 위로를 받게 하려는 것이니 이 위로가 너희 속에 역사하여 우리가 받는 것 같

---

5) H. D. Wendland, "Die Gemeinschaft zwischen ihm und der Gemeinde ist eine Leidens=und eine Trostgemeinschaft zugleich."

은 고난을 너희도 견디게 하느니라. 상반절에서 사도가 받는 환난이 그가 목양하는 양떼의 위로와 구원을 돕는다고 말한 뜻은, 고난 자체가 그런 효력을 보유하고 있다는 것이 아니다. 이 같은 효력을 발휘하는 환난은 오직 그리스도를 위하여 그리스도인의 방법으로 받는 환난에 국한된 것이다(롬 8:17 참조).

이 구절에서는 사도가 받는 고난뿐 아니라 그가 받는 위로도 양떼에 유익을 준다고 말한다. 사도는 이렇게든 저렇게든 오직 양떼의 유익만을 위한다. 그렇다면 사역자의 일거수일투족이 얼마나 중요하겠는가?

고린도 교인들은 사도들이 고난받고 위로받는 삶을 통하여 자신들도 그리스도의 고난으로 말미암은 힘을 얻게 되는 것이다.

7 너희를 위한 우리의 소망이 견고함은 너희가 고난에 참여하는 자가 된 것 같이 위로에도 그러할 줄을 앎이라. 그리스도의 고난에 참여하는 것은 그리스도의 영광에도 참여할 것이라는 증표다. 어떤 학자들은 고린도 교인들이 그리스도의 고난에 참여한다는 말씀을 잘못 해석하여, 바울이 여기서 헬라의 이교 사상(예컨대 아티스와 오시리스의 신비사상)을 취하여 말한다고 주장한다. 다시 말해 헬라의 신비종교에서는 고난받는 교도가 바로 고난받는 신과 동일체라고 가르치는데, 여기 표현된 바울의 사상이 그와 같은 것이라고 말하는 것이다. 그러나 바울이 여기서 그가 그토록 미워하는 이방 종교의 추악하고 저급한 사상을 빌려왔을 리 만무하다. 그뿐 아니라 바울은 고난받는 그리스도인을 헬라의 이교 사상에서처럼 그리스도 자신과 동일체로 보지 않고, 다만 신자들도 그리스도가 받은 고난과 유사한 고난을 받는다고 말하는 것뿐이다. 벤틀란트(Wendland)도 이 점을 지적한다.[6)]

8 형제들아 우리가 아시아에서 당한 환난을 너희가 모르기를 원하지 아니하노니 힘에

---

6) Wenn vou der Passionsmystik des Paulus gesprochen hat, so liegt darin zwar die richtige Erkenntnis, dass der Apostel in einer geheimnisvoll=realen Weise teilbat am Leiden Christi, aber es findet keine Identification des Leidenden mit Christus statt. Die Briefe an die Korinther, 144.

겹도록 심한 고난을 당하여 살 소망까지 끊어지고. 바울은 여기서 고난 중에 위로와 구원을 받은 실례를 들면서, 3-7절 말씀에 대한 실질적인 증거를 제시한다. 여기서 "아시아"는 소아시아를 가리킨다. 거기서 "당한 환난"이 무엇을 가리키는지는 자세히 알기 어렵다. 아마도 어떤 박해를 받은 사건을 염두에 두었을 것이다.

9 우리는 우리 자신이 사형 선고를 받은 줄 알았으니 이는 우리로 자기를 의지하지 말고 오직 죽은 자를 다시 살리시는 하나님만 의지하게 하심이라. "사형 선고를 받은 줄 알았으니"라는 말씀은 문자적으로 "죽음의 대답을 가지고 있었다."라는 뜻이다. 다시 말해 그가 환난 중에 생각하기를 "나는 이제 죽었구나!" 하는 결론을 스스로에게 내렸다는 뜻이다. 그가 이런 역경에 스스로 처하는 목적은 자기 자신을 믿지 말고 하나님만 믿게 하려는 것이다. "의지"한다는 말은 헬라어로 "페포이토테스 오멘"(πεποιθότες ὦμεν)인데, 이는 계속하여 의지하고 있는 상태를 의미한다.[7] 인간이 자기 자신을 믿는 것은 가장 큰 죄인 동시에 큰 불행이다. 사람이 죽을 뻔한 어려움을 당해서라도 자기 자신을 믿는 마음을 파괴할 수 있다면 그 같은 어려움은 당해 볼 만하다. 그가 그렇게 되어서라도 하나님만 믿을 수 있게 된다면 이는 복된 일이다.

"죽은 자를 다시 살리시는 하나님만 의지하게 하심이라." 여기서 말씀한 대로 죽은 자를 다시 살리시는 하나님이라 함은, 죽은 자도 다시 살리시는 전능하신 하나님이라는 뜻이다. 그러므로 죄인들에게도 소망이 있다. 하나님은 죽을 수밖에 없는 죄인도 회개하기만 하면 살려 주신다. 그는 완전히 죽은 자라도 다시 살리실 능력을 지니셨기 때문에 우리 죄인들은 그만 의지해야 한다. 하나님만 믿는 것이 참된 믿음이다. 여기서 "하나님만"이라는 말씀에서 "만"이라는 글자가 중요하다. 하나님만 믿지 않고 다른 것도 겸하여 믿

---

7) Grosheide, pepoiqo,tej w=men drukt dan ook den blijv-enden toestand uit.

는 것은 신앙이 아니다. 우리는 하나님을 믿는 일이 우리가 생명을 위해 시행 할 수 있는 유일한 일인 줄 알아야 한다. 우리는 그것밖에 할 일이 없다. 왜냐하면 우리는 오직 믿음으로만 참으로 살 수 있기 때문이며(롬 1:17), 믿음이 곧 하나님의 일이기 때문이고(요 6:29), 믿음이 없으면 하나님을 기쁘시게 하지 못하기 때문이며(히 11:6), 모든 복된 일은 주님을 믿는 대로 되기 때문이고(마 8:13), 주님을 믿음으로써만 영혼이 구원을 받기 때문이며(벧전 1:9), 믿음이 의가 되기 때문이고(롬 1:17; 3:22), 믿음으로만 하나님과 화목하게 되기 때문이다(롬 3:25; 4:5; 5:1).

10 그가 이같이 큰 사망에서 우리를 건지셨고 또 건지실 것이며 이 후에도 건지시기를 그에게 바라노라. 이 말씀의 뜻은 주님께서 과거에 건져 주셨으니 현재에도 건지시고 미래에도 건지실 것이라는 뜻이다. 과거에 우리를 구원해 주신 것이 확실하다는 사실을 깨달은 자는 현재와 미래에 대하여 비관하지 않는다. 왜냐하면 과거에 살아 계신 하나님이 현재와 미래에도 살아 계시기 때문이다. 히브리서 13:8에 말하기를 "예수 그리스도는 어제나 오늘이나 영원토록 동일하시니라"라고 하였다. 하나님께서 과거에 우리를 구원하셨다는 사실은 현재와 미래에 우리를 구원하실 일에 대한 보증이 된다. 왜냐하면 그의 인자하심이 영원하기 때문이며(시 136:1-26), 그가 착한 일을 이미 시작하셨으니 그리스도 예수의 날까지 그 일을 이루실 것이기 때문이다(빌 1:6). 바울은 말하기를, "내가 또 이 고난을 받되 부끄러워하지 아니함은 내가 믿는 자를 내가 알고 또한 내가 의탁한 것을 그 날까지 그가 능히 지키실 줄을 확신함이라"라고 하였다(딤후 1:12). 큰 환난을 체험한 자마다 하나님이 살아 계신 줄 알고 현재와 미래의 문제를 투명하게 바라볼 수 있는 은혜를 받았다. 찰스 스펄전(Charles Spurgeon) 목사가 한 교회를 방문하여 설교를 마치고 교인들과 함께 그 예배당에서 나오자마자 예배당이 무너졌다. 그때 교인들이 말하기를, 설교에서도 은혜를 받았지만 예배당이 무너진 사건으로 인하여 은혜

를 더욱 많이 받았다고 하였다. 그 말의 뜻은, 하나님께서 교인들이 다치지 않게 예배당이 무너지는 일에 간섭하셨기 때문에 그 사건이 은혜가 되었다는 것이다. 과연 그렇다. 구원의 체험은 그것을 체험한 자들로 하여금 하나님이 살아 계신 것을 알게 하여 현재와 미래의 어려운 문제들을 문제시하지 않게 만들어 준다. 칼빈의 계승자인 테오도르 베자(Theodor Beza)는 프랑스에서 600번이나 죽을 뻔한 체험을 하였다고 한다. 그는 특별히 질병으로 죽을 뻔했으나 하나님의 은혜로 회복되어 결국 헌신적인 하나님의 종이 되었다고 한다. 큰 확신은 구원에 대한 체험에서 생긴다.

우리는 구원 체험이 없는가? 우리 역시 아슬아슬한 과거의 환난에서 건져진 경험이 있다. 우리는 결코 다시 그러한 형편에 처할 마음이 없을 것이다. 우리는 우리 자신도 모르는 가운데 죽을 뻔한 위험에 처한 일이 있었을 것이다. 우리는 그런 순간에 하나님이 우리를 구원하여 주신 일을 잊어서는 안 된다.

11 **너희도 우리를 위하여 간구함으로 도우라 이는 우리가 많은 사람의 기도로 얻은 은사로 말미암아 많은 사람이 우리를 위하여 감사하게 하려 함이라.** 앞절 하반절에서 말한 것처럼, 바울이 미래의 환난에서 안전하게 구원받을 것이라는 보장은 그가 과거의 경험을 통해서만 느끼는 것이 아니고 신자들이 그를 위해 기도해 줄 것이라는 사실을 바라보면서 느끼는 것이기도 하다.

"너희도 우리를 위하여 간구함으로 도우라." 바울은 하나님의 특별한 종인 사도이면서도 일반 신자들에게 기도하여 주기를 요청한다. 이 말씀은 우리가 남들을 위하여 기도하는 일이 중요하다는 사실을 보여 준다. 기도하는 일에 사욕은 금물이다. 기독교는 무슨 일에 있어서든지 남에게 주는 자가 복이 있다는 진리를 가르치며 그러한 진리를 지니고 있다(행 20:35). 야고보 사도는 "구하여도 받지 못함은 정욕으로 쓰려고 잘못 구하기 때문이라"라고 말하였다(약 4:3).

나 자신을 위하여 기도해야 한다. 그러나 그만큼 다른 사람을 위하여 기도를 드리지 않는다면 우리 기도는 사욕에 끌린 기도가 되기 쉽다. 특별히 교역자를 위하여 기도하는 자는 자기 자신에게 유익을 가져온다. 교역자는 교인을 위하여 세워진 자이므로 그가 은혜 받을 때 교인들도 은혜를 받게 된다. 바울은 자기를 위하여 기도해 달라고 여러 번 부탁하였다(롬 15:30-32; 엡 6:18-19). 우리는 남을 위하여 기도하지 못하는 죄를 많이 범한다. 사무엘은 말하기를, "나는 너희를 위하여 기도하기를 쉬는 죄를 여호와 앞에 결단코 범하지 아니하고"(삼상 12:23)라고 하였다. 기도를 쉬지 않는 일이 귀하다. 성경에서도 "쉬지 말고 기도하라"라고 말씀하였다. 몽골에서 선교하던 제임스 길모어(James Gilmore)는 글을 쓰는 중에 잉크가 종이에 떨어지면 그것이 마를 동안 기도하였다고 한다. 그는 흡수지를 사용하지 않았다고 한다.

우리는 특별히 남을 위하여 쉬지 않고 기도해야 한다. 스펄전 목사는 자신을 통해 나타난 많은 능력의 유래를 설명할 때 300여 명이 모여서 항상 그를 위하여 기도하는 방을 보여 주었다고 한다.

바울은 그를 위하여 기도하는 자의 수가 많기를 원하였다. 본문에서 "도우라"라고 번역된 헬라어(συνυπουργούντων)는 실상 "함께 도우라"라고 번역되어야 한다. 합심 기도는 힘이 있다. 예수님께서도 말씀하시기를, "너희 중의 두 사람이 땅에서 합심하여 무엇이든지 구하면 하늘에 계신 내 아버지께서 그들을 위하여 이루게 하시리라 두세 사람이 내 이름으로 모인 곳에는 나도 그들 중에 있느니라"라고 하셨다(마 18:19-20). 주님께서 여기서 "두세 사람"을 실례로 드신 목적은 "합심"이라는 것이 최소한으로도 귀하다는 것을 강조하시기 위함이었다. 두세 사람의 합심이 귀하다면 많은 사람의 합심은 얼마나 더 귀하겠는가? 그러므로 바울도 여기서 "많은 사람의 기도", "많은 사람이··· 감사"라는 표현을 사용하여 기도하는 일을 묘사하였다. 여기서 "많은 사람이··· 감사"라는 말에서 "많은 사람"이란 실상 "많은 얼굴들”(πολλῶν προσώπων)을 의미한다. “얼굴들”이라고 말한 것은 기도하면서 하나님을 향하고 있는 얼굴들을 가리키기 위함이었다. 이처럼 이 두 구절에서 바울은 많은 사람이 모여서 끊임없이 기도하고 있는 모습을 생생하게 보여 준다.

바울은 교인들에게 자기를 위하여 기도해 달라고 여러 번 말하였다. 데살로니가후서 3:1에는 “형제들아 너희는 우리를 위하여 기도하기를”이라고 하였고, 히브리서 13:18에도 “우리를 위하여 기도하라”라고 하였다.

남을 위하여 기도하는 일이 우리에게 주어진 책임이라는 사실을 우리가 깨달을 때 이런 기도가 실행되고 또한 그 같은 일이 신성하게 여겨진다.

하나님께서는 특별히 많은 사람이 연합하여 드리는 기도를 들으신다. 출애굽기 2:23에는 “이스라엘 자손은 고된 노동으로 말미암아 탄식하며 부르짖으니 그 고된 노동으로 말미암아 부르짖는 소리가 하나님께 상달된지라”라고 하였고, 사사기 3:9에는 “이스라엘 자손이 여호와께 부르짖으매 여호와께서 이스라엘 자손을 위하여 한 구원자를 세워 그들을 구원하게 하시니”라고 하였다(삿 3:15; 6:6-7, 10 참조).

이사야 26:16에는 “여호와여 그들이 환난 중에 주를 앙모하였사오며 주의 징벌이 그들에게 임할 때에 그들이 간절히 주께 기도하였나이다”라고 하였다.

특히 신약 시대에는 교회에 모이는 목적이 주로 기도하기 위함이었다. 사도행전 1:14을 보면, 사도들이 “여자들과 예수의 어머니 마리아와 예수의 아우들과 더불어 마음을 같이하여 오로지 기도에 힘쓰더라”라고 하였고, 사도행전 12:12을 보면, 베드로가 옥에 갇혔을 때 “여러 사람이 거기에 모여 기도하고 있더라”라고 하였다.

많은 사람이 합심하여 기도했다는 증언은 사도행전 4:24에도 있다. 거기서 말하기를 “그들이 듣고 한마음으로 하나님께 소리를 높여 이르되”라고 하였다. 바울은 여기서 기도가 응답받는 것은 말할 필요도 없이 확실함을 가르친다. "기도로 얻은 은사"라는 말씀이 그런 사실을 보여 준다.

일반적으로 기도는 외부적 사건으로 응답된다. 우리는 기도의 결과로 현실의 상태에 변화를 받아서 감사하게 된다. 일례로 아프리카 선교사 댄 크로포드(Dan Crawford)가 어느 날 다른 선교사들과 함께 길을 가다가 흙탕물이 범람하여 개울을 건널 수 없었다. 그때 그들이 모여서 기도하였더니 갑자기 냇가에 있던 큰 나무가 흙탕물에 흔들려 넘어져서 개울을 건널 수 있는 다리가 되었다. 그 일로 그들은 크게 감사하였다.

바울은 본문에서 우리가 기도 응답으로 인해 감사해야 할 것을 가르친다.

인생은 하나님께 감사하는 것을 목표로 삼는다. 감사는 하나님의 은혜를 알고 그에게 영광을 돌리는 것이다.

하나님께 감사할 줄 모르는 사람은 짐승과 같다. 그렇다면 어떻게 해야 사람에게 감사할 마음이 일어날까? 그것은 기도의 결과로만 일어난다. 기도를 많이 하는 사람은 하나님께 감사하게 된다. 왜냐하면 기도는 사람의 마음을 변화시키는 힘이 있기 때문이다. 기도는 기도하는 자의 마음을 선하게 변화시킴으로써 범사에 감사할 수 있게 만들어 준다. 한 교회의 목사는 비가 오는 주일에 교인이 두 사람밖에 오지 않았음에도 감사하였다. 그가 감사한 제목은 언제나 그렇게 적은 수가 모이는 것은 아니니 감사하다는 것이었다.

주석가 매튜 헨리(Matthew Henry)가 소매치기에게 돈지갑을 도둑맞은 일이 있었다. 그러나 그는 감사하면서 다음과 같이 말하였다. "첫째는 내가 이번에 도둑을 맞았으나 전에는 도둑맞은 일이 없으니 감사하고, 둘째는 도둑이 내 생명은 빼앗지 않았으니 감사하고, 셋째는 지갑을 도둑맞았으나 내 재산이 도둑맞은 것은 아니니 감사하고, 넷째는 내가 도둑맞았을 뿐이고 내가 남의 것을 도둑질한 것은 아니니 감사하다."[8]

제1부. 바울이 최근 고린도 교회와 자신의 관계를 생각함(1:12-7:16)

1. 그가 고린도 교회에 관하여 취하기로 약속하였던 자신의 행동 원리에 대하여 변증하고, 고린도 교회의 범과자에 대한 그의 방침을 말함(1:12-2:17)

12-14절. 이 단락에서는 고린도 교인들에 대한 바울의 행동이 신실하였다는 점에 대하여 말씀한다. 이 단락과 앞 단락의 관계는 다음과 같다. 바울이 고린도 교인들에게 자기를 위하여 기도해 달라고(11절) 요청할 수 있었다. 그 이유는 바울이야말로 그들이 신임할 수 있는 사역자이기 때문이라는 것이다. 이러한 관계 때문에 헬라어 원문에서는 이 단락(12-14절) 첫머리에 "왜냐하면"(γάρ)이라는 이유 접속사가 있는 것이다.

12 우리가 세상에서 특별히 너희에 대하여 하나님의 거룩함과 진실함으로 행하되 육체의 지혜로 하지 아니하고 하나님의 은혜로 행함은 우리 양심이 증언하는 바니 이것이 우리의 자랑이라. 바울이 고린도 교회를 방문하려 했던 여행 계획은 처음에는 고린도에 들렀다가 마게도냐를 거쳐서 다시 고린도로 돌아오려던 것이었다(15-16절). 그러나 후에 이 방침을 변경하였으므로 어떤 자들은 그가 진실하지 못하다고 비평하였다. 그러므로 그는 여기서 자기의 행동 원칙이 진실하다는 점을 변호한다.

그는 하나님의 거룩함과 진실함으로 행하였다고 하였는데, 이 말은 하나님이 주신 성결과 진실의 덕으로 행하였음을 의미한다. 거룩함은 하나님 앞

---

8) Knight's Master Book of New Illustrations.

에 합당하게 행하는 것이고, 진실함은 투명하여 섞임이 없이 행하는 것이다. 이 둘은 하나님이 주신 것이다. "육체의 지혜(인간적 지혜)로 하지 아니하고 하나님의 은혜로 행"하였다는 말씀도 이 두 가지 덕이 하나님에게서 유래했음을 가리킨다. 바울은 이런 덕행으로 인하여 감사한다는 의미에서 "우리의 자랑이라"라고까지 말씀하였다.

13 오직 너희가 읽고 아는 것 외에 우리가 다른 것을 쓰지 아니하노니 너희가 완전히 알기를 내가 바라는 것은. 바울의 삶은 그의 서신이 보여 주는 것과 다름이 없다. 그에게는 이중생활이 없다. 그러므로 그를 비평하는 자들의 말은 전혀 근거 없는 것이다. 그러므로 그가 바라기는 그가 고린도 교회 신자들이 신임할 만한 선생이라는 점을 그들이 끝까지 알아 달라는 것이다. 다음 구절 해석을 참조하라.

14 너희가 우리를 부분적으로 알았으나 우리 주 예수의 날에는 너희가 우리의 자랑이 되고 우리가 너희의 자랑이 되는 그것이라. "부분적으로"라는 말은 고린도 교인 중의 일부라는 뜻이다. 그들 중의 어떤 자들은 불행히도 바울을 좋아하지 않았으나, 일부는 그를 자신들의 자랑거리로 바르게 이해하였다는 것이다. 그렇다면 그 양측은 서로 신임할 만하고 서로 위하여 기도할 만하였다(11절 참조).

15-16 내가 이 확신을 가지고 너희로 두 번 은혜를 얻게 하기 위하여 먼저 너희에게 이르렀다가 너희를 지나 마게도냐로 갔다가 다시 마게도냐에서 너희에게 가서 너희의 도움으로 유대로 가기를 계획하였으니. 이 말씀은 바울이 고린도에 방문할 본래의 여행 계획을 설명한다. 바울은 이 여정의 계획대로 그곳에 두 번 들러서 은혜를 끼치려고 하였다. 후에 그가 여정을 다시 작성한 기사는 고린도전서 16:5-6에 기록되어 있는데, 그에 따르면 그가 한 번만 고린도에 머물게 된다. 그렇다면 본래의 여행 계획은 언제 고린도 교회에 알린 것일까? 그것을 알린 서신은 고린도전서를 쓰기 전에 이미 보냈거나 후세에 전해지지 않고 분실되었다. 고

린도전서 5:9의 말씀이 이 분실된 서신에 관한 것이라고 한다(Lenski).

17-18 이렇게 계획할 때에 어찌 경솔히 하였으리요 혹 계획하기를 육체를 따라 계획하여 예 예 하면서 아니라 아니라 하는 일이 내게 있겠느냐 하나님은 미쁘시니라 우리가 너희에게 한 말은 예 하고 아니라 함이 없노라. 바울은 자기의 사욕대로 행하지 않으며 주님의 뜻대로 하기를 힘쓴다. 그는 무슨 일을 작정하거나 변경할 때 주님의 영광을 위하여 행한다. 교역자는 무슨 일을 작정할 때 잘 생각하여 변경하지 않을 작정을 해야 한다. 그러나 작정했던 것이라도 주님의 뜻대로 더 좋은 일을 위하여 변경할 수 있다. 바울의 원수들이 바울의 이 같은 변경을 가리켜 "경솔"히 하였다고 한 것이다. 이런 비난은 실상 어떻게 해서든지 바울을 매장하려는 악의에서 나온 것이다.

사욕을 위하여 예, 예, 하다가 아니, 아니, 하는 것은 변덕스러운 행동인데, 변덕스러운 것은 신자의 행위가 아니다. 바울에게는 이와 같은 것이 없었다. 그는 "속이는 자 같으나 참되"었다(고후 6:8). 그의 진실성은 진실하신 하나님께 바탕을 둔 것이다. 그의 생활 근거가 하나님이기 때문에 그는 일구이언하지 않는다. 하나님이 바울과 함께하신다는 사실은 고린도 교회가 잘 알고 있다.

19-20 우리 곧 나와 실루아노와 디모데로 말미암아 너희 가운데 전파된 하나님의 아들 예수 그리스도는 예 하고 아니라 함이 되지 아니하셨으니 그에게는 예만 되었느니라 하나님의 약속은 얼마든지 그리스도 안에서 예가 되니 그런즉 그로 말미암아 우리가 아멘 하여 하나님께 영광을 돌리게 되느니라. 헬라어 원문에는 이 말씀 첫머리에 "왜냐하면"(γάρ)이라는 말이 있다. 그러므로 이 구절 말씀은 앞에 말한 바울의 신실함의 근거다. 그는 자기의 신실함이 하나님의 신실하심에서 유래하였다고 한다.[9] 그리고 하나님의 진실성은 사도가 전파하는 말씀의 내용인 그리스도의

---

9) Grosheide. uit de trouw Gods is in het vorige vers afgeleid die standvastigheid van des apostels werk.

진실성으로 증명된다. 예수 그리스도는 하나님께서 예언하시고 예고하신 그대로 이 세상에 오셨다. 구약은 전적으로 그리스도에 대한 예언이다. 구약의 일부 말씀이 아니라 그 모든 말씀이 그리스도를 지향하고 있다. 이방 종교에는 이처럼 종교의 창설자가 예언대로 이 세상에 찾아온 경우가 없다.

1) 구약의 예언이 장차 오실 예수 그리스도를 가리킨다는 점은 두말할 여지가 없다. 이 점에 대해서는 불신 유대인들도 인정해야 한다. 그들도 메시아에 대한 예언이 454개라고 말하지 않는가? 이 예언들이 예수님에게서 성취되었다. 이 예언들은 상고시대부터 나타났으니 예컨대 아브라함에게 주신 "네 씨로 말미암아 천하 만민이 복을 받으리니"라는 말씀과 같은 것이다(창 22:18). "사무엘 때부터 이어 말한 모든 선지자도 이 때를 가리켜 말"하였다(행 3:24). 2) 구약 역사의 요점은 그리스도를 예언하는 데 있다. 구약 역사에서 주요한 인물은 다윗인데, 다윗을 그리스도의 모형으로 제시하는 성구가 많다. 3) 구약의 율법 부분도 그리스도를 가리켰다. 성전에서 양의 피를 제물로 삼은 것도 그리스도를 가리킨 것이었다. 그리고 구약에서 "행하라"고 명하는 모든 법규도 예수 그리스도로 말미암아 완성될 것이었으니, 그것도 그리스도를 기다리는 것이었다(롬 10:4). 4) 그리스도를 통해서 성취된 예언들은 몇 십 년 전에 주어진 예언이 아니라, 몇 백 년, 몇 천 년 전에 예언된 말씀들의 성취다. 그뿐 아니라 그리스도는 하나님의 뜻에 순종하여 하나님 백성의 구속을 이룸에 있어서 절대적으로 참되셨다. ① 그는 외형적으로만 순종하신 것이 아니라 마음으로 순종하셨고, ② 그는 시간을 지켜 가면서 하나님의 지시에 순종하셨고(요 2:1-11), ③ 그는 행동 하나하나에 있어서 하나님의 뜻대로 순종하셨고, ④ 성경대로 순종하셨다. 성경은 육신의 생각과 완전히 반대되는 것이니, 그것은 이 세상의 것들과 충돌한다. 그러나 그는 성경대로 순종하셨다. 그는 이렇게 완전히 순종하셨기 때문에 십자가상에서 말씀하시기를, "다 이루었다"라고 하셨다(요 19:30).

이와 같은 "참"에 대하여 우리는 "아멘" 하여 하나님께 영광을 돌리게 된다. 그리스도를 참되신 분으로 믿는 자는 또한 "오직 하나님은 참되시다" 하고 인친 것이다(롬 3:4). 그러나 그리스도를 믿지 않는 자는 "하나님을 거짓말하는 자로 만드는" 큰 죄인이다(요일 5:10). 그러므로 하나님을 거짓말하는 자로 여기는 것은 하나님께 극단적으로 대항하여 맞서는 것이다. 참이냐 거짓이냐 하는 문제에 있어서 사람과 하나님은 양극단이라고 할 수 있다. 바울은 "사람은 다 거짓되되 오직 하나님은 참되시다 할지어다"라고 말하였다(롬 3:4). 이와 같은 참을 거짓이라고 하는 자는 멸망에 빠질 수밖에 없다.

21-22 우리를 너희와 함께 그리스도 안에서 굳건하게 하시고 우리에게 기름을 부으신 이는 하나님이시니 그가 또한 우리에게 인치시고 보증으로 우리 마음에 성령을 주셨느니라. 바울은 20절에서 객관적인 구원 방침의 진실성을 지적하였는데, 여기서는 신자들이 주관적으로 그 진실성에 결속되어 있음을 지적한다. 이 같은 결속은 성령으로 이루어지는 것인데, 바울은 여기서 그것을 몇 가지로 표현한다. ① "굳건하게 함"은 "기름 부음"(성령을 주심)을 통해 성립된다. ② "인 치심"은 신자를 하나님의 소유로 삼는 것을 뜻한다. ③ "보증"은 이미 현세에서도 천국을 맛볼 수 있게 하는 것을 가리킨다.

이 세 가지는 신자들이 성령으로 말미암아 그리스도께서 이루신 진실한 복된 나라에 참여하게 되었음을 가리킨다. 그들은 이렇게 주관적으로도 천국의 진실성에 결속되어 있다.

23 내가 내 목숨을 걸고 하나님을 불러 증언하시게 하노니 내가 다시 고린도에 가지 아니한 것은 너희를 아끼려 함이라. 바울은 결론적으로 고린도 교인들 앞에서 자기의 진실성을 증거한다. "하나님을 증인으로 부르는 자는 허위를 벌하시는 자를 부르는 것이다"(Calvin). 그가 하나님을 증인으로 삼아서 자기 행위의 진실성을 증거하게 한 것은 자신의 진실성을 지극히 강조하는 것이다.

"너희를 아끼려 함이라." 그가 고린도에 갈 여정을 변경함에 따라 그것의 실행 시기도 늦어지게 되었다. 따라서 그는 고린도후서를 집필할 때까지도 고린도에 가지 못하게 되었다. 그러나 그가 이렇게 고린도에 가지 못하게 된 것이 오히려 교회에는 유익이 되었는데, 말하자면 그가 가기 전에 그들이 회개함으로 그가 도착하였을 때는 그들이 아무런 꾸지람도 듣지 않게 된 것이다. 그들이 회개하기 전에 그가 그곳에 도착했다면 그가 그들을 엄한 태도로 대하였을 것이다. 고린도 교회의 회개할 죄인에 대해서는 2장 주석을 참조하라.

24 우리가 너희 믿음을 주관하려는 것이 아니요 오직 너희 기쁨을 돕는 자가 되려 함이니 이는 너희가 믿음에 섰음이라. 앞절의 "아끼려" 한다는 말에 대하여 바울은 좀 더 해설한다. 아낀다는 말은 그에게 주장할 권위가 있음을 암시한다. 그러나 그의 권위는 신앙의 내용이나 가능성에 관한 것이 아니다. 신앙의 내용이나 가능성은 오직 하나님께서만 주장하신다. 바울의 사도적 권위는 다만 교회의 질서를 유지하도록 도와주고, 교회를 안정시킴으로써 기쁨이 풍성하도록 지원해 줄 뿐이다.

설교 고난의 의미(고후 1:1-6)

인생이 범죄한 후에 하나님이 주신 대가는 고난이다. 하나님께서 아담에게 말씀하시기를 "너는 네 평생에 수고하여야 그 소산을 먹으리라"라고 하셨다(창 3:17). 고난은 인생이 피할 수 있는 것이 아니고 당해야만 하는 것이다.

1. 일반적인 고난

이것은 그리스도를 위하여 받는 고난이 아니다. 4절은 일반적인 고난도 포함하는 말씀인 듯하다.

1) 사람이 이런 고난을 겪으며 주님을 기다릴 때 하나님께서 그의 심령에

찾아오신다. 하나님이 나의 심령에 찾아오신다는 것이 얼마나 고마운 일인가? 사실상 사람은 고난받을 때 비로소 주님을 진실하게 찾는다. 다시 말해 그는 고난 중에야 주님을 대면하여 찾는다. 시편 50편을 보면, 시인은 이스라엘의 형식적 종교인들을 꾸짖어 말하기를, "내가 네 집에서 수소나 네 우리에서 숫염소를 가져가지 아니하리니"(9절), "내가 수소의 고기를 먹으며 염소의 피를 마시겠느냐"(13절), "환난 날에 나를 부르라 내가 너를 건지리니 네가 나를 영화롭게 하리로다"(15절)라고 하였다. 하나님을 진정으로 만나는 시간은 형식과 외식으로 드리는 한가로운 예배 시간이 아니다. 한가한 때나 평안할 때는 사람이 주님을 진정으로 대면하기 어렵다. 고난받는 시간에 사람은 비로소 열렬히 주님을 찾게 된다. 다니엘 디포(Daniel Defoe) 목사가 지은 『로빈슨 크루소』(Robinson Crusoe)라는 책을 보면, 로빈슨 크루소가 배를 타고 가다가 파선하여 홀로 무인도에 상륙하였고, 거기서 열병에 걸려 혼자 앓고 있었다. 그에게는 물 한 잔 가져다줄 사람도 없었다. 그때 그는 생전 처음으로 성경을 폈는데 시편 50:15이 눈에 띄었다. 그 말씀은 다음과 같다. "환난 날에 나를 부르라 내가 너를 건지리니 네가 나를 영화롭게 하리로다." 그는 이 말씀에 도전을 받아 하나님께만 소망을 가지게 되었다고 한다. 사람이 평안할 때에는 종교 생활도 형식적으로 하기 쉽다. 신자가 이 세상을 지나갈 동안 무거운 환난을 경험해야 하나님을 의지하고 살아간다. 그것은 아프리카의 강물이 빠르고 거칠어서 강을 건너는 자가 무거운 돌을 짊어지고 가야만 물에 휩쓸리지 않는 것과 마찬가지다. 환난 때가 아니면 주님도 우리를 구원하시는 역사를 나타내실 수 없다. 그러므로 우리는 환난에 빠지는 것이 유익하다.[10] 칼빈의 제자인 베자(Beza)가 프랑스 혁명 때 600번이나 죽음의

10) Spurgeon, God Himself can not deliver a man who is not in trouble, and therefore it is some advantage to be in distress, because God can then deliver you. Sermon on Prayer, 249.

위험에 처했다가 구원을 얻었다고 한다. 그는 이렇게 구원받을 때마다 얼마나 위로를 받았을까! 신자는 고난받는 중에 하나님의 은혜를 특별하게 깨닫는 경우가 많다. 그가 은혜를 깨달을 때마다 얼마나 위로를 받겠는가! ① 그는 환난이 하나님의 수중에 있음을 알며, ② 그가 당하는 환난이 자기 죄보다는 가볍다는 사실을 깨닫고, ③ 하나님의 말씀을 깨닫는다. 시편 119:71에 말하기를 "고난 당한 것이 내게 유익이라 이로 말미암아 내가 주의 율례들을 배우게 되었나이다"라고 하였다. ④ 또한 신자는 고난받음으로써 행실을 고친다. 시편 119:67에 "고난 당하기 전에는 내가 그릇 행하였더니 이제는 주의 말씀을 지키나이다"라고 하였다.

2) 신자는 고난을 겪어야 남에게 유익을 줄 수 있다. 하나님이 정하신 법에 따르면 사람은 고난받은 결과로 남들에게 유익을 주게 되어 있다. 우리가 먹는 쌀도 농부들이 땀 흘린 결과물이다. 한시(漢詩)에 말하기를, "소반에 놓인 밥은 그 쌀알마다 고생의 결과인 줄 누가 아는가?"(誰知 槃中饌 粒粒皆辛苦)라고 했다. 이와 마찬가지로 신자가 다른 신자에게 유익을 끼치는 일도 수고로써만 가능하다. 스펄전(Spurgeon) 목사의 말에 따르면, 어떤 유명한 설교가가 그의 설교를 책으로 출간하자는 요청을 받았다. 그때 그는 대답하기를, 당신은 "나"를 출판할 수 없다고 하였다. 그 말의 의미는, 설교란 단순한 말이 아니고 설교자의 인격과 생명이 담겨 있는 것이기 때문에 인쇄물로 옮길 수 없다는 것이다.

존 녹스는 세상을 떠나기 직전에 한밤중에 병상에서 일어났다. 가족들이 그에게 왜 일어나는지 물었을 때 그가 대답하기를, 그가 병중에 주님의 부활의 진리를 깨닫는 큰 위로를 받았기 때문에 그가 받은 위로를 모든 다른 신자들에게 나누어 주기 위하여 강단에 나가서 설교하겠다는 것이었다.

2. 그리스도를 위한 고난

이것은 신자가 그리스도 때문에 핍박을 받는 것을 가리킨다. 본문 5절에 "그리스도의 고난"이라는 말이 그런 뜻이다. 이와 같은 고난은 고난 중에도 가장 고귀한 것이다.

1) 이런 고난을 받으면 그리스도와 연합한 관계가 더욱 공고해진다. 이런 고난을 받는 자에게는 주님을 가까이 모시는 위로가 찾아온다. 베드로전서 4:14에 "너희가 그리스도의 이름으로 치욕을 당하면 복 있는 자로다 영광의 영 곧 하나님의 영이 너희 위에 계심이라"라고 했다. 신자는 그리스도와 연합하였기 때문에 그리스도의 남은 고난을 받음으로써 그와 연합하는 삶도 살아야 한다. 사도 바울은 말하기를, "나는 이제 너희를 위하여 받는 괴로움을 기뻐하고 그리스도의 남은 고난을 그의 몸된 교회를 위하여 내 육체에 채우노라"라고 하였다(골 1:24). ① 주님께서 우리 신자들을 위하여 죽으셨으니 우리가 그를 사랑하지 않을 수 있겠는가! 요나단은 다윗을 옹호하다가 죽음의 위협을 당하기도 하였다(삼상 20:33). 그러므로 다윗은 후에 왕이 되었을 때 요나단의 아들 절름발이 므비보셋을 자신의 식탁에서 늘 먹여 주었다. ② 이것은 그리스도와 한 몸이 됨으로써 받는 고난이기 때문에 이 고난을 받을 때는 주님 자신이 원칙적으로 먼저 그 고난을 받으신다. 요한복음 15:18에 말하기를, "세상이 너희를 미워하면 너희보다 먼저 나를 미워한 줄을 알라"라고 하였다. 그러므로 이런 고난을 당하는 자는 실상 외롭지 않다.

2) 이런 고난을 받으면 즐거움이 임한다. 베드로전서 4:13에 말하기를, "오히려 너희가 그리스도의 고난에 참여하는 것으로 즐거워하라 이는 그의 영광을 나타내실 때에 너희로 즐거워하고 기뻐하게 하려 함이라"라고 하였다.

3) 우리는 이런 고난을 받음으로써 그리스도를 닮는다. 히브리서 13:12-13에는 "그러므로 예수도 자기 피로써 백성을 거룩하게 하려고 성문 밖에서 고난을 받으셨느니라 그런즉 우리도 그의 치욕을 짊어지고 영문 밖으로 그

에게 나아가자"라고 하였다. 사도 바울이 평생 힘썼던 일은 예수님의 고난에 참여하는 것이었다. 그는 빌립보서 3:10-11에 말하기를, "내가 그리스도와 그 부활의 권능과 그 고난에 참여함을 알고자 하여 그의 죽으심을 본받아 어떻게 해서든지 죽은 자 가운데서 부활에 이르려 하노니"라고 하였고, 고린도후서 4:10-12에서는 "우리가 항상 예수의 죽음을 몸에 짊어짐은 예수의 생명이 또한 우리 몸에 나타나게 하려 함이라 우리 살아 있는 자가 항상 예수를 위하여 죽음에 넘겨짐은 예수의 생명이 또한 우리 죽을 육체에 나타나게 하려 함이라 그런즉 사망은 우리 안에서 역사하고 생명은 너희 안에서 역사하느니라"라고 하였다. 사도들은 그리스도를 위하여 핍박받는 것을 큰 영광으로 여겼다. 사도행전 5:41에서는 "사도들은 그 이름을 위하여 능욕 받는 일에 합당한 자로 여기심을 기뻐하면서 공회 앞을 떠나니라"라고 하였다. 어떤 사람이 루터가 고난받은 일들에 대하여 그를 칭찬했을 때 그는 매우 노하였다. 그가 노한 이유는 그가 받은 고난이 그리스도께서 받으신 고난에 비하면 아무것도 아니었기 때문이었다고 한다.

빌립보서 1:29에 말하기를, "그리스도를 위하여 너희에게 은혜를 주신 것은 다만 그를 믿을 뿐 아니라 또한 그를 위하여 고난도 받게 하려 하심이라"라고 하였다. 순교자 휴 래티머(Hugh Latimer)는 말하기를, 여기서 가르치는 말씀과 같이 신자가 주님을 위하여 고난받을 은혜와 특권을 가진 것은 하나님이 이 세상에 주신 최대의 상급이라고 하였다.

순교자인 매스터 글로버(Master Glover)는 주님을 위하여 감옥에 갇힌 것이 너무 기뻐서 울었다고 한다.

세베루스 황제 치세 기간에 순교자들이 감옥에 갇혔다가 놓인 때가 있었는데 그때 그들은 생각하기를 감옥이 아니라 '향기 나는 집'에서 나왔다고 했다.

순교자 존 케어리스(John Careless)는 주를 위하여 고난받는 것은 하늘 위에 거하는 가장 위대한 천사도 받지 못하는 영광이라고 생각하고 자신이 감사하지 못한 죄를 용서해 달라고 기도하였다. 순교자 브래드포드(Bradforth)도 이런 고난 때문에 감사하지 못한 죄를 용서해 달라고 기도하였다.

설교 환난에 처한 바울(고후 1:8-11)

환난을 좋아하는 사람은 이 세상에 단 한 명도 없다. 그러나 예수 그리스도를 믿는 사람들은 환난 중에도 안심할 수 있는 진리를 가지고 있다. 예수님은 "세상에서는 너희가 환난을 당하나 담대하라 내가 세상을 이기었노라"라고 말씀하셨다(요 16:33). 불신자는 환난을 당할 때 예수님께서 그 환난을 이겨 주신 열매를 거두지 못하지만, 신자들은 그것을 거둔다. 그러므로 그는 환난 중에 낙심하지 않는다. 그는 오히려 환난 중에도 태연할 수 있고 거기서 은혜를 받는다. 그는 오히려 환난에 빠지기를 희망할 정도이다. 왜냐하면 그는 확신하기를, 환난은 이미 예수님께서 정복하신 것으로, 침이 뽑힌 말벌이며 이빨 뽑힌 사자와 같기 때문이다. 예수님은 환난이 우리에게 해를 끼치지 못하도록 이미 그것을 정복하셨다. 이는 마치 수백 미터 상공에서 뛰어내리는 공수부대원이 낙하산 장비에 의지하여 담대히 뛰어내리는 것과 같다. 수백 미터 상공의 하늘도 낙하산 부대원에게는 두려울 이유가 없다. 그들은 오히려 그처럼 높은 상공에서 떨어져 보기를 희망한다. 우리는 그리스도의 능력을 알기 때문에 환난의 권세를 두려워하지 않는다. 우리는 또한 그리스도를 사랑하기 때문에 환난을 꺼리지 않는다. 사랑하는 그리스도께서 환난을 당하셨기 때문에 우리도 우리가 사랑하는 분이 가신 그 길을 가 보고 싶어야 한다.

그러므로 우리는 환난을 당할 때 겁을 내지 않고 오히려 그것을 당해 보려는 욕망을 가지고 그 환난을 맛보려고 해야 한다. 바울은 환난을 당하였을 뿐 아니라 그 환난을 맛보고 있었다. 그는 환난의 맛이 어떻다고 하였는가?

1. 그는 환난이 신앙과 소망을 주는 것이라고 생각하였다. 다시 말해 그것이 그로 하여금 자기 자신을 의뢰하지 않게 만들어 주는 반가운 것이라고 여겼다(고후 1:9).

인간은 언제나 자기 자신을 의뢰하는 것이 문제다. 그는 무엇이든지 자기 자신에게 있는 것을 의지한다. 돈이 있으면 돈을 의지하고, 재주가 있으면 재주를 의지하며, 건강이 있으면 건강을 의지하고, 명예가 있으면 명예를 의지한다. 우리가 하나님 대신에 다른 무언가를 의지한다면, 이는 그것을 우상으로 삼는 죄악이다. 그러므로 예레미야 17:5에 말하기를 "무릇 사람을 믿으며 육신으로 그의 힘을 삼고 마음이 여호와에게서 떠난 그 사람은 저주를 받을 것이라"라고 하였다. 자기 자신을 의뢰하는 사람은 환난으로 말미암는 죽음을 당해야 마땅하다. 그는 차라리 환난을 당하여 죽어서라도 자기 자신을 우상으로 삼은 죄를 파멸시켜야 한다. 누구든지 자기가 죽게 될 때에는 자기 자신을 믿으려는 생각을 하지 못할 것이다. 그러므로 환난이야말로 자기 자신이라는 우상을 깨뜨리는 강력한 폭탄이다. 하나님께서는 신자가 자기 자신을 의지하는 죄를 파괴하는 것을 기뻐하신다. 이 죄악을 파괴하는 것이 신앙의 기초다. 악을 파괴하지 않고는 선을 건설할 수 없다. 나에게 우상이 되는 어떤 소유나 명예도 모두 다 파괴되고 소멸되어야 한다. 심지어 우리의 생명까지도 그것이 우상화되면 환난을 당해 죽어야 마땅하다.

2. 그는 환난이 죽은 자를 다시 살리시는 하나님만 믿게 만드는 것이라고 보았다(9절).

죽은 자를 다시 살리시는 하나님이라는 말은, 사람이 자기 자신을 의지하여 살지 않고 자기 자신을 죽은 자로 여길 때 비로소 하나님이 그를 살리신다는 뜻을 가진다. 하나님은 누구든지 자기 자신을 무덤 속에 깊이 매장해 버린 자를 살리신다. 우리는 이런 하나님을 믿어야 한다. 우리는 한번 죽은 사람처럼 되어 볼 필요가 있다. 그러면 하나님께서 우리의 영을 살리신다. 우리가 자신을 우상화하여 세상과 짝하거나 세상 근심에 사로잡힌다는 것은 곧 세상에 대하여 살아 있다는 것이니, 그때 우리의 영은 사지에 빠진다.

죽은 사람은 세상 사람들의 비판이나 칭찬에 무관심하다. 그의 세계는 다른 세계다. 우리가 이 세상에 머물러 있으면서도 다른 세상에 굳건하게 속해 있어야만 참으로 살아 있는 것이다. 하나님은 그 같은 자들의 하나님이시다.

죽은 사람의 특징은 고요하다는 것이다. 시체는 말이 없다. 시체는 살기 위해 욕심을 내고 덤비는 일이 없다. 사람들은 시체를 마음대로 메어다가 땅에 파묻는다. 죽은 사람은 세상에 아무런 소유도 없고 소유를 위하여 다툴 줄도 모른다. 죽은 사람에게는 권리 다툼도 없다. 나는 꿈속에서 죽어 본 일이 있다. 나는 그때 나의 시체를 보았다. 꿈속에서 나는 나 자신을 제삼자로 대하는 심리 상태에 있었다. 다시 말해 나 자신을 객체로 대했다는 것이다. 이것은 나 자신을 타인으로 인식하고 대하는 심리다. 우리가 죽기 전에 미리 죽은 사람처럼 살아간다는 것은 결국 나를 타인으로 취급하며 살아간다는 것이다.

중세 시대에 클레르보의 성 베르나르두스(St. Bernard)를 찾아 수도원을 두 번이나 찾아온 아일랜드의 성 말라키(St. Malachy)가 세상을 떠났을 때 베르나르두스가 말하기를 "말라키는 살았을 때 죽었고 죽었을 때 살았다."라고 하였다.

그러면 세상에 대하여 죽는다는 것은 구체적으로 무엇을 의미하는가? 그것은 바울이 고린도전서 7:29-31에서 말씀한 것과 같다. 곧 "이 후부터 아내 있는 자들은 없는 자 같이 하며 우는 자들은 울지 않는 자 같이 하며 기쁜 자들은 기쁘지 않은 자 같이 하며 매매하는 자들은 없는 자 같이 하며 세상 물건을 쓰는 자들은 다 쓰지 못하는 자 같이 하라"는 것이다.

3. 그는 환난이 소망을 가지게 하는 것이라고 보았다(10절).

바울은 한 가지 환난 체험을 통하여 하나님이 구원하시는 역사를 맛본 후에는 그에게 무수히 찾아오는 환난들에 대하여 문제시하지 않고 안심하게 될 것을 확신하였다. 그것은 마치 여행자가 높은 고개를 넘을 때 여러 가지 어려움을 당하지만, 일단 고개를 넘어서면 그 앞에 넓은 평원을 내려다보면서 가슴이 열리고 마음이 환해지는 것과 마찬가지다.

우리가 극심한 고난을 믿음으로 잘 통과하기만 하면 그 뒤에는 하나님의 은총과 도움을 더욱 많이 받으면서 모든 새로운 난제들까지도 어렵지 않게 통과하게 되는 법이다.

제 2 장

개요

바울은 고린도후서 2장에서 첫째로 자신이 고린도 교회를 지금까지 방문하지 않은 이유를 밝히고(1-4절), 둘째로 고린도 교회의 범과자(고전 5:1에 기록된 행음자를 가리키는 듯하다)에 대하여 말하고(5-11절), 셋째로 복음을 통해 이루어 낸 성공에 대하여 말한다(12-17절).

1-4절. 그가 그때까지 고린도에 가지 않은 이유는 고린도 교회가 회개하지 않은 상황에 방문하는 것이 피차간에 좋지 못하다고 생각하였기 때문이었다. 바울의 이러한 태도는 그와 고린도 교인들 사이의 관계가 얼마나 긴밀한지를 보여 준다. 그들이 회개하지 않음으로써 근심에 빠져 있으면 그도 즐거울 일이 없다. 그와 그의 양떼는 고락을 같이하는 관계였다(3절).

5-11절. 바울은 고린도 교회에 권면하기를, 징계 아래 있던 범죄자가 회개하였으니 이제는 그를 회복하여 위로하라고 말한다. 교회가 그렇게 행함으로써 죄는 미워하고 사람은 사랑하는 정신이 밝히 드러날 수 있다. 교회는 그렇게 행하여야 사탄의 계략에 넘어가지 않는다. 사탄은 사람들이 무슨 일

을 행할 때 부족하게 하여 잘못되게 만들기도 하지만, 넘치게 함으로써 잘못되게 만들기도 한다. 그는 언제나 사람들로 하여금 범죄하게 만든다. 여기서 범죄라는 말은 헬라어로 "하마르티아"(ἁμαρτία)인데, 이는 과녁을 맞추지 못하게 만드는 것을 의미한다. 과실을 범한 자에게 지나친 벌을 주는 것은 결국 그를 낙심시키고 마는데, 이것도 옳지 않으며 사탄의 미혹에 빠지는 일이다. 바울이 여기서 경계하고 주의시키는 일이 바로 그것이다(11절).

12-17절. 이 단락에서 바울이 말하는 것은 ① 자신의 복음 사역이 끊임없는 노력과 수고를 요구하는 동시에 거기에는 크나큰 위로와 승리가 주어지며, ② 자기 자신 안에는 기쁨도 없고 소망도 없으나 그리스도 안에는 승리와 기쁨이 있고(14절), ③ 복음의 승리라는 것이 필연적으로 그것을 받아들이는 형태로만 나타나는 것은 아니며, 다른 한편으로는 그것을 믿지 않고 배척하는 형태로도 나타난다는 것이다.

벤틀란트(Wendland)는 다음과 같이 말한다. "바울은 여기서 향기의 비유를 들어 사도적 전도의 양면 사역을 논술한다. 말하자면 사도들의 전도는 공의와 은혜라는 양면을 포함하고 역사하되 이미 정해진 대로 역사한다." 빈디쉬(Windisch)는 바울의 이 말씀에서 예정론의 전조를 볼 수 있다고 말한다.[11] ④ 이처럼 순수하게 초자연적인 사역을 인간의 조작으로 성취할 수 없으며, 오로지 하나님의 말씀 자체가 나타나야만 이루어질 수 있는 것이다. 그러므로 바울은 하나님의 말씀을 그대로 나타내는 일에 매진한다.

---

11) Ein Prädestinationischer klang ist in diesen Worten.

⚜ 해석

1-2 내가 다시는 너희에게 근심 중에 나아가지 아니하기로 스스로 결심하였노니 내가 너희를 근심하게 한다면 내가 근심하게 한 자밖에 나를 기쁘게 할 자가 누구냐. 바울은 자신이 고린도 교회를 다시 방문할 때에는 그 교회의 범죄자 때문에 근심하는 자세로 그들을 대하기를 원하지 않는다. 만일 그가 근심하는 태도로 방문한다면 그 교회도 근심하게 될 것인데, 그렇게 되면 바울은 누구에게서 기쁨을 얻겠는가? 고린도 교회밖에는 그를 기쁘게 할 자가 없는데, 그 교회가 근심하게 된다면 누가 그를 기쁘게 할 수 있겠는가? 바울은 이처럼 성도들에게 기쁨이 반드시 필요한 것이라는 사실을 강조한다. 바울은 신자들이 기뻐해야 한다고 누누이 강조한다(빌 3:1; 4:4; 살전 5:16). 신자는 기뻐해야만 신앙을 보존할 수 있다. 육신의 건강을 위해서 몸에 지방이 있어야 하는 것처럼 신앙생활에는 기쁨이 늘 있어야 한다. 신자들은 기뻐하기로 마음만 먹으면 기뻐할 수 있는 근거를 많이 가지고 있다. 그에게는 괴로움도 기쁨의 근거가 될 수 있다. ① 그가 당하는 괴로움이 주를 위한 것이라면 이는 상 받을 일이니 기뻐할 수 있고, ② 그가 당하는 괴로움이 자기 자신을 위한 것이라면 이는 자신을 겸손하게 만드는 것이니 기뻐할 일이다.

3 내가 이같이 쓴 것은 내가 갈 때에 마땅히 나를 기쁘게 할 자로부터 도리어 근심을 얻을까 염려함이요 또 너희 모두에 대한 나의 기쁨이 너희 모두의 기쁨인 줄 확신함이로라. 이같이 썼다는 말은 고린도 교회에 범죄자를 징계하도록 권유했던 편지(고전 5:1)를 염두에 둔 말이다. 이 편지가 고린도전서를 가리킨다는 견해도 있으나 (Lenski), 다수의 학자는 이것이 분실된 또 다른 서신을 가리킨다고 생각한다.

그가 이 편지를 쓴 목적은 고린도 교회가 그 사건을 제대로 처리함으로써 사도에게 기쁨이 되도록 하기 위함이었다. 만일 그가 편지를 보내지 않았다면 고린도 교회가 그 사건을 처리하지 않아 사도에게 큰 근심을 끼칠 뻔하였다. 사도가 기쁨을 누리게 되면 실상 그것은 교회 전체에 기쁨이 된다. 사도에게 일어나는 일은 결국 교회 전체에 영향을 끼친다(고후 1:6). 여기서 이른바 "나를 기쁘게 할 자"라는 말은 고린도 교회를 염두에 두고 한 말이다.

4 내가 마음에 큰 눌림과 걱정이 있어 많은 눈물로 너희에게 썼노니 이는 너희로 근심하게 하려 한 것이 아니요 오직 내가 너희를 향하여 넘치는 사랑이 있음을 너희로 알게 하려 함이라. 여기서 "큰 눌림과 걱정"이라는 말은 바울이 고린도 교회의 범죄자(고전 5:1 참조) 때문에 가지게 된 심리적 고통이다.

"많은 눈물로." 바울은 다른 모든 위대한 하나님의 사람들처럼 눈물의 사람이었다. 다윗이나 예레미야의 눈물에 대하여 성경은 자세히 말하고 있다(시 6:6-7; 애 2:11). 눈물은 정서의 산물이며, 정서는 귀한 것이다. 정서가 없으면 진리에 대한 갈증이 없고 생명이 결핍되었다는 느낌도 없다. 현대 철학자들은 지적인 기능을 통해 수행하는 철학 사색의 근본 출발점도 사실상 정서적인 성품에 있다고 말한다. 인생은 불안과 불만족에 대한 느낌이 있어야만 비로소 무언가를 더듬어 찾는다.

또한 진정한 성공을 가져오기 위한 노력과 희생은 한마디로 피와 눈물이다. 이것들은 실상 생명을 짜내어 얻는 결과물들이다. 눈물이 없다는 것은 그만큼 사랑과 의를 위하여 애타는 희생의 마음이 없다는 증표다. 눈물은 하나님의 은혜로 사랑과 의에 대한 간절한 마음을 소유한 자들이 흘리는 것이다. 인류 사회에서는 눈물을 흘려야만 그만큼 좋은 열매를 맺을 수 있다.

무엇보다도 눈물은 깊은 사랑의 마음에서 나오는 것이다. 바울은 고린도 교회를 위하여 그처럼 사랑이 두터웠다. 그는 그들에게 편지를 쓰는 중에도 그들을 우려하는 마음에서 눈물을 많이 흘렸다.

5 근심하게 한 자가 있었을지라도 나를 근심하게 한 것이 아니요 어느 정도 너희 모두를 근심하게 한 것이니 어느 정도라 함은 내가 너무 지나치게 말하지 아니하려 함이라. 이 말씀

을 보면 바울의 부드러운 심정을 알 수 있다.

"근심하게 한 자." 이 말은 고린도 교회의 범죄자를 가리키는데, 그가 회개하였을 때 바울은 그에 대하여 너그러운 태도를 보여 주었다. 바울은 범죄자가 자기를 근심시킨 것은 아니라고 말한다. 바울도 고린도 교회의 사건 때문에 근심하지 않은 것은 아니지만, 범죄자의 사건을 직접적으로 당면하고 있었던 고린도 교회 교인들의 근심에 비하면 자기가 당한 것은 경미하다는 의미에서 그는 "나를 근심하게 한 것은 아니요"라고 말한다. 그는 범죄자가 이미 회개하였기 때문에 이처럼 과거 문제를 심하게 추궁하지 않고 잊어버린다.

그는 회개한 죄인을 위로하기 위하여 고린도 교인들의 근심도 "어느 정도" 근심한 것에 불과하다고 말한다.

6 이러한 사람은 많은 사람에게서 벌 받는 것이 마땅하도다. 여기서 "많은 사람"이라고 표현한 것을 보면 당시에 그 범죄자가 고린도 교회 다수의 결정에 따라 처벌을 받았던 것이 분명하다. 이것은 독재와 반대되는 올바른 교회 정치다. "마땅하도다"(ἱκανόν)라는 말은 회개한 자가 맺은 열매로 보아서 만족하다는 뜻이다.

7-8 그런즉 너희는 차라리 그를 용서하고 위로할 것이니 그가 너무 많은 근심에 잠길까 두려워하노라 그러므로 너희를 권하노니 사랑을 그들에게 나타내라. 회개한 범죄자를 용서할 때 너그러운 마음을 가져야 한다는 점은 예수님께서 베드로에게 하신 말씀, 곧 "일흔 번씩 일곱 번이라도" 하라는 말씀이 잘 보여 준다(마 18:21-22). 하나님은 인생들을 얼마나 많이 용서하시는가? 그는 죄인들을 오래 참아 벌하기를 더디 하심으로써 "하나님이 없다"고 말하는 악인들의 모욕도 감수하신다.

"그가 너무 많은 근심에 잠길까 두려워하노라." 범죄자에게 과도한 벌을 내리면 그들이 낙심할 우려가 있다. 죄인을 회개시켜 구원하려는 것이 징계의 주요한 목적인데 그가 낙심하게 되기까지 벌할 필요는 없다.

9 너희가 범사에 순종하는지 그 증거를 알고자 하여 내가 이것을 너희에게 썼노라. 바울은 고린도 교회가 범죄자를 징계해야 한다는 질서 문제도 고려하지 않은 것은 아니지만, 사도가 부탁한 하나님의 말씀에 교회가 순종하는지 여부를 알아보려는 것도 그가 서신을 보낸 목적 가운데 하나였다. 그 서신은 일찍이 고린도전서보다 먼저 보내었던 것인데 후에 유실되었다. 순종은 신앙생활에 불가결한 요소다. 하나님의 아들 예수님도 하나님 아버지께 순종하심으로 우리의 구원을 온전케 하셨다(히 5:8-9).

10 너희가 무슨 일에든지 누구를 용서하면 나도 그리하고 내가 만일 용서한 일이 있으면 용서한 그것은 너희를 위하여 그리스도 앞에서 한 것이니. 바울은 고린도 교회가 그 범죄자를 용서할 때 자기도 개인적으로 교회가 결정하는 대로 따르겠다고 말한다. 이만큼 바울은 자기 개인보다 교회를 존중하였다. 그리고 자신의 용서 행위는 그리스도 앞에서 행하는 일이라는 점을 분명히 밝힌다.

11 이는 우리로 사탄에게 속지 않게 하려 함이라 우리는 그 계책을 알지 못하는 바가 아니로라. 죄인을 너무 과도하게 벌하면 ① 그 죄인이 낙심하기 쉽다. 죄인이 낙심하는 것은 사탄이 원하는 바다. ② 그때는 고린도 교회가 그 죄인을 용서하기에 적절한 때였다. 그때는 교역자와 회중이 합의하여 행하는 것이 그리스도의 뜻이다. 이렇게 서로 뜻이 일치해야 사탄의 간사한 계략에 빠지지 않는다. 사탄은 교역자와 교회의 뜻이 일치하지 않는 것을 기뻐한다.

12-13 내가 그리스도의 복음을 위하여 드로아에 이르매 주 안에서 문이 내게 열렸으되 내가 내 형제 디도를 만나지 못하므로 내 심령이 편하지 못하여 그들을 작별하고 마게도냐로 갔노라. 바울이 드로아에서 복음을 전할 문이 열렸음에도 불구하고 거기서 디도를 끝까지 기다리지 못하고 고린도 교회 사건 때문에 마게도냐로 간 것은 얼핏 보면 조급한 행동이고 신앙에 따른 행위가 아닌 듯하다. 그러나 고린도 교회 사건으로 인해 디도를 파견했음에도 불구하고 디도가 지체한 것이

바울의 근심을 더 무겁게 만들었다. 그러므로 그가 고린도 교회 문제를 먼저 해결하기 위하여 고린도와 가까운 마게도냐로 간 것은 자연스러운 일이었다. 또한 그는 후일에 드로아로 되돌아와서 전도할 좋은 기회를 붙잡아 일하였을 것이다.

14 항상 우리를 그리스도 안에서 이기게 하시고 우리로 말미암아 각처에서 그리스도를 아는 냄새를 나타내시는 하나님께 감사하노라. "냄새"는 무엇인가? 냄새는 소리 없이 고요히 퍼지는 것이다. 바울은 자기가 그리스도를 아는 냄새라고 하였는데, 이로써 우리는 그가 얼마나 성령의 감동을 전달하는 자인지를 알 수 있다. 인격의 감화는 그 사람 자신을 남들에게 알려 주지만, 성령의 감화는 접촉하는 자들에게 그리스도를 알려 준다. 성령 없이 인격의 감화만으로 사람들을 끌어들이는 일이 어떤 의미에서는 도리어 그리스도를 전하는 데 방해가 된다. 엘리야는 사렙 땅 과부로 하여금 죄를 생각나게 만들었는데, 그것 역시 그리스도의 냄새와 같은 감동이다(왕상 17:17-18).

제2차 세계대전 중에 독일의 나치 정권에 체포되어 감금당했던 노르웨이의 에빈 베르그라브 주교(Bishop Evin Berggrav)는 막대한 영적 감화력을 지닌 인물이었다. 감옥에서 그를 지킨 간수가 11명이나 되었다고 하는데, 나치 당국에서는 간수들이 베르그라브로부터 감화를 받지 못하게 만들기 위해 수시로 간수를 교체했다고 한다.

15 우리는 구원 받는 자들에게나 망하는 자들에게나 하나님 앞에서 그리스도의 향기니. "우리는··· 향기니." 바울은 단순히 그리스도를 아는 향기를 지니고 다닌 것이 아니라, 그 자신이 그리스도의 향기였다. 그리스도의 향기는 사람이 그것을 어느 정도 지니고 다닌다고 해서 다른 사람에게 전달되는 것이 아니다. 그것은 사람이 지갑에 넣고 다닐 수 있는 것이 아니며 머릿속에 넣는 것도 아니다. 그것은 생명으로만 지닐 수 있는 것이다. 다시 말해 그리스도가 나의 생명을 차지하셔야만 우리가 그 향기를 발산할 수 있다. 그리스도가 나

에게 객체이실 뿐이고 나 자신이 나의 주체가 된다면 그리스도의 향기가 발산될 수 없다. 그리스도는 우리의 손님이 되기를 원하지 않으신다. 그가 죽었다가 다시 살아나신 목적은 우리의 주가 되려 하심이었다. 로마서 14:9에 말하기를 "이를 위하여 그리스도께서 죽었다가 다시 살아나셨으니 곧 죽은 자와 산 자의 주가 되려 하심이라"라고 하였다. 여기 말씀한 대로 "죽은 자의 주"도 되신다고 하였으니, 죽은 자가 그리스도를 주님으로 모실 소원을 지니고 있든지 혹은 그렇지 않든지 그들에게도 주가 되신다. 그렇다면 어떤 경우에도 그리스도는 우리의 주님이 되신다. 그를 주님으로 모시지 않는 자가 있다면, 그것은 만유의 주를 거스르는 반역죄를 범하는 일이 되는 것이다. 반역죄는 무거운 것이며, 세상 나라들에서도 반역죄를 저지른 자는 중한 형벌에 처한다. 우리는 그리스도께서 우리의 주가 되심을 피할 수 없다. 그렇다면 우리 각 사람은 자진하여 그리스도께 자신을 드릴 뿐만 아니라 그분께 우리의 왕좌를 내어 드려야 한다. 우리는 바울과 같이 "내게 사는 것이 그리스도"여야 한다(빌 1:21).

우리가 우리 자신을 포함하여 모든 것을 주께 바칠 때 우리는 그리스도를 알게 하는 향기가 된다. 향기가 된다는 말은 하나님께 기쁨이 되는 동시에 신자들에게도 기쁨이 되는 것을 의미한다. 우리는 조지 휫필드(George Whitefield)가 어떻게 그리스도를 아는 향기가 되었는지 알고 있다. 어느 날 그가 집회를 인도하는 동안 많은 사람이 울며 그에게 기도 한마디만 해 주기를 청하였다. 그들이 기도를 요청한 목적은 하나님을 알기 위함이었다고 한다. 휫필드는 모든 것을 하나님께 바친 사람이었다. 그는 회중에게 말하기를 "나는 당신들을 위하여 감옥에도 가고 죽기까지 할 것입니다. 나는 당신들 없이 천국에 가기를 원치 않습니다."라고 하였다. 그는 사람들을 이처럼 사랑하였다.

"우리는 구원 받는 자들에게나 · · · 망하는 자들에게나." 이 말씀은 그리스도의 향기가 갖는 이중적인 작용을 가리킨다. 이 향기가 어떤 사람에게는 생명이 되고 어떤 사람에게는 사망에 이르는 향기가 된다. 그리스도께서 신자들에게는 집 모퉁이의 요긴한 돌이 되시지만, 믿지 않는 자들에게는 깨뜨리고 가루로 만드는 돌이 되신다(마 21:42-44). 그는 많은 사람을 "패하게 하거나 흥하게 하는" 표적이 되신다(눅 2:34). 그는 "보지 못하는 자들은 보게 하고 보는 자들은 맹인이 되게 하려" 하시는 분이다(요 9:39). 아라비아의 한 지방에서 자라는 특이한 향나무가 있는데, 그 향기 때문에 돼지는 죽으려 하고 비둘기는 생기를 얻는다고 한다. 이같이 거듭난 성도는 복음으로 인해 생기를 얻고 더욱 선량하게 되지만, 성도가 아닌 자는 복음 때문에 더욱 완악해진다. 그렇다면 신자가 복음을 대할 때 얼마나 두려워해야 하겠는가? 복음이 귀한 줄 모르고 돼지처럼 함부로 다루다가는 죽고 말 것이다. 어째서 예수 그리스도의 복음을 믿지 않는 자는 복음 때문에 멸망한다고 말할 수 있는 것일까? 그 이유는 그가 불신앙으로 인해 가장 큰 죄를 범하기 때문이다. 불신앙은 가장 큰 사랑을 거스르는 죄악이다. 사랑을 거스르는 것처럼 무거운 죄는 없다. 동양에서 "불효보다 큰 죄는 없다"는 말도 있지 않은가? 불효는 부모의 사랑을 거스르는 것이다. 그리스도의 복음과 접촉하는 일은 세상에서 제일 큰 사랑과 접촉하는 일이다. 그러므로 이러한 접촉은 가장 조심스러운 일이다. 잘못하면 위험한 일이 되는 것이다. 이 복음이 제공하는 지상 최대의 사랑 앞에서 믿지 않는 태도를 보이는 것은 얼마나 큰 죄인가? 그러한 불신앙은 그 사람을 영원히 소망 없는 자리에 빠뜨리고 만다. 그리스도의 사랑은 보통 사랑이 아니다. 이 사랑은 온 천하보다 크다. 이 같은 사랑을 배척하는 죄가 얼마나 큰지 생각해 보자!

한 어머니가 어린아이를 탁아소에 맡겼다. 그런데 그 어머니는 얼굴에 흉터가 가득하여 볼품이 없고 두 손도 흉터투성이였다. 몇 해 후에 그 어머니는 탁아소에 찾아가서 자기 아들을 만나 보고자 하였는데, 그 아이는 이미 다섯 살쯤 되어 있었다. 아이를 찾아내어 어머니에게 데려갔을 때 그 아이는 그 여인이 자기 어머니라는 것을 알아보지 못했고 그 여인의 얼굴과 손에 가득한 흉터를 보고 놀라서 도망쳤다. 그러자 그 어머니는 엎드려 울었다. 사실 그 어머니는 그 아이가 화재로 인하여 죽게 되었을 때 아이를 불 가운데서 건져 내다가 화상을 입어서 그토록 많은 흉터가 생긴 것이었다. 하지만 이제 그녀는 자식을 사랑한 것 때문에 배척을 받은 셈이다. 사랑을 배척하는 것은 죄 중의 죄다.

복음으로 나타난 사랑은 너무나 크기 때문에 사람이 그것을 잘못 대하면 위태로운 일을 당할 수 있다. 그것을 믿음으로 받으면 즉시 구원을 얻지만 그것을 불신앙으로 배척하면 즉시 멸망한다. 그 이유는 이 사랑이 너무나 큰 것이기 때문이다. 노아 시대에도 방주에 들어가서 물에서 벗어난 사람들은 살았으나 그렇지 못한 자들은 다 죽었다. 누구든지 믿음으로 그리스도의 힘을 의지하는 사람은 구원을 받으나, 믿음을 소유하지 못하여 그리스도의 힘을 의지하지 못한 자들은 다 멸망한다(벧전 3:20-21).

그러므로 우리는 그리스도의 복음을 대할 때 생사의 갈림길에 서 있는 자처럼 신중한 태도로 그 복음을 대해야 한다. 우리는 복음과의 만남을 무한히 기쁜 일인 동시에 무한히 두려운 일로 알아야 한다. 이 일에 있어서 무관심한 태도는 금물이다.

무관심한 태도는 심령이 얼어붙은 상태임을 보여 주는데, 그것은 그리스도의 사랑을 배척하는 자리에 가까이 다가가는 위태한 태도다. 삶과 죽음의 갈림길에 서 있는 자의 마음이 어떻게 얼음과 같이 차가운 무관심 상태이겠는가?

16-17 이 사람에게는 사망으로부터 사망에 이르는 냄새요 저 사람에게는 생명으로부터 생명에 이르는 냄새라 누가 이 일을 감당하리요 우리는 수많은 사람들처럼 하나님의 말씀을 혼잡하게 하지 아니하고 곧 순전함으로 하나님께 받은 것 같이 하나님 앞에서와 그리스도

안에서 말하노라. 바울은 이러한 향기에 대한 책임을 누가 감당할 수 있겠느냐는 가상의 질문을 던진 후에(16하), 여기서 그 해답을 말한다.

전도자가 그리스도의 향기 역할을 하고자 할 때 자신의 인간적인 요인들로는 그 일을 감당할 수 없다. 인간적인 것은 인간의 영역에 머무는 것이고 그 경계를 초월하지 못한다. 전도자는 하나님의 말씀을 혼잡하게 하지 말고 있는 그대로 전해야 한다. 그는 오로지 하나님의 말씀을 그대로 나타냄으로써 그리스도의 향기가 된다. 하나님의 말씀을 혼잡하게 하지 않고 있는 그대로 나타내기 위한 구체적 방침은 다음과 같다. 곧 ① "하나님께 받은 것 같이" 전해야 한다. 하나님의 말씀을 다른 것과 섞는 일은 하나님 말씀의 권위를 모독하는 죄악이다. 그 둘을 섞는다는 것은 그 둘이 동등하다는 뜻인데 그것이 말이 되는가?

② "하나님 앞에서" 전해야 한다. 다시 말해 사도와 전도자는 하나님의 대언자이기 때문에 하나님 앞에서 그분의 감독하에 말씀을 전해야 한다. 전도자가 실제로는 교인들 앞에서 말하지만, 그는 먼저 하나님 앞에서 말하는 자가 되어야 한다.

③ "그리스도 안에서" 말해야 한다. 다시 말해 전도자는 그리스도와 연합한 사람으로서 성령의 감화를 받아 말해야 한다는 뜻이다.

이 세 가지 방법을 통하여 전하는 하나님의 말씀은 그리스도를 알게 하는 향기가 된다. 하나님의 말씀은 이렇게 감화력이 있다. 하나님의 말씀을 그렇게 전하지 않을 바에는 차라리 성경 말씀 그대로를 사람들에게 읽어 주는 것이 효과가 있다. 루터는 바르트부르크(Wartburg)라는 도시에 갇혀 있는 동안에 성경을 독일어로 번역하여 독일 사람이 그것을 읽을 수 있게 만들어 주었고, 그것은 루터에게 종교개혁에서의 승리를 가져다주었다.

설교 사탄의 간계에 대하여(고후 2:11)

1. 사탄은 어떤 존재인가?

사탄이라는 이름은 반대자라는 뜻을 지니고 있는데, 하나님을 대적하는 악신, 곧 마귀이다(계 12:9). 그가 하나님을 대적하는 악한 행위를 처음 드러낸 것은 인류의 조상 하와에게였다. 하나님은 아담과 하와에게 선악과를 먹지 말라고 명령하셨으나 사탄은 그들에게 먹으라고 부추김으로써 그들이 하나님의 명령을 거역하게 만들었다(창 3:4-5). ① 그는 언제나 사람들의 마음속에 하나님을 반대하는 생각을 불러일으키는 것으로 알려져 있다. 하나님의 선한 운동에는 방해하는 세력도 있는데 그것은 사탄이 주도하는 일이다. 그러므로 우리는 하나님의 선하심에 반대하는 사상이나 운동을 사탄의 공작으로 알고 막아야 한다. 그때 우리는 사람의 힘으로 그것을 막을 수 있다고 생각해서는 안 된다. 그것은 하나님의 힘으로만 막을 수 있는 것이며 우리는 기도할 따름이다(벧전 4:7). ② 사탄은 그의 사자들, 다시 말해 귀신들의 운동을 통해 우리에게 알려진다. 성경을 보면 복음서와 사도행전에는 귀신 들린 자들이 예수님의 이름으로 고침을 받은 일들이 많이 기록되어 있다. 이후에 교회 시대에도 그런 일들이 많이 증거되었다. 네비우스(Nevius)가 저술한 『귀신 들림』(Demon Possession)이라는 책을 보면 중국에서 귀신을 내쫓은 일들에 대해서만 수백 페이지를 할애하고 있다. 거기서 하나의 예를 들면, 중국에 "귀"라는 사람이 귀신 들렸는데 어떤 그리스도인이 그를 찾아와서 "네가 그리스도를 아는가?"라고 물었다. 그때 그 귀신이 대답하기를, "그리스도는 모든 것의 주가 되신다. 나는 이제 떠나가서 다시는 돌아오지 않겠다."라고 하였고 바로 그때 그 사람의 정신이 온전하여졌다고 한다. 여기서 우리는 특별히 독일에서 귀신을 많이 쫓아냈던 요한 블룸하르트(Johann Blumhardt)에 대해 생각해 볼 필요가 있다. 디투스(Gottliebin Dittus)라는 여자가 20년 동안 귀신 들려서 고생하였는데 블룸하르트가 7월부터 그 여자를 위하여 기도하였더니 12월에 귀신이 떠났다고 한다.

앞에서 말한 바와 같이 사탄, 혹은 마귀는 하나님과 그리스도를 대적하는 자다. 그리스도를 잘 믿을수록 사탄은 멀어진다.

2. 간계

사탄은 거짓말로 하나님을 대적한다. 그의 거짓말은 여러 가지로 형태로 나타나는데, ① 그는 하나님의 말씀을 정면으로, 또는 노골적으로 반대하는 경우가 있다. 그가 하와에게 선악과를 따 먹으라고 부추겼던 것이 그런 경우다(창 3:4-5). 하와는 그의 말을 들었을 때 그럴듯하다는 인상을 받았다. 하와가 그의 말을 듣고 선악과 열매를 보니 "먹음직도 하고 보암직도 하고 지혜롭게 할 만큼 탐스럽기도" 하였다(창 3:6). 그러나 사탄의 말은 결국 거짓말이었다. 이와 마찬가지로 오늘날에도 하나님의 말씀을 노골적으로 반대하는 사탄의 말이 세상 가운데서 강력하게 역사하고 있다. 예컨대 진화론과 같은 것이다. 진화론은 하나님이 천지 만물을 창조하셨다는 말씀(창 1장)에 반대하여 만물이 진화했다고 가르친다. 사람들이 이처럼 그럴듯하게 꾸민 거짓된 주장에 미혹을 당하지만, 그러한 주장이 잘못되었다는 것을 깨달을 수 있는 자는 오직 성령의 감화를 통하여 성경이 옳은 줄 아는 사람뿐이다. ② 그는 헛된 영광을 미끼로 거짓을 믿도록 간계를 꾸미기도 한다. 이 세상 사람들 가운데는 당장 부자가 되거나 큰 권세를 얻기 위해 불의한 방법을 동원하는 자들이 부지기수다. 그들은 사탄의 간계에 걸려든 자들이다. 예수 그리스도께서는 우리를 구원하시기 위하여 자기가 친히 허영심을 부추기는 사탄의 시험을 이기셨다. 사탄이 그에게 와서 말하기를 "만일 내게 엎드려 경배하면 이 모든 것을 네게 주리라"고 했을 때 그는 대답하시기를 "사탄아 물러가라"고 하셨다(마 4:8-10). 하나님의 영광을 구하지 않고 자기의 영광을 구하는 것은 모두 다 사탄의 간계에 빠진 행위다. ③ 예수 그리스도께서 죽음을 통해 신자의 죄악을 대속하신 사실을 가려 버리는 것은 모두 사탄의 활동이다. 예수님께서 속죄의 죽으심에 대하여 제자들에게 가르치시자 베드로가 그리하지 마시기를 간청했을 때 예수님께서 말씀하시기를 "사탄아 물러가라"고 하셨다(마 16:21-23). 오늘날 우리 그리스도인들은 예수 그리스도의 죽으심으로 말미암아 속죄받은 은혜를 얼마나 풍성하게 누리고 있는가? 그리스도의 속죄를 전하는 것이 기독교 전도의 전부인데, 오늘날 강단에서 전도자들이 이 진리를 바로 전파하는가?

제 3 장

개요

바울은 거짓 스승들로 인하여 어지러워진 고린도 교회가 자신과 정상적인 관계를 회복할 수 있도록 그들에게 다음과 같은 사실들을 가르친다.

1. 바울은 고린도 교인들이 거듭나서 복음을 믿게 된 일이 바울 자신으로 말미암은 것이라는 사실을 되새겨 준다(1-3절). 거짓 스승들은 추천서를 받아 와서 고린도 교회에 침투하였으나 바울 일행은 그럴 필요가 없었다. 바울은 고린도 교회의 창설자이며 그 교회의 양떼를 복음으로 거듭나게 한 당사자다. 이런 의미에서 바울이 지닌 추천서는 고린도 교회 그 자체다.[12] 바울은 거짓 스승들과 달라서 사역의 배경으로 인간을 의지하지 않고 오직 하나님께만 의지한다고 말한다(4-5절). 그가 교회 앞에서 인정받을 수 있는 자격은 그리스도로 말미암아 성립된 그의 사도직인데(4절), 그러한 자격은 하나님에게서 유래한 것이다. 유대주의자들은 바울이 지녔던 "이런 확신"을 가지

12) Wendland, vgl. 1Kor. 9:2. "in Empfehlungsbrief ist ganz ander Art:Namlich die Gemeinde selbat."

지 못했다.

사람의 추천서 같은 것에 의지해야만 하는 교역자는 그만큼 독립적인 인격을 갖추지 못한 것이다. 그런 교역자는 자신의 영적 능력이 부족함을 스스로 증거하고 있다.

교역자는 그리스도의 편지를 가져야 한다. 여기서 그리스도의 편지란 그의 전도를 통해 그리스도를 믿는 신자들을 가리킨다. 그의 전도를 통해 그리스도인들이 생기는 원인은 그의 사역에 살아 계신 하나님의 영의 역사가 나타나기 때문이다. 성령은 외부에서 역사하기보다 심령 깊은 곳에서 역사하신다. 누가 사람의 심령 깊은 곳에 들어가서 복음을 그의 마음판에 새겨 주겠는가? 이는 오직 성령께서만 하실 수 있는 일이다. 이것은 사색으로 이루어지는 일이 아니다. 키에르케고르(Kierkegaard)는 사색의 내향성을 주장함으로써 심령의 생명을 보존하려 하였으나, 그것도 여전히 외부적인 방법에 불과하다. 영은 영으로만 지배할 수 있는 것이다. 살아 계신 하나님의 영이 신약 시대에 역사하시는 방식은 외형적인 돌비에 기록하는 일과 같은 것이 아니다. 모든 외형주의와 사업 우선주의는 여전히 돌비에 글을 새기는 것과 같은 일들이다. 살아 계신 하나님의 영의 역사를 의지하는 신앙은 사람이 무엇을 하기 위해 나서지 않고 뒤로 물러서서 하나님이 일하시는 때를 고요히 기다리는 태도로 나타난다. 오늘날 요구되는 것은 자기 얼굴을 남들에게 드러내지 않고 아무도 모르게 성령의 역사에 사용되는 일꾼들이다. 오늘날 교계에 활동가들은 많으나 교회의 일들은 진척이 되지 않는데 그 원인이 어디 있는가? 그것은 성령의 역사를 잠잠히 의뢰하지 않는 일꾼들이 활동하기 때문이다. 이런 일꾼들은 자기 자신에게서 난 것으로 주님의 일을 하려고 하는 자들이다. 그러나 진정한 복음의 종은 자기에게서 난 것으로 만족하지 않고 오직 하나님에게서 난 것으로 만족할 줄 안다(고후 3:4-5).

2. 바울은 고린도 교인들에게 신약의 사역이 구약의 사역보다 우수한 것임을 지적함으로써 자신에 대한 고린도 교인들의 인식을 정상화하려고 한다(6-8절). 유대주의적인 거짓 스승들은 실상 복음의 영광을 이해하지 못하였고 여전히 모세의 율법에 치중하였다. 그러나 바울은 여기서 자신의 사역이 구약보다 우수한 신약의 복음에 속한 것임을 지적한다. 이 부분에서 그는 신약의 영광, 곧 하나님에 관한 신약의 계시가 구약의 계시보다 얼마나 영화로운지를 지적하였다.[13] 신약의 복음 사역은 이처럼 더욱 큰 영광이 있는 것이기 때문에 고린도 교회 교인들은 그 사역에 종사하고 있는 바울의 중요성을 깨달아야 한다. 바울의 중요성과 그의 능력은 그 자신에게서 나온 것이 아니고 그가 맡은 사역 자체에 달린 것이다.[14] 바울이 신약의 사역과 구약의 사역을 구체적으로 비교한 내용은 다음과 같다.

구약 시대 "율법 조문"의 영광도 컸다. 이스라엘 자손들은 그 영광을 감히 쳐다보지 못하였다(출 34:29-30). 그러나 신약의 복음 사역은 더욱 영화롭다. 왜냐하면 그것은 ① 영에 속한 직분이고, ② 살리는 것이고, ③ 의롭게 하는 것이고, ④ 영원히 있을 것이기 때문이다. 율법의 영광은 영구하지 않은 것이기 때문에 모세는 수건으로 그의 얼굴 광채를 가려서 보이지 않게 하였다. 다시 말해 그 광채가 점차 없어지는 것을 이스라엘 사람들이 보지 못하도록 그는 말을 다 한 뒤에 얼굴을 수건으로 가렸다(출 34:33-35). 하나님께서 이렇게 이스라엘 백성들이 구약 사역의 종결을 보지 못하게 하신 것은 그들의 불신앙에 대한 일종의 벌이었다. 구약의 사역이 끝난다는 것은 메시아로 말미암는 신약의 시대가 도래할 것이라는 뜻이다. 그러나 모세는 이스라엘 백성들이 그러한 사실을 보지 못하게 하였다. ⑤ 그뿐 아니라 수건이 모세

---

13) Grosheide, Tweede Brief Aan Korinthe, 138. "nu liedt Paulus daar bovenal uit af, dat de nieuwe diakoni,a veel heerlijker is dan de oude."

14) idem. 138. "Zijn waardigheid en zijn kracht komt van de bediening, in welke hij staat."

의 얼굴을 가린 것처럼 구약 계시는 가려진 측면이 없지 않다. 그러나 신약 계시는 그와 정반대다. 그것은 명확하며 자유롭게 드러나 있다(고후 3:17). 이렇게 명확한 계시를 통해 우리는 주님의 영광을 보며 그리스도의 영광을 닮아 간다(18절). ⑥ 신약 계시는 그것을 보는 자마다 주의 형상을 이루어 가게 만들어 준다(18절). 왜냐하면 신약의 계시는 성령으로 말미암아 우리 심령 깊은 곳에서 역사하기 때문이다. 우리가 주님을 바라보는 날에는 우리도 완전히 그와 같이 된다. 요한1서 3:2에 말하기를, "그가 나타나시면 우리가 그와 같을 줄을 아는 것은 그의 참모습 그대로 볼 것이기 때문이니"라고 하였다.

⚜ 해석

2. 사도직의 영광(3:1-6:10)

(1) 신약의 사역이 구약의 사역보다 우수함(3:1-11)

1 **우리가 다시 자천하기를 시작하겠느냐 우리가 어찌 어떤 사람처럼 추천서를 너희에게 부치거나 혹은 너희에게 받거나 할 필요가 있느냐.** 바울은 앞 장 말씀에 이어 여기서도 자신의 사역이 위대한 것임을 알려 준다. 어떤 거짓 스승들이 자신들을 소개하는 추천서를 가지고 고린도 교회를 방문하였다. 그러나 바울은 자신이 그런 추천서를 제출할 필요조차 없이 고린도 교회와 신뢰 관계를 유지하고 있으며 피차간에 서로 분리될 수 없을 만큼 친밀한 사이라는 점을 지적한다.

2 **너희는 우리의 편지라 우리 마음에 썼고 뭇 사람이 알고 읽는 바라.** 바울이 고린도

교인들을 가리켜 "우리의 편지"라고 한 것은 그들에게서 이루어진 복음 사역을 근거로 바울이 참된 하나님의 종이라는 사실을 알 수 있다는 의미다.

바울은 이러한 사실에 대하여 확신하였기 때문에 그것이 바울과 그의 동역자의 마음에 기록된 편지와 같다고 말한다. 다시 말해 그는 언제든지 고린도 교인들을 자기의 복음 전도의 결과로 맺은 열매로 인식한다는 것이다. 그는 그 사실을 다른 사람들도 잘 알고 있다고 다짐한다. 바울이 다른 사람들에 대해서는 설령 앞에 말한 것과 같은 관계를 지니지 못했다고 할 수 있을지 모르지만(물론 다른 사람들에게도 그는 사도다), 고린도 교인들에게는 더욱 그러하다고 일찍이 말하였다(1:12-14).

3 너희는 우리로 말미암아 나타난 그리스도의 편지니 이는 먹으로 쓴 것이 아니요 오직 살아 계신 하나님의 영으로 쓴 것이며 또 돌판에 쓴 것이 아니요 오직 육의 마음판에 쓴 것이라. "그리스도의 편지"라는 말은 그리스도께서 써 주신 편지라는 뜻인데, 말하자면 성령으로 거듭난 신자의 심령 상태를 가리킨다. 신자의 심령은 하나님의 말씀에 순종하도록 성령으로 말미암아 부드러워진다. 이는 에스겔 36:26의 예언이 성취된 것이다. 바울은 여기서 이 예언의 말씀을 염두에 두고 말하기를, "돌판에 쓴 것이 아니요 오직 육의 마음판에 쓴 것이라"라고 하였는데, "돌판"은 깨질 수 있는 임시방편적인 서판을 의미하는 것으로서 모세의 율법을 연상시키는 반면, "육의 마음판"은 살점과 같이 부드러운 마음의 서판을 가리킨다. 살점과 같이 부드러운 마음판은 거듭난 마음으로 순종적인 성향을 지닌 것이다.

4-5 우리가 그리스도로 말미암아 하나님을 향하여 이같은 확신이 있으니 우리가 무슨 일이든지 우리에게서 난 것 같이 스스로 만족할 것이 아니니 우리의 만족은 오직 하나님으로부터 나느니라. 여기 말한 대로 사도 바울은 자신이 이처럼 놀라운 사역자라고 자처하며(2:15-17; 3:1-3) 심지어 하나님을 향해서도 확신을 표현한다. 그만큼 그의 사명감은 견고하였다. 그가 이렇게 하나님을 향해서까지 흔들림 없

이 자기가 어떠한 자임을 확신하게 된 이유를 3:5이 밝혀 준다. 한마디로 그가 앞에 말한 것처럼 사역자로서 큰 확신을 지니는 이유는, 그가 스스로 사역자가 된 것이 아니고 하나님이 그렇게 만들어 주셨기 때문이다. 여기서 이른바 "스스로 만족한다"라는 것은 자력으로 사역자가 될 자격을 만든다는 것인데, 바울은 여기서 자신은 그렇지 않다고 말한다. 그는 자신이 사역자가 된 것이 오직 하나님에게서 비롯된 일이라고 확신한다. 이 같은 확신이 없는 자는 하나님의 말씀을 담대하게 전할 수 없고 흔들림 없이 그 사명을 수행할 수 없을 것이다.

여기서 "만족"(ἱκανότης)이라는 표현은 심리적인 쾌감을 뜻하는 것이 아니고 사역자로서 갖추어야 할 능력과 재능을 소유했다는 의미다.[15)]

6 그가 또한 우리를 새 언약의 일꾼 되기에 만족하게 하셨으니 율법 조문으로 하지 아니하고 오직 영으로 함이니 율법 조문은 죽이는 것이요 영은 살리는 것이니라. "새 언약"이라는 표현은 옛 언약을 연상시키는 말이다. 옛 언약은 주로 하나님께서 아브라함에게 주신 언약을 근간으로 삼는다. 새 언약은 메시아로 말미암은 축복을 내포하는 것인데, 그 축복은 창세기 12, 15, 22장에 기록된 것처럼 "네 자손으로 말미암아 천하 만민이 복을 받으리라"고 하신 말씀에 그 핵심이 담겨 있다(갈 3:16). 여기서 "네 자손"이라는 말은 장차 아브라함의 계통에서 출생하실 그리스도를 의미한 것이다. 옛 언약은 이것을 주축으로 전개되었는데, 후일에 선지자들의 예언도 이것을 최후의 소망으로 삼고 이스라엘 백성을 가르친 것이다. 모세에게 주신 율법을 구심점으로 삼은 언약은 옛 언약을 폐지하는 것이 아니고, 다만 재래의 언약 체제에 가입된 것뿐이다. 그것은 은혜의 약속을 율법의 제도로 바꾸는 것은 아니었다. 그것은 다만 죄인으로 하여금 자기가 죄인인 사실을 밝히 깨닫게 하려는 것뿐이다. 그렇다면 그것은

---

15) Grosheide, "het hebben van voldoende krachten, gaven, middelen voor een bepaalde taak."

약속, 곧 은혜를 거스르는 것이 아니고 도리어 사람으로 하여금 죄를 깨닫게 하여 자기 자신의 무능을 깨닫고서 은혜의 제도 아래로 도피하게 하려는 것뿐이다(갈 3:15-22). 그러므로 언약, 곧 은혜의 제도는 그 본질에 있어서 털끝만치도 변하지 않고 영구히 존속하여 내려온 것이다. 그러므로 구약의 성도들도 이 언약을 바라보는 믿음으로 구원을 얻은 것이고 율법을 행한 공로로 얻은 것은 아니다. 아브라함 자신이 믿음으로 말미암아 의를 얻었고, 노아 역시 믿음을 따르는 의의 상속자가 되었다(히 11:7). 이렇게 옛 언약도 은혜의 체제에 속하였다. 그것이 결국 그리스도께서 오심으로 말미암아 성취되었으니, 이렇게 성취된 형태대로 계시와 생명을 가져다주는 것이 곧 새 언약이다. 그러므로 새 언약은 그 본질에 있어서 옛 언약과 다르지 않다. 다만 그 형태에 있어서 옛것과 새것이 서로 달라진 점이 나타날 뿐이다. 이를테면 옛것은 씨앗이요 새것은 열매이며, 옛것은 주로 외부적 형태로 하나님의 백성에게 임하고 새것은 주로 영과 진리로 임하는 것이다. "새 언약의 일꾼 되기에 만족하게 하셨다"는 것은 그런 일꾼으로서 합당하게 만들어 주셨다는 의미다.

여기서 "율법 조문"이란 것은 무엇인가? 오리게네스(Origen)는 이것이 성경에 대한 문자적 해석을 가리킨다고 주장하면서 이런 문자적 해석은 영혼을 살리지 못하고 죽이는 것이라고 하였다. 그리하여 그는 풍유적 해석을 취하고 그것으로만 듣는 자들을 살릴 수 있다고 주장하였다. 그러나 이 같은 해석은 "율법 조문"이라는 문구를 잘못 해석한 것이고 성경에 대해서도 올바르지 못한 견해를 보인 것이다. 여기서 "율법 조문"은 율법 자체를 의미한다. 율법은 사람을 정죄할 뿐이며 죽이는 일밖에 할 수 없는 것이다. 그리고 여기서 "영"은 성령을 의미하는데, 그는 신약의 일꾼 된 자가 복음을 전할 때 듣는 자들을 살리시는 하나님이시다. "살리는 것"이라는 말은 ① 복음 사역을 통하여 믿는 자에게 칭의의 은혜가 주어지고 그들을 본래 정죄당했던 상태에서 구원하는데, 이것이 살게 함이고(롬 8:10), ② 복음과 함께 역사하는 성령이 우리를 중생케 하여 우리의 심령을 하나님의 형상으로 변화시키는데(엡 4:24), 이것 역시 살게 함이고, ③ 복음으로 말미암아 거듭난 자들은 하나님 대하기를 죄인이 심판자를 대함과 같이 하지 않고 아들이 아버지를 대함과 같이 하는데, 이것 역시 살게 함이다(롬 8:15).

구약도 물론 은혜의 약속을 가진 것이라는 점에서는 살리는 사역을 한다. 모세의 율법 자체도 속죄제물을 드리는 것과 같은 은혜의 제도를 내포하고 있으니 그것 역시 살리는 요소다. 그러므로 예수님께서 말씀하시기를 "모세를 믿었더라면 또 나를 믿었으리니 이는 그가 내게 대하여 기록하였음이라"라고 하셨다(요 5:46). 그러나 바울이 여기서 "율법 조문"이라고 말한 것은 그런 은혜의 요소들을 가리킨 것이 아니고 구약, 특히 모세의 책에서 빈번하게 가르친 도덕적 율법을 염두에 둔 것이다.[16]

7-11 돌에 써서 새긴 죽게 하는 율법 조문의 직분도 영광이 있어 이스라엘 자손들은 모세의 얼굴의 없어질 영광 때문에도 그 얼굴을 주목하지 못하였거든 하물며 영의 직분은 더욱 영광이 있지 아니하겠느냐 정죄의 직분도 영광이 있은즉 의의 직분은 영광이 더욱 넘치리라 영광되었던 것이 더 큰 영광으로 말미암아 이에 영광될 것이 없으나 없어질 것도 영광으로 말미암았은즉 길이 있을 것은 더욱 영광 가운데 있느니라. 바울은 여기서 구약에서 모세가 수행한 사역과 신약에서 복음이 수행하는 사역이 서로 어떻게 대비되는지를 보여 준다. 모세의 율법은 대표적으로 말하자면 돌에 새긴 것이니 장차 신약으로 계승될 것이었고 영원하지 못한 것이다. 그것은 죽이는 것이며, 정죄하는 것이며, 없어질 것이다. 그러나 신약의 복음 사역은 영적인 것이고, 의를 주는 것이며, 또한 영원히 존속할 것이다. 이처럼 바울은 복음의 사역이 더욱 위대한 것이라고 여기서 밝혀 준다. 모세가 백성에게 율법을 전해 줄 때 그들이 감히 모세의 얼굴을 주목하지 못한 이유는 그의 얼굴이 빛났기 때문

---

16) Calvin's Commentaries on Corinthians, II, 173.

이었다(출 34:29-35). 이 사건은 율법 사역의 영광을 상징하는 것이다. 이제 복음과 율법의 차이점을 고린도후서 3:3 이하의 모든 말씀을 통해 총괄적으로 대조하자면, ① 율법은 옛 언약의 일부로서 율법 조문, 사망, 돌비에 새긴 것, 임시성, 정죄하는 것, 덜 영광스러움, 다소 모호함 등의 특징을 지니는 것이며, ② 복음은 새 언약의 핵심으로서 성령으로 말미암음, 생명을 줌, 마음 판에 새긴 글과 같음, 영원함, 의를 줌, 극히 영광스러움, 명백함 등의 특징을 지니는 것이다.

바울은 이같이 신약의 복음 사역을 맡은 직분이 얼마나 위대한 것인지를 지적하면서 결론적으로 계시의 최종성을 강조한다. 다시 말해 이 사역은 영원히 존속할 것이라고 하였으니(11절) 더 이상의 보충이 필요하지 않은 절대 완전한 계시라는 것이다. 그러므로 신약의 말씀을 전파하는 자나 듣는 자는 구원 사역이 그 이상 더할 것이 없는 하나님의 마지막 말씀인 줄 각오해야 한다.

(2) 신약의 복음 사역자들의 담대함에 대하여(3:12-4:6)

12 우리가 이같은 소망이 있으므로 담대히 말하노니. 앞에서 말한 바와 같이 바울이 실행하고 있는 신약의 복음 사역은 영원토록 변할 수 없는 영광을 지닌 것이었다. 그런 이유에서 그는 복음을 전할 때 조금도 위축되지 않고 담대하게 말할 수 있었다. 그러므로 바울이 그의 사역에서 보여 준 실행력은 바울 자신에게서 난 것이 아니고 신약의 복음 자체에서 유래하는 것임을 우리가 알 수 있다.

13 우리는 모세가 이스라엘 자손들에게 장차 없어질 것의 결국을 주목하지 못하게 하려고 수건을 그 얼굴에 쓴 것 같이 아니하노라. 출애굽기 34:35에 말하기를, "이스라엘 자손이 모세의 얼굴의 광채를 보므로 모세가 여호와께 말하러 들어가기

까지 다시 수건으로 자기 얼굴을 가렸더라"라고 하였다. 바울은 고린도후서 3:13에서 출애굽기 말씀을 해석한다. 이 해석에 따르면 모세가 수건으로 얼굴을 가린 데는 이유가 있었다. 그것은 다름 아니라 그의 얼굴에 비쳤던 영광이 떠나는 것을 백성들이 주목하지 못하게 하려는 것이었다. 그렇다면 모세의 사역, 다시 말해 율법의 영광은 끝나는 때가 있음을 암시한 것이므로, 모세의 사역 자체는 장차 복음이 도래할 것을 멀리 내다본 것이다. 여기서 문제는 하나님께서 어찌하여 그때 이스라엘 백성들이 이러한 사실을 내다보지 못하도록 하기 위하여 모세의 얼굴을 수건으로 가리셨는가 하는 점이다. 이 점에 대하여 몇 가지 해석이 있다. ① 구약의 계시는 대체로 최종적인 명확성을 지니지 않고 그림자나 청동거울처럼 희미하게 나타나 그 당시 사람들로 하여금 소망 중에 믿도록 하였다고 한다. ② 하나님께서 그들로 하여금 당시 모세의 율법 사역이 복음으로 말미암아 교체될 사실을 보지 못하게 하신 이유는 그들의 구원이 예정되지 않았기 때문이라는 해석도 있으나 이는 자연스럽지 않다. ③ 하나님께서 이처럼 모세가 얼굴에 수건을 쓰도록 하신 것은 그 당시 이스라엘 백성이 완악하여 여호와 하나님을 불신앙하는 죄가 컸기 때문에 그에 대한 벌로써 그들이 율법의 임시성을 보지 못하게 하신 것이라고 한다. 이러한 해석이 합당하다고 말할 수 있는 이유는, 성경에서 하나님의 심판이 보는 자로 하여금 보지 못하게 만들며 보지 못하는 자로 하여금 보게 만드는 특징을 지니고 있음을 빈번하게 나타내고 있기 때문이다(요 9:38-41). 다시 말해 하나님은 누구든지 교만하게 스스로 본다고 생각하면서 주님의 계시를 어린아이같이 받들지 않는 자를 배척하신다. 일례로 예수님 당시의 유대인들이 얼마나 이 같은 영적 심판을 받았는가!

14 그러나 그들의 마음이 완고하여 오늘까지도 구약을 읽을 때에 그 수건이 벗겨지지 아니하고 있으니 그 수건은 그리스도 안에서 없어질 것이라. 바울은 앞절에서도 자기의 사역은 "수건을 그 얼굴에 쓴 것 같이 아니하고" 명확하다고 하였다. 신약의

복음 사역은 모세의 사역과 달리 이처럼 명확하였다. 그럼에도 불구하고 바울 당시 유대인들의 마음이 완강하여 구약을 읽으면서도 그리스도의 복음에 대한 예언을 밝히 보지 못하고 수건이 그 마음에 가려진 것처럼 되었다고 한다. 모세의 얼굴에 나타났던 광채가 사라지는 것을 백성들이 보지 못하게 하려고 수건으로 가린 것이 바울에게는 예언적인 의미를 가진 사건이었다. 하나님께서 모세에게 그 얼굴의 광채를 가리도록 지시하신 것처럼 유대인들은 대체로 마음이 완강하여서 구약성경을 읽으면서도 예수 그리스도의 복음에 대한 암시를 발견하지 못한 것이 사실이다. 예수님을 그리스도로 믿지 않은 유대인의 불신앙 역사는 우연한 사건이 아니다. 구원이 유대인에게서 시작되었으나 도리어 그 나라의 자손들은 그것을 배척해 온 것이 오늘날까지의 상황이다. 과연 기독교 역사는 "로 암미"(לֹא עַמִּי), 곧 "내 백성 아닌 자"가 도리어 하나님의 백성으로 받아들여지는 것을 보여 주고 있다.

"그 수건은 그리스도 안에서 없어질 것이라." 이 말씀의 뜻은 누구든지 먼저 그리스도를 믿기 전에는 구약의 말씀을 올바로 깨닫지 못한다는 것이다. 계시의 말씀은 인간이 스스로 깨닫기 어려운 진리를 주는 것인데 인간은 이를 믿어야 한다. 대문이 굳게 잠긴 집 안에 무엇이 있는지 알고자 한다면 문을 열어 놓고 들어오라고 할 때 들어가 보아야만 알 수 있는 것이고 밖에서는 알지 못할 것이다. 그와 마찬가지로 기독교 성경의 내용을 밝히 깨닫기 위해서는 그 말씀의 성취로 오신 그리스도를 믿음으로 그 안에 들어가야 한다. 세상의 다른 일들은 앎에서 시작하여 믿음에 도달하지만, 기독교의 도리는 믿음에서 시작하여 앎에 도달하는 진리다. 성경말씀에 대하여 우리 마음을 덮고 있는 수건은, 그리스도를 믿는 믿음이 얼마나 진실한 때에 벗겨질 수 있다.

15-16 오늘까지 모세의 글을 읽을 때에 수건이 그 마음을 덮었도다 그러나 언제든지 주께로 돌아가면 그 수건이 벗겨지리라. 이것은 앞의 14절 말씀을 해석적으로 다시

진술한 것이다. 특별히 "주께로 돌아가면"이라는 표현은 14절의 "그리스도 안에서"라는 말씀을 좀 더 구체적으로 설명해 준다. 사람이 그리스도 안에서 살려면, 죄를 회개하고 주님께로 돌아가야 한다. 그리스도 안에서 산다는 것은 결단코 어떠한 추상적인 생활방식을 뜻하지 않고 가장 단순하고 구체적인 생활을 말하는 것이다. 다시 말해 예수를 그리스도로 믿지 못하는 악한 마음을 버리고 믿는 데로 돌아오는 실제적인 행위를 의미한다. 여기서 이른바 "돌아가면"이라는 말은 극히 실제적인 삶을 지적한다.

17 주는 영이시니 주의 영이 계신 곳에는 자유가 있느니라. 여기서 "주"라는 호칭은 예수님에 대하여 특히 부활 이후에 많이 사용되어 있다. 공관복음에서는 이 호칭이 비교적 드물게 사용되었다. 그런 이유에서 종교사학파에 속하는 빌헬름 부세(Wilhelm Bousset)는 이것이 이방 종교에서 사용하던 신의 명칭이었는데 바울이 그것을 예수님에 대하여 사용하기 시작하였다고 주장한다. 이교의 종파들은 그들의 신을 주(κύριος)라고 불렀으며 신들이 그들의 집회 가운데 현림하는 것으로 생각하였다고 한다. 그러나 부세의 이러한 학설은 옳지 않다. 그 이유는 다음과 같다. ① 바울은 시종일관 그 시대의 이방 종교들을 저주하였다(행 14:11-18 참조). 이처럼 맹렬하게 이교를 증오하는 바울이 어떻게 이교를 모방했다는 것인가? ② "주"라는 이름은 구약에 무수히 나오는 "여호와"(יְהוָה)를 헬라어로 번역한 것이다(70인역 헬라어 성경에서). 바울은 70인역 헬라어 성경을 사용하였는데, 예수를 여호와 하나님의 성육신으로 믿는(딤전 3:16) 그에게 있어서 부활하시고 승천하신 예수님을 주라고 부르는 것은 아주 자연스러운 일이었다. ③ 예수를 가리켜 주라는 표현을 사용한 것은 서신들에 국한된 것이 아니며, 예수님께서 지상에 머물러 계실 때도 받으셨던 명칭이다. 그뿐 아니라 고린도전서 16:22에 "마라나타"(주께서 임하시느니라)라는 아람어 표현이 등장하는데, 이것은 예루살렘 최초의 사도들 가운데서 이미 사용되고 있던 말인 것이 분명하다. 왜냐하면 아람어는 팔레

스타인 사회에서 주로 사용되던 통용어이기 때문이다.

여기서 "주"라는 말은 물론 영광을 받으신 하늘에 계신 예수님을 가리킨다. 예수님은 땅에 계실 때도 만유의 주 하나님이시라는 명칭을 스스로에 대하여 사용하셨다. 그러나 승천하신 후에는 이 명칭이 더욱 그에게 사용될 단계에 이른 것이다. 승천하신 예수님은 그가 보내신 보혜사 성령으로 말미암아 땅 위에서 구원 역사를 진행하고 계신다. 이렇게 영적 구원 사역이 실행되는 곳에는 "자유"의 은혜가 있다. "자유"라는 것은 사람을 율법의 정죄에서 놓아 주는 것이며 또한 수건이 가려진 것과 같아서 깨달을 수 없었던 성경을 이제부터 깨닫게 됨을 의미한다.

18 우리가 다 수건을 벗은 얼굴로 거울을 보는 것 같이 주의 영광을 보매 그와 같은 형상으로 변화하여 영광에서 영광에 이르니 곧 주의 영으로 말미암음이니라. 그리스도인은 그리스도 안에 있기 때문에 성경을 깨닫는 은혜를 받아 비록 거울을 보는 것처럼 희미하기는 하지만 주의 영광에 대한 계시를 보기 때문에 그의 영혼이 점점 성화되어 주님께 가까워진다. 이것은 물론 성령의 역사로 이루어지는 일이다. 사도 요한도 요한1서 3:2에서 주님을 참되게 아는 정도에 따라 주님의 성결을 그만큼 소유하게 된다고 가르친다. 거기서 말씀하기를 "사랑하는 자들아 우리가 지금은 하나님의 자녀라 장래에 어떻게 될지는 아직 나타나지 아니하였으나 그가 나타나시면 우리가 그와 같을 줄을 아는 것은 그의 참 모습 그대로 볼 것이기 때문이니"라고 하였다. 여기서 사도 요한은 그리스도를 대면하여 보는 일이 곧 성도의 자격을 완성시킨다고 가르친다.

설교 우리는 주를 봄으로써 주의 형상으로 변화되어 간다(고후 3:12-18).

1. 거울을 보는 것같이 주의 영광을 봄

우리가 주님의 영광을 전적으로 보는 것은 아니지만 희미하게나마 볼 수는 있다. 그를 보는 것이 이처럼 희미한 이유는 우리의 심령이 조상 때부터 죄로 물들어 어두워졌기 때문이다. 이사야 59:1-2에 말하기를, "여호와의 손이 짧아 구원하지 못하심도 아니요 귀가 둔하여 듣지 못하심도 아니라 오직 너희 죄악이 너희와 너희 하나님 사이를 갈라 놓았고 너희 죄가 그의 얼굴을 가리어서 너희에게서 듣지 않으시게 함이니라"라고 하였다. 우리가 흐린 날에 해를 뚜렷이 보지는 못한다 하더라도 여전히 날이 밝다는 것은 알 수 있다. 그것 역시 햇빛의 영향이다. 우리는 그 정도라도 주님의 영광을 바라볼 수 있는 것을 귀하게 여기고 사모하여야 한다.

2. 주님을 보는 방법

1) 신앙으로만 주님을 볼 수 있다. 우리는 주님을 육안으로 보는 것이 아님을 확실히 기억해야 된다. 육안으로 보는 것은 우리를 그리스도의 형상으로 변화시키지 못한다. 우리가 주님을 보는 것은 믿음으로 말미암는 일이다. 믿는 것은 우리 인격의 가장 깊은 곳에 자리 잡은 영이 하는 일이기 때문에 믿음으로 주와 접촉하는 일은 우리의 영으로 하여금 주님의 형상을 닮아 가게 만드는 것이다. 믿음은 외부적인 것이 아니고 심령 깊은 곳에서 이루어지는 것이다. 이처럼 주님을 보는 일은 하나님의 말씀과 예배 및 기타 행위를 통하여 희미하게나마 이루어지는 것이다. 우리는 단기간에, 혹은 단번에 완전해지기를 기대하면 안 된다. 우리는 신앙으로 주님을 바라보고자 할 때 ① 길을 지나는 행인이 주변 경치를 구경하는 것처럼 보려고 해서는 안 된다. 그것은 너무도 무성의하게 주님을 만나려 하는 것이다. ② 우리는 조급한 생각으로 단시일에 주님을 보려고 해서도 안 된다. 우리는 어두운 곳에 있다가 갑자기 밝은 곳으로 나올 때 거기 있는 것들을 금방 자세히 볼 수 없다. 그와 마찬가지로 우리는 죄악 세상에 오래 머물러 있었기 때문에 그처럼 속히 주님을 보기는 어렵다. 우리는 시간을 들이고 정성을 바쳐서 오래 참으면서 주님

을 보려고 노력해야 한다.

2) 정결해짐으로써 주님을 볼 수 있다. 죄를 그대로 두고는 주님을 볼 수 없다. 마태복음 5:8에 "마음이 청결한 자는 복이 있나니 그들이 하나님을 볼 것임이요"라고 하였다. 요한1서 3:3에는 "주를 향하여 (주와 같이 되고자 하는) 이 소망을 가진 자마다 그의 깨끗하심과 같이 자기를 깨끗하게 하느니라"라고 하였다. 자기를 깨끗하게 하는 방법은 ① 악한 친구에게서 떠나는 것이고, ② 은밀한 죄를 떠나는 것이고, ③ 하나님의 임재를 사모하는 것이다.

제 4 장

⚜ 개요

1-6절. 이 단락에서는 사도 바울이 그에게 맡겨진 사역을 어떻게 수행했는지를 명시하고 있다. ① 그는 낙심하지 않았다. 그가 이처럼 끈기 있게 사역하고 활동할 수 있었던 것은 "하나님의 긍휼"의 지원을 받았기 때문이다(1절). ② 그는 자기 자신을 정결하게 지킴으로써 다른 사람이 모르는 부끄러운 일도 행하지 않았다(2절). ③ 또한 그는 하나님의 말씀을 있는 그대로 드러내었다. 만일 복음이 가려졌다면 그것은 멸망하기로 작정된 자들에게 국한된 것이었다(3-4절). ④ 그는 오직 "그리스도 예수의 주 되신 것"을 전파하였다(5절).

전도자들의 사명은 사상을 전하는 것이 아니라 듣는 자들이 살아 계신 예수 그리스도를 주님으로 받도록 하는 것이다. 이 일을 위해서 전도자 자신은 모든 영혼의 종으로만 존재해야 한다. 그렇게 하지 않으면 그들 자신이 주가 된다. 오직 예수 그리스도만 전파되어야 하는 이유는 그리스도야말로 하나님을 알게 하는 빛과 같기 때문이다(6절). 우리가 맑은 하늘에 밝은 햇빛을 보는 것도 기쁜 일인데, 하나님을 알게 하는 그리스도의 복음의 빛이 우리 마음에 비칠 때 그 기쁨이 얼마나 크겠는가?

7-18절. 여기서는 바울이 여러 가지 역경과 고난을 당하면서도 낙심하지 않고 끝까지 복음으로 사역하는 사정에 대하여 진술한다. 그는 넘어져도 다시 일어나고 힘을 내어 담대하게 앞으로 나아갔다. 그가 그렇게 할 수 있었던 비결은 자신에게 있지 않고 오직 하나님께서 도우시는 능력에 있었다. 그는 다음 몇 가지 동기로 인해 낙심하지 않았다. ① 신앙이 낙심을 이긴다(13절). ② 부활에 대한 소망이 낙심을 이긴다(14절). ③ 그의 사역이 교회에 유익이 된다는 사실을 생각함으로써 낙심을 이긴다(15절). ④ 모든 고난을 이김으로써 영혼이 더욱 새로워진다는 사실이 낙심을 이기게 해 준다(16절). ⑤ 영원한 내세의 영광을 바라봄으로써 낙심을 이긴다(17절)(Matthew Henry).

⚜ 해석

1 그러므로 우리가 이 직분을 받아 긍휼하심을 입은 대로 낙심하지 아니하고. 여기서 "긍휼하심을 입은 대로"라는 말은 바울이 받은 직분과 관련된 것이다. 따라서 번역도 그러한 사실을 반영해야 한다. 그렇다면 "이러하므로 우리가 긍휼하심을 입어 이 직분을 받았으니 우리는 낙심하지 않는다"라고 해야 한다. 하나님이 주신 직분을 받은 자가 어찌 낙심하겠는가?

2 이에 숨은 부끄러움의 일을 버리고 속임으로 행하지 아니하며 하나님의 말씀을 혼잡하게 하지 아니하고 오직 진리를 나타냄으로 하나님 앞에서 각 사람의 양심에 대하여 스스로 추천하노라. "숨은 부끄러움의 일"이란 다른 사람들이 알지 못하고 혼자서만 아는 자신의 불의를 가리킨다. "속임"은 거짓 선생들이 해 온 것처럼 사도인 척하며 외식하는 것을 가리킨다.

"하나님의 말씀을 혼잡하게 하지 아니하고." 이에 대해서는 2:17의 해석을 참조하라.

"하나님 앞에서 각 사람의 양심에 대하여 스스로 추천하노라." 이 말은 바울의 강인한 처신 방법이다. 그는 사람들에게 아첨하기 위해 그들의 그릇된 판단에 자신을 맞추지 않았다. 그는 오직 하나님 보시기에 합당하게만 행동했으며 또한 사람들에 대하여는 그들의 양심에 합당하게 행할 뿐이었다.

3 **만일 우리의 복음이 가리었으면 망하는 자들에게 가리어진 것이라. 이 말씀을 보면 바울의 복음 사역이 얼마나 철저하고 참된 것이었는지를 알 수 있다.** 그는 멸망하기로 작정된 자들 외에는 누구라도 복음을 받아들일 수 있도록 철저하게 전도하였다. 그야말로 그는 자신에게 주어진 책임을 완수하였다고 말할 수 있다. "망하는 자들"은 멸망하기로 작정된 자들, 다시 말해 택함을 받지 못한 자들을 가리킨다.

4 **그 중에 이 세상의 신이 믿지 아니하는 자들의 마음을 혼미하게 하여 그리스도의 영광의 복음의 광채가 비치지 못하게 함이니 그리스도는 하나님의 형상이니라.** "그 중에"라는 말은 앞에서 언급한 "망하는 자들 가운데"라는 뜻이다. "이 세상의 신"은 사탄을 가리킨다. "영광의 복음의 광채"는 그리스도로 말미암아 밝히 드러난 복음 진리를 가리키며, "그리스도는 하나님의 형상"이라는 말은 그리스도께서 하나님 아버지를 보여 주시는 계시라는 뜻이다(요 14:9).

5 **우리는 우리를 전파하는 것이 아니라 오직 그리스도 예수의 주 되신 것과 또 예수를 위하여 우리가 너희의 종 된 것을 전파함이라.** "우리를 전파하는 것이 아니라" 함은 ① 자기중심적인 전도를 통하여 인기나 명예를 거두는 일이 없다는 뜻이며, ② 자신의 지혜나 지식을 전파하지 않고 오직 하나님 말씀만을 전파한다는 뜻이다.

"그리스도 예수의 주 되신 것." 이 말은 그리스도께서 죽었다가 다시 살아서 산 자와 죽은 자의 주가 되신 것을 가리키는데, 이것이 곧 복음이다.

"예수를 위하여 우리가 너희의 종 된 것." 복음을 전하는 교역자는 교회를 섬기는 종이다. 그러나 그가 "예수를 위하여" 교회의 종이 된 것이기 때문에 그는 인본주의적인 처지에서의 종이 아니라 신본주의적인 처지에서의 종이다.

6 어두운 데에 빛이 비치라 말씀하셨던 그 하나님께서 예수 그리스도의 얼굴에 있는 하나님의 영광을 아는 빛을 우리 마음에 비추셨느니라. 사도 바울의 사역은 하나님의 계시를 우리 마음에 전달하는 것이었다. 하나님은 만물을 창조하시던 시작에 빛을 창조하셨는데, 그와 동일한 권능으로 영적 광명, 다시 말해 계시를 그리스도 안에서 나타내셨다. 바로 그 광명이 바울의 사역으로 말미암아 그 때 신자들의 마음에 임하였다. 또한 오늘날에는 이 빛이 하나님의 말씀인 성경을 통하여 우리에게 임한다.

(3) 사도의 고난 받음과 지원 받음에 대하여(4:7-5:10)

7-12절. 여기서 "보배"는 하나님의 복음을 전하는 바울의 거룩한 사역을 가리킨다. 이 보배가 질그릇과 같은 연약한 인생, 곧 고난받는 사람에게 담긴 이유는 연약한 인생에게서 하나님의 생명의 능력이 더욱 뚜렷이 나타나기 때문이다. 비록 연약한 인생이라 해도 그리스도를 믿으면 그에게는 하나님의 생명의 능력이 얼마든지 나타날 소망이 있다.

이 생명의 능력이 나타날 수 있는 환경과 처지는 어떤 것인가? 그것은 본문이 말하는 대로 고난받는 환경과 처지다. 본문은 이 환경을 다음과 같이 최대의 난관과 역경으로 묘사하고 있다. ① "사방으로 욱여쌈을 당함"(8절), ② "답답한 일을 당함"(8절), ③ "박해를 받음"(9절), ④ "거꾸러뜨림을 당함"(9절), ⑤ "항상 예수의 죽음을 몸에 짊어짐"(다시 말해 예수님이 죽으신 것과 같이 고난을 받음, 10절), ⑥ "예수를 위하여 죽음에 넘겨짐"(11절), ⑦ "사망이 우리 안에서 역사함"(12절).

이 모든 표현은 결국 어려운 환경과 곤란한 사정을 모두 망라한 것이다. 이 모든 어려운 형편과 마주하게 되는 원인은 모두 동일한 것인데, 바로 예수 그리스도를 위하는 삶이다. 신자가 사적인 이익이나 복을 위하여 고난받을 때에는 그에게서 하나님의 생명의 능력이 나타나지 않을 것이다. 그러나 그가 당하는 고난이 주님을 위한 것임이 확실할 때에는 그런 역경 가운데 하나님의 생명의 능력이 나타난다. 그렇다면 바울이 당한 역경 가운데 어떤 능력이 나타났는가? 8-12절에서 그것을 진술하고 있다.

1) 욱여쌈을 당하여도 싸이지 아니하며. 이 말은 사방으로 길을 막혀도 그에게는 나아갈 길이 있다는 뜻이다. 이 세상에서 성도 앞에 놓인 모든 길이 막혀도 그가 하늘로 올라갈 길은 막히지 않는다. 우리는 하늘로 올라갈 길이 열려 있다는 사실이야말로 그 어떤 길이 열려 있는 것보다 귀하다는 것을 알아야 한다. 세상에 미련이 없는 사람들은 이 길이 귀하다는 것을 안다. 성도는 사실상 이 세상에서 사는 것보다 주님이 계시는 저 세상으로 가기를 소망해야 한다.

2) 답답한 일을 당하여도 낙심하지 아니하며. 인생에게 낙심은 금물인데, 왜냐하면 그것만큼 해가 되는 것이 없기 때문이다. 낙심은 자살과 같은 것이다. 낙심한다는 것은 마음을 추스를 힘이 없어서 그것을 자기 뜻대로 지탱하지 못하고 얼어붙은 땅바닥에 떨어뜨리는 것이다. 그러나 그것은 잘못된 판단이다. 마음을 어딘가에 떨어뜨릴 바에는 차라리 주님께로 떨어뜨리고 주님께 그 문제를 전적으로 맡기는 것이 살 길이다.

3) 박해를 받아도 버린 바 되지 아니하며. 그리스도 신앙 때문에 박해를 받는 자가 있다면, 그는 의롭고 박해자는 불의한데, 어찌 박해받는 자가 하나님 앞에서 버림을 받겠는가? 하나님께서 그를 버리시지 않는다는 사실이 천하보다 귀하다.

4) 거꾸러뜨림을 당하여도 망하지 아니하고. 종교개혁 시대에 개혁자들과 신교

도들이 로마교회로부터 비난받은 일은 참으로 거꾸러뜨림을 당하는 일에 비유될 수 있다. 그 당시 로마 가톨릭교회는 거짓으로 선동하기를 "루터와 마르틴 부처는 술에 취해 죽었다."라고 하였고, 신교도들은 "하나님을 모욕하는 자들"이라고 비난하였다. 이처럼 험난한 상황에도 망하지 않고 명맥을 유지한 것이야말로 하나님께서 보호하신다는 증표다. 이 같은 증표를 목격한 성도들은 더욱 용기를 얻었을 것이다.

5) 예수의 생명이 또한 우리 몸에 나타나게. 이것은 육체의 생명도 가리키나 영적 생명을 더욱 가리킨다. 예수님을 위하여 죽을 지경의 고난을 달게 받는 자마다 이런 생명의 역사를 맛본다. 이는 체험하는 자만이 아는 것이다.

13 기록된 바 내가 믿었으므로 말하였다 한 것 같이 우리가 같은 믿음의 마음을 가졌으니 우리도 믿었으므로 또한 말하노라. 여기 인용된 성구는 시편 116:10 말씀이다. 시인은 모든 환난에서 하나님이 건져 주실 때 힘을 얻고 신앙이 강화되었던 체험으로 주님을 증거하였다. 바울도 그와 마찬가지로 모든 환난 중에 하나님의 은혜로 승리하고 믿음을 더욱 굳세게 하여 복음을 전하였다. 여기서 바울이 말하는 믿음은 물론 체험적 신앙을 뜻한다.

"믿었으므로 또한 말하노라." 믿음이 있으면 말한다. 믿음이 있다면 어찌 그가 믿는 진리를 말하지 않고 견딜 수 있겠는가? 시편 71:15에 말하기를, "내가 측량할 수 없는 주의 공의와 구원을 내 입으로 종일 전하리이다"라고 하였고, 시편 71:18에는 "하나님이여 내가 늙어 백발이 될 때에도 나를 버리지 마시며 내가 주의 힘을 후대에 전하고 주의 능력을 장래의 모든 사람에게 전하기까지 나를 버리지 마소서"라고 하였다. 그리고 시편 71:24에는 "나의 혀도 종일토록 주의 의를 작은 소리로 읊조리오리니"라고 하였다.

14-15 주 예수를 다시 살리신 이가 예수와 함께 우리도 다시 살리사 너희와 함께 그 앞에 서게 하실 줄을 아노라 이는 모든 것이 너희를 위함이니 많은 사람의 감사로 말미암아 은혜가 더하여 넘쳐서 하나님께 영광을 돌리게 하려 함이라. 앞에서 말하는 바울의 믿음은

죽었다가 부활할 것이라는 믿음을 뜻하는데, 여기에는 고린도 교인들의 부활도 포함된다. 고린도 교인들도 부활하게 되리라는 점은 바울이 그들을 위하여 복음으로 능력 있게 일한 사실을 통해 알려진다(15상). 바울이 많은 사람을 위해 일한 목적은 은혜가 많은 사람에게 나타남으로써 더욱 많은 감사가 하나님께 돌려지도록 하기 위함이다.

앞에 기록된 대로 바울은 주님의 이름으로 고난받는 일이 도리어 신자에게 유익하다고 확신했다. 과연 역사적으로도 고난받은 성도들은 기독교의 참된 진리를 더욱 깊이 체험하였다. 윌리엄 월시(William Whalsay)가 옥중에서 치통을 앓았을 때 근심했던 이유는 그가 순교하기 전에 치통으로 죽을까 염려했기 때문이었다. 베인햄(Bainham)은 화형당하는 순간에도 불꽃 가운데서 말하기를, “교황의 모리배들아! 이적을 보아라. 나는 이 불 가운데서도 고통을 느끼지 않는다. 나는 지금 침대에 누운 것처럼 편안하다.”라고 하였다. 루터는 다른 사람들이 그를 욕할 때 그것이 내세에서 상급을 받을 근거가 된다고 믿었기 때문에 다행스럽게 여겼다고 한다.

16-18 그러므로 우리가 낙심하지 아니하노니 우리의 겉사람은 낡아지나 우리의 속사람은 날로 새로워지도다 우리가 잠시 받는 환난의 경한 것이 지극히 크고 영원한 영광의 중한 것을 우리에게 이루게 함이니 우리가 주목하는 것은 보이는 것이 아니요 보이지 않는 것이니 보이는 것은 잠깐이요 보이지 않는 것은 영원함이라. 우리는 난관으로 인해 낙심하기 쉽다. 때로는 어려운 일을 마주하고서 개인적으로 완전히 실패한 것처럼 여기고 낙담한다. 우리의 실패는 우리의 실수로 말미암은 것이다. 그러나 나를 넘어뜨리신 하나님은 나를 일으키실 힘도 가지고 계신다. 그러니 낙심할 이유가 없다. 어떤 경우에는 난관으로 인해 군중의 신앙과 용기가 저하되고 그 영향으로 개개인도 낙심하게 된다. 이는 마치 여호수아와 갈렙을 제외한 정탐꾼들이 가나안 땅을 악평하고 거기 사는 사람들이 장대한 사람이므로 이스라엘은 그들을 당하지 못할 것이라고 했을 때 이스라엘 사람들이 낙심한 것

과 같다(민 14:1). 그러나 이것은 군중만 바라보고 하나님의 약속과 진리는 보지 못하는 어리석은 일이다. 우리는 다음과 같은 이유로 낙심하지 말아야 한다.

1) 난관이나 환난 때문에 우리 겉사람은 낡아지지만 우리의 속사람은 날로 새로워지기 때문이다. "겉사람"은 육체를 의미한다. 겉사람은 환난의 공격을 받아 낡아질 수밖에 없다. 그러나 세상을 사랑하던 겉사람이 이렇게 고난의 공격을 받아 약해졌을 때 하나님을 사모하는 속사람은 오히려 힘을 얻는다. 산꼭대기에 서 있는 나무는 항상 바람을 맞기 때문에 뿌리를 더욱 깊이 내린다. 신자들은 세상의 줄이 끊길수록 더욱 속사람의 생활, 다시 말해 신앙생활은 더욱 힘 있게 변화된다. 우리 겉사람의 힘은 너무 강하여 작은 틈만 생기면 자기 세력을 확장하려 한다. 그런 점에서 환난은 날마다 필요한 것이라고 할 수 있다. 겉사람은 너무나 음흉하여 자기가 원하는 것이라면 무엇이든지 이루고 만다. 그것은 탐심으로 가득하며 기필코 그 탐심을 채우고야 만다. 그러므로 이 같은 "겉사람"의 힘을 파괴하는 환난이 끊임없이 요구되는 것이다. 환난이란 신자가 자력으로 만들어 내어 받는 고통을 가리키는 것이 아니고, 외부에서 찾아오는 것으로서 자기 힘으로 막을 수 없는 것이다. 그러므로 환난을 당하는 신자는 오직 하나님께로만 향하게 된다. 그러나 고행주의자들의 고난은 스스로 만들어 내어 당하는 것이기 때문에 그런 고난 앞에서는 자신의 무력감을 절실히 느낄 수 없으며 하나님께 순종하는 태도로 맞서지도 못한다. 그러므로 고행주의의 고난은 우리의 속사람을 새롭게 하여 주지 못한다.

바울은 늘 환난을 받았기 때문에 그의 겉사람이 무명한 자 같았고, 죽은 자 같았고, 징계를 받는 자 같았고, 근심하는 자 같았고, 가난한 자 같았다(고후 6:9-10). 그러나 그는 무명한 자 같으나 유명한 자요, 죽은 자 같으나 죽임을 당하지 아니하고, 근심하는 자 같으나 항상 기뻐하고, 가난한 자 같으나 많은 사람을 부요하게 하고, 아무것도 없는 자 같으나 모든 것을 가진 자였다. 루터가 말한 것과 같이 하나님은 사람과 정반대의 법칙으로 역사하신다.

2) 우리가 낙심하지 않는 이유는 환난이 영원한 영광을 이루기 때문이다.

주님을 위하여 고난받는 신자는 상급을 받는다. 디모데후서 2:11-12에 말하기를 "미쁘다 이 말이여 우리가 주와 함께 죽었으면 또한 함께 살 것이요 참으면 또한 함께 왕 노릇 할 것이요"라고 했다. 영광은 생명같이 귀하다. 이것은 결국 하나님의 칭찬이니 이 세상 생명보다 귀한 것이다. 그러므로 루터는 하늘의 상급을 원했기 때문에 자기에게 욕하는 자를 제일 좋은 친구라고 하였다. 왜냐하면 이 세상에서 주를 위하여 욕을 당하는 자는 하늘의 상급을 받기 때문이다.

3) 우리가 환난 중에 낙심하지 않는 또 한 가지 이유는 우리가 보이는 것에 집착하지 않고 보이지 않는 것에 애착을 갖기 때문이다. 환난은 우리의 눈에 보이는 것에 해를 끼칠 수 있으나 보이지 않는 하늘나라에는 해를 끼치지 못한다. 우리는 보이는 것에 애착을 갖지 않는다. 왜냐하면 믿을 만한 것은 보이지 않는 것이기 때문이다. 하나님이 존재하시는 방식은 우리 눈에 보이지 않는 것이니, 그것이 얼마나 존귀하고 참되며 복된가?

인생은 이 세상 것으로 만족할 수 없으며 보이지 않는 것을 추구한다. 그것이 바로 인생이 짐승과 다른 점이다. 전도서 3:11에 말하기를, "하나님이··· 사람들에게는 영원을 사모하는 마음을 주셨느니라"라고 하였다.

설교 믿음으로 말하자(고후 4:7-15)

믿음은 눈으로 보고 아는 것이 아니라 증거를 통해 아는 것이다.

인간의 지식이 미치지 못하는 것들은 무엇이든지 증거를 통해 알려지는 법이다. 증거를 통한 지식이 가장 중요한 것이다.

내가 어머니의 아들이라는 사실은 내가 스스로 알아낸 것이 아니고 어머니의 증거를 통해 아는 것이다. 그 같은 지식은 눈으로 보고 아는 것이 아니다. 그러나 증거는 믿을 만하다. 왜냐하면 어머니가 나에게 그렇게 말할 뿐 아니라 그가 나를 사랑하기 때문이다. 어머니의 사랑이 나에게 전해져서 무언중에 그와 나의 관계가 친자 관계임을 알려 준다. 그와 마찬가지로 내가 죄인이라는 사실을 알게 해 준 것은 오직 성경뿐이다. 개인적인 경험을 말하자면, 나는 한문을 읽는 중에는 내가 죄인임을 깨닫지 못하였다. 내가 죄인이라는 사실을 알게 한 책은 오직 성경밖에 없다. 나는 이 사실을 의심할 수 없다. 이렇게 우리에게 진리를 보여 주는 성경은 또 다른 진리도 알려 준다. 그것은 바로 우리의 죄를 없애시기 위하여 하나님의 아들이 십자가 위에서 죽으셨다는 것이다.

이것은 성경이 증거하는 말씀이기 때문에 참되다. 성경의 증거는 참된 증거인 동시에 사랑의 증거다. 그러므로 성경은 복음의 증거를 "진리의 사랑"이라고도 하였다(살후 2:10).

설교 우리는 낙심하지 않는다(고후 4:16-18)

1. 낙심하지 않는 마음의 현상

바울은 신자의 장래 부활에 대하여 설명한 후에(14절), 그가 낙심하지 않는다고 말한다. 그가 낙심하지 않는 이유는 부활에 대한 소망 때문이다. 그는 낙심하지 않을뿐더러 속사람이 더욱 새로워진다고 말한다. 런던에서 F. B. 마이어(F. B. Meyer)의 장례식 때 부른 행진곡은 할렐루야 찬송이었는데, 그것 역시 부활을 내다보고 소망으로 부른 찬송가였다. 신자들은 부활을 소망으로만 가진 것이 아니라 부활을 받기 위한 새로운 생명의 역사를 그 속에 가지고 있다. 그것이 바로 바울이 말한 "우리의 속사람은 날로 새로워지도다"라는 말씀의 뜻이다(16절 하). 장래 있을 신자의 부활이 이적인 것처럼, 현재 신자의 속사람이 날로 새로워지는 것도 이적이다. 이것이 부활의 인장이요 표징이며 보증이다.

그리스도인의 속사람이 날로 새로워지는 일은 참으로 그가 주관적으로 맛보는 영생이다. 우리는 신자들의 믿음에도 강약의 차이가 있음을 볼 수 있다. 어떤 성도는 믿음이 강하여 그 속에서 새로운 생명이 강하게 약동하는 하는가 하면, 어떤 성도는 믿음이 약하여 새 생명의 움직임이 희미하다. 그러나 매클라렌(Maclaren)이 말한 것처럼, ① 미약하게라도 하나님을 나의 하나님으로 받아들이는 소유의식 자체가 이미 새 생명의 움직임이며, ② 모든 거룩한 생각들도 그 자체로 우리 안에 내재하신 성령으로 말미암는다는 점에서 새 생명의 표현이다. 성령을 주신 하나님께서 천국을 주시지 않겠는가? 하나님은 우리를 속이지 않으신다.[17)]

특별히 우리의 속사람이 새로워지는 정도는 겉사람이 받는 환난에 비례한다. 그것은 여기서 바울이 증거한 "우리의 겉사람은 낡아지나 우리의 속사람은 날로 새로워지도다"라는 말씀이 가르쳐 준다.

2. 낙심하지 않는 이유

바울이 낙심하지 않는 이유가 본문에 간략하게 기록되어 있는데, 한마디로 그가 현세에서 당하는 환난의 의의에 대한 분명한 깨달음을 가지고 살아간다는 사실이다. 본문에 말하기를 환난은 "지극히 크고 영원한 영광의 중한 것"을 이룬다고 하였다. 신자가 스스로 만들어서 당하는 고난은 구원에 진정한 유익을 가져다주지 못한다. 왜냐하면 그것은 하나님에게서 온 것이 아니기 때문이다. 그러나 하나님이 주시는 환난은 여러 가지 면에서 구원

---

17) Sermons Preached in Manchester, 1. 47-51.

에 유익한데, ① 외부적으로는 그것 때문에 그의 진로가 현저히 변하게 된다. 다시 말해 그는 그 환난으로 인해 세상을 의지하는 줄이 끊기는 대신 하나님께로 향하는 삶이 강화된다. ② 내부적으로는 그것이 하나님이 주신 환난이기 때문에 그는 성령의 은혜도 받을 수 있다. 그가 환난을 겪는 때야말로 하나님이 그를 위하여 가까이 찾아오셔서 역사하시는 기회다. 따라서 그것은 ③ 그가 기대하던 바와 계획하던 바가 유치하고 신뢰할 수 없는 것이었음을 스스로 깨닫게 해 주며, ④ 그가 앞으로는 모든 일을 주께만 의지하게 만들며, ⑤ 결과적으로 그를 멸망시킬 모든 미지의 재앙에서 벗어나게 해 준다. ⑥ 그는 환난을 당하면서 돈은 잃었을지 모르나, 그 대신 하늘을 얻을 기회를 맞이한 것이다.

신자가 환난의 때를 이처럼 귀하게 여기지 않으면 화를 받는다. 스펄전의 지인이 딸을 잃었는데, 그때 그 지인이 말하기를 그가 마음이 상하여 그 자신도 죽었다고 하였다.

하나님은 우리가 잘되게 하시려고 환난을 보내신다. 하나님은 우리를 사랑하셔서 그 환난을 통해 우리를 보배롭게 만들고자 하신다. 네덜란드 암스테르담에 다이아몬드 가공공장이 있다. 그곳에서는 다이아몬드를 연마하는 거대한 기계들이 쉴 새 없이 돌아가는데, 많은 시간을 투자한 후에야 한 점의 보석을 만들어 낼 수 있다고 한다. 그와 마찬가지로 하나님은 많은 환난을 통하여 우리의 조그마한 인격을 신앙의 사람으로 만드신다.

3. 신앙으로 행하기 때문에 낙심하지 않는다

말하자면 신자는 보이지 않는 것을 돌아본다. "돌아본다"라는 말은 헬라어로 "스코페인"(σκοπεῖν)인데, 이는 깨어서 들여다본다는 뜻이다(Lenski). 크로샤이데(Grosheide)도 동일하게 해석한다. "이것은 뚜렷한 목적을 가지고 힘을 기울여 자세히 보는 것을 뜻한다."[18] 신앙은 이처럼 힘써 모든 것을 들여다본다. 테니슨(Tennyson)은 다음과 같이 말하였다. "신앙은 비방하는 말에도 동요하지 않으며, 의견이 나뉘어 다투는 가운데서도 홀로 명랑한 태도를 유지한다. 신앙은 가장 악한 형편에서도 반짝이는 가장 좋은 것을 내다보며 해가 단지 하룻밤 동안만 감춰졌다는 사실을 내다본다. 그것은 한겨울의 꽃눈에서 여름을 내다본다. 그것은 꽃이 지기 전에 열매를 맛보며 소리 없는 종달새 알에서 종달새의 소리를 듣는다."[19]

---

18) Tweede Brief Aan Korinthe, 170. "σκοπεῖν is het doelbewuste, opzetteijke en nauwkeurige beschouwen."

19) Faith reels not in the storm of warring words, she brightens at the clash of yes and no, she sees the best that glimmers through the worst, she feels the sun is hid but for a night, she spies the summer through the winter bud, she tastes the fruit before the blossom falls, she hears the lark within the songless egg.

제 5 장

⚜ 개요

바울은 이미 앞 장에서 내세를 암시하였다. "겉사람과 속사람의 대조, 고난과 영광의 대조 표현은 이제 종말론적 완성을 언급하는 단계로 나아간다."[20] 이제 바울은 고린도후서 5장 첫머리에 상당히 많은 말로 내세에 대하여 가르치고 있다. 바울의 설명은 특히 그가 확신 가운데 출발한다는 점을 보여 주기 위해 "아느니라"(헬라어로는 "오이다멘"[οἴδαμεν]인데, 이는 "우리가 아느니라"라는 뜻으로, 원문에서는 고린도후서 5장 첫머리에 나온다)라고 했다. "우리가 아느니라"라는 말에 대하여 빈디쉬(Windisch)는 해석하기를, 이것은 바울이 어떤 새 교훈을 설파하는 것이 아니라 그가 전파했던 말씀 가운데 잘 알려져 있던 것을 기억시키는 것이라고 하였다. 어쨌든 여기서 "우리가 아느니라"라는 말은 확신을 드러내는 표현이다. 크로샤이데도 이 단어를 그런 의

20) H. D. Wendland, Die Briefe an die Korinther, 168-169. "Die Auflösung des Gegensatzes von 4:7 ff, 16 ff. (irdischer Mensch und pneumatischer Mensch, Leiden und Herrlichkeit) gibt es erst in der eschatologischen Vollendung."

미로 해석한다.[21] 그는 또 말하기를, 확신은 우리가 다만 하나님의 계시에 의존해서만 지닐 수 있는 것이라고 하였다.[22]

여기서 그는 내세에 대하여 논하기를, 그가 앞에서 진술한 것처럼 영원한 영광을 바라보는 것이 정당하다고 강변한다. 왜냐하면 설령 그의 육신이 무너진다 해도 그가 천국에 들어갈 것이 확실하기 때문이다(1-10절).

그는 이어서 덧붙이기를, 이제까지 그가 자신에 대하여 펼친 주장은 자신을 천거하기 위해 했던 말이 아니라 다만 교회의 유익을 위한 것이었음을 밝힌다(11-13절). 또한 그가 교회의 유익을 위하여 일하는 것조차도 자기 뜻대로 행하는 것이 아니고 다만 그리스도의 속죄의 사랑에 붙들려서 그리스도의 사신이 되어 행하는 것일 뿐이라고 하였다(14-21절)(Charles Hodge).

바울은 이 점에서 특별히 그리스도의 속죄가 얼마나 철저한 것인지를 지적한다. ① 우리를 위한 그리스도의 죽으심이 우리를 대신하셨다(14절). ② 그가 죽었다가 다시 사신 결과 신자들은 완전히 새로운 피조물이 될 만큼 철저하게 구원받았다(15-17절). ③ 그리스도의 속죄를 통하여 죄인들이 하나님과 화목하게 되는 일은 하나님에게서 시작된 것이며, 하나님께서 계속하여 사람들을 초청하심으로써 진행되는 일이다. 그러므로 인간 편에서는 원하기만 하면 얼마든지 이루어질 수 있는 일이다(18-20절). ④ 하나님께서 우리를 "의"로 삼으시기 위하여 그리스도를 죄로 삼으셨다. 여기서 "의인"이라 하지 않고 "의"라고 하였으니 속죄의 결과가 얼마나 위대한지를 알 수 있다(21절), 스펄전(Spurgeon)은 이 구절을 복음의 심장(The heart of the gospel)이라고 하였다.

---

21) Grosheide, Tweede Brief aan Korinthe, 170-171. "Wij zouden kunnen spreken van zaligmakende kennis, in ieder geval ligt hier zekerheid uitgedrukt."

22) Zekerheid, idem. 171. "die alleen kan rusten op Goddelijke openbaring."

⚜ 해석

1 만일 땅에 있는 우리의 장막 집이 무너지면 하나님께서 지으신 집 곧 손으로 지은 것이 아니요 하늘에 있는 영원한 집이 우리에게 있는 줄 아느니라. 여기서 "장막 집"이라는 것은 시간이 흐르면 낡게 되고 결국 무너지고 마는 집과 같은 우리의 육체를 의미하고, "하나님께서 지으신 집"이라는 것은 신자가 세상을 떠난 후에 그의 영혼이 들어가는 천국을 의미한다. "천국"(하늘의 집)이라는 표현이 이 구절에서 유래하였다. 어떤 이는 여기서 하나님께서 지으신 집이라는 것이 천국을 의미하지 않고 별세한 영혼이 저세상에서 받게 되는 일종의 육체라고 주장하는데, 이것은 받아들일 수 없는 해석이다. 그 이유는 세상을 떠난 영혼이 저세상에서 어떤 몸을 받는지에 대한 교훈을 성경 다른 곳에서 찾을 수 없기 때문이다. 그런가 하면 어떤 학자들은 이것이 주님이 재림하실 때 신자들의 영혼이 받을 부활체를 가리킨다고 주장한다. 그러나 이 해석도 우리의 문맥에 부합하지 않는다. 이 부분에서 바울이 가리키는 것은 세상을 떠난 영혼이 즉시 들어가는 천국이라는 것이 분명하다. 6절에 말하기를 "몸으로 있을 때에는 주와 따로 있는 줄을 아노니"라고 했는데, 이 말씀은 분명히 바울이 마음속으로 별세한 영혼이 들어갈 곳을 생각하고 있었음을 보여 준다(8절 참조).

바울은 이처럼 자기 영혼이 세상을 떠나 천국에 들어가기를 원하였다. 특별히 2절에서 이 같은 탄원을 표현한다.

2 참으로 우리가 여기 있어 탄식하며 하늘로부터 오는 우리 처소로 덧입기를 간절히 사모하노라. 그가 탄식하는 이유는 그가 현세에서 치르는 영적 전쟁, 다시 말해 죄악과 더불어 싸우는 고난 때문만은 아니며, 육신에 속한 삶의 성격이 장막과 같이(1절) 불안정하기 때문이다. 그는 이 같은 시달림에서 영원한 내세를 사모하게 된 것이다. 현세의 삶에서 즐거움과 만족을 얻지 못할 때는 필연적

으로 내세를 사모하게 된다. 반면에 신자라도 현세에 애착심이 강하면 그만큼 내세를 등한시한다. 그렇다면 우리의 신앙생활에 유익한 조건은 현세에 애착을 가질 만한 모든 안락함이나 편의를 얻지 못하는 상황이다. 우리는 오히려 그런 상황을 선호할 필요가 있다.

"하늘로부터 오는." 여기서 "오는"이라는 단어가 헬라어 원문에는 기록되어 있지 않으며, 문장의 의미를 명확히 하기 위해 번역자가 보충한 것이다. 헬라어 원문은 다만 "하늘로부터 우리 처소"(τὸ οἰκητήριον ἡμῶν τὸ ἐξ οὐρανοῦ)라고 되어 있다. 이것은 하늘에 속한 것으로 이루어진 처소를 가리키는데, 말하자면 천국을 의미한다.

3-4 이렇게 입음은 우리가 벗은 자들로 발견되지 않으려 함이라 참으로 이 장막에 있는 우리가 짐진 것 같이 탄식하는 것은 벗고자 함이 아니요 오히려 덧입고자 함이니 죽을 것이 생명에 삼킨 바 되게 하려 함이라. 바울이 하늘 처소로 가고자 했던 것은 단지 소극적으로 죽기를 원하는 의미에서 그리한 것이 아니었다. 신자는 죽음 건너편에 있는 하나님의 세계를 사모하지만 그렇다고 해서 단순히 죽기를 소원하는 것은 아니다. 다시 말해 "벗은 자들로 발견되"는 처지만을 원하게 되지는 않는다는 것이다. 혹설에 여기서 "벗은 자들로 발견"된다는 말은 구원받지 못한 악한 자의 부끄러운 상태로 사후에 나타남을 의미한다고 한다. 그러나 이 같은 해석은 우리 문맥에 비추어 자연스럽지 않다. 여기서 바울은 구원 여부를 결정하는 영혼의 선악 간의 상태를 고려한 것이 아니다. 다만 여기서는 구원받은 자들에게 사후에 발생할 일을 말하는 것뿐이다.

"짐진 것 같이 탄식"한다는 말은 앞절에 있는 탄식이라는 단어에서 보는 것과 동일한 의미를 지닌다. 다만 여기서는 "짐진 것 같이"라는 말을 덧붙임으로써 현세에서 당하는 시달림의 숨 가쁜 사정을 좀 더 심각히 묘사하여 보여 주는 것뿐이다. 바울의 이와 같은 탄식은 결코 염세주의적인 것이 아니다. 염세주의라는 것은 현세에서 괴로움을 느낄 뿐만 아니라 현세에서 이행해야 할 책임까지 저버리는 삶을 가리킨다. 바울은 현세에 대한 책임을 포기해야 한다고 주장하는 것이 아니라, 오히려 현세의 모든 것이 그 책임을 이행하기 위하여 이루어졌다고 말한다(고전 9:19-23). 그는 현세에서 복음을 전해야 할 책임 때문에 현세에 머물러 있기를 원했다(빌 1:24).

여기서 이른바 "덧입고자 함"이라는 말은 단순히 "입기를 원한다"는 표현과 크게 다르지 않다(Hodge). 입는다는 표현은 천국에 들어가는 일을 비유하는 것이다.

"죽을 것이 생명에게 삼킨 바 되게." 이 말은 또다시 비유적인 표현인데, 내세의 생명을 완전히 받게 되는 것을 가리킨다. 이로 볼 때 별세한 영혼의 삶은 결코 안식교에서 말하는 것과 같은 영혼의 수면 상태가 아니다. "죽을 것"(τὸ θνητόν)이라는 말은 현세의 생명이 천국에서의 삶에 비하면 죽을 처지에 있는 것임을 보여 주는 표현이다. 물론 신자들은 현세에서도 거듭난 생명을 받았기 때문에 천국 생명을 부분적으로 소유하고 있다. 그러나 그것이 천국 생명으로 완성되기 전에는 표면상으로 썩을 육체와 운명을 같이하는 것으로 보일 수 있다. 갓난아이가 비록 생명을 가지고 있다 해도 어머니의 양육을 받지 않는다면 그 생명은 완성될 수 없다. 표면상으로는 우리의 거듭난 생명이 천국 생명에 삼켜지지 않고도 영원히 복된 자리에서 살 것이라고 단언하기가 어렵다. 논리적인 관점에서 볼 때 거듭난 영혼은 결단코 멸망하지 않는다. 그러나 실제적인 관점에서 볼 때 거듭난 영혼은 망하지 않기 위하여 천국 생명을 완전히 받는 단계를 필연적으로 거쳐야만 한다.

그런데 이와 같은 해석보다는 차라리 다음과 같이 생각하는 것이 자연스럽다. 다시 말해 바울이 여기서 죽을 것이라고 말한 것은 특별히 육신을 중심에 두고 말한 듯하다. 그렇다면 여기서 "죽을 것이 생명에게 삼킨 바" 된다는 것은 무슨 뜻인가? 영혼이 세상을 떠날 때 육신도 함께 생명 세계에 들어간다는 말인가? 물론 그것은 아니다. 우리는 이 구절을 이해할 때 예수의 논법을 따라, 영혼이 천국 생명에게 삼킨 바 되어 천국에서 산다는 것이 육신의 부활을 보증한다는 의미로 받아들인다. 그렇다면 영혼이 천국에 들어가는 것은 죽음을 맞이한 육신이 부활하게 되는 것과 마찬가지다(눅 20:37-38; 마 22:31-32).

5 곧 이것을 우리에게 이루게 하시고 보증으로 성령을 우리에게 주신 이는 하나님이시니라. 이 말씀은 앞에서 말한 바울의 소망이 자기 자신의 계획을 통해 이루어질 수 없고 오직 하나님께서 이루셔야 한다는 것이며, 또한 하나님께서 이것을 확실히 이루도록 이미 보증 행위를 취하셨다는 것이다. "보증"이라는 것은 다름 아니라 우리를 거듭나게 하시는 성령을 주신 사실이다. 거듭난 생명을 받은 자마다 천국 생명의 보증(ἀρραβών)을 받았다는 말은 ① 그들이 이미 천국 생명을 부분적으로 맛본다는 것이며 그뿐 아니라 ② 그가 장래에 천국 생명과 부활을 받을 것도 확보되었다는 것이다.

6 그러므로 우리가 항상 담대하여 몸으로 있을 때에는 주와 따로 있는 줄을 아노니. 이 말씀은 5절에서처럼 천국 생명을 받게 되는 일이 사람으로 말미암지 않고 하나님으로 말미암기 때문에, 그것을 확실히 믿고 담대해질 수 있다고 가르친다. 말하자면 몸에 거하는 것은 주님이 계신 곳인 천국에 거하는 것이 아닌 줄을 깨닫고 천국을 사모한다는 것이다. 여기서 바울은 천국이 천국인 이유가 주님이 그곳에 거하신다는 사실에 있다는 점을 부각하고자 한다. 사람이 천국을 생각할 때는 흔히 그곳의 복락을 생각하지만, 하나님의 말씀은 그것보다도 주님 자신이 모든 복락의 근본 요소라고 가르친다. 그러므로 모세는 시편 90편에서 신자들의 거처가 여호와 하나님 자신이라고까지 말하였다(시 90:1). 천국을 사모하는 자는 그 장소의 화려함만을 생각하면서 주님을 기억하지 못하는 법이 없다. 그는 다만 주님을 사모하기 때문에 그곳에 가려고 할 뿐이다. 참으로 주님과 관계없는 좋은 것이 있다고 생각하는 것은 일종의 이원론이다. 말하자면 주님으로부터 유래하지 않는 진선미와 복락의 또

다른 근원체가 있는 줄로 여기는 것은 우상숭배에 가까운 사상이다. 우리는 내세의 복락에 대해 생각할 때마다 그것이 당연히 주님으로 말미암은 것이며 또한 주님이 거기 계시기 때문에 그 복락이 보전되는 줄 알아야 한다.

7 이는 우리가 믿음으로 행하고 보는 것으로 행하지 아니함이로라. 여기서 "이는"(γάρ)이라는 말은 "왜냐하면"이라는 의미의 이유 접속사다.

앞절에서는 우리가 몸에 거할 동안에는 천국에 있는 것이 아니고 다만 그곳을 사모하는 마음으로 지내는 것이라고 가르친다. 그런데 이 구절에서는 더욱 구체적으로 표현하기를, 우리가 이 세상에서는 믿음에 의하여 아직 눈에 보이지 않는 천국을 바라볼 뿐이라고 말한다. 우리가 현세에 머무는 동안에는 천국을 직접 볼 수 없기 때문에 오직 믿음으로만 그것과 관계를 맺을 수 있다. 보이지 않는 천국에 대해서 우리는 성령께서 사용하시는 증인들, 곧 선지자와 사도들을 통해 믿음을 가질 수 있다. 눈에 보이지 않기 때문에 증거를 받아서 믿게 되는 하늘의 사실들이야말로 눈에 보이는 땅 위의 것들보다 중요한 것이다. 그것들은 우리의 피상적이고 얄팍한 감각으로는 접할 수 없는 거룩하고 고상한 것들이다.

8 우리가 담대하여 원하는 바는 차라리 몸을 떠나 주와 함께 있는 그것이라. 이 구절은 앞에서 언급한 모든 말씀에 대한 결론이다. 우리가 천국 생명을 입게 될 것이 이처럼 확실하고 또한 그곳에 계시는 주님과 함께 거하고자 하는 소원이 강렬한 것이기 때문에(5-6절), 우리는 담대하고 확신 있게 몸을 떠나 그곳에 가기를 소망하게 된다.

9-10 그런즉 우리는 몸으로 있든지 떠나든지 주를 기쁘시게 하는 자가 되기를 힘쓰노라 이는 우리가 다 반드시 그리스도의 심판대 앞에 나타나게 되어 각각 선악간에 그 몸으로 행한 것을 따라 받으려 함이라. 바울은 앞의 모든 구절에서 천국에 들어갈 소망을 확신하였다. 그러므로 그의 삶은 언제나 그곳에 가서 주님의 심판을 잘 통과하는 일에 초점을 맞추었다. 다시 말해 오직 주님을 기쁘시게 하는 것만이

그가 살아가는 동기였다. 심지어 그는 그가 죽는 것조차도 그것이 주님을 기쁘시게 하는 일이라면 그것을 택하겠다고 말한다.

이제 한 가지 문제가 되는 것은 그리스도의 보혈로 의롭다 함을 받은 신자가 그리스도의 심판대 앞에서 그가 행한 것을 따라 받는다는 바울의 표현이다. 신자는 그리스도의 보혈을 믿을 때 이미 그의 모든 죄를 용서받지 않았는가? 그리스도 안에 있는 자에게는 정죄함이 없다고 바울이 말하지 않았는가?(롬 8:1) "나 보내신 이를 믿는 자는 영생을 얻었고 심판에 이르지 아니하나니 사망에서 생명으로 옮겼느니라"라고 하지 않았는가?(요 5:24) "그를 믿는 자는 심판을 받지 아니하는 것이요"라고도 하지 않았는가?(요 3:18) 우리는 고린도후서 5:10에서 신자들이 "행한 것을 따라 받는다"라는 말씀을 앞에 열거한 신자가 심판을 면한다는 구절들과 충돌하는 것으로 여길 필요가 없다. 신자는 어떤 의미에서는 심판을 받지 않는다고 말할 수 있으며, 또 다른 의미에서는 심판을 받는다고 말할 수도 있다. 성경은 이렇게 두 가지로 말한다. ① 신자가 어떤 의미에서 심판받는 자리에 선다고 할 수 있으나 그리스도 보혈의 공로를 믿음으로 인해 정죄를 당하지는 않기 때문에 정죄의 심판은 받지 않는 것이다. 이렇게 정죄를 받지 않는다는 의미에서는 앞에 열거한 요한복음 구절들과 로마서 8:1의 내용이 참되다. ② 하나님의 행위언약은 진리의 계약이기 때문에 폐지되 지 않고 마지막 심판 때에 반드시 역사하게 될 것이며, 신자도 어떤 의미에서 그 앞에 서지 않는다고는 말할 수 없다. 신자들에 관하여도 행위언약이 폐지되지 않았기 때문에 그리스도가 오셔서 그들을 대신하여 속죄해 주신 것이다. 그러므로 신자는 행위언약 앞에서 심판 날에 정죄를 면할 뿐이고, 행위언약의 대상자로서의 관계가 사라지는 것은 아니다.

(4) 사도의 생활(5:11-6:10)

11 우리는 주의 두려우심을 알므로 사람들을 권면하거니와 우리가 하나님 앞에 알리어졌으니 또 너희의 양심에도 알리어지기를 바라노라. 하나님을 두려워하는 자세로 사람들에게 복음을 믿으라고 권면하는 삶은 복음 사역자에게 가장 합당한 생활이다. 복음을 전하지 않으면 내게 화가 미치리라는 생각 역시 이와 같은 사상이다. ① 그가 복음을 전하면서 이런 공포심을 가지는 원인은 무엇인가? 그것은 그가 복음이 참인 줄로 확신하기 때문이다. 그것이 참인 줄 알지 못한다면 그것을 주신 주님을 두려워하겠는가? ② 이러한 공포심을 갖는다는 것은 정성을 다하여 복음을 전한다는 의미로 해석될 수도 있다. 정성을 다하지 않는 신앙생활은 진리에 대한 합당한 반응이 아니다.

그러므로 복음 진리 앞에서 두려워 떠는 삶이라야 비로소 하나님께 합당하다. 앞에서 말한 것과 같은 삶은 사실상 사람을 기쁘게 하는 삶보다 오히려 쉬운 것이다. 사람을 기쁘게 하기는 어려운데, 이는 사람의 수가 많을뿐더러 그들의 심리 상태도 천차만별이기 때문이다. 이렇게 제각각인 모든 사람을 어떻게 기쁘게 할 수 있겠는가? 사람은 까다롭기가 얼마나 심한지 심지어 한 사람만 기쁘게 하기도 쉽지 않다.

그러므로 신앙생활을 영위하는 자는 사람들에 관하여는 그들의 타락한 심리 상태에 맞추려 하지 말고 다만 그들의 양심에 맞추기를(알려지기를) 추구해야 한다. 양심은 진리와 사실을 부인하지 못하기 때문에, 나의 생활이 진실하기만 하면 그것이 다른 사람의 양심 세계에 알려질 수 있다.

12 우리가 다시 너희에게 자천하는 것이 아니요 오직 우리로 말미암아 자랑할 기회를 너희에게 주어 마음으로 하지 않고 외모로 자랑하는 자들에게 대답하게 하려 하는 것이라. 바울은 거짓 스승을 막기 위하여 자신의 사역이 참된 것임을 고린도 교인들에게 알려 주었다(11절 하). 이것은 자기중심적인 칭찬이 아니고, 교인들의 신

앙이 침해받지 않게 하려는 솔직한 고백이다. 그러므로 이처럼 옳은 고백은 하나님께서 옳다고 인정해 주시며 고린도 교인들의 양심에도 올바르게 알려졌다(11절 하).

"마음으로 하지 않고 외모로 자랑하는 자들." 이 말씀은 마음으로는 아무것도 이루지 못한 채 할례와 같은 외형적인 조건만을 자랑하는 유대인 같은 자들을 가리킨다.

13 우리가 만일 미쳤어도 하나님을 위한 것이요 정신이 온전하여도 너희를 위한 것이니. 바울은 개인적인 이익이나 복락을 위하지 않고 오직 하나님과 교회를 위하여 일하였다. 여기서 하나님을 위하여 "미쳤다"라는 말은 무슨 뜻인가? 이것은 사람들이 바울이나 신자들을 비방하는 말을 염두에 두고서 하는 말이다. 사도행전 2:13에 보면, 불신자들이 성령 충만한 자들을 가리켜 새 술에 취하였다고 비방하였다. 베스도 총독은 바울이 예수께서 다시 사신 사실을 증거할 때 말하기를, "바울아 네가 미쳤도다 네 많은 학문이 너를 미치게 한다"라고 하였다(행 26:24).

미쳤다는 말은 신앙적인 측면에서 좋은 뜻으로 생각될 수도 있다. 이 말은 ① 마음이 하나님께 온전히 집중되어 미친 듯이 열중하고 있음을 가리킨다. 사무엘의 어머니 한나가 하나님께 열중하여 기도할 때 그 모습이 술에 취한 것 같다고 하였다(삼상 1:12-16). ② 세상 사람이 이해하지 못하여 어리석게 여기는 십자가의 도를 전하는 일도 미친 것같이 보인다. 그러나 그리스도인이 이 도를 믿는 것은 하나님의 초자연적인 말씀의 권위에 근거한 것이다. 그의 믿음은 이처럼 초자연적인 것이기 때문에 사실상 정신이 온전한 것이다. 믿음의 말씀을 듣고 순종하는 자가 똑바로 정신을 차린 자다. 믿음의 말씀을 받는 사도들이 그 말씀을 받을 때 얼마나 분명하게 그 말씀을 상고하였겠는가!(요일 1:1; 눅 1:1-4)

요한1서 1:1에 말하기를, "태초부터 있는 생명의 말씀에 관하여는 우리가

들은 바요 눈으로 본 바요 자세히 보고 우리의 손으로 만진 바라"라고 하였다. 로마서 10:8에서는 발하기를, "말씀이 네게 가까워 네 입에 있으며 네 마음에 있다 하였으니 곧 우리가 전파하는 믿음의 말씀이라"라고 하였다. 사람이 하늘의 진리에 접촉할 때는 미친 듯이 황홀한 경이를 맛본다. 그러나 이러한 하늘의 경이가 인간의 깨어 있는 정신을 손상하지 않는다. 하늘의 경이는 우리 마음이 정신을 똑바로 차리도록 만들어 준다.

주를 위하여 미쳤다는 말은 정신 이상을 뜻하는 것이 아니다. 바울은 ① 세상 사람들이 생각하고 확신하는 바와 반대로 믿었기 때문에 미쳤다는 말을 들었다. 사람이 이처럼 탁월한 식견을 가지고 있으면 평범한 사람들이 이해하지 못한다. 바울이 부활을 믿었다는 이유로 베스도 총독은 그가 미쳤다고 하였다(행 26:24). 지구에서 무게감 있는 것들이 달에 가면 가볍게 느껴진다. 하지만 이 같은 사실을 직접 경험해 보지 않은 사람들은 그 말을 믿지 못할 것이다.

하늘 아래에서 일어나는 모든 일을 우리가 이해하고 알 수 있다면 좋겠지만 우리가 모르는 모든 것을 다 알아낼 수는 없다. 그러나 하나님께서 우리에게 요긴한 것 한 가지를 알게 하셨기 때문에 우리는 모든 일을 아는 것보다 더욱 행복한 자들이 되었다. 그 요긴한 것 한 가지는 바로 예수 그리스도를 계시해 주신 사실이다. 이제 우리가 예수를 믿는 믿음을 가지고 있다는 이유로 세상 사람들은 우리가 미쳤다고 생각한다. ② 그뿐 아니라 우리가 무언가에 집중하여 삶과 죽음까지도 초월해 있을 때 세상 사람은 우리를 미쳤다고 한다. 우리는 살기 위하여 죽을힘을 다한다. 다시 말해 우리는 생에 미쳤다고 할 수 있다. 그러나 우리는 우리의 생명보다 예수님이 더욱 중요한 줄 알아야 한다. 우리는 사물의 경중을 올바르게 식별하여 중요한 것을 택하고 거기에 모든 역량을 집중해야 한다. 우리는 예수 그리스도가 우리의 생명보다 귀한 줄 알아야 하고 예수님을 위해 전부를 희생해야 한다. 다시 말해 예수님께 미친 것과 같이 되어야 한다. 성경은 우리가 예수를 따르기 위하여 우리가 가진 모든 것을 버려야 한다고 가르친다. ③ 우리는 미친 자처럼 예수님께 몰두해야 한다. 우리가 세상일에 똑똑하고 지혜로워서는 신앙생활을 하지 못한다. 우리가 예수님께 취하지 않고서는 세상을 이기지 못한다. 세상 사람은 말하기를, 술에 취하여 세상 근심과 걱정과 난관을 돌파한다고 한다. 그러나 그것은 허망한 생각이다. 우리는 그리스도께 취함으로써 세상을 이기고 돌파한다. 그리스도께 취한다는 것은 사실상 정신을 잃는 것이 아니고 오히려 정신을 똑바로 차리는 것이다. 그러면 우리가 어떻게 해야 예수님께 취할 수 있는 것일까? 그 한 가지 방법은 우리가 그리스도 신앙을 즐기고 그것을 취미로 삼는 것이다. 사람이 무엇에나 취미를 갖게 되면 필연적으로 거기에 미치게 된다. 우리가 세상일에 취미를 가지게 되면 거기에 목숨을 걸기까지 몰두하기도 한다. 나의 친형은 겨울날에 바다를 건너는 노루 두 마리를 잡으려고 물에 뛰어 들어가서 결국 노루 한 마리를 잡았으나 다른 한 마리는 놓쳐 버렸다. 그런데 형이 노루 한 마리를 잡아서 물 밖으로 나오기는 했으나 몸이 얼어서 죽을 지경이었다. 그때 주변에 있던 사람들이 장작불을 피워 몸을 녹여 주어서 형은 겨우 살 수 있었다. 이와 같이 우리도 그리스도께서 베푸시는 은혜의 맛을 알면 점점 미친 사람처럼 주님을 따르는 일에 충성하게 된다.

14 그리스도의 사랑이 우리를 강권하시는도다 우리가 생각하건대 한 사람이 모든 사람을 대신하여 죽었은즉 모든 사람이 죽은 것이라. 헬라어 원문에는 이 구절 첫머리에 "왜냐하면"(γάρ)이라는 이유 접속사가 있다. 그것은 이 말씀이 앞에 말한 바울의 충성된 사역의 이유라는 것을 말해 준다. 그가 미쳤다는 비난을 듣든지 혹은 정신이 온전하다는 인정을 받든지 그는 하나님과 그 백성을 위하였다. 그가 이처럼 충성한 이유는 그리스도의 사랑이 그를 지배하였기 때문이다. 여기서 이른바 그리스도의 사랑이라는 말은 바울이 그리스도를 사랑

하는 사랑이라기보다 그리스도께서 바울을 사랑하시는 사랑을 의미한다.[23)] 이 구절 하반절에서 설명하는 것처럼 그 사랑은 속죄의 사랑이다.

"그리스도의 사랑이 우리를 강권하시는도다." 여기서 "강권한다"(συνέχει)는 말은 억제, 혹은 주관을 의미한다. 그리스도의 사랑이 그를 붙잡고 주관하기 때문에 그는 자기 자신을 위하여 살지 않게 되었다.[24)] 그리스도의 강권하시는 사랑의 힘은 바울이 필사적으로 그 어려운 사역을 넉넉히 감당하도록 만들어 주었다. 그리스도의 사랑 어린 강권은 실상 모든 신자가 선을 행할 수 있도록 만들어 주는데, 그것은 율법의 세력보다 강한 것이다.

그러면 이와 같은 그리스도의 사랑 어린 강권을 느끼는 자가 누구인가? 그것을 느낄 수 있는 자는 그야말로 진리의 세계에서 살아가는 자들뿐이다. 진리의 세계에서 산다는 것은 무엇보다 자기 자신을 바로 아는 것을 뜻한다. 사람이 자기 자신을 모르면 그 밖의 다른 모든 것들도 알지 못하는 것이다. 그러면 자기 자신을 안다는 말은 무슨 뜻인가? 그것은 자기가 죄인이라는 사실을 충분히 깨닫는 것이다. 자기 자신을 충분히 아는 자는 자신의 죄에 대해 충분히 깊은 감각을 지니고 있다. 그런 사람은 그리스도의 보혈만이 자기를 구원할 수 있음을 안다. 죄에 대해 이런 감각을 지닌 자는 그리스도께서 우리 죄를 대신하여 죽었다는 기쁜 소식을 들을 때 이미 오래전부터 그것을 찾아다니던 사람처럼 그것이 자신을 위한 소식이라고 믿는다. 그때 그는 자기 목자의 음성을 듣는다.

그런 사람들은 어찌하여 진리의 세계에서 살지 못하는가? 그 이유는 그들이 너무나 오랫동안 죄악을 포용하고 살아오면서 그 마음이 마비되었기 때문이다. 만일 그들이 처음부터 작은 죄에 대해 필사적으로 대적하여 싸웠

---

23) Grosheide, "Het is de liefde van Christus voor arme zondaren."

24) Wendland, "Die Begründung dafür, dass der Apostel nicht für sich selber leben kann, liegt n der liebe Christi, die ihn ergriffen hat und beherrscht."

다면, 그들의 마음이 이처럼 완악해지지는 않았을 것이며 설령 어쩌다가 죄를 범한 경우에도 천하가 무너진 듯이 슬퍼하였을 것이다. 그런 슬픔을 느끼는 자는 그리스도의 속죄의 사랑을 화급히 받을 것이며, 또한 그 사랑의 지배를 받으면서 모든 선한 일에 힘쓸 것이다.

마음이 완악하여 죄에 대한 감각이 마비된 사람이라도 위급할 때에는 극히 작은 죄를 붙들고 애통해하는 경우가 있다. 그것을 보면 죄에 대한 감각을 마비시키는 또 한 가지 원인이 있는데, 그것은 바로 현재 생활의 안전감이다. 이처럼 인생은 현재 받는 일시적인 위안에 끌려서 자기 자신의 위험한 상태를 망각해 버린다.

이제까지 우리는 사람들이 그리스도의 속죄로 말미암은 사랑의 강권을 느끼지 못하는 역사적인 이유들을 살펴보았다. 다시 말해 인간 편에서 그 사랑을 느끼지 못하게 막는 경험적인 원인들을 알아 보았다. 하지만 우리는 이만큼의 설명으로 이 문제를 철저하게 다 밝힌 것으로 생각해서는 안 된다. 무엇보다도 중요한 것은 그리스도의 사랑을 강권하시는 사랑으로 느끼게 해주는 동인이 성령이라는 사실이다. 성령은 구원을 향하여 달음질하는 우리의 발걸음에 가장 참된 인도자시다. 사도들도 성령의 능력을 받은 후에 이처럼 정확하고 유력한 증인들이 되었다. 교회 역사를 살펴보아도 그리스도의 사랑에 대한 강력한 깨달음을 가지고 사역한 자들은 성령을 충만히 받은 자들이었다. 우리는 성령에 충만할수록 그리스도의 속죄의 사랑을 더욱 깊이 느낀다. 이것이 바로 그리스도의 사랑의 강권이며, 그리스도인의 모든 행동은 여기서 출발해야 한다.

"생각하건대." 헬라어 원문(κρίναντας)을 문자적으로 번역하면 이것은 심판한다는 뜻인데, 이는 강력한 확신 가운데 호언장담하며 선포한다는 것이다. 그러므로 이것은 최종적으로 결론을 내리는 말이다.

"한 사람이 모든 사람을 대신하여 죽었은즉 모든 사람이 죽은 것이라."

여기에 모든 사람(πάντες)이라는 말이 두 번 나온다. 그리스도께서 모든 사람을 대신하여 죽었다고 하였는데, 그렇다면 이 말은 그리스도께서 천하의 모든 사람, 다시 말해 인류 전체를 대신하여 속죄의 죽음을 이루셨다는 말인가? 그렇다면 이 말은 무제한적 만인 구원 사상(Unrestricted Universalism)을 뜻하는가? 아니면 아르미니우스적 보편주의(Arminian Universalism), 다시 말해 그리스도께서 인류 전체를 대신하여 죽으셨고 인류 중에 얼마의 수가 구원을 받는다는 사상을 뜻하는가? 이 구절을 통해 앞의 두 가지 보편주의적 사상 중 하나를 주장하려 하는 자들이 있다. 얼핏 보면 이런 학설들이 나올 만도 하다. 그러나 무제한적 보편주의는 결국 지옥이 없다는 학설이니, 이는 성경에 기록된 수많은 구절들에 위반되는 사상이다(마 13:40-42, 48-50; 12:36; 25:41, 46 참조). 무제한적 보편주의를 주장하는 자들은 말하기를, 하나님은 사랑이시므로 지옥을 두셨을 리가 없다는 것이다. 무제한적 보편주의의 대표자 중 하나인 오리게네스(Origen)는 말하기를, "단 한 사람의 죄인이라도 지옥에 머물러 있는 한 그리스도는 여전히 십자가에 못 박힌 채로 머물러 있을 수밖에 없다."라고 하였다. 그뿐 아니라 아르미니우스적 보편주의도 성립될 수 없는데, 그 이유는 그리스도께서 모든 사람을 위하여 죽으셨다면 어찌하여 그 가운데 어떤 사람은 구원받는데 다른 사람은 구원받지 못한다는 말인가? 만일 그리스도께서 흘리신 보혈의 공로가 구원의 대상으로 삼은 자가 구원을 받지 못한다면, 이는 하나님께서 독생자의 보혈을 흘리시고도 실패하셨다는 결론이 된다. 하나님께서 독생자를 희생하시는 큰일을 행하셨는데 어찌 구원을 주시기로 목표하셨던 사람을 끝까지 구원하지 못하시겠는가? 그처럼 큰일을 행하신 이가 작은 일을 하지 못하실 리는 만무하다. 그러므로 아르미니우스적 보편주의도 성립될 수 없다. 성경의 일반적인 교훈은 그리스도의 죽음이 다만 선택된 백성만을 대신하신다는 사실을 명백히 보여 주고 있다. 요한복음 15:13은 그리스도께서 자기의 친구들을 위하여 죽으셨다는 의미의 말씀이다. 거기서 "친구"라는 표현은 많은 사람 중에서 일부를 구분하여 지적하는 말이다. 사도행전 20:28에서는 하나님께서 그의 피로 교회를 사셨다고 하였으며, 에베소서 5:25 역시 같은 내용의 교훈을 준다. 특별히 그리스도께서 요한복음 17:9에서 속죄하시는 대제사장의 자격으로 기도하실 때 말씀하시기를, 세상을 위하여 기도하는 것이 아니고 하나님께서 그에게 주신 자들을 위하여 기도한다고 하셨다. 칼빈주의가 성경을 해석하기를 그리스도께서 속죄의 죽음을 죽으신 것은 오직 택한 백성을 위한 것이라고 할 때, 보편주의자들은 불평하기를 그런 사상은 너무 냉혹한 것이라고 말한다. 그러나 사실 이처럼 제한된 속죄를 말하는 칼빈주의는 냉혹한 것이 아니라 도리어 뜨겁고 심오한 사랑의 정취를 지니고 있다. 반면에 아르미니우스적 보편주의에서 가르치는 교리가 오히려 냉혹하다. 그들이 주장하는 대로 만일 그리스도께서 인류 전체를 위하여 죽으셨으나 구원을 받거나 받지 못하는 여부는 개개인의 자유와 가능성에 일임되었다고 하면, 실제로는 많은 사람이 구원을 받지 못할 것이다. 따라서 그들의 교리에 따르면 하나님의 사랑은 뜨겁지 못하고 일정 수준까지만 도와주는 셈이니 그 같은 구원의 방편은 너무나 냉랭하다. 인생이 자기 힘으로 회개하고 거듭나거나 성화될 수 없다는 것은 명백한 사실 아닌가?

그러므로 우리는 여기서 "한 사람이 모든 사람을 대신하여 죽었"다는 말씀을 모든 개개인 인류를 위하여 죽으셨다는 의미가 아니라 다만 하나님의 백성들만을 위하여 죽으셨다는 뜻으로 이해한다.

그레샴 메이첸(Gresham Machen) 박사는 이와 관련하여 귀중한 해석을 제시하였는데, 이는 다음과 같다. "첫째로, 여기서 '모든'이라는 말이 인류 전체를 의미한다고 해석하는 것은 문맥에 위반된다. 고린도후서 5장에서 바울은 그리스도와 모든 인류의 관계를 말한 것이 아니고 그와 교회의 관계를 말하고 있다. 둘째로, 만일 여기서 '모든'이라는 말을 인류 전체의 의미로 이해하게 되면 그리스도께서 대신하여 죽으신 대상 중에 끝까지 믿지 않는 자들도 있다는 결론이 나온다. 그렇다면 그다음 구절에서 바울이 말씀한 바가 어떻게 그들에게 부합하는가? 그 말씀은 다만 복음을 받아 구원을 얻는 자들에게만 부합한다. 다시 말해 그리스도께서 십자가 위에서 죽으셨을 때 그가 대신하여 죽으신 자들이 그와 함께 죽었다고 하였으니, 이 같은 표현은 그리스도를 믿지 않는 자들에게 적용할 수 없는 것이다. 게다가 살아 있는 자들로 다시는 그들 자신을 위하여 살지 않고 오직 그들을 위하여 죽었다가 다시 사신 자를 위하여 살게 하려 한다는 말씀도 그리스도를 믿지 않는 자들에게는 적용될 수 없다."[25)]

"모든 사람이 죽은 것이라." 여기서 "죽은"이라는 말이 과거 시제로 표현된 것은 결코 우연한 일이 아니고 바울신학에서 그리스도의 죽음이 초래한 결과에 대한 사상을 내포하고 있다(롬 6:2-3 참조). 하나님의 백성은 그들의 머리 되신 중보자 그리스도께서 골고다에서 죽었을 때 그와 함께 죽었다. 그것은 과거의 사건이다. 그들이 죄 때문에 당할 수밖에 없었던 영원한 죽음, 다시 말해 지옥의 영원한 형벌은 골고다에서 죽으신 그리스도의 죽음으로 말미암아 도말되었다. 다시 말해 그리스도의 죽음은 우리가 당해야만 했던 영원한 죽음을 소멸시키는 죽음이니 그의 죽음이 실제적으로 우리의 죽음이 된 것이다. 우리는 여기서 "죽은 것이라"는 과거 시제를 의미 없이 지나쳐서는 안 된다. 주 안에 있는 자들의 죽음은 그리스도의 죽음으로 말미암아 영원히 처분되고 말았다.

15 그가 모든 사람을 대신하여 죽으심은 살아 있는 자들로 하여금 다시는 그들 자신을 위하여 살지 않고 오직 그들을 대신하여 죽었다가 다시 살아나신 이를 위하여 살게 하려 함이라. 여기서 "대신하여"라는 말은 헬라어로 "휘페르"(ὑπέρ)라고 하는데, 앞절

---

25) R.B. Kuiper, For Whom Did Christ Die? 29-30.

하반절에도 동일한 단어가 있다. 일찍이 학자 중에는 이 전치사(ὑπέρ)가 "대신하여"라는 의미보다는 "위하여"라는 뜻이며, "대신하여"라는 의미를 전달하기 위해서는 "안티"(ἀντί)라는 다른 전치사를 사용해야 한다고 주장하는 자들이 있다. 그러나 최근에 여러 파피루스(papyrus) 문건들이 발견됨에 따라 "휘페르"라는 전치사가 "안티"라는 전치사보다 "대신하여"라는 뜻으로 사용되는 경우가 더 많았다는 사실이 밝혀졌다.[26]

여기서 "살아 있는 자들"이라는 말은 영적으로 거듭난 자들을 의미한다. 영적으로 거듭난 자들은 이제부터 하나님을 위하여 사는 자다(롬 12:11; 롬 14:7-9 참조).

16 그러므로 우리가 이제부터는 어떤 사람도 육신을 따라 알지 아니하노라 비록 우리가 그리스도도 육신을 따라 알았으나 이제부터는 그같이 알지 아니하노라. 물론 이 구절은 앞절 말씀과 같이 그리스도께서 우리를 대신하여 죽었다가 다시 사신 사실로부터 나타나는 결론이다. 그리스도의 속죄 사역으로 말미암아 거듭난 자는 다른 사람들을 대할 때 전과 같이 육체의 부패한 동기로 대하지 않는다. 앞의 14절 첫머리에서 말한 것처럼 그는 그리스도의 대속적 사랑의 강권하심에 따라 행동하게 된다. 따라서 그는 자기를 중심으로 행하지 않고 그리스도를 중심으로 다른 모든 사람을 대한다. 그는 육체적으로는 자신과 상관없는 듯한 사람들조차도 무관심하게 대하지 않고 이제부터는 뜨거운 사람으로 그들의 영혼 구원을 위하여 책임 있는 행동을 한다. 그뿐 아니라, 그는 혈연과 지연으로 엮인 자들을 대할 때도 자기를 중심으로 삼지 않고 그리스도를 중심으로 삼는다. 말하자면 그는 그들을 자신에게 전적으로 귀속시키기 위해 지나치게 뜨거운 애착으로 그들을 우상화하지 않는다. 우리는 순교자 토머스 와츠(Thomas Watts)의 마지막 발언에서도 이러한 진리를 배울 수

---

26) Robertson, The Minister and His Greek Testament.

있다. 그는 사형장에 끌려가는 길에 그를 지켜보는 사랑하는 처자들을 향하여 냉정하게 다음과 같이 말했다고 한다. "주님께서 너희를 나에게 주셨던 것처럼 이제 나는 너희를 주님께 되돌려 드린다."

"비록 우리가 그리스도도 육신을 따라 알았으나 이제부터는 그같이 알지 아니하노라." 이 문구에 대하여 서로 다른 해석적 견해들이 존재한다. 첫째로, 어떤 학자들은 여기서 바울이 전에 예수를 팔레스타인 땅에서 직접 만난 경험이 있다는 사실을 지적하며, 이제부터는 그가 그리스도와 교제할 때 몸으로 계신 주님을 상대하기보다는 신령한 가운데 계시는 주님과 영적으로 교제한다는 뜻이라고 이해한다(Olshausen 등). 둘째로, 다른 해석가들은 바울이 개종하기 전에는 예수를 메시아로 알지 않고 그저 외모로만 판단하여 그를 일개 개인으로 여겼기 때문에 기독교를 박해하였지만, 이제는 예수를 육체대로 알지 아니하고 그가 죽었다가 다시 살아나신 속죄의 사실에 근거하여 그에 대한 공고한 인식을 지녀야 한다는 의미라고 이해한다. 그것은 물론 그리스도를 속죄자로 아는 신세계의 지식이다. 그리스도 안에 거하는 자는 자신이 새로워진 만큼 모든 것을 보는 관점도 새로워진다. 이러한 해석이 가장 정당할 것이다.

17 그런즉 누구든지 그리스도 안에 있으면 새로운 피조물이라 이전 것은 지나갔으니 보라 새 것이 되었도다. 이 말씀은 그리스도인의 현재 상황을 염두에 두고 말하는 것이다. 그를 가리켜 이미 완성된 새로운 피조물이라 하였고 또한 "이전 것은 지나갔으니 보라 새 것이 되었도다"라고 한다. 그처럼 과거 시제를 사용하여 새로운 인격이 완결된 것처럼 표현한 이유는 어디에 있는가? ① 이 일을 성취하시는 이가 독생자 예수 그리스도를 속죄제물로 보내신 하나님이시기 때문에 그 같은 일이 완수될 것은 너무도 확실하다. 이런 의미에서 구약의 선지자들도 앞날의 일을 예언할 때 과거 시제로 표현한 예들이 많다. ② 이같이 새롭게 하는 역사는 인생의 표면적인 행실을 변혁하는 정도의 일이

아니고 인간의 가장 심오한 영적 세계를 새롭게 함으로써 이루어진 것이기 때문에 그 일이 성취될 것은 너무나도 확실하다. 설령 개종자의 외부적인 행실에 있어서 아직 부족한 점이 있다 할지라도 그것을 문제시하여 그의 구원 문제에 의문을 제기할 필요는 없다.

사람이 새로운 피조물이 되는 역사는 물론 그리스도의 속죄와 성령의 은혜로 말미암은 중생으로 이루어진다(딛 3:5; 요 3:3; 약 1:18). 중생에는 두 가지 사실이 포함되어 있다. 첫째로, 그것은 순전히 하나님의 권능으로 말미암아 비로소 존재하게 되는 것이다. 그러므로 존 웨슬리(John Wesley)는 말하기를, "오직 세계를 조성하는 지고한 능력만이 능히 그리스도인을 만든다."라고 하였다. 둘째로, 중생한 심령에는 새로운 변화가 있다. 중생이라는 것은 고장이 난 제품을 가까스로 수선하는 것과 같이 죄로 더러워지고 파손된 사람을 겨우 개량시키는 정도의 일이 아니다. 만일 그런 것이라면 거기에는 중생이라든지 혹은 새로운 피조물이라는 표현이 적합하지 않을 것이다. 사람을 중생시킨다는 말이 그 사람의 존재를 벗어나서 다른 사람을 만든다는 것은 아니지만, 동일한 그 사람을 완전히 개조하는 것만은 사실이다. 그것은 물론 하나님의 말씀과 성령에 의하여 이루어지는 것이다.

18-19 모든 것이 하나님께로서 났으며 그가 그리스도로 말미암아 우리를 자기와 화목하게 하시고 또 우리에게 화목하게 하는 직분을 주셨으니 곧 하나님께서 그리스도 안에 계시사 세상을 자기와 화목하게 하시며 그들의 죄를 그들에게 돌리지 아니하시고 화목하게 하는 말씀을 우리에게 부탁하셨느니라. 성경은 타락하고 죄를 범한 인간을 가리켜 진노의 자식(엡 2:3)이라고 하였으니, 그것은 하나님께서 죄인을 향하여 진노하고 계신다는 사실을 보여 준다. 그리고 또 성경은 말하기를 "오직 주께서는 너희를 대하여 오래 참으사 아무도 멸망하지 아니하고 다 회개하기에 이르기를 원하시느니라"라고 하였다(벧후 3:9). 이 말씀을 보면 하나님께서 죄인을 지극히 사랑하심을 알 수 있다. 그러면 하나님은 죄인에 대하여 진노하시

는 동시에 그를 사랑하신다는 말이다. 진노와 사랑을 동시에 보여 주시는 것은 죄인을 향한 하나님의 신비로운 태도다. 하나님께서는 죄인을 사랑하시지만 그렇다고 해서 그의 진노를 무작정 철회하실 수는 없다. 그의 진노의 철회 여부는 다만 인간의 죄악을 어떻게 처분하는지에 달려 있다. 그런데 그리스도께서 인간의 죄악을 처분하심으로 하나님과 사람이 화목하게 되었다. 신약에서 가르치는 하나님과 사람의 화목은 자연적으로 이루어진 것이 아니라 인생들의 객관적이고 주관적인 변화를 통해 비로소 성립된 것이다. ① 그리스도께서 우리를 대신하여 죽으심으로써 우리 죄의 대가를 담당하셨으니, 그것은 하나님과 사람 사이에 객관적으로 가로막혔던 장벽을 처분하신 일이며, ② 그가 우리를 성령으로 중생케 하시고 또한 그의 보혈로 우리 죄를 매 순간 씻어 주시고(요일 1:9), 우리에게 죄에 대해 애통하는 마음(마 5:4)이 생기게 하심으로써 우리와 하나님 사이에 정당한 관계가 조성되게 하셨는데, 이는 사람 편에서의 주관적 변동이다.

"그리스도로 말미암아." 이것은 하나님과 사람 사이에 화목을 성립시키는 데 없어서는 안 될 요소다. 그리스도는 이 화목을 이루시기 위하여 이 세상에 오셨으며, 그 일을 이루시기에 적합한 자격을 가지셨다. 그 이유는 ① 그가 참하나님이신 동시에 참사람이시므로 양편 모두와 연결되셨기 때문이다. ② 또한 그는 양편에 대한 이해력이 완전하여 하나님을 잘 아실 뿐만 아니라(마 11:27) 또한 사람의 마음 가운데 무엇이 있는지도 잘 아신다(요 2:25). 그뿐 아니라 그는 또한 양편 모두를 사랑하셨다. 하나님을 향한 그의 사랑이 지극하다는 점은 누구나 의심할 수 없는 사실이지만 그는 또한 인간도 지극히 사랑하셨다. ③ 그리고 그는 둘 사이에 화목을 이루기 위해서라면 어떤 희생이라도 치르기를 원하셨다. 그는 예정되었던 대로 하나님으로부터는 인간의 죄를 대속하시기 위하여 십자가의 고통을 달게 받으시고, 인간으로부터는 모든 모욕과 박해를 겸손하게 받으셨다.

20 그러므로 우리가 그리스도를 대신하여 사신이 되어 하나님이 우리를 통하여 너희를 권면하시는 것 같이 그리스도를 대신하여 간청하노니 너희는 하나님과 화목하라. 바울은 여기서 자기가 가진 사도직의 권위를 선언한다. 다시 말해 사도의 직분은 그리스도를 대신하는 사신의 성격을 지니는 것이기 때문에 그를 영접하는 일은 곧바로 그리스도를 영접하는 일이 된다는 것이다. 따라서 그의 복음적 권면은 하나님께서 권면하시는 것과 같은 효력을 지니는 것으로서 하나님의 말씀이다. 그러므로 이 구절 말씀은 사도가 기록한 서신도 권위를 갖는 것임을 말해 준다. 사도의 서신이 하나님의 말씀으로서의 권위를 지닌다는 사실을 모르고 그것을 일반인의 서신처럼 대했던 자들은 이 구절 말씀을 보고 회개해야 할 것이다.

"너희는 하나님과 화목하라." 죄를 범하고 하나님과 원수 된 길을 걷는 것은 인간 자신이다. 하나님과 그들 사이에 관계의 단절을 가져온 책임은 인간 편에 있다. 그런데도 하나님께서 먼저 화목의 방침을 세우시고 복음으로 죄인들을 초청하시는 것 역시 하나님의 사랑의 성격을 보여 준다. 사랑은 조건을 따지지 않고 잘못된 상대방을 향하여 어디까지나 호의를 가지고 화목을 요청하는 것이다. 사랑은 언제나 자기 홀로 무거운 짐을 다 지고 문제 해결을 도모한다.

21 하나님이 죄를 알지도 못하신 이를 우리를 대신하여 죄로 삼으신 것은 우리로 하여금 그 안에서 하나님의 의가 되게 하려 하심이라. 이 말씀은 하나님께서 세워 놓으신 화목의 방침이 어떠한지를 보여 준다. 그 방침은 하나님께서 더할 수 없이 지극하신 희생을 통하여 인간을 지극히 영광스러운 자리에 끌어올리신 사실이다. 다시 말해 그가 죄를 알지도 못하신 그리스도를 죄로(죄인이 아니고 죄) 삼으셨다고 하셨는데, 이것은 지극히 높으신 이를 지극히 낮은 자리로 희생시키신 일이다. "죄를 알지도 못하"셨다는 것은 죄와 의를 분별하는 지식이 없었다는 의미가 아니고 경험적으로 죄를 지어 본 일이 없음을 가리킨다.

"죄로 삼으"셨다 함은 하나님께서 그리스도 자신이 죄를 짓도록 만드셨다는 의미가 아니라 죄처럼(죄인처럼이 아님) 극단의 천대와 멸시와 저주를 받으시고 십자가 위에서 못 박히시도록 내버려 두셨다는 의미다. "죄인"으로 대하는 것보다 "죄"로 대하는 것이 말할 수 없이 더욱 극심한 천대다. 바울이 여기서 그리스도를 죄로 삼으셨다고 한 것은 결단코 우연한 표현이 아니다. 이것은 우리를 대신하여 받으신 저주의 비참함이 더할 수 없이 극심하다는 사실을 가리킨 것이다.

"우리로 하여금 그 안에서(그리스도 때문에) 하나님의 의가 되게 하"셨다는 말씀은 신자가 누리는 행복이 그 이상 더할 수 없는 상태임을 가리킨다. "의인"이 되는 정도가 아니라 "의"가 되기까지 구원을 받았다는 말은 하나님의 표준에서도 가장 이상적인 상태에 도달하도록 구원하셨다는 뜻이다. 그리스도를 믿는 우리를 "의" 자체로 여겨 주셨기 때문에(의인이 되는 것보다 의가 되는 것이 최상의 윤리적 행복이다), 우리는 하나님 앞에서 그보다 더한 복이 없는 줄 알고서 다른 것을 기대할 생각조차 하지 않는 것이 마땅하다.

* * * * *

{특별참고}

내세에 대하여(5:1-10)

재세례파(Anabaptist)와 안식교에서는 사람이 죽은 이후에 그의 영혼이 잠자는 상태에 빠져 감각을 잃어버린다고 가르치며, 마치 천국이나 음부(혹은 지옥)에 들어가는 일이 없는 것처럼 잘못 말한다. 그러나 성경, 특히 신약에서는 일률적으로 사람의 영혼이 육신을 떠난 후에 생존하며 행복이나 고통을 받는다는 것을 명백히 가르친다. 사람이 죽은 후에 영혼이 의식을 가지지 못한다는 것은 잘못된 교리다. 첫째로, 죽음 이후에 인간의 영혼이 의식을 가지지 못한다는 이론은 영혼의 의식이 육체를 통하여서만 가능하다고 여기는 잘못된 가르침이다. 영혼의 의식은 육체에 좌우되는 것이 아니다. 하나님은 순수한 영적 존재이심에도 의식을 가지셨다. 천사 역시 그러하다. 둘째로, 그들은 또 말하기를 성경에서 죽은 자를 가리켜 잔다고(마 27:52; 눅 8:52; 요 11:11-13) 표현하였는데, 이것은 영혼이 별세한 후에는 의식을 잃어버리기 때문이라고 주장한다. 그러나 이런 이론도 성립될 수 없다. 성경이 죽은 자를 가리켜 잔다고 표현한 것은 육체적으로 활동하는 일이 없어졌다는 의미일 뿐이며(계 14:13), 더불어 죽은 몸도 장차 주의 능력으로 깨어 일어나는 일이 있을 것을 가리키는 표현이다. 셋째로, 그들은 말하기를 성경을 보면 죽었다가 다시 살아난 자들이 있는데 그들이 천국에 들어갔던 일이 있었을 터인데도 그에 대하여 아무 말이 없다고 주장한다. 그러나 이것 역시 성립될 수 없는 이론이다. 고린도후서 12:4을 보면, 천국을 경험한 사람들이 그곳 형편을 말할 수 없으며 말하는 것이 허락되지도 않았다. 그뿐 아니라 우리는 이렇게 생각할 수도 있다. 말하자면 그들이 천국에 갔던 경험을 말했을 수도 있는데, 다만 성경이 이에 대하여 침묵했다는 것이다. 사람이 죽은 뒤에 그의 영혼이 잠잔다는 견해는 구속받은 영혼이 하늘에서 완전히 깨어 있다고 증언하는 많은 성경구절들과 조화될 수 없다. 만일 우리가 별세한 영혼이 잠잔다고 믿는다면, 구속함을 입은 성도가 하늘나라에서 충만한 기쁨을 누린다는 말(시 16:11)을 어떻게 해석할 것인가? 그런 일이 어떻게 잠자는 영혼에게 일어날 수 있겠는가? 또한 “나는 의로운 중에 주의 얼굴을 뵈오리니 깰 때에 주의 형상으로 만족하리이다”(시 17:15)라는 말씀은 어떻게 해석할 것인가? 더욱이 “많은 사람이 이르러 아브라함과 이삭과 야곱과 함께 천국에 앉으려니와”(마 8:11)라는 예수의 말씀은 어떻게 해석할 것인가? 불의한 부자가 별세하여 음부에 가서 고통받는다는 말씀(눅 16:23)은 어떻게 해석할 것인가?

예수님의 기도 가운데 "아버지여 내게 주신 자도 나 있는 곳에 나와 함께 있어 아버지께서 창세 전부터 나를 사랑하시므로 내게 주신 나의 영광을 그들로 보게 하시기를 원하옵나이다"(요 17:24)라는 말씀은 어떻게 해석할 것인가? 그리고 로마서 8:18에서 "생각하건대 현재의 고난은 장차 우리에게 나타날 영광과 비교할 수 없도다"라고 한 말씀은 어떻게 해석할 것인가? 고린도전서 13:12에 "그 때에는 얼굴과 얼굴을 대하여 볼 것이요"라는 말씀은 어떻게 해석할 것인가? 고린도후서 5:8에 "우리가 담대하여 원하는 바는 차라리 몸을 떠나 주와 함께 있는 그것이라"라고 한 말씀은 어떻게 해석할 것인가?

빌립보서 1:21에서 "죽는 것도 유익하다"라고 한 말씀은 어떻게 해석할 것인가? 히브리서 12:23에 "하늘에 기록된 장자들의 모임"이라는 말씀은 어떻게 해석할 것인가? 요한계시록 12:10과 7:10에서 볼 수 있는 대로 하늘나라에 들어간 자들의 장엄한 찬송은 어떻게 해석할 것인가? 그것이 영혼의 수면 상태에서 이루어지는 일이겠는가? 요한계시록 5:9과 14:3에서 "새 노래를 부른다"라고 표현한 것은 영혼이 잠자는 가운데 이루어지는 일이겠는가? 요한계시록 6:9-10을 보면 순교한 영혼들이 큰 소리로 불렀다고 하였는데, 그것도 잠자는 가운데 진행된 일이겠는가? 요한계시록 7:15을 보면, 하늘나라에 있는 주의 종들이 그를 성전에서 밤낮 섬긴다고 하였는데, 이것이 잠자는 가운데서 이루어지는 일이겠는가? 요한계시록 20:4에서는 승리자들의 영혼들이 하늘 보좌에 앉아서 그리스도와 함께 거하며 왕노릇한다고 하였는데 이것이 잠자는 가운데서 이루어지는 일이겠는가?(Hendriksen)

설교 하늘에 있는 영원한 집(고후 5:1-10)

1. 하늘에 있는 집은 신자에게 확보된 영원한 집이다

하늘에 있는 집은 사람이 예비한 것이 아니며 사람이 자기 힘으로 거기에 갈 수 있는 것도 아니다. 본문에 말하기를 "하나님께서 지으신 집"이라고 하였으며(1절), "이것을 우리에게 이루게 하시고 보증으로 성령을 우리에게 주신 이는 하나님이시니라"라고 하였다(5절). 그러므로 여기서 말하는 영생은 순전히 하나님이 성립시키시는 것이다. 우리는 하나님께서 우리에게 모든 좋은 것들을 주셨다는 점을 의심하지 않는다. 왜냐하면 사실이 그것을 증명하기 때문이다. 우리는 우리의 힘으로 이런 좋은 것들을 만들지 못한다. 그러므로 예수님께서 말씀하시기를 "너희 중에 누가 염려함으로 그 키를 한 자라도 더할 수 있겠느냐"라고 하셨다. 야고보서 4:15에 말하기를, "주의 뜻이면 우리가 살기도 하고 이것이나 저것을 하리라 할 것이거늘"이라고 하였다. 우리는 하나님의 말씀보다 믿을 만한 것이 없는 줄 알아야 한다.

2. 하늘 집을 바라보는 자의 담력

하늘 집을 바라보는 자들은 담력을 가진다. 그 이유는 ① 그들이 보이는 대로 행하지 않고 보이지 않는 대로 행하기 때문이다. 눈에 보이는 것들이 우리를 유혹하는 세상에서 보이지 않는 것들을 바라고 사랑하기는 어렵다. 그러나 우리가 분명히 아는 사실이 있다. 그것은 보이지 않는 것들이 사실상 더욱 탁월하고 든든한 것이라는 점이다. 특별히 천국과 신령한 것들에 관해서는 단순한 믿음이 불신자들의 고차원적인 지식보다 뛰어난 열매를 가져다준다. ② 우리가 다 반드시 그리스도의 심판대 앞에 드러날 것이기 때문에, 이곳에서도 세상을 두려워하지 말고 담대하게 마땅히 할 일을 하면 된다. 주를 기쁘시게 하는 것이 우리 행위의 유일한 동기여야 한다. 우리가 다 장차 심판대 앞에 드러난다는 사실처럼 두려운 것이 없다. 이런 큰 두려움을 품고 있는 마음속에서, 모든 다른 두려움들은 문제가 아니다. 심판대 앞에 드러난다는 말은 무엇을 의미하는가? 하나님께서 지금 우리가 현세에서 하는 행동들을 보시기 때문에 그것을 다 아신다는 말인가? 아니다. 이것은 우리의 행위와 사상이 지금은 우리 자신에게 감춰져 있고, 다른 사람들과 천사들에게도 감춰져 있다가 그때 다 나타난다는 뜻이다. 그때는 우리의 진상이 그대로 나타날 것이다. 다시 말해 우리가 세상에서 겉모양으로 행한 것이 우리의속 사람과 얼마나 달랐는지 드러날 것이며, 세상에서 칭찬받은 일들도 잘못된 것으로 드러날 수 있으며, 남에게 미움을 받은 일들이 도리어 가치 있는 일들로 드러날 수도 있다.

설교 이 몸을 떠날 수 있는 담력(고후 5:1-10)

1. 두 처소 사이에서 탄식함(1-4절)

이것은 우리가 의식적으로나 무의식적으로 영원한 세상이 있음을 알고 탄식하는 것을 가리킨다. 바울은 하나님 말씀에 근거하여 영원한 세상을 알았기 때문에 그것을 실제로 현세에 속한 육신의 생명과 대조시켜 그리워하였다. 영원한 세상에 대한 그리움이 곧 그의 탄식이다. 그러므로 4절에 말하기를, "참으로 이 장막에 있는 우리가 짐진 것 같이 탄식하는 것은 벗고자 함이 아니요 오히려 덧입고자 함이니"라고 하였다. 이것은 영원한 세상을 마치 눈으로 보는 것같이 확신했던 마음에서 나온 표현이다. 그는 하나님이 보여주셨기 때문에 이것을 볼 수 있었다. 그는 일찍이 삼층천에 갔던 경험이 있다. 우리는 여기서 바울의 증거를 통하여 내세를 알게 된다. 우리의 믿음은 증거에 근거하여 성립된 것이며, 그 증거는 사도적 증거다. 사도적 증거는 성령의 증거에 따른 것이다. 사도들은 증인으로서 참된 자격을 지녔는데, 곧 성령으로 증언하는 증인의 자격이다. 플라톤의 제자 클레옴브로토스는 성령의 증거가 아닌 플라톤의 『영혼론』을 읽고도 영혼이 있다는 것을 알고서 몸을 떠날 담력을 얻어 높은 절벽에서 떨어졌다(물론 그것이 올바른 행위는 아니었다). 그렇다면 하물며 성령의 증거를 받은 우리는 얼마나 더 몸을 떠날 용기를 얻어야 하겠는가?

2. 성령의 보증으로 몸을 떠날 담력을 얻음(5절)

우리가 하늘 집에 들어가도록 역사하시는 이가 하나님이시며, 또한 그는 우리에게 거기 들어갈 보증이신 성령을 주셨다. 예수를 믿는 것이 성령을 받은 증표다.

3. 믿음으로 행하고 보는 것으로 행하지 않음으로써 몸을 떠날 담력을 얻음(7절)

눈에 보이는 것에만 관심을 두는 자는 몸에서 떠날 담력이 없다. 그러므로 믿음에 관심을 두고 믿음이 장성함에 따라서 눈에 보이지 않는 것에 흥미를 가지는 자가 몸을 떠날 담력을 가진다. 예수님은 승천하실 때 보이지 않는 곳으로 들어가셨다. 참된 것은 보이지 않는 형태로 존재한다. 하나님도 눈에 보이지 않게 계신다. 그러니 보이지 않는 세계가 더욱 오묘하다. 물질의 가장 깊은 근본도 우리 눈에는 보이지 않는다. 원자는 우리의 눈에 보이지 않는다. 원자의 핵심은 양자인데 그것도 우리의 눈에 보이지 않는다. 하나님은 물질도 아니고 힘(energy)도 아니시다. 물질이나 힘은 자유와 의식이 없다. 물질이나 힘은 어디까지나 법칙 세계요, 무의식 세계요, 자유 없는 세계다. 이와 같은 세계와 전혀 다른 작용을 지닌 세계가 의식 세계요 물질계를 통솔하는 세계인데, 이 세계는 더욱이 눈에 보이지 않는다. 우리가 이 세계에 대해서는 믿음으로만 관계할 수 있고 과학으로 상대할 수 없다. 우리는 믿음으로 상대할 수 있는 영적 세계를 사모한다.

4. 몸에 거하는 일이 주와 함께하는 데 장애가 되는 줄 알고 담대히 몸을 떠남(8절)

주님과 함께 거하기보다 이 세상에서 살기를 좋아하는 자는 몸을 떠날 용기를 내지 못한다.

5. 성결을 최우선으로 삼기 때문에 몸을 떠날 담력을 얻음(9절)

인간의 고난과 역경을 맛본 자는 세상을 떠나기 원한다. 누가 인간의 고난을 가장 많이 느끼는가? 이 세상도 상당히 즐거운 곳 아닌가? 이 세상에서 행복을 누리는 사람들도 꽤 많지 않은가? 그러나 이 세상을 깊이 맛본 사람들은 이 세상이 괴로운 곳임을 안다. 특히 삶의 가치가 향락에 있지 않고 성결에 있다고 생각하는 진리의 사람들은 세상을 괴롭게 여긴다. 바울은 탄식하기를 "그러므로 내가 한 법을 깨달았노니 곧 선을 행하기 원하는 나에게 악이 함께 있는 것이로다 내 속사람으로는 하나님의 법을 즐거워하되 내 지체 속에서 한 다른 법이 내 마음의 법과 싸워 내 지체 속에 있는 죄의 법으로 나를 사로잡는 것을 보는도다 오호라 나는 곤고한 사람이로다 이 사망의 몸에서 누가 나를 건져내랴"라고 하였다(롬 7:21-24). 죄를 범하는 것을 가장 원통하게 여길 수 있어야만 이 세상에서 떠날 담력을 얻을 수 있다. 그렇다고 해서 그가 자살을 범하지는 않는데, 자살은 다른 사람을 죽이는 것과 동일한 죄악이기 때문에 그는 자살을 정죄한다.

제 6 장

개요

고린도후서 5장 말씀에 이어 바울은 6장에서도 고린도 교회 신자들에게 권면하기를, 하나님과 화목을 이루게 하는 신약 시대 복음의 은혜를 받으라고 말한다(1-2절). 또한 그는 여기서도 자신의 사도권을 변호한다(3-10절). 5:11-21에서 그는 사도의 직분에 맡겨진 사역의 본질을 설명했는데, 여기서는 그가 어떻게 고린도에서도 자기에게 맡겨진 일을 충성되게 수행했는지를 더욱 구체적으로 진술한다(Grosheide). 그는 자신이 사도의 직분을 어떻게 실행해 나갔는지를 자세히 설명하는 중에 ① 모든 어려움과 곤경들을 잘 견뎌 냈음을 지적하였다(6:4-5). 복음 사역자는 평안한 가운데서만 아니라 곤경 가운데서도 충성되게 행해야 하며, 사역을 감당하는 일에만 아니라 하나님의 뜻을 파수하는 일에도 인내심을 가지고 견뎌야 한다(Matthew Henry). ② 그의 사역에서 하나님의 은혜로 수행되는 몇 가지 행동 원리를 알려 주었다(6-7절). 이런 일들은 사람이 자력으로는 참되게 수행할 수 없는 것이다. “이런 일들은 신앙과 성령의 선물이지 인간의 자연적인 덕이나 재능으로 말미암은 것이 아니다."[27] 이런 이유에서 바울은 가장 먼저 "깨끗함"을 언급하는 것이다. 그것은 당연하다. 깨끗함 없이는 경건한 삶이 있을 수 없다. 그다음으로는 "지식"을 제시한다. 매튜 헨리가 이에 대해 주석한 것처럼, 지식 없는 활동은 광인의 행위를 연출하며 진정한 경건은 반지성주의가 아니다. 물론 여기서 "지식"이라는 것은 하나님과 그의 말씀을 알게 하는 모든 계시 진리를 가리킨다. 그다음에 이어지는 항목들에 대해서는 해석을 참조하라.

③ 그는 어떠한 환경과 사정에 처했든지 간에 자신의 주장이나 처신이 경건의 도리에서 탈선하지 않고 언제나 똑같이 사도의 능력을 발휘하였다고 진술한다(8-10절). 그는 초지일관하게 전진하였다. ④ 그는 고린도 교인들이 그를 신임하고 그의 사도직을 통해 은혜를 받으라는 의미에서 "마음을 넓히라"고 권한다(11-13절). ⑤ 그는 고린도 교인들에게 이방 종교를 신봉하는 자들과 마음을 나누지 말라고 경고한다(14-18절). 선이 악을 감화시키기는 어려워도 악이 선을 망가뜨리기는 쉽다. 그러나 여기서 "멍에를 함께 메지 말라"는 말씀은 공간적으로 접촉을 피하라는 말씀이 아니라 종교 사상적으로 서로 뜻을 함께하지 말라는 뜻이다. 신자는 불신 사상을 독약과 같이 멀리해야 한다. 신자는 불신자와 사상 면에서 교류할 수 없고 서로 첨예하게 대립해야 한다. 단지 과학적인 분별의식으로만 그렇게 할 뿐 아니라 불신 사상에 대해서는 도덕적인 증오 의식을 가져야 한다. 이런 의미에서 에리히 슈탕에(Erich Stange)도 말하기를, "이 단락의 근본 사상은 신자가 불신자로부터 첨예하게 분리되어야 한다는 엄중한 경고다."라고 하였다.[28]

---

27) Wendland, Die Briefe an die Korinther, 184. "Es sind die Gaben des Glaubens und des heiligen Geistes, nicht Tugenden oder natürliche Kräfte."

28) Bibelhilfe für die Gemeinde, Die Korintherbriefe, 145. "Der Grundgedanke dieses Abschnittes ist zunächst-6:14-18-eine wichtige Mahnung zur scharfen Scheidung von den 'Ungläubigen.'"

⚜ 해석

1 우리가 하나님과 함께 일하는 자로서 너희를 권하노니 하나님의 은혜를 헛되이 받지 말라. "하나님과 함께 일하는." 여기서 "하나님과"라는 말은 헬라어 원문에 없는 것을 우리말 번역에서 보충한 것이다. 그러므로 여기서 "함께 일하는"이라는 말은 하나님과 함께 일하는 것을 의미할 수도 있지만, 다른 사도들이나 일반 신자들과 함께 일한다는 뜻으로 해석할 수도 있다. 그러나 우리 한글 번역 성경처럼 하나님과 함께 일하는 것을 뜻한다는 해석이 가장 자연스럽다. 왜냐하면 5장 끝에서(19-20절) 사도는 하나님의 대리자로 사역한다는 사실이 밝히 드러났기 때문이다.

"은혜를 헛되이 받지 말라." 이 말씀은 다음과 같은 의미를 지닌다. ① 사도가 전하는 것은 하나님이 함께하시는 권위의 말씀이기 때문에, 그것을 하나님의 말씀으로 받지 않고 사람의 말로만 받는 것은 곧 은혜를 헛되이 받는 것이며, ② 기대되는 열매를 맺지 못하는 것도 은혜를 헛되이 받는 것이다. 그러므로 바울은 그런 폐단이 없도록 주의시킨다.

2 이르시되 내가 은혜 베풀 때에 너에게 듣고 구원의 날에 너를 도왔다 하셨으니 보라 지금은 은혜 받을 만한 때요 보라 지금은 구원의 날이로다. 여기 인용된 성구는 이사야 49:8 말씀이다. 그것은 하나님께서 메시아를 대상으로 주신 말씀인데, 사실상 메시아를 대표로 삼아 교회가 받은 말씀이다. 이 인용구에서 "은혜 베풀 때에"라는 말은 히브리어 원문에서 "베에트 라촌"(בְּעֵת רָצוֹן)인데, 문자적으로는 "은혜의 때에"라는 말이다. 결국 이 구절은 구약 시대에 은혜의 시대인 신약 시대를 내다보고 예언한 말씀이 분명하다. 하나님께서는 이렇게 시대를 제정하시고 은혜를 베푸시는데, 이런 때를 맞이한 신자들은 자기의 공로나 의를 의지하지 말고, 오직 구원이 전적으로 하나님의 경륜과 작정을 따라 이루어지는 줄 믿고서 기회를 잃지 말고 화급히 은혜를 받아야 한다. 이 예언

은 바울의 전도로 말미암아 이루어지는 것이기 때문에, 바울은 여기서 듣는 자들의 주의를 환기시키기 위해 "보라 지금은"이라는 말을 두 번이나 반복한다. "지금은 은혜 받을 때니 기회를 잃지 말라"고 엄중히 경고하는 것이다. "기회는 오직 한 번만 문을 두드린다"(Opportunity knocks the door only once). 바울은 여기서 신약 시대를 가리키는 "지금"이라는 때가 영원한 중대성을 지니는 결단을 내릴 시기인 것으로 이해한다. 이 시기야말로 하나님의 손에서 직접 주어진 생명의 기회다. 이 기회는 사람이 마땅히 두려워 떠는 마음을 가지지 않고서는 접할 수 없는 것으로 무언중에 발표된다. 이런 중대성을 지니는 현재야말로 종말론적인 중요성을 지니고 있으니, 이 같은 현재를 가벼이 여기는 자는 장차 임할 대종말의 날에 배척을 받을 것이다. 다시 말해 영원한 생명의 문은 그런 사람을 향하여 영원히 닫힐 것이다.

3 우리가 이 직분이 비방을 받지 않게 하려고 무엇에든지 아무에게도 거리끼지 않게 하고. 바울은 여기서 "우리"라는 대명사를 통해 다른 동역자들까지도 포함하여 말하고 있다. 그러나 그들 중에서 그다음 구절에 나오는 모든 덕행과 관련된 주요 인물은 사도 바울이다. 바울은 성직자로서 오로지 자신의 직분에만 열중하였고 자기 자신의 이해관계에 대해서는 아무런 관심도 가지지 않았다. 당시 소위 성직자 중에는 자신의 이익을 도모하기 위해 직분을 남용하는 자들도 있었다. 그러나 바울은 그와 반대로 성직을 존귀케 하려고 자기를 희생하였다. 그는 자신이 훼방을 받을까 두려워한 것이 아니라 그가 맡은 직분에 오점을 끼칠까 두려워하였다.

사람들이 사는 사회에서 선한 교역자에게도 말썽이 없을 수 없다. 그러나 그런 가운데서도 교역자가 분란을 일으키지 않도록 처신할 수 있다. ① 주님을 향한 훼방을 교역자 자신이 달게 받음으로써 직책 자체가 훼방받는 일을 피할 수 있다. ② 억울하게 훼방을 당하면서도 참으면 언젠가는 억울함이 벗겨지고 결국 직책에는 훼방이 돌아가지 않는다. ③ 자기 개인의 허물로 인해 훼방이 찾아올 때 자신이 그것을 달게 받으면, 개인의 몫을 개인이 당하는 것이기 때문에 직책은 훼방을 당하지 않는다. ④ 직책을 충성되게 잘 감당할 때 그 직책이 훼방을 받지 않는다. 교역자는 그의 성직 앞에서 의리만 알고 사사로운 정분은 몰라야 한다. 그는 사심 없이 공명정대하게 직책을 수행해야 한다. 그가 어김없이 공의를 행하면 사람들이 그를 두려워하고, 어김없이 사랑을 행하면 사람들이 그를 신뢰한다. 이런 사역자의 직분을 마귀도 훼방하지 못한다. 우리가 혹시 사람 앞에서 눈가림이 되는 정도로 행하였다 해도 그것만으로는 부족하다. 부족함이 없기 위해서는 마귀가 훼방하지 못하는 단계에까지 도달해야 한다. 그렇게 직분을 행하는 것이 참으로 법대로 행하는 것이다. 성경은 복음의 직분을 행함에 있어서 사역자는 군병과 같다고 말한다(딤후 2:4).

4-5 오직 모든 일에 하나님의 일꾼으로 자천하여 많이 견디는 것과 환난과 궁핍과 고난과 매 맞음과 갇힘과 난동과 수고로움과 자지 못함과 먹지 못함 가운데서도. 여기서 "하나님 일꾼으로 자천"한다는 말은, 바울이 남들에게서 추천서를 받아야 하는 연약한 일꾼들과 같은 부류에 속하지 않고, 친히 신실함과 덕망을 드러내어 사람들이 그것을 보고서 그가 하나님의 참된 일꾼인 줄 알게 한다는 뜻이다. 이같이 자천하는 추천서는 먹으로 쓴 것이 아니고 하나님의 권능으로 나타내는 것이다(고후 3:1-2 참조). 남을 의지하여 일하는 일꾼은 남이 붙들어 주는 동안에만 서 있을 수 있다. 이처럼 남들이 세워 주어야만 설 수 있는 일꾼은 하나님의 종으로는 부족하다.

"많이 견디는 것." 바울은 이것을 머리말로 삼아 그가 여러 가지 고난받은 일을 그다음에 소개한다. 그는 이처럼 많이 견디는 미덕을 소유하였기 때문에 다양한 방면의 어려움을 극복하게 된 것이다. 견디는 일이 때로는 타고난 성품으로 이루어지기도 한다. 그러나 그리스도의 강권적인 사랑으로 인하여 견디는 일이(고후 5:14) 복음적으로 의미 있는 일이고 구원을 성취하는 일에 보다 큰 효과를 가져온다. 타고난 성품으로 견디는 것은 기계적이지만, 그리스도의 사랑으로 견디는 것은 즐거움을 가져다준다.

"환난과 궁핍과 고난." 환난(θλίψις)은 내리누르는 것을 뜻하고 궁핍(ἀνάγκαι)은 압제하는 것을 가리키며 고난(στενοχωρίαι)은 졸라매는 것이다. 이 세 가지 묘사는 고난의 세 단계를 표현한 것인데, 첫째로 환난은 사방에 난관이 둘러 있지만 어떤 방면으로 피할 가능성이 약간은 보이는 것이고, 둘째로 궁핍은 사방에서 억압이 심하여 피할 길이 하나밖에 보이지 않는 것이고, 셋째로 고난은 어느 것보다도 혹독하여 도무지 피할 자리 없이 포위당한 것을 가리킨다(Bengel). 우리는 이 세 가지 표현이 바울이 당한 갖가지 역경과 난관을 가리키는 것으로 이해한다.

"매 맞음과 갇힘."(11:24-25 참조). 이것은 바울이 빌립보에서 감옥에 갇혔던 일과 가이사랴와 로마에서 구금당한 일을 떠올리게 한다.

"난동." 이것은 무질서한 폭도들의 소동을 가리킨다. 사도행전 13:50, 14:5-19, 17:5, 18:12, 19:23-41 등을 참조하라.

"수고로움." 이 말에 대하여 크리소스토모스(Chrysostom)는 바울이 자비량으로 전도하기 위하여 친히 생업을 감당했던 수고(고전 4:12; 살전 2:9; 살후 3:8)를 가리킨다고 해석하였다. 그러나 이 말은 그것만을 가리키는 것이 아니라 그가 전도하기 위하여 당한 수고까지 포괄한다. 바울이 자기 손으로 생계를 꾸려 가는 수고를 감수한 것도 사리사욕을 위한 것이 아니고 그리스도를 위한 것이었기 때문에 그것 역시 사역의 일부였다. 그는 손으로 일하여 자신의 생계를 책임졌을 뿐 아니라 동역자들의 비용도 감당하여 주었다. 후대의 자비량 전도자 중에는 바울의 정신을 따라 전적으로 복음을 위해 일한 자들도 없지 않으나, 자비량 전도를 빙자하여 육체적인 일에 기울어지고 심령은 어두워져서 전도를 등한시한 자들도 많이 있다. 우리는 그와 같은 폐단도 경계해야 할 것이다. 한국 교회에서 목회자의 생활비 문제가 적지 않은 시험거리가 되어 복음의 빛을 드러내는 일에 방해가 된다. 그러므로 바울과 같이 전적으로 복음을 위한 정신으로 자비량 전도하는 자가 있다면 환영할 일이다.

"자지 못함과 먹지 못함." 바울 사도가 결심하고 의도적으로 자지 않거나 먹지 않은 일이 없었다고 단정 지을 수는 없겠지만, 그보다는 그가 복음을 위한 사역의 무게로 인해 자지 못하고 먹지 못한 일을 가리킬 것이다.

6-7 깨끗함과 지식과 오래 참음과 자비함과 성령의 감화와 거짓이 없는 사랑과 진리의 말씀과 하나님의 능력으로 의의 무기를 좌우에 가지고. 여기서 "깨끗함"이라는 말이 또 하나의 머리말이다. 정결한 자는 하늘의 모든 은사를 받을 만한 그릇이 된다. 그다음에 나오는 모든 덕목이 이와 같은 정결로부터 맺히는 열매라고 할 수 있다. 그러므로 구약의 시인은 말하기를 "여호와를 경외하는 도는 정결하여"라고 하였고(시 19:9), 예수님께서는 "마음이 청결한 자는 복이 있나니 그들이 하나님을 볼 것임이요"라고 하셨고(마 5:8), 야고보는 말하기를, "오직 위로부터 난 지혜는 첫째 성결하고"라고 하였다(약 3:17; 요 15:3; 행 15:9; 시 24:3-4; 73:1 참조). "지식"이라는 것은 무엇보다도 여호와를 아는 지식을 뜻한다. 호세아 선지자에 따르면 이스라엘 백성은 이 지식을 잃어버릴 때마다 멸망했다고 한다. 그는 "내 백성이 지식이 없으므로 망하는도다 네가 지식을 버렸으니 나도 너를 버려 내 제사장이 되지 못하게 할 것이요 네가 네 하나님의 율법을 잊었으니 나도 네 자녀들을 잊어버리리라"(호 4:6)라고 하였고, "나는 인애를 원하고 제사를 원하지 아니하며 번제보다 하나님을 아는 것을 원하노라"(호 6:6)라고 하였다. 바울 역시 이런 의미에서 말하기를, "예수 그리스도와 그가 십자가에 못 박히신 것 외에는 아무 것도 알지 아니하기로 작정하였음이라"라고 하였고(고전 2:2), 또 말하기를 "내가 그리스도와 그 부활의 권능과 그 고난에 참여함을 알고자" 한다고 하였다(빌 3:10).

"오래 참음과 자비함과." 이 둘은 서로 관련성이 있는 덕행이다. 오래 참는다는 것은 극심하게 괴롭히는 사람을 끝까지 포용하며 나가는 덕행이다. 이것은 헬라어로 "마크로튀미아"(μακροθυμία)인데, 따가운 것에서 멀어짐을 의미한다. 그야말로 견딜 수 없이 속을 태우는 사람 앞에서 화를 내지 않고 침착하게 견디어 나감을 의미한다. 그 결과로 드러나는 것이 자비다.

"성령의 감화." 이것은 인격적 감화와는 다른 종류의 감화력이다. 인격적 감화는 다른 사람들을 자기에게 집중시키는 반면 성령의 감화는 다른 사람들을 예수님께 집중시킨다. 이런 의미에서 성령의 감화를 지니지 못하고 인격적 감화만을 가진 목회자의 사역은 도리어 위태하다. 별다른 인격적 감화가 없다 해도 고요히 하나님과 동행하는 삶을 유지하며 자기 자신을 드러내는 성향이 없는 자가 성령의 감화를 통하여 다른 사람들을 많이 주님께로 인도할 수 있다.

"거짓이 없는 사랑." 바울은 이 말을 로마서 12:9에서도 사용하였다. 이처럼 사랑에 대하여 "거짓이 없는"이라는 형용사를 덧붙인 것은 사랑을 행한다는 자들이 너무나 거짓되게 겉으로만 남을 사랑하는 행세를 하기 때문이다.

"진리의 말씀." 이것은 복음을 의미한다. 복음의 말씀은 다른 것과 섞일 수 없는 독특한 것이다. 그것이 진리라고 불리는 이유는, 믿는 사람들에게 구원의 복을 주시겠다는 언약이 종말에는 그대로 실현되기 때문이다. 거짓을 전하여 비상한 인기를 얻는 것보다는 차라리 이 진리를 굳게 파수하고 전파하다가 고립상태에 빠지는 것이 훨씬 우월한 것이다.

"하나님의 능력." 이것은 반드시 육체적인 것을 대상으로 이루어지는 이적만을 가리키는 것이 아니고, 사람의 심령을 변화시키는 회개의 능력을 의미하기도 한다(고전 2:4-5). 그렇다면 이 능력은 어떤 사람에게 부여되는가? 하나님의 능력은 특별히 "약한 데서 온전"하여지는 것이기 때문에(고후 12:9), 자신의 연약함을 인식하고 하나님을 전적으로 의지하는 자는 이 능력을 받을 수 있다. 설교자들도 설교하기 전에 심리적인 부담과 자신의 무능함을 깊이 느끼면서 나설 때 오히려 그 설교를 통하여 큰 은혜가 나타나는 경우가 적지 않다. 누구든지 자기의 연약함을 심각하게 인식하면서 자신을 남보다 나은 자로 감히 여기지 못하는 처지에 있을 때 비로소 하나님이 쓰실 만한 그릇이 된다. 그러므로 바울은 자신을 가리켜 만삭되지 못하여 난 자 같다고 하면서 겸손한 자아비판의 시간을 가졌다.

"의의 무기를 좌우에 가지고." 어떤 이는 여기서 의의 병기가 무엇을 가리키는지 종목을 따져서 성령의 검(엡 6:17)과 믿음의 방패를 의미한다고 주장하지만, 이것은 굳이 그처럼 명목을 구별해서 생각할 말씀이 아니다. 사도 바울은 여기서 어떤 특정한 영적 무기를 가리키지 않고 다만 사탄을 대적하는 의로운 삶과 수고를 염두에 둔 듯하다.

8 영광과 욕됨으로 그러했으며 악한 이름과 아름다운 이름으로 그러했느니라 우리는 속이는 자 같으나 참되고. 이 말씀에서 특별히 "그러했으며"(διά)라는 말이 두 번 나오는데, 그것은 동일한 종류의 덕행을 가리킨다. 사도는 그에게 영광이 주어졌을 때 그것을 자신이 받지 않고 하나님께 돌린다. 그는 욕을 받을 때도 그것으로 인해 낙심하지 않고 그것이 무고한 욕설일 때는 그냥 스쳐 지나간다. 이런 의미에서 그는 "그러했으며"라는 용어를 사용하였다.

"속이는 자 같으나 참되고." 여기서부터 "같으나"라는 표현이 10절 끝에 이르기까지 일곱 번 나온다. 이것은 사도 바울이 주 안에서 취하는 은근한 처세를 보여 준다. 은근하다 함은 자기 속에 있는 어떤 보화를 누구나 알 수 있게 두드러지게 나타내지 않으며 도리어 아깝게도 알아주지 못하는 일이 많음을 가리킨다. 사람들 가운데는 흔히 두드러지게 처세를 잘하여 주님을 나타내는 것보다는 자기를 드러내는 일에 더 능숙한 자들이 많다. 사실 그렇게 처세하는 자들은 내용보다 겉모습만 더 훌륭하며, 따라서 사람들이 기대하는 실체는 소유하지 못하여서 사람들을 실망시키는 일이 많다. 이것은 물

없는 구름처럼 약속은 많이 하지만 실제로 주는 것은 별로 없는 처세다. 바울이 보여 준 것과 같은 은근한 처세가 실제로 좋은 것을 더 많이 담고 있다. 하나님은 그렇게 처신하는 자에게 더 많은 것을 맡기기 원하신다. 그런 사람은 겉으로 보기에는 별로 좋은 것이 없는 것 같으나 그 속에는 좋은 것이 많다. 우리는 여기서 바울이 일곱 번 반복했던 "같으나"의 처세를 배워야 한다.

그러면 바울이 자신을 가리켜 "속이는 자 같으나 참되고"라고 한 것은 무슨 뜻인가? 그것은 그를 반대한 자들이 그에 대하여 비방하기를 바울은 속이는 자라고 하였지만 사실상 그는 속이는 자가 아니고 하나님의 진리를 전하는 자라는 의미다.

9 무명한 자 같으나 유명한 자요 죽은 자 같으나 보라 우리가 살아 있고 징계를 받는 자 같으나 죽임을 당하지 아니하고. 바울은 종종 그 반대자들에 의해 평가 절하되어 가치 없고 무명한 자로 취급받았다. 이런 의미에서 그는 자신이 만물의 찌꺼기와 같이 되었다고 말한다(고전 4:13). 그러나 실제로 그는 하나님 앞에서와 양심 세계에 더욱 두드러지게 알려졌다(고후 5:11).

그는 한때 핍박을 받아 죽을 지경에 이르기까지 하였다. 그러나 하나님께서는 그가 사명을 다하기 전에는 그를 데려가지 않으실 것이기에(계 11:7) 그는 사경을 헤매다가도 다시 일어난 것이다.

그는 또한 원수들로부터 "바울은 하나님의 징계를 받은 자"라는 비방을 받기까지 하였다. 이것은 하나님의 종에게 엄청난 비난이다. 그러나 실제에 있어서 그는 징계를 받은 것이 아니라, 하나님의 선하신 뜻에 따라 고생을 하는 것이기 때문에 그 결말은 죽음이 아니었다. 다시 말해 그는 망하지 않았다.

10 근심하는 자 같으나 항상 기뻐하고 가난한 자 같으나 많은 사람을 부요하게 하고 아무 것도 없는 자 같으나 모든 것을 가진 자로다. 바울의 원수들은 그를 비난하여 말하기를 "그는 슬픔의 사람이며 복이 없는 자"라고 하였다. 그러나 실제에 있어

서 그는 심령 깊은 곳에 항상 기쁨을 가지고 있다. 주님의 의를 위한 고생과 슬픔은 그것을 당하는 자의 심령 속에 하늘의 즐거움을 가져다주는 것이다. 옳은 일을 위한 눈물겨운 고생 없이는 심령 속에 참된 희열을 느낄 수 없다. 진정한 희열은 정당한 비애를 그 모체로 한다.

바울은 또한 극히 빈곤하여 자기 손으로 생계를 유지해야 하는 형편이었음에도 그의 손에는 동역자들을 도와줄 수 있는 물질까지 주어졌다. 하나님의 법에 따르면 부지런한 자는 배고픔의 화를 당하는 법이 없다. 바울은 이 같은 말을 통해 자기의 육신 생활에 나타나는 현상만을 가리킨 것이 아니라, 실상은 영적으로 많은 사람을 부유하게 해 주는 삶을 시사했다. 그가 물질적으로는 가난하여 많은 재산을 쌓아 놓지 못하였으나, 영적으로는 많은 사람에게 하나님을 보여 줌으로써 하나님을 지향하는 부유한 삶을 살아가게 만들어 주었다(눅 12:21).

"아무 것도 없는 자 같으나 모든 것을 가진 자로다." 이것도 상반절에 대한 해석과 동일한 의미를 전달한다.

3. 사도와 고린도 교회의 신뢰 회복(6:11-7:16)

(1) 사도가 고린도 교인들에게 호소함(6:11-7:4)

11-13 고린도인들이여 너희를 향하여 우리의 입이 열리고 우리의 마음이 넓어졌으니 너희가 우리 안에서 좁아진 것이 아니라 오직 너희 심정에서 좁아진 것이니라 내가 자녀에게 말하듯 하노니 보답하는 것으로 너희도 마음을 넓히라. 이 단락은 6:1에 이어지는 말씀으로, 은혜를 헛되이 받지 않는 비결을 보여 준다. 그 비결은 고린도 교회 신자들이 사도 바울을 신임하고 마음을 여는 것이다. 바울은 그들도 바울 자

신의 열린 마음을 본받으라고 요청한다.

"너희를 향하여 우리의 입이 열리고 우리의 마음이 넓어졌으니." 여기서 입을 열었다는 말은 그가 고린도 교인들을 사랑하여 아무것도 감추지 않고 중심을 토로하는 것을 뜻한다. 그리고 "마음이 넓어졌다"라는 말은 그가 많은 사람을 포용한 일을 상기시킨다. 바울은 고린도 교인들이 아직 미성숙하고 결점이 많은 신자임에도 불구하고 그들을 사랑하기 때문에 아무것도 가리지 않고 다 말하였다. 그러므로 그 당시 고린도 교인들의 마음이 좁아진 원인은 바울에게 있는 것이 아니고("우리 안에서 좁아진 것이 아니라") 오직 그들 자신의 잘못이었다. 그러므로 바울은 그들에게 마음을 넓히라고 권면한다. 여기서 "심정"(σπλάγχνα)이라는 말은 심장이나 폐장을 가리키는데, 그곳은 감정이 자리 잡은 장소다.

"마음을 넓히라." 사람은 마음을 어떻게 먹느냐에 따라 행복 여부가 결정된다. 그러므로 잠언 16:32에 말하기를, "자기의 마음을 다스리는 자는 성을 빼앗는 자보다 나으니라"라고 하였다. 그런데 마음을 다스리는 일은 인간으로서는 할 수 없고 오직 하나님이 하신다. 시편 112:7에서는 여호와를 경외하는 자에 대하여 말하기를, "그는 흉한 소문을 두려워하지 아니함이여 여호와를 의뢰하고 그의 마음을 굳게 정하였도다"라고 하였다. 우리가 우리의 마음을 주님께 맡기면 그는 우리의 마음에 좌정하셔서 왕으로 다스리실 뿐만 아니라 제사장으로서 우리의 마음을 깨끗하게 하신다. 사람의 마음이 얼마든지 넓어질 수 있는 이유는 이처럼 하나님께서 우리 마음에 거하실 수 있기 때문이다. 우리 마음에 하나님이 거하시면 그곳에 사랑이 있고 기쁨과 소망이 용솟음치기 때문에 그 마음이 넓어진다.

반대로 사람의 마음이 좁아지면 우리는 그만큼 어둡고 무기력해진다. 좁은 마음을 가진 자는 멀리 넓게 보지 못하기 때문에 크고 중한 것을 분별할 수 없다. 그러므로 그런 사람은 소경과 같이 자기 자신이 손해당할 일을 오히려 유익한 일인 줄 알고 행하는 것이다. 사람들은 심지어 자살을 범하기도 하는데 그것은 어두운 마음의 소행이다. 아무리 유복한 환경에서 생활한다 해도 사람은 마음이 기쁘지 않을 수 있고 자살하는 지경에 이를 수도 있다.

사람은 마음이 넓어야 사랑의 목표를 굳게 지키고 그것을 이룬다. 존 웨슬리의 어머니 수산나는 열아홉 자녀의 어머니로서 사랑을 목표로 삼아 끝까지 그들을 가르쳐 성공하였다. 한번은 그의 자녀 중 한 아이가 한 가지 주제로 스무 번이나 질문하였는데, 그녀는 한 번도 꾸짖지 않고 잘 가르쳐 주었다. 그때 그녀의 남편이 이 모습을 보고 "여보, 한 가지를 가지고 스무 번이나 반복하는 것이오?"라고 물었을 때 그녀는 대답하기를, "알 때까지 가르치지 않으면 열아홉 번 대답한 것이 허사가 될 테니까요."라고 하였다. 이처럼 넓은 마음이 위대한 웨슬리를 길러 내게 되었다.

14-15 너희는 믿지 않는 자와 멍에를 함께 메지 말라 의와 불법이 어찌 함께 하며 빛과 어둠이 어찌 사귀며 그리스도와 벨리알이 어찌 조화되며 믿는 자와 믿지 않는 자가 어찌 상관하며. 이 구절부터 7:1까지의 말씀은 문맥의 흐름을 거슬러 돌발적으로 끼어든 것처럼 보인다. 다시 말해 이 구절은 앞의 내용과 연결되지 않는 것 같다. 따라서 어떤 학자들은 주장하기를, 이 부분은 후대의 편집자가 바울의 다른 서신에서 추출하여 덧붙인 단편이라고 말한다. 왜냐하면 앞의 13절 말씀은 여기 14절과 이어지지 않고 뒤에 있는 7:2과 연결되는 것처럼 보이기 때문이다. 13절 마지막의 "너희도 마음을 넓히라"라는 권면을 7:2의 "마음으로 우리를 영접하라"라는 말씀과 연결시키면 잘 통한다는 것이다. 그러나 우리는 이러한 학설을 반대한다. 6:14부터 7:1까지 이어지는 말씀은 앞뒤 문맥과 무관하게 엉뚱하게 끼어든 말씀이 결코 아니다. 벤틀란트(Wendland)는 말하기를 "이 말씀은 차라리 6:1의 의미를 받아 진술한다고 볼 수 있다. 6:1에서 은혜를 헛되이 받지 말라고 경고했던 것처럼 사도 바울은 이방의 우상을 많이 섬기고 있는 고린도 교인들에게 모든 이교 풍속에서 완전히 떠나라고 권면

했다는 것이 자연스럽다. 이방인들이 은혜를 헛되이 받지 않기 위해서는 무엇보다도 먼저 모든 이교 사상을 버려야 할 것이다."라고 하였다.[29] 그뿐 아니라 사본상의 증거를 보더라도 모든 사본이 이 구절을 포함하고 있는데, 무슨 근거로 이 부분 말씀을 돌발적으로 첨가된 단편이라고 할 수 있겠는가? 그들의 주장은 억측에 불과하다.

"너희는 믿지 않는 자와 멍에를 함께 메지 말라." 이것은 신자가 신앙과 성결에 손해를 입을 정도로 불신자와 협업하는 것을 금하는 말씀이다. 이것은 신자가 사회생활에서 불신자와는 전혀 공동사업을 할 수 없다는 의미가 아니다. 일반 은총의 영역에서 신자는 불신자와 합력하여 일해야 하는 경우가 적지 않다. 예를 들어 군인으로서 함께 훈련이나 작전에 참여하는 것, 회사의 같은 팀에서 일하는 것, 관공서에서 사무를 처리하는 일에 협력하는 것 등이다. 바울이 "멍에를 함께 메지" 말라고 했을 때 이러한 일들을 금지한 것이 아니다. "멍에를 함께 메는" 것은 이런 세속적인 사무에 관계된 것이 아니라 영적으로 협력하는 것을 의미한다. "멍에를 함께" 멘다는 것은 두 사람이 어떤 사안에서 절대적으로 균등한 역할을 감당하는 것을 뜻한다. 육체로만 협력하는 것은 사실 엄격한 의미에서는 지극히 표면적인 협업이기 때문에 멍에를 같이 메는 일이라고 할 수 없다. 종교적인 사안에 대해서는 신자가 이교도와 협력할 수 없다. 그런 협력은 영적인 측면에서의 협업이니 이는 부자연스러운 일이고 손해를 당하는 일이다. 그러므로 신명기 22:10에서 이와 같은 부자연스러운 협업을 경계하기 위하여 비유로 말하기를 "너는 소와 나귀를 겨리하여 갈지 말며"라고 하였다. 신자가 불신자와 혼인하는 일도 두 사람이 서로 어울릴 수 없는 부자연스러운 일이다. 그런 일들을 통해 사람들이 영적으로 손해를 당하는 일이 많은 것이 사실이다.

---

29) Die Briefe an die Korinther, 187.

“의와 불법이 어찌 함께 하며 빛과 어두움이 어찌 사귀며.” 의와 불법을 대조하는 표현에 대해서는 데살로니가후서 2:8, 요한1서 3:4-5 등을 참조하라. 그리고 빛과 어두움의 대조 역시 영적인 관점에서 바라보아야 할 것인데, 빛은 진리, 성결, 생명 등을 가리키는 반면 어두움은 거짓, 죄악, 사망 등을 가리킨다. 신약에서 이 둘을 대조하는 경우를 자주 발견할 수 있는데, 로마서 13:12, 에베소서 5:8, 요한1서 2:9, 사도행전 26:18 등이다. 바울의 이와 같은 대조적인 표현은 특히 종교 생활에 관련된 것이다. 이것은 일반적인 사안에서도 신자와 불신자가 서로 대면할 수 없다는 의미는 아니다.

“벨리알.” 이것은 본래 무가치한 것을 의미하는데, 여기서는 적그리스도를 가리킨다.

“믿는 자와 믿지 않는 자가 어찌 상관하며”라는 말씀도 앞서 제시한 몇 가지 대조적 표현들을 통해 가르친 내용을 다시 한 번 강조하는 것이다. 이것은 신자와 불신자가 종교적으로는 교제할 수 없다는 것이며, 지극히 표면적인 접촉에 불과한 일반적인 사교생활까지 금하는 말씀은 아니다. 신약성경은 신자들이 신앙의 정절을 지키기 위해서 외부 세계와 완전히 격리되어야 한다고 가르치지 않는다. 물론 신자는 불신자의 잘못된 종교 사상과 합류할 수 없다. 그러나 그런 일을 방지한다는 명목으로 모든 접촉을 차단할 필요는 없다. 정절을 지키기 위해 수많은 외형적인 규칙들을 정해서 사람들을 격리하는 일은 신약의 가르침에 따른 것이라기보다 오히려 생명 없는 이방 종교가 흔히 취하는 방법이다.

여기서 우리는 신자와 불신자 간의 교제에 관한 바울의 교훈을 신중하게 살펴야 한다. 본문에서 그들 사이의 교제를 금한 일은 엄격하게 종교 생활의 측면에 국한한 것이다. 물론 종교 생활 이외의 일이라 할지라도 그것이 종교 생활의 핵심적인 요소들에 해로운 영향을 미칠 수 있는 것이라면 그런 측면의 교제도 삼갈 필요가 있다. 그러나 종교 생활에 손해가 되지 않는 분야에서 교제를 나누는 일은 오히려 기독교적인 종교 생활의 정복력을 발휘할 기회가 된다.

16 하나님의 성전과 우상이 어찌 일치가 되리요 우리는 살아 계신 하나님의 성전이라 이와 같이 하나님께서 이르시되 내가 그들 가운데 거하며 두루 행하여 나는 그들의 하나님이 되고 그들은 나의 백성이 되리라. 구약에서는 "거룩하게 구별"하는 일에 대해서 많이 가르친다. 성별(聖別)이란 세상에 속한 것과 하나님께 속한 것을 구별하는 경계를 유지하는 일을 가리킨다. 이 세상에 죄악이 존재하는 동안에는 성별 제도가 폐지될 수 없다. 사도 바울은 신자가 하나님의 것을 받기 위해서는 하나님과 반대되는 이교 사상을 철저히 멀리하지 않으면 안 된다고 말하는 도중에 이 지점에 이르러서는 성전과 우상 간에는 조화의 여지가 없음을 분명히 밝힌다. 여기서 성전이라는 말은 헬라어로 "나오스"(ναός)인데, 하나님께서 임하신 장소, 다시 말해 지성소를 의미한다. 그리고 성전 중에서도 가장 핵심적인 부분이 우상과 관계할 수 없음을 지적한다. 바울은 여기서 성전의 가장 핵심적인 요소가 신자라는 사실을 지적하면서 신자는 이교주의와 타협할 수 없음을 강조한다.

이 구절 하반절에 인용된 성구는 구약 본문에서 몇몇 구절을 통합하여 인용한 것이다(레 26:12; 출 29:45; 겔 37:27; 렘 31:1 참조). 그렇다면 신약 시대의 교회는 이러한 예언의 성취로서 살아 계신 하나님이 거하시는 성전이 된 것이다.

17 그러므로 너희는 그들 중에서 나와서 따로 있고 부정한 것을 만지지 말라 내가 너희를 영접하여. 이것은 이사야 52:11을 인용한 말씀이다. 플러머(Plummer)는 말하기를, "여기서 '나와서'라는 말은 반드시 공간적인 분리를 의미하는 것이 아니다. 그리스도인으로서 성결을 지키기 위하여 이 지역에서 저 지역으로 이동해야 한다는 것은 신약에서 가르치지 않는 교훈이다. 나온다는 표현은 주로 도덕적, 영적 성격을 지닌 구별 행위를 가리킬 뿐이다."라고 하였다.

"나와서"라는 표현은 헬라어 원문에서 "엑셀테"(ἐξέλθετε)인데, 이것은 부정과거 시제 명령형으로서 즉각적이고 결단성 있는 행위를 요청하는 명령이다. 구약의 역사를 보면 이러한 명령으로 그 백성을 인도한 예들이 많이 있다. 아브라함을 불러낸 일이나 롯을 구원해 낸 일, 또는 출애굽 사건 등이 모두 그런 일들이다. 우리는 하나님을 섬기는 일에서 거룩한 구별을 흐리게 만드는 죄악으로부터 서슴지 말고 즉시 떠나야 한다. 그것은 반드시 공간적인 차원에서 일어나는 일이라기보다는 정신적이고 영적인 태도나 행동으로 실천해야 하는 일이다.

18 너희에게 아버지가 되고 너희는 내게 자녀가 되리라 전능하신 주의 말씀이니라 하셨느니라. 호세아 1:10, 사 43:6을 참조하라.

설교 은혜를 헛되이 받지 말자(고후 6:1-2)

1. 은혜는 무엇인가?

고린도후서 5:20-21에서 말씀하는 것처럼 은혜란 ① 하나님이 죄를 알지도 못하신 이를 우리를 대신하여 죄로 삼으신 사실이다. 그리스도께서 우리 대신 "죄인"이 되신 것이 아니라 "죄"가 되셨다고 하였으니 그가 얼마나 심각하게 우리의 짐을 지신 것인가? 그는 죄가 없는 분으로서 죄로 여김이 되셨으니 우리는 그 덕분에 의가 될 수밖에 없다. ② 그리스도께서 이렇게 우리 대신 죄로 삼음이 되셨을 뿐 아니라 그가 우리에게 하나님과 화목을 이루도록 권고하신다. 주시는 것만으로도 고마운 일인데 기필코 받으라고 친히 사도를 세워서 권면하신다.

이러한 두 가지 사실이 은혜를 구성한다.

2. 이 은혜를 헛되이 받지 말 것

'헛되이 받는다."는 것은 ① 은혜를 받는다고 하면서 실상은 마음 깊이 받지 않고 이럭저럭 기회를 허송하는 것이다. 그런 행동은 실상 현재에 중대한 결단을 내리지 않고 결단을 나중으로 연기하는 태도다. 우리 본문에서는 그런 태도를 꾸짖는 의미에서 "지금"이라는 말을 두 번이나 사용한다. 은혜의 기회를 허송하는 태도는 하나님께서 다음에 회개의 기회를 주실 것이라는 예측 가운데서 취해진 것이다. 그것은 자기가 하나님을 좌우하겠다는 분수에 지나친 생각이다. 인류의 역사는 계획만 세우고 실행하지 못한 일들로 가득하다. 마르틴 루터는 말하기를, "은혜는 지나가는 소낙비와 같다. 그러므로 기회를 잃으면 그것을 받지 못한다."라고 하였다. "이 다음에 보자."라는 것은 마귀의 격언이다. ② 은혜를 받고도 그것을 육체적인 욕구에 이용하는 것이 "은혜를 헛되이 받음"이다. 하나님은 받은 은혜를 이처럼 헛되게 사용하는 자들에게 은혜의 보급선을 끊으신다. ③ 아무것도 이루지 못하고도 무언가를 이룬 줄 알고 은혜 받는 자리에만 공연히 앉아 있는 것도 "은혜를 헛되이 받음"이다. 그런 자들은 작심하여 새로워지기를 원하지 않는 자들이다. 그들에게는 은혜의 말씀이 들어가지 않는다.

설교 지금은 은혜 받을 만한 때(고후 6:1-2)

사도 바울은 여기서 은혜 받을 만한 "지금"이라는 때를 강조한다. 2절에 "지금"이라는 말이 두 번 나온다.

1. 여기서 "지금"이라는 말은 하나님이 주신 현재라는 뜻을 포함한다. 신자는 "현재"가 하나님이 관여하시는 시간인 줄 알기 때문에 그것을 더욱 중요하게 느낀다. 이 기회가 그리스도인에게는 회개할 기회다. 회개는 너무 중

요하기 때문에 회개할 기회가 있다면 천하를 주고라도 붙잡아야 한다. 왜냐하면 현재라는 시간은 빠르게 지나가면서 회개를 독촉하기 때문이니다. 에베소서 5:16에는 “세월을 아끼라 때가 악하니라”라고 하였다.

시편 90편을 기록한 모세는 시간이 빨리 지나가는 것을 몸소 경험하면서 죄에 대해 생각하였다. 그는 말하기를, “우리의 모든 날이 주의 분노 중에 지나가며 우리의 평생이 순식간에 다하였나이다”라고 하였다.

2. “지금”이라는 시간은 회개할 현재만 가리키는 것이 아니고 마땅히 할 일을 해야 할 “현재”를 뜻하기도 한다. 사명을 감당하는 일로 일생을 가득 채운 사람에게는 시간이 짧기만 하다. 그에게는 시간이 전혀 없는 것과 같다(시 39:5). 그러므로 전도서 12:1을 보면 “너는 청년의 때에 너의 창조주를 기억하라”라고 하였다. 이것은 청년 시대의 현재가 중요하다는 점을 강조하는 말씀이다. 청년들은 잘못 생각하기 쉽다. 다시 말해 “우리는 지금 준비하는 시기이지 정규적으로 살림을 차려 놓은 것이 아니다. 우리는 공부를 모두 마치고 정규적으로 살림을 시작한 후에 신앙생활을 바로 해 보겠다.”라고 한다. 그러나 이것은 자신을 속이는 생각이다. 청년은 인생을 준비하는 중에도 준비 기간 역시 정규적 살림이라는 점을 알아야 한다. 준비도 살림이다. 그러므로 그때도 하나님 없이 살려고 해서는 안 된다. 이다음에 잘 믿겠다고 하는 것은 이다음에 못 믿겠다고 예언하는 것과 같다. 하나님은 현재라는 기회를 악용하는 자에게 벌을 주셔서 이다음에는 그에게 기회를 주지 않으신다. 세상일로 분주한 상황에도 기도하는 시간을 가지면 은혜를 많이 받지만, 세상 업무로 인하여 기도 생활을 연기하면 그만큼 미래에도 기도하지 못하며 은혜도 받지 못한다.

노인들에게도 사명을 실행하도록 독촉하는 “현재”가 없는 것은 아니다. 노인들도 그들의 현재에 마땅히 할 일이 있다. 노인들은 남은 생명이 길지 못하다는 것을 알고 마지막 결단을 다시 한 번 내릴 상황을 맞이한다. 노인이 되어서 큰 은혜를 받고 성공을 거둔 이들도 많다.

조지 뮬러(George Müller)는 70세에 순회 전도를 시작하여 17년 동안 사역하였고 여덟 번이나 세계를 일주하였다. 그는 젊은 시절에 몸에 병이 있었기 때문에 군대에도 가지 못했고, 사람들은 말하기를 그가 일찍 죽을 것이라고 하였다. 순교자 크랜머(Cranmer)는 60세에 진리를 크게 깨닫고 그 진리를 위하여 순교하였다.

사람이 어렸을 때는 철없이 지내고 청년 시절에는 경험 없이 마구 덤비다가 실수하는가 하면, 장년 시절에는 다툼으로 말미암아 많은 실패를 겪는다. 그러나 노년기에는 한 가지 일이라도 경험에 비추어 잘할 수 있다.

설교 하나님께 대하여 부요한 생활을 가지자(고후 6:10)

그리스도인의 삶은 하나님을 모시는 것이다. 그러므로 시편 23:1에 말하기를, "여호와는 나의 목자시니 내게 부족함이 없으리로다"라고 하였다.

하나님으로 만족하는 삶은 다음과 같이 표현되기도 한다. 바울 사도는 말하기를, "이는 내게 사는 것이 그리스도니 죽는 것도 유익함이라"라고 하였다(빌 1:21). "사는 것이 그리스도"라는 말이 무슨 뜻인가? 바울의 삶은 그리스도와 연합한 것이기 때문에 그것이 확실한 만큼 그가 죽는 것도 유익하다는 것이다. 왜냐하면 그는 죽음으로 그리스도와 더욱 친밀히 사귈 수 있기 때문이다. 그는 죽음과 그리 멀지 않은 옥중에서 죽음의 세계를 바라보고 오히려 기뻐하였다.

이렇게 영적으로 부유한 것이 진정으로 부유한 삶이다. 모세는 얼마나 영적으로 부요하였는가? "믿음으로 모세는 장성하여 바로의 공주의 아들이라 칭함 받기를 거절하고 도리어 하나님의 백성과 함께 고난 받기를 잠시 죄악의 낙을 누리는 것보다 더 좋아하고 그리스도를 위하여 받는 수모를 애굽의 모든 보화보다 더 큰 재물로 여겼으니 이는 상 주심을 바라봄이라"라고 하였다(히 11:24-26).

바울은 영적으로 부유하였다. 그는 말하기를, "그러나 무엇이든지 내게 유익하던 것을 내가 그리스도를 위하여 다 해로 여길뿐더러 또한 모든 것을 해로 여김은 내 주 그리스도 예수를 아는 지식이 가장 고상하기 때문이라 내가 그를 위하여 모든 것을 잃어버리고 배설물로 여김은 그리스도를 얻고 그 안에서 발견되려 함이니 내가 가진 의는 율법에서 난 것이 아니요 오직 그리스도를 믿음으로 말미암은 것이니 곧 믿음으로 하나님께로부터 난 의라"라고 하였다(빌 3:7-9). 이 말씀은 믿음으로 말미암아 얻은 의로 인해 모든 것을 잃는다 해도 오히려 그것을 좋게 여긴다는 뜻이다.

제 7 장

개요

바울은 고린도 교회가 성결을 향해 더욱 나아가기를 권면한 후에(1절), 그들이 바울 일행을 잘 영접해야 한다고 말한다(2-4절). 이어서 그는 1) 고린도 교회의 문제로 근심하던 중에 디도가 돌아옴으로 위로를 받은 사실에 대하여 말하였는데 ① 디도가 고린도에서 그에게 돌아온 사실 자체도 그에게 위로가 되었지만(6절), ② 그는 디도가 고린도에서 위로를 받았다는 사실을 전해 들음으로써 더욱 위로를 받았고(7, 13절), ③ 고린도 교회가 회개하며 그를 "위하여 열심 있다"라는 사실을 알고 더욱 위로를 받았다(7절 하). 2) 일이 이렇게 진행되는 것을 바라본 그는 일찍이 고린도 교회에 책망의 편지를 보냈던 사실에 대해 이제 후회할 이유가 없다고 말한다. 왜냐하면 그들이 그 편지를 보고 회개한 것이기 때문이다(89절). 그들의 회개는 그들을 구원에 이르도록 만든 참된 회개였다. 그들의 회개는 일곱 가지 중요한 특징을 가지고 있었는데, 곧 "간절함", "변증함", "분함", "두려움", "사모함", "열심", "벌함"이다(10-11절). 이처럼 그가 보내었던 편지는 결국 그들이 사도 바울과 그의 일행을 간절히 사모하도록 만드는 결과를 가져왔다(12절). 3) 일이 이렇게 되었으므로 그는 일찍이 고린도 교회에 대해 디도 앞에서 자랑하였던 대로 이루어진 것을 알고서 담대할 수 있게 되었다(14-16절).

해석

7장은 6장 말씀에 이어서 사도 바울 자신이 고린도 교인들에 대하여 품었던 사랑의 심정을 진술하는 한편 그들의 회개 행위에 대하여 칭찬하며 기뻐한다.

1 **그런즉 사랑하는 자들아 이 약속을 가진 우리는 하나님을 두려워하는 가운데서 거룩함을 온전히 이루어 육과 영의 온갖 더러운 것에서 자신을 깨끗하게 하자.** 여기서 "사랑하는 자들"이라는 말은 헬라어 원문에서 "아가페토이"(ἀγαπητοί)라고 하는데, 문자적으로는 "사랑함을 입은 자들이여"라고 번역될 수 있으며 한마디로 그리스도가 베푸시는 속죄의 사랑을 입은 백성을 가리킨다.

"이 약속"이라는 표현은 앞 장 끝부분에서 하나님은 신자들의 아버지가 되시고 그들은 하나님의 자녀가 되리라고 하였던 큰 약속을 의미한다. 이런 장엄한 약속을 받은 자는 하나님을 가까이에서 모셔야 하는 자들이기 때문에 두려워하지 않을 수 없다. 두려움은 모든 경건의 동기를 성립시킨다. 하나님을 두려워하는 마음 없이는 진실하게 하나님을 믿는 마음을 가질 수 없으며, 정성을 다하여 순종하는 행위도 없을 것이다.

"육과 영의 온갖 더러운 것에서 자신을 깨끗하게 하자." 이것은 그리스도인의 인격 전체가 정결해야 할 것을 가리킨다. 여기서 "육"이라는 것은 신체를 의미하는데, 우리가 하나님의 말씀대로 신체를 올바로 사용하지 않을 때 그것이 더러워진다. 그렇다면 "영"의 더러운 것은 무엇을 의미하는가? 그것은 특별히 더러운 이방 종교의 사상이 신자의 영을 더럽힐 수 있음을 가리킨다. 신자는 언제든지 주의 깊게 모든 거짓 신을 분별하고 막아 내야 한다(요일 4:1 참조). 때로는 이교 사상에서도 우리 성경의 교훈과 비슷한 요소들이 단편적으로 발견되기도 한다. 그러나 그런 요소들은 그것이 구성하고 있는 이방 종교 체계와 긴밀하게 연결된 것이기 때문에 실제에 있어서 우리의 영을 살리지 못할 뿐 아니라 도리어 간교하게 죽이는 역할을 하는 것이다.

① 우리가 부정한 데서 떠나면 하나님이 우리를 영접하시리라는 약속이 주어졌으니(6:17-18) 우리는 자신을 깨끗이 지켜야 한다. 하나님이 우리와 함께하시겠다는 말씀은 위대한 약속이다. 우리가 천하를 소유한다 해도 하나님이 우리와 함께하시지 않으면 허사다. 노아 시대에 수많은 사람이 있었음에도 그들 모두가 더러워졌기 때문에 하나님께서는 노아 한 사람과만 같이 하시기를 원하셨다. 요셉이 애굽에 팔려 갔을 때 그곳에 많은 사람이 있었지만, 하나님께서는 요셉 한 사람과만 함께하시기를 원하셨다. 이런 귀한 약속을 가진 우리가 어찌 자기를 깨끗하게 지키지 않겠는가?

② 하나님을 두려워함으로 우리 자신을 깨끗이 하자! 하나님을 두려워하는 일은 신앙생활에서 가장 중요하다. 인생들은 두려워해야만 하는 하나님을 두려워하지 않고 공연히 다른 것들을 두려워한다. 데이비드 리빙스턴(David Livingston)은 하나님만을 두려워하고 사자들을 두려워하지 않았기 때문에 밤중에 말을 타고서 아프리카 산중을 여행할 수 있었다. 사람이 하나님을 두려워하지 않으면 자기 자신을 깨끗하게 지키지 않는다. 어떤 사람이 진정으로 하나님을 두려워하는지 알려면 그가 사람들이 보지 않는 곳에서 어떻게 행동하는지 살펴보면 된다. 사람들이 보지 않는 곳, 사람들이 모르는 마음속에 죄악을 숨겨 두는 것은 하나님을 두려워하지 않고 하나님을 무시하는 태도다. 왜냐하면 그 은밀한 자리가 바로 하나님께서 보시는 자리이기 때문이다. 사람이 은밀한 자리를 더럽히면 그 자리에 하나님을 모시지 못하기 때문에 그의 삶이 위태해진다. 사람의 삶에서 중요한 것은 은밀한 장소에

자리 잡고 있다. 그는 남이 보지 않으니 괜찮다고 생각하면서 조심하지 않던 자리에서 화를 당하기 쉽다. 그가 그곳에서 하나님을 홀대한 것이기 때문에 그 자리에는 축복이 없다.

③ 육과 영의 온갖 더러운 것에서 자신을 깨끗이 하자. "육"은 보이는 요소를 가리키고 "영"은 보이지 않는 요소를 가리킨다. 사람들이 "육"으로는 깨끗하고 점잖으나 "영"에 관련된 일들에는 무관심한 경우가 많다. 그는 "영"에 관한 일들에는 도무지 감각이 없는 것 같다. 그는 하나님과 교제할 줄 모른다. 그는 영으로 즐거워하거나 슬퍼하지도 못한다. 그것은 그의 영이 마비될 정도로 더러워졌다는 증표다. 그는 크게 근심하면서 그 문제를 해결받아야 한다.

우리가 육과 영을 깨끗하게 해야만 하나님을 볼 수 있다(마 5:8). 그러나 우리의 심령은 아직도 어떤 모퉁이에는 우상들이 가득하고 어떤 모퉁이에는 회의주의가 빽빽하게 들어서 있으며, 그 대부분은 어두움으로 뒤덮여 있다. 이 모든 것들은 오직 하나님의 말씀으로만 깨끗이 청소할 수 있다. 요한복음 15:3에 말하기를, "너희는 내가 일러준 말로 이미 깨끗하여졌으니"라고 하였고, 시편 119:9에는 말하기를, "청년이 무엇으로 그의 행실을 깨끗하게 하리이까 주의 말씀만 지킬 따름이니이다"라고 하였다.

2 마음으로 우리를 영접하라 우리는 아무에게도 불의를 행하지 않고 아무에게도 해롭게 하지 않고 아무에게서도 속여 빼앗은 일이 없노라. 바울은 여기서 "우리"라는 대명사를 사용하여 자신의 선한 행실을 겸손하게 자기 개인에게만 귀속시키지 않았으나, 실제적으로는 자신의 미덕을 여기에 드러냄으로써 상대방이 그를 신뢰할 수 있게 해 준다. 이러한 말은 오직 사도의 권위로만 감히 발언할 수 있는 것이다. 사도와 고린도 신자들 사이에는 사실상 친자 관계를 뛰어넘는 친밀함이 조성되어 서로 간에 감추는 것이 없었기 때문에, 그는 자신이 행한 선하고 아름다운 일들을 그들에게 거리낌 없이 말할 수 있는 처지였다. 만일

일반 교역자들이 이런 말을 한다면 그는 교만한 자로 오해받기 쉬울 것이다. 하지만 바울이 여기서 고린도 교인의 신뢰를 얻고자 하여 이런 말을 한 것은 결단코 부당한 일이 아니었다.

여기 기록된 세 가지는 모든 교역자가 본받아야 할 일이다. 교역자들은 의를 행해야 하며, 남에게 유익을 주어야 하고, 남에게 빼앗길지언정 빼앗아서는 안 된다. 하지만 오늘날의 교역자들 가운데 불의를 행하고 남에게 해를 끼치며 남을 속여 빼앗는 자들이 적지 않다는 사실을 부인할 수 없다. 특별히 영적인 문제에서 이런 잘못을 범하는 일이 많이 있다. 교역자는 물질을 다루는 자가 아니고 영적인 일을 취급하는 자이기 때문에, 그가 영적인 방면에서 잘못을 범했을 때 그는 자기 사명을 그릇되게 행한 자로 판정받을 수밖에 없다.

3 내가 이 말을 하는 것은 너희를 정죄하려고 하는 것이 아니라 내가 이전에 말하였거니와 너희가 우리 마음에 있어 함께 죽고 함께 살게 하고자 함이라. 앞의 말씀에서 바울이 고린도 신자들의 애정을 구한 것은 그들의 무정을 꾸짖는 말이 아니었다. 바울은 그들을 자기 자신처럼 사랑했기 때문에 그런 말을 할 수 있었다는 것이다. 물론 바울이 그들을 정죄하고자 했다면 얼마든지 그럴 만한 근거가 있었는데, 말하자면 ① 고린도 교회 신도들이 사도의 수고에 대해 감사할 줄 모르고 ② 무죄한 사도 바울을 훼방한 일이다. 그러나 그는 그들을 정죄하지 않고 도리어 마음을 열고 그들의 애정을 구하였다. 그가 그렇게 한 이유는 그들과 생사를 같이하고자 하는 마음을 가지고 있었기 때문이다.

"이전에 말하였거니와." 이 말은 아마도 1:6, 4:12의 사상을 염두에 둔 듯하다.

"함께 죽고 함께 살게 하고자 함이라." 렌스키(Lenski)는 이 점에 대하여 다음과 같이 말하였다. "우리는 서로에 대해 마음으로 하나다. 왜냐하면 우리가 동일한 죄로 인해 죽었고, 따라서 동일한 영적 생명으로 살았기 때문이다."[30] 그러나 바울은 여기서 신자가 그리스도의 속죄로 말미암아 그리스도 안에서 죽었다가 다시 살아나는 도리를 가르치는 것이 아니다. 이 말씀은 차라리 일반적인 의미에서 사도와 고린도 교인들이 생사를 같이할 만큼 사랑의 관계를 맺고 있음을 가리킨다(Plummer). 사도는 이처럼 고린도 교인들이 보여 준 냉담함을 문제 삼지 않고 그들의 영혼을 위하여 그들의 사랑에 불이 붙기를 기대한 것이다. 사랑은 이처럼 뜨거움을 본질로 하여 상대방의 냉혹한 마음을 능히 녹일 수 있는 것이다. 그러므로 사도 베드로는 말하기를 "무엇보다도 뜨겁게 서로 사랑할지니 사랑은 허다한 죄를 덮느니라"(벧전 4:8)라고 하였다.

4 나는 너희를 향하여 담대한 것도 많고 너희를 위하여 자랑하는 것도 많으니 내가 우리의 모든 환난 가운데서도 위로가 가득하고 기쁨이 넘치는도다. 이 말씀은 바울이 고린도 교인들을 얼마나 사랑하고 있는지를 실증으로 보여 준다. 그는 이처럼 고린도 교인들에 대하여 안심하고 자유롭게 발언할 만큼 깊은 신뢰를 가지고 있음을 보여 준 것이다. 그러므로 그는 그들을 자랑하여 칭찬하는 일도 많았다. 그는 환난에 처했을 때도 고린도 교인들이 형통한 길로 나아간다는 기쁜 소식을 듣고 위로와 기쁨으로 충만했다. 자상한 어머니가 자식이 장성해 가는 것을 보고 모든 어려움을 잊어버리고 도리어 기뻐하는 것처럼, 바울은 그의 영적 자녀들이 신앙 안에서 충성된 종으로 성장해 가는 것으로 인해 환난 중에도 도리어 위안과 희열을 맛본 것이다.

(2) 완성된 화해(7:5-16)

5-6 우리가 마게도냐에 이르렀을 때에도 우리 육체가 편하지 못하였고 사방으로 환난

---

30) R. H. C. Lenski, Interpretation of I and II Corinthians, 1098.

을 당하여 밖으로는 다툼이요 안으로는 두려움이었노라 그러나 낙심한 자들을 위로하시는 하나님이 디도가 옴으로 우리를 위로하셨으니. "마게도냐에 이르렀을 때에도." 바울은 디도가 고린도 교회로부터 오기를 드로아에서 기다리고 있었는데, 그가 오지 않자 고린도 교회의 어지러움으로 말미암은 근심 때문에 마게도냐로 가게 되었다(2:12-13). 그때 그의 육체에 불편함이 있었던 것을 표현하기 위하여 "우리의 육체가"라고 말한 것은 이상해 보인다. 자신이 개인적으로 불편한 것을 두고 어찌하여 "우리의" 육체가 편치 못하다고 하였는가? 여기서도 바울은 자기 자신을 포함하는 일행 전체를 염두에 둔 듯하다. 그러나 고통을 당하는 주요한 인물은 바울 자신이었다. 육체가 편치 못하다는 말은 신체의 질병을 뜻하는 것이 아니라 다만 인간의 심리적인 불안을 가리킨다.

"사방으로 환난을 당하여." 이 어구는 그다음 말씀을 통해 설명된다. 다시 말해 "밖으로는 다툼이요 안으로는 두려움이었노라"라는 말씀인데, 여기서 "밖으로는 다툼"이라는 말은 바울이 어디서나 당하는 유대인들의 핍박을 의미한다. 그리고 "안으로는 두려움"이라는 말은 고린도 교회 내부에 있는 여러 가지 문제로 인한 염려를 가리킨다. 이 말씀을 통해 우리는 사도도 여러 가지 심리적인 고통을 당하고 있었다는 점을 알 수 있다. 그러나 그는 그처럼 위태한 때에도 언제나 하나님의 위로를 받았다. 다음 구절을 통해 그것을 알 수 있다.

"낙심한 자들을 위로하시는 하나님." 이것은 특별히 의를 위하여 일하다가 고독과 핍박이라는 난관에 봉착한 자들이 하나님의 특별한 돌보심을 받게 되는 일에 대하여 말한다. 바울은 여기서 자기의 경험에 의지하여 성경에 나타나는 하나님의 호칭(사 49:23)을 생각하게 되었다. 이것을 보면 성경의 오묘한 진리는 이론가나 지식인이 발견할 수 있는 것이 아니라 삶에서 신앙의 진정한 체험을 가졌던 자가 해득할 수 있는 것임을 알 수 있다. 무디(D. L. Moody) 선생이 "순종은 하나님의 진리를 깨닫게 하는 최고의 학교"라고 했던 것은 지당한 말씀이다. 기독교의 진리는 누구든지 믿고 순종해 보아야만 깨달을 수 있는 것이다. 바울은 여기서 하나의 이론을 가르치는 것이 아니고 자기가 실제로 체험한 것을 들어 말한다. 그러나 그는 그러한 체험을 하나님의 말씀에 부합하는 경계 안에서 주장한다.

"디도가 옴으로." 이 말씀을 보면 바울은 디도가 오지 않았던 일로 인해 몹시 답답하였을 뿐만 아니라 상당히 걱정했다는 것을 알 수 있다. 렌스키(Lenski)에 의하면 바울은 혹시 디도가 그 당시에 활개를 치던 도적들에게 해를 당한 것은 아닌지 염려했던 것일 수도 있다고 한다.[31] 렌스키의 이런 주장은 하나의 견해라고 할 수 있지만 그것을 사실과 같이 생각하여 주석하는 것은 지나친 억측일 것이다. 왜냐하면 본문에 디도의 신변상 안전 여부에 대해 바울이 근심한 정황이 보이지 않기 때문이다. 바울이 디도가 옴으로 위로를 받았던 이유를 그의 신변 문제에 대한 안도감에서 찾을 필요는 없다. 온갖 환난에 둘러싸여 다니면서 복음을 전하는 외로운 바울에게는 동역자가 찾아왔다는 사실만으로도 마음에 커다란 위로가 되지 않았겠는가! 사람들이 평안할 때는 사람 반가운 줄을 모르지만, 환난 가운데 처했을 때에는 함께 어려움을 나눌 동지만큼 반가운 것이 없다.

7　그가 온 것뿐 아니요 오직 그가 너희에게서 받은 그 위로로 위로하고 너희의 사모함과 애통함과 나를 위하여 열심 있는 것을 우리에게 보고함으로 나를 더욱 기쁘게 하였느니라.
여기서는 바울이 동역자로 말미암아 받았던 위로 이상으로 더욱 기뻐할 일에 대하여 진술한다. 그것은 바로 디도 자신이 고린도 교회에 가서 오히려 적극적인 위로를 받았다는 사실이다. 그 자세한 내용은 본문에 기록되지 않았기 때문에 말하기 어렵다. 그러나 추측건대 그들은 아마도 디도를 통하여 전해진 바울의 지시에 순종하였을 뿐만 아니라 더 나아가 적극적으로 디도를

---

31) Interpretation of Ⅰ and Ⅱ Corinthians, 1103.

사랑하고 그를 위로하였던 것으로 보인다. 교회가 선한 교역자의 지도에 순종하는 것만으로도 기쁜 일인데 더욱이 지도하는 교역자를 위로하고 높여 줄 뿐 아니라 앞으로도 같은 방향으로 힘쓰도록 지지해 주는 것을 볼 때에는 말할 수 없는 기쁨을 느낄 것이다.

"사모함." 이것은 고린도 교회 신도들이 바울의 "책망 서신"(고린도 교회가 범죄자를 징계하지 않음에 대하여 책망한 서신)을 받고서 그의 훈계를 존중하고 사모했던 것을 가리킨다.

"애통함." 이것은 그들이 존경하고 사모했던 사도의 훈계를 통해 자신들의 죄과를 깨닫고 아파하는 것을 의미한다.

"열심." 이것은 사도에 대하여 불경한 죄를 회개한 그들이 열심을 내어 사도를 성심껏 봉사하려 했던 것을 가리킨다.

8 그러므로 내가 편지로 너희를 근심하게 한 것을 후회하였으나 지금은 후회하지 아니함은 그 편지가 너희로 잠시만 근심하게 한 줄을 앎이라.

바울이 고린도 교회의 잘못에 대해 책망하는 서신을 보낸 것은 당연한 일이었다. 그런데도 그는 그 일을 후회하였다고 표현했는데, 이것은 얼핏 보면 일관적인 방침을 유지하지 못하는 태도로 여겨질 수 있지만 그런 것은 아니다. 바울이 가졌던 후회는 고린도 교인들에 대한 그의 사랑이 얼마나 큰지를 보여 준다. 자식을 사랑하는 부모는 자식이 잘못할 때 그를 벌하고도 마음속으로는 유쾌하게 여기기보다 자식을 애처롭게 여기며 후회하게 되는 법이다. 사랑은 이같이 당연한 일을 행하면서도 부드럽기 짝이 없다. 그 부드러움은 옳은 것을 세우는 일에 지장을 초래하지 않고, 도리어 성령의 역사를 통하여 모든 불의를 녹이는 역할을 하는 것이다. 남의 근심을 내 근심으로 여기며 애통해하는 바울의 사역은 반드시 사랑의 열매를 맺었다(고후 2:4).

9 내가 지금 기뻐함은 너희로 근심하게 한 까닭이 아니요 도리어 너희가 근심함으로 회개함에 이른 까닭이라 너희가 하나님의 뜻대로 근심하게 된 것은 우리에게서 아무 해도 받지

않게 하려 함이라. 바울은 잘못된 처신을 했던 고린도 교인들이 근심하게 된 것을 기쁘게만 여기지는 않는다. 잘못을 범한 자들이 근심하는 처지에 빠진 일을 보고서 기뻐하는 것은 불신 사회 사람들이 흔히 보이는 심리다. 그리스도인은 잘못한 자를 벌하여 보상을 받는 것으로 기뻐하기보다는 그 사람이 회개함으로써 바른길로 돌아서게 되는 것을 보기 원한다. 그것 역시 사람을 깊이 동정하는 사랑의 작용이다.

"너희가 하나님의 뜻대로 근심하게 된 것." 하나님께서는 바울의 책망 서신이 그들에게 손해를 끼치지 않고 도리어 회개할 마음을 일으키게 하셨다. 그들의 근심은 하나님의 뜻대로, 다시 말해 하나님이 시키심으로써 생겨난 것이었다.

10 하나님의 뜻대로 하는 근심은 후회할 것이 없는 구원에 이르게 하는 회개를 이루는 것이요 세상 근심은 사망을 이루는 것이니라. 이 구절은 헬라어 원문에서 "왜냐하면"(γάρ)이라는 접속사로 시작하면서 앞절에 대한 이유를 보여 준다.

"회개." 이것은 헬라어로 "메타노이아"(μετάνοια)인데, 죄에서 떠나 하나님께로 돌아서는 마음의 변화를 의미한다. 회개는 ① 하나님으로부터 오는 은혜이기 때문에 후회할 일이 아니며 ② 양심에 따르는 것이기 때문에 후회할 일이 아니다. 더욱이 그것은 ③ 종종 열매를 맺어 결국 영생에 이르게 하는 것이기 때문에 후회할 일이 아니다. 그러나 세상 근심은 이 세상에 속한 것에 애착을 두고 그것을 상실할까 염려하는 것이다. 그런 근심은 결국 영혼을 망친다.

11 보라 하나님의 뜻대로 하게 된 이 근심이 너희로 얼마나 간절하게 하며 얼마나 변증하게 하며 얼마나 분하게 하며 얼마나 두렵게 하며 얼마나 사모하게 하며 얼마나 열심 있게 하며 얼마나 벌하게 하였는가 너희가 그 일에 대하여 일체 너희 자신의 깨끗함을 나타내었느니라. 이 말씀은 그 당시 고린도 교인들이 바울의 지시에 순종하여 회개한 상황이 어떠했는지를 알려 준다. "하나님의 뜻대로 하게 된 이 근심"이 어떤 것인

지 앞의 9절 해석을 참조하라.

"간절함"은 헬라어로 "스푸덴"(σπουδήν)인데, 이것은 무관심이나 등한히 여기는 마음에 반대되는 정성 가득한 행위를 가리키며,

"변증"은 헬라어로 "아폴로기안"(ἀπολογίαν)인데, 이것은 자기들의 잘못을 인정하고 용서를 비는 태도이며,

"분함"은 헬라어로 "아가나크테신"(ἀγανάκτησιν)인데, 이것은 자기 자신을 고통의 원인으로 여겨 자신에 대하여 분히 여기는 것이며,

"두려움"은 헬라어로 "포본"(φόβον)인데, 여기서 이 단어가 바울의 생각을 만족시키지 못하게 될까 두려워하는 것을 뜻한다고 생각하는 학자가 있으나(Bengel, Meyer), 이것은 하나님을 두려워함을 뜻한다고 해석하는 것이 옳다. 회개는 언제나 하나님을 두려워함으로 성립된다.

"사모함"은 헬라어로 "에피포테신"(ἐπιπόθησιν)인데, 여기서는 고린도 교인들이 바울의 방문을 사모함을 뜻한다고 한다.

"열심"(ζῆλον)은 잘못된 것을 고치고자 하는 열심을 가리키며,

"벌함"(ἐκδίκησιν)은 여기서 죄를 범한 신자가 자기 자신을 벌하고자 원하는 심정을 가리킨다.

앞에서 회개의 정신을 표현하기 위해 사용한 일곱 명사 가운데 "간절함"이라는 명사를 뒤따르는 여섯 가지 명사가 매번 헬라어 "알라"(ἀλλα, "그 이상 더")라는 말을 첫머리에 동반한다. 그러므로 이 일곱 가지 회개 정신은 서로 뭉쳐 하나로 나타난 것임이 분명하다. 이 "알라"라는 단어가 우리 한글 번역에는 나타나지 않는 것이 유감이다.

"너희가 그 일에 대하여 일체 너희 자신의 깨끗함을 나타내었느니라." 다시 말해 그는 고린도 교회가 교회의 내부적인 문제였던 권징 안건을 바르게 실행하여 그 책임을 깨끗이 완수하였다고 칭찬한다.

12 그런즉 내가 너희에게 쓴 것은 그 불의를 행한 자를 위한 것도 아니요 그 불의를 당한

자를 위한 것도 아니요 오직 우리를 위한 너희의 간절함이 하나님 앞에서 너희에게 나타나게 하려 함이로라. 이 말씀의 뜻은 다음과 같다. 바울이 일찍이 고린도 교회에 어떤 범죄자를 징계하라고 지시하는 편지를 보내었는데, 결과적으로는 도리어 더욱 바람직한 모습이 나타나게 되었다. 그것은 고린도 교회가 바울을 더욱 공경하고 사모하게 된 일이다. 그렇다면 그 편지의 목적은 불의를 행한 범죄자나 그로 인해 손해를 입은 당사자들만을 문제 삼는 것이 아니었다. 여기서 이른바 "그 불의를 행한 자"는 바울을 반대하는 어떤 사람을 가리키며 "그 불의를 당한 자"는 바울 자신을 가리킨다(Plummer). 그러나 일설에는 "그 불의를 행한 자"가 고린도전서 5:1에서 언급한 패륜아를 가리키며 "그 불의를 당한 자"는 그의 부친을 가리킨다고 한다.

13 이로 말미암아 우리가 위로를 받았고 우리가 받은 위로 위에 디도의 기쁨으로 우리가 더욱 많이 기뻐함은 그의 마음이 너희 무리로 말미암아 안심함을 얻었음이라. 바울은 고린도 교회의 회개로 인하여 위로를 받았을 뿐만 아니라 더욱 기뻐하게 되었다. 그가 그렇게 된 이유는 디도가 가진 기쁨 때문이었다. 디도는 고린도 교회가 바르게 된 것으로 인해 안도감을 느끼면서 기뻐하게 된 것이다.

14 내가 그에게 너희를 위하여 자랑한 것이 있더라도 부끄럽지 아니하니 우리가 너희에게 이른 말이 다 참된 것 같이 디도 앞에서 우리가 자랑한 것도 참되게 되었도다. 이 구절에서는 바울이 자기가 말한 것이 언제나 참된 것이었음을 지적한다. 그가 고린도 교회에 관하여 디도에게 말하며 칭찬하였던 것이 이번에 디도의 고린도 방문에서도 참된 것으로 드러났다. 그것은 바울이 고린도 교회에 가르쳐 준 말씀이 다 참인 것과 마찬가지다. 바울은 언사에 거짓이 없었고 과장도 없었다. 이것은 모든 교역자가 본받아야 할 미덕이다.

15 그가 너희 모든 사람들이 두려움과 떪으로 자기를 영접하여 순종한 것을 생각하고 너희를 향하여 그의 심정이 더욱 깊었으니. 디도의 "심정이 깊었"다는 것은 그가 고린도 교회의 교인들을 사랑하는 애정이 깊어졌다는 뜻이다. 그가 그렇게 된

이유는 디도 편에 보낸 사도의 지령을 고린도 교회 신자들이 두려움으로 순종하였기 때문이다. 진리의 종은 진리를 순종하는 제자를 깊이 사랑한다.

16 **내가 범사에 너희를 신뢰하게 된 것을 기뻐하노라.** 사도 바울은 고린도 교회를 위한 사역에서 성령의 간섭으로 말미암아 승리하였다. 따라서 그는 담대해졌고 또 기쁨을 얻었다.

설교 회개에 대하여(고후 7:10-11)

회개의 소중함

사람들은 "내가 잘했다."라고 말하기를 좋아하며, "내가 잘못했다."라고 솔직하게 인정하는 자는 별로 없다. 사람들이 간혹 "내가 잘못했다."라고 말하는 때도 있으나 대부분의 경우에는 명예를 얻기 위하여 그리한다. 명예 학장, 명예 원장이 있는 것처럼 "명예 회개"라는 것도 있다. 그것은 사실상 회개가 아니다. 회개는 불명예를 각오하고 책임을 지는 일이다. 그런 이유에서 회개는 가치 있는 일이며 과거의 많은 죄악을 도말시키는 능력이 있는 것이다. 또한 그것은 많은 영적 은혜를 가져다준다. 한국 교회도 초창기에는 전도하기 어려웠지만 1907년에 회개 운동이 시작되면서부터 점점 부흥하게 되었다. 교회 역사에서 큰일을 성취한 인물 중에는 큰 죄에서 떠난 이들이 많다. 히포의 성 아우구스티누스는 젊은 시절 방탕한 삶을 살았으나 회개한 후에 독실한 신앙인이자 탁월한 기독교 사상가로서 큰 일꾼이 되었고, 토레이(Torray)는 죄에 깊이 빠져 자살하려다가 "너는 어려운 때에 어머니의 하나님을 생각하라"고 했던 어머니의 부탁을 기억하고 그 순간부터 새로운 삶을 시작했다.

1. 회개는 후회할 것이 없는 일이다(10절)

우리 인생은 무슨 일을 하든지 유감스러운 점을 남긴다. 사람이 아무리 열심히 선을 행하려고 해도 거기에 부족한 것이 있고 결점이 있다. 이사야 64:6에 말하기를, "우리의 의는 다 더러운 옷 같으며"라고 하였다. 그러나 이 모든 유감스럽고 후회할 만한 일들 가운데서도 회개는 후회할 일이 아니다. 왜냐하면 회개는 이 모든 후회스러운 점들을 도말시키는 유일한 일이기 때문이다. 그런데 사람들은 회개에 대해 잘못된 견해를 가지고 있다. 회개가 그들의 위신을 낮추고 떨어뜨릴 것이라고 여기며 그 결말이 좋지 못하리라고 생각한다. 그러나 실상은 회개야말로 모든 유감스러운 일을 없애 버리는 유일한 방법이다.

이사야 1:18에 말하기를, "여호와께서 말씀하시되 오라 우리가 서로 변론하자 너희의 죄가 주홍 같을지라도 눈과 같이 희어질 것이요 진홍 같이 붉을지라도 양털 같이 희게 되리라"라고 하였다.

2. 회개는 구원에 이르게 하는 것이다(10절)

① 회개하면 죄를 용서받기 때문에 구원에 이르고(행 2:36), ② 회개하면 성령을 받기 때문에 구원에 이른다(행 2:38). 십자가에 못 박힌 한 강도는 회개하는 즉시 구원을 받았다. 하나님은 회개하는 자를 얼마든지 받아 구원하시기를 기뻐하신다. 탕자의 비유를 보면 탕자가 집으로 돌아왔을 때 그의 아버지가 멀리서 보고 마중 나가 아들의 목을 안고 입을 맞추었다. 본래 죄를 범한 일이 없는 의인을 구원하는 것이었다면 감사할 일이 없을 것이지만, 죄인을 회개시켜 구원하는 것이기 때문에 감사할 일이 풍성하다. 복음은 이렇게 오묘하다. 바울 사도는 디모데전서 1:15에서, "미쁘다 모든 사람이 받을 만한 이 말이여 그리스도 예수께서 죄인을 구원하시려고 세상에 임하셨다 하였도다 죄인 중에 내가 괴수니라"라고 하였다.

3. 회개하는 자는 신중하게 해야 한다(11절)

그런데 회개가 이처럼 구원에 이르게 하는 귀한 일이라면 우리가 회개를 등한히 여길 수 있겠는가? 그럴 수 없다. 우리는 회개하는 일에 최대의 성의를 다해야 한다. 회개를 무성의하게 대하는 일은 회개의 중대성을 모르는 자들이 저지르는 잘못이다. 고린도 교인들은 회개를 중요하게 여겨 "간절함", "변증", "분함", "두려움", "사모함", "열심", 자기를 "벌함"이라는 일곱 가지 자세로 회개하였다(고후 7:11).

성경에서는 사람이 회개하기만 하면 구원을 받는다고 표현할 때 회개가 매우 쉬운 일인 것처럼 말씀하는 것도 사실이다. 그러나 그것은 죄인들이 회개할 때 구원에 이를 만한 어떤 공적을 생각할 필요가 없다는 사실을 가르치기 위하여 그렇게 쉬운 일인 것처럼 표현했을 뿐이다. 구원받게 하는 공로는 오직 예수 그리스도의 보혈밖에 없다. 그러므로 회개하는 자는 자기 힘으로 어떤 공로를 성취하려는 쓸모없는 수고를 할 필요가 없다. 그는 다만 죄악을 떠나 하나님께로 돌아가는 간단하고도 쉬운 일을 하면 되는 것이다. 그러나 그가 이 일을 진실하게 수행하기 위해서는 바울이 고린도후서 7:11에서 말한 일곱 가지 덕목을 삶에서 나타내야만 만족스러운 회개가 되는 것이다. 진실하게 회개하는 자라면 일곱 가지 덕목을 어려움 없이 소유하게 되는데, 그것은 고행이 아니다.

제 8 장

개요

바울은 고린도 교인들에게 그들이 예루살렘 성도들을 구제하기 위하여 시작한 연보를 완성하라고 부탁한다. 그는 마게도냐 교회가 보여 주었던 연보에 대한 열심을 그들에게 모범으로 제시한다. 그는 이 연보를 위하여 디도를 고린도에 보내었다(1-6절).

그는 고린도 교회가 이행해야 할 이 책임에 대하여 권면한 뒤에(7-15절), 이 일을 위해 그 교회에 파견되는 3인의 위원을 추천한다(16-24절)(Matthew Henry).

1. 마게도냐 사람들의 모범(1-5절). 그들은 환난 중에도 연보를 풍성히 하였다. 그들은 극도로 빈곤한 가운데서도 그리하였다. 그들이 이런 열심을 낸 이유는 그것이 성도를 섬기는 일이기 때문이었다(4절). 본문에서는 이러한 그들의 봉사가 성도들을 위한 것이라고 말한다(4절). "성도들은 하나님의 기업이다. 성도들을 섬기는 일은 즐거움이며 영광인데 마게도냐 교회의 신자

들은 이 일에 참여하기를 원하였다."[32] 그들이 이 일에 참여하는 과정은 다음과 같다. ① 그들은 먼저 주님께 자신을 드린 후에 ② 주님의 뜻에 합당한 일이라면 무엇이든지 할 마음을 품었는데 ③ 그들은 예루살렘의 가난한 성도들을 위하여 연보하는 것이 하나님의 뜻인 줄 알았기 때문에 희생적으로 그 연보를 실행하였다. "우리에게 주었"다는 말은 바울 일행에게 희생적으로 연보를 주었다는 뜻이다. 그것은 그들 자신을 주다시피 한 연보였다(5절).

2. 고린도 교회가 예루살렘 성도를 구제하기 위한 연보를 완수해야 할 이유들(6-15절). ① 연보에 참여하는 것은 "은혜"인데 그들이 일단 그것을 시작하였다면 완수하는 것이 바람직하다(6절). ② 그들이 많은 다른 은사를 받았기 때문에 연보에 참여하는 은혜에도 풍성해야 한다(7절). ③ 그들은 그리스도의 희생을 본받아야 하는 자들이다(9절). ④ 그들이 "유익"한 일을 행하기를 원했다면 그것을 성취해야 한다(10절 상). ⑤ 하나님은 자원하여 드리는 연보를 기쁘게 받으신다(10-12절). ⑥ 그가 고린도 교회의 교인들에게 예루살렘 성도들을 도와주라고 요청한 것은 신자 간에 상부상조의 의무를 실행하도록 하려는 것이었다(13-15절).

3. 바울은 앞에서 언급한 연보를 시행하기 위해 고린도 교회에 세 사람을 위원으로 파송하였다. 그는 재정을 다루는 일에 이처럼 신중했으며 투명하고 올바르게 행하였다(16-24절). 특별히 ① 이들 위원 중 한 사람은(18절) 여러 교회가 이 연보의 일로 택한 자였다는 말씀(19절)을 보면, 초기 교회가 재정을 얼마나 신중히 다루었는지 알 수 있다. "택함"이라는 말은 헬라어로

---

32) A. Schlatter, Die Korinther Briefe, 306. "Der dienst geschah ja für die Heligen, die Gottes Eigentum sind. Den Heiligen zu dienen ist Freude und Ehre, und davon wollten die Mazedonen nicht ausgeschlossen sein."

"케이로토네오"(χειροτονέω)인데, 이것은 거수투표(to vote by holding up the hand)를 의미한다(Lenski). 그 한 사람을 세우기 위하여 여러 교회가 투표하였는데, 이를 통해 그 당시 교회들이 서로 사랑으로 연합하여 선한 사업에 협력했다는 사실도 알려진다. ② 바울은 이 연보의 업무를 위하여 그가 가장 신임하는 동역자 디도(16-17, 23절)를 고린도에 보냈고 또 다른 한 사람도 보냈는데, 그 역시 믿을 만한 인물이었다(22절).

⚜ 해석

제2부 예루살렘에 있는 가난한 성도들을 위한 연보에 대하여(8:1-9:15)

1. 마게도냐 교회의 모범(8:1-7)

1 형제들아 하나님께서 마게도냐 교회들에게 주신 은혜를 우리가 너희에게 알리노니.

마게도냐는 그 당시 로마 제국의 통치를 받고 있었다. 그 지역 사람들은 로마 시민들로부터 착취를 당하여 극빈 상태에 빠져 있었던 것으로 알려졌다. 그러나 그들은 예수를 믿은 후에 하나님 제일주의로 살아가고 있었기 때문에, 헌금의 열정에 있어서는 오히려 부자들보다 뛰어났다. 여기서 "은혜"라는 말에 대하여 벵겔(Bengel)은 다음과 같이 설명하였다. 요컨대 성도가 기쁜 마음으로 남을 위하여 연보하면 그것을 받는 자에게만 유익한 것이 아니라 연보를 드린 사람 자신에게도 유익하기 때문에 연보를 가리켜 은혜라고 부르는 것이 합당하다는 것이다. 사도행전 20:35에 말하기를 "주는 것이 받는 것보다 복이 있다"라고 하였다. 이런 관점에서 생각해 보면 마게도냐 신도들이 다른 성도들에게 은혜를 끼친 것은 도리어 그들 자신에게 은혜를 끼친 셈이다. 그뿐 아니라 그들 자신이 심히 궁핍하여 남을 도울 수 있는 형편이 아니었음에도 그같이 힘에 지나치게 연보를 바쳤으니, 그것은 오로지 하나님의 은혜로 말미암아 얻어진 열심이었다.

2 환난의 많은 시련 가운데서 그들의 넘치는 기쁨과 극심한 가난이 그들의 풍성한 연보를 넘치도록 하게 하였느니라. 여기서 "시련"이라고 번역된 말은 헬라어로 "도키메"(δοκιμῇ)인데, 이것은 어떤 대상의 순수성을 밝히기 위하여 시련을 가하는 것을 의미한다(롬 5:4; 약 1:3). 그리스도인이 받는 환난은 결단코 그의 구원에 해로운 것이 아니고 도리어 유익한 것이다(Calvin). 그뿐 아니라 그리스도인이 이 세상에서 맡은 사명은 복음의 빛을 드러내는 것이기 때문에(빌 2:15-16), 남들이 그를 볼 때 지체함 없이 즉시 그의 순수성을 인정할 수 있도록 준비되어야 한다. 그렇지 못하면 시간과 노력을 허비해 가면서 남들의 의심거리가 될 뿐이다. 다시 말해 그리스도인은 먼저 모든 시련을 통과하여 그가 가진 신앙의 순수성을 나타냄으로써 모든 사람이 그를 보는 즉시 그를 신임하고 영적 지도를 요청할 마음을 품을 수 있게 준비되어야 할 것이다.

"넘치는 기쁨." 불신자들은 환난 중에 낙심하고 절망하지만, 참된 신자는 환난을 희열의 기회로 삼는다. 왜냐하면 ① 그들은 "하나님을 사랑하는 자 곧 그의 뜻대로 부르심을 입은 자들에게는 모든 것이 합력하여 선을 이루느니라"(롬 8:28)라는 말씀을 믿기 때문이며 ② 주를 위하여 받는 고난의 분량이 많을수록 그의 신앙은 연단을 받아 완성의 경지에 다가감을 알기 때문이며 ③ 그리스도의 고난을 받으면 내세의 상급이 크다는 것을 알기 때문이다(롬 8:17-18; 딤후 2:11-13). 이처럼 환난 중에도 믿음으로 기뻐하는 일이 사람의 힘으로 되는 것은 아니다. 그것은 오직 은혜로 되는 일이며, 사람의 잘남과 못남에 좌우되는 일이 아니다. 사도 바울이 말한 바와 같이 "내가 나 된 것은 하나님의 은혜로 된 것"이다(고전 15:10). 그러나 이것과 관련하여 우리가 기억해야 할 점이 있는데, 오직 은혜로 된다는 말은 노력을 무시하는 것이 아니라 오히려 노력을 더욱 독려하는 것이다. 은혜는 노력을 초월하지만 노력을 무시하지 않는다. 래티머(Latimer)는 순교하는 순간까지 얼마나 기도에 전력하였는가? 그가 엎드려서 너무 힘써 기도한 뒤에 일어나지 못하자 다른 사람들이 일으켜 주었다고 한다.

우리가 환난 중에도 은혜를 사모하는 마음에서 모든 힘을 다하면 기쁨의 은혜를 받는다.

"극심한 가난." 이것은 헬라어로 "헤 카타 바투스 프토케이아"(ἡ κατὰ βάθους πτωχεία)라고 한다. 문자적으로 번역하면 "밑창까지 내려간 빈핍"이라고 할 수 있는데, 그릇에 담은 물건이 소진되어 밑바닥이 드러난 것을 가리킨다. 사도는 이러한 표현을 사용하여 극빈 상태를 비유적으로 묘사한다. 마게도냐의 신도들은 이렇게 빈한한 처지에 있었으나, 연보에 대한 열정은 더욱 커졌다. 보라, 미지근한 신자들의 생활 원리와 참된 신자들의 생활 원리가 어떻게 대조되는지! 미온적인 신자들은 언제나 연보를 등한히 여기는데, 부유할 때는 인색해서 그리하고 가난할 때는 걱정이 많아서 그리한다. 그러나 참된 신자는 환난의 시기를 도리어 희열의 기회로 알고 빈곤의 시기를 연보하기에 좋은 시절로 여긴다. 가난이라는 것이 연보를 어렵게 만드는 것이 자연스러운 일이겠지만 그것이 도리어 신자의 심정을 단련하여 관대하게 만듦으로써 연보하는 일에 가세하게 하는 것도 사실이다.

마게도냐 신자들이 가난한 가운데서도 연보를 넘치도록 하게 했던 힘은 어디서 나온 것일까? 이것은 믿음에서 나온 힘이다. 물질과 금전에 대하여 믿음으로 처신한 힘이다.

마게도냐 신자들이 물질과 관련하여 하나님의 진리에 합당하게 행할 수 있었던 이유는 그들이 먼저 자신을 하나님께 바쳤기 때문이었다(고후 8:5). 신자가 자기 자신을 주님께 바치면 다른 모든 것들도 아낌없이 주님께 바칠 마음이 생겨난다. 그러나 자기 자신을 주님께 바치지 않은 자는 자기의 소유도 자기 곁에 그대로 남아 있기를 원한다. 우리가 우리 자신을 주님께 바치기 전에는 물질 문제에 관한 연보의 원리를 지킬 수 없다. 주님을 사랑하지 않는 자는 그의 계명을 지키지 못한다. 우리가 우리 자신을 주님께 드리면 물질 문제에 관해 다음과 같이 대표적인 하나님의 말씀을 지키게 된다. 잠언 19:17에 말하기를 "가난한 자를 불쌍히 여기는 것은 여호와께 꾸어 드리는 것이니 그의 선행을 그에게 갚아 주시리라"라고 하였고, 사도행전 20:35에는 "주 예수께서 친히 말씀하신 바 주는 것이 받는 것보다 복이 있다"라고 하였고, 잠언 15:16에는 "가산이 적어도 여호와를 경외하는 것이 크게 부하고 번뇌하는 것보다 나으니라"라고 하였고, 시편 119:36에는 "내 마음을 주의 증거들에게 향하게 하시고 탐욕으로 향하지 말게 하소서"라고 하였다.

"연보." 이 말은 헬라어로 "하플로테토스"(ἁπλότητος)인데, 신약에서는 단순함을 의미한다(롬 12:8). 그러므로 여기서 이 말은 성도가 드리는 연보의 본질을 잘 드러낸다. 우리가 연보할 때는 아무런 복잡한 마음 없이 단순하게 하나님의 은혜에 감사하기 위하여 실행하여야 한다. 연보의 표준은 드리는 물질의 다소에 있다기보다는 연보하는 자가 품은 뜻이 하나님의 은혜에 감사하고자 하는 단순한 것인지에 달린 것이다. 그러므로 암브로시우스(Ambrose)는 말하기를, "단순한 연보라는 것은 이럴까 저럴까 주저함도 없고 비열한 두려움도 없고 부정직한 동기도 없이 순전한 감사에서 넘쳐 나오는 연보다."라고 하였다.

3 내가 증언하노니 그들이 힘대로 할 뿐 아니라 힘에 지나도록 자원하여. 여기서 "힘대로"라는 말은 신자가 자기의 소득에서 하나님께 바칠 적당한 분량을 의미한다(고전 16:2 참조). 연보는 힘대로 하고 억지로 과도한 부담을 지지 않아야 할 것이다. 그러나 "힘대로" 연보하는 표준에 미치지 못한다는 것은 마땅히 바칠 만한 분량을 바치지 않는 것인데, 그것은 무성의한 연보다. 그러므로 어떤 성도가 말하기를, "네 재산 정도에 비례하여 자선 사업을 행하라. 그러지

않으면 네 자선 사업이 미약한 정도에 비례하여 네 재산이 줄어들까 두렵다." 라고 하였다.

"힘에 지나도록." 마게도냐의 신자들은 생활이 빈곤하였으니 연보를 적게 드렸어야 할 것인데, 실제로는 반대로 더 많이 하였다. 연보에 대한 그들의 열정은 마가복음 12:41-44의 가난한 과부가 그의 생계를 연명할 물질을 다 드렸던 것을 상기시킨다. 그들의 연보는 희생적인 연보였다. 그들은 이렇게 힘에 지나도록 연보하면서도 이를 "자원하여" 실행하였으니, 그것이 더욱 귀하다. 힘에 지나도록 연보하는 자는 혹시 마지못하여 그렇게 하는 경우도 있고, 그렇게 연보한 뒤에 후회하는 폐단도 있을 수 있다. 그러나 마게도냐의 신자들은 오직 자원하는 마음을 가지고 있었다.

4 이 은혜와 성도 섬기는 일에 참여함에 대하여 우리에게 간절히 구하니. 사도 바울은 여기서 빈민 구제라고 하지 않고 "성도를 섬기는 일"이라고 하여 그 연보 행위가 얼마나 고상한 것인지를 밝혀 준다.

5 우리가 바라던 것뿐 아니라 그들이 먼저 자신을 주께 드리고 또 하나님의 뜻을 따라 우리에게 주었도다. 이 구절에서 "우리가 바라던 것뿐 아니라"라는 표현은 헬라어 원문의 문자적 번역대로 "우리가 바라던 것과는 다르게 (그들이) 행하여" 라는 뜻이다. 사도 바울이 그들에게 기대했던 연보의 분량은 그렇게 거액이 아니었다. 그러나 그들은 이처럼 거액을 아낌없이 바쳤다. 하나님께 헌신하고 무엇이든지 하나님의 뜻이면 행하려 하는 신자는 교회를 섬기는 일에 어떤 일정한 제한을 두지 않는다. 그는 어떤 경우에는 하나님의 뜻을 행하기 위하여 사람들이 상상할 수 없었던 위대한 일을 행하기도 하는 것이다. "먼저" 라는 말은 "사도가 그들에게 헌금하라고 청원하기 전에"라는 뜻이 아니라, "무엇보다 중요하게 그들 자신을 하나님께 바쳤다."라는 뜻이다. 하나님께서는 우리에게서 물질을 요구하시는 것이 아니라 우리 자신을 원하신다. 거액의 재산을 가지고 헌금하면서도 마음과 몸을 바치지 않으면 그것은 하나님

앞에 열납되지 않는다(사 1:11; 삼상 15:22 참조).

6 그러므로 우리가 디도를 권하여 그가 이미 너희 가운데서 시작하였은즉 이 은혜를 그대로 성취하게 하라 하였노라. 여기서 이른바 "시작하였"다는 말은 성도를 위한 연보를 시작하였다는 뜻이고, "이 은혜"라는 말은 1절에 나오는 은혜라는 말과 같이 연보를 가리킨다.

7 오직 너희는 믿음과 말과 지식과 모든 간절함과 우리를 사랑하는 이 모든 일에 풍성한 것 같이 이 은혜에도 풍성하게 할지니라. 여기서 "믿음"이라는 말은 구원 문제와 관련된 신앙을 가리키는 것이 아니라 고린도 교회의 신자들 가운데 어떤 이들에게만 있었던 권능 행하는 믿음을 가리킨다(고전 12:8-10; 13:2; 마 17:20 참조). 벵겔(Bengel)은 말하기를, "이 믿음은 특별히 하나님의 뜻을 열성적으로 힘껏 붙잡는 것이다."라고 하였다. 그러나 크리소스토모스(Chrysostom)는 말하기를, "이 믿음은 교리적인 신앙을 가리키는 것이 아니라 이적에 대한 신앙을 가리킨다."라고 하였다.

"말." 이것은 헬라어로 "로고스"(λόγος)인데, 단순히 아볼로와 같은 인물이 소유했던 언변의 재능을 가리킨다(행 18:24).

"지식." 이것은 지혜라는 말과 비교될 때 그 뜻을 밝히 알 수 있다. 지식은 복음 진리를 지성적으로 파악하는 것을 가리키며, 지혜는 그 진리를 실생활에 적용하는 영적 통찰력과 이해력을 의미한다. 그러나 지식도 활용성을 전혀 가지지 못하는 것은 아니며, 성령의 지도하에 교회의 덕을 세우는 일에 유익을 줄 수 있다(고후 6:6).

"모든 간절함." 여기서 "모든"이라는 말은 여러 가지 양식을 의미하는데, 고린도 교인들의 간절함은 심대한 것으로서 그것이 표현되는 방식도 여러 가지였다.

"우리를 사랑하는 이 모든 일." 고린도 교인들은 하나님의 대언자인 사도 바울을 극진히 사랑하였다. 그러므로 그들이 받은 모든 다른 은혜들도 냉랭한 것이 아니었다. 그는 이와 같은 모든 은혜를 근거로 하여 그들이 연보하는 일에서도 풍성해야 할 것을 가르친다.

2. 그리스도의 모범(8:8-15)

8 내가 명령으로 하는 말이 아니요 오직 다른 이들의 간절함을 가지고 너희의 사랑의 진실함을 증명하고자 함이로라. 바울은 고린도 교회가 예루살렘 성도들을 위하여 연보하기를 원하였지만 강요하는 것은 금물로 여겼다. 그는 연보의 생명이 자원하는 마음이라는 점을 강조하였다.

"다른 이들." 이것은 마게도냐 신자들을 가리킨다.

9 우리 주 예수 그리스도의 은혜를 너희가 알거니와 부요하신 이로서 너희를 위하여 가난하게 되심은 그의 가난함으로 말미암아 너희를 부요하게 하려 하심이라. 이 구절은 신자들이 자원하여 연보해야 하는 이유를 보여 준다. 헬라어 원문에는 이 구절의 첫머리에 "왜냐하면"(γάρ)이라는 이유 접속사가 있다.

그리스도께서 부유하시다는 말은 이 세상에 오시기 전의 상황을 가리킨다. 그가 성육신하셔서 이 세상에 오시던 때가 바로 그가 가난해지신 출발점이다(빌 2:6-7 참조).

예수님은 이 세상에서는 부를 소유하신 일이 없었다. 그는 머리 두실 곳도 없으셨다. 그가 그토록 가난하셨으므로 그를 믿는 자들은 영적으로 부유해졌다. 아우구스티누스(Augustine)는 말하기를, "그리스도께서 가난해지신 것이 우리 부의 원천이 되었다면, 그가 다시 부유해지신 것은 우리에게 얼마나 위대한 행복을 가져다주겠는가!"라고 하였다.

10-11 이 일에 관하여 나의 뜻을 알리노니 이 일은 너희에게 유익함이라 너희가 일 년 전에 행하기를 먼저 시작할 뿐 아니라 원하기도 하였은즉 이제는 하던 일을 성취할지니 마음에 원하던 것과 같이 완성하되 있는 대로 하라. 이 구절은 또다시 연보에서 자원하는 마

음이 요긴함을 지적한다. "뜻을 알리노니"라는 표현이나 "원하기도 하였은즉"이라는 말, 그리고 "마음에 원하던 것과 같이 완성하되" 같은 표현들이 모두 그런 의미에서 나온 것들이다.

"너희에게 유익함이라." 신자가 주님의 사업을 위하여 연보하는 것은 손해를 당하는 일이 아니라 유익을 얻는 일이다(잠 19:17 참조). "일 년 전에"라는 말은 헬라어로 "아포 페뤼시"(ἀπὸ πέρυσι)인데, "작년부터"라는 뜻이다.

12 할 마음만 있으면 있는 대로 받으실 터이요 없는 것은 받지 아니하시리라. 이 말씀 역시 연보 행위에는 즐겨 하는 마음과 자원하는 마음이 본질상 요긴하다는 점을 알려 준다. 하나님은 우리의 외모보다 중심을 보신다. 아우구스티누스는 말하기를, "자선은 돈주머니의 산물이 아니고 마음 주머니의 산물이다."라고 하였다.

13 이는 다른 사람들은 평안하게 하고 너희는 곤고하게 하려는 것이 아니요 균등하게 하려 함이니. 여기서 "균등하게 하려 함"이라는 말은 공산주의를 가리키는 것이 아니라 신자들이 사랑을 바탕으로 하여 자원하는 마음으로 서로 돕는 것을 가리킨다. 이처럼 "균등하게 하려 함"이 무엇을 의미하는지는 그다음 14절 말씀이 보여 준다.

14 이제 너희의 넉넉한 것으로 그들의 부족한 것을 보충함은 후에 그들의 넉넉한 것으로 너희의 부족한 것을 보충하여 균등하게 하려 함이라. 바울의 이 말은 하나님의 응보 원칙을 배경으로 한다. 하나님께서는 불쌍한 자를 도와준 자들에게 훗날 갚아 주신다. 그러므로 도와주는 자들이 손해를 당하는 것이 아니며, 도움을 받은 자들만 홀로 덕을 보는 것도 아니다. 결국은 양편이 균등하여진다(눅 16:9 참조).

15 기록된 것 같이 많이 거둔 자도 남지 아니하였고 적게 거둔 자도 모자라지 아니하였느니라. 이것은 출애굽기 16:17-24에서 유래하였다. 거기 기록된 말씀에 따르면 하나님께서는 각 사람이 한 "호멜"씩 만나를 거두도록 명령하셨다. 그러

나 이스라엘 사람들 가운데 그대로 따르지 않고 한 "호멜" 이상을 거둔 자들도 있었다. 그러나 그들이 분량을 넘겨 거두어 저장해둔 것은 모두 다 썩어 버렸다.

바울은 이러한 사실에 근거하여 신자들이 재물에 욕심을 부릴 필요가 없다고 여기서 가르친다. 신자는 힘 있는 대로 남들을 구제해야 하고 재산을 묶어 둘 필요가 없다.

3. 디도와 다른 두 형제에게 연보의 사명을 맡김(8:16-24)

16절. 이 구절부터 마지막 구절까지는 앞에서 길게 말한 연보를 위하여 수고할 위원들을 소개한다.

너희를 위하여 같은 간절함을 디도의 마음에도 주시는 하나님께 감사하노니. 디도 역시 앞에서 말한 연보의 문제에 대하여 간절함을 가지고 있었는데 바울은 그것이 하나님께서 주신 마음이라 여기고 감사한다. 디도는 바울의 권면을 받고 자원하여 이 일에 착수하기 위해 고린도 교회에 가게 되었다.

17절. 여기서 "나아갔고"라는 말은 디도가 이미 고린도로 출발했다는 의미가 아니고 가기로 예정되었다는 뜻이다.

18-19절. 여기에 천거된 "형제"가 누구인지는 확실히 알기 어렵다. 그는 아마도 누가인 듯하다.

이 사람은 복음으로써 모든 교회에서 칭찬을 받는 자요. 그는 복음을 전파하는 일로 칭찬을 받았다.

동일한 주의 영광과 우리의 원을 나타내기 위하여. "동일한 주의 영광"은 신자들이 공통으로 힘쓸 일, 다시 말해 성도를 향한 봉사를 통해 나타낼 주의 영광을 가리킨다. "우리의 원"이라는 말도 성도를 향한 봉사를 위해 연보를 완성하고자 하는 소원을 가리킨다.

우리가 맡은 은혜의 일. 이것은 그 당시 가난한 성도들을 위해 추진했던 연보 운동을 가리킨다(8:1 해석 참조).

20-21절. 이 구절들은 바울과 그의 일행이 연보를 걷는 일에 신중해야 한다는 것을 보여 준다. 여기서 이른바 "조심함"을 위해 취한 방법은 바울 혼자서 그 일을 하지 않고 연보의 일을 전담할 위원들을 두는 것이었다.

신자가 사람들 앞에서도 조심해야만 그들이 복음을 받도록 만들 수 있다. 악평을 듣는 신자가 전하는 복음을 누가 받겠는가?

22 또 그들과 함께 우리의 한 형제를 보내었노니 우리는 그가 여러 가지 일에 간절한 것을 여러 번 확인하였거니와 이제 그가 너희를 크게 믿으므로 더욱 간절하니라. 여기서 "우리의 한 형제"라고 불린 사람은 누구인가? 확실히 말하기는 어려우나 해석가들은 "두기고"라는 인물을 가리키는 듯하다고 추측한다(행 20:4; 엡 6:21; 골 4:7; 딤후 4:12; 딛 3:12 참조).

여러 가지 일에 간절함을 확인받음으로써 신임을 얻은 그는 연보의 사무를 맡을 만하였다. 그가 고린도에 가서 일하기를 간절히 원했던 이유는 그가 고린도 교인들에 대한 호평을 듣고 그들을 신뢰했기 때문이다.

23 디도로 말하면 나의 동료요 너희를 위한 나의 동역자요 우리 형제들로 말하면 여러 교회의 사자들이요 그리스도의 영광이니라. "동료"라는 말은 친교를 내포한 명칭이고, "동역자"라는 말은 사역을 위해 고생을 함께 담당하는 자를 가리킨다. "교회의 사자들"이라는 말은 교회의 사도들(ἀπόστολοι)이라는 뜻이며, 한마디로 교회의 대표자들을 가리킨다. "그리스도의 영광"이라는 말은 뛰어나게 경건한 자들을 가리킨다.

24 그러므로 너희는 여러 교회 앞에서 너희의 사랑과 너희에 대한 우리 자랑의 증거를 그들에게 보이라. 바울은 고린도 교인들에게 이번 연보를 너그럽게 행하여 그들의 사랑이 어떠함을 나타내라고 권면한다. 그렇게 해야만 그들에 대해 바울이 자랑하던 내용이 참된 것으로 드러날 것이다.

설교 생명 있는 교회 봉사(고후 8:1-5)

1. 환난 가운데 기쁨을 얻을 수 있으므로 봉사함(2절)

환난이 어떻게 기쁨을 가져다주는가? 물론 우리는 환난을 싫어한다. 환난을 처음 대할 때에는 두렵기도 하고 고통스럽기도 하다. 그러나 환난이 성도에게 주시는 하나님의 선물이라는 사실을 깨달을 때 그것은 기쁨이 될 수 있다. 그것은 무엇에 소용되는 선물인가?

1) 환난은 우리가 죄를 깨닫도록 하여 주님을 더욱 잘 믿게 만드는 것이다. 한번 생각해 보자! 천하의 모든 재산으로도 나 한 사람의 신앙을 든든하게 만들지 못한다. 그러나 환난은 그렇게 할 수 있다. 환난이 어떤 경우에는 엉뚱하게 임한다. 그것이 그렇게 임하는 이유는 그것이 선물이기 때문이다. 2) 우리가 신앙의 양심을 지키고자 할 때 환난이 찾아온다. 이것은 이상하게 보일 수 있다. 신자가 양심을 지키려고 하면 하나님께서 그를 도와주실 듯한데, 왜 그가 환난을 당한다는 것인가? 그것은 두 가지 이유에서다. ① 그렇게 환난이 찾아올 때 잘 견뎌 내면 더 큰 믿음을 선물로 받기 때문이며 ② 그렇게 찾아오는 환난을 잘 참으면 하늘의 상급을 받기 때문이다.

2. 극빈한 생활에도 힘을 얻어 풍성한 연보를 내어 봉사함(2절)

우리는 가난을 좋아하지 않는다. 어느 누가 가족들에게 먹을 것이 없는데 신앙에 힘을 얻을 수 있겠는가? 우리의 소유물을 가장 잘 사용하는 방법이 남들을 돕는 것이라고 생각할 때 이 문제가 해결된다. 재물은 내 것이 아니고 주의 것이니 그것을 소유했다고 내 욕심만 채울 일이 아니다. 그렇다면 가난한 자도 불행한 것은 아니다. 부자도 주님이 가르치신 기도를 따라 "우리에게 일용할 양식을 주시옵소서."라고 기도해야 하고, 가난한 자도 그와 동일한 기도를 드려야 하니 이 점에 있어서는 가난한 자와 부자가 일반이다. 그러므로 가난한 삶을 하나님 앞에서 불행으로 생각하지 않는 신자는 오히려 더 많은 연보를 할 수 있다. 가난한 과부는 자기 목숨을 연명하는 데 필요한 재물을 바쳤는데, 그 일은 이런 신앙에서 나온 것이다. 가난을 신앙생활의 친구로 여기는 자는 자기의 사업에서 발생하는 수익의 거의 전부를 하나님께 바칠 수 있다.

바울은 마게도냐 사람들이 성도를 섬기는 열심을 다음 몇 가지 표현으로 진술하였는데, 곧 "힘에 지나도록 자원하여"라는 말씀과 "성도 섬기는 일에 참여함에 대하여 우리에게 간절히 구하니"라는 말씀이다(3-4절). 오늘날의 신자들은 교회를 섬기는 일에 마게도냐 신자들을 본받아야 한다.

3. 먼저 자신을 주께 드리고 또한 하나님의 뜻을 따라 연보함(5절)

본문은 마게도냐 신자들이 그들 자신을 주님께 드렸다고 말씀한다. 또한 그들은 바울 일행에게 헌신하는 일도 하나님 뜻인 줄 알고 그들의 헌금 운동에 전심으로 동참하였다. 그리스도인은 주님께 헌신하지 않으면 안 된다. 그들이 그렇게 되어야만 교회에 물질을 바치는 일도 아낌없이 할 수 있다. 우리 한국 교회 초창기에는 예배당에 기와를 얹기 위해 자기 집 기와를 벗겨서 연보한 일도 있다.

설교 신약 시대의 연보에 대하여(고후 8:1-11)

신약 시대의 신자가 자기가 드릴 연보의 사용 목적을 자기 뜻대로 결정하고 할당하는 일이 가능한가? 이 문제에 대하여 장로교 예배 모범 제18장 3조는 고린도후서 8장의 원칙대로 말한다. 장로교 예배 모범에서 말하기를, "그 수납금은 당회의 감독하에 교회의 각 대리국과 기타 자선사업과 그리스도 사업을 위하여 분배할 것이니 분배 다소와 일체 계획은 시시로 의결하되 혹 헌금하는 자가 특별한 소원이 있을 때는 그의 원을 따라 삼가 실행할지니라."라고 하였다. 요컨대 신약 시대의 연보는 법령에 따른 것이 아니고 신자가 자기 의지로, 또는 자원하는 마음으로 하는 것이다(고후 8:11). 구약 시대에는 예배를 예루살렘 성전에서만 드리게 되어 있었기 때문에(요 4:19-21) 외형적 제도에 치중하였다. 따라서 그 당시 이스라엘 백성은 헌금을 드리는 일에서도 외부의 제재를 받았다. 그러나 신약 시대 신자들은 개인으로나 단체로나 또는 어디서나 성령과 진리에 의하여 하나님을 섬기며 예배할 수 있다(요 4:22-24). 신약의 종교는 구약의 종교보다 영적인 것으로서 신자 개개인의 자유를 존중하며(고후 3:17), 성경은 한 사람만으로도 하나의 성전을 이룬다고 가르친다(고전 3:16-17; 6:19-20; 롬 12:1-2). 그러므로 신자가 하나님을 섬기는 의미에서 어떤 가난한 개인들을 구제하는 것도 일종의 연보 행위다. 하나님을 섬기는 일은 교회를 통해서만 실시되는 것이 아니다. 백부장 고넬료가 교회를 통하지 않고 직접 가난한 자들을 구제한 것도 하나님께서 기쁘게 여기셨다(행 10:1-4). 잠언 19:17에 말하기를, "가난한 자를 불쌍히 여기는 것은 여호와께 꾸어 드리는 것이니 그의 선행을 그에게 갚아 주시리라"라고 하였다(잠 17:5 참조). 마태복음 10:42에 말하기를, "또 누구든지 제자의 이름으로 이 작은 자 중 하나에게 냉수 한 그릇이라도 주는 자는 내가 진실로 너희에게 이르노니 그 사람이 결단코 상을 잃지 아니하리라 하시니라"라고 하였다. 예수님은 바리새인들이 하나님께 재산을 바쳤다는 핑계로 부모를 공양하지 않는 사실에 대하여 책망하셨다(마 15:4-6). 야고보서 1:27에 말하기를, "하나님 아버지 앞에서 정결하고 더러움이 없는 경건은 곧 고아와 과부를 그 환난중에 돌보고 또 자기를 지켜 세속에 물들지 아니하는 그것이니라"라고 하였다(마 25:31-46 참조). 그러므로 신자가 하나님께 바칠 물질을 가지고 가난한 자를 구제하거나 기타 하나님을 위해 의미 있는 일에 교회의 지령 없이 사용할 수 있다.

그러나 우리는 교회에 드리는 헌금을 등한히 해서는 안 된다. 교회는 주님의 복음을 전하기 위해 항상 존재하는 단체로서 복음을 전하고 수호하는 일에 가장 신뢰할 만한 기관이라고 할 수 있다. 교회는 이처럼 복음 전도와 수호를 위해서도 중요한 기관이다. 그렇기 때문에 이 기관에는 물질이 필요하다. 그러므로 신자는 다른 좋은 일들에 앞서 먼저 교회에 물질을 바쳐야 한다(눅 8:1-3; 빌 4:18). 구약 시대에도 이스라엘이 십일조를 성막 유지비용과 제사장의 생활비로 드렸다. 이처럼 그 시대의 신자들도 하나님의 직속 기관이 거룩한 일을 수행할 수 있도록 물질로 힘껏 봉사하였다. 이 일은 고금을 막론하고 원칙에 있어서는 변치 않는다. 출애굽기 23:15에 말하기를 "빈 손으로 내 앞에 나오지 말지니라"라고 하였으니, 이 말씀은 신약 시대에도 신자가 교회를 통하여 하나님께 연보를 드려야 한다는 점을 가르친다. 다만 그 수량에 있어서 일정한 표준을 세우지는 않았다.[33)]

여기서 생각해야 할 문제가 있다. 신약 시대에 연보하는 자가 소산 가운데 십분의 일이라는 수량을 유일한 표준으로 삼을 것인가? 십분의 일이라는 수량은 아브라함이 멜기세덱 제사장에게 바친 수량이었고(창 14:20), 이스라엘 백성이 레위 자손에게 바쳤던 분량이기 때문에 그것이 이상적인 수량일 것이다. 그러나 신약 교회는 신정 국가의 법령으로 다스리는 국가가 아니고, 이제는 그리스도로 말미암아 율법의 조항과 기타 의식적인 제재에서 벗어난 영적 단체다. 그러므로 신약 교회는 십분의 일이라는 숫자를 통해 법률적인 제재를 받지 않는다. 그러나 십분의 일이라는 수량이 이상적이라는 점에서 신약 시대의 신자들이 자원하여 그것을 표준으로 삼을 수는 있다. 그러나 그것을 교리화하거나 제도화할 것은 아니다. 신약 시대의 신자들은 자원하는 마음으로 소득 가운데 십분의 일 이상이라도 하나님께 바치는 것이 더욱 좋

---

33) Cassel's Concise Bible Dictionary, p. 728:Under new economy liberality enjoined on christians, no specific proportion of the earnings is metioned.......

을 것이다(고후 8:1-15). 그러나 신약 교회는 교인들이 연보하는 일에 십일조, 혹은 십일조 이상을 강요하거나 표준을 세워 지시할 것은 아니다. 장로교 예배 모범 제18장 4조에 말하기를, "목사마다 자기 교회가 감심으로 헌금하는 습성을 배양하는 것이 마땅하니 신도마다 다소를 물론하고 자기 힘이 있는 대로 바치게 할지니라."라고 하였다.

제 9 장

본 장은 8장에 이어 계속해서 고린도 교회가 실천해야 할 연보에 대하여 말한다.

⚜ 해석

4. 자원하는 마음으로 연보를 준비하라고 함(9:1-5)

1-2절. 바울은 마게도냐 신자들 앞에서도 고린도 교회의 열성적인 헌금에 대해 말한 적이 있었다. 그렇기 때문에 고린도 신자들에게 새삼스럽게 연보를 독려할 필요는 없었을 것이다.

3 그런데 이 형제들을 보낸 것은 이 일에 너희를 위한 우리의 자랑이 헛되지 않고 내가 말한 것 같이 준비하게 하려 함이라. 여기서 이른바 "이 형제들"은 8장에서 명기한 세 사람의 연보 위원을 가리킨다(8:18, 22 참조). 바울은 고린도 교회가 보여준 헌금에 대한 열심에 대하여 다른 교회 교인들에게 자랑한 적이 있으며, 이제 그 자랑에 대한 열매를 거두기 위하여 그들에게 위원들을 보낸 것이다. 교회가 자발적으로 좋은 일을 할 때도 지도자들의 격려가 필요하다. 왜냐하면

사람들이 좋은 결심을 한 이후에 그 결심이 해이해지는 경우가 많기 때문이다. 사람은 언제나 사람이기 때문에 늘 상부상조의 정신이 필요하다. 히브리서 3:13에 말하기를, "오직 오늘이라 일컫는 동안에 매일 피차 권면하여"라고 하였다.

4 혹 마게도냐인들이 나와 함께 가서 너희가 준비하지 아니한 것을 보면 너희는 고사하고 우리가 이 믿던 것에 부끄러움을 당할까 두려워하노라. 바울이 고린도 교회를 심방할 때 마게도냐를 경유할 것인데, 그때 마게도냐 신자들도 고린도까지 그와 동행하게 될 것이다. 만일 고린도 교회가 성도의 구제를 위한 연보를 그때까지도 완료하지 못했다면 바울 자신도 부끄러움을 당할 것이다. 왜냐하면 바울은 일찍이 고린도 교회의 헌금 열심에 대하여 많이 자랑했는데, 바울이 자랑했던 일이 그대로 이루어지지 않은 모습을 바울과 동행한 마게도냐 신자들이 보게 될 것이기 때문이다.

5 그러므로 내가 이 형제들로 먼저 너희에게 가서 너희가 전에 약속한 연보를 미리 준비하게 하도록 권면하는 것이 필요한 줄 생각하였노니 이렇게 준비하여야 참 연보답고 억지가 아니니라. "이 형제들"이라는 어구에 대해서는 3절의 해석을 참조하라. 여기서 "연보"라는 말은 헬라어로 "율로기아스"(εὐλογίας)인데, "축복"(blessing)이라고 번역할 수 있다. 연보를 가리켜 "축복"이라고 하는 이유는 ① 그것을 드리는 자에게 복이 임하기 때문이고(전 11:1; 잠 11:25), ② 그 연보를 즐거이 드리게 된 동기가 하나님의 축복으로 말미암은 것이기 때문이다. "억지"라는 말은 헬라어로 "플레오네크시아"(πλεονεξία)인데, 탐심을 의미한다.

5. 넉넉한 마음으로 연보하라고 함(9:6–15)

6 이것이 곧 적게 심는 자는 적게 거두고 많이 심는 자는 많이 거둔다 하는 말이로다. 여기서 "적게"라는 말은 헬라어로 "페이도메노스"(φειδομένως)인데, "인색하게"

라는 뜻이다. 이 문구에서 하나님께 헌금하는 일을 씨 뿌리는 일에 비유한 것은 대단히 심오한 의미를 지니고 있다. 농부가 씨를 뿌릴 때 그것이 그 흙 속에 묻혀 버리고 마는 것을 아깝게 여기지 않는 것과 마찬가지로 헌금하는 신자도 그가 드리는 돈이 자기 수중에서 나가게 되는 것을 아깝게 여기지 않는다. 하지만 그런데도 헌금할 때 인색하게 드리는 자들이 많은데, 이런 사람은 씨앗을 아끼는 미련한 농부와 같다.

"많이 심는 자는 많이 거둔다." 여기서 "많이"라는 말은 헬라어로 "에프율로기아이스"(ἐπ' εὐλογίαις)인데, "축복의 원칙에 따라서", 혹은 "축복의 목적으로"라고 번역될 수 있다. 그렇다면 이 문구의 내용은, 다른 사람을 돕는 자가 넉넉한 마음, 곧 축복하는 마음으로 도움을 베풀면, 때가 이르러 그 자신도 후하게 받을 것을 가리킨다. 잠언 11:24에 말하기를, "흩어 구제하여도 더욱 부하게 되는 일이 있나니 과도히 아껴도 가난하게 될 뿐이니라"라고 하였다.

7 각각 그 마음에 정한 대로 할 것이요 인색함으로나 억지로 하지 말지니 하나님은 즐겨 내는 자를 사랑하시느니라. "각각 그 마음에 정한 대로." 이 문구는 헌금하는 자가 ① 다른 사람의 눈을 의식하지 않은 채 자신의 결정에 따라, ② 일시적 흥분에 지배되지 않고 진중한 의지로, ③ 무성의하게 임시방편으로 하는 것이 아니라 미리 구체적인 계획을 세우고 뚜렷한 의식과 각오하에 시행해야 한다는 것을 의미한다.

"인색··· 억지." 이 두 가지 태도는 이 구절 앞부분에서 말하는 "마음에 정한 대로"라는 자세를 갖추지 못한 자가 헌금할 때 필연적으로 드러나는 결점이다. 여기서 "인색"이라는 말은 헬라어로 "뤼페스"(λύπης)인데, 문자적으로는 "근심"을 의미한다. 헌금에 대하여 신앙적으로 각오한 바가 없고 따라서 예산을 세워 본 적도 없는 신자는 헌금 때문에 자신에게 손해가 미친다고 생각한다. 그리하여 그는 근심과 불안으로 마지못해 헌금을 드리는 것이다.

"억지"는 자원하는 마음과 즐겨하는 마음에 반대되는 것이다.

"하나님은 즐겨 내는 자를 사랑하시느니라." 이 문구는 잠언 22:9을 의역하여 인용한 것이다. 헬라어 어순에 따르면 "즐겨"라는 말이 이 문구 첫머리에 위치하여 강조체를 이룬다.

아우구스티누스는 말하기를, "네가 네 떡을 인색한 마음으로 남에게 주면 너는 네 떡도 잃고 네 상급도 잃느니라."라고 하였고, 또 말하기를, "만일 자선 사업이 장차 얻을 상급의 씨앗을 심는 일이라면 그 씨앗을 눈물로 심을 이유가 어디 있겠는가?"라고 하였다. 그리고 크리소스토모스(Chrysostom)는 말하기를, "만일 우리가 즐거운 마음으로 연보하면 이중의 상급이 따른다. 첫째는 연보 그 자체 때문에 오는 상급이고, 둘째는 즐거운 마음으로 그것을 실행했다는 사실 때문에 오는 상급이다."라고 하였다.

8 하나님이 능히 모든 은혜를 너희에게 넘치게 하시나니 이는 너희로 모든 일에 항상 모든 것이 넉넉하여 모든 착한 일을 넘치게 하게 하려 하심이라. 여기서 "모든"이라는 말이 네 번 나오고 "항상"이라는 표현이 한 번 사용된다. 이런 표현들은 주님께 진실한 마음으로 자기 소유를 바치는 자들에게 갚아 주시는 하나님의 은혜가 얼마나 풍성한지를 강조한다.

"모든 것이 넉넉하여." 이 말은 매사에 자족함을 의미한다. 그것은 헬라어로 "파산 아우타르케이안"(πᾶσαν αὐτάρκειαν)이라는 표현을 번역한 것이다. 하나님께서 주신 물질이 어느 정도이든 그것에 만족할 줄 모르는 자는 그것으로 남들을 도와줄 수 없다. 남들에게 무엇을 줄 수 있는 사람은 모든 것을 풍족하게 소유한 자가 아니고 모든 면에 자족할 줄 아는 자다. 우리에게 자족할 수 있는 은혜가 있다면 우리는 우리에게 주어진 사명의 영역에서 구제하는 일에 부족함이 없을 것이다.

"모든 착한 일을 넘치게 하게 하려 하심이라." 하나님께서 우리에게 물질적으로나 영적으로 모든 은혜를 주신 이유는 선을 행하게 하시기 위함이다.

벵겔(Bengel)은 말하기를, 하나님이 "우리에게 무언가를 주신 이유는 우리가 그것을 독점하도록 하시기 위함이 아니라 그것을 가지고 선을 행하게 하려 하심이다. 이 세상에서 신자가 받는 모든 것은 심지어 상급까지도 내세에서의 수확을 위한 씨앗으로서 의미를 지녀야 한다."라고 하였다.

9 기록된 바 그가 흩어 가난한 자들에게 주었으니 그의 의가 영원토록 있느니라 함과 같으니라. 이 구절은 시편 112:9의 인용이다. 여기서 이른바 "흩어··· 주었으니"라는 말은 아낌없이 넉넉하게 베푼 것을 의미한다. 성도가 자기에게 있는 것을 가난한 자들에게 줄 때 아끼지 아니하고 준다는 말은 그야말로 주님이 말씀하신 것처럼 오른손이 하는 것을 왼손이 모르는 관대하고 열심 있는 구제를 의미한다(마 6:3 참조). 이런 정신으로 가난한 자를 구제하는 자는 진실로 잠언에서 말한 것과 같이 여호와께 꾸어 드리는 자가 된다(잠 19:17 참조). 이처럼 구제하는 자는 하나님께서 갚아 주시기 때문에 그의 의는 영원토록 남는다. 다시 말해 그는 의를 행하기 위한 모든 자산을 하나님께 받는다.

10 심는 자에게 씨와 먹을 양식을 주시는 이가 너희 심을 것을 주사 풍성하게 하시고 너희 의의 열매를 더하게 하시리니. 이 구절은 농부에게 종자와 식량을 주시는 하나님이, 신자에게 의를 행할만한 ① 자원과 ② 의를 행한 보상을 풍성히 주실 것이라고 말한다. 이 말씀은 물질 관계에서만 적용되는 것이 아니고, 영적 활동에서도 역시 적용된다. 여기서 바울은 연보 행위를 심는 행위로 비유하여, 그 행위는 손해를 보는 일이 아니고 도리어 장차 큰 수확을 가져오는 복된 일임을 지적한다.

11 너희가 모든 일에 넉넉하여 너그럽게 연보를 함은 그들이 우리로 말미암아 하나님께 감사하게 하는 것이라. 여기서는 바울이 연보의 목적, 혹은 결과를 말해 준다. 어찌 보면 모든 일이 하나님께 감사드리게 하는 목표를 지향하는 것이지만 여기서는 특별히 연보의 목적도 그러하다는 점을 밝히고 있다. 바울이 말한 대로 "범사에 감사하라"(살전 5:18)는 말씀은 하나님께서 우리 삶의 모든 방면

에서 기대하시는 바가 감사라는 사실을 알게 한다. 인생의 소유뿐만 아니라 그의 존재 자체의 목적이 하나님께 감사드리는 것이다. 바울과 모든 고린도 교인들의 풍성한 구제 행위로 인해 예루살렘의 가난한 성도들은 하나님께 감사하게 될 것이다. 바울은 그것을 내다본다.

12 이 봉사의 직무가 성도들의 부족한 것을 보충할 뿐 아니라 사람들이 하나님께 드리는 많은 감사로 말미암아 넘쳤느니라. 이 구절 역시 앞절의 말씀을 받아 연보 행위가 감사라는 열매를 맺게 될 것을 지적한다. 여기서 이른바 "이 봉사의 직무"라는 것은 헌금 행위를 의미한다. "봉사"라는 말은 헬라어로 "레이투르기아"(λειτουργία)인데 본래 공공사업을 의미하다가, 후에 종교 용어로는 예배나 제사를 의미하게 되었다(히 8:6; 9:21; 눅 1:23). 크리소스토모스(Chrysostom)는 이런 맥락에서 이 단어가 제사를 가리킨다고 하면서 말하기를, "너는 가난한 자를 보게 될 때 그리스도의 제단을 본 것같이 여겨 그를 존경하고 하나님께 제물을 드리는 마음으로 연보하라. 그리하면 그 일로 인하여 영광과 감사가 향기처럼 하나님께 올라갈 것이다."라고 하였다.

"많은 감사로 말미암아 넘쳤느니라." 이러한 봉사 행위는 도움을 받는 자들의 많은 감사로 인하여 더 많은 풍성한 열매를 가져온다.

13 이 직무로 증거를 삼아 너희가 그리스도의 복음을 진실히 믿고 복종하는 것과 그들과 모든 사람을 섬기는 너희의 후한 연보로 말미암아 하나님께 영광을 돌리고. 이 구절은 고린도 교인들의 연보 행위가 많은 사람이 하나님께 감사하도록 하는 결과를 가져온다는 사실을 좀 더 설명한다. 다시 말해 고린도에 있는 이방인 그리스도인들이 그 연보 행위를 통하여 사랑을 보여 주었는데, 그것은 그들이 복음을 진실히 믿는다는 증거이며, 또한 모든 다른 사람들을 열심히 섬긴다는 증거가 된다. 예루살렘 사람들은 그것을 보고 하나님께 영광을 돌리게 될 것이다.

14 또 그들이 너희를 위하여 간구하며 하나님이 너희에게 주신 지극한 은혜로 말미암

아 너희를 사모하느니라. 이 말씀은 이방 그리스도인들이 진실하게 바친 연보의 또 다른 결과를 보여 준다. 그것은 예루살렘 신자들이 그들과 더욱 긴밀히 연합하게 되었다는 것이다. 다시 말해 그들은 이방 그리스도인들을 사모하게 되었다. 성도들 각자가 가진 은혜를 서로 나누는 것은 그들 사이의 사랑을 더욱 풍성하게 만든다.

15 말할 수 없는 그의 은사로 말미암아 하나님께 감사하노라. 이것은 앞에서 연보에 대해 권면했던 모든 말씀에 대한 결론이다. 여기서 이른바 "말할 수 없는 그의 은사"라는 것은 앞절에 나오는 "지극한 은혜"를 가리키는 또 다른 표현인 듯하다. 다시 말해 이방인 그리스도인들이 그처럼 독실한 신앙을 가지고 가난한 성도들을 구제하려고 거액의 연보를 봉헌한 사실은 이방인의 사도인 바울로서는 말로 형용하기 어려운 감격에 빠질 만큼 큰 은혜라는 뜻이다. 하지만 다른 해석도 있는데, 바울이 여기서 인류에게 주신 하나님의 선물인 그리스도를 염두에 두었다는 것이다. 사도 바울이 성도를 구제하는 연보의 은혜에 대하여 말씀하다가 이 단계에 이르러서는 결론적으로 모든 은혜의 근거와 배경이 되시는 그리스도를 찬송하였다는 것이다.[34)]

설교 하나님께 연보를 바침에 대하여(고후 9:6-15)

1. 연보 행위의 성격

1) 연보 행위는 하나님 앞에서 즐거운 마음으로 하는 것이다. 6절에서 "많이 심는"다는 말은 축복으로 심는다는 뜻이다. 그렇다면 연보할 때 가장 중요한 것은 성심성의껏 해야 한다는 것이다. 7절에 말하기를, "그 마음에 정

---

34) Charles Hodge, Commentary on the Second Epistle to the Corinthians, 227-228. "God's unspeakable gift is his Son. This, according to the analogy of Scripture, is that one, great, supreme, all comprehensive gift which is here intended."

한 대로 할 것이요"라고 했는데 이 말도 연보를 외형적으로만 하는 일이 합당치 않고 즐거운 마음으로 해야 한다는 뜻이다. 9절에서 "흩어 가난한 자들에게 주었다"라는 말도 남을 구제할 때 인색함으로 하지 않았다는 의미다.

다른 사람을 도와줄 때 인색하지 않게 힘껏 하는 것은 성경이 가르치는 원칙이다. 노리스(Norice)라는 사람은 남에게 주지 못할 만한 것이 전혀 없었다고 한다. 어떤 성도가 자기 소유를 가난한 자들에게 모두 나누어 주자 그의 아내가 "우리는 어떻게 살아갈 것입니까?"라고 물었는데, 그때 그는 대답하기를 "우리는 하나님의 약속을 의지하고 기도합시다."라고 하였다.

2) 연보 행위는 연보하는 자 자신에게 복이 돌아가는 행위다. ① 6절에는 "많이 거둔다" 하였고, 7절에는 "하나님은 즐겨 내는 자를 사랑하시느니라"라고 하였고, 8절에는 "모든 은혜를 너희에게 넘치게 하시나니"라고 하였고, 10절에는 "너희 심을 것을 주사 풍성하게 하시고"라고 하였다.

본문에서는 특히 연보 행위가 "심는" 일이라는 사실을 가르치고 있다(6, 10절). 하나님께서는 물질을 정성껏 바치는 자들에게 물질로 갚아 주신다는 진리를 밝히기 위하여 본문은 "적게 심는 자는 적게 거두고 많이 심는 자는 많이 거둔다"라고 말한다(잠 11:25; 눅 6:38 참조). 하나님께 물질을 정성껏 바친 자들이 물질의 축복을 더욱 풍성히 받았음을 보여 주는 증거는 교회 역사에 얼마든지 있다. 미국의 백화점 왕 워너메이커(Wanamaker)는 정성껏 하나님께 물질을 바쳐 더욱 부유해진 성도였다. 그는 미국에 많은 예배당을 지었다. 말라기 3:10에 말하기를, "만군의 여호와가 이르노라 너희의 온전한 십일조를 창고에 들여 나의 집에 양식이 있게 하고 그것으로 나를 시험하여 내가 하늘 문을 열고 너희에게 복을 쌓을 곳이 없도록 붓지 아니하나 보라"라고 하였다. 우리는 하나님께 정성껏 물질을 드린 후에 갚음을 받은 수많은 신자의 간증을 듣는다. 물론 우리가 이와 관련하여 한 가지 생각해야 할 점이 있다. 다름 아니라 하나님께 물질을 힘껏 드린 자들이 부유해지지 않은 사례들도 있다는 사실이다. 그러나 우리가 이러한 현상을 이상하게 여길 이유는 없다. ① 하나님의 말씀은 반드시 한 가지 모양으로 이루어지는 것이 아니라는 사실을 깨달을 때 이 문제는 해결된다. 주님께 물질을 정성껏 바친 자들에게 하늘에 보화가 있을 것이라는 약속도 있으니(마 6:20), 물질을 바친 자가 반드시 이 세상에서만 그 상급을 받게 되는 것은 아니다. 그뿐 아니라 ② 우리는 하나님께서 언약을 지키시는 일에 또 다른 법칙이 있음을 알아야 한다. 그는 자기를 사랑하고 그의 계명을 지키는 자들에게 언약을 지키시겠다고 말씀하셨다(신 5:10). 바울은 말하기를, "내가 내게 있는 모든 것으로 구제하고 또 내 몸을 불사르게 내줄지라도 사랑이 없으면 내게 아무 유익이 없느니라"(고전 13:3)라고 하였다. 그러므로 우리는 하나님께 물질을 정성껏 바친 자가 부유해지는 사례들을 통해서도 하나님이 살아 계심을 깨닫지만, 물질을 바치고 부유해지지 않는 사례들을 통해서도 그가 살아 계심을 알 수 있다. 그는 이처럼 사람의 행실을 판단하실 때 그들의 행실 가운데 하나의 측면만 보시는 것이 아니라 두루 살펴보시는 살아 계신 주님이시다.

2. 연보 행위의 결과

1) 하나님께 감사하게 된다. 연보의 결과는 사람들로 하여금 하나님께 감사하게 하는 것이다. 하나님께 감사하는 것은 인간 존재의 목적이다. 데살로니가전서 5:18에 말하기를, "범사에 감사하라 이것이 그리스도 예수 안에서 너희를 향하신 하나님의 뜻이니라"라고 하였다. ① 하나님은 무슨 일에 있어서든지 우리가 감사하게 되도록 그 가운데서 역사하시며, ② 그가 우리를 향하여 원하는 것은 오로지 감사뿐이다. 그가 이처럼 무슨 일에 있어서든지 우리의 감사를 원하시는 것을 보면 그는 우리의 감사를 제일 즐기시는 것이 분명하다. ③ 우리가 하나님께 감사하는 것은 우리의 일이 형통하게 하는 방편도 된다.

2) 성도들끼리 서로 사모하게 된다. 그 연보로 도움을 받은 자들은 도와준 자들을 사모한다(고후 9:14). 그들의 사모하는 마음은 도와준 자들과 도움을 받은 자들 피차간에 사랑을 두텁게 한다.

설교 하나님께 감사하자(고후 9:11-15)

이 설교는 특별히 15절에 근거한다. 우리는 말할 수 없는 구원의 은혜를 받았는데 그것은 그리스도로 말미암은 은혜다. 그러나 우리는 감사를 등한시하는 죄인들이다.

1. 감사는 우리가 힘쓰지 않아도 되는 일이 아니다

우리가 기도에 힘써야 기도할 수 있는 것처럼 감사하기 위해서도 감사에 힘써야 한다. 그러므로 어떤 성도는 "생각하고 감사하라."라는 말을 좌우명으로 삼았다. 생각하지 않고 연구하지 않고 힘쓰지 않으면 감사 생활이 이루어지지 않는다. 그러나 신자들은 힘쓰지 않고 감사 생활을 해 보려고 한다. 따라서 그들은 목적을 이루지 못하고 만다. 우리가 힘써야 감사 생활을 할 수 있는 이유는 인간이 부패하여 감사할 줄 모르는 악한 성질을 가지고 있기 때문이다.

1) 인간은 부패하여 잊어버려야 할 일은 잊어버리지 않고 기억해야 할 일은 잊어버린다. 예를 들어 우리는 다른 사람의 허물은 잊어버리지 않으면서 하나님의 은혜는 잘 잊어버린다.

2) 인간은 부패하여 허망한 욕심이 많음으로 감사할 줄 모른다. 인간은 하나님이 주신 큰 은혜도 적게 여겨 불만을 표하며, 하나님이 주신 참된 것에는 주목하지 않고 도리어 허망한 것을 참되게 여기며 바라본다. 이것은 인간에게 허욕이 많기 때문이다. 예컨대 요한1서 2:22에 말한 것과 같이 예수께

서 그리스도이심을 부인하는 것이 가장 큰 거짓이지만, 인간은 도리어 그리스도를 부인하는 것이 옳은 것인 줄 알고 덤빈다.

3) 인간은 부패하여 은혜를 적게 받으면 불만을 표하고 많이 받으면 대수롭지 않게 여겨 감사할 줄 모른다. 우리는 육신 생활에서도 값없이 태양 빛을 받으며 공기를 마신다. 만일 태양 빛과 공기에 값을 매긴다면, 이 세상 사람 가운데 그 값을 낼 만한 재산을 가진 사람은 한 사람도 없을 것이다. 그러나 빛과 공기를 거저 주신 데 대해 감사하는 마음을 갖는 사람은 그리스도인 중에도 드물 것이다. 그렇다면 죽을 죄인들이 예수 그리스도께서 우리 대신 죽어 주신 은혜로 인하여 복된 영생에 들어가게 된 것은 그보다도 얼마나 더 감사한 일인가? 그러나 이와 같은 사실에 대하여 뜨거운 감사를 느끼는 성도가 많지 않은 듯하다.

4) 인간은 부패하여 도둑심보를 가지고 있다. 다른 사람에게서 은혜를 받고도 그것을 갚으려는 노력은 하지 않고 도리어 자기의 개인적인 야욕을 위하여 달린다. 여러 해 전에 미국 미시간주에 있는 호수에서 배가 파선하였을 때 스펜서라는 청년이 자기의 생명을 돌보지 않고 물에 빠진 승객들을 16명이나 건져 냈다. 그런데 그에게 찾아와서 감사한 사람은 한 명도 없었다고 한다. 인생은 이렇게 도둑의 마음을 가지고 있어서 남의 도움을 공짜로 받고 그냥 지나가는 것이 당연한 줄 안다. 이처럼 남이 베푼 은혜에 감사하지 않는 것은 도적의 심리라고 할 수 있다. 누가복음 17:11-19에 말씀하는 대로 열 명의 한센병 환자가 다 같이 고침을 받았으나 그중에 사마리아 사람 한 명만 감사하였고 다른 모든 이들은 감사하지 않고 제집으로 돌아가 버리고 말았다.

2. 감사할 은혜가 무엇인가?

1) 말할 수 없는 그의 은혜를 감사하자. "말할 수 없는 그의 은사"라는 말

은 무엇을 의미하는가? 이것은 갑작스럽게 하나님의 아들 예수 그리스도로 인하여 감사하는 바울의 문체(8:9; 엡 5:1; 롬 1:25; 9:5; 고전 15:17; 딤전 1:16 참조)로 볼 때, 하나님께서 그의 아들 예수 그리스도를 은사로 주신 사건을 가리킨다(Hodge). 마이어(Meyer)는 이것이 놀라운 구속의 은혜를 가리킨 것이라고 하였는데, 결국 앞의 견해와 같다고 볼 수 있다. 그는 또 말하기를, "바울이 감사한 이유는 이러한 구속이야말로 성도 간의 교제에 기초가 되기 때문이다."라고 하였다. 그런데 이 은사를 가리켜 말할 수 없는 것이라고 표현하는 이유는 무엇인가? 그것은 하나님께서 우리에게 그 아들을 선물로 주시는 동시에 그의 안에서 만물도 축복하셨기 때문이다(롬 8:32). 만물이 복이 되었기 때문에, 우리는 그 복의 수를 다 셀 수 없다. 그뿐 아니라 구속의 은혜는 영원무궁한 생명을 우리에게 가져다주는데, 그것은 말로 형용할 수 없는 것이다.

2) 다른 사람의 일에 대하여 감사하자. 앞에서 다룬 것과 같이 우리는 형언할 수 없는 은혜이신 하나님의 아들을 선물로 받았으니 우리가 오로지 힘써야 할 일은 감사하는 것이다. ① 하나님이 하시는 일에 대하여 우리는 감사할 줄 알아야 한다. 하나님은 천지 만물을 창조하신 주권자시니 그의 목적과 행사는 우리 인생들의 목적이나 행사와는 다른 면이 많다. 이사야 55:8-9에 말하기를, "이는 내 생각이 너희의 생각과 다르며 내 길은 너희의 길과 다름이니라 여호와의 말씀이니라 이는 하늘이 땅보다 높음 같이 내 길은 너희의 길보다 높으며 내 생각은 너희의 생각보다 높음이니라"라고 하였다. 그러므로 하나님께서 하시는 일은 때때로 우리 미천한 인생들에게 깨닫기 어려운 측면이 있다. 우리는 하나님께서 인생들을 유익하게 하시려고 재앙과 환난을 보내시는 일도 있음을 안다. 한국전쟁 때도 어떤 목사님이 버스를 타고 집으로 돌아가는 도중에 헌병대가 차를 세우고 병사를 징집하기 위해 여러 사람을 강제로 끌어 내리는데 그 목사님도 내리게 되었다. 그리하

여 그 목사님은 그날 집에 돌아가지 못하고 병영으로 잡혀갔다가 거기서 목사라는 사실을 알리고 놓여나기는 하였으나 그날 밤에 집에 돌아가지 못하고 중간에 밤을 보내게 되었다. 이튿날 집에 돌아가 보니 전날 밤에 군인들이 그의 집을 향하여 기관총으로 난사를 하였다. 만일 전날 밤에 목사님이 집에 있었다면 총에 맞아 죽을 뻔하였다고 한다. 이렇게 하나님께서는 일시적인 고난을 통해 성도를 유익하게 하시는 경우가 있다. 그뿐 아니라 하나님이 하시는 일 중에는 앞에 말한 것보다 훨씬 더 이해하기 어려운 일들도 있다. 그러나 우리는 그것도 하나님께서 하시는 일인 줄 믿고 감사해야 한다. "나" 자신의 이해득실과는 무관하게 하나님의 일이라면 감사하게 여겨야 한다. 욥은 모든 자녀와 재산을 잃어버렸을 때도 땅에 엎드려 하나님께 경배하고 말하기를, "내가 모태에서 알몸으로 나왔사온즉 또한 알몸이 그리로 돌아가올지라 주신 이도 여호와시요 거두신 이도 여호와시오니 여호와의 이름이 찬송을 받으실지니이다"라고 하였다(욥 1:21). 욥은 이렇게 자기가 손해를 당한 상황에서도 그것이 하나님의 경륜인 줄 믿고 찬송하였다. 우리는 하나님의 행사로 말미암아 어떤 손해를 입었을지라도 그것이 하나님을 위한 것이라면 감사하고 찬송해야 할 것이다. 하나님이 하시는 모든 일은 우리가 이해할 수 있든지 없든지 결국 우리에게 복이 되는 것이다. 추수감사절을 처음 제정하고 발표한 조지 워싱턴은 포고문을 통해 밝히기를, "나는 11월 6일을 미국 백성이 하나님께 감사하는 절기로 선포하노라. 하나님은 과거와 현재의 은혜는 물론 장래의 은혜까지도 만들어 주시는 영광의 하나님이시다."라고 하였다. 워싱턴은 성경이 가르치는 대로 하나님께 감사할 때 과거와 현재의 은혜뿐 아니라 우리가 알지 못하는 미래의 은혜까지도 염두에 두고 감사하였다. 하나님께서 미래에 성도에게 주실 은혜가 더욱 크다. 그의 은혜는 영원하다. 그러므로 시편 136편에는 "그 인자하심이 영원함이로다"라는 말씀이 26번이나 기록되었다. ② 다른 사람에게 나타난 하나님의 은혜에 대하여 우리는 하나님께 감사할 줄 알아야 한다. 예수님께서 말씀하시기를, "네 이웃을 네 자신과 같이 사랑하라"라고 하셨다. 이 말씀은 남이 잘되는 것을 나 자신이 잘되는 것만큼 간절히 원하라는 뜻이다. 단체 생활에서 남이 잘되는 것은 결국 나 자신이 잘되는 것과 매한가지다. 나를 둘러싼 이웃 사람들이 흉악하고 불행한 자들이라면 나는 그들 가운데서 얼마나 고통을 당할 것인가? 남들이 하나님의 은혜를 받아 형통할 때 내가 기뻐한다면, 그만큼 내가 기뻐할 이유가 많아질 것이다. 우리가 "자아"라고 하는 작고 좁은 틀 속에 갇혀 살아갈 때는 언제나 불만과 고통이 가득할 수밖에 없다. 그러나 내가 다른 모든 사람을 나 자신처럼 여기고 사랑할 때는 그만큼 내 삶의 무대가 넓어지고 생의 의미를 깨닫는 식견이 높아져서 기뻐하고 즐거워하고 감사만 하는 생활을 계속할 수 있다. 남들을 나 자신과 같이 여기는 삶은 그만큼 위대하고, 고상하고, 깊고, 넓고, 밝고, 행복하고, 유력한 것이다.

3. 우리가 감사할 때 무엇으로 감사할까?

우리는 감사할 때 말로도 감사하지만 필요한 경우에는 생명을 하나님께 바침으로써 감사를 표현한다. 또한 우리는 우리가 가진 물질로 하나님께 감사한다. 그런데 우리가 물질로 감사를 표현할 때 주의할 점이 있다. 감사의 연보는 부스러기 돈을 모으는 모금 운동처럼 해서는 안 되고 정성스럽게 바치는 헌금 운동으로 해야 한다. 부스러기를 모은 것은 개들에게나 주어야지 하나님께는 드리지 못한다. 어떤 사람들은 말하기를, "생활이 곤란하니 하나님께는 부스러기 돈밖에 드릴 것이 없다."라고 한다. 그러나 누구든지 일상생활에 쓸데없는 낭비나 사치를 하지 않는다면 하나님께 드릴 것이 있을 것이다.

하나님께 물질을 드리는 자는, ① 그것을 주님의 못 박히신 손에 드리는 것인데 어찌 정성 없이 드릴 수 있겠는가? ② 남에게 주는 것이 실상은 사는 길이다. 사람이 가난하게 된 원인은 하나님께 마땅히 드릴 것을 드리지 않았기 때문이다.

③ 하나님께 헌금하는 사람들은 소유를 공연히 낭비하는 것이 아니다. 그들은 하나님께 물질을 바쳐서 하늘의 큰 복을 받고자 결심해야 한다. 주님께서 말씀하시기를, "오직 너희를 위하여 보물을 하늘에 쌓아 두라 거기는 좀이나 동록이 해하지 못하며 도둑이 구멍을 뚫지도 못하고 도둑질도 못하느니라 네 보물 있는 그 곳에는 네 마음도 있느니라"라고 하셨다(마 6:20-21). 우리는 보물을 하늘에 쌓아 둠으로써 일거양득의 은혜를 받을 수 있다. 첫째는 보물이 하늘에 쌓이는 것이고, 둘째는 우리 마음이 하늘에 가 있는 것이다(마 6:19-21). 무엇보다도 우리의 마음이 가 있는 것이 가장 큰 복이다. 우리에게 재앙이 닥칠지, 아니면 복이 임할지는 우리 마음이 어디에 가 있는지에 따라 결정된다. 사람의 마음이 흉악한 데를 향하고 있으면 그는 재앙을 당한다. 따라서 우리의 마음이 올바른 곳을 향하게 하기 위해서는 옳은 일에 물질을 바쳐야 한다.

제 10 장

개요

고린도후서 10장의 내용은 얼핏 보면 이때까지 바울이 말씀해 온 것들과는 두드러지게 다른 색채를 띤다. 양자 사이에 돌발적인 변화가 있는 듯하다. 그러나 그것은 문제 될 것이 없다. 9장까지는 바울이 고린도 교회 내의 온건한 신자들을 대상으로 권면하다가 여기서부터는 그 교회의 불온 세력들, 다시 말해 거짓 스승들을 대상으로 말하는 것이다. 그렇다면 여기서 바울의 논조가 엄격한 어투로 변한 것은 자연스러운 일이다.

1. 고린도후서 10장에서 바울은 자신이 사도적 권위를 행사하는 원칙을 설명한다(1-11절). 그는 순종하는 마음이 부족한 무리를 단번에 교권으로 위협하지 않고 참으면서 그들의 회개를 기다렸다. 따라서 거짓 스승들이 이와 같은 그의 태도를 보고서 그가 나약하다고 생각하는 것은(1절) 그를 오해한 것이다.

2. 바울은 거짓 스승들처럼 자기 자신을 표준으로 삼는 자가 아니다. 그

는 어디까지나 하나님께 의존하고 하나님이 정해 주시는 범위 안에서 움직였다. 그는 하나님의 인정과 칭찬을 목표로 행하였으며 자신의 의지로 나아가거나 멈추지 않았다. 따라서 그는 거짓 스승들이 하듯이 남의 수고를 가지고 분량 밖의 자랑을 하지 않았다(12-18절).

⚜ 해석

제3부. 바울이 자신의 사도권을 변호함(10:1-13:10)

1. 그의 사도권과 사명의 한계(10:1-18)

(1) 겁이 많고 마음이 약하다는 비평에 답변함(10:1-6)

1 **너희를 대면하면 유순하고 떠나 있으면 너희에 대하여 담대한 나 바울은 이제 그리스도의 온유와 관용으로 친히 너희를 권하고.** 바울은 여기서 거짓 스승들이 그에 대하여 비난하는 말을 그대로 인용하면서 간접적으로 그 말의 부당성을 지적한다. 거짓 스승들은 말하기를, "바울은 대면하면 유순하지만(여기서 유순하다는 말은 실상 나약함을 의미함) 떠나 있으면 담대하게 편지한다"라고 하였다(10:10 참조). 바울은 그와 같은 비난에 대하여 두드러진 책망으로 공격하는 대신에 다만 자기는 그러한 사람이 아님을 은근히 밝혀 준다. 말하자면 그는 고린도 교인들에게 원거리에서 편지할 때도 그리스도의 온유와 관용을 나타냈다는 것이다. 그가 대면하여 말하지 않고 편지로 말할 때도 담대함을 보이지 않고 부드럽게 말했노라고 그들의 말을 은연중에 반박하고 있다. "그리스도의 온유"라는 것은 그가 가진 본래의 성품으로서의 온유함을 의미하는

것이 아니라 그리스도의 은혜로 그의 마음속에 심긴 온유를 가리킨다.[35] 그리고 "관용"이라는 말은 헬라어로 "에피에이케이아"(ἐπιείκεια)인데, 이것은 매튜 아놀드(Matthew Arnold)가 말한 것과 같이 상냥한 합리성을 내포하는 행동 원리로서 사람들을 대할 때 형편에 따라 자제하고 포용하는 것을 가리킨다.

2 또한 우리를 육신에 따라 행하는 자로 여기는 자들에 대하여 내가 담대히 대하는 것 같이 너희와 함께 있을 때에 나로 하여금 이 담대한 태도로 대하지 않게 하기를 구하노라. 고린도의 거짓 스승들은 바울을 가리켜 "육신에 따라 행하는 자"라고 비난하였다. 그러므로 바울은 여기서 그들의 잘못된 비난에 대해 담대하게 반박하고자 하는 심정을 드러낸다. 바울은 이처럼 거짓 스승들을 반박함으로써 실상은 그들이 비판하던 것과는 정반대로 상황이 전개되고 있음을 보여 줄 것이다. 말하자면 그들은 바울이 대면할 때는 유순하고 나약할 것이라고 비판했으나 실제로는 도리어 담대한 모습으로 나타날 것이기 때문에, 그들의 비난은 참말이 아닌 거짓으로 드러날 것이다.

그리고 바울은 고린도의 일반 교인들을 대면할 때도 거짓 스승들이 비난하는 말처럼 그가 담대하게 대할 수 없는 것은 아니라는 점을 여기서 암시한다. 그는 고린도 신자들이 미리 죄를 회개함으로써 그가 방문할 때는 그가 담대한 태도를 보일 필요가 없도록 그들 편에서 힘써 주기 바란다. 이렇게 그는 자신이 그들과 대면하여서도 담대하게 대할 수 있음을 여기서 암시한다.

바울은 고린도 교인들을 강하게 대면하는 일, 요컨대 그들의 허물을 책망하는 강경한 태도로 대하는 상황을 어떻게 해서든지 피하고자 했던 것뿐이다(6절). 이것이 바울의 목회 원리다. "이것은 지혜다. 교회에 곤란한 일이 일어날 때 지도자가 단번에 그것을 부수어 버리려고 덤벼드는 것은 잘하는

---

35) Plummer, The International Critical Commentary, 1 Corinthians, 278.

일이 아니다. 교인들이 비록 잘못하였을지라도 목회자가 합당한 충고와 지도로 그들을 대하면서 시간을 주면 결국 바로 서는 일이 종종 있다. 이렇게 그는 교회가 징계를 과격하게 실시할 필요성이 없음을 밝혀 준다."[36)]

3-4상 우리가 육신으로 행하나 육신에 따라 싸우지 아니하노니 우리의 싸우는 무기는 육신에 속한 것이 아니요 오직 어떤 견고한 진도 무너뜨리는 하나님의 능력이라. 여기서 "육신"이라는 말은 인간의 연약함, 혹은 부패성을 가리킨다. 사도 바울 역시 이런 육신을 가지고 있었음에도 그는 하나님의 일을 행함에 있어서 결코 육신의 원리대로 하지 않았다. 그는 하나님의 능력으로 일하였다. 그는 육신에 속한 만큼 연약한 모습으로 나타날 수밖에 없었다. 또한 그는 다른 사람들처럼 자신을 돋보이게 하는 풍채마저 가지고 있지 않았기 때문에 그는 더욱 연약해 보였을 것이다. 그러나 그가 영적 전쟁을 치르는 방식은 자기 자신에게 있는 것이 아니고 전적으로 하나님께 속한 것이었다. 그것은 바로 "하나님의 능력"이다. 말하자면 하나님이 인정하시고 하나님이 마련해 주신 병기로서의 강한 능력이다. "견고한 진"이라는 말은 마귀의 모든 요새를 가리킨다.

4하-5 모든 이론을 무너뜨리며 하나님 아는 것을 대적하여 높아진 것을 다 무너뜨리고 모든 생각을 사로잡아 그리스도에게 복종하게 하니. 이것은 바울이 전하는 복음과 거기에 수반하는 능력이 모든 자율주의 철학사상의 교만을 파괴한다는 뜻이다. 복음은 어느 시대 어디서든지 교만한 자율주의 철학사상과 반대되며, 그런 사상들을 파괴할 힘을 가졌다.

6 너희의 복종이 온전하게 될 때에 모든 복종하지 않는 것을 벌하려고 준비하는 중에 있노라. 이 구절의 의미는 다음과 같이 생각하면 쉽게 이해된다. 말하자면, 고린도 교회 신자들은 교회에 속한 어떤 자들의 범죄로 인하여 다소 불안한

---

36) Lenski, Interpretation of Ⅰ and Ⅱ Corinthians, 1211-1212. "This was wisdom. When trouble arises, it is not always well at once to leap in with all one's might in order to crush it. Christians often right themselves under advice and counsel if they are given time; they thus obviate the need of extreme measures."

상태에 있었다. 그런 시기에 바울은 거기에 가기를 원하지 않았으며 그들의 불안이 해소되는 시기를 기다렸다는 것이다. 이 시기가 이 구절 상반절에서 말하는 "너희의 복종이 온전하게 될 때"였다. 바울이 이렇게 처신한 이유는 만일 그가 그 교회에 문제가 있을 때 그곳 신자들을 대면하게 되면 피차 기쁜 얼굴로 대할 수 없었기 때문이다. 그리고 이 구절 하반절은 고린도 교회의 일반 신자들이 아닌 특정한 부류의 인물들을 염두에 두고 한 말이다. 특정한 부류의 인물들이라는 것은 다름 아니라 거짓 스승들과 그들의 추종자들을 가리킨다. 바울은 그런 자들에 대하여 징계와 엄격함으로 임하고자 하였다.

(2) 연약하다는 비평에 답변함(10:7-11)

7 너희는 외모만 보는도다 만일 사람이 자기가 그리스도에게 속한 줄을 믿을진대 자기가 그리스도에게 속한 것 같이 우리도 그러한 줄을 자기 속으로 다시 생각할 것이라. 이 말씀은 고린도 교인들이 사람을 신중하게 판단할 줄 모르고 외모로만 판단하다가 바울을 반대하는 거짓 스승들까지 포용하고 도리어 바울에게서 멀어지는 경향이 있음을 지적하는 것이다. 바울은 거짓 스승을 따르는 특정 계층의 인물들에게 이처럼 경계하면서 자기 자신이 그리스도께 속한 참된 사도임을 알아 달라고 간곡히 부탁한다. 이런 점에서 그는 부드러운 표현을 사용하고 있다. 그는 그를 비난하는 사람들까지도 그리스도께 속한 자로 여기는 최대한의 양보심을 보여 준다(7절). 바울은 여기서 그를 비난하는 자들을 판단하는 날카로운 표현을 사용하지 않는다.

8 주께서 주신 권세는 너희를 무너뜨리려고 하신 것이 아니요 세우려고 하신 것이니 내가 이에 대하여 지나치게 자랑하여도 부끄럽지 아니하리라.

여기서 이른바 "주께서 주신 권세"라는 것은 바울이 받은 사도적 권위를 의미한다. 바울은 그 권위가 거짓 스승들이 가졌다고 하는 권세와 달라서 성도들을 파괴하는 것이 아니고 도리어 유익하게 하고 세우는 것이라고 말한다. 여기서 바울이 말한 사도의 "권세"는 특히 이런 점에서 교회의 권징을 염두에 두고 사용한 말이다. 권징의 목적은 죄인들을 파괴하는 것이 아니고 구원하는 것인데, 첫째는 교회의 정화, 둘째는 범죄자들이 그들에게 주어진 징계로 인하여 회개하고 구원에 이르는 것을 목표로 한다.

"내가 이에 대하여 지나치게 자랑하여도 부끄럽지 아니하리라." 말하자면 바울이 앞에서 말한 자신의 사도권에 대하여 지금 이상으로 더 자랑하여도 당연하다는 것이다. 여기서 "자랑"이라는 말은 물론 교만한 자랑을 의미하지 않는다. 이 "자랑"은 하나님이 주신 사도적 권위에 대하여 황송하게 생각하고 겸손한 마음으로 그것을 영광스럽게 여기는 것을 의미할 뿐이다. 바울이 자기의 사도권에 대하여 말할 때 그 자신도 전혀 교만한 생각을 품지 않았지만 그 말을 듣는 편에서도 그렇게 말하는 바울을 교만하게 여기지 않았다. 왜냐하면 바울에게 있었던 사도적 권위가 너무나도 뚜렷하게 그것이 하늘에서 유래했으며 천상의 성품을 수반하고 있음을 보여 주었기 때문이다.

9 이는 내가 편지들로 너희를 놀라게 하려는 것 같이 생각하지 않게 함이라. 바울 사도가 앞절에서 "내가 이에 대하여 지나치게 자랑하여도 부끄럽지 아니하리라"라고 말한 목적이 이 구절에서 풍자적으로 설명된다. 고린도 교회에서 어떤 사람들이 말하기를, "바울이 편지로는 자신에 관한 말을 과장하여 독자들을 두렵게 한다"라고 하였다(1절). 그러므로 그는 그들의 말이 잘못된 것임을 여기서 지적한다. 그가 서신에서 지나치게 자신을 자랑하는 일이 있어도 수치를 당할 이유는 없다. 왜냐하면 그는 비범한 사도적 권세를 소유하였기 때문이다. 그러나 그는 이번에도 그러한 자랑을 드러내지는 않는다는 것이다. 앞절에서 그는 자기가 자랑하여도 부끄럽지 않다고 말하였을 뿐이고 실

제로 자신을 자랑하지는 않았다. 그가 그렇게 한 이유는 그가 서신상으로만 담대히 말한다는 비방이 되풀이되지 않게 하기 위해서다.

10 그들의 말이 그의 편지들은 무게가 있고 힘이 있으나 그가 몸으로 대할 때는 약하고 그 말도 시원하지 않다 하니. 이 말씀은 바울을 반대하는 거짓 스승들의 악평을 그대로 옮겨 본 것이다(10:1 참조). 여기서 이른바 바울의 "편지들은 무게가 있고 힘이 있"다고 하였는데, 그것은 바울의 편지에 나타난 사상 내용을 가리킨다기보다는 그의 어조가 강하고 담대하다는 뜻일 것이다. "그가 몸으로 대할 때는 약하고 그 말도 시원하지 않다." 여기서 바울의 외모가 빼어나지 않은 것을 염두에 두고 하는 말인지, 혹은 그의 인격적인 풍채가 변변치 않다는 것인지 알 수 없으나, 크게 문제 되지는 않는다. 어쨌거나 요지는 바울의 외모를 위엄 있게 대할 수 없다는 뜻이겠다. 램지(Ramsay)의 견해에 의하면, 주후 1세기 것으로 보이는 시리아어 문서에 다음과 같이 기록되었다. "바울은 키가 보통이며, 머리카락이 별로 없고, 다리는 약간 구부러졌으며, 두 무릎은 서로 멀리 떨어져 있고, 눈은 크고, 두 눈썹이 서로 가까우며, 코가 크고 길었다. 그는 은혜와 자비가 충만하였으니 얼핏 보면 사람 같기도 하고 얼핏 보면 천사 같기도 하였다." 크리소스토모스(Chrysostom)는 말하기를, "바울은 키가 사 척밖에 안 되는 사람이지만 오히려 하늘에 닿은 듯이 큰 사람이었다."라고 하였다.

11 이런 사람은 우리가 떠나 있을 때에 편지들로 말하는 것과 함께 있을 때에 행하는 일이 같은 것임을 알지라. 이 구절 말씀은 바울을 비난하는 거짓 스승들의 말을 반박한다. 그들은 바울을 가리켜 자기가 보낸 서신의 경고대로 책벌을 실행하지 못할 무능한 사람이라고 비방하였다. 그러나 이것은 사실에 위배되는 말이었다. 바울이 그때까지도 고린도 교회의 거짓 스승들을 처리하지 않은 이유는 그들로부터 나쁜 영향을 받은 무리가 회개하기를 기다렸기 때문이었다(6절 참조).

(3) 바울이 사도로서 갖는 사명의 한계에 고린도 교회가 포함됨(10:12-18)

12 **우리는 자기를 칭찬하는 어떤 자와 더불어 감히 짝하며 비교할 수 없노라.** 바울은 자기 자신을 칭찬하기 좋아하는 자(이는 거짓 스승들임)와 더불어 보조를 맞출 수 없었다. 다시 말하면 그는 그들처럼 스스로 칭찬하는 행위를 취하지 않았다.

그러나 그들이 자기로써 자기를 헤아리고 자기로써 자기를 비교하니 지혜가 없도다. 곧, 거짓 스승들이 자화자찬하는 격으로, 자기 자신을 표준으로 삼아 자기를 칭찬하니 어리석다는 뜻이다. 사람은 자기보다 우월한 자, 곧 하나님을 표준으로 삼아 자기를 헤아려야 자기의 부족함을 느낀다. 그러나 거짓 스승들은 그렇게 하지 않았다.

13 **그러나 우리는 분수 이상의 자랑을 하지 않고 오직 하나님이 우리에게 나누어 주신 그 범위의 한계를 따라 하노니 곧 너희에게까지 이른 것이라.** 이것은 바울이 자기의 노력으로 성취할 수 있는 범위를 넘어서는 열매들을 자기의 것인 양 주장하거나 자랑하지 않는다는 뜻이다. 그는 하나님이 세워 주신 범위 안에서 복음으로 일하였고, 또 그 일의 열매가 자기와 관계있다고 생각하였다. 이러한 원칙에 따라 그는 고린도 교회 교인들도 자기가 전도한 결과라고 생각하였다. 그러나 거짓 스승들은 고린도 교회와의 관계에서 이러한 원칙을 위반하였다. 그들은 자신들을 표준으로 삼아 주관적으로 자기들 자신을 헤아렸기 때문에(12절), 그들에게는 일정한 표준이 없다. 그들은 남이 수고하여 거둔 열매도 자기들의 소유인 것처럼 덤벼들었다.

14 **우리가 너희에게 미치지 못할 자로서 스스로 지나쳐 나아간 것이 아니요 그리스도의 복음으로 너희에게까지 이른 것이라.** 말하자면 바울이 고린도 교회와 사역적인 관계를 맺는 것은 월권이 아닌데, 왜냐하면 하반절에서 밝히는 것처럼 그가 일찍이 복음을 고린도에도 전하였기 때문이다.

"그리스도의 복음으로 너희에게까지 이른 것이라." 이 문구의 첫머리에 "왜냐하면"(γάρ)이라는 이유 접속사가 있다. 그러므로 이 문구는 상반절 말씀에 대한 이유를 보여 준다. "이른 것이라"라고 번역된 헬라어(φθάνω)는 "일찍이 이르렀다"(Come beforehand)라는 뜻이다.

15 우리는 남의 수고를 가지고 분수 이상의 자랑을 하는 것이 아니라 오직 너희 믿음이 자랄수록 우리의 규범을 따라 너희 가운데서 더욱 풍성하여지기를 바라노라. "우리는 남의 수고를 가지고 분수 이상의 자랑을 하는 것이 아니라." 13절 상반절에 비슷한 말씀이 있으니, 그에 대한 해석을 참조하라.

"오직 너희 믿음이 자랄수록 우리의 규범을 따라 너희 가운데서 더욱 풍성하여지기를 바라노라." 말하자면 고린도 교인들의 신앙이 장성함에 따라 바울은 그들의 뒷받침을 받아 더욱 험난한 지역에까지 복음을 전하게 되리라는 뜻이다. 이것 역시 그의 "분수", 곧 하나님이 주신 사명의 권한 내에서 실행될 것이라고 말한다. 그는 이 부분에서 "한계"(κανών)라는 말과 "분량"(τὸ μέτρον)이라는 말을 거듭 사용하면서 자신이 교역자로서 자신에게 주어진 사명의 한계를 지켜야 한다고 강조한다. 거짓 스승들은 이러한 원리를 지키지 않았으나 바울은 그것을 준수했다.

16 이는 남의 규범으로 이루어 놓은 것으로 자랑하지 아니하고 너희 지역을 넘어 복음을 전하려 함이라. 바울은 다른 교역자들이 닦아 놓은 토대 위에서 행세하려는 마음이 없었다. 그는 다만 고린도 지역을 넘어서 복음 전도를 더욱 확장하고자 하는 마음뿐이었다.

17 자랑하는 자는 주 안에서 자랑할지니라. 바울은 이제까지 "자랑"이라는 말을 많이 사용하였는데, 여기서는 그가 말한 자랑이 어떤 뜻인지를 말해 준다. 바울의 자랑은 자기 자신에 대한 것이 아니라 하나님의 은혜로 말미암은 그의 복음적 성공에 대한 만족감을 의미한다. 이와 같은 만족감은 하나님의 은혜를 황송하게 여기는 감정으로서 겸손과 감사를 포함한다(렘 9:23-24 참조).

18 옳다 인정함을 받는 자는 자기를 칭찬하는 자가 아니요 오직 주께서 칭찬하시는 자니라. 이 구절 첫머리에도 "왜냐하면"(γάρ)이라는 이유 접속사가 사용되어서 이 말씀이 앞절의 이유임을 밝혀 준다. 다시 말해 우리가 자랑할 때 "주 안에서 자랑할" 이유는 그래야만 "옳다 인정함을 받"을 수 있기 때문이다. 진리에 합당한 자로 인정받는 일은 오직 하나님께 달렸다는 것이다. 따라서 그와 같은 인정이나 칭찬은 우리 자신의 힘으로 이룩한 성공에 대한 하나님의 칭찬이 아니다. 그 칭찬은 하나님의 은혜로 이루어진 일에 국한된 것이다. 그러므로 우리는 오직 그것만을 신뢰해야 한다. 따라서 우리는 우리 자신에 대해서나 우리의 힘으로 이룩한 것들에 대해서 자찬할 이유가 전혀 없다. 매튜 헨리(Matthew Henry)는 말하기를, "모든 아첨 중 가장 해로운 것은 자기 자신에게 아첨하는 것이다."라고 하였다. 그리고 칼빈은 말하기를, "하나님 한 분께 인정받는 것이 전 세계의 모든 칭찬보다 뛰어나다."라고 하였다.

설교 자아에 대한 거짓된 측량(고후 10:12-18)

1. 자기를 자기 자신과 비교하는 것은 우매한 일이다(12절)

사람은 자기 자신이 작다는 사실을 알아야 하며, 자기가 잘났다고 생각하는 것도 하나님을 떠나서 그 자체로는 무가치하다는 사실을 깨달아야 한다. 이사야는 말하기를 "우리의 의는 다 더러운 옷 같으며"라고 하였다(사 64:6). 사람은 다 죄인이다.

1) 시편 1:4에 말하기를, 악인은 "바람에 나는 겨와 같도다"라고 하였다. 그들은 심판을 견디지 못한다(시 1:5). 겨는 알갱이 없는 것이니 불에 태울 것밖에 없다.

2) 야고보서 4:14에 말하기를, "너희는 잠깐 보이다가 없어지는 안개니라"라고 하였다. 이 말씀도 인생이 무게감 없이 가벼운 것이어서 바람이 불면

날아가 없어진다는 뜻이다. 이것은 인생이 자기를 의지하거나 자랑할 수 없는 처지임을 알려 준다.

3) 시편 39:5에는 사람의 "일생이 주 앞에는 없는 것 같사오니 사람은 그가 든든히 서 있는 때에도 진실로 모두가 허사뿐이니이다"라고 하였고,

4) 시편 39:6에는 "진실로 각 사람은 그림자 같이 다니고 헛된 일로 소란하며"라고 하였고,

5) 이사야 1:31에는 말하기를, "강한 자는 삼오라기 같고"라고 하였는데 이것도 인생을 불타버리기 쉽고 가벼운 것에 비유한 말씀이다.

6) 시편 62:9에는 말하기를, "아, 슬프도다 사람은 입김이며 인생도 속임수이니 저울에 달면 그들은 입김보다 가벼우리로다"라고 하였다.

이 모든 성구들을 보면, 스스로 무가치한 인생이 자기 자신을 표준으로 삼고 제멋대로 행동하면 결국 어리석은 일만 범할 뿐임을 알 수 있다. 그러므로 바울은 이런 자들이 저지르는 행동을 가리켜 "지혜가 없도다"라고 말씀하였다. 이런 자들은 자아의 표준이 하나님이라는 사실을 모르는 어리석은 자들이다. 그들은 앞이 보인다고 주장하는 시각 장애인과 같이 어리석은 자들이다. 이런 어리석음은 결국 교만으로 흐른다.

2. 자기를 자기 자신과 비교하는 것은 교만한 일이며, 이런 사람은 "분량 밖의 자랑"을 하게 된다(13-16절)

"분량 밖의 자랑"이란,

1) 하나님을 표준으로 여기지 않고 자기의 본분을 망각하여 주인 행세하는 것이다(13절). 누구든지 하나님을 표준으로 인식하는 마음이 있다면 그는 자신을 죄인으로 여기고 겸손히 행할 것이다. 그러나 그에게 그 같은 의식이 없다면 그는 자기가 제일인 줄로 생각할 것이다. 2) 누구든지 하나님을 표준으로 삼은 의식이 없으면, 그는 남의 수고를 자기의 업적인 듯이 자랑하는

셈이다(15절).

3. 결론. 자기를 기준으로 자기 자신을 헤아리는 우매함과 교만을 버리고 오직 주 안에서 자랑하자(17-18절)

“주 안에서 자랑”한다는 것은 자기 자신을 자랑하지 않고 오직 주님의 칭찬으로 만족하는 삶을 뜻한다. 이러한 삶의 태도는 주님 앞에서 올바르게 사는 일에 힘쓰고 “나”를 드러내려는 마음이 전혀 없는 겸손이다. 기독교는 겸손을 무한히 강조한다. 말하자면 겸손이란 가장 경건한 성도가 되기 위한 자격 요건이 아니라 누구든지 진정한 그리스도인이라면 반드시 가져야만 하는 필수 불가결한 요소라는 것이다. 모세도 겸손함으로 인해 모세가 되었고(민 12:3), 세례 요한은 그리스도는 흥하여야 하겠고 자기는 쇠하여야 하겠다고 말하였으며(요 3:30), 예수님은 죄가 없으신 분으로서 겸손으로 일관하여 상한 갈대도 꺾지 아니한다고 하셨고, 산상보훈의 첫 음성에 “심령이 가난한 자는 복이 있나니 천국이 그들의 것임이요”라고 하셨다. 이것을 보면 하나님의 아들까지도 겸손의 오묘한 원리에 순종하셨음을 알 수 있다.

존 번연(John Bunyan)은 말하기를, “겸손한 자는 넘어질 염려가 없다.”라고 하였다. 진실로 겸손한 자는 자신의 부족함을 깨닫는 데서 그치는 것이 아니라 그것을 채우기 위하여 노력하는 자리에까지 나아간다. 겸손한 자는 억울한 일을 당할 때도 그것을 기꺼이 참아 낸다.

겸손에 힘쓴다는 것은 구체적인 행동을 취한다는 것을 의미한다. 우리가 겸손해지기 위해서는,

1) 우리 자신이 어리석은 줄 알아야 하는데, 그래야만 하나님의 지혜를 얻을 수 있고,

2) 우리 자신이 약한 줄 알아야 하는데, 그래야만 하나님의 능력을 받을 수 있고,

3) 우리 자신이 천한 줄 알아야 하는데, 그래야만 하나님의 높여 주심을 받을 수 있고,

4) 우리 자신이 업신여김을 받아야 하는데, 그래야만 하나님의 발아래 있게 되고,

5) 우리 자신이 아무것도 아닌 자가 되어야 하는데, 그래야만 하나님께 모든 것이 된다.

설교 옳다 인정함을 받는 자(고후 10:13-18)

1. 옳다 인정함을 받는 일이 중요하다

모든 사람은 세상 역사의 심판대 앞에서 살고 있다. 그들 중 대다수는 역사의 심판대 앞을 무사히 통과하기를 원하며 그들이 역사의 한 페이지에 좋게 기록되기를 바란다. 이것은 하나님 대신 이 세상을 섬기는 잘못된 자세다. 또한 어떤 자들은 이 세상의 역사가 자기들을 알아주지 않아도 어디까지나 자기가 옳다고 주장한다. 그들은 자기 자신을 스스로에 대한 심판자로 삼는데, 그것 역시 잘못이다. 누구든지 하나님이 옳게 보시지 않으면 세상이 옳다고 인정해 주어도 소용이 없고, 자기 스스로 옳다고 여겨도 소용이 없다.

2. 하나님께 옳다 인정함을 받는 방법

사람이 무엇을 가지고 하나님 앞에서 옳다 인정함을 받을 수 있는가? ① 그가 과거의 어떤 선행을 가지고 하나님 앞에서 옳다 인정함을 받을 수 있을까? 에스겔 3:20에 말하기를, "의인이 그의 공의에서 돌이켜 악을 행할 때에는 이미 행한 그의 공의는 기억할 바 아니라"라고 하였다. 더욱이 사람이 과거에 행한 잘못을 가지고 하나님 앞에서 옳다 인정함을 받지 못할 것은 더욱 명확하다. 그러므로 우리는 바울과 같이 뒤를 돌아보지 말고 앞에 있는 것

을 잡으려고 푯대를 향하여 그리스도 예수 안에서 달음질할 것밖에 없다(빌 3:13-14). 그리스도 안에서 달음질하는 삶의 자세를 보일 때 하나님 앞에 옳다 인정함을 받는다. 머무르는 삶은 자기 생애의 어느 한 부분에 머무르는 것이니 그것도 잘못이다. 우리의 삶은 어느 부분이든지 만족할만한 것이 없다. ② 그가 미래에 행할 어떤 일을 자랑하거나 혹은 그것으로 옳다 인정함을 받을 수 있을까? 그가 이다음에 어떻게 될지는 아무도 모른다. 그러나 많은 사람이 미래의 계획을 가지고 자기를 자랑한다. 그러나 미래는 캄캄하다. 사람들의 미래가 과거보다 못하거나 현재보다 못할지 누가 알겠는가? 그러므로 그는 미래조차도 하나님의 손에 맡길 수밖에 없다. 야고보서 4:14-16에 말하기를, "내일 일을 너희가 알지 못하는도다 너희 생명이 무엇이냐 너희는 잠깐 보이다가 없어지는 안개니라 너희가 도리어 말하기를 주의 뜻이면 우리가 살기도 하고 이것이나 저것을 하리라 할 것이거늘 이제도 너희가 허탄한 자랑을 하니 그러한 자랑은 다 악한 것이라"라고 하였다.

제 11 장

⚜ 개요

고린도후서 11장은 바울의 부득이한 자기변호를 많이 담고 있다. 그가 이같이 자기를 변호한 이유는 고린도 교회가 그에게서 멀어지고 거짓 스승들을 용납하는 경향이 있었기 때문이다.

1. 그는 이와 같은 자기변호가 어리석은 일이라고 인정하면서, 고린도 교인들에게 그것을 용납하여 달라고 말한다(1절). 그는 자신이 이 점에서 그들에게 용납받을 이유를 진술한다(2-3절).

2. 그는 이제 사도로서 그의 자격이 거짓 스승들과 비교할 때 부족함이 없을뿐더러(5-6절) 그들과는 다른 부류에 속한 것이라는 의미로 말한다(7-15절). 특히 그의 자비량 전도는 그가 고린도 교회의 영적 유익을 위해 택한 방침이었다. 그것은 그의 낮아짐이었고(7절), 그의 사랑이었다(11절). 이런 것들이 그가 당시의 거짓 스승들과 다른 점이었다. 바울은 실상 그들이 사탄의 사자들이라고 말한다(13-15절).

3. 그는 이러한 자기변호가 고린도 교회에 용납될 수 있도록 다시 한 번 변론한다(16-21절). 이어서 그는 자기의 민족적 유래에 대해 자랑한 후에(22절), 그리스도의 일꾼으로 그가 받은 모든 고난에 대하여 길게 진술한다(23-33절).

해석

2. 부득이하게 자랑함에 대하여(11:1-12:18)

(1) 부득이한 자랑, 곧 "어리석음"의 이유(11:1-6)

1-2 원하건대 너희는 나의 좀 어리석은 것을 용납하라 청하건대 나를 용납하라 내가 하나님의 열심으로 너희를 위하여 열심을 내노니 내가 너희를 정결한 처녀로 한 남편인 그리스도께 드리려고 중매함이로다. 바울이 여기서 자기의 어리석음을 용납하여 달라고 하였는데 그의 어리석음은 무엇을 뜻하는가? 그의 어리석음이란 2절에서 말하는 것과 같이 하나님의 열심을 가지고 고린도 교회의 그리스도인들을 대하는 것을 가리킨다. 하나님은 자기 백성을 지극히 사랑하시기 때문에, 그의 백성이 다른 신들을 따를 때에는 거룩한 질투를 나타내신다. 이것이 하나님의 열심이다. 바울도 하나님의 백성을 위하여 그와 같은 열심을 품었기 때문에 그들이 잘못된 길로 나아갈 때는 어리석어 보이는 안타까운 행동을 취하였다. 그의 사역은 고린도 교회의 교인들이 정결하게 오직 그리스도께만 속하도록 만들려는 것이었다. 그는 여기서 하나님의 백성을 처녀에 비유하고 그리스도를 남편에 비유하였다. 성경에서는 종종 진정한 교회와 하나님 사이를 부부 관계에 비유한다(요 3:29; 마 25:6; 계 19:7, 9; 엡 5:27-32). 이렇게 하

나님의 백성을 처녀에 비유하는 것은 몇 가지 교훈을 포함한다. ① 그들이 정결해야 한다는 것이다. ② 고린도후서 11:2 하반절에서 말하는 것과 같이 그리스도께 드려져야 한다는 것이다. ③ 정혼한 동정녀가 신랑을 사모하는 것처럼 교회는 세상에 머무는 동안 그리스도를 만날 날을 사모해야 한다는 것이다. ④교회는 후일에 그리스도와 완전한 연합을 이루게 된다는 것이다.

3 뱀이 그 간계로 하와를 미혹한 것 같이 너희 마음이 그리스도를 향하는 진실함과 깨끗함에서 떠나 부패할까 두려워하노라. 여기서 "뱀"은 마귀를 상징하고, "하와"는 히브리어로 생명이라는 뜻이다. 이것을 영어에서는 이브(Eve)라고 부른다. 바울이 여기서 하와의 사례를 들어 교회와 연결시키는 이유는 앞절에서 이미 교회를 둘째 아담 되시는 그리스도의 아내로 소개했기 때문이다(계 19:7 참조). 마귀는 교회가 그리스도를 향한 진실함과 정결함에서 떠나도록 만들기 위하여 끊임없이 시험한다.

"진실함." 이것은 헬라어로 "하플로테스"(ἁπλότης)인데, "단순함"을 의미한다. 이 단순성은 정혼한 처녀와 같은 교회가 일편단심 그리스도만 위해야 한다는 것을 가리킨다. 이처럼 단순성을 가진 신앙생활에서 모든 깨끗함이 생겨난다. 바울은 이처럼 교회가 오직 그리스도만을 사모하는 깨끗한 자가 되게 하려고 어리석은 자처럼 미친 듯이 열심을 내었다.

4 만일 누가 가서 우리가 전파하지 아니한 다른 예수를 전파하거나 혹은 너희가 받지 아니한 다른 영을 받게 하거나 혹은 너희가 받지 아니한 다른 복음을 받게 할 때에는 너희가 잘 용납하는구나. 이 말씀은 모든 거짓 스승들을 염두에 둔 것이다. 바울은 고린도 교인들이 이런 거짓 스승들을 용납한 사실에 대하여 통탄한다. 여기서 "다른 예수"라는 말은 거짓 스승들이 잘못 알고 전하는 예수를 가리키며, "다른 영"이라는 말은 그들이 진정한 성령을 모르고 영에 대하여 잘못 가르친 것을 의미하고, "다른 복음"이라는 말은 믿음으로 의를 얻는다는 순전한 도리를 가르치는 대신 사람들을 율법의 조항들에 얽어매는 그릇된 복음을

의미한다. 이같이 가르치는 거짓 스승들은 아마도 유대주의자들이었을 것이다.

5 **나는 지극히 크다는 사도들보다 부족한 것이 조금도 없는 줄로 생각하노라.** 여기서 이른바 "지극히 큰 사도들"은 베드로나 요한 같은 사도들을 가리킨다는 학설도 있지만, 그보다도 그 당시 고린도 교회에 있었던 자칭 지극히 큰 사도라고 하는 거짓 스승들을 의미하였을 것이다.

6 **내가 비록 말에는 부족하나 지식에는 그렇지 아니하니 이것을 우리가 모든 사람 가운데서 모든 일로 너희에게 나타내었노라.** 여기서 바울이 자기가 "말에는 부족하나"라고 하였으나 이것은 지식과 비교했을 때 그렇다는 말일 뿐이고 자기 사상을 발표하지 못할 정도로 부족하다는 말은 아니다. 그가 사도로서 계시를 받아 진리 지식에 있어서 비범할 정도로 높은 위치에 도달하였기 때문에, 그는 자신이 그에 비해 "말에는 부족하다"고 말할 수 있게 된 것이다. 하반절을 보면 그가 진리에 대한 지식을 모든 사람에게 모든 일로 나타내었다고 하였으니 그의 표현 능력이 평균 이하로 부족하였다는 것은 아니다. 차라리 그가 생각하기에 "말에는 부족"하다 함은 그가 복음을 전하는 사역에 있어서 재치 있는 말에 의지하지 않고 성령의 나타나심을 의지하였기 때문에 그의 태도가 약하여 보이고 위축되어 보이면서 자기 자신을 표현하는 데 있어서 옹졸한 듯이 보였던 것을 의미한다(고전 2:1-5).

(2) 자급 전도의 자랑(11:7-15)

7-8 **내가 너희를 높이려고 나를 낮추어 하나님의 복음을 값없이 너희에게 전함으로 죄를 지었느냐 내가 너희를 섬기기 위하여 다른 여러 교회에서 비용을 받은 것은 탈취한 것이라.** 바울이 여기서는 거짓 스승들이 그를 비난하는 또 하나의 안건에 대해 변론한다. 그들이 주장하기를 바울의 자비량 전도는 그가 거짓 스승이기 때문에

그처럼 거짓되게 너그러움을 가진 것처럼 꾸미기 위한 수단일 뿐이라고 하였다. 그러므로 바울은 여기서 자신을 향한 억울한 비난에 대해 통렬히 반격한다. 말하자면 고린도 교인들을 높여 주기 위해 바울이 자신을 낮춰서 자비량으로 전도한 것이 잘못인가라는 반론이다. 그는 다시 말하기를, 고린도 교회를 위하여 일하는 동안에는 마땅히 그 교회에서 보수를 받아야 할 터인데 오히려 보수는 다른 교회에서 받고 일하였으니 이것은 그 교회들에게서 탈취하는 것이 아니겠느냐고 풍자한다. 다시 말해 그가 이렇게 다른 교회에서 탈취하다시피 하면서도 고린도 교회를 도와주었는데, 고린도 교회가 어떻게 그를 배격할 수 있겠는가 하고 묻는다.

9 또 내가 너희와 함께 있을 때 비용이 부족하였으되 아무에게도 누를 끼치지 아니하였음은 마게도냐에서 온 형제들이 나의 부족한 것을 보충하였음이라 내가 모든 일에 너희에게 폐를 끼치지 않기 위하여 스스로 조심하였고 또 조심하리라. 이 말씀은 앞절에 대한 설명이다. 바울이 고린도 교회에서 일하면서도 그 교회의 물질적 도움을 받지 않고 마게도냐에서 온 형제들의 도움을 받았다는 것이다.

10 그리스도의 진리가 내 속에 있으니 아가야 지방에서 나의 이 자랑이 막히지 아니하리라. "그리스도의 진리가 내 속에 있으니." 이 말씀은 바울의 확신을 표현하는 일종의 맹세와 같은 것이다. 자비량 전도에 대한 바울의 자랑(이는 교만한 자랑이 아니고 일종의 영광거리라는 의미다)이 아가야 지방에 있는 고린도 교회의 거짓 스승들로 말미암아 무시당할 수는 없다. 그들은 간교하게 바울의 자비량 전도를 훼방하였으나(7절 주석 참조), 그들의 훼방은 소용없는 것이었다.

11 어떠한 까닭이냐 내가 너희를 사랑하지 아니함이냐 하나님이 아시느니라. 어쨌거나 바울이 자비량으로 전도했던 이유가 그가 교인들과 친밀하지 못해서 그리하였던 것은 아니었다. 그가 그들을 얼마나 사랑했는지는 하나님이 아신다. 그는 그러한 확신을 표현하기 위해 "하나님이 아시느니라"라고 결론짓는다. 이것이 신앙인의 사고방식이다. 그는 하나님이 알아주신다는 사실로 인

해 가장 큰 만족을 얻는다.

12 나는 내가 해 온 그대로 앞으로도 하리니 기회를 찾는 자들이 그 자랑하는 일로 우리와 같이 인정 받으려는 그 기회를 끊으려 함이라. 바울은 지금까지 해 왔던 것처럼 이후에도 자비량 전도를 계속할 것이라고 말한다. 그는 그렇게 함으로써 바울의 자비량 전도가 지속되지 못할 빌미를 만들려는 거짓 스승들의 기대가 끊어지기를 원하였다. 그는 차라리 그들이 복음을 전하는 방법도 바울과 같아지기를 원하였다. 말하자면 그들이 자랑하는 바도 그가 자랑하는 바(자비량 전도)와 같아지기를 원한다는 것이다.

13-15절. 바울은 여기서 유대주의자들이 거짓된 일꾼임을 지적한다. 이 구절들 가운데 "거짓"이라는 말과 "속이는"이라는 말이 나오고 "가장한다"라는 말이 세 번 나온다. 거짓 사도는 선한 모양으로 자신을 가장하여 나타난다. 왜냐하면 그가 자기 정체를 그대로 드러내면 아무에게도 신임을 얻지 못할 것이기 때문이다. 우리는 외모만 보아서는 누가 참된 신자인지 알기 어려우니 현세에서는 그 열매를 보아야 한다. 더 나아가 현세에서는 사람의 정체를 밝히기 어려운 경우들도 있지만, 심판 때에는 모든 사람의 결국이 확실히 드러난다. 15절에서 "대단한 일이 아니니라"라는 말은 사탄의 하수인이 자신을 의의 일꾼으로 가장한다 해도 우리가 놀랄 것이 없다는 뜻이다. 말하자면 그들은 으레 그렇게 한다는 것이다.

(3) 그의 봉사와 수고에 대한 자랑(11:16-33)

16절. 바울은 자신에 대하여 자랑하는 일이 어리석은 일이라고 여겼다. 그 당시 모든 거짓 스승이 자신을 자랑하고 있었다. 바울은 허위에 대한 그들의 자랑을 묵인할 수 없었기 때문에 부득이 자신에 대하여 말하게 되었다. 바울은 스스로 그것을 자기의 어리석음이라고 칭하면서 이를 용납하여 달라고 요청한다. 그가 자기에 대하여 자랑하는 것은 있는 사실에 대하여 자랑하는 일인 만큼 용인될 수 있는 것이었다. 그러므로 그는 이에 대해 "나를 어리석은 자로 여기지 말라"라고 덧붙였다(16절 상).

17 내가 말하는 것은 주를 따라 하는 말이 아니요 오직 어리석은 자와 같이 기탄 없이 자랑하노라. "주를 따라 하는 말이 아니요"라는 말이 그다음에 그가 기록한 내용이 영감된 말씀이 아니라는 뜻은 아니다. 다만 이것은 그의 자기 자랑이 예수 그리스도를 본받는 행동처럼 보이지는 않는다는 뜻일 뿐이다. 사람은 예수님과 동일한 위치에 처한 것이 아니기 때문에 죄가 아니라면 예수님이 행하신 것과 다른 방식으로 일할 수 있다. 예를 들어 사람은 결혼할 수 있다. 그런데 그것은 예수님이 행하신 일은 아니다. 자기 자랑은 일반적으로는 어리석은 일로 여겨지기 때문에 바울은 그러한 일을 할 수 없다. 그러나 복음 진리를 옹호하기 위해서는 사도의 권위를 사람들에게 알릴 필요가 있었기 때문에 그는 부득이 자기가 어떤 경력을 소유한 자인지를 말하게 된 것이다. 그는 이렇게 자기에 대해 자랑하듯이 말하는 것을 가리켜 "어리석은 자와 같이" 말하는 것이라고 표현했으나, 그것은 용납될 만한 일이라고 생각하였다(16절 하).

18 여러 사람이 육신을 따라 자랑하니 나도 자랑하겠노라. "여러 사람"이라는 말은 여기서 바울을 반대하는 거짓 일꾼들을 가리킨다.

"육신을 따라 자랑하니." 여기서 "육신"이란 그가 소속한 문벌이나 민족, 혹은 기타 외형적인 특혜 같은 것을 가리킨다. 바울은 이러한 것들을 자랑하기를 중심으로 원하지는 않았지만, 거짓 스승들의 헛된 자랑을 무효화하기 위하여 부득이하게 이런 자랑을 하게 되었다.

19-20 너희는 지혜로운 자로서 어리석은 자들을 기쁘게 용납하는구나 누가 너희를 종으로 삼거나 잡아먹거나 빼앗거나 스스로 높이거나 뺨을 칠지라도 너희가 용납하는도다. 이것은 풍자적인 표현이다. 고린도 교회가 자기 자랑을 하는 어리석은 거짓 스

승들을 용납한 것은 마치 지혜 있는 자가 관대한 마음으로 어리석은 자를 포용하는 것과 같은 태도다. 그들은 거짓 스승들에 대하여 그런 태도를 보이지 말아야 했는데, 아쉽게도 그들은 그렇게 하고 말았다. 거짓 스승들은 실상 20절이 말하는 바와 같이 교회를 해롭게 한다. "종으로 삼는다" 함은 유대주의자들이 그리스도인들을 율법주의의 멍에 아래 인도하는 것을 가리키며, "잡아먹는다" 함은 그들이 신자들의 재산을 삼키는 것을 가리키고(눅 20:47), "빼앗는다" 함은 그들이 교권을 가지고 교도들을 노예로 삼는 것을 가리키고, "스스로 높인다" 함은 그 당시 고린도에 있었던 거짓 스승들이 자기 자신들을 추켜세우는 것을 가리키고, "뺨을 친다" 함은 극단적으로 업신여기는 것을 가리킨다. 고린도 교인들은 영적으로 이 같은 모욕을 당하고 있었다. 거짓 스승들이 고린도 교회를 세운 사도 바울을 여러 가지로 훼방하였는데 이것도 교인들을 모욕한 것과 마찬가지다.

21 나는 우리가 약한 것 같이 욕되게 말하노라 그러나 누가 무슨 일에 담대하면 어리석은 말이나마 나도 담대하리라. 바울은 그를 반대하는 자들로부터 "약하다"라는 비판을 받았다(10:10). 그는 여기서 자신이 실상 그들처럼 인간적으로 자신을 드러내는 강한 성격의 소유자는 아니라는 사실을 부끄럽게 고백한다. 하지만 인간적으로 자신을 강하게 드러내는 것이 진정한 강함은 아니다. 그러나 바울은 자신의 원수들이 스스로에 대하여 담대하게 자랑하는 것만큼, 그도 부득이하게 자기 자신에 대하여 "어리석은" 자랑의 말로 담대히 말한다고 여기서 자백한다. 바울이 자기에 대하여 "어리석은" 말을 한다는 표현에 대해서는 16-19절 해석을 참조하라.

22 그들이 히브리인이냐 나도 그러하며 그들이 이스라엘인이냐 나도 그러하며 그들이 아브라함의 후손이냐 나도 그러하며. "히브리인"이라는 말은 히브리 원어로 "이브리"(עִבְרִי)인데, "건너온 자"라는 뜻을 가지고 있다. 이는 아브라함이 유브라데 강을 처음 건넌 후에 받은 명칭이다(창 14:13). 그렇다면 이것은 택함을 받

은 민족의 고귀한 이름이라 할 수 있다. "이스라엘인"이라는 말은 특별히 신정 국가의 영광을 고려한 민족명이고, "아브라함의 후손"이라는 말은 메시아가 출생할 민족을 가리키는 명칭이다.

23 그들이 그리스도의 일꾼이냐 정신 없는 말을 하거니와 나는 더욱 그러하도다 내가 수고를 넘치도록 하고 옥에 갇히기도 더 많이 하고 매도 수없이 맞고 여러 번 죽을 뻔하였으니. "정신 없는 말을 하거니와"라는 표현은 사실이 아닌 말을 한다는 뜻이 아니라 앞에서 이미 말한 것처럼(16-19절) 어리석게 보이는 자랑을 부득이 한다는 뜻이다.

바울의 원수들은 사실상 진정한 의미에서 그리스도의 일꾼이 아니었다. 그들은 사탄의 일꾼이면서도(13-15절) 스스로를 "그리스도의 일꾼"으로 소개한다. 바울은 진정한 그리스도의 일꾼이기 때문에 더더욱 자신을 가리켜 "그리스도의 일꾼"이라고 할 수 있다.

"내가 수고를 넘치도록 하고." 이에 대해 뒤에서 자세히 설명한다.

"옥에 갇히기도 더 많이 하고." 우리가 아는 대로 바울은 다섯 번 옥에 갇힌 일이 있었는데, 빌립보, 예루살렘, 가이사랴, 로마(두 번)에서 당한 일들이었다.

"더 많이." 바울은 거짓 스승들보다 훨씬 많은 옥고를 치렀다.

24 유대인들에게 사십에서 하나 감한 매를 다섯 번 맞았으며. 유대인의 태형법에 따르면 매를 40대 이상 때릴 수 없게 되어 있었다(신 25:2-3). 따라서 태형을 집행하는 자는 때리다가 실수로 40대를 넘을까 염려하여 이에 대한 예방책으로 40에서 한 대를 감하여 39대를 때리는 풍습이 있었다. 바울이 이런 매를 맞은 사실에 대한 기록은 사도행전이나 다른 서신에서는 발견되지 않으나(Plummer) 여기에 그 같은 사실이 기록되었다.

25 세 번 태장으로 맞고. 이것은 로마의 태형을 염두에 둔 말씀이다. 그가 세 번 이와 같은 형벌을 당하였는데 그중에 한 번은 빌립보에서 당한 일이었다

(행 16:22-23, 37).

한 번 돌로 맞고. 이것은 루스드라에서 당한 일이었는데, 그 당시에 군중들은 그가 죽었다고 생각했다(행 14:15-16, 19).

세 번 파선하고 일 주야를 깊은 바다에서 지냈으며. 여기서 "깊은 바다"(ἐν τῷ βυθῷ)라는 말은 육지에서 멀리 떨어진 해상을 의미한다(Plummer). 이것은 그가 바다 물밑에 요나처럼 깊이 잠겼다가 기적적인 방식으로 구원받았다는 의미가 아니고, 다만 먼바다에서 파선하여 물위에 떠다녔다는 뜻이다. 이러한 사건들은 사도행전이나 다른 서신에 기록되지 않았다. 사도행전 27장에 기록된 사건은 고린도후서를 기록한 뒤에 발생한 것이기 때문에 여기 언급된 "세 번"에는 포함되지 않는다.

26 여러 번 여행하면서 강의 위험과 강도의 위험과 동족의 위험과 이방인의 위험과 시내의 위험과 광야의 위험과 바다의 위험과 거짓 형제 중의 위험을 당하고. 소아시아 지방에서는 강물이 갑자기 범람하는 경우가 있어서 여행자들에게 위험하였으며 강도들이 바다와 육지를 가리지 않고 출몰하였다.

"동족의 위험." 이에 대해서는 사도행전 9:23, 29, 13:50, 14:5, 19, 17:5, 13, 18:12, 20:3, 21:31, 23:12, 25:3, 데살로니가전서 2:15을 참조하라.

"이방인의 위험." 이에 대해서는 사도행전 14:5, 16:20, 19:23을 참조하라.

"시내의 위험." 이에 대해서는 사도행전 21:31을 참조하라.

"바다의 위험." 이것은 바다보다 규모가 작은 호수에서 당한 위험을 가리킨다.

"거짓 형제 중의 위험." 이것은 유대주의자들이 율법주의로 무장하여 바울을 대적한 사실을 가리킨다.

27 또 수고하며 애쓰고 여러 번 자지 못하고 주리며 목마르고 여러 번 굶고 춥고 헐벗었노라. 바울이 당한 이와 같은 고생들은 복음을 전하는 도중에 겪은 여러 가지 피할 수 없는 사고들로 말미암은 것이었다. 물론 그 가운데는 어떤 신령한 근

심 때문에 자발적으로 침식을 그친 때도 없지 않았을 것이다. 어쨌거나 그는 복음을 전하다가 의식주 문제로 곤경을 겪은 일이 많았던 것이 사실이다.

이러한 모든 고난에 대한 바울의 체험은 그의 반대자들, 다시 말해 유대주의자들의 가르침과 반대된다. 유대주의자들은 생각하기를 사람이 평안한 환경에서 살아가는 것과 육신의 안락을 누리는 것은 하나님의 사랑을 입은 증표라고 하였다(Plummer). 그러나 바울은 전도자가 그의 사명을 수행하기 위하여 고난을 받는 것이야말로 그가 진정한 하나님의 종이 된 증거 가운데 하나라고 보았다.

28 이 외의 일은 고사하고 아직도 날마다 내 속에 눌리는 일이 있으니 곧 모든 교회를 위하여 염려하는 것이라. "이 외의 일." 앞에 열거한 모든 고난 외에도 그가 많은 다른 고난들을 당했다는 것이다. 그는 또한 교회를 위하여 심리적으로도 고통을 많이 당하였다. 이 일에 대해서는 29-30절에 구체적인 예를 든다.

29 누가 약하면 내가 약하지 아니하며 누가 실족하게 되면 내가 애타지 아니하더냐. 여기서 "약하다"라는 말은 진리 지식을 아는 일에 부족함을 의미한다. 바울은 약한 형제가 있을 때 자기 자신이 그런 자들의 짐을 함께 짊어져 주었다(고전 9:19-23).

또한 그는 실족하여 범죄한 형제가 있을 때 자기 자신이 넘어진 것처럼 안타깝게 생각하였다. 다시 말해 그는 자신이 죄를 범한 것처럼 그를 동정하였고 그가 회개하도록 만들기 위해 힘썼다. 고대 중국의 불신자들 가운데서도 우(禹)라는 임금과 탕(湯)이라는 임금은 죄인들을 보고 그 죄를 자기가 범한 것처럼 여겼다. 이것이 소위 "우탕기죄"(禹湯已罪)라는 고사성어의 의미다. 그러나 이들이 진정한 하나님을 몰랐다는 점이 유감스럽다. 바울이 범죄자를 위하여 안타까워했던 것은 하나님의 영광을 위한 것이었지 인간을 아끼는 마음에서 비롯된 것은 아니었다.

30 내가 부득불 자랑할진대 내가 약한 것을 자랑하리라. 여기서 이른바 "약한 것"

이라는 말은 죄악에 속하는 연약함을 가리키는 것이 아니다. 이것은 인간적으로 자기의 잘난 점을 내세우지 않음은 물론이고 사람들 보기에 근신하면서 자신을 드러내지 않고 하나님만 신뢰하는 처신을 가리킨다(고전 2:3). "약한 것"을 구체적으로 표현하자면, 그중 한 가지가 핍박받음이다. 이에 대해서는 32-33절에서 실례를 들어 진술한다.

31 주 예수의 아버지 영원히 찬송할 하나님이 내가 거짓말 아니하는 것을 아시느니라. 바울은 여기서 자기가 지금까지 해 온 말이 모두 진실이라는 점을 보여 주기 위하여 하나님을 증인으로 삼아 변론한다. 신자는 하나님께서 자기를 알아주시는 것 이상으로 양심에 위안을 받을 길이 없다. 그러므로 바울은 여기서 말하기를, "하나님이 내가 거짓말 아니하는 것을 아시느니라"라고 하였다.

32 다메섹에서 아레다 왕의 고관이 나를 잡으려고 다메섹 성을 지켰으나. 이것은 사도행전 9:24-25에 기록된 것과 동일한 사건인 듯하다. 거기서는 유대인들이 바울을 죽이려고 하였고, 여기서는 당시 다메섹을 지배하던 아라비아 왕 아레다의 방백이 그리하였다고 한다. 그러나 이러한 차이점은 문제 될 것이 없다. 유대인들이 아레다 왕의 방백이 가진 권세를 배경으로 바울을 잡으려 한 것이라면 이 두 가지 기록이 서로 조화될 수 있다. 말하자면 바울을 잡으려고 한 것은 아레다 왕의 방백이 했던 일이라고 할 수도 있고 유대인들이 했던 일이라고 할 수도 있다. 이 사건은 주후 35년경 바울이 개종한 직후에 일어난 일일 것이다.

33 나는 광주리를 타고 들창문으로 성벽을 내려가 그 손에서 벗어났노라. (수 2:15; 삼상 19:12 참조). 바울이 성을 빠져나갈 때 사용한 들창문이 있던 집은 아마도 다메섹 성벽 위에 자리 잡고 있었을 것이다.

설교 진실함과 깨끗함에 대하여(고후 11:1-3)

그리스도와 신자의 관계를 신랑과 신부의 관계에 비유한 것은 정결이라는 미덕이 후자에게 절대적으로 필요하기 때문이다. 정결이란 신자가 다른 무언가를 주님만큼, 혹은 주님보다 더 사랑하지 않는 것을 의미한다. 이것은 신자가 실제 삶에서 하나님 앞에 이중적인 태도를 보이지 않으며 그분만을 중심으로 삼고 살아가는 것이다. 그러므로 3절에서는 정결의 미덕을 설명하기 위해 “진실함(a`plo,thj; 단순성)과 깨끗함”(진실함, 다시 말해 깨끗함)이라는 표현을 사용하였다. 바울은 신자가 단순성, 곧 깨끗함을 지키도록 만들기 위하여 아담의 아내 하와가 저지른 잘못을 거울로 삼으라고 말한다. 하와는 뱀으로 상징된 마귀에게 미혹되어 죄를 범한 후에 진실에서 떠났다. 하와는 그 남편 아담과 함께 동산 나무 사이에 숨었는데(창 3:8), 그것이 거짓이다.

1. 이제 하와 또는 아담(하와를 대표하는 인물)이 죄를 범한 후에 거짓된 자로 변모한 사실을 생각해 보자.

1) 아담과 그의 아내가 숨음. 그들은 마땅히 하나님을 즐거워해야 하는 자들이다. 사실상 하나님과 교제하는 것은 인간에게 기쁜 일이다. 그러나 이제 그들이 죄를 범한 뒤에는 하나님 만나기를 싫어한다. 죄는 이같이 인생을 변화시킨다. 그뿐 아니라 죄는 사람을 어둡게 만든다. 모든 것을 아시는 하나님의 눈을 피할 수 있으리라고 여기는 자는 어리석고 어두운 자다.

2) 하나님이 찾아오셔서 “네가 어디 있느냐”라고 물으셨을 때 그는 올바로 대답하지 못했고 거짓되게 답변하였다. 하나님께서 던지셨던 “네가 어디 있느냐”라는 물음은 하나님께서 아담이 거처하는 곳을 몰라서 물으시는 말씀이 아니고, 그의 죄를 추궁하는 말씀이다. 이러한 하나님의 말씀은 아담에게 자신을 똑바로 보라고 주시는 도발적인 언사다. 그는 이 같은 하나님의 물

음에 직면하여 자기의 가슴을 치며 통곡해야 했다. 그러나 그는 자신이 숨었던 이유가 하나님의 음성 때문이라고 하면서, 하나님의 음성에 책임을 떠넘기고 말았다. 히브리어 원문에서는 "당신의 음성"(^l.qo-ta,)이라는 말을 독특하게 그 구절(창 3:10) 첫머리에 놓음으로써 강조하였는데, 아담은 자기가 숨은 이유를 하나님의 음성에 돌린 것이 분명하다. 아담이 이렇게 말한 것은 거짓을 보호하기 위하여 어느 정도의 사실을 탈로 쓰고 나온 것이다. 그가 하나님의 음성 때문에 숨기는 했으나 하나님의 음성이 그가 염려하는 근본 원인은 아니었다. 아담이 숨은 근본적인 이유는 그 자신의 범죄였다. 그는 자신의 행위가 드러날까 하여 빛으로 나오지 않았을 뿐이다(요 3:20).

3) 하나님께서는 또다시 아담이 자신의 실체를 보도록 만드시기 위하여 창세기 3:11에서 더욱 분명하게 두 마디 말씀으로 따지셨다. 이에 대해 아담은 여전히 자기의 죄책을 아내에 돌리고 나중에는 하나님께로 돌렸다(12절). 아담의 이 같은 거짓된 회피술을 하와도 말없이 따라갔다.

4) 하나님께서 하와를 추궁하실 때 하와가 대답하기를, "뱀이 나를 꾀므로 내가 먹었나이다"라고 하였다. 이것 역시 절반의 진실에 불과하며 나머지 절반은 거짓이다. 인간은 죄를 범한 후에 모든 책임을 마귀에게 덧씌우고 자기는 발을 빼는 일이 많다.

2. 오늘날 우리 신자들은 이중인격에 대항하여 진실성을 유지해야 한다.

오늘날에는 신자들조차도 진실을 파수하지 않기 때문에 다음과 같이 잘못된 결과들이 뒤따른다.

1) 죄가 생각나지 않도록 잊어버림으로써 위로를 받는다.

2) 우리 중 대다수는 다른 사람들도 그 정도의 죄는 범한다는 생각으로 자신을 위로한다.

3) 신자들은 자신들도 어찌할 수 없는 연약한 인생이라고 변명하면서 스

스로 위로를 받는다.

4) 그들은 속사람보다 겉모습에 치중하기 때문에 자기 속에 있는 부패의 비참함을 깨닫지 못한다.

5) 자기가 가진 지위나 사람들의 칭찬에 근거하여 자기를 평가하고 자기의 생각이나 행위의 진상을 따져보지 않기 때문에 결국은 모든 것의 진상이 숨겨진다. 이렇게 사람이 자기가 죄인이라는 사실을 명확하게 깨닫지 못하면, 그는 결국 속죄의 주님을 절실히 찾지 않는 거짓된 생활을 하게 된다. 하지만 그것은 진실을 따르지 않는 삶이다. 그러므로 요한1서 2:22에서 말하기를, "거짓말하는 자가 누구냐 예수께서 그리스도이심을 부인하는 자가 아니냐"라고 하였다.

인생은 거짓 때문에 망한다. 사람이 거짓된 길을 버리고 솔직하게 죄를 회개하면 구원의 길이 그에게 열려 있다.

이사야 59:1-2에서는 "여호와의 손이 짧아 구원하지 못하심도 아니요 귀가 둔하여 듣지 못하심도 아니라 오직 너희 죄악이 너희와 너희 하나님 사이를 갈라 놓았고 너희 죄가 그의 얼굴을 가리어서 너희에게서 듣지 않으시게 함이니라"라고 하였고, 시편 32:5에는 "내가 이르기를 내 허물을 여호와께 자복하리라 하고 주께 내 죄를 아뢰고 내 죄악을 숨기지 아니하였더니 곧 주께서 내 죄의 악을 사하셨나이다"라고 하였다.

잠언 28:13에는 "자기의 죄를 숨기는 자는 형통하지 못하나 죄를 자복하고 버리는 자는 불쌍히 여김을 받으리라"라고 하였다.

제 12 장

⚜ 개요

1. 바울이 받은 놀라운 환상과 계시(1-6절)

그는 이같이 하나님의 은혜를 받은 동시에 육체에 아픈 가시 같은 것을 가지고 있었다. 그는 겸손의 미덕을 위해 이 같은 가시로부터 풀려나지 못했다(7-10절).

2. 이 외에도 그는 자신이 사도의 자격증이라고 할 수 있는 인내, 표적, 기사, 능력을 지니고 있다고 말한다(11-13절).

3. 그는 앞으로도 고린도 교회에 물질적으로 폐를 끼치지 않고 일할 것을 결심하면서 "거룩한 사역에서 물질적인 이익을 교묘하게 취한다"고 하는 원수들의 악선전을 반대한다(14-18절).

4. 그는 이때까지 자기를 변호해 온 이유를 진술한다(19절).

5. 그는 자기가 고린도 교회를 심방할 때 그들이 회개하지 않음으로 인하여 자신의 태도가 엄한 치리자로 나타날까 두려워한다(20-21절).

⚜ 해석

(4) 삼층천 체험에 대한 바울의 진술과 그의 육체의 가시에 대한 자랑(12:1-10)

1 무익하나마 내가 부득불 자랑하노니 주의 환상과 계시를 말하리라. 바울은 자신에 대한 자랑은 설사 그것이 교만으로 말미암은 것이 아니라 할지라도 자기 자신에게는 무익하다고 생각한다. 그러나 그는 교회를 위하여 자기가 어떤 사람인지를 알리는 것이 필요하다는 사실을 깨달았다. 이것이 바로 부득불 자랑하는 것이다.

여기서 "자랑하노니"라는 말은 앞 장에 열거한 그의 자랑하는 말을 염두에 둔 것으로 생각된다. 그는 이제 더 이상 부득불 자랑하는 말을 하지 않고, 그가 "환상과 계시"를 받은 체험을 말하고자 한다.

2-3 내가 그리스도 안에 있는 한 사람을 아노니 그는 십사 년 전에 셋째 하늘에 이끌려 간 자라 (그가 몸 안에 있었는지 몸 밖에 있었는지 나는 모르거니와 하나님은 아시느니라) 내가 이런 사람을 아노니 (그가 몸 안에 있었는지 몸 밖에 있었는지 나는 모르거니와 하나님은 아시느니라).

삼층천은 운천(雲天)을 지나 성천(星天), 그리고 그 위에 있는 신천(神天)을 의미한다는 학설이 있지만, 정답을 알기는 어렵다. 어쨌거나 이것은 천국을 의미한다.

바울은 자신이 삼층천 세계에 이끌려 갔다고 증언하였다(2, 4절; 살전 4:17 참조). 이것은 하나님께서 그를 데려가셨다는 뜻이다. 하나님께서 전적으로 홀로 하신 일이었기 때문에, 바울은 그 같은 일을 당하고도 그 일에 대하여 모르는 측면이 있었다.

우리는 삼층천이 낙원이라는 사실은 알고 있지만(4절), 그곳이 동서남북 어느 방향에 있는지는 알기 어렵다. 그곳이 장소라는 것만은 분명하다. 그리스도께서 다시 사신 몸이 지금 한 곳에 계시고 어디나 계신 것이 아니니 그곳이 일정한 장소인 것은 확실하다.[37] 이처럼 삼층천, 다시 말해 천국이 장소라는 점은 사실이지만 그곳은 초감각적 장소(supersensuous)일 것이다(Lange). 물고기는 물속에서만 살아 왔고 육지에서 살지 않았으니 육지에서 일어나는 일들을 알지 못하며, 육지에서만 사는 것으로 알려진 동물들은 바닷속에서의 삶을 경험해 보지 못했다. 하늘을 나는 잠자리는 물속에서 놀던 벌레가 변화하여 만들어진 것이다. 그것이 물속에서 살아가는 동안에는 공중으로 날아다니는 삶이 어떠한 것인지를 모른다. 그와 마찬가지로 우리의 영혼이 몸에 머무는 동안에는 천국(삼층천)이 어떤 곳인지 자세히 모른다(다만 천국에 대하여 하나님의 계시에 따른 지식은 지니고 있다).

"이끌려 간 자라." 이것은 성령으로 말미암아 이끌려 간 것을 의미한다. 구스 내시에게 전도하던 빌립도 주의 영으로 말미암아 이끌려 아소도에 가게 되었다고 증언하였다(행 8:39; 왕상 18:12; 왕하 2:16; 겔 3:14; 8:3). 이런 일은 성령으로 말미암아 이루어지는 일이므로 시간이나 공간의 제약으로부터 자유로운 것이겠다. 신자는 성령으로 말미암아 시간과 공간을 정복해야 하는 자다. 현대인들은 우주의 막대한 넓이를 기계의 속도로 정복해 보려고 시도한다. 미국의 아폴로 11호 우주선을 탄 세 명의 우주인이 1969년 7월 22일에 달 표면 착륙에 성공하였다. 그러나 우리가 속도로 우주 전체를 정복하는 일은 발생하지 않을 것이다. 왜냐하면 인간이 아무리 빠른 속도로 여행할 수

---

37) Charles Hodge, Second Epistle to the Corinthians, 1859, 282. "The glorified body of our Lord is somewhere, and not everywhere."

있는 우주선을 만든다고 해도 우주는 너무 넓은 곳이어서 우리가 가고 싶은 곳에 반드시 갈 수 있는 것은 아니기 때문이다. 빛의 속도는 초속 186,000마일인데, 태양에서 지구까지 8분이면 도달한다. 이 정도의 속도는 되어야 그나마 우주 가운데 일부를 탐방할 수 있을 것인데, 과학자들은 인간이 그런 속도로 여행하는 것이 불가능하다고 주장한다.

여기서 우리가 새겨들어야 할 말씀이 있다. 그것은 우리가 영적으로만 우주를 정복할 수 있다는 것이다. 다시 말해 하나님의 능력으로만 그리할 수 있고, 인력으로는 못한다는 것이다. 하나님은 시간과 공간의 지배를 받지 않으신다.

"그가 몸 안에 있었는지 몸 밖에 있었는지 나는 모르거니와 하나님은 아시느니라." 이 말씀이 두 번이나 나온다. 우리가 천국 가는 일에 관하여 확실하게 아는 사실들이 있으니, 모든 것을 알아야만 만족할 수 있는 것은 아니다. 바울도 그가 모르는 일에 대해서는 하나님께서 아신다는 사실로 만족하였다. 그것이 신앙이다. 그는 이렇게 내세에 관한 지식 문제에서 하나님으로 만족하였다. 마귀는 거짓의 대표이며 하나님은 진리의 근원이시니 하나님이 우리의 모든 것이 되신다. 바울은 여기서 그에게 이루어질 일을 자신보다 하나님이 더 잘 아신다고 고백한다. 사람들이 바울처럼 이렇게 만족하지 못하고 "하나님께서 아시는 만큼 나도 알아야겠다."라고 생각하는 자세는 하나님에 대한 반역이다.

크로샤이데(Grosheide)도 말하기를, "여기서 바울이 삼층천에 간 경험은 이적으로 이루어진 일이기 때문에 우리가 그에 대하여 다 알기는 어렵다. 바울은 자기가 그때 몸 안에 있었는지 아니면 몸 밖에 있었는지도 모르고 하나님만 아신다고 하였다. … 하지만 그가 이 말씀을 통해 하늘나라의 형편에 대해 말해 주는 것만은 사실이다. … 그가 받은 계시는 하나님이 주신 것이니 객관적 사실을 지시하는 것이며, 신비주의자들이 경험하는 영혼이탈

과 같은 것은 아니다."라고 했다.[38]

* * * * *

{ 특별참고 }

"입신"은 성경적인가?

오늘날 한국 교계에는 "입신" 체험을 주장하는 자들이 있는데, 그들은 다른 이들이 "입신" 상태에 들어가게 만들 수 있다고 말하기도 한다. 우리는 무엇이나 성경으로만 그 시비를 분별할 수 있다. 왜냐하면 참된 종교는 인간의 권위에 좌우되는 것이 아니고 하나님의 권위에 근거하기 때문이다. 인간의 권위를 따르는 것은 참종교라고 할 수 없다. 기독교는 성경을 권위 있는 하나님의 말씀으로 받아들이는 참종교다. 그러므로 우리 그리스도인들은 "입신"이 진리인지 아닌지를 성경으로만 분별하게 된다.

1) 성경에서 "입신"이라는 현상에 대해 말하는 예는 전혀 없다. 바울이 "셋째 하늘"에 이끌려 간 체험(고후 12:2)은 "입신"이 아니다. 그 이유는 다음과 같은 비교를 통해 분명하게 알 수 있다.

---

38) 2 Kor. 12:1-10. Hier is inderdaad iets dat niet zo gemakkelijk is te verstaan. We moeten in het oog houden, dat Paulus hier over wonderen spreekt (ovptasi,ai(avpokalu,yeij), we kunnen dus al dadelijk verm-oeden, dat we niet alles zullen begrijpen. Paulus weet niet, of het in of buiten het lichaam is geweest. Dat wil zeggen, dat aan een visioenis gedacht. God alleen weet, hoe is geschied, God alleen weet, of Paulus met zijn lichaam in den derden hemel is geweest. Er staat in het Grieks geen lidwoord bij. Er is sprake van een derden hemel. Er staat dus eigenlijk niet, dat zulk een hemel bestaat. Maar er is in ieder geval sprake van hemelse toestanden, die van de aardse verschillen, want het paradijs wordt genoemd, de woning der gezaligden. Van mystieke ecstase is geen sprake, het gaat om iets objectiefs, dat God geeft.-Personal letter to me, July 17, 1956.

바울이 셋째 하늘에 이끌려 감	현대의 소위 "입신"
① 바울이 셋째 하늘에 이끌려 갔던 사건은 뜻밖에 한 번 발생했을 뿐이며, 그런 체험을 추구하지는 않았다(고후 12:2). ② 바울이 셋째 하늘에 이끌려 갔던 것은 하나님께서 전적으로 그렇게 역사하신 것이다(고후 12:2-3).	① 오늘날 "입신" 현상을 주장하는 이들은 그런 체험을 남들에게 장려한다. 성경에는 "입신"이라는 표현도 없으며 사람들이 그것을 주장하는 것은 진리가 아니다. ② 오늘날의 "입신"이라는 것은 사람이 뜻을 정 하고 다른 이들이 "입신"을 체험하도록 도모하는 것이다. 그러나 이것은 분수에 넘치는 행동이다.

2) "입신"이라는 것은 신플라톤학파(Neoplatonism)에서 주장한 것이며, 범신론에 속한 것이지 기독교 사상이 아니다. 성경에 따르면 인간은 그리스도를 믿고 그분 안에서 하나님을 섬길 뿐이다. 오직 예수 그리스도만 우리에게 "지혜와 의로움과 거룩함과 구원함"이 되신다(고전 1:30). 그런데도 사람이 원하는 대로 어떤 계획에 따라 하나님의 세계에 돌입하는 일이 가능한 것처럼 가르치는 일은 큰 잘못이다.

* * * * *

"그가 몸 안에 있었는지 몸 밖에 있었는지"라는 말씀이 가르쳐 주는 또 한 가지 사실은 영혼을 중심으로 삼는 참된 인생관이다. 바울은 여기서 몸을 떠난 영혼도 정상적인 인격을 소유했음을 우리에게 알려 준다. 성경은 하나님께서 우리의 영혼을 중심으로 삼아 인생을 다루신다는 사실을 자주 밝혀 준다(히 12:9). 전도서 12:7에 말하기를, "흙은 여전히 땅으로 돌아가고 영은 그것을 주신 하나님께로 돌아가기 전에 기억하라"라고 하였고, 누가복음 12:20에는 말하기를, "하나님은 이르시되 어리석은 자여 오늘 밤에 네 영혼

을 도로 찾으리니"라고 하였다. 우리의 영혼은 시공간을 어느 정도 초월한다.[39)]

4 그가 낙원으로 이끌려 가서 말로 표현할 수 없는 말을 들었으니 사람이 가히 이르지 못할 말이로다. 앞에서 "삼층천"이라고 부르던 것이 여기 와서는 "낙원"이라는 말로 바뀌었는데, 결국은 같은 장소를 가리킨다. 일설에 "낙원"은 "삼층천"을 지나서 들어가는 곳이라고 하는데, 이런 해석은 자연스럽지 않다.

"그가··· 말로 표현할 수 없는 말을 들었으니 사람이 가히 이르지 못할 말이로다." 랑게(Lange)는 이 구절을 해석하기를, 그곳에서 일어나는 일들은 너무 거룩하기 때문에 이 세상의 언어로는 표현할 수 없고 또한 표현해서는 안 된다는 뜻이라고 하였다.[40)] 이 말씀은 천국과 이 세상 사이에 일상적인 소통이 이루어지지 않는 이유를 보여 준다. 죽었다가 살아난 사람들, 예컨대 나사로나 나인성 과부의 아들 같은 사람들은 천국에 대하여 아무 말도 남기지 않았다.

5-6절. 바울은 이 같은 계시를 체험했던 자신을 자랑할 법도 하지만 그렇게 하지 않는다. 왜냐하면 ① 그는 자신의 "약한 것들"(능욕당함, 궁핍해짐, 핍박당함 같은 일들; 10절 참조)만을 자랑(교만하게 자랑한 것이 아니고 다만 영광거리로 여긴다는 의미이다)하기로 작정했기 때문이며, ② 그뿐 아니라 그가 그의 계시 체험에 대하여 자랑하면 듣는 사람들이 그를 너무 존귀하게 여길까 두려워했기 때문이다.

이것으로 볼 때 바울이 고린도후서 12장 첫머리에서 그의 삼층천 체험에 대하여 말한 것은 자랑하고자 하는 의도에서 그리한 것이 아니다. 그는 그 일

39) J. M. Spier, What is Calvinistic Philosophy? 1953, 44. "man transcends time because in his heart he has a point of contact for those things which are eternal."

40) Commentary on the Corinthians, 198. "The substance of the communication was so exalted that it would have been a profanation to give it in human language."

을 체험한 자기 자신을 마치 다른 사람으로 여기는 것처럼 삼인칭으로 표현하였다. 이것 역시 겸손한 어법이다.

7-10 **여러 계시를 받은 것이 지극히 크므로 너무 자만하지 않게 하시려고 내 육체에 가시 곧 사탄의 사자를 주셨으니 이는 나를 쳐서 너무 자만하지 않게 하려 하심이라 이것이 내게서 떠나가게 하기 위하여 내가 세 번 주께 간구하였더니 나에게 이르시기를 내 은혜가 네게 족하도다 이는 내 능력이 약한 데서 온전하여짐이라 하신지라 그러므로 도리어 크게 기뻐함으로 나의 여러 약한 것들에 대하여 자랑하리니 이는 그리스도의 능력이 내게 머물게 하려 함이라 그러므로 내가 그리스도를 위하여 약한 것들과 능욕과 궁핍과 박해와 곤고를 기뻐하노니 이는 내가 약한 그 때에 강함이라.** 이 말씀을 보면 바울은 가시로 찌르는 듯한 아픔과 함께 생활하고 있었다. 이 "가시"(σκόλοψ)는 무엇을 가리키는가? 하지(Hodge)는 이것이 바울의 육체적인 질병을 의미한다고 주장하였는데 그것이 자연스런 해석이다. 어쨌든 이것이 바울에게 하나의 커다란 고통거리였다는 점만은 확실하다.

바울에게는 삼층천 체험처럼 지극히 큰 여러 계시가 있었던 반면에 육체적인 고통도 있었다. 그러한 고통이 그에게 끊이지 않았던 이유는 ① 하나님께서 그가 "너무 자만하지 않게 하시려고" 그것을 허락하셨기 때문이었다(7절). 하나님은 교만을 가장 미워하신다. 은혜를 받은 신자가 조심하지 않으면 교만 때문에 실족하게 된다. 하나님께서는 인생들이 선을 행한 후에 교만해지는 것보다는 잘못했다가 회개하여 겸손한 자리에 머무는 것을 더 좋아하신다. 무디는 "겸손한 자는 은혜를 많이 받으며 은혜를 지켜 내는 일도 더 잘한다."라고 말했다. 사람이 겸손하지 않으면 높아지고자 하는 마음을 품는다. 그것은 자기에게 과분한 모습으로 나타나고자 함이니 거짓이며, 자기를 잃어버리고 허수아비 노릇을 하는 비루한 행위다. ② 바울에게 고통이 끊이지 않았던 또 한 가지 이유는 하나님의 능력이 그에게서 "온전하여지도록" 하기 위함이었다(9절). 본문에서는 "능력이 온전하여"진다고 표현하기도 하였고, "능력이 머물게" 된다고 말하기도 하였다. 이렇게 두 차례나 말한 이유는 같은 뜻을 강조하기 위해서다.

바울의 경우를 보면 성도는 세상에서 낮아지고 고생을 당하며 여러 가지 어려움을 만날 때 기뻐할 일이지 그것으로 인해 낙심할 일이 아니다. 찌르는 가시와 같은 괴로움은 견디기 어려운 안타까운 괴로움이며 지속적인 통증을 유발하는 괴로움이다.

(5) 바울을 사도로서 신임할 만한 증표들, 곧 비범한 이적들과 특별한 사랑(12:11-18)

11 내가 어리석은 자가 되었으나 너희가 억지로 시킨 것이니 나는 너희에게 칭찬을 받아야 마땅하도다 내가 아무 것도 아니나 지극히 크다는 사도들보다 조금도 부족하지 아니하니라. 바울은 여기까지 자신에 대하여 많은 말을 하였다. 그런 의미에서 그는 자신이 어리석은 자가 되었다고 자백한다. 그러나 그가 그렇게 할 수밖에 없었던 이유는 고린도 교인들이 거짓 스승들을 용납하고 참된 사도인 바울을 멀리하였기 때문이었다. 따라서 바울이 그렇게 하게 만든 것은 그들이다. "너희가 억지로 시킨 것"이라는 말이 그런 뜻이다. 그는 실상 고린도 교인들의 추천을 받아 마땅한데도("칭찬"은 "추천"으로 번역되어야 한다), 그들은 도리어 거짓 스승들을 포용하였다.

여기서 이른바 "지극히 크다는 사도들"이라는 말은 거짓 스승들이 그들 자신에 대하여 사용한 표현이다. 바울은 자신을 가리켜 "아무 것도 아니다"라고 지극히 겸손하게 말하면서도 자신이 거짓 스승들보다는 부족하지 않다고 하였는데, 그것은 과연 진리에 합당한 표현이다. 참된 사도는 아무리 겸손하다 해도 자신이 거짓 스승들만 못하다고 말할 수는 없다. 참된 복음을 가지고 있는 참된 사도로서 어찌 자신이 거짓된 자들만도 못하다고 할 수 있겠는가?

12 사도의 표가 된 것은 내가 너희 가운데서 모든 참음과 표적과 기사와 능력을 행한 것이라. 바울은 사도의 표로서 "모든 참음"을 으뜸으로 꼽았다. 이것은 그가 앞에서 수없이 강조한 그의 자랑거리인 연약함의 미덕과 관련된 것이다(12:5, 10). 연약한 자로 처신하기 위해서는 많은 인내가 필요하다. 바울은 여기서도 그의 연약함(도덕적인 나약함이 아니라 모든 난관 앞에서 고난을 감내하는 처세를 가리킨다)이 모든 기사와 이적보다 오히려 자랑할 만한 것임을 암시한다.

"표적과 기사와 능력." 여기서 세 가지 명칭은 실상 하나의 사건을 표현하는 서로 다른 이름들임이 분명한데, 다 함께 초자연적 사건을 가리킨다. "표적"은 초자연적 사건이 가리키는 신령한 뜻을 드러내는 명칭이고, "기사"는 그것의 경이로움을 드러내는 명칭이고, "능력"은 그것의 초자연적인 힘을 드러내는 명칭이다. 사도들의 사역이 후대 신자들의 사역과 다른 점은, 그들이 전하는 복음에 하나님께서 동의하신다는 의미에서 기사와 이적들이 동반되었다는 것이다(히 2:4; 막 16:20). 후대 교회의 역사에도 특별섭리라고 할 수 있는 능력과 이적이 전혀 나타나지 않았다고 할 수는 없으나, 사도의 권위를 나타내는 표지로서의 이적은 없다. 왜냐하면 후대 교회에는 사도의 직분이 존재하지 않기 때문이다. 하나님께서는 사도들을 통하여 영원히 완전한 믿음의 도를 단번에 주셨기 때문에, 후대 교회에 사도들을 일으키실 필요가 없었다.

13 내 자신이 너희에게 폐를 끼치지 아니한 일밖에 다른 교회보다 부족하게 한 것이 무엇이 있느냐 너희는 나의 이 공평하지 못한 것을 용서하라. 바울은 여기서 강한 풍자를 사용한다. 그는 고린도 교인들에게 복음을 전하면서도 비용을 스스로 부담하여 어디까지나 그들에게 아무런 폐를 끼치지 않고자 하였다. 그것은 사실상 그들에게 덕을 끼친 일이며, 바울의 부족함도 아니고 불공평한 것은 더더욱 아니었다. 그런데도 바울은 그것이 부족하거나 불공평한 일이었던 것처럼

용서하여 달라고 한다. 이것은 그가 극도로 상심한 가운데 반어법을 사용하여 상대방을 부끄럽게 만들고자 했음을 보여 준다. 고린도 교인들은 이토록 그들을 위해 주는 바울을 섭섭하게 만들면서까지 거짓 스승들을 용납하였으니, 그가 이렇게 풍자적으로 말할 만도 하였다. 그러나 우리는 이렇게 강한 풍자를 사용하는 바울의 마음속에 그들을 사랑하는 마음이 그만큼 강하게 움직였다는 사실을 잊어서는 안 된다.

14 보라 내가 이제 세 번째 너희에게 가기를 준비하였으나 너희에게 폐를 끼치지 아니하리라 내가 구하는 것은 너희의 재물이 아니요 오직 너희니라 어린 아이가 부모를 위하여 재물을 저축하는 것이 아니요 부모가 어린 아이를 위하여 하느니라. 바울은 이 지점에 이르러서 고린도 교인들을 향한 그의 사랑이 어떠한 것인지를 보여 준다. 그는 이 편지를 기록하는 순간에도 그들을 향하여 어디까지나 부드러운 마음을 품고 있었다. 우리는 그것을 다음과 같은 사실에서 확인할 수 있다. 그는 앞 절에서 자신이 고린도 교인들에게 폐를 끼치지 않았다는 사실을 두드러지게 강조한 바 있다. 그가 그렇게 말한 것이 얼른 보면 다소 신랄한 뉘앙스를 띤 것처럼 여겨질 수 있다. 하지만 그의 중심은 그렇지 않다는 것이 이 구절에 드러난다. 그가 말하기를, "내가 구하는 것은 너희의 재물이 아니요 오직 너희니라"라고 하였는데, 이는 그가 자비량으로 전도하는 이유가 어떤 영웅적인 동기에서 비롯된 것이 아니고 재물을 염두에 둔 것도 아니며 다만 그들의 영혼을 사랑한 데서 비롯되었다는 것이다. 그는 이렇게 말하면서 고린도 교인들이 가졌을 미안한 마음을 풀어 준다. 그는 또다시 계속하여 말하기를, "어린 아이가 부모를 위하여 재물을 저축하는 것이 아니요 부모가 어린 아이를 위하여 하느니라"라고 하였는데, 이것은 한층 더 그들의 미안한 마음을 풀어 주며 도리어 위로를 받게 한다. 고린도 교인들은 바울에게 어린아이와 같은 처지에 있기 때문에 그들이 자신들의 재물로 바울을 섬기기보다는 부모의 입장에 있는 바울이 오히려 그들을 도와주는 것이 마땅하다는 것이다.

이것이 과연 자비량 전도자가 품어야 할 합당한 마음이다. 자비량 전도자가 만일 교인들을 향하여 채권자로서 자신을 드러내는 자세를 취한다면 그는 하나님이 쓰실 수 없는 마음을 소유한 것이다. 일부 자비량 전도자들은 자기의 사업에 끌려서 교회 일을 등한히 하는 폐단을 드러내기도 하지만, 앞에서 말한 바와 같이 자신을 드러내는 자세를 취함으로써 은혜에서 떨어지는 일도 발생할 여지가 있다. 바울이 품었던 동기가 아니라면 자비량 전도는 도리어 교회에 폐해를 가져오기 쉽다.

15 내가 너희 영혼을 위하여 크게 기뻐하므로 재물을 사용하고 또 내 자신까지도 내어 주리니 너희를 더욱 사랑할수록 나는 사랑을 덜 받겠느냐. 여기서도 바울은 부모가 자식을 대하듯 하는 사랑 깊은 심정으로 고린도 교인들을 상대하여 말하고 있다. 그는 그들과의 사이에 아무런 틈도 두지 않고 오로지 사랑에 북받쳐 솔직하게 고백한다. 이 고백을 이해하지 못하는 자들은 바울이 교만하다고 생각할지 모른다. 그러나 겉으로 드러난 표현은 발언자의 심중을 헤아려서 이해되어야 한다. 바울은 실제로 고린도 교인들을 위하여 자기 손으로 수고하여 모은 재물을 소비하면서 복음 활동을 하고 있었다. 그뿐 아니라 그는 자기 자신까지 바치고 소비한다고 말하고 있으니 그것은 사도행전이 증언하는 대로 바울의 전도 활동이 얼마나 희생적이었는지를 알 수 있다. 그가 이렇게 희생적으로 그들을 위하였음에도 불구하고 그들은 도리어 바울에게서 멀어지고 거짓 스승들을 용납하고 있었다. 이러니 바울은 마음에 상처를 받지 않을 수 없었다. 그러므로 그는 여기서 말하기를, "너희를 더욱 사랑할수록 나는 사랑을 덜 받겠느냐"라고 하였다.

16-18 하여간 어떤 이의 말이 내가 너희에게 짐을 지우지는 아니하였을지라도 교활한 자가 되어 너희를 속임수로 취하였다 하니 내가 너희에게 보낸 자 중에 누구로 너희의 이득을 취하더냐 내가 디도를 권하고 함께 한 형제를 보내었으니 디도가 너희의 이득을 취하더냐 우리가 동일한 성령으로 행하지 아니하더냐 동일한 보조로 하지 아니하더냐. 그 당시 고린

도 교회에는 바울의 자비량 전도에 대하여 간교하게 훼방하던 자들이 있었다. 그들은 말하기를, "비록 바울이 직접적으로 고린도 교회에서 물질적인 보수를 받지는 않았으나 그것은 형식일 뿐이고 실제로는 간교하게 고린도 교인들을 착취한다."라고 비방하였다. 이것은 선을 악으로 바꾸어 선전하는 극히 간교한 독설이다. 이러한 훼방에 직면한 바울은 한마디 말을 하지 않을 수 없었다. 그가 간접적으로 착취한 일이 전혀 없다는 것이다. 이 점에 대해 그는 구체적으로 밝힌다. 요컨대 그에게서 보냄을 받은 디도와 같은 다른 사람이 고린도 교회에 가서 이익을 취한 일도 없다는 것이다. 그는 어디까지나 이처럼 실질적인 상황을 설명하면서 자신의 청렴결백을 도전적으로 밝힌다. 그는 여기서 질문의 형태를 사용하여 말하였는데, 이것은 그의 논점을 밝히는 일에서 더욱 강력한 어감을 드러낸다. 그는 디도가 성령으로 말미암아 바울의 행동 원리에서 탈선하지 않았음을 강조한다. 그는 자신과 디도가 동일한 행동 원리에 따라 행하고 있음을 확실히 밝히고 있다.

3. 머지않은 그의 고린도 교회 심방을 앞두고 다짐하는 경고(12:19-13:10)

19 너희는 이 때까지 우리가 자기 변명을 하는 줄로 생각하는구나 우리는 그리스도 안에서 하나님 앞에 말하노라 사랑하는 자들아 이 모든 것은 너희의 덕을 세우기 위함이니라.
바울은 이 구절에서 그가 이제까지 제시한 논증의 요점을 보여 준다. 그의 논조가 표면적으로는 자기변명처럼 보이지만 그것은 시종일관 자신을 위한 것이 아니라 고린도 교회를 유익하게 하기 위한 것이었다. 거짓 스승들이 고린도 교회에서 신임을 얻으면 결국 그 교회는 파멸하고 말 것이다. 고린도 교회의 참된 지도자인 바울의 지도 원리가 교회에 수용된다면 결국 교회는 유익을 얻게 될 것이다. 바울은 하나님 앞에서 양심에 부끄럽지 않게 이와 같은 마음을 품고 있었기 때문에 부득이하게 자기를 변호하는 일도 마다하지 않은 것이다. 교역자가 자신을 변호할 때는 바울처럼 청백하고 순수한 동기에서 해야 할 것이다. 만일 그런 동기에서가 아니라면 그의 변호는 그야말로 옳지 않은 것이다. 그러나 자기변호를 하는 사람들이 입으로는 언제나 교회를 위한다고 말하기는 한다. 그러나 자기도 알지 못하는 가운데(때로는 알고도) 사욕을 동기로 삼는 경우가 있는데, 그런 변호는 남들을 속이는 것이다.

20-21 내가 갈 때에 너희를 내가 원하는 것과 같이 보지 못하고 또 내가 너희에게 너희가 원하지 않는 것과 같이 보일까 두려워하며 또 다툼과 시기와 분냄과 당 짓는 것과 비방과 수군거림과 거만함과 혼란이 있을까 두려워하고 또 내가 다시 갈 때에 내 하나님이 나를 너희 앞에서 낮추실까 두려워하고 또 내가 전에 죄를 지은 여러 사람의 그 행한 바 더러움과 음란함과 호색함을 회개하지 아니함 때문에 슬퍼할까 두려워하노라. 여기에 두려워한다는 말이 네 번 나온다. 그것은 첫째로 바울이 고린도 교인들을 대할 때에 그들이 바울의 기대에 어긋나는 것처럼 바울도 그들의 기대에 어긋날까 두려워하는 것이다. 다시 말해 바울이 그들을 방문했을 때 그들이 아직도 회개하지 않았다면 바울은 기쁘지 않은 마음으로 그들을 대하게 될 것이다. 그러한 일은 피차간에 기대하지 않는 일이다. 피차간에 만날 때는 좋은 마음으로 만나기를 원하는 것이었다. 바울은 그것이 그렇게 되지 못할까 하여 두려워하였다. 둘째는 첫 번째 두려움을 구체적으로 설명하는데, 고린도 교회가 바울을 만나는 때에도 여전히 죄를 회개하지 않는 상태에 있을까 두려워하는 것이다. 그들의 죄목이 여기에 몇 가지로 기록되어 있다. 셋째로 바울은 그들을 만나게 될 때 그들이 회개치 않음으로 말미암아 그의 마음에 기쁨이 없고 도리어 의기소침하게 될까 두려워하였다. 그런 종류의 위축은 하나님 앞에서 그가 마땅히 감수해야 할 쓴잔이었다. 자기의 양떼가 회개하지 않는 모습을 보고 기뻐 뛸 목자는 아무도 없다. 넷째는 또다시 세 번째 형편을 구체적으로 설명한다. 바울이 고린도 교회를 방문할 때 그들이 여기 기록된 몇 가지 죄악을 회개하지 않은 상태에 머물러 있을까 두려워한다는 것이다. 여기에 지적한

죄목들은 주로 음란과 관련된 것들이다. 그가 이 죄악을 20절 하반절의 죄목들과 별도로 여기에 특별히 기록하는 이유는 그 교회에 이 죄악이 상당히 만연해 있었기 때문일 것이다.

이러한 네 가지 두려움이 이 두 구절에 기록되었는데 이것은 두 가지로 요약할 수 있는 내용을 강조하기 위하여 네 가지로 확장한 듯하다. 이런 어법은 헬라어나 히브리어에서 강조를 위해 자주 사용되었다.

설교 천국에 대하여(고후 12:1-4)

우리는 천국이 존재한다는 증거를 성경 밖에서도 찾아볼 수 있다. 몇 가지를 들자면 다음과 같다.

1) 공의를 만족시키는 일이 현세에서는 완전히 실현될 수 없으니 그것을 완전히 만족시킬 후세가 필요하다는 것이다.

2) 인간이 이 세상에서의 삶만으로는 생의 목적을 달성하지 못하는 것으로 보아 내세의 존재를 확실히 알 수 있다는 것이다.

우주에는 인간을 위하여 저장된 지적 자원이나 영적 자원이 무한하다. 인간은 그 가운데 지극히 적은 분량도 누리지 못한 채 이 세상을 떠난다. 아이작 뉴턴은 위대한 과학자였음에도 자기 입으로 고백하기를 자신은 거대한 바다의 해변에서 조약돌을 가지고 노는 어린아이와 같다고 하였다. 과학자들은 아직 광활한 바다의 이면에 숨겨진 보물이 무엇인지 이름도 모르면서 겨우 해안에서 조약돌이나 가지고 노는 아이와 같다. 어떤 시인은 말하기를 "인생은 짧고 예술은 길다."라고 하였다(Life is short; art is long). 지혜로운 참 신이신 하나님께서 인생들을 위해 영적 자원을 무한히 만들어 놓기만 하시고 인생이 그것을 누리지 못한 채 소멸하도록 내버려 두시겠는가? 하나님께서 인생이 이 세상을 떠난 후에도 원대한 생의 자원을 누리게 하실 것은 확실하다. 우리가 성경말씀의 한 구절만 살펴보더라도 거기에 포함된 영적 자원이 얼마나 심오한가? 사도 요한은 말하기를, "예수께서 행하신 일이 이 외에도 많으니 만일 낱낱이 기록된다면 이 세상이라도 이 기록된 책을 두기에 부족할 줄 아노라"(요 21:25)라고 하였다. 하나님께서 이렇게 무한한 영적 자원이 쓸데없이 허비되게 하셨을까?

3) 인간은 내세의 생명을 사모하는 본능이 있다. 본능이라는 것은 결코 맹목적인 것이 아니며 반드시 그 대상을 가지고 있다. 인간이 목마를 때 물을 사모하는 본능을 가지고 있는 것처럼, 그 본능의 대상인 물이 이 세상에 실제로 존재한다.

우리는 이 모든 증거보다 성경의 증거를 더욱 신뢰한다. 요컨대 사도 바울이 고린도후서 12:1-4에 말한 대로 그가 친히 낙원(천국)에 다녀왔다고 증언하기 때문에 우리는 그 이상 다른 증거를 찾을 필요가 없다. 성경에는 천국에 대한 증거가 이 밖에도 많다.

제 13 장

내용분해

1) 고집스러운 죄인들에 대한 강력한 경고(1-4절)
2) 고린도 교회 일반 신자들의 자발적인 반성을 촉구(5절)
3) 바울이 진정한 사도라는 사실을 그들이 이해하기를 희망함(6-10절)
4) 바울이 고린도 교회에 부탁한 내용과 축도(11-13절)

해석

1-2 내가 이제 세 번째 너희에게 가리니 두세 증인의 입으로 말마다 확정하리라 내가 이미 말하였거니와 지금 떠나 있으나 두 번째 대면하였을 때와 같이 전에 죄 지은 자들과 그 남은 모든 사람에게 미리 말하노니 내가 다시 가면 용서하지 아니하리라. 바울은 이 구절에 이르러 고린도 교회의 범죄자들이 끝까지 회개하지 않으면 그들을 징벌하겠다고 경고한다. 그가 세 번째 그들을 심방할 때는 지금 그들을 떠나 있을 때나 또한 일찍이 그곳에 방문하였을 때와 마찬가지로 그들을 용서하지 않겠

다고 확언한다.

3 이는 그리스도께서 내 안에서 말씀하시는 증거를 너희가 구함이니 그는 너희에게 대하여 약하지 않고 도리어 너희 안에서 강하시니라. 여기서는 앞절에서 말한 것처럼 바울이 그들을 용서하지 않는 이유를 보여 준다. 그가 이렇게 엄히 경고하는 이유는 다름 아니라 그들이 "그리스도께서 과연 바울을 통하여 말씀하시는가? 다시 말해 바울이 진정한 사도인가?" 하는 의문을 제기하기 때문이다. 그러나 바울은 말하기를 그리스도께서 그를 통하여 말씀하시며 또한 장차 엄하게 그들을 대하실 것이라고 덧붙인다. 바울이 여기서 그리스도께서 자기를 통하여 말씀하신다고 명시적으로 표현하지는 않았지만 "그는 너희에게 대하여··· 너희 안에서 강하시니라"라는 말씀으로 이를 대신한다.

4 그리스도께서 약하심으로 십자가에 못 박히셨으나 하나님의 능력으로 살아 계시니 우리도 그 안에서 약하나 너희에게 대하여 하나님의 능력으로 그와 함께 살리라. 바울은 고린도 교회를 향한 그의 태도가 그리스도께서 십자가에 못 박히셨다가 다시 살아나신 사실에 호응한다는 점을 보여 준다. 그리스도는 약하기도 하시고 강하기도 하셨다. 그가 십자가에 죽으신 것은 그의 약하심이었고, 그가 다시 살아나신 것은 그의 강하심이었다. "약하다" 함은 물론 도덕적인 유약함을 의미하지 않고 다만 악한 무리의 억압 아래 수동적으로 순응하셨음을 의미한다. 바울은 자신도 그리스도 안에서 행하는 사도이기 때문에 연약할 때가 있지만 죽었다가 다시 살아나는 것과 같은 능력으로 강력하게 고린도 교회의 범죄자들을 다스리기도 할 것이라고 말한다.

5 너희는 믿음 안에 있는가 너희 자신을 시험하고 너희 자신을 확증하라 예수 그리스도께서 너희 안에 계신 줄을 너희가 스스로 알지 못하느냐 그렇지 않으면 너희는 버림 받은 자니라. 바울은 여기서 고린도 교인들에게 사도를 시험하기보다는 자기 자신을 시험해 보라고 권면한다. 이는 그들이 바울의 사도권을 의심하는 이유가 바울에게 있는 것이라기보다는 그들 자신의 신앙이 부족한 데 있다는 경고

의 말씀이다. 그들 안에 그리스도께서 계시지 않다면(다시 말해 그들에게 신앙이 없다면) 그들 자신이 신자라는 확증을 얻지 못한 것이다. 여기서 "버림 받은 자"라는 말은 헬라어로 "아도키모이"(ἀδόκιμοι)인데, 이는 "확증되지 못한 자"라는 뜻이다. 바울은 여기서 자신의 사도권에 대한 고린도 교인들의 의심을 논제로 발언하는 중에 그들 자신에 대해 반격을 가한다. 즉 바울의 사도권에 대한 증거를 요구하기 전에 먼저 그들 자신의 신자 자격에 대한 확증을 스스로 찾아보라는 뜻이다.

6-7 우리가 버림 받은 자 되지 아니한 것을 너희가 알기를 내가 바라고 우리가 하나님께서 너희로 악을 조금도 행하지 않게 하시기를 구하노니 이는 우리가 옳은 자임을 나타내고자 함이 아니라 오직 우리는 버림 받은 자 같을지라도 너희는 선을 행하게 하고자 함이라. 이 두 구절에 나타나는 대로 "버림 받은 자"라는 표현은 앞에서 이미 언급했던 "아도키모이"(ἀδόκιμοι), 다시 말해 "확증되지 못한 자들"이라는 뜻이다. 그리고 7절에 나타나는 "옳은 자"(δόκιμοι)라는 말도 사실은 "버림 받은 자"라는 말에서 부정 접두어를 제거한 것이기 때문에 두 표현 모두 하나의 어원에서 유래한 것이다. 여기서 바울의 논제는 고린도 교인들이 그토록 염두에 두었던 바울의 사도권 확증에 관한 것이었다. 바울은 고린도 교인들에게 간곡히 말하기를 자신의 사도권이 확증되지 못한 것처럼 생각해서는 안 된다고 강조한다. 그는 그들이 자신의 사도권을 의심하는 죄악을 범하지 않기를 기대한다. 그가 이렇게 간곡히 요청하는 이유는 자기 자신을 알아달라는 의미가 아니고 어디까지나 그들의 범죄를 막고자 하는 의도에서였다. 그는 다음과 같이 말하기까지 한다. 요컨대 자기는 사도로서 확증을 얻지 못한 채로 남아 있을지라도 그들만은 범죄하지 않기를 바란다는 것이다. 이토록 바울은 그들이 자신의 사도권을 의심하는 죄를 범하지 않고 선을 행하기를 촉구하였다.

8 우리는 진리를 거슬러 아무 것도 할 수 없고 오직 진리를 위할 뿐이니. 이 말씀은

바울이 고린도 교회의 범죄자들을 이제까지 참아 준 경위를 설명한다. 그는 하나님의 진리에 부합하는 시기가 도래하기 전에는 교회의 치리자로서 나서지 않았다. 그가 이제까지 고린도 교인들에게 유약한 자로 비친 것은 결단코 그가 나약해서가 아니고 하나님께서 진리대로 인도하시는 시기를 기다렸기 때문이었다. 여기서 "진리"(ἀληθείᾳ)라는 말은 한두 마디로 해석하기 어려운 깊은 의미를 담고 있다. 물론 하나님 자신이 진리이신데 그는 인격적 실존으로서 살아 계시며 모든 진리를 지어 내신 진리의 근원이시다. 그의 말씀은 물론 진리다. 그가 지으신 만물이 성립되게 해 주는 모든 이치도 진리다. 그러나 바울이 여기서 말하는 진리는 앞에서 말한 요소들을 가리킨다기보다는 새로운 창조의 원리, 다시 말해 구속의 원리와 관련된 진리를 의미할 것이다. 구속의 원리와 관련된 진리는 죄로 말미암아 왜곡된 세상 만물의 이치를 제대로 되돌리며 완전하게 만드는 진리다. 그러므로 바울이 여기서 진리라는 말을 사용할 때는 이런 의미에서 사용하였을 것인데, 이는 복음 및 그와 관계되는 진리의 영역을 총칭할 것이다. 바울은 그의 사역을 감당할 때 성령께서 인도하시는 진리 영역에서만 행동하였다. 그는 이 진리를 거슬러 행동할 수 없는 것으로 여겼다. 왜냐하면 이 진리는 하나님께서 영원 전부터 계획하시고 구약 시대에는 예언과 모형으로 나타내시고 신약 시대에는 실체로 나타내셔서 종말론적 시대를 이룬 것이기 때문이다. 그 결과 우주는 장차 이 같은 구속의 진리 앞에 통일될 것이다. 이 진리 위에 떨어지는 자는 깨어질 것이고 이 진리가 그들 위에 떨어질 때는 맞은 자들이 부스러져 가루가 될 것이다(마 21:44). 이 진리를 거슬러 행할 권세를 가진 자는 하늘 아래 아무도 없다. "2+2=4"는 수학적 공리이지만 "2+2=10"이라는 잘못된 계산은 수학적 진리 세계에 아무런 동요를 주지 못한다. 그와 같은 오답은 몇 백 번을 써 놓아도 단지 하나의 낙서에 불과하다. 땅 위에 거하는 사람들은 진리를 거슬러 행할 수 있기라도 한 것처럼 여러 모양으로 죄악을 범한다. 그들은 이렇게 행하여 자신들의 존재 자리를 만들어 보려고 한다. 그러나 그것들은 모두 허망한 낙서에 불과하다. 실질적으로 진리를 거스르는 그와 같은 것들은 존재다운 존재가 아니며, 모두가 허위이니 이미 깨어진 것이며 장차 부스러지고 말 것이다. 프랑스 철학자 볼테르(Voltaire)가 유언하기를, 앞으로 100년이 지나면 기독교 성경이 없어진다고 하였다. 그런데 사실은 정반대로 그가 살던 집이 성서공회 건물이 되어 버렸다. 그의 유언은 진리의 세계를 무너뜨린 것이 아니라 도리어 역효과를 낸 것이다. 오늘날에도 볼테르의 마지막 말이 거론될 때마다 성경의 권위는 더욱 공고해지며 널리 알려지고 있다. 그렇다! 우리는 진리를 거슬러 행할 수 없다. 다시 말해 우리는 진리를 효과적으로 거슬러 진리에 손해를 입힐 수가 없다. 그러므로 바울은 처음부터 진리 앞에 자기 자리를 마련한 것이다. 그는 진리를 오직 위할 뿐이라고 말한다. "우리는 진리를 위할 뿐이라"라는 말은 진리가 우리 곁으로 오는 것이 아니라 우리가 진리 곁으로 가야 한다는 것을 의미한다. 우리는 진리를 내 편으로 만들겠다는 착각을 품고 살아갈 때가 많다. 하지만 진리를 내 편으로 만들 수는 없다. 우리는 태산을 젓가락으로 들어 올릴 수 없고, 지구를 지렛대로 움직일 수 없다. 우리가 진리 편으로 가는 것이 훨씬 쉽고 간단하다. 우리는 그리할 수밖에 없다. 왜냐하면 진리는 다만 진리일 뿐이며 살아 계신 예수 그리스도께서 진리의 사랑으로 오셔서 우리를 대신하여 죽었다가 다시 살아나셨기 때문이다.

9 우리가 약할 때에 너희가 강한 것을 기뻐하고 또 이것을 위하여 구하니 곧 너희가 온전하게 되는 것이라. 바울은 거짓 스승들의 영향을 받은 고린도 교회의 신자들로 말미암아 "약하다"라는 업신여김을 받았다. 하지만 그는 이와 같은 형편에서도 고린도 교인들이 신앙적으로 강한 자가 되기를 진심으로 소망한다. 이것은 풍자적인 표현이 아니며 말 그대로 그의 본심이 그러함을 보여 준다. 그는 자신이 어떻게 되든지 그가 목양하는 양떼가 잘되기를 간절히 소망하

고 있다. 바울이 연약하다는 것이 그들의 평가라면, 바울은 그렇다 하더라도 그들만은 바울과 같이 미천한 자리에 머물지 않고 강한 자리, 다시 말해 신앙적으로 가장 합당한 처지에 있기를 그는 희망한다. 다시 말해 바울은 그들의 신앙이 온전하여지기를 바란다.

10 그러므로 내가 떠나 있을 때에 이렇게 쓰는 것은 대면할 때에 주께서 너희를 넘어뜨리려 하지 않고 세우려 하여 내게 주신 그 권한을 따라 엄하지 않게 하려 함이라. 바울은 고린도 교인들이 어디까지나 형통하기를 원하였기 때문에 붓을 들어 이 편지를 쓴 것이다. 바울은 이 편지를 받은 그들이 회개함으로써 그가 고린도에 방문했을 때에는 그들을 꾸짖을 일이 없고("너희를 넘어뜨리려 하지 않고") 다만 서로 기쁨으로 만나 건설적으로 전진하게 되기를 바랄 뿐이다. 다시 말해 그는 고린도를 방문하여 사도의 권위를 준엄하게 사용하는 일이 없기를 바란 것이다.

결론: 권면, 문안, 축도(13:11-13)

11 마지막으로 말하노니 형제들아 기뻐하라 온전하게 되며 위로를 받으며 마음을 같이 하며 평안할지어다 또 사랑과 평강의 하나님이 너희와 함께 계시리라 거룩하게 입맞춤으로 서로 문안하라. "기뻐하라." 이것은 분쟁과 바울의 사도권에 대한 의심에 빠진 고린도 교회에 적절한 권면이었다. ① 기뻐하는 것은 이런 문제시되는 일을 해결하는 데 오히려 도움이 되며, ② 무엇보다도 고린도의 그리스도인들은 하나님으로부터 받은 은혜가 많으니 그로 인해 감사한 마음을 품고 기뻐해야 한다. 그리스도인들의 삶을 기쁨이 지배해야 하고 또 그렇게 될 수 있다.[41] 여기서 "기뻐하라"라는 동사의 형태는 현재 명령형인데, 이것은 단회적인 행

---

41) Grosheide, Tweede Brief aan Korinthe, 485. "Vreugde mag, moet het Christelijk leven beheerschen."

위를 가리키는 것이 아니라 지속적인 행위로서의 기쁨을 권면하는 명령어다.

"온전하게 되며." 헬라어로 "카타르티제스테"(καταρτίζεσθε)는 수동태로서 하나님께서 그들을 온전하게 되도록 인도하시는 분량만큼 그분의 인도하심에 순응하여 온전하게 되라는 뜻이다. 하나님의 인도하심이란 사도 바울을 통하여 이제껏 가르치신 권면을 뜻한다. 그들이 하나님께서 바울을 통하여 주신 권면을 잘 수납하기만 하면 그들이 온전하게 되는 데는 아무 문제가 없다. 온전하게 되기 위해서는 하나님의 말씀으로 권면을 받아야만 한다는 의미에서 그다음에 "위로를 받으며"라는 명령이 뒤따른다. 여기서 "위로를 받으며"(παρακαλεῖσθε)라는 말은 실상 "권면을 받으며"라는 의미로 이해되어야 한다.[42] 아우구스티누스(Augustine)는 말하기를, "그릇된 교훈을 가르쳤다고 해서 이단자가 되는 것이 아니라 그릇된 교훈을 고치지 않기 때문에 이단자가 되는 것이다."라고 하였다. 온전함을 향해 나아가는 자는 다름 아니라 항상 자신을 고치는 자다. 인도자가 대중을 향해 교훈을 선포할 때도 각 개인은 그 말씀을 나에게 주시는 말씀으로 여기고 즐거이 받아들여야 한다.

"마음을 같이하며"(τὸ αὐτὸ φρονεῖτε). 이 어구를 직역하면 "같은 것을 생각하며"라는 뜻이다. 그리스도인들이 평화롭게 지내기 위해서는 생각하는 바가 같아야 한다. 바울 서신에는 이와 유사한 표현들이 적지 않다(롬 12:16; 15:5; 빌 2:2; 4:2). 고린도 교인들은 아직도 서로 다투는 단계에 머물러 있었기 때문에 바울이 이 같은 부탁을 하는 것이다. 초기 교회는 사도들의 단일한 지도하에 있었기 때문에 교파들을 만들어 낼 정도의 의견 차이는 없었다. 그 당시 사도들은 살아 있는 표준(κανών)이었다. 그러나 후대 교회에는 사도들이 없으므로 신자들이 같은 생각을 품기 위해서는 적지 않은 노력을 기울

42) Grosheide, laat u vermanen hoort naar goede leer, vgl.2:8, 6:1, 10:1.

여야 할 것이다.

"평안할지어다." 마음을 같이하면 결과적으로 평안이 찾아온다. 벤틀란트(Wendland)는 말하기를, "평화는 그리스도인라는 신분이 갖는 특징이며 교회의 특징이다. 또한 그것은 교회가 받을 종말론적 구원의 표현이며 힘이다."라고 하였다.[43]

12 모든 성도가 너희에게 문안하느니라. 이것은 물론 단순한 인사말로 여겨질 수 있으나 사실은 복음 사역에서 중요한 부분이다. 바울은 천륜을 중심으로 기타 모든 인륜을 가르쳤다. 하늘의 윤리가 사람의 윤리를 규정하고 명령하였기 때문에 복음 사역자는 인륜의 영역에서도 구체적인 실천을 보여 주어야 한다. "문안"을 전하는 것은 작은 일로 치부될 수도 있지만 이로써 성도 간의 사랑을 더욱 돈독하게 할 수 있으니 그것도 중요한 일이다.

13 주 예수 그리스도의 은혜와 하나님의 사랑과 성령의 교통하심이 너희 무리와 함께 있을지어다. 이 말씀은 삼위일체의 이름으로 제시되는 축도의 표본이라고 할 수 있다. 이 짧은 구절에 기독교의 신관과 세계관이 포함되어 있다. 성경이 가르치는 것처럼 만물의 창조도 삼위일체 하나님께서 행하신 일이다. 창세기 1장에 따르면 천지 만물은 하나님과 성령과 성자, 곧 하나님의 말씀으로 말미암아 창조되었다. 하나님은 구원을 경영하시고, 성자 그리스도는 하나님과 인간 사이에 중보자가 되시고, 성령님은 성자가 이룩하신 속죄의 구원을 하나님의 모든 백성에게 적용하신다.

이로 볼 때 기독교의 존재론과 구원론에서 단일성과 다양성의 통일은 삼위일체 사역을 통해 이루어진다. 다시 말해 하나님과 만물의 연결은 이처럼 삼위일체 사역에 의지하여 성립된다. 따라서 교회의 축도는 이 세 가지 사역

---

43) Die Briefe an die Korinther. 233. "Denn Freude ist ein Kennzeichen des Christenstan—des, der Christus--Gemeinschaft, Ausdruck und Wirkung des endzeitlichen Heils, das der Gemeinde geschenkt ist."

을 배경으로 한다. 이 같은 축도야말로 모든 은혜를 완전무결하게 받도록 요청하는 한편 형언할 수 없는 무궁무진한 복락을 기원하는 진리의 기도다.

설교 믿음에 있는가 스스로 시험하라(고후 13:5)

사람들이 교각이나 철로를 개설한 후에는 그것이 제대로 시공되었는지 확인하기 위해 시범적으로 운행을 해 본다. 그와 마찬가지로 신자들도 자기가 참으로 그리스도를 믿는지 스스로 시험해 보아야 한다. 이를 위해서는,

1. 정직하게 자문자답해야 한다

우리가 스스로 묻고 대답해야 할 것은, 우리가 마음으로 그리스도를 믿고 입으로 그를 시인하는가 하는 점이다. 이러한 믿음이 있으면 그리스도께서 그의 마음에 계신다. 우리가 이것을 믿을 때 그는 반드시 우리 믿음의 대상이 되어 주신다. 그는 신뢰할 만하고 의로우셔서 그를 믿는 자에게 믿음직한 대상이 되신다. 그는 이미 우리 마음속에 거하신다. 그는 영이시기 때문에 물리적인 거리에 지장을 받지 않으시고 믿음을 가진 자에게 즉시 임하신다. 물질계에 속하는 것 중에도 예컨대 라디오 방송으로 전달되는 말소리처럼 거리의 지장을 받지 않고 서로 소통되는 것들이 있는데 하물며 영이야 말할 것이 무엇이겠는가?

그러므로 스스로 자문해 보라. '나는 과연 주님을 의심하는가?' "의심하는 자는 마치 바람에 밀려 요동하는 바다 물결 같으니 이런 사람은 무엇이든지 주께 얻기를 생각하지 말라 두 마음을 품어 모든 일에 정함이 없는 자로다"(약 1:6-8).

2. 그렇다면 믿지 못하는 자는 어떻게 해야 하는가?

그는 이제라도 믿어야 한다. 의심은 지식적인 측면에서만 신앙의 문제를 해결하려는 마음에 일어난다. 믿음은 지식으로만 얻어지지 않는다. 믿음은 우리가 다 헤아릴 수 없는 깊고 오묘한 하나님을 대상으로 한 것이다. 예수님께서도 "하나님을 믿으니 또 나를 믿으라"라고 말씀하셨다(요 14:1). 인간의 이성과 지식으로 해결될 문제라면 그것은 인간의 수준에 머무는 것이니 그런 정도의 믿음이라면 그것은 우리가 애써 소유할 만한 것이 되지 못한다.

또한 신앙은 평안하고 아무런 시험이 없을 때 얻어지는 것이 아니다. 우리가 평안할 때 가지는 믿음은 희미한 것에 머물고 만다. 고통스럽고 험난한 상황에서 가지는 믿음이 진정한 것이며 뚜렷한 것이다.

설교 우리는 진리를 거슬러 행하지 못한다(고후 13:8)

1. 진리는 무엇인가?

창조 세계에서 진리란 만물이 창조된 본연의 이치를 가리킨다. 그러나 인간이 범죄한 이후에는 만물이 하나님의 구속 사역을 통하여 재정비되는데, 이러한 재정비를 위한 복음 사역 자체도 진리이지만 그 결과도 진리다. 따라서 진리는 복음이라고 말할 수 있다. 만물을 본래대로 회복시킬 뿐 아니라 그것을 더욱 완전하게 만드는 것은 복음의 진리다.

2. 사람이 복음 진리의 사역을 거슬러 행하면서 참다운 성과를 가져올 수는 없다.

사람들이 복음을 거슬러 행동할 수 있으며, 실제로 그런 경우가 많다. 하지만 그러한 행위들은 허상에 불과하다. 북극해의 거대한 빙산들은 바람이 거세게 불어도 본래 움직이던 방향으로 계속해서 흘러간다. 복음 사역은 하나님께서 독생자를 희생시키시고 하시는 일이며 결국 만유를 재정비하시는 무적의 진리 운동인데, 어느 누가 이를 거슬러서 자기 존재를 유지할 수 있겠는가? 결코 그럴 수 없다. 발뒤꿈치로 송곳을 차면 발뒤꿈치가 어떻게 되겠는가? 이런 의미에서 예수님은 말씀하시기를, "이 돌 위에 떨어지는 자는 깨지겠고 이 돌이 사람 위에 떨어지면 그를 가루로 만들어 흩으리라"라고 하셨다(마 21:44). 지구는 소리 없이 매일 한 바퀴씩 자전하고 있으며 그 운동으로 말미암아 지구 위에 있는 모든 것이 돌고 있다. 지구상의 물체들이 설령 지구가 회전하는 방향으로 움직이지 않는다고 해도 그것들이 지구의 자전을 방해하지는 못한다. 지구상의 물체들이 겉으로는 제자리에 멈추어 있는 것처럼 보이지만, 그것들은 지구가 회전함에 따라 자신들도 모르게 회전하는 중이다. 비록 아무 소리도 들리지 않지만 지구가 자전하는 힘은 막강하다. 그와 마찬가지로 땅 위의 사람들은 진리를 거슬러 이것저것을 행하며 자신들을 주체로 여긴다. 그러나 그들도 사실은 고요한 진리의 지배하에 머물러 있는 것이다. 우리는 진리의 음성이 고요하다고 해서 그것을 멸시해서는 안 된다. 진리의 음성은 고요한데, 왜냐하면 진리는 현실 세계 이면에서 영적으로 역사하기 때문이다. 그러나 사람들은 진리가 고요하기 때문에 도리어 진리를 업신여긴다. 그래서 이사야는 유대 백성을 꾸짖어 말하기를, "이 백성이 천천히 흐르는 실로아 물을 버리고 르신과 르말리야의 아들을 기뻐하느니라 그러므로 주 내가 흉용하고 창일한 큰 하수 곧 앗수르 왕과 그의 모든 위력으로 그들을 뒤덮을 것이라"라고 하였다(사 8:6-7).

3. 그러므로 우리는 진리를 위하자! 진리의 편이 되자!

우리는 진리를 내 편으로 만들려고 해서는 안 된다. 그것은 불가능하다. 그러나 내가 진리의 편이 되기는 쉽다. 진리 세계는 참의 세계일 뿐 아니라 사랑의 세계이므로, "나"를 그 세계에 맡기어 진리의 편이 되는 일은 어려운 것이 아니다. 진리이신 그리스도는 인격으로서 하나님의 독생자로서 "나"를 위하여 죽었다가 살기까지 하셨으니 내가 그의 편이 아닌 누구의 편이 되겠는가? 이제부터 내가 할 일은 어려운 것도 없고 안될 것도 없다. 나의 일은 주님이 다 해 주시고 나는 단지 그의 편에 서고자 노력하기만 하면 되니 내가 할 일은 어려운 것이 아니다. 내가 할 일은 오직 믿는 것뿐이다. 내가 그의 편에 설 때 나는 마귀를 이긴다. 요한계시록 17:14에 말하기를, "그들(그리스도의 나라들)이 어린 양과 더불어 싸우려니와 어린 양은 만주의 주시요 만왕의 왕이시므로 그들을 이기실 터이요 또 그와 함께 있는 자들 곧 부르심을 받고 택하심을 받은 진실한 자들도 이기리로다"라고 하였다.

4. 진리의 편에 서는 자가 세상에서 고난받는 경우가 있는 것이 사실이다.

그 이유는 이 세상에 진리가 아닌 것이 너무 많으며 또한 그것이 세력을 잡고 있기 때문이다. 그런 의미에서 진리의 길은 사실상 좁은 길이다. 그러므로 예수님께서 말씀하시기를, "좁은 문으로 들어가라 멸망으로 인도하는 문은 크고 그 길이 넓어 그리로 들어가는 자가 많고 생명으로 인도하는 문은 좁고 길이 협착하여 찾는 자가 적음이라"(마 7:13-14)라고 하셨다. 그러나 우리는 다음의 몇 가지 위로가 되는 사실들을 기억함으로써 힘을 얻어 진리의 편에 설 수 있다. ① 진리의 길은 이처럼 좁은 길이지만, 우리가 그 길을 걷도록 확신을 주지 못하는 것은 결코 아니다. 그 길을 걸음으로써 우리는 인생의 모든 문제가 해결되었음을 느끼게 된다. 그 길은 우리에게 무수한 확증들을 보여 준다. 그 길을 통해 하나님께 나아간 자들의 숫자가 구름 같이 많다(히 12:1). ② 진리는 하나님의 말씀이니 반드시 열매를 맺는다. 이사야 55:10-11에 말하기를, "이는 비와 눈이 하늘로부터 내려서 그리로 되돌아가지 아니하고 땅을 적셔서 소출이 나게 하며 싹이 나게 하여 파종하는 자에게는 종자를 주며 먹는 자에게는 양식을 줌과 같이 내 입에서 나가는 말도 이와 같이 헛되이 내게로 되돌아오지 아니하고 나의 기뻐하는 뜻을 이루며 내가 보낸 일에 형통함이니라"라고 하였다. ③ 진리는 하나님의 말씀이기 때문에 사실을 동반한다. 진리는 곧 사실이다. 아프리카인이 거울을 통해 처음으로 자신의 추한 얼굴을 보고 화가 나서 거울을 깨뜨렸다고 한다. 그러나 거울은 깨졌지만 자기 얼굴은 그대로였다. 하나님의 말씀은 사실 자체이니 그것이 무효가 될 수는 없다. 그 말씀은 언제나 참된 것으로 남아 있을 뿐이다(시 12:6). 그리므로 사람이 진리의 편에 가담하는 것은 유쾌하고 용이한 일이다.

참고문헌

Anders, N. Der Römerbrief.

Bernard, J. H. The Expositor's Greek Testament: The Second Epistle to the Corinthians.

Calvin, J. Commentary on I-II Corinthians.

Findlay, G. G. The Expositor's Greek Testament: First Epistle to the Corinthians.

Grosheide, F. W. Kommentaar Op Het Nieuwe Testament : Eerste Brief aan Korinthe, Tweede Brief aan Korinthe.

Hodge, C. Commentary on the First Epistle to the Corinthians.

Hodge, C. Commentary on the Second Epistle to the Corinthians.

Lenski, R.C.H. Interpretation of I and II Corinthians.

Lightfoot, J. B. Notes on Epistles of St. Paul.

Meyer's Commentary on the New Testament: I-II Corinthians.

Plummer, The International Critical Commentary: Second Corinthians.

Robertson and Plummer, The International Critical Commentary: I Corinthians.

Schlatter, A. Die Korintherbriefe.

Strange, E. Die Korintherbriefe.

The New Bible Commentary.

Trapp's Commentary on the New Testament.

Wendland, H. D. Die Briefe an die Korinther.